Arbeitslosenprojekt TuWas

Unterkunfts- und Heizkosten nach dem SGB II

Das Handbuch

 Fachhochschulverlag
DER VERLAG FÜR ANGEWANDTE WISSENSCHAFTEN

Udo Geiger
Unterkunfts- und Heizkosten
nach dem SGB II
Das Handbuch
3. Auflage, Stand: 1. Mai 2015
unter Mitarbeit von:
Dominik Bender (Kapitel R: Regelung durch Satzung)

ISBN: 978-3-943787-42-9

DTP:
Sarah Kalck

Druck und Bindung:
TZ-Verlag & Print GmbH
64380 Roßdorf

Preis:
Der Leitfaden kostet je Exemplar 22,– €
(zuzüglich Portokosten)

Bestellungen:
Fachhochschulverlag.
DER VERLAG FÜR ANGEWANDTE WISSENSCHAFTEN.E.K.

Kleiststraße 10, Gebäude 1
60318 Frankfurt am Main

Telefon (0 69) 15 33–28 20
Telefax (0 69) 15 33–28 40
bestellung@fhverlag.de
http://www.fhverlag.de

Bibliografische Information der Deutschen Nationalbibliothek:
Die Deutsche Nationalbibliothek verzeichnet diese
Publikation in der Deutschen Nationalbibliografie;
detaillierte bibliografische Daten sind im Internet
über http://dnb.d-nb.de abrufbar.

Die Verfasser garantieren nicht
für die Richtigkeit aller Aussagen

VORWORT ZUR 3. AUFLAGE

Die große Bedeutung der Unterkunfts- und Heizkosten für Leistungsberechtigte, SGB II-Träger und Sozialgerichte belegen folgende Zahlen:

- Von 40,65 Milliarden € für Leistungen nach dem SGB II entfielen im Jahr 2013:
  - 2,8 Mrd. € = 6,9 % auf Eingliederungsleistungen
  - 4,3 Mrd. € = 10,5 % auf Verwaltungskosten
  - 5,3 Mrd. € = 13,2 % auf Leistungen der Sozialversicherung
  - 13,8 Mrd. € = 33,9 % auf Kosten der Unterkunft und Heizung
  - 14,2 Mrd. € = 35,0 % auf Arbeitslosengeld II und Sozialgeld.
- Unter den im Februar 2015 bei Sozialgerichten anhängigen Klagen wurde bei 35.042 Klagen um die Kosten für Unterkunft und Heizung gestritten; knapp übertroffen nur von 35.771 Klagen gegen Erstattungen.

Deshalb ist ein ausführliches Handbuch zu den Kosten für Unterkunft und Heizung notwendig.

Die rasante Entwicklung des Mietrechts und wegweisende Urteile des BSG aus 2013 und 2014 erforderten eine Neubearbeitung.
Berücksichtigt sind insbesondere die:

- neueste Rechtsprechung des BGH zu Schönheitsreparaturklauseln;
- Folgen des BGH-Urteils zur Vermieterkündigung, auch wenn das Jobcenter die Mietschulden verursacht hat;
- Folgerungen aus den BSG-Urteilen zur Abweichung vom Kopfteilprinzip
  - bei Sanktionen,
  - bei Mietschulddarlehen;
- Auswirkungen des Beschlusses des BVerfG zur Höhe des Regelbedarfs auf Bedarfe nach § 21 Abs. 7 SGB II und § 22 SGB II.

Die dramatisch gestiegene Zahl von Stromsperren (BT-Drs. 18/3408) macht ein neues Kapitel zu Energieschulden mit eingehender Behandlung der Strom- und Gassperren notwendig. In diesem Zusammenhang werden auch die EuGH-Urteile zu intransparenten Preiserhöhungen in Grundversorgungstarifen und daraus folgende Rückerstattungsansprüche berücksichtigt.

Einbezogen wurden zudem:

- die Änderungen durch das geplante SGB II-Rechtsvereinfachungsgesetz (Neuntes Gesetz zur Änderung des Sozialgesetzbuch II);
- die ab 2016 geltenden Änderungen durch das 25. BAföG-ÄnG.

Schließlich wurden im Kapitel »Regelung der Unterkunftskosten durch Satzung« die BSG-Urteile zur Berliner WAV berücksichtigt.

Arbeitslosenprojekt TuWas
Mai 2015

INHALT

A Welcher Unterkunftsbedarf wird gedeckt?

I Nur Finanzierung, nicht Beschaffung einer Unterkunft

Verfassungsauftrag

Wohnen ist ein existenzielles Grundbedürfnis des Menschen. Das Sozialstaatsprinzip verlangt im Rahmen der Grundsicherung für Arbeitsuchende, erwerbsfähigen Leistungsberechtigten und den mit ihnen in einer BG Lebenden eine angemessene Unterkunft zu finanzieren (s. dazu SG Mainz vom 8.6. 2012 – S 17 AS 1452/09 und vom 19.4.2013 – S 17 AS 518/12).

Keine Wohnungsbeschaffung

Die Beschaffung einer Wohnung ist nicht Aufgabe der Jobcenter (BayLSG vom 27.6.2013 – L 7 AS 330/13 B ER). Können Menschen das Finden und Mieten einer Wohnung aufgrund psychosozialer Schwierigkeiten nicht bewältigen, sind hierfür entweder die Sozialämter nach §§ 67, 68 SGB XII (BSG vom 15.11.2012 – B 8 SO 22/10 R) oder spezielle soziale Dienste zuständig (LSG NRW vom 25.7.2007 – L 20 B 67/07 SO ER; HessLSG vom 9.11.2010 – L 7 SO 134/10 B ER und vom 2.8.2012 – L 4 SO 86/12 B ER: Hilfe nach Haftentlassung oder Ende der Sicherheitsverwahrung; VG München vom 20.5.2014 – M 22 E 14.977 und vom 21.5.2014 – M 22 E 14.1370: Hilfe bei Krankheit).

Hilfe aus einer Hand

Sofern eine Wohnungsunterbringung nach §§ 67, 68 SGB XII auch Hilfen zum Lebensunterhalt **in** der Wohneinrichtung umfasst (z. B. Kochen, Waschen), werden diese Leistungen auch Alg II-Berechtigten vom SGB XII-Träger gewährt. Der Leistungsausschluss nach § 5 SGB II gilt nur für Bedarfe zum Lebensunterhalt, die **außerhalb** der Einrichtung entstehen (LSG Baden-Württemberg vom 18.4.2012 – L 2 SO 5276/10). Diese müssen vom Jobcenter getragen werden.

Finanzielle Notlage

Für die Finanzierung einer Wohnung sind die Jobcenter zuständig (LSG Berlin-Brandenburg vom 4.5.2010 – L 23 SO 46/10 B ER). Sie müssen die im SGB II zur Verfügung stehenden Mittel und Spielräume nutzen, damit Leistungsberechtigte eine gefundene Wohnung anmieten oder eine bewohnte Wohnung erhalten können.

Abwehr der Gefahr von Obdachlosigkeit

Abzugrenzen hiervon ist die Verhinderung von Obdachlosigkeit als Aufgabe der Ordnungsbehörden. Sie kommt nur vorübergehend (VG Hannover vom 21.10.2014 – 10 B 12216/14) und erst zum Zug, wenn anderweitige Hilfen versagt haben oder zu spät kommen, und endet, sobald durch Dritte oder Eigeninitiative Wohnraum bezogen werden kann (vgl. BayVGH vom 21.9.2006 – 4 CE 06.2465 und vom 3.8.2012 – 4 CE 12.1509; OVG Mecklenburg-Vorpommern vom 23.7.2009 – 3 M 92/09; HessVGH vom 7.3.2011 – 8 B 217/11).

Freiwillige Obdachlosigkeit?

Ein Anspruch des Obdachlosen auf Unterbringung besteht nur, soweit und solange er die Gefahr der Obdachlosigkeit nicht aus eigenen Kräften oder mit Hilfe des Jobcenters rasch und auf zumutbare Weise beheben kann (VG München vom 26.5.2014 – M 22 E 14.1759; VG Bayreuth vom 16.9.2014 – B 1 E 14.572; s. auch VG Augsburg vom 21.8.2014 – Au 7 S 14.1124). Allein der fehlende Nachweis von Bemühungen, eine zumutbare Wohnung zu finden, bringt den Anspruch auf Unterbringung nicht zu Fall, wenn der Betroffene erhebliche Schwierigkeiten bei der Wohnungssuche hat (BayVGH vom 13.2.2014 – 4 CS 14.126; s. auch OVG Sachsen vom 30.7.2013 – 3 B 380/13).

Benutzungsgebühr für Obdachlosenunterkunft

Die Benutzungsgebühr für eine Obdachlosenunterkunft ist bis zum Bezug einer regulären Wohnung als Bedarf nach § 22 SGB II zu übernehmen (BayLSG vom 14.8.2012 – L 16 AS 568/12 B ER). Einer förmlichen Zuweisung der Unterkunft durch die Obdachlosenbehörde bedarf es dazu nicht (VG München vom 26.10.2011 – M 22 E 11.5079).

Mietrechtliche Grundsätze gelten für die Gebührenerhebung nicht (VG Düsseldorf vom 7.11.2011 – 23 K 2961/09). Das gilt auch für die verbrauchsabhängigen Kosten; werden sie als Messwert wie im normalen Mietverhältnis in Rechnung gestellt, muss das Jobcenter dafür nicht aufkommen (s. dazu BayVGH vom 17.8.2011 – 4 BV 11.785).

Kosten für die Grundreinigung eines vom Bewohner verschmutzten Zimmers begründen einen Schadensersatzanspruch, für den der Bewohner aufkommen muss (VG Düsseldorf vom 7.5.2014 – 23 K 8388/12).
Die Zuweisung einer Unterkunft darf nach VG Osnabrück vom 16.7.2012 – 6 B 57/12 auch bei zahlungsunwilligen Obdachlosen nicht von der Zahlung der Benutzungsgebühr abhängig gemacht werden.

Bleiben Personen nach rechtskräftigem Räumungstitel über eine Inanspruchnahmeverfügung der Ordnungsbehörde wegen sonst eintretender Obdachlosigkeit weiter in der Wohnung, trägt die Ordnungsbehörde die damit verbundenen Kosten (OVG Saarland vom 14.4.2014 – 1 B 213/14). Grundsätzlich geht die Einweisung in eine Obdachlosenunterkunft vor (s. dazu VG Frankfurt vom 6.6.2011 – 8 L 1441/11.F; VG Mainz vom 18.9.2012 – 1 L 1051/12.MZ; VG Augsburg vom 21.8.2014 – Au 7 S 14.1124).
Zu den Problemen bei drohender Zwangsräumung → S. 380 ff.

II Welche Unterkunftskosten können übernommen werden?

1 Nur angemessene Kosten

Der Vielgestaltigkeit des Lebens entspricht eine Vielfalt des Wohnens. Solange die gewählte Form des Wohnens keine unangemessenen Kosten verursacht, hat der Leistungsberechtigte Anspruch auf Übernahme der anfallenden Kosten. Bei einer ungewöhnlichen Wohnform (z. B. Wohnwagen, Gartenlaube, Hausboot) ist Maßstab für die Angemessenheit ein Vergleich zu Kosten, die für regulären Wohnraum zu übernehmen wären (s. dazu SG Leipzig vom 16.12.2013 – S 20 AS 879/11: Räume in Vereinsheim; LSG Baden-Württemberg vom 21.1.2015 – L 1 AS 5292/14 ER-B: Als Wohnraum genutzter Geschäftsraum ohne Küche und Bad).

Im Rahmen des Angemessenen muss das Jobcenter die Kosten übernehmen:
- für die Nutzung zum Wohnen (→ unter 2);
- für die tatsächliche Nutzung zum Wohnen (→ unter 4);
- auch für untrennbare Zusatzkosten (→ unter 3);
- für leistungsberechtigte Personen (→ unter 5);
- nur, soweit sie tatsächlich gezahlt wurden oder zu zahlen sind (→ unter 6);
- nur, soweit sie rechtmäßig gefordert werden können (→ unter 7).

2 Nur bei Nutzung zum Wohnen

§ 22 SGB II umfasst nur Aufwendungen **für das Wohnen und die Beheizung von Wohnraum**.
In welcher Größe und Form Wohnraumbedarf besteht, hängt von der individuellen Lebenslage der Leistungsberechtigten ab. Den individuellen Raumbedürfnissen muss auch bei Erlass einer Satzung angemessen Rechnung getragen werden (§ 22b Abs. 3 SGB II).
Näheres zur Bestimmung der Wohnungsgröße → S. 53 ff.

Bauwagen

Einen zum Wohnen genutzten Bauwagen hat das HessLSG vom 28.10.2009 – L 7 AS 326/09 B ER als Unterkunft i. S. v. § 22 SGB II anerkannt und Leistungen zur Reparatur einer defekten Solaranlage zur Stromversorgung zugesprochen; ebenso LSG Sachsen-Anhalt vom 14.11.2011 – L 5 AS 93/11 B ER.

Campingwagen

Ein Campingwagen ist auch bei Abschluss eines Mietvertrages keine Unterkunft i. S. v. § 22 SGB II, wenn er nur für gelegentliche Wochenendbesuche genutzt wird (LSG NRW vom 1.12.2009 – L 6 AS 21/09). Wird ein Campingwagen zur Ausübung eines reisenden Gewerbes genutzt, hat der Reisende Anspruch auf Finanzierung einer regulären Wohnung (LSG Sachsen-Anhalt vom 9.7.2009 – L 2 AS 194/09 B ER und vom 17.12.2010 – L 2 AS 392/10 B ER).

VW-Bus

Bietet ein Fahrzeug ohne festen Stellplatz lediglich eine Übernachtungsmöglichkeit und Lagerraum für die Habe, soll es sich nach LSG Rheinland-Pfalz vom 7.3.2013 – L 3 AS 69/13 B ER nicht um eine »Unterkunft« i. S. von § 22 SGB II handeln. Der Betreffende sei obdachlos. Selbst wenn man dem zustimmt, sind die Kosten, die das BSG im Wohnmobilfall (dazu gleich) anerkannt hat, als Kosten für die Lagerung der Habe zu übernehmen, soweit sie angemessen sind.

Wohnmobil

Lebt der Leistungsberechtigte in einem Wohnmobil, sind die dazu notwendigen Kosten als Unterkunftskosten zu übernehmen (BSG vom 17.6.2010 – B 14 AS 79/09 R) – jedenfalls so lange, wie die Nutzung von der Bauaufsichtsbehörde oder der Ordnungsbehörde nicht untersagt wird (SG Neuruppin vom 29.7.2010 – S 26 AS 1032/10 ER).
Zu den Unterkunftskosten zählen neben einer Stellplatzmiete auch die Kraftfahrzeugsteuer und die Beiträge für die Kraftfahrzeughaftpflichtversicherung, nicht aber Pauschalen für die Wartung des Wohnmobils. Kosten für Kraftstoff sind nur soweit zu übernehmen, wie dies der Beheizung dient. Werden Propangasflaschen zum Heizen genutzt, sind die Kosten für die Befüllung zu übernehmen; eine Pauschale für Kochenergie kann abgezogen werden, wenn im Wohnmobil auch gekocht wird und die dafür anfallenden Kosten abgegrenzt werden können (vgl. dazu BSG vom 19.10.2010 – B 14 AS 50/10 R).

Kein Wohngeld

Wohngeld soll es bei Wohnen im Wohnwagen nach VG Trier vom 14.4.2011 – 2 K 1082/10.TR nicht geben; die BSG-Rechtsprechung zum SGB II sei nicht auf das WoGG übertragbar.

Eine Gartenlaube ist nach LSG Berlin-Brandenburg vom 8.3.2006 – L 19 B 42/06 AS ER zwar eine Unterkunft i. S. von § 22 SGB II, das Gericht verneint aber einen Anspruch auf Kostenübernahme, weil der Mietvertrag unwirksam sei (Verstoß gegen § 3 BundeskleingartenG). Im konkreten Fall gab es überdies Hinweise, dass der vorgelegte Mietvertrag nur ein Scheingeschäft war. Gartenlaube
Mit Blick auf die BSG-Entscheidung zum Wohnmobil wird das Jobcenter Wohnkosten, die der Eigentümer oder Pächter einer Gartenlaube hat, nicht ablehnen können, wenn er die Laube mangels anderweitiger Unterkunft zum Wohnen nutzt (SG Berlin vom 28.7.2010 – S 174 AS 21449/07).

2.1 Zusatzräume

Ist die Anmietung einer Wohnung untrennbar mit Zusatzräumen (Schuppen, Garage, Kfz-Stellplatz) verbunden und liegt die Miete dennoch im Rahmen des angemessenen Preises für Wohnraum, ist das Jobcenter nicht berechtigt, den Umzug in eine günstigere Wohnung zu verlangen. Es ist auch nicht berechtigt, die auf den Zusatzraum anfallenden Kosten von den Unterkunftskosten abzuziehen. Dasselbe gilt für die Betriebs- und Heizkosten, wenn insoweit keine Eingrenzung auf die Wohnräume möglich ist.

Untrennbar mit dem Wohnungsmietvertrag verbunden sind Zusatz- oder Nebenräume, wenn sie im Rahmen eines einheitlichen Vertrages vermietet wurden. Eine Teilkündigung ist dann ausgeschlossen. Für den Mieter gilt für nicht zum Wohnen bestimmte Zusatzräume außerdem der Kündigungsschutz nach § 537b BGB. Auf diesen Schutz muss er zur Verringerung des Hilfebedarfs aber verzichten, wenn der Vermieter einer Teilkündigung zustimmt und dadurch die Unterkunftskosten nach § 22 SGB II gesenkt werden können.

Sind Zusatzräume rechtlich vom angemieteten Wohnraum abtrennbar und werden sie nicht für einen dem Wohnen zugeordneten Zweck (z. B. Lagerung von Hausrat) benötigt, sind nur die Wohnkosten zu übernehmen, soweit und sobald die Trennung vollzogen werden kann. Eine Kostensenkungsaufforderung mit einer sechsmonatigen Frist zur Senkung der Mietkosten entsprechend § 22 Abs. 1 Satz 3 SGB II ist nicht erforderlich (SG Stuttgart vom 30.11.2011 – S 20 AS 6617/10). Trennbare Kosten
Kann zumindest eine Untervermietung erreicht werden, sind die daraus erlangten Einkünfte ungekürzt von den Unterkunftskosten abzuziehen (BSG vom 6.8.2014 – B 4 AS 37/13 R).

2.1.1 Arbeitszimmer/Gewerberaum

Kosten für Zusatzraum für die Ausübung einer selbstständigen Tätigkeit oder eines Gewerbes werden nicht von § 22 Abs. 1 SGB II gedeckt (BSG vom 6.4.2011 – B 4 AS 119/10 R). Das gilt auch, wenn Kosten für ein Arbeitszimmer zwar nicht als Betriebsausgaben i.S.v. § 3 Alg II-VO abgesetzt werden, aber als vom Wohnen getrennte Kosten erfasst werden können (LSG Berlin-Brandenburg vom 20.3.2014 – L 25 AS 2038/10).

Förderleistung

Kosten für zusätzlichen Raumbedarf zur Vorbereitung/Ausübung einer selbstständigen Tätigkeit können nach BSG vom 23.11.2006 – B 11b AS 3/05 R aber gemäß § 16 Abs. 2 Satz 1 SGB II a.F. (jetzt § 16 Abs. 1 Satz 2 i.V.m. § 45 Abs. 1 Satz 1 Nr. 4 SGB III) oder im Rahmen der Freien Förderung nach § 16f SGB II übernommen werden. Die Gewährung der Leistung liegt – anders als bei den Kosten für das Wohnen – im Ermessen des Jobcenters. Das Jobcenter kann die Kostenübernahme an eine Prognose zur wirtschaftlichen Tragfähigkeit der ausgeübten Tätigkeit knüpfen (LSG Berlin-Brandenburg vom 18.6.2007 – L 28 B 837/07 AS ER; LSG NRW vom 26.11.2007 – L 7 B 259/07 AS ER). Es ist nicht erforderlich, dass die Einnahmen aus der Erwerbstätigkeit die Hilfebedürftigkeit vollständig beseitigen (LSG Berlin-Brandenburg vom 30.6.2010 – L 14 AS 933/10 B ER).

Arbeiten und Wohnen

Nicht ausgeschlossen ist im Rahmen der Angemessenheitsprüfung (näher dazu → S. 58 f.) die Anerkennung eines zusätzlichen Wohnbedarfs bei **untrennbarer** Nutzung als Wohn- und Arbeitsraum, z.B. die Stellfläche für das Klavier eines Musikers, der Musikunterricht erteilt. Bejaht vom LSG Sachsen vom 29.5.2012 – L 7 AS 24/12 B ER: Raum für Tagespflege; verneint vom LSG NRW vom 14.05.2012 – L 19 AS 702/12 B ER: Keine Übernahme höherer Kosten, Trennbarkeit spiele keine Rolle.

2.1.2 Lagerraum

Nicht für aufgegebenes Gewerbe

Weder auf Übernahme von Mietkosten noch auf Fördermittel nach § 16 Abs. 1 SGB II besteht Anspruch, wenn Zusatzraum für die Zeit der bloßen Abwicklung einer Erwerbstätigkeit oder für ein ruhendes Gewerbe benötigt wird (LSG Sachsen vom 24.1.2008 – L 3 B 434/06 AS-ER: Zusatzraum für Aktenverwahrung zur Abwicklung einer Rechtsanwaltstätigkeit; LSG NRW vom 6.1.2011 – L 19 AS 1591/10 B: Lagerhalle zur Aufbewahrung von Werkzeug, Türen, Fenster, Rollläden).

Für Hausrat

Ein Anspruch auf Übernahme der Mietkosten kann aber für einen zusätzlichen Lagerraum bestehen, wenn die angemietete Wohnung so klein ist, dass der Lagerraum zur Unterbringung von persönlichen Gegenständen und üblichem Hausrat des Leistungsberechtigten erforderlich ist (BSG vom 16.12.2008 – B 4 AS 1/08 R; BayLSG vom 28.11.2012 – L 11 AS 79/09 ZVW; s. auch HessLSG vom 24.1.2012 – L 9 AS 698/11 B ER: Keine Kostenübernahme für gewaltigen Bücherbestand). Werden persönliche Gegenstände und Hausrat in einer gesonderten Wohnung eingelagert und sind die Gesamtkosten für das Wohnen und die Lagerung angemessen, kann die Übernahme der Lagerkosten nicht damit verneint werden, dass ein Schuppen oder eine Garage ein günstigerer Aufbewahrungsort sei (SG Dortmund vom 10.12.2007 – S 38 (14) AS 364/05: Zusätzlicher Raum in Obdachlosenunterkunft).

Kosten für die Entsorgung nicht benötigter bzw. vom Jobcenter als unangemessen gewerteter Gegenstände können Umzugskosten nach § 22 Abs. 6 SGB II sein (vgl. BSG vom 15.11.2012 – B 8 SO 25/11 R). Für Entsorgung

2.1.3 Fahrradschuppen/-keller

Ist ein Fahrradschuppen/-keller ausdrücklich zusammen mit der Wohnung vermietet worden, hängt die Wirksamkeit einer Teilkündigung zur Senkung der Unterkunftskosten von der Zustimmung des Vermieters ab.

Bei gemeinschaftlich genutzten Fahrradräumen handelt es sich meist um Zubehör zu der gemieteten Wohnung ohne gesondert ausgewiesenen Mietzins. Das gilt auch, wenn dem Mieter ein Fahrradschuppen/-keller ohne ausdrückliche Erklärung über eine entgeltliche Nutzung überlassen wird (AG Köln vom 29.7.1996 – 213 C 9/96). Auswirkungen auf die Miete bzw. die Unterkunftskosten hat ein Fahrradschuppen/-keller in diesem Fall als wohnwerterhöhendes Merkmal (AG Dortmund vom 15.2.2006 – 125 C 12626/04; LG Berlin vom 1.4.2011 – 63 S 156/10; AG Berlin-Mitte vom 4.6.2014 – 11 C 13/14). Der Entzug der Nutzung des Fahrradschuppens/-kellers durch den Vermieter kann ein Recht auf Mietminderung begründen (LG Berlin vom 4.2.1993 – 67 S 176/92; AG Menden vom 7.3.2007 – 4 C 407/06; AG Hamburg vom 22.8.2007 – 46 C 1/07). Kann dieses Recht ohne Risiko durchgesetzt werden, muss der Leistungsberechtigte es zur Senkung seines Hilfebedarfs nutzen.

2.1.4 Garage, Stellplatz

Obwohl ein angemessenes Fahrzeug nach § 12 SGB II vor einer Vermögensverwertung geschützt ist, sind Kosten für eine Garage oder einen Stellplatz im Rahmen des § 22 SGB II nur zu übernehmen, wenn eine Teilkündigung der Garage/des Stellplatzes nicht möglich ist (SG Stuttgart vom 30.11.2011 – S 20 AS 6617/10). Besteht ein gesonderter Vertrag über die Anmietung einer Garage/eines Stellplatzes, ist nach BGH vom 12.10.2011 – VIII ZR 251/10 davon auszugehen, dass es sich bei dem Wohnungsmietvertrag und dem Garagen-/Stellplatzmietvertrag um zwei separate und somit auch getrennt kündbare Verträge handelt. Sieht der Mietvertrag über die Garage/den Stellplatz für beide Vertragspartner – abweichend von den für Wohnraum geltenden Regelungen – eine ordentliche Kündigung mit einer Frist von einem Monat zum Monatsende vor, können beide Parteien mit dieser kurzen Frist und unabhängig vom Vorliegen eines berechtigten Interesses an der Beendigung des Mietverhältnisses kündigen (BGH vom 3.9.2013 – VIII ZR 165/13). Werden Garage/Stellplatz und Wohnung in der Betriebskostenabrechnung als Abrechnungseinheit behandelt, spricht das nach LG Frankfurt vom 3.7.2012 – 2-11 S 115/12 für einen einheitlichen Mietvertrag. Die Garage/der Stellplatzes sind dann nur mit Zustimmung des Vermieters kündbar.

Untervermietung

Ist eine Teilkündigung ausgeschlossen, muss der Leistungsberechtigte versuchen, den Stellplatz/die Garage unterzuvermieten, um hierüber die Unterkunftskosten zu senken (LSG Baden-Württemberg vom 10.12.2014 – L 2 SO 4042/14). Eine Berechtigung zur eigentlich unzulässigen Untervermietung eines Stellplatzes kann sich bei Wohnungseigentum aus dem Gleichbehandlungsgrundsatz ergeben (BGH vom 30.11.2012 – V ZR 234/11).

Zur Bewertung eines Stellplatzes im Wohngeldrecht s. OVG NRW vom 8.10.2014 – 12 A 1507/14.

2.1.5 Garten

Ist ein Garten zusammen mit der Wohnung vermietet worden, was bei der Miete eines Hauses grundsätzlich anzunehmen ist (OLG Köln vom 5.11.1993 – 19 U 132/93), kann die Gartennutzung nur mit Zustimmung des Vermieters gekündigt werden.
Zur Frage, wann und in welchem Umfang Gartenpflegekosten als Unterkunftskosten zu übernehmen sind, → S. 81 f.

3 Auch Zusatzkosten

3.1 Wohnungsgebundene Zusatzkosten

Zusatzleistungen zur Miete sind wie Zusatzraum nur dann zu übernehmen, wenn sie **untrennbar** mit dem Mietvertrag verbunden sind und die Miete dennoch im Rahmen des angemessenen Preises für regulären Wohnraum liegt oder die Zusatzleistung im besonderen Einzelfall für das Wohnen unverzichtbar ist.
Zu Betreuungsleistungen → S. 26.

3.1.1 Möblierungszuschlag

Sind die Unterkunftskosten einer Wohnung unter Einbeziehung eines Entgelts für die Nutzung von Möbeln oder Haushaltsgeräten noch angemessen, ist das Nutzungsentgelt als Bestandteil der Unterkunftskosten zu übernehmen, wenn eine gesonderte Kündigung des auf solche Nutzungen bezogenen Mietvertrages nicht möglich ist. Lehnte das Jobcenter eine Kostenübernahme ab, entstünde für den Mieter die Situation, dass ihm einerseits wegen der Angemessenheit der Gesamtkosten ein über § 22 Abs. 6 SGB II finanzierter Umzug und dem folgend die in § 24 Abs. 3 Satz 1 Nr. 1 SGB II vorgesehenen Leistungen für die Erstausstattung einer Wohnung einschließlich Haushaltsgeräten vorenthalten werden, er aber andererseits in der bisherigen Unterkunft mietvertraglich weiterhin zur Zahlung des Nutzungsentgelts verpflichtet bliebe. Das BSG vom 7.5.2009 – B 14 AS 14/08 R hat daher das Nutzungsentgelt für eine Kücheneinrichtung als Teil der Unterkunftskosten gewertet (ebenso LSG Hamburg vom 28.1.2010 – L 5 AS 9/07; SG Dresden vom 27.6.2012 – S 40 AS 3905/10; LSG Sachsen vom 17.3.2011 – L 3 AS 500/09: Kühlschrank).

Keine Regelbedarfskürzung

Wegen des pauschalen Charakters der Regelbedarfe ist das Jobcenter nicht berechtigt, im Gegenzug zur Übernahme des Nutzungsentgelts als Teil der Unterkunftskosten Bedarfe in den Leistungen nach § 20 SGB II zu kürzen (BSG vom 7.5.2009 – B 14 AS 14/08 R und vom 20.9.2012 – B 8 SO 4/11 R; s. auch LSG Baden-Württemberg vom 4.2.2014 – L 7 SO 2474/14).

Mietrecht

Weil es für die Beurteilung der Angemessenheit nach § 22 SGB II auf jeden Cent ankommen kann, ist es im Fall einer drohenden Kostensenkungsaufforderung wichtig, zu wissen, ob der Möblierungszuschlag gezahlt werden muss oder zumindest gesenkt werden kann. Dazu einige Hinweise:

- Zur zulässigen Höhe eines Möblierungszuschlags s. LG Detmold 1.4.1999 – 2 T 13/99; AG Tiergarten 6.8.2001 – 5 C 150/01; LG Berlin vom 21.3.2003 – 63 S 365/01 und vom 7.4.2003 – 61 S 168/02; AG Köln vom 22.6.2006 – 222 C 566/03; vgl. auch FG Niedersachsen vom 7.12.2010 – 3 K 251/08; FG München vom 25.5.2011 – 1 K 4079/09.
- Zur Erhebung einer Kaution für die Möbel s. KG Berlin vom 24.6.1983 – 8 W RE-Miet 3712/82.
- Ist die vom Vermieter gegen einen Mietzuschlag zu stellenden Kücheneinrichtung unbrauchbar, kann die Miete gemindert werden. Dabei kann der Mietminderungsbetrag die Höhe des Mietzuschlags für die Möblierung übertreffen (LG Dresden vom 5.5.1998 – 15 S 0603/97).
- Ist die Vereinbarung des Möblierungszuschlags unwirksam, kann der darauf gezahlte Mietanteil zurückgefordert werden (s. dazu LG Hamburg vom 21.5.1992 – 307 S 415/91; AG Schöneberg 31.3.2010 – 103 C 384/07).

Einbauküche

Bauen Mieter auf eigene Kosten eine Einbauküche in die Wohnung ein, ist ohne abweichende, ggf. stillschweigende Vereinbarung mit dem Vermieter grundsätzlich davon auszugehen, dass die Küche nicht zum dauerhaften Zubehör der Wohnung wird (BGH vom 20.11.2008 – IX ZR 180/07; OLG Brandenburg vom 9.3.2011 – 3 U 77/10), bei einem Auszug also mitgenommen werden kann.

Erstausstattung

Ist die Einbauküche jedoch zum festen Bestandteil der Wohnung geworden, begründet ein vom Jobcenter veranlasster Wohnungswechsel einen Anspruch auf Erstausstattung mit Küchenmöbeln nach § 24 Abs. 3 Nr. 1 SGB II, soweit sie in der neuen Wohnung nicht vorhanden sind. Dieser Anspruch kann auch durch Zahlung der Kosten für die Übernahme einer Kücheneinrichtung vom Vormieter erfüllt werden (vgl. dazu SG Stade vom 14.7.2009 – S 19 SO 58/09 ER). Zur Darlegungs- und Beweislast, dass eine Einbauküche vom Vormieter als dessen Eigentum aus der Wohnung entfernt wurde, s. AG Wedding vom 19.6.2012 – 12b C 228/11.

Wohnwerterhöhendes Merkmal?

Das für einen Mietspiegel relevante, wohnwerterhöhende Merkmal »Einbauküche« besteht auch dann, wenn die Einbauküche vom Vormieter in der Mietsache zurückgelassen wurde. Anders ist der Fall zu beurteilen, wenn die zu Mietvertragsbeginn vorhandene Küche in das Eigentum des Nachmieters übergegangen ist (AG Charlottenburg vom 20.4.2011 – 212 C 17/11; LG Berlin vom 16.12.2011 – 63 S 170/11).

Mietnachlass

Ist vereinbart, dass für den Einbau oder den Ersatz einer Küche durch den Mieter ein monatlicher Mietnachlass gewährt wird, muss dies dem Jobcenter mitgeteilt werden, weil nur die Zahlmiete die zu übernehmenden Unterkunftskosten bestimmt. Wertersatz für einen noch nicht durch den Mietnachlass abgegoltenen Restwert der Küche kann der Mieter bei Auszug nur verlangen, wenn die Mietvertragsparteien eine entsprechende Vereinbarung getroffen haben (LG Berlin vom 23.5.2014 – 65 S 524/13).

Kündigungsschutz?

Eine in Erwartung einer längerfristigen Nutzung des Mietobjekts vom Mieter eingebrachte Einbauküche kann ggf. eine Härte i. S. von § 574 BGB begründen (s. dazu BGH vom 20.3.2013 – VIII ZR 233/12).

Vermieterpfandrecht

Wird ein Vermieterpfandrecht an einer nicht zum Zubehör gewordenen Einbauküche geltend gemacht (s. dazu LG Heidelberg vom 20.5.2009 – 6 T 20/09b), geht dem Anspruch auf Erstausstattung mit Küchengeräten und -möbeln der Versuch vor, vom bisherigen Vermieter eine Herausgabe der unpfändbaren Teile (§ 811 ZPO) zu verlangen (LSG NRW 25.6.2008 – L 7 B 9/08 AS).

Gegen die Pfändung einer unter Eigentumsvorbehalt gelieferten Einbauküche kann sich der Mieter nicht wehren (AG Bad Neuenahr-Ahrweiler vom 16.08.2004 – 1 M 1630/04).

Kein Vermögen

Eine dem üblichen Standard entsprechende Einbauküche ist kein bei der Prüfung der Hilfebedürftigkeit anzurechnender Vermögensgegenstand; sie dient der allgemeinen Lebens- und Haushaltsführung (vgl. OVG Sachsen vom 24.1.2011 – 1 A 608/09: Zum BAföG).

3.1.2 Kabelanschluss

Sozialrecht

Die zum Möblierungszuschlag dargelegten Voraussetzungen für eine Kostenübernahme nach § 22 SGB II gelten auch für das Nutzungsentgelt eines Kabelanschlusses (BSG vom 19.2.2009 – B 4 AS 48/08 R und vom 24.11.2011 – B 14 AS 107/10 R). Ist der Anschluss nicht an den Mietvertrag gebunden, sind die Kosten auch dann nicht zu übernehmen, wenn die Nutzung des Kabelanschlusses der einzige technische Zugang zum Fernsehempfang ist (LSG Sachsen vom 25.10.2010 – L 7 AS 346/09; LSG NRW vom 7.4.2011 – L 7 AS 267/11 NZB: Wahl zwischen einer Zimmerantenne und der Nutzung des Kabels; LSG Sachsen-Anhalt vom 24.6.2014 – L 4 AS 98/11).

Mehrbedarf für Teilhabe am kulturellen Leben

Ist die Teilhabe am kulturellen Leben einem schwerstbehinderten Mieter nur durch Kabelanschluss oder Empfang von digitalem Fernsehen (via Satellitenschüssel) möglich, können die insoweit anfallenden, laufenden Kosten einen Mehrbedarf nach § 21 Abs. 6 SGB II begründen (a.A. LSG NRW vom 23.9.2013 – L 20 SO 279/12, Revision unter – B 8 SO 22/13 R; s. dazu aus mietrechtlicher Sicht – Recht auf Anbringung einer Parabolantenne – AG Leipzig vom 14.5.2012 165 C 6339/11; AG Hamburg vom 9.7.2013 – 925 C 9/13). Dasselbe gilt, wenn das Recht zur Ausübung des Glaubens nur mithilfe einer Parabolantenne gewährleistet ist (dazu LG Frankfurt vom 4.7.2011 – 2-11 S 86/11; LG Berlin vom 25.10.2011 – 65 S 38/11).

Nutzen mehrere Personen in einer BG den Kabelanschluss, kann das Merkmal des »erheblich« abweichenden Mehrbedarfs wegen einer Verteilung der Kosten auf die Anzahl der Nutzer entfallen (LSG Sachsen vom 15.3.2012 – L 3 AS 588/10).

Mietrecht

Für eine Kostenübernahme des Kabelanschlusses im Rahmen des § 22 SGB II ist es wichtig zu wissen, wann der Vermieter den Anschluss verlangen kann und welche Kosten auf den Mieter abgewälzt werden dürfen.

Ungültige Klausel

Eine Klausel im Mietvertrag, wonach einem späteren Kabelanschluss zugestimmt werden muss, ist unwirksam (BGH vom 15.5.1991 – VIII ZR 38/90).

Anschlusspflicht

Der Mieter muss den Kabelanschluss dulden, wenn dadurch die Sendequalität oder Programmvielfalt verbessert wird. Die Verkabelung ist dann eine zulässige Modernisierungsmaßnahme (→ 3.1.4). Der Mieter kann nicht einwenden, dass Digitalfernsehen mit einer Set-Top-Box möglich und preiswerter ist (BGH vom 20.7.2005 – VIII ZR 253/04 und vom 27.6.2007 – VIII ZR 202/06).

Verfügt das Haus über eine Verkabelung, muss der Vermieter dem Aufstellen einer Parabolantenne (Satellitenschüssel) nicht zustimmen (BGH vom 21.9.2010 – VIII ZR 275/09; BVerfG vom 31.3.2013 – 1 BvR 1314/11). Der Vermieter ist berechtigt, die Genehmigung zur Montage einer Satellitenanlage auf dem Dach zu widerrufen, wenn er sich das vorbehalten hatte und die Wohnung an das rückkanalfähige digitale Breitbandnetz angeschlossen wird (LG Berlin vom 16.7.2012 – 67 S 507/11; s. auch AG Brandenburg vom 8.8.2014 – 31 C 304/13 mit vielen Nachweisen zur Rechtsprechung). Ist für den Kabelanschluss ein Modernisierungszuschlag zu zahlen, entfällt die Zahlungspflicht nicht, wenn der Mieter auf eigene Kosten eine andere Empfangstechnik nutzt.

Keine Mietminderung

Ersetzt der Vermieter die bisher vorhandene Gemeinschaftsantenne für Fernsehempfang durch einen Kabelanschluss, über den der Mieter dieselben Programme wie bisher empfangen kann, liegt kein Mangel vor, der zur Mietminderung berechtigt (LG Berlin vom 23.5.2012 – 63 S 426/11).

Betriebskosten

Soweit der Mieter den Anschluss als Modernisierung dulden muss, muss er die anfallenden laufenden Kosten auch dann als Betriebskosten zahlen, wenn er den Anschluss nicht nutzt bzw. gar keinen Fernseher besitzt (AG Frankfurt am Main vom 27.6.2012 – 33 C 4614/11). Hat der Vermieter die Kabelkosten versehentlich nicht in die Betriebskostenabrechnung einbezogen, kann er sie nicht nachfordern (AG Potsdam vom 6.7.2010 – 23 C 194/10). Die Kosten für den Kabelanschluss sind nicht nach Quadratmeter umzurechnen, sondern nach der Gesamtaufstellung nach Anteilen (AG Tempelhof-Kreuzberg vom 28.3.2012 – 10 C 214/11; BGH vom 27.6.2007 – VIII ZR 202/06).

Wohnwerterhöhendes Merkmal

Ein rückkanalfähiger Breitbandkabelanschluss ist nur dann wohnwerterhöhend zu berücksichtigen, wenn die Kosten für dessen Bereitstellung vom Vermieter getragen werden, der Mieter insoweit also keinen Vertrag mit einem Dritten abschließen muss (AG Tempelhof-Kreuzberg vom 29.2.2012 – 5 C 406/11; AG Lichtenberg vom 18.10.2012 – 16 C 96/12). Nach AG Charlottenburg vom 28.6.2013 – 213 C 497/12 ist die Rückkanalfähigkeit (und die durch diese ermöglichten weiteren Dienste wie Internet- und Telefonnutzung) ohne zusätzliche vertragliche Bindung mit Dritten für das Vorliegen des wohnwerterhöhenden Merkmals »Breitbandkabelanschluss« nicht notwendig.

3.1.3 Internetzugang

Sozialrecht

Grundsätzlich haben Leistungsberechtigte keinen Anspruch auf Übernahme der Kosten für einen Internetanschluss. Diese Kosten sind aus dem Regelbedarf zu bestreiten (LSG Hamburg vom 27.6.2013 – L 4 AS 118/10). Etwas anderes kann gelten – Mehrbedarf nach § 21 Abs. 6 SGB II –, wenn nur darüber ein Informationsbedürfnis gedeckt werden kann und der Zugang zu digitalem Fernsehen via Satellit mit Verweis auf einen leistungsstarken Internetzugang verwehrt wird (dazu BGH vom 14.5.2013 – VIII ZR 268/12; aber auch AG Halle vom 13.11.2012 – 95 C 4392/11).

Ist der Internetzugang (ohne zusätzliche vertragliche Bindung mit Dritten) Teil des Mietvertrages und ist die Miete insgesamt angemessen, muss das Jobcenter die tatsächlichen Mietkosten inklusive Internetzugang übernehmen. Eine Kürzung des Regelbedarfs um entsprechende Anteile in der Bedarfsposition 8 (Nachrichtenübermittlung) oder 9 (Freizeit, Unterhaltung, Kultur) ist unzulässig.

Mietrecht

Der Vermieter ist nicht verpflichtet, dem Mieter im Rahmen des Wohnwertmerkmals »rückkanalfähiger Breitbandkabelanschluss« auch Internet und/oder Telefon nutzbar zur Verfügung zu stellen (AG Charlottenburg vom 28.6.2013 – 213 C 497/12). Tut er dies, ist eine Kopplung des Mietvertrages mit einem Internetanbieter bei Anmietung der Wohnung unzulässig.

3.1.4 Modernisierungs-/Wertverbesserungszuschlag

Sozialrecht

Soweit der Vermieter die Kosten einer Modernisierungsmaßnahme nach § 559 BGB auf den Mieter abwälzt, gehören diese Kosten, auch wenn sie weiterhin gesondert ausgewiesen sind, zur vertraglich geschuldeten (Kalt-)Miete. Hält sich die Gesamtmiete im Rahmen des Angemessenen, ist der Modernisierungszuschlag als Bestandteil der Unterkunftskosten zu übernehmen (BSG vom 19.10.2010 – B 14 AS 2/10 R).

Keine vorherige Zusicherung

Die Ankündigung einer Modernisierungsmaßnahme durch den Vermieter verpflichtet den Leistungsberechtigten nicht, eine Zusicherung des Jobcenters für die im Ankündigungsschreiben nach § 555c Abs. 1 Nr. 3 BGB mitzuteilende, voraussichtliche Miethöheänderung (zu den Anforderungen an eine Modernisierungsankündigung s. BGH vom 28.9.2012 – VIII ZR 242/10) einzuholen. Die erhöhte Miete muss zunächst übernommen werden, kann dann aber ein Kostensenkungsverfahren nach § 22 Abs. 1 Satz 3 SGB II auslösen.

Liegt die bisherige Miete schon am oberen Ende des Angemessenheitswertes und ist abzusehen, dass die künftige Miete nur vorübergehend als Bedarf nach § 22 SGB II anerkannt wird, macht die Suche nach einer günstigeren Wohnung Sinn, um sich eine längere Suchfrist als die 6 Monate nach § 22 Abs. 1 Satz 3 SGB II offen zu halten oder ggf. nachweisen zu können, dass nach der Entwicklung auf dem Wohnungsmarkt keine zumutbare Wohnung zu dem abstrakt angemessenen Wert zu finden ist.

Keine vorgezogene Kostensenkung

Die Forderung in § 2 Abs. 1 SGB II, alle Möglichkeiten zur Verringerung der Hilfebedürftigkeit auszuschöpfen, verpflichtet den Leistungsberechtigten nicht, schon vor der Mieterhöhung unter Nutzung des außerordentlichen Kündigungsrechts nach § 555e Abs. 1 BGB (der Mieter ist berechtigt, bis zum Ablauf des Monats, der auf den Zugang der Modernisierungsankündigung folgt, zum Ablauf des nächsten Monats zu kündigen) umzuziehen. Die gegenüber den allgemeinen Forderungsgeboten in § 2 SGB II speziellere Regelung des § 22 Abs. 1 Satz 3 SGB II knüpft die Kostensenkungsforderung an tatsächlich anfallende, unangemessene Mietkosten.

Keine Abwehrobliegenheit

Es besteht auch keine Obliegenheit, eine angekündigte Modernisierungsmaßnahme oder eine daraus folgende Mieterhöhung abzuwehren, es sei denn, die Maßnahme oder eine später darauf gestützte Mieterhöhung ist offenkundig rechtswidrig.
Ist für die Dauer einer Modernisierungsmaßnahme ein Recht auf Mietminderung begründet und kann die Miete ohne Risiko gemindert werden, muss der Leistungsberechtigte diese Möglichkeit zur vorübergehenden Senkung der Unterkunftskosten nutzen.

Beispiel

Dem Leistungsberechtigten K. ist bekannt, dass Nachbarn nach rechtskundiger Beratung die Miete wegen der Einrüstung der Fassade und Sperrung der Balkone um 15% kürzen. Hier muss auch K. den Vermieter wegen einer Minderung anschreiben (Mängelanzeige nach § 536c

BGB). Bestreitet der Vermieter ein Recht auf Minderung, kann das Jobcenter eine streitige Durchsetzung nur verlangen, wenn es für die damit verbundenen Kosten aufkommt oder sich das Recht auf Minderung abtreten lässt.

Keine Kostendeckelung

Erhöht sich die Miete wegen einer von den Mietvertragsparteien ohne Zustimmung des Jobcenters abgeschlossenen Modernisierungsvereinbarung, ist § 22 Abs. 1 Satz 2 SGB II nicht analog anwendbar; es fehlt an einer von den Gerichten auszufüllenden Regelungslücke (BSG vom 23.8.2012 – B 4 AS 32/12 R).

Zu einem Anspruch auf Erteilung einer Zusicherung → S. 288.

Für Leistungsberechtigte hängt der Erhalt der Wohnung davon ab, dass der Mietzins nicht unangemessen steigt.

Mietrecht

Sie müssen daher genau darauf achten, ob eine vom Vermieter angekündigte Modernisierungsmaßnahme tatsächlich eine mieterhöhende Modernisierung ist und wenn ja, ob sie im konkreten Fall geduldet werden muss. Nur eine Modernisierung, die Energie oder Wasser spart oder eine **Verbesserung** der Mietsache darstellt, rechtfertigt eine Mieterhöhung.

Im Fall einer energetischen Modernisierung nach § 555b Abs. 1 Nr. 1 BGB muss eine Mindesteinsparung von Energie aber nicht garantiert werden. Einsparmaßnahmen von Primärenergie (§ 555b Abs. 1 Nr. 2 BGB) müssen geduldet werden, rechtfertigen aber keine Mieterhöhung. Auswirkungen auf den Mietzins können sich hier nur aus dem nicht eingeschränkten Recht auf Mietminderung ergeben.

Verbesserung der Mietsache?

Ob sich die Mietsache verbessert, richtet sich nach dem gegenwärtigen Zustand der Wohnung einschließlich der vom Mieter – mit Zustimmung des Vermieters – vorgenommenen vorangegangenen Verbesserung (BGH vom 20.6.2012 – VIII ZR 110/11). Die Verbesserung muss über eine nur geringfügige Erhöhung des Gebrauchswerts der Wohnung hinausgehen, was nach objektiven Kriterien zu beurteilen ist (LG Frankfurt am Main vom 19.4.2012 – 2-11 S 348/11: Keine Mieterhöhung wegen geringer Balkonvergrößerung mit zweiter Zugangstür, die Stellflächen wegnimmt). Einige praxisrelevante Fälle werden hier genannt. Im Zweifel sollte der Rat einer Mieterberatung eingeholt werden. Die Jobcenter sind nicht befugt, verbindliche Aussagen zu mietrechtlichen Fragen zu geben, können den Leistungsberechtigten aber auch nicht darauf verweisen, einen riskanten Rechtsstreit mit dem Vermieter zu führen.

Mieterhöhende Modernisierung

Maßnahmen zur Modernisierung, die eine Mieterhöhung oder einen Zuschlag zur Miete rechtfertigen, sind:

- Anschluss an Breitbandverkabelung, wenn bislang nur ein eingeschränkter Fernsehempfang bestand (→ 3.1.2).
- Umstellung der analogen auf die digitale Empfangstechnik (seit 2012).

- Verstärkung der Haussteigeleitung von 35 A auf 65 A (AG Lichtenberg vom 15.12.2005 – 12 C 8/05).
- Energieeinsparung, z. B. neue Heizung (BGH vom 24.9.2008 – VIII ZR 275/07), Wechsel von Gasetagen- zu Gaszentralheizung (BGH vom 10.10.2012 – VIII ZR 25/12) oder Austausch eines funktionierenden Systems gegen ein moderneres System zur Erfassung des Verbrauchs von Wärme und Warmwasser (LG Berlin vom 22.10.2010 – 63 S 451/10; LG Heidelberg vom 19.11.2010 – 5 S 34/10).
- Umtausch PVC-Bodenbelag gegen Laminat (AG München vom 25.3.2010 – 474 C 31317/09).
- Installation von Rauchmeldern. Das gilt nicht, wenn der Mieter schon auf eigene Kosten Rauchmelder eingebaut hat (AG Hamburg vom 29.11.2011 – 814 C 125/11; a.A. LG Halle vom 30.6.2014 – 3 S 11/14: Stets duldungspflichtig mit Berechtigung zur Umlage der Wartungskosten und der Gerätemiete auf die Betriebskosten).
- Installation eines Handtuchheizkörpers anstelle eines alten Heizkörpers (LG Berlin vom 22.03.2011 – 65 S 321/10).
- Installation eines größeren Handwaschbeckens, eines Hänge-WC mit Spül-Stopp und von Einhebelmischbatterien (LG Berlin vom 22.03.2011 – 65 S 321/10).
- Installation einer Doppelspüle in der Küche (LG Berlin vom 22.03.2011 – 65 S 321/10).

Keine mieterhöhenden Maßnahmen

Keine Maßnahmen zur Modernisierung, sondern Instandhaltungs-/-setzungsmaßnahmen, die keine Mieterhöhung bzw. einen Zuschlag zur Miete rechtfertigen, sind:

- Austausch eines Gasherdes gegen einen Elektroherd (LG Berlin vom 14.7.2005 – 62 S 91/05).
- Austausch von Nachtspeicheröfen gegen Heizkörper und deren Anschluss an die Gasheizung (AG Hamburg-St. Georg vom 26.7.2012 – 913 C 21/12; a. A. AG Hamburg vom 15.11.2007 – 49 C 248/07; LG Berlin vom 27.8.2010 – 63 S 171/09: Bei dem Austausch von Nachtspeicheröfen gegen eine Gaszentralheizung handele es sich um eine duldungspflichtige Maßnahme zur Einsparung von Primärenergie).
- Einbau einer neuen Wasserfilteranlage nach Austausch eines defekten Brunnens (AG Bielefeld vom 30.3.2011 – 17 C 288/11).
- Elektrifizierung der Wohnung auf einen Mindeststandard (BGH vom 26.7.2004 – VIII ZR 281/03).
- Erneuerung einer alten Badewanne, die erhebliche Gebrauchsspuren aufweist (AG Münster vom 1.8.2012 – 48 C 4169/10).
- Gesetzlich vorgeschriebene Nachrüstungen der Heizanlage, wenn diese bei Mietvertragsschluss schon hätten erledigt werden müssen.

Abzug fiktiver Instandhaltungs-/Instandsetzungskosten

Wird im Zuge einer Modernisierungsmaßnahme zugleich eine notwendige Instandhaltung/-setzung durchgeführt, sind die Kosten, die hierfür ohne die Modernisierungsmaßnahme angefallen wären, von den nach § 555e BGB umzulegenden Kosten abzuziehen (LG Berlin vom 14.12.2012 – 63 S 252/12; BGH vom 17.12.2014 – VIII ZR 88/13: Abzug der Kosten für die Sanierung einer maroden Fassade, die im Zuge einer energetischen Modernisierung effektiver gedämmt wird).

Umlagefähige Kosten

Der Vermieter kann die Miete bei einer Modernisierung der Wohnung – durch Aufschlag von 11% der Modernisierungskosten auf die Jahresmiete – nur insoweit erhöhen, als die aufgewendeten Kosten notwendig waren. Die Kosten können schon bei Fälligkeit umgelegt werden (BGH vom 20.3.2012 – VIII ZR 294/11).

Unnötige, unzweckmäßige oder ansonsten überhöhte Modernisierungsaufwendungen hat der Mieter nicht zu tragen (BGH vom 17.12.2008 – VIII ZR 41/08). Zu den Kosten baulicher Modernisierungsarbeiten zählen auch Aufwendungen zur Wiederherstellung einer durch die Bauarbeiten beschädigten Dekoration. Diese Kosten können auch dann gemäß § 559 Abs. 1 BGB umgelegt werden, wenn der Mieter die Arbeiten selbst durchgeführt und der Vermieter ihm die Aufwendungen erstattet hat (BGH vom 30.3.2011 – VIII ZR 173/10).

Beispiel

Es müssen neue Wasseruhren eingebaut werden. Dies ist nur möglich, wenn ein Teil der Wand aufgestemmt wird. Dabei werden die Tapeten auch an sichtbaren Stellen beschädigt. Der Mieter vereinbart mit dem Vermieter, bei Erstattung der Materialkosten selber neu zu tapezieren. Der Vermieter ist damit einverstanden. Nach Abschluss der Maßnahmen legt er auch die Kosten für Tapeten und Kleister auf die Miete um.

Angemessene Kostenteilung

Betrifft die Modernisierung mehrere Wohnungen, müssen die Kosten entsprechend der Wertverbesserung aufgeteilt werden. Bei Einbau eines Fahrstuhls ist eine Aufteilung je nach Stockwerk sachgerecht; Mieter, die im Erdgeschoss wohnen, dürfen nicht belastet werden (LG Hamburg vom 30.5.2002 – 333 S 81/01).

Umlageschlüssel

Maßnahme der Wärmedämmung können grundsätzlich nach den jeweiligen Wohnungsgrößen, nach dem sog. Flächen-Maßstab, auf alle Mietwohnungen im Gebäude umgelegt werden. Diese Verteilung ist nach LG Münster vom 26.11.2009 – 8 S 131/09 nicht deshalb unbillig, weil die Wohnungen im Erdgeschoss und im ersten Obergeschoss von den Wärmedämm-Maßnahmen im zweiten Obergeschoss nicht bzw. nur ganz unwesentlich profitieren. Die Kosten eines nachträglichen Balkonanbaus können nach der Fläche der mit einem Balkon versehenen Wohnungen festgelegt werden (AG Wedding vom 19.3.2014 – 6a C 281/13).

Wirksame Mieterhöhung

Eine Modernisierungsmieterhöhung ist wirksam, wenn

- die Mieterhöhung dem Mieter in schriftlicher Form unter genauer Darlegung der entstandenen Kosten erklärt wird (§ 559b Abs. 1 BGB); s. dazu AG Wedding vom 19.3.2014 – 6a C 281/13;
- die neue Miete unter Berücksichtigung der voraussichtlichen künftigen Betriebskosten für den Mieter keine Härte bedeuten würde.

Ausnahme

Der Mieter muss eine wirksam erklärte Mieterhöhung trotz einer Härte hinnehmen, wenn die Mietsache lediglich in einen Zustand versetzt wurde, der allgemein üblich ist oder es sich um eine Maßnahme handelt, die der Vermieter nicht zu vertreten hat (z. B. Umsetzung einer behördlichen Auflage, die nicht schon zu Beginn des Mietverhältnisses hätte erfüllt werden müssen). In einen allgemein üblichen Zustand werden gemietete Räume versetzt, wenn dieser Zustand bei der überwiegenden Mehrzahl von Mieträumen – mindestens zwei Drittel – in Gebäuden gleichen Alters innerhalb der Region angetroffen wird (BGH vom 19.2.1992 – VIII ARZ 5/91; LG Berlin vom 15.3.2007 – 67 S 26/06; AG Berlin-Mitte vom 6.8.2013 – 5 C 366/12).

Härtegründe

Härtegründe können zum einen gegen die Duldung der Modernisierung vorgebracht werden. Die zu erwartende Mieterhöhung bleibt dabei außer Betracht (§ 555d Abs. 2 BGB). Zum anderen kann die auf eine duldungspflichtige Modernisierung folgende Mieterhöhung eine Härte bedeuten. Dann darf die Miete trotz Verbesserung der Wohnung/des Wohnumfeldes oder einer Einsparung von Energie oder Wasser nicht erhöht werden.

Der Mieter muss Härtegründe gegen die Modernisierung oder die künftige Miethöhe schriftlich bis zum Ablauf des Monats, der auf den Zugang einer nach § 555c BGB wirksamen Modernisierungsankündigung folgt, geltend machen, gegen die Miethöhe spätestens bis zum Beginn der Modernisierungsmaßnahme (noch später nur, wenn die tatsächliche Mieterhöhung die angekündigte um mehr als 10% übersteigt – § 559 Abs. 5 Satz 2 BGB).

Modernisierungsmaßnahmen sind hart i. S. von § 555d Abs. 1 BGB, wenn sie unter Würdigung der berechtigten Interessen sowohl des Vermieters als auch anderer Mieter in dem Gebäude sowie von Belangen der Energieeinsparung und des Klimaschutzes für den betroffenen Mieter, seine Familie oder einen Angehörigen seines Haushalts nicht zu rechtfertigen sind – sei es, dass die geplante Verbesserung andere, erhebliche Nachteile bringt (der Einbau von Isolierglasfenstern erzwingt zur Abwehr von Schimmel ein unzumutbares Lüften), oder sei es, dass die Baumaßnahmen Investitionen zunichte macht, die der Mieter mit Zustimmung des Vermieters getätigt hat und die noch nicht »abgewohnt« sind.

Ob eine modernisierungsbedingte Mieterhöhung hart ist, kann nur im Einzelfall aufgrund einer umfassenden Würdigung aller Umstände und der Interessen der Beteiligten entschieden werden (BGH vom 2.3.2011 – VIII ZR 164/10). Allein die Überschreitung einer prozentual zu bemessenden Grenze des Anteils der künftigen Miete am monatlichen Einkommen genügt zur Annahme einer Härte nicht (s. z. B. LG Berlin vom 19.1.2010 – 65 S 285/09 und vom 9.7.2013 – 63 S 438/12; LG Freiburg vom 4.8.2011 – 3 S 98/11; AG Berlin-Mitte vom 6.8.2013 – 5 C 366/12).

Nicht bei Ausgleich mit Alg II

Bezieht der Mieter Alg II, liegt nach KG Berlin vom 10.5.2007 – 8 U 166/06 keine unzumutbare Härte vor, wenn davon auszugehen ist, dass die Wohnkosten auch nach einer modernisierungsbedingten Mieterhöhung in voller Höhe durch das Alg II abgedeckt sein werden. Für die nicht volle Kostenübernahme der erhöhten Miete soll der Mieter beweispflichtig sein. Das Jobcenter kann in diesem Zusammenhang nicht einwenden, die geplante Modernisierungsmaßnahme sei nicht notwendig und könne daher keine höheren Unterkunftskosten auslösen.

Beginn der Mieterhöhung

Die neue Miete ist ab dem dritten Monat nach Zugang einer korrekten Mieterhöhungserklärung zu zahlen. Die Frist verlängert sich auf sechs Monate, wenn die Modernisierungsmaßnahme nicht ordnungsgemäß angekündigt wurde oder die tatsächliche Mieterhöhung die angekündigte um mehr als 10% übersteigt.

Eine nachträgliche Heilung von Mängeln einer modernisierungsbedingten Mieterhöhung ist nicht möglich. Erforderlich ist eine neue Mieterhöhungserklärung, die neue Fristen für den Beginn der Mieterhöhung setzt. Mietzahlungen auf eine unwirksam erklärte Mieterhöhung können zurückgefordert werden (BGH vom 21.3.2007 – XII ZR 176/04).

Mieterhöhung und Zuschlag

Die infolge der Modernisierung bewirkte Wertverbesserung berechtigt zu einer Erhöhung der Miete auf die ortsübliche Vergleichsmiete. Ein Zuschlag neben dieser ortsüblichen Miete ist dann nicht zu zahlen (AG Hamburg-Altona vom 11.11.2013 – 341a C 163/13). Bei Vereinbarung eines Modernisierungszuschlags ist eine spätere Mieterhöhung unter Einbeziehung dieses Zuschlags zu rechtfertigen, d.h. der Zuschlag ist bei der Beurteilung zu berücksichtigen, ob die verlangte Miete die ortsübliche Miete nicht übersteigt (BGH vom 10.10.2007 – VIII ZR 331/06; LG Berlin vom 1.4.2011 – 63 S 156/10; s. auch AG Kerpen vom 21.6.2011 – 104 C 321/2010: Keine Kostenumlegung nach § 559 BGB wegen des Einbaus neuer Fenster, wenn deshalb schon eine Mieterhöhung nach § 558 BGB erfolgt war.).

3.1.5 Zuschlag für Schönheitsreparaturen

Sozialrecht

Nach BSG vom 19.3.2008 – B 11b AS 31/06 R fallen mietvertraglich vereinbarte monatliche Zuschläge für Schönheitsreparaturen unter die nach § 22 Abs. 1 Satz 1 SGB II zu übernehmenden Kosten der Unterkunft. Der im Regelbedarf enthaltene Anteil für »Instandhaltung und Reparatur« darf im Gegenzug nicht in Abzug gebracht werden. Infolge solcher Zuschläge kann die Miete jedoch unangemessen hoch werden. Denn grundsätzlich werden Schönheitsreparaturen nur im Umfang der Kosten für das Material (Farbe, Pinsel etc.) übernommen, da eine fachhandwerkliche Ausführung der Schönheitsreparaturen vom Vermieter nicht verlangt werden kann (→ S. 141 ff.).

Wenn die Gesamtmiete einschließlich eines Zuschlags für Schönheitsreparaturen noch angemessen ist, muss sie übernommen werden. Das Jobcenter wird aber dem Neuabschluss eines Mietvertrages mit Zuschlagsklausel nur zustimmen müssen, wenn es sich um eine zulässige Vertragsgestaltung handelt.

Mietrecht

Wann und unter welchen Voraussetzungen ein Zuschlag für Schönheitsreparaturen verlangt werden kann, ist zur Prüfung einer Kostenübernahme als laufender Bedarf nach § 22 Abs. 1 SGB II wichtig.

Kalkulatorischer Mietbestandteil

Ein Vermieter darf zum Zeitpunkt des Abschlusses eines Mietvertrages einen in der Miete enthaltenen Kostenansatz für Schönheitsreparaturen verlangen, wenn er dem Mieter keine Pflicht zur Durchführung von Schönheitsreparaturen auferlegt. Ohne besondere Vereinbarung besteht kein Anspruch des Mieters auf Eigenvornahme von Schönheitsreparaturen, um das angesammelte Schönheitsreparaturguthaben ausgezahlt zu bekommen (AG Wiesbaden vom 2.4.2014 – 91 C 5302/13).

Die Klausel

> »Sofern der Mieter Schönheitsreparaturen selbst ausführt oder durch entsprechende Fachfirmen ausführen lässt, werden ihm auf Antrag die Schönheitsreparaturanteile ausgezahlt, sofern die Ausführung sach- und fachgerecht erfolgt ist.«

berechtigt den Mieter, die Schönheitsreparaturen selbst auszuführen und anschließend die Auszahlung der »angesparten« Beträge zu verlangen (BGH vom 3.12.2014 – VIII ZR 224/13).

Hat das Jobcenter die Miete inklusive Schönheitsreparaturzuschlag übernommen und ist dem Leistungsberechtigten die Durchführung von Schönheitsreparaturen möglich, ist er dem Jobcenter gegenüber dazu verpflichtet, sofern dieses die Kosten für die benötigten Materialien übernimmt. Auf diese Weise kann sich das Jobcenter einen Teil der von ihm getragenen Mietkosten über das Schönheitsreparaturguthaben zurückholen.

Nicht bei unwirksamer Schönheitsreparaturklausel

Der Vermieter ist nicht berechtigt, im Falle der Unwirksamkeit einer Klausel zur Vornahme der Schönheitsreparaturen durch den Mieter von diesem eine Mieterhöhung in Form eines Zuschlages zur ortsüblichen Vergleichsmiete zu verlangen (BGH vom 9.7.2008 – VIII ZR 181/07 und vom 11.2.2009 – VIII ZR 118/07).

Ausnahme Sozialwohnung

Bei öffentlich gefördertem, preisgebundenem Wohnraum ist der Vermieter aber berechtigt, die Miete einseitig um den Zuschlag nach § 28 Abs. 4 Zweite BerechnungsVO zu erhöhen, wenn die im Mietvertrag enthaltene Klausel über die Abwälzung der Schönheitsreparaturen auf den Mieter unwirksam ist (BGH vom 24.3.2010 – VIII ZR 177/09 und vom 12.1.2011 – VIII ZR 6/10).
Nach Entlassung der Wohnung aus der Preisbindung darf die dann als »Marktmiete« geschuldete Grundmiete nicht über die im Miet-

spiegel ausgewiesene ortsübliche Vergleichsmiete hinaus um einen Zuschlag für Schönheitsreparaturen erhöht werden (BGH vom 9.11.2011 – VIII ZR 87/11).

Abhilfe

Durch eine Änderung des Mietvertrages in Form der Vereinbarung einer wirksamen Schönheitsreparaturklausel kann sich der Mieter das Recht sichern, die Schönheitsreparaturen kostengünstiger in Eigenregie auszuführen (s. dazu BGH vom 12.1.2011 – VIII ZR 6/10). Wegen der Pflicht, die Hilfebedürftigkeit zu verringern, kann das Jobcenter vom Leistungsberechtigten verlangen, auf eine Änderung des Mietvertrags zu drängen (s. auch LG Frankfurt am Main vom 24.10.2013 – 2-11 S 91/13).

Mieterhöhung und Zuschlag

Bei Vereinbarung eines Schönheitsreparaturzuschlags ist eine spätere Mieterhöhung unter Einbeziehung dieses Zuschlags zu rechtfertigen, d. h. der Zuschlag ist bei der Beurteilung zu berücksichtigen, ob die verlangte Miete die ortsübliche Miete nicht übersteigt (BGH vom 9.7.2008 – VIII ZR 181/07; AG Tempelhof-Kreuzberg vom 8.12.2010 – 2 C 209/10).

3.1.6 Instandhaltungspauschale

Für Sozialwohnungen darf eine Instandhaltungspauschale nach gesetzlich festgelegten Werten vereinbart werden. Sie muss dann nach § 22 Abs. 1 Satz 1 SGB II übernommen werden. Der im Regelbedarf enthaltene Anteil für »Instandhaltung und Reparatur« darf aus den vom BSG vom 19.3.2008 – B 11b AS 31/06 R zu Schönheitsreparaturen dargelegten Gründen nicht abgezogen werden (so auch LSG Baden-Württemberg vom 26.5.2009 – L 12 AS 575/09).

Instandhaltungsrücklage

Die von einem **Wohnungseigentümer** regelmäßig zu zahlende Instandhaltungsrücklage gehört zu den Kosten der Unterkunft, weil er sich der Zahlung nicht entziehen kann (LSG Sachsen vom 26.11.2009 – L 7 AS 219/08). Ist die geforderte Rücklage unangemessen hoch, kann die Kostenübernahme vom Jobcenter erst nach einer Kostensenkungsaufforderung auf die angemessenen Aufwendungen für die Unterkunft beschränkt werden (BSG vom 18.9.2014 – B 14 AS 48/13 R).

Zur Übernahme der Kosten für die Beseitigung von **Bagatellschäden** → S. 153 f.

3.1.7 Betreuungsleistungen

Benötigt der Leistungsberechtigte besondere Betreuungsleistungen (z. B. Haushaltshilfen wegen Behinderung), handelt es sich dem Grunde nach um Sonderbedarfe, die über § 21 Abs. 6 SGB II erbracht werden können. Sind solche Leistungen aber fest an die gemietete Wohnung gebunden, müssen sie den Unterkunftskosten zugerechnet werden (vgl. BSG vom 14.4.2011 – B 8 SO 19/09 R). An die Stelle der sehr engen Voraussetzungen, unter denen Sonderbedarfe nach § 21

Abs. 6 SGB II gewährt werden, tritt dann eine individuelle Angemessenheitsprüfung. Maßstab hierfür ist die Prüfung, ob der Umfang der gemieteten Leistungen erforderlich ist und die verlangten Preise vertretbar sind. Von den Sozialgerichten sind anerkannt worden:

Beispiele

- Grundserviceleistungen im Bereich des ambulant betreuten Wohnens (LSG Baden-Württemberg vom 17.4.2008 – L 7 SO 5988/07 und vom 25.11.2010 – L 12 AS 1520/09).
- Betreuungspauschale (LSG NRW vom 29.7.2009 – L 12 SO 51/08; SG Karlsruhe 27.1.2011 – S 4 SO 204/10).
- Notrufpauschale (SG Stuttgart 27.9.2006 – S 15 SO 6319/05).

Messie-Wohnung

Anspruchsgrundlage für die Reinigung und das Aufräumen einer Messie-Wohnung ist nach LSG Niedersachsen-Bremen vom 8.3.2012 – L 13 AS 22/12 B ER nicht § 21 Abs. 6 SGB II, sondern § 67 SGB XII.

3.2 Möbellagerkosten

Obdachlosigkeit

Ist es wegen Obdachlosigkeit erforderlich, vorübergehend nicht benötigten angemessenen Hausrat und persönliche Gegenstände anderweitig unterzubringen, können die angemessenen Kosten einer Einlagerung von Wohnungsgut Teil der Unterkunftskosten gemäß § 22 SGB II sein (LSG NRW vom 15.4.2010 – L 7 AS 340/10 B ER; SG Stade vom 8.10.2010 – S 28 AS 724/10 ER).

Zwangsräumung

Sind Möbel und Hausratsgegenstände infolge einer Zwangsräumung oder sonstigen Wohnungsaufgabe eingelagert worden, gehören die Lagerkosten und die Auslösegebühr zu den Unterkunftskosten nach § 22 Abs. 1 SGB II (BSG vom 16.2.2008 – B 4 AS 1/08 R). Eine solch weite Auslegung des Begriffs der Unterkunftskosten ist geboten; andernfalls entstünde bei Verlust der Möbel ein Anspruch auf Erstausstattung nach § 24 Abs. 3 SGB II.

Haft/Sicherheitsverwahrung

Bei längerer Haft/Sicherheitsverwahrung (mehr als sechs Monate) entfällt der Anspruch auf Übernahme der Miete – durch den SGB XII-Träger, wenn der Inhaftierte allein gelebt hatte (s. dazu LSG NRW vom 20.6.2011 – L 20 SO 76/08; SG Duisburg vom 18.2.2013 – S 16 SO 204/11). Der SGB XII-Träger muss dann aber die Kosten der Auflösung der Wohnung und der Einlagerung der persönlichen Sachen nach § 67 SGB XII übernehmen (LSG NRW vom 12.5.2011 – L 9 SO 105/10).

4 Nur bei tatsächlicher Nutzung zum Wohnen

4.1 Grundsätzliches

Entscheidend für eine Kostenübernahme ist die **tatsächliche Nutzung** der Wohnung. Während auf der einen Seite allein die vertragliche Verpflichtung zur Mietzahlung oder sonstiger Nutzungsentgelte keinen Anspruch nach § 22 SGB II begründet, wenn die Wohnung nicht (mehr) zum Wohnen genutzt wird (LSG Sachsen-Anhalt vom 25.7.2014 – L 4 AS 233/14 B ER), sind andererseits Kosten für die Unterkunft auch dann zu übernehmen, wenn außerhalb eines Mietvertrages für die tatsächliche Nutzung der Wohnung Kosten zu entrichten sind (→ S. 44).

Ungeklärter Aufenthalt

Ist unklar, unter welcher Anschrift der Leistungsberechtigte wohnt, oder ob er die angegebene Wohnung noch überwiegend nutzt, dürfen die Leistungen nicht ohne weiter gehende Ermittlungen zur Aufgabe des Wohnsitzes oder zum Wegfall der postalischen Erreichbarkeit eingestellt werden (LSG Berlin-Brandenburg vom 26.3.2007 – L 26 B 388/07 AS ER; LSG NRW vom 13.9.2007 – L 20 B 103/07 AS ER; LSG Mecklenburg-Vorpommern vom 18.10.2011 – L 8 B 526/10 ER; LSG Sachsen vom 3.11.2011 – L 3 AS 268/11 B ER: Die Ermittlung geringer Strom- und Wasserverbrauchswerte genügt nicht, s. dazu auch LSG Sachsen-Anhalt vom 7.4.2011 – L 2 AS 10/11 B ER; LSG NRW vom 8.6.2011 – L 12 AS 201/11 B). In einem laufenden Eilverfahren beim Sozialgericht genügen Indizien; Zweifel am Fortbestand der alten Wohnanschrift gehen zulasten des Antragstellers (SG Berlin vom 15.11.2007 – S 104 AS 20429/07 ER; LSG NRW vom 8.7.2009 – L 7 B 198/09 AS ER; BayLSG vom 19.4.2011 – L 7 AS 264/11 B ER). Ist der Aufenthaltsort nicht zu ermitteln, darf die Zahlung der Unterkunftskosten eingestellt werden (LSG NRW vom 22.6.2010 – L 6 AS 872/10 B ER).

Hausbesuch

Bestehen begründete Zweifel an der tatsächlichen Nutzung einer Wohnung, darf das Jobcenter zur Überprüfung der Voraussetzungen eines Anspruchs nach § 22 SGB II einen Hausbesuch durchführen. Verweigert der Leistungsempfänger den Zutritt zur Wohnung, wozu er berechtigt ist, und kann die tatsächliche Nutzung nur im Wege der Amtsermittlung festgestellt werden, trägt der Leistungsempfänger die objektive Beweislast für die tatsächliche Nutzung der Räume zum Wohnen (LSG Rheinland-Pfalz vom 2.7.2014 – L 3 AS 315/14 B ER; s. auch SG Dortmund vom 25.7.2014 – S 32 AS 2343/14 ER).

Observation

Nach BayLSG vom 25.1.2008 – L 7 AS 72/07 und LSG NRW vom 8.6.2011 – L 12 AS 201/11 B ER sind die Ergebnisse einer Observation des Leistungsbeziehers trotz des Fehlens einer Rechtsgrundlage vor Gericht verwertbar, wenn ein damit verbundener Grundrechtseingriff von der Reichweite und Intensität her in einem ausgewogenen Verhältnis steht zu dem im überwiegenden öffentlichen Interesse liegenden Gebot, den Missbrauch von Sozialleistungen zu unterbinden.

Postadresse reicht nicht

Dient die Wohnung im Wesentlichen nur noch zur Aufbewahrung von Möbeln und Hausrat, begründet das regelmäßige Abholen von Post keinen Anspruch auf Zahlung von Unterkunftskosten (BayLSG vom 16.12.2010 – L 7 AS 841/10 B ER und vom 17.2.2011 – L 7 AS 49/08).

Nicht gemeldeter Umzug

Ein nicht gemeldeter Wohnortwechsel macht die Weiterzahlung von Unterkunfts- und Heizkosten für die frühere Wohnung zu einer Überzahlung, die das Jobcenter bei einem Verschulden des Leistungsbeziehers zur Aufhebung und Rückforderung der insoweit gezahlten Leistungen berechtigt (LSG Schleswig-Holstein vom 12.4.2011 – L 6 AS 45/10). Dass in der Wohnung noch renoviert wird, macht diese Nutzung nicht zu einem Bedarf nach § 22 SGB II. Als Wohnungsbeschaffungskosten kann die Weiterzahlung höchstens nach **vorheriger Zusicherung** des Jobcenters (§ 22 Abs. 6 SGB II) rechtmäßig sein.

Nicht genehmigte Ortsabwesenheit

Bei einer nicht genehmigten Ortsabwesenheit i. S. v. § 7 Abs. 4a SGB II entfällt der Leistungsanspruch. Bestehen keine Zweifel daran, dass die Wohnung weiter der reguläre Aufenthaltsort ist, kann bei drohender Kündigung wegen der ausgefallenen Mietzahlung ein Antrag auf Mietschuldübernahme helfen (→ S. 361 ff.).

Zur Auswirkung einer nicht genehmigten Ortsabwesenheit auf Mehrpersonen-BGs → S. 37.

Noch nicht/ nicht mehr genutzte Wohnung

Das bloße Vorbereiten eines Wohnsitzes oder sonstigen Aufenthalts (z. B. Anmietung und Einräumen einer Wohnung) begründet noch keinen Anspruch auf Übernahme der Miete. Umgekehrt sind Verpflichtungen zur Mietzahlung für eine frühere, nicht mehr oder nur noch zur Renovierung betretene Wohnung keine Unterkunftskosten nach § 22 Abs. 1 SGB II.

Zur Übernahme einer Betriebskostennachforderung für die früher bewohnte Wohnung → S. 329.

Zur Übernahme von **Doppelmieten** als Wohnungsbeschaffungskosten nach § 22 Abs. 6 SGB II → S. 306.

Single-Wohnung während Haft

Nach § 7 Abs. 4 SGB II führt U-Haft oder Strafhaft zum Ausschluss der SGB II-Leistungen. Die Erhaltung von Wohnraum für Inhaftierte ist daher nicht Aufgabe des Jobcenters, sondern des Sozialhilfeträgers nach den §§ 67 ff. SGB XII; auf die Erwerbsfähigkeit des Inhaftierten oder die Dauer der Haft kommt es nicht an (LSG NRW vom 19.5.2005 – L 9 B 9/05 SO ER und vom 30.6.2005 – L 20 B 2/05 SO ER; BayLSG vom 20.8.2008 – L 7 B 605/08 AS ER; LSG Berlin-Brandenburg vom 15.4.2011 – L 14 AS 218/11 B ER).

Ist die Wohnung schon gekündigt, sodass die Mietübernahme nur noch dazu dient, Schulden gegenüber dem Vermieter zu vermeiden, kommt eine Hilfe weder nach § 67 SGB XII noch nach § 22 SGB II in Betracht (SG Oldenburg vom 27.7.2005 – S 2 SO 127/05 ER).

Zur Auswirkung des Leistungsausschlusses auf Mehrpersonen-BGs → S. 37.

Freigänger

Für mehr als kurzzeitig erwerbstätige Freigänger muss das Jobcenter die Unterkunftskosten übernehmen. Dabei spielt es keine Rolle, wie lange die Haft noch andauert. Endet die Erwerbsarbeit, lebt der Leistungssauschluss wieder auf, auch wenn der Freigängerstatus erhalten bleibt (BSG vom 24.2.2011 – B 14 AS 81/09 R). Das Sozialamt muss dann die benötigte Unterkunft finanzieren.

Nutzungsentschädigung nach Kündigung

Zu den nach § 22 SGB II übernahmefähigen Kosten der Unterkunft und Heizung zählen auch Nutzungsentschädigungen, die nach Kündigung des Mietvertrages bis zur Räumung oder Wiederaufnahme des Mietvertrages gemäß § 546a BGB zu entrichten sind (LSG NRW vom 18.1.2013 – L 6 AS 2124/11 B). Das Jobcenter kann nicht einwenden, dass die Wohnung ohnehin verloren sei.

Im Fall eines Räumungs-Prozessvergleichs, wonach der Herausgabeanspruch des Vermieters nach Kündigung des Mietvertrages gehemmt ist, solange eine Nutzungsentschädigung in Höhe des Mietzinses gezahlt wird, ist auf pünktliche Zahlung zu achten. Nach LG Berlin vom 18.3.2013 – 67 S 498/12 kann der Vermieter bei unpünktlicher Zahlung ohne weiteres die Räumung erzwingen, auch wenn über drei Jahre seit dem Vergleichsschluss korrekt gezahlt wurde.

Nicht bei Annahmeverzug des Vermieters

Will der Mieter die Wohnung nach berechtigter Kündigung zurückgeben (§ 546 BGB) und verweigert der Vermieter ohne triftigen Grund die Schlüsselübergabe, verliert er seinen Anspruch auf Nutzungsentschädigung. Streitig ist, ob der Rückgabeanspruch auch vor Ablauf der Kündigungsfrist mit eventuellen Verzugsfolgen erfüllt werden kann (dazu LG Bonn vom 5.6.2014 – 6 S 173/13).
Ein triftiger Grund für die Verweigerung der Schlüsselannahme bzw. Wohnungsübergabe ist der Verbleib von Einbauten oder Möbeln in der Wohnung (LG Gießen 21.11.2012 – 1 S 208/12; s. aber auch AG Köln vom 24.4.1995 – 207 C 587/94; OLG Düsseldorf vom 19.7.2011 – I-24 U 200/10) oder in dem mitvermieteten Garten (AG Hanau vom 6.9.2011 – 35 C 306/10). Für die daraus folgenden Kosten (Nutzungsentschädigung und Schadensersatz für die Beseitigung der Sachen) muss das Jobcenter nur aufkommen, wenn es einen rechtzeitig gestellten Antrag auf Übernahme von Umzugskosten abgelehnt hat und deshalb (Kausalität) die Wohnung nicht geräumt werden konnte, wobei der Leistungsberechtigte alles in seiner Macht Stehende tun muss, den Umzug zunächst selbst zu bewältigen (durch Zugriff auf Sparvermögen, Überziehung des Girokontos oder Darlehen von Dritten), um den Schaden möglichst auf einen Ausfall der entstandenen Zusatzaufwendungen für den Umzug zu begrenzen.

Irrtum über Mietvertrag

Ein Anspruch des Vermieters auf Nutzungsentschädigung gemäß § 546a Abs. 1 BGB besteht nicht, wenn der Vermieter keinen auf Übernahme der Mietsache vom Mieter gerichteten Willen hat, weil er irrtümlich von einem Fortbestehen des Mietvertrages ausging (AG Schöneberg vom 17.4.2012 – 15 C 384/11).

Vom Mieter überlassene Nutzung

Überlässt der Mieter die Wohnung nach Kündigung einem Dritten, kann dieser nur bei Kenntnis des fehlenden Gebrauchsrechts vom Vermieter auf Wertersatz in Höhe des objektiven Mietwerts (§§ 988, 990 BGB) in Anspruch genommen werden (dazu AG Neukölln vom

21.5.2013 – 8 C 304/12; LG Berlin vom 2.7.2013 – 63 S 467/12). Das Jobcenter ist zu einer Übernahme im Umfang angemessener Unterkunfts- und Heizkosten nicht verpflichtet. Es handelt sich um einen widerrechtlich erlangten Vorteil. Der Vermieter muss sich an den früheren Mieter, der nach § 546a BGB haftet, halten (s. auch BGH vom 14.3.2014 – V ZR 218/13).

Mehrere Wohnungen

Da nur die tatsächliche Nutzung einer Wohnung Kostenübernahmeansprüche nach § 22 SGB II auslöst, werden angemessene Unterkunftskosten nur für eine tatsächlich genutzte Unterkunft anerkannt, selbst wenn der Leistungsberechtigte über mehrere Unterkünfte verfügt. Abzustellen ist dann auf die überwiegend genutzte Unterkunft (vgl. LSG Thüringen vom 15.4.2008 – L 9 AS 1438/07; BayLSG vom 1.7.2010 – L 11 AS 442/09). Nach HessLSG vom 8.10.2007 – L 7 AS 249/07 ER kann bei nicht nur vorübergehendem Wohnen bei einem Angehörigen, um dessen Pflege sicherzustellen, eine Übernahme der Kosten für die eigene Wohnung nicht verlangt werden.

Ersatzwohnung

Zieht der Mieter wegen einer umfassenden Modernisierung seiner Wohnung in eine vom Vermieter gestellte Ersatzwohnung, gilt grundsätzlich der Mietvertrag der regulären Wohnung weiter. Der Vermieter trägt daher die Darlegungs- und Beweislast dafür, dass die Parteien mit dem Umzug des Mieters einen neuen, vom bisherigen Mietverhältnis unabhängigen Mietvertrag schließen wollten (BGH vom 21.11.2012 – VIII ZR 50/12).

Mitnutzung anderer Wohnung

Die Mitnutzung der Wohnung eines Lebensgefährten beseitigt für sich noch nicht den Anspruch auf Übernahme der Kosten für die eigene Wohnung, wenn diese tatsächlich noch als eigenständige Wohnung genutzt wird, die Partner also noch nicht in einer Einstands-BG zusammenleben. Auf eine bestimmte Quote des tatsächlichen Nutzungsumfangs kommt es nicht an (LSG Berlin-Brandenburg vom 9.3.2012 – L 10 AS 123/12 B ER).

Zur Angemessenheit mehrerer, gleichzeitig genutzter Wohnungen → S. 97.

4.2 Besonderheiten beim Wohneigentum

Nutzungsentschädigung in der Zwangsverwaltung

Der Wohnungseigentümer muss als Entschädigung für die Nutzung von unerlässlichem Wohnraum in der Zwangsverwaltung nur ein Entgelt für die **verbrauchsabhängigen Kosten** zahlen (LG Berlin vom 24.9.2008 – 33 O 145/08; AG Schorndorf vom 27.1.2010 – 2 C 1214/08). Insoweit hat er Anspruch auf Kostenübernahme nach § 22 SGB II. Für die Nutzung der Räume, die für den Eigentümer nicht gemäß § 149 Abs. 1 ZVG unentbehrlich sind, muss er zwar dem Zwangsverwalter ein Nutzungsentgelt zahlen (AG Halle 21.1.2010 – 93 C 2365/09). Da es sich aber nicht um Wohnraum handelt, muss das Jobcenter dieses Entgelt nicht übernehmen (SG Berlin vom 19.12.2008 – S 37 AS 6919/05).

Umfasst die unter Zwangsverwaltung stehende Wohnung auch Räume, die für den Eigentümer entbehrlich sind, aber mangels baulicher Trennung nicht selbstständig vermietet werden können, kann der Zwangsverwalter verlangen, dass der Eigentümer in eine andere Wohnung umzieht, die ihm vom Zwangsverwalter mietfrei überlassen wird. Die Zahlung einer Nutzungsentschädigung für die entbehrlichen Räume, die nach BGH vom 16.5.2013 – IX ZR 224/12 den Umzug abwendet, kann vom Jobcenter nicht verlangt werden.

Nutzungsentschädigung verkaufter Immobilie

Eine Nutzungsentschädigung, die der Käufer eines Hauses, der vor Kaufpreiszahlung schon Eigentümer geworden ist, für die Nutzung des Eigentums an den Verkäufer zahlt, weil und solange er zur Zahlung des Kaufpreises nicht in der Lage ist, muss das Jobcenter nach § 22 Abs. 1 SGB II übernehmen (LSG Saarland vom 13.4.2010 – L 9 AS 18/09).

Nutzungsentschädigung bei Trennung von Ehe-/Lebenspartnern

Nutzt ein Partner nach der Trennung die im Alleineigentum des anderen Partners stehende Immobilie weiter, besteht für den anderen Partner ein Nutzungsentschädigungsanspruch, der in Höhe des objektiven Mietwertes zu bestimmen ist (OLG Bamberg vom 10.2.2011 – 2 UF 289/10). Das gilt nach BGH vom 4.8.2010 – XII ZR 14/09 auch dann, wenn dem weichenden Partner lediglich ein dingliches Mitbenutzungsrecht an der Wohnung eingeräumt ist. Während des Getrenntlebens ist die Nutzungsentschädigung nach Billigkeit zu bestimmen und kann z.B. entfallen, wenn der in der Wohnung verbleibende Partner auf einen Unterhaltsanspruch verzichtet (OLG Frankfurt am Main vom 9.5.2012 – 4 UF 14/12), im Falle der Zahlung einer Nutzungsentschädigung ein Anspruch auf Ehegattenunterhalt zustünde, Unterhaltszahlungen aber verweigert werden (OLG Saarland vom 24.2.2014 – 6 WF 31/14) oder wenn sich die Partner die Wohnung teilen (OLG Brandenburg vom 8.12.2008 – 10 WF 226/08; zur Billigkeitsprüfung OLG Hamm vom 30.9.2010 – 3 UF 154/10; OLG Frankfurt am Main vom 1.11.2010 – 5 UF 300/10). Obwohl es hier um Entschädigungen aus der Eigentümerstellung geht, müssen sie zur Nutzung der Wohnung aufgewandt werden und gehören daher im Rahmen des Angemessenen zu den Unterkunftskosten nach § 22 SGB II (SG Potsdam vom 8.9.2009 – S 19 AS 2765/09 ER und vom 26.6.2012 – S 40 AS 1680/09; a.A. LSG Sachsen-Anhalt vom 26.9.2013 – L 2 AS 338/10, Revision unter – B 14 AS 14/14 R).

Nur Zinsen

Die tatsächlich vom leistungsberechtigten Miteigentümer in voller Höhe getragenen Schuldzinsen für selbst genutztes Wohneigentum sind auch dann in voller Höhe Kosten der Unterkunft, wenn der Leistungsberechtigte (nur) hälftiger Miteigentümer ist, dem Gesamtschuldnerausgleich aber ein Nutzungsentschädigungsanspruch entgegengehalten werden kann (SG Dresden vom 30.5.2011 – S 3 AS 2611/09; s. dazu auch OLG Koblenz vom 11.6.2014 – 13 UF 159/14).

Keine Tilgung

Übernimmt der das Haus nutzende Partner die volle Schuldtilgung als Ausgleich für eine dem (früheren) Partner und Miteigentümer zu zahlende Nutzungsentschädigung, ändert das nach BSG vom 22.8.2012 – B 14 AS 1/12 R nichts daran, dass der Schuldendienst im Verhältnis zum

Darlehensgeber eine Tilgung auf Darlehensschulden für den gemeinsamen Hauskauf ist. Die Tilgung von Darlehensschulden ist grundsätzlich nicht als Bedarf nach § 22 SGB II zu berücksichtigen, → S. 164 f.

Weichender Alleineigentümer

Verbleibt ein Ehegatte bei der Trennung allein im dem, dem anderen Ehegatten gehörenden Wohnhaus, hat er grundsätzlich nur die Hälfte des objektiven Wohnwerts als Nutzungsentschädigung zu erstatten. Dieser Betrag kann sich bei Gefährdung des notwendigen Unterhalts des verbleibenden Ehegatten auf einen subjektiven Wohnwert reduzieren (AG Kelheim vom 1.7.2012 – 1 F 24/12).

Auch bei unentgeltlichem Wohnrecht

Eine Nutzungsentschädigung für die alleinige Nutzung der Ehewohnung kann nach BGH vom 18.12.2013 – XII ZB 268/13 auch dann anfallen, wenn ein Ehegatte während des Getrenntlebens aus einer Ehewohnung auszieht, für die beiden Ehegatten gemeinsam ein unentgeltliches Wohnungsrecht eingeräumt ist. Ob der in der Ehewohnung verbleibende Ehegatte die ihm durch die ungeteilte Nutzung zuwachsenden Vorteile wirtschaftlich verwerten kann, ist im Rahmen der Billigkeitsprüfung zur Höhe der Entschädigung zu berücksichtigen. Der Anteil der Entschädigung, der für die ungeteilte Wohnungsnutzung zuerkannt wird, kann als Bedarf nach § 22 SGB II übernommen werden. Liegt keine ausdrückliche Regelung oder Gerichtsentscheidung über die Bemessung der Nutzungsentschädigung vor, muss das Jobcenter, ggf. das Sozialgericht, prüfen, in welchem Umfang die Nutzungsentschädigung wirtschaftliche Nachteile des ausgezogenen Ehegatten infolge des Verlustes des Wohnungsbesitzes ausgleichen soll; insoweit enthält die Entschädigung keine Kosten, die unter den Begriff »Unterkunftkosten« i. S. v. § 22 SGB II gefasst werden können.

Leibrente

Ob vor dem Hintergrund dieser Entscheidung eine Leibrentenzahlung als Bedarf nach § 22 SGB II anerkannt werden kann (so LSG Rheinland-Pfalz vom 2.10.2012 – L 6 AS 404/12 B ER) ist fraglich. Im Ergebnis sichert die Leibrente genau wie die Tilgungsrate das Eigentum an der Immobilie. Nach BSG vom 4.6.2014 – B 14 AS 42/13 R können Leibrenten daher nur dann einer Miete gleichgestellt und damit Kosten der Unterkunft i. S. v. § 22 SGB II sein, wenn es sich um Renten im engeren Sinne des § 759 BGB handelt (s. auch BSG vom 20.8.2009 – B 14 AS 34/08 R).

Hat der die Wohnung allein weiter nutzende Partner anderweitigen Wohnraum an den getrennt lebenden Partner vermietet, kann dem Antrag auf Kostenübernahme nicht entgegengehalten werden, dass die Miete gegen den Nutzungsentschädigungsanspruch aus dem Eigentum aufgerechnet werden könne (LSG Sachsen-Anhalt vom 23.12.2010 – L 5 AS 444/10 B ER).

Erbfolgevertrag

Im Rahmen eines Erbfolgevertrages vereinbarte Zahlungen für die alleinige Verwaltung und Nutzung einer Eigentumswohnung an einen Angehörigen sind nach LSG Berlin-Brandenburg vom 4.12.2013 – L 14 AS 449/13 Unterkunftskosten i. S. von § 22 SGB II.

5 Nur für Leistungsberechtigte

Kopfteil-berechnung

Nutzen Leistungsberechtigte eine Unterkunft gleichberechtigt gemeinsam mit anderen Personen, so sind die Kosten der Unterkunft im Regelfall unabhängig von Alter (dazu schon BVerwG vom 21.1.1988 – 5 C 68/85) oder Nutzungsintensität anteilig pro Kopf aufzuteilen. Dies gilt unabhängig davon, ob die Personen Mitglieder einer BG sind (ständige BSG-Rechtsprechung, z. B. vom 24.2.2011 – B 14 AS 61/10 R). Leben Leistungsberechtigte mit Personen zusammen, die keine SGB II-Ansprüche haben, ist die Verteilung bzw. Bestimmung der angemessenen Kosten für die Leistungsberechtigten aber mitunter schwierig. Denn die grundsätzlich nach Köpfen vorzunehmende Aufteilung der Unterkunfts- und Heizkosten ist dann nicht immer sachgerecht. Das zeigen die folgenden typische Streitfälle:

5.1 BG mit ausgeschlossenen Personen

Auszubildender/Student

Lebt ein nach § 7 Abs. 5 SGB II von Leistungen ausgeschlossener Auszubildender/Student in einer BG mit SGB II-Leistungsberechtigten, ohne Anspruch auf BAB/BAföG und damit auch ohne Anspruch auf den Mietzuschuss nach § 27 Abs. 3 SGB II, gilt für die Verteilung der Unterkunfts- und Heizkosten in der BG dennoch das Kopfteilprinzip (BSG vom 19.03.2008 – B 11b AS 13/06 R).

Wohngeld

In manchen Fällen hilft hier das Wohngeldrecht. Nach § 11 WoGG können die Angehörigen, obwohl als Alg II-Bezieher selbst von Ansprüchen nach dem WoGG ausgeschlossen, für den Auszubildenden/Studenten Wohngeld beantragen (§ 3 Abs. 4 WoGG). Dadurch mindert sich der durch Verteilung der Unterkunftskosten nach der Kopfteilmethode von den Mitgliedern der BG zu tragende Mietanteil.

Auch wenn Wohnung sehr günstig ist?

Die Kopfteilberechnung der Unterkunftskosten ist nicht sachgerecht, wenn die Wohnung inklusive der Nebenkosten auch ohne den Auszubildenden/Studenten angemessen ist. Eine Kostensenkung kann dann nicht verlangt werden. Gemessen an Art. 6 GG geht die Obliegenheit zu sparsamem Verhalten (§ 2 Abs. 2 SGB II) nicht so weit, den Auszubildenden wegen des geringen Vorteils einer Ersparnis an Wasser- und Heizkosten der Wohnung zu verweisen, wozu eine strikt kopfteilige Übernahme der Unterkunfts- und Heizkosten die leistungsberechtigten BG-Mitglieder zwänge. Eine mittelbare Finanzierung der Ausbildung/des Studiums mit SGB II-Leistungen kann mit einer kopfteiligen Übernahme der Betriebs- und Heizkosten ausreichend verhindert werden.

Auswärtiger Ausbildungs-/Studienort

Nach § 7 Abs. 3 Nr. 4 SGB II genügt es für die Zugehörigkeit zur BG, wenn hilfebedürftige Kinder dem Haushalt »angehören«. Sie müssen nicht dauerhaft im Haushalt leben (Begründung des BSG für das Konstrukt der »temporären BG«). Eine auswärtig betriebene Ausbildung oder ein Studium führen daher nicht automatisch zur Lösung vom elterlichen Haushalt bzw. zum Ende der Eltern-Kind-BG (LSG Berlin-Brandenburg vom 26.2.2014 – L 18 AS 2232/11: Dreimonatiges Praktikum in der Schweiz). Die Rechtsprechung zu § 5 WoGG und (teils) auch die zu § 13 BAföG gibt für die Prüfung der Haushaltsangehörigkeit i. S. von § 7 Abs. 3 Nr. 4 SGB II taugliche Kriterien vor (LSG Sachsen vom 18.12.2013 – L 3 AS 1570/12). Gehört der Auszubildende danach zur BG, sind die Unterkunfts- und Heizkosten im Umfang der Wohnungsnutzung zu verteilen. Die Kopfteilmethode passt nicht, da die Wohnung vom Auszubildenden wegen der häufigen Abwesenheit zwangsläufig weniger genutzt wird.

Auszubildende im Wohnheim/ im Internat

Der nach § 123 Abs. 1 Nr. 3 SGB III in einem Wohnheim, Internat oder in einer besonderen Einrichtung für behinderte Menschen untergebrachte Auszubildende gehört nach BSG vom 6.8.2014 – B 4 AS 55/13 R nicht zum Haushalt der Eltern, auch wenn er dort gemeldet ist und sich in den Ferien und an Wochenenden im Haushalt der Eltern aufhält. Er kann danach keine BG mit den Eltern bilden, auch keine temporäre BG während der Aufenthalte im Elternhaus (BSG, a.a.O.). Diese überraschende Wertung weicht ohne Begründung von einschlägiger Rechtsprechung zum BAföG und Wohngeldrecht ab (s. dazu etwa VG Halle vom 18.12.2012 – 7 A 16/12 und VG Düsseldorf vom 10.7.2014 – 21 K 71/12), was zugunsten der Eltern die Anwendung der Kopfteilmethode unter Einrechnung des Kindes ausschließt (zu ihren Lasten allerdings Kindergeld anrechnet, soweit dieses nicht an den Auszubildenden weitergeleitet wird).
Da ein Anspruch auf Ausbildungsgeld nach § 122 SGB III Leistungen nach dem SGB II ausschließt (§ 7 Abs. 5 SGB II) und es auch keinen Mietzuschuss gibt (§ 123 Abs. 1 Nr. 2 SGB II ist keiner der in § 27 Abs. 3 SGB II genannten Bedarfsfälle), scheidet eine Kürzung der Unterkunfts- und Heizkosten der Eltern um einen dem Auszubildenden zugeschlagenen Betrag für die Besuchstage aus.
Ist eine Rückkehr des Auszubildenden in die elterliche Wohnung nach Abschluss der Ausbildung wahrscheinlich, kann eine Kostensenkung auf den abstrakten Angemessenheitswert der BG-Mitglieder unter Ausschluss des Auszubildenden nicht zugemutet werden (konkrete Angemessenheitsprüfung).

...und eigene Wohnkosten?

Hat der in einem Wohnheim, Internat oder in einer besonderen Einrichtung für behinderte Menschen untergebrachte Auszubildende eigene Kosten für notwendigen Wohnraum außerhalb des Internats (weil dieses am Wochenende und in den Ferien geschlossen ist), stellt sich die Frage, ob dies einen Bedarf definiert, der nicht vom Leistungsausschluss betroffen ist, für den also das Jobcenter aufkommen muss, oder ob insoweit ein Anspruch gegen die Arbeitsagentur nach §§ 127, 128 SGB III besteht (s. dazu LSG Sachsen-Anhalt vom 17.4.2013 – L 2 AS 951/12 B ER; LSG NRW vom 23.1.2014 – L 19 AS 2316/13 B). Diese Rechtsfrage ist noch ungeklärt.

Pflegeheim

Muss ein BG-Mitglied nicht nur vorübergehend (bis zu sechs Monate) in ein Pflegeheim aufgenommen werden mit der Folge eines Leistungsausschlusses nach § 7 Abs. 4 SGB II, besteht die BG zum leistungsberechtigten Partner dennoch weiter. Die fehlende gemeinsame Haushaltsführung ist in diesem Fall mit einer Erhöhung des Regelbe-

darfs auf den Bedarf für Alleinstehende auszugleichen. Für eine Anwendung der Kopfteilmethode gibt es mangels Nutzung der Wohnung durch den stationär untergebrachten Partner keine Grundlage.
Wann und inwieweit der in der Wohnung verbleibende, leistungsberechtigte Partner verpflichtet werden kann, die Gesamtkosten der Unterkunft zu mindern und die Wohnverhältnisse einer dauerhaften alleinigen Nutzung der Wohnung anzupassen, hat das BSG vom 16.4.2013 – B 14 AS 71/12 R offen gelassen. Ausschlaggebend dürfte die Prognose sein, ob der pflegebedürftige Partner wieder in die Wohnung zurückkehren kann.

Haft

Problematisch ist der Leistungsausschluss nach § 7 Abs. 4 SGB II bei kurzer Haftdauer, vor allem bei U-Haft, für die Angehörigen der trotz Inhaftierung fortbestehenden BG. Übernimmt das Jobcenter nur die Unterkunfts- und Heizkosten unter Herausrechnung des Anteils für den Inhaftierten, können Mietschulden entstehen, es sei denn, der Sozialhilfeträger übernimmt den herausgerechneten Teil der Miete.
Nach BSG vom 2.12.2014 – B 14 AS 50/13 R ist geklärt, dass eine nur vorübergehende Inhaftierung eines BG-Mitglieds den übrigen BG-Mitgliedern einen Anspruch auf die vollen Unterkunftskosten gibt.

Ist ein Ende der Haft nicht abzusehen oder dauert die Inhaftierung länger als sechs Monate, kann die BG auf eine kleinere Wohnung verwiesen werden, wenn die Unterkunftskosten, gemessen an der Zahl der SGB II-Leistungsberechtigten, zu hoch geworden sind (vgl. dazu LSG Berlin-Brandenburg vom 5.11.2008 – L 20 B 1902/08 AS ER; FG Neustadt vom 5.3.2013 – 6 K 2488/11).

Ausländer

Nehmen Leistungsberechtigte einen nach § 7 Abs. 1 SGB II von Leistungen ausgeschlossenen Ausländer in die BG auf, verlieren sie bei Anwendung der Kopfteilmethode einen Teil der Unterkunfts- und Heizkosten. Das ist nicht gerechtfertigt, wenn der Ausländer über keinerlei Mittel verfügt, von den übrigen BG-Mitgliedern unterstützt wird (mit anrechnungsfreien Einkommen und Schonvermögen) und sich Miete und Mietnebenkosten für das Jobcenter nicht erhöhen (LSG NRW vom 30.3.2011 – L 19 AS 230/11 B). Die in diesem Fall nicht zu Lasten der Allgemeinheit gehende Wohltätigkeit ist keine »wesentliche Änderung« der Verhältnisse (§ 48 SGB X) im Rahmen der Ansprüche nach § 22 SGB II. Für die Höhe des Regelbedarfs (Verringerung von 399 € auf 360 € bei Einzug eines BG-Einstands-/Ehe-/Lebenspartners) ist das umstritten (keine wesentliche Änderung: LSG Berlin-Brandenburg vom 3.5.2007 – L 18 B 472/07 AS ER; LSG Hamburg vom 2.9.2010 – L 5 AS 19/08; LSG Niedersachsen-Bremen vom 24.11.2010 – L 15 AS 364/09; a.A. LSG Berlin-Brandenburg vom 2.12.2010 – L 20 AS 2022/09, das die Teilung nach Köpfen auch in diesem Fall für notwendig hält).

Kind mit ungeklärter Abstammung

Wird ein Kind mit ungeklärter Abstammung und deshalb verneintem SGB II-Anspruch in den Haushalt aufgenommen, müssen die Bedarfe nach § 22 SGB II bis zur Klärung der Leistungsberechtigung unverändert übernommen werden (LSG NRW vom 22.5.2012 – L 19 AS 1855/11 B).

5.2 Kostenaufteilung bei Leistungsstörungen in der BG

Nicht genehmigte Ortsabwesenheit

In einer Mehrpersonen-BG führt der Wegfall des Leistungsanspruchs des ortsabwesenden Mitbewohners zu Problemen, wenn weder der Ortsabwesende noch Dritte, bei denen er sich aufhält, die anteiligen Mietkosten tragen. Das BSG vom 19.10.2010 – B 14 AS 50/10 R hat in diesen Fällen bei einer Ortsabwesenheit bis zu sechs Monaten den übrigen BG-Mitglieder einen Anspruch auf Übernahme der **vollen** Unterkunfts- und Heizkosten zuerkannt:

> »Es geht damit in solchen Konstellationen nicht darum, den verbliebenen Partner in die Lage zu versetzen, etwaigen Unterhalts- oder Unterstützungspflichten gegenüber seinem ortsabwesenden Partner nachzukommen, sondern es ihm selbst zu ermöglichen, den eigenen Wohnbedarf (zumindest für eine Übergangszeit) voll zu decken«.

Währt die Dauer der Ortsabwesenheit länger oder ist sie unbestimmt, dürfen die Unterkunfts- und Heizkosten erst nach einer Kostensenkungsaufforderung auf die Zahl der leistungsberechtigten BG-Mitglieder begrenzt werden (a. A. in Abweichung von der BSG-Rechtsprechung das SG Koblenz vom 13.8.2014 – S 2 AS 573/13: Anwendung der Kopfteilmethode mit Kürzung des auf das ortsabwesende Mitglied entfallenden Mietanteils).

Keine Sippenhaft bei Sanktionen

Wirkt sich eine Sanktion nach § 31a SGB II auf die Unterkunftskosten aus, muss zur Vermeidung einer »Sippenhaft« der nicht sanktionierten BG-Mitglieder von der Zuordnung der Unterkunftskosten nach Kopfteilen abgewichen werden (LSG Niedersachsen-Bremen vom 8.7.2009 – L 6 AS 335/09 B ER; BSG vom 23.5.2013 – B 4 AS 67/12 R und vom 2.12.2014 – B 14 AS 50/13 R).
Im gegenwärtigen Regelungssystem der §§ 31-31b SGB II keine leichte Aufgabe mit einer Reihe noch ungeklärter Detailprobleme:

Wann und wie lange besteht der veränderte KdU-Bedarf?

Die Abweichung vom Kopfteilprinzip im Fall einer Sanktionierung des unter 25-jährigen Mitglieds der BG gründet in der Überlegung, dass im Umfang der Kürzung der Leistungen, mit denen der Sanktionierte zur gemeinsamen Finanzierung der Wohnung beitrug, die übrigen BG-Mitglieder aufkommen müssen, sollen keine Mietschulden oder sonstige Bedarfslücken entstehen. Da es über § 9 SGB II hinaus keine Pflicht zum gegenseitigen Beistand gibt, kann die Bedarfsunterdeckung nur mit einem erhöhten Bedarf der nicht sanktionierten BG-Mitglieder gedeckt werden.

Das wirft die Frage auf, ob der erhöhte KdU-Bedarf erst entsteht, wenn die Sanktion bestandskräftig geworden ist (so war es in den vom BSG entschiedenen Fällen) oder schon mit dem Beginn der Leistungskürzung, d. i. nach § 31b SGB II der auf den wirksamen Zugang des Sanktionsbescheides folgende Monat. Nach ständiger Rechtsprechung bestimmt die Fälligkeit einer Mietzins- oder Heizkostenforderung den Bedarf nach § 22 SGB II (s. etwa BSG vom 22.8. 2012 – B 14 AS 1/12 R und vom 24.2.2011 – B 14 AS 61/10 R). Da die Miete nebst Abschlägen für die Heizung üblicherweise zu Beginn eines jeden Monats fällig wird, entsteht der erhöhte KdU-Bedarf schon im ersten Sanktionsmonat. Auf die Bestandskraft des Sanktionsbescheides kommt es nicht an. Der Bedarf ist solange und soweit erhöht, wie die Sanktion andauert, im Regelfall drei Monate, ggf. sechs Wochen (§ 31b Abs. 1 Satz 4 SGB II).

Wie ist die Sanktion unter Beachtung der Vorgaben des BSG umzusetzen?

Nach überwiegend vertretener Auffassung muss eine Sanktion nach § 31a SGB II mit einer Änderung bzw. Teilaufhebung des Bewilligungsbescheides umgesetzt werden (LSG Niedersachsen-Bremen vom 28.11.2014 – L 15 AS 338/14 B ER; BayLSG vom 27.11.2014 – L 17 AS 743/14 B ER; a. A. BayLSG vom 30.1.2014 – L 7 AS 85/13). Der Sanktionsbescheid gibt dabei Dauer und Umfang der Veränderungen des Bewilligungsbescheides vor. Sofern Sanktionen auch die Unterkunfts- und Heizkosten erfassen, ist diese Auffassung zwingend; nur über eine Änderung des Bewilligungsbescheides nach § 48 SGB X lässt sich die Abweichung vom Kopfteilprinzip umsetzen (LSG Niedersachsen-Bremen, a.a.O.).

Bei bloßem Erlass eines Sanktionsbescheides erhöht sich der KdU-Bedarf demzufolge nicht: Das sanktionierte BG-Mitglied kann unmittelbar aus dem unverändert gebliebenen Bewilligungsbescheid ungekürzte Leistungen verlangen (LSG NRW vom 17.10.2014 – L 2 AS 1460/14 B ER).

Die Sanktion als solche, d.h. die Feststellung einer Pflichtverletzung, bleibt davon unberührt. Der Sanktionsbescheid muss daher angefochten werden, ansonsten kann sich die Sanktion als Zähl-Sanktion auf die spätere Festsetzung einer – dann ggf. wiederholten – Sanktion auswirken.

Im Fall einer vollständigen Sanktion (bei wiederholter, erheblicher Pflichtverletzung nach § 31a Abs. 2 Satz 2 SGB II) wird der dem Sanktionierten zugeordnete KdU-Anteil kopfteilig den übrigen BG-Mitgliedern bedarfserhöhend zugeschlagen. Verfügt das sanktionierte BG-Mitglied über eigene Einkünfte, z. B. Kindergeld, müssen diese zur Deckung des eigenen KdU-Bedarfs eingesetzt werden (BSG vom 2.12.2014 – B 14 AS 50/13 R). Insoweit verringert sich der ungedeckte Anteil, der den übrigen BG-Mitgliedern als erhöhter Bedarf zugerechnet wird.

Beispiel

Die Eltern M. und V. leben mit ihrer 20-jährigen Tochter T. zusammen. Die Familie lebt von SGB II-Leistungen mit anerkannten Unterkunfts- und Heizkosten von 600 €. M. erhält für die arbeitsuchende T. Kindergeld in Höhe von 184 €.
Im laufenden Bewilligungsabschnitt Juni bis November 2015 lehnt T. zum wiederholten Mal ein zumutbares Arbeitsangebot ab. Ihre Leistungen in Höhe von 166 € (= 320 € Regelbedarf abzüglich 154 € bereinigtes Kindergeld) + 200 € anteilige Unterkunfts- und Heizkosten werden für die Zeit von August bis November vollständig gekürzt. Für diesen Zeitraum fehlen M. und V. zur Deckung der Unterkunfts-und Heizkosten 46 € (200 € abzüglich 154 € bereinigtes Kindergeld). Die

Bewilligung im Zeitraum August bis November 2015 ist mithin so zu ändern, dass M. und V. jeweils 360 € Regelbedarf + 223 € Unterkunfts- und Heizkosten erhalten.
Hat T. einen Antrag auf Sachleistungen nach § 31a Abs. 3 SGB II gestellt, kann sie nicht auf den Einsatz des Kindergeldes verwiesen werden. Ist dies nach bisher gängiger Praxis der Jobcenter geschehen und wurde das Kindergeld daher zum Lebensunterhalt verwendet, ist es dem Jobcenter nach dem Grundsatz von Treu und Glauben verwehrt, die Bedarfserhöhung der KdU-Anteile der nicht sanktionierten BG-Mitglieder unter Verweis auf BSG vom 2.12.2014 – B 14 AS 50/13 R um 154 € zu mindern.

Wer muss wann wie reagieren?

Hat das Jobcenter einen Sanktionsbescheid erlassen, ohne im umsetzenden Änderungsbescheid von der Verteilung der Leistungen nach Köpfen abzuweichen, müssen die nicht sanktionierten BG-Mitglieder ihren Anspruch auf höhere KdU-Leistungen mit Widerspruch und Klage (ggf. mit Eilantrag) gegen den Änderungsbescheid durchsetzen.
Den Sanktionsbescheid kann nur der direkt Betroffene anfechten. Geschieht das, haben die nicht sanktionierten BG-Mitglieder dennoch Anspruch auf die – vorläufige (§ 40 Abs. 2 Nr. 1 SGB II i.V.m. § 328 Abs. 1 Nr. 3 SGB III) – Bewilligung höherer KdU-Leistungen.
Wird die Sanktion letztlich bestätigt, bleibt es bei den vorläufig bewilligten, »richtigen« Leistungen. Fällt die Sanktion, hat der Betroffene nur Anspruch auf Nachzahlung des Regelbedarfs. Sein KdU-Bedarf ist mit dem Kindergeld und dem erhöhten KdU-Bedarf der übrigen BG-Mitglieder erfüllt worden.
Die Rückabwicklung einer an die erhöhten KdU-Bedarfe angepassten Einkommensverteilung macht keine Probleme, weil sich der Leistungsanspruch der nicht sanktionierten BG-Mitglieder erhöht.

Beispiel

Die Eltern M. und V. und die 20-jährige Tochter T. erhalten als 3-Personen-BG Alg II mit anerkannten Unterkunfts- und Heizkosten von 600 €. Als Einkommen werden das für T. gezahlte Kindergeld in Höhe von 184 € und 450 € aus einem Minijob des V. berücksichtigt.
Mit einem Bedarf der M. und des V. von jeweils 360 € Regelbedarf + 223 € anteilige, bedarfserhöhte Unterkunfts- und Heizkosten und einem Gesamtbedarf im Sanktionszeitraum von 1.166 € (= 360 € + 360 € + 223 € + 223 €) wird das bereinigte Erwerbseinkommen in Höhe von 280 € mit der Quote [583/1.166] auf den Regelbedarf von M. und V. angerechnet, d.h. mit einem Betrag von jeweils 140 € (= 280 x 0,5). M. und V. erhalten folglich jeweils 443 € Alg II.
Wird die Sanktion aufgehoben, sind die 280 € Einkommen mit der Quote 583/1486 bzw. 320/1.486 auf drei Personen zu verteilen. Der Gesamtbedarf von 1486 € ergibt sich aus 2 x 583 € + 320 € [der Regelbedarf von T. ist nicht um das im Sanktionszeitraum für die Unterkunftskosten eingesetzte Kindergeld zu mindern]. Der Bedarf von M. und V. verringert sich also um 109,84 €, der Bedarf von T. um 60,28 €. M. und V. erhalten damit eine Nachzahlung von jeweils 30,16 €, T. den zu Unrecht gekürzten Regelbedarf abzüglich des ihr nach § 9 Abs. Abs. 2 Satz 3 SGB II zugeordneten Minijob-Einkommens.

Haftung wegen erhöhter KdU-Bedarfe?

Im Ergebnis verringert die Abweichung vom Kopfteilprinzip aus bedarfsbezogenen Gründen die Auswirkung der Sanktion zu Lasten der Allgemeinheit. Ist die Pflichtverletzung, derentwegen sanktioniert wurde, »sozialwidrig« i. S. von § 34 SGB II, kann der junge Erwachsene auf Erstattung der erhöhten KdU-Anteile herangezogen werden, sofern die Geltendmachung des Haftungsanspruchs keine Härte bedeuten würde.

Abwendungsbefugnis durch Sachleistungen oder Zusicherung zur Mietschuldübernahme?

Die Grundlage für eine bedarfsbezogene Abweichung vom Kopfteilprinzip entfällt, wenn auf andere Weise dafür Sorge getragen wird, dass keine Miet- oder Energieschulden entstehen. Eine Übernahme anteiliger Abschläge für Heizkosten ist dem Jobcenter nach § 31a Abs. 3 SGB II möglich, wenn dies beantragt wird. Aufdrängen kann es solche Ersatzleistungen nicht. Ohne Antrag, den nur der direkt Betroffene stellen kann, ist über Kompensationsleistungen nicht zu entscheiden (LSG NRW vom 17.10.2014 – L 2 AS 1460/14 B ER). Werden Ersatzleistungen beantragt, verringert sich die bedarfsbezogene Abweichung vom Kopfteilprinzip entsprechend. Im Fall einer Aufhebung der Sanktion sind die erbrachten Ersatzleistungen auf die zu bewilligende Nachzahlung anzurechnen (zur Erfüllungsfunktion von Lebensmittelgutscheinen s. BayLSG vom 26.11.2014 – L 11 AS 654/14).

Über Sachleistungen hinaus, mit denen ein Bedarf für das Wohnen oder Heizen gedeckt werden kann, hat das Jobcenter keine Möglichkeit, die Abweichung vom Kopfteilprinzip aus bedarfsbezogenen Gründen zu umgehen. Auf die Zusicherung, im Fall entstandener Mietschulden ein Darlehen nach § 22 Abs. 8 SGB II zu gewähren, brauchen sich die Beteiligten nicht einzulassen. Abgesehen von der damit verbundenen Tilgung bzw. Kürzung des laufenden Leistungsanspruchs (§ 42a SGB II), verstößt dies gegen die in Art. 1 GG verankerte Pflicht der Jobcenter, aktuell bestehenden Hilfebedarf mit den dafür vorgesehenen Leistungen, hier der Anspruch auf Zuschuss-Leistungen nach § 22 SGB II, zu decken.

Keine Einkommensanrechung in der ersten Sanktionsstufe?

Eine erste, erhebliche Pflichtverletzung wird bei unter 25-jährigen Alg II-Beziehern mit einer vollständigen Kürzung des Regelbedarfs sanktioniert (§ 31a Abs. 2 Satz 1 SGB II). Verfügt der Betroffene über Einkommen, z. B. Kindergeld, ist umstritten, ob die Regelung so zu verstehen ist, dass es in der ersten Sanktionsstufe nur noch Leistungen nach § 22 SGB II gibt, die Einkommensanrechnung auf den Regelbedarf also mit dessen Kürzung entfällt, oder ob das Einkommen nach Wegfall des Regelbedarfs auf die KdU angerechnet wird (zum Meinungsstreit s. SG München vom 7.2.2012 – S 45 AS 185/12 ER).

Unter Berücksichtigung der BSG-Rechtsprechung zur Abweichung vom Kopfteilprinzip aus bedarfsbezogenen Gründen sprechen die besseren Argumente dafür, die zweite Lesart (sanktionsbedingte Anrechnung auf den KdU-Bedarf) zu favorisieren. Bei Umsetzung der Sanktion mit einem Änderungsbescheid nach § 48 SGB X ist also zu prüfen, ob dem sanktionierten BG-Mitglied die Mittel, die nach Kürzung des

Regelbedarfs auf seinen KdU-Anteil angerechnet werden, auch tatsächlich zur Verfügung stehen. Eine Abweichung vom Kopfteilprinzip ist dann nicht erforderlich. Bei der Gewährung von Sachleistungen nach § 31a Abs. 3 SGB II muss aber ein entsprechend höherer Bedarf berücksichtigt werden.

Beispiel

Der 20-jährige S. erzielt Einkünfte aus einem Nebenjob in Höhe von 200 €, zahlbar am Ende des Monats. Ergänzend erhalten er und seine Mutter M., mit der er in einer Wohnung zusammenlebt, Alg II. An Unterkunfts- und Heizkosten sind 460 € anerkannt. Wegen Ablehnung eines dem S. unterbreiteten Arbeitsangebots stellt das Jobcenter eine dreimonatige Sanktion mit Beginn Mai 2015 fest. Für Juni wird S. wegen Aufrechnung mit einem Ersatzanspruch des Arbeitgebers kein Lohn ausgezahlt.
Im Änderungsbescheid zur Umsetzung der Sanktion werden S. 150 € (= 230 € kopfteilige Unterkunfts- und Heizkosten abzüglich 80 € bereinigtes Erwerbseinkommen) bewilligt, M. erhält 399 € Regelbedarf + 230 € Unterkunfts- und Heizkosten. S. hat – auf Antrag – Anspruch auf Regelbedarfs-Ersatzleistungen, wobei 80 € des Erwerbseinkommens für die Aufstockung des KdU-Bedarfs gebunden sind, bei der Bemessung des Umfangs der benötigten Sachleistungen also nicht berücksichtigt werden dürfen.
Der Widerspruch des S. gegen den Änderungsbescheid, mit dem er für Juni ungekürzte KdU-Leistungen verlangt, weist das Jobcenter zurück: In Höhe des beglichenen Schadenersatzanspruchs des Arbeitgebers seien S. im Ergebnis 200 € zugeflossen. Auch M. erhebt Widerspruch, weil ihr 80 € für die Juni-Miete fehlten. Der Widerspruch ist begründet. Weil S. nur 150 € zur Miete beisteuern kann, erhöht sich der KdU-Bedarf von M. um die fehlenden 80 €.

Abweichung vom Kopfteilprinzip auch bei Partner-Sanktion?

Die Abweichung vom Kopfteilprinzip aus bedarfsbezogenen Gründen ist kein speziell zur Abwendung personenübergreifender U 25-Sanktionen entwickelter Kunstgriff, sondern Ausdruck des allgemeinen Prinzips, Veränderungen einer Bedarfslage, die nicht auf zumutbare Weise selbst bewältigt werden können, Rechnung zu tragen. Da im SGB II eine § 25 Abs. 3 BSHG entsprechende Regelung fehlt, der Rechtsgedanke dieser Norm: Die Haftung von Familienangehörigen für die Arbeitsunwilligkeit eines Familienmitgliedes möglichst zu verhindern (s. dazu etwa OVG Sachsen vom 18.12.1997 – 2 S 614/95; VGH Baden-Württemberg vom 11.10.1999 – 7 S 1755/99), aber auch im SGB II ein unabweisbares Verfassungsgebot ist, muss hier wegen der starren Sanktionsregeln der umgekehrte Weg einer Aufstockung der unerlässlichen Mittel beim rechtstreuen BG-Mitglied gegangen werden. Die Abweichung vom Kopfteilprinzip ist daher auch in einer Partner-BG zu prüfen, wenn sich die Sanktion auf den KdU-Anteil des sanktionierten Partners auswirkt und dieser über kein Einkommen oder Vermögen verfügt, aus dem er seinen Kopfteil – oder ggf. Teile davon – erbringen kann. Dabei nimmt die gegenseitige Einstandspflicht gemäß §§ 7 Abs. 3, 9 Abs. 2 SGB II den sanktionierten Partner stärker in die Pflicht als den unter 25-Jährigen. Der nicht sanktionierte Partner muss aber auch in der Paar-BG verschont bleiben, ein vorübergehender Verzicht auf das Existenzminimum ist ihm nicht zuzumuten.

Zu einer Abweichung vom Kopfteilprinzip, wenn das Mitglied einer Haushaltsgemeinschaft sanktioniert wird, → S. 218.

5.3 Zusammenwohnen mit nicht zur BG gehörenden Personen

Abweichende Nutzungsvereinbarung

Abweichend von der Kopfteilmethode sind Nutzungsvereinbarungen für das Jobcenter beachtlich, wenn weder eine BG noch eine Haushaltsgemeinschaft besteht und die Vereinbarung nicht nur zur Erschleichung von Alg II geschlossen wird (BSG vom 22.8.2013 – B 14 AS 85/12 R).

Nur Wirksamkeitsprüfung

Das Jobcenter darf und muss prüfen, ob das im Rahmen eines Alg II-Antrags geltend gemachte Nutzungsentgelt tatsächlich gefordert wird und werden kann (Wirksamkeit der Vereinbarung). Steht dies außer Frage und ist der geforderte Betrag nach den KdU-Richtlinien des Jobcenters angemessen, ist das Jobcenter nicht befugt, das Nutzungsentgelt auf ein »gerechteres« Anteilverhältnis der Wohnungsnutzung zu kürzen oder ein entsprechendes Kostensenkungsverfahren einzuleiten.

Beispiel

Der 23-jährige S. ist wegen Zerrüttung im Elternhaus zu seiner Tante T. gezogen, die für eine 3-Zimmer-Wohnung 650 € Miete zahlt. Obwohl S. dort nur das kleinste Zimmer bewohnt und viel Zeit bei Freunden verbringt, verlangt T. 300 € Miete inklusive Strom, Telefon und Internet. In der Studentenstadt, in der T. lebt, werden vergleichbare Zimmer für 400 € und mehr angeboten. Der abstrakt angemessene Wert für 1-Personen-BG liegt bei 460 €. Hier kann das Jobcenter nicht einwenden, dass eine Miete von 200 € dem Verhältnis der Teilnutzung zur Gesamtmiete besser entspreche.

Vertragsanpassung

Anderes kann gelten, wenn geänderte Umstände eine Vertragsanpassung nahelegen (dazu BSG vom 22.8.2013 – B 14 AS 85/12 R). Bietet sich eine Chance zur Verringerung der Unterkunftskosten, muss der Leistungsbezieher diese nutzen.

Beispiel

P. ist nach der Trennung von seiner Partnerin zu einem Freund F. gezogen, der beruflich viel unterwegs ist. P. und F. hatten ausgemacht, dass P. 300 € für die Nutzung eines Raumes der 3 1/2-Zimmer-Wohnung zahlt, u. a., weil er die Wohnung häufig ganz allein für sich hat. Da dieser Betrag den Angemessenheits-Richtlinien entsprach, hat das Jobcenter ihn übernommen. F. wird arbeitslos und ist nun viel zuhause. Hier entsprechen die 300 € nicht mehr den geänderten Wohnverhältnissen. P. ist gehalten, sich mit F. auf eine Verringerung des Nutzungsentgelts zu verständigen. Zwingen kann er F. unter den gegebenen Umständen nicht, so dass auch die Kostenübernahme nicht gesenkt werden kann.

Umgekehrt muss das Jobcenter eine insgesamt noch angemessene Erhöhung akzeptieren, auch wenn diese nicht gefordert werden könnte.

Beispiel

Der 23-jährige S. ist wegen Zerrüttung im Elternhaus zu seiner Tante T. gezogen, die ihm für 150 € ein Zimmer in ihrer Wohnung inklusive Nutzung von Küche und Bad überlässt. T. wird arbeitslos und bittet S. wegen des geringen Arbeitslosengeldes, einer Erhöhung des Nutzungsentgelt um 50 € zuzustimmen. S. willigt ein. Da die Miete immer noch sehr niedrig ist, muss das Jobcenter die 200 € übernehmen. Eine Kostendeckelung nach § 22 Abs. 1 Satz 2 SGB II greift mangels Wohnungswechsels nicht.

Notaufnahme

Zieht ein Freund oder Verwandter zur Unterstützung eines Leistungsberechtigten in dessen Wohnung, ohne selbst Leistungen nach dem SGB II zu beanspruchen, muss eine Einbeziehung des Dritten in die Verteilung der Unterkunfts- und Heizkosten unterbleiben (SG Karlsruhe vom 11.3.2010 – S 11 AS 2772/08: Unterstützung seitens der Mutter für die nach einem Mordversuch traumatisierte Tochter; LSG Sachsen vom 14.9.2006 – L 3 B 292/06 AS-ER: vom Jugendamt befürwortete Unterbringung eines jungen Erwachsenen in der Wohnung des Vaters nach Drogentherapie; SG Gießen vom 13.8.2013 – S 26 AS 1436/10: Aufnahme eines Ausländers, der noch keine Leistungen erhalten kann).
Dasselbe gilt bei Aufnahme eines Freundes oder Verwandten, der sich in einer Notlage befindet und von den Leistungsberechtigten unterstützt wird, ohne dass dem Jobcenter Mehrleistungen entstehen (LSG NRW vom 13.1.2012 – L 12 AS 1734/11 NZB).

Zu Mietverhältnissen zwischen nahen Angehörigen und zur Wohngemeinschaft → S. 217 f.

5.4 Kostenaufteilung bei auch von Dritten genutztem Wohnungseigentum

Grundsätzlich Kopfteilprinzip

Auch bei der Nutzung eines Eigenheimes oder einer Eigentumswohnung sind die Wohnkosten grundsätzlich kopfteilig zu berücksichtigen. Dass für bestimmte Kosten nur der Immobilieneigentümer herangezogen werden kann, ist für die Kostenteilung nach § 22 SGB II unerheblich (BSG vom 24.2.2011 – B 14 AS 61/10 R). Abweichungen vom Kopfteilprinzip sind für Personen, die weder zur BG noch zur Haushaltsgemeinschaft gehören, denkbar.

Mehrfamilienhaus

Nutzt der Leistungsberechtigte die Wohnung eines ihm gehörenden Mehrfamilienhauses, das wegen hoher Schuldlasten kein verwertbares Verhältnis der Gesamtwohnfläche zur selbst genutzten Wohnfläche aufzuteilen; die Verteilung der übrigen Wohnkosten (z. B. Grundsteuer, Schuldzinsen) richtet sich nach dem Verhältnis der jeweiligen Gesamtflächen unter Einbeziehung von Keller- oder Speicherräumen (HessLSG vom 11.10.2006 – L 7 AS 153/06 ER; LSG Mecklenburg-Vorpommern vom 4.10.2006 – L 8 B 30/06; LSG Sachsen-Anhalt vom 2.12.2008 – L 2 B 292/08 AS ER; SG Lüneburg vom 15.10.2009 – S 28 AS 593/08).

Wohnrecht/ Nießbrauch

Trägt der mit im Haus wohnende Nutzer eines Wohn- oder Nießbrauchsrechts kraft vertraglicher Vereinbarung mit dem Leistungsberechtigten keine Wohnkosten bzw. hatte der Eigentümer kraft Vertrag Nebenkosten auch für die Versorgung der dem Wohnrecht unterliegenden Räume als alleiniger Schuldner übernommen, kann diese Verpflichtung nach BSG vom 29.11.2012 – B 14 AS 36/12 R, abweichend von der Kopfteilmethode, einen Bedarf nach § 22 SGB II begründen.

Ist der Nutzer des Wohn- oder Nießbrauchsrechts hilfebedürftig, kann er Kosten, die üblicherweise der Eigentümer trägt, nicht als Unterkunftskosten vom Jobcenter fordern (LSG Berlin-Brandenburg vom 5.2.2008 – L 26 B 2321/07 AS ER; LSG NRW vom 24.7.2014 – L 19 AS 423714 NZB).

Macht der Eigentümer Ansprüche auf Unterkunfts- und Heizkosten nach § 22 SGB II geltend, ist der Teil des Hauses, der mit einem Nießbrauch belegt ist, heraus zu rechnen (SG Detmold vom 31.01.2007 – S 21 (10) AS 42/05).

Miteigentum

Für Miteigentümer einer Immobilie, deren genutztes Wohneigentum sich auf den ideellen Miteigentumsanteil an der Immobilie beschränkt, sind nur die darauf bezogenen Kosten Bedarfe nach § 22 SGB II (LSG NRW vom 30.6.2011 – L 7 AS 79/8). Bei mehreren hilfebedürftigen Nutzern tritt dann an die Stelle des Kopfteilprinzips pro Nutzer eine Kostenteilung nach dem Anteil der jeweils tatsächlich genutzten Wohnfläche (LSG Sachsen-Anhalt vom 30.11.2011 – L 2 AS 229/11 B ER und vom 12.3.2012 – L 5 AS 87/12 B ER).

Zur Kopfteilmethode bei der Übernahme von Betriebs- und Heizkostennachforderungen → S. 343 f.
Zur Kopfteilmethode bei der Übernahme von Miet- und Heizenergieschulden → S. 384 und → S. 401.

6 Nur tatsächlich gezahlte oder zu bezahlende Kosten

Das Jobcenter muss nur die Kosten übernehmen, die tatsächlich gezahlt werden oder zu bezahlen sind. Auf einen förmlichen (in Schriftform verfassten) Mietvertrag kommt es nicht an. Die Kostenübernahme hängt auch nicht davon ab, ob die Wohnungsnutzung erlaubt ist, ob gegen Bauordnungsrecht oder sonstige Ordnungsvorschriften verstoßen wird oder ob die verlangten Nutzungsentgelte versteuert werden. Entscheidend ist, ob trotz solcher Mängel oder Rechtsverstöße die Pflicht zur Zahlung eines Entgelts für die Nutzung der Wohnung oder von Teilen einer Wohnung wirksam ist. Dann müssen die Kosten in angemessener Höhe vom Jobcenter übernommen werden.

Wie einerseits selbst bei Bestehen eines Miet- oder sonstigen Nutzungsvertrages keine Kostenübernahme nach § 22 SGB II geschuldet ist, wenn der Vertrag nach der tatsächlichen Handhabung nicht umgesetzt wird (BayLSG vom 7.5.2014 – L 11 AS 225/14 NZB: Nichtzahlung vereinbarter Instandhaltungsrücklagen) oder mangels Forderung eines Entgelts gar kein »echter« Mietvertrag ist (dazu LG Frankfurt am Main vom 8.5.2014 – 2-11 S 86/14), kann andererseits auch ohne Vertrag ein KdU-Bedarf bestehen, wenn ein Entgelt für das Wohnen und Heizen außer Frage steht.

Stillschweigender Vertrag

Entweder kann in solchen Fällen die tatsächliche Nutzung und Zahlung als stillschweigender Vertrag gewertet werden (dazu BGH vom 2.7.2014 – VIII ZR 298/13, vom 22.7.2014 – VIII ZR 313/13, vom 2.7.2014 – VIII ZR 316/13: Abschluss eines Energieliefervertrages durch Energieverbrauch, vom 9.7.2014 – VIII ZR 36/14: Stillschweigende Vereinbarung einer Änderung der Betriebskostenumlage und vom 2.7.2014 – VIII ZR 298/13: Annahme einer Mieterhöhung durch Nutzung weiterer Wohnfläche; AG München vom 14.8.2013 – 452 C 1146/13: Zustimmung zur Mieterhöhung durch Zahlung der erhöhten Miete; s. auch LG Münster vom 26.9.2014 – 10 O 160/08: Streit über Entgeltvereinbarung einer Nutzungsüberlassung).

Treu und Glauben

Oder die Umstände liegen so, dass der Nutzer der Wohnung die (weitere) Zahlung der Wohnkosten nur unter Verstoß gegen den Grundsatz von Treu und Glauben verweigern könnte. Ein solches Verhalten ist keine Obliegenheit zur Verringerung des Hilfebedarfs.

Beispiel 1

G. hat ein geringen Erwerbseinkommen und schlechte Schufa-Werte. Das Anmieten einer Wohnung ist dadurch sehr schwierig. Um eine Wohnung zu bekommen, erklärt sich sein Bruder B. bereit, mit in den Mietvertrag einzusteigen. Dabei ist klar, dass nur G. die Wohnung nutzen wird. G. wird arbeitslos und benötigt Alg II. Die Unterkunfts- und Heizkosten können dann nicht unter Verweis auf den Mit-Mieter geteilt werden.

Beispiel 2

S. hat ein geringes Erwerbseinkommen. Sie bittet daher ihren Bruder B., mit in ihre Wohnung zu ziehen, um sich die Kosten teilen zu können. Der Vermieter ist damit einverstanden, ohne dass B. in den Mietvertrag aufgenommen wird. S. lernt einen Mann kennen und zieht in dessen Wohnung. Seitdem zahlt B. die Miete. Um eine Mieterhöhung zu vermeiden, ist der Vermieter von den geänderten Verhältnissen nicht informiert worden. Nach Verlust seiner Arbeitsstelle muss B. Alg II beantragen. Das Jobcenter kann die Übernahme der Mietkosten nicht mit der Begründung ablehnen, B. sei gar nicht Mieter der Wohnung.

Beispiel 3

P. und J. beziehen als Einstands-BG Alg II. Sie stehen beide im Mietvertrag. Es kommt zur Trennung. Der Vermieter ist nicht damit einverstanden, P. aus dem Mietvertrag zu entlassen. P. vereinbart mit J., der die Wohnung allein weiter nutzen will, dass er die Mietkosten trägt. Die Unterkunfts- und Heizkosten können hier bis zum Ablauf einer Kostensenkungsfrist, falls die Wohnung für eine Person unangemessen ist, nicht unter Verweis auf den Mitmieter geteilt werden, auch wenn P. finanziell imstande wäre, den Mietanteil zu zahlen, ohne deshalb hilfebedürftig zu werden.

Mietvertrag fürs Jobcenter

Die Begründung einer rechtlichen Verbindlichkeit zur Zahlung von Unterkunfts- und Heizkosten in Zusammenhang mit einem Alg II-Antrag ist nicht missbräuchlich, wenn die Beteiligten damit einen Nachweis der Verbindlichkeit einer Entgeltvereinbarung dokumentieren wollen oder damit auf die Ablehnung einer Kostenübernahme, die mit einem fehlenden Mietvertrag begründet wird, reagieren (vgl. dazu LSG NRW vom 10.2.2014 – L 20 SO 401/13, Revision unter – B 8 SO 10/14 R).
Das gilt nicht für vertragliche Regelungen, die allein darauf abzielen, dem Jobcenter Kosten aufzubürden oder mit der die Leistungen für Unterkunft- und Heizung optimiert werden sollen. Solche Vereinbarungen sind entweder unwirksam (sittenwidrig) oder sie begründen eine unangemessene Mietforderung, die das Jobcenter zurückweisen kann.

Mietminderung **vor** Alg II-Bezug

Ist die Miete zum Zeitpunkt des Eintritts in den Alg II-Bezug wegen eines vom Mieter geltend gemachten Mangels gemindert worden, bestimmt die geminderte Miete den Bedarf für Unterkunft und Heizung (vgl. zum Wohngeldrecht OVG NRW vom 24.3.2011 – 12 A 2783/10; OVG Lüneburg vom 19.9.2011 – 4 PA 4/11). Besteht Streit über die Minderung, sollte die vom Vermieter geforderte Miete wegen des Risikos einer Kündigung wegen Mietschulden (BGH vom 11.7.2012 – VIII ZR 138/11) unter Vorbehalt gezahlt werden. Das Jobcenter kann diese »Erhöhung« der Mietkosten nur dann als unzulässige Belastung der Allgemeinheit ablehnen, wenn es nach Prüfung der Mietminderung das Risiko insofern trägt, als es die Unterkunftskosten in der bislang geminderten Höhe vorläufig nach § 328 SGB III i. V. m. § 40 Abs. 2 Nr. 1 SGB II gewährt, um sie ggf. in ungekürztem Umfang als endgültigen Bedarf nach § 22 Abs. 1 SGB II zu übernehmen.
Die schon vor Eintritt in den Alg II-Bezug aufgelaufenen Rückstände sind Mietschulden i. S. von § 22 Abs. 8 SGB II, wenn sich später herausstellt, dass die Minderung (teilweise) zu Unrecht erfolgte.

Mietminderung **im** Alg II-Bezug

Will der Leistungsberechtigte die Miete wegen eines Mangels mindern, muss er dies dem Jobcenter mitteilen, weil nach § 22 Abs. 1 SGB II nur tatsächlich anfallende Unterkunftskosten übernommen werden. Das Jobcenter darf dann prüfen, ob es die gekürzte Miete als vorläufigen Bedarf für Unterkunft und Heizung weiter übernimmt oder anstelle der Mietminderung eine Zahlung unter Vorbehalt empfiehlt. Hat das Jobcenter die geminderte Miete vorläufig bewilligt und stellt sich in einem Streit mit dem Vermieter heraus, dass die Minderung überhöht war, sind die mietrechtlichen Schulden in Form der zu hoch veranschlagten Minderung sozialrechtlich der endgültig zu berechnende Bedarf.
Hat der Leistungsberechtigte gegen den Rat des Jobcenters gemindert, kann er weder verlangen, dass das Jobcenter auf eine vorläufige

Bewilligung nach § 328 SGB III umstellt, noch dass die geminderte Miete vom Jobcenter auf ein Sonderkonto geparkt wird. Ggf. ist das Jobcenter berechtigt, die volle Miete nach § 22 Abs. 7 SGB II direkt an den Vermieter zu zahlen (→ S. 49).

Nachträglich entstehender Bedarf

Hat der Mieter zwar zu hoch gemindert bzw. zu wenig Miete gezahlt, sich aber unverschuldet über Art und Ausmaß des Mangels geirrt, ist er mit der ausgebliebenen Miete bis zur Feststellung des Irrtums nicht in Verzug geraten. Die erst dann fällige Mietnachforderung ist sozialrechtlich ein im Monat der Fälligkeit entstehender Bedarf, den bei Hilfebedürftigkeit das Jobcenter nach § 22 Abs. 1 SGB II übernehmen muss.

Zurückbehaltung

Statt zu mindern, kann die Behebung eines Mangels auch durch Zurückhaltung eines Teils der Miete eingefordert werden. Zulässig ist ein Betrag, der das Dreifache des angenommenen Minderungsbetrages nicht übersteigen sollte. Auch die Ausübung des Zurückbehaltungsrechts ist mit dem Jobcenter abzustimmen, weil sich kraft Kürzung der tatsächlichen Aufwendungen für die Dauer der Zurückbehaltung der KdU-Bedarf verringert, es sei denn, der zurückbehaltene Mietbetrag wird gesondert für die Nachentrichtung nach Beseitigung des Mangels verwahrt. Ob dies als »tatsächliche Aufwendung« i. S. von § 22 Abs. 1 SGB II gilt, ist allerdings noch nicht geklärt. Dem könnte entgegengehalten werden, dass nur ein fälliger Anspruch auf Mietzahlung den KdU-Bedarf bestimmt. Die gebotene Vorgehensweise (Minderung, Zurückbehaltung oder Zahlung gegen Vorbehalt) sollte daher mit dem Jobcenter abgesprochen werden.

Siehe dazu auch die Ausführungen auf → S. 269 f.

Aufrechnung

Wird eine Mietforderung nicht durch Barzahlung oder Überweisung beglichen, sondern durch Aufrechnung mit einer Forderung gegenüber dem Vermieter, bleibt der KdU-Bedarf unverändert (SG Frankfurt/Oder vom 26.11.2014 – S 28 AS 2599/13).

Gekündigtes Mietverhältnis

Stehen mehrere Personen im Mietvertrag, können sie das Mietverhältnis nur gemeinsam kündigen, umgekehrt muss der Vermieter allen Vertragsparteien kündigen, es sei denn, ihm wurde der Auszug eines Mieters verschwiegen. Für den KdU-Bedarf ist ungeachtet einer Fortgeltung des Mietvertrages allein die Zahl der in der Wohnung verbliebenen Personen maßgebend.

Trennung/ Scheidung

Sind Ehe-/Lebenspartner Mieter, müssen sie gemeinsam kündigen bzw. muss ihnen gemeinsam gekündigt werden. Ist nur ein Ehe-/Lebenspartner Mieter, kann er die Wohnung rechtswirksam kündigen. Der in der Wohnung verbleibende Partner kann auch dann keine Zuweisung der Ehewohnung nach § 1361b Abs. 1 BGB erhalten, wenn er beabsichtigt, in der Wohnung zu verbleiben und im späteren Scheidungsverfahren einen Antrag nach § 1568a BGB zu stellen (OLG Frankfurt am Main vom 20.2.2013 – 5 UF 14/13).

Einstands-BG

Für die Aufnahme eines Einstandspartners muss der Mieter die Erlaubnis des Vermieters einholen (§ 553 BGB), der diese nur im Ausnahmefall ablehnen darf (BGH vom 5.11.2003 – VIII ZR 371/02). Auch ohne Erlaubnis muss das Jobcenter die kopfteiligen Unterkunfts- und Heizkosten wegen der gemeinsamen Nutzung der Wohnung übernehmen. Hat der Vermieter seine Zustimmung an eine Erhöhung der Betriebskosten gebunden, ist das keine zustimmungspflichtige Mietererhöhung, die zu einer Ablehnung oder Deckelung der Kostenübernahme nach § 22 Abs. 1 Satz 2 SGB II befugt.
Kommt es zur Trennung und zieht der Partner aus, der nicht in den Mietvertrag aufgenommen wurde, besteht keine Verpflichtung des Vermieters auf Abschluss eines Mietvertrages mit dem verbleibenden Partner. Bis zur Räumung der Wohnung muss das Jobcenter die Mietkosten übernehmen, wenn der ausgezogene Partner nicht zahlen kann. Will er nicht zahlen und gibt es auch keine Vereinbarung der Expartner über die Kostentragung (s. dazu BGH vom 3.2.2010 – XII ZR 53/08), kann die Kostenübernahme mit Verweis darauf abgelehnt werden, dass der Vermieter einen zahlungsfähigen Vertragspartner hat.

Stillschweigende Vertragsverlängerung

Der Ablauf einer Kündigungsfrist führt nicht automatisch zum Wegfall des KdU-Bedarfs. Bleiben die Mieter nach Ablauf der Kündigungsfrist in der Wohnung, kann dies einen Anspruch auf Übernahme des damit begründeten Nutzungsentgelts (§ 546a BGB) auslösen oder sogar zu einer Verlängerung des Mietverhältnisses auf unbestimmte Zeit führen, wenn der Vermieter der Weiternutzung nicht innerhalb einer Frist von zwei Wochen widerspricht (§ 545 BGB) und diese Regelung nicht mietvertraglich ausgeschlossen wurde. Die Frist für die Erklärung des Widerspruchs gegen die stillschweigende Verlängerung des Mietverhältnisses wird durch eine vor Fristablauf eingereichte und »demnächst« (§ 167 ZPO) zugestellte Räumungsklage gewahrt (BGH vom 25.6.2014 – VIII ZR 10/14).
Verzögert sich ein Auszug aus der Wohnung, kann sich auch der Vermieter auf § 545 BGB berufen. Hängt die Verzögerung damit zusammen, dass das Jobcenter Rechtsansprüche auf Zusicherung und Wohnungsbeschaffungskosten zögerlich bearbeitet oder zu Unrecht ablehnt, müssen bis zu einer erneuten Kündigung die vollen Mietkosten übernommen werden.

Keine Vermietung an sich selbst

Tatsächliche Kosten entstehen nicht, wenn der Leistungsberechtigte mit sich selbst (unter der Firma seines Gewerbebetriebs, der keine eigenständige juristische Person darstellt) einen Mietvertrag schließt (LSG Sachsen-Anhalt vom 9.5.2012 – L 5 AS 412/09; s. auch LSG Berlin-Brandenburg vom 16.6.2011 – L 18 AS 332/09).

Wohnungsnutzer ist nicht Mieter

Besteht ein Mietvertrag mit einer rechtlich vom Wohnungsnutzer X. zu trennenden juristischen Person »X. GmbH«, sind die Mietkosten im Rahmen des § 22 SGB II nicht zu übernehmen (LSG Baden-Württemberg vom 20.3.2014 – L 12 AS 305/14 ER-B).

Selbsthilfegebot

Bei einem Mietverhältnis zwischen nahen Angehörigen ist es dem Leistungsberechtigten grundsätzlich zuzumuten – auch unabhängig von der Rechtmäßigkeit der vertraglichen Vereinbarungen – beim verwandten Vermieter um eine Senkung der Miet- und Nebenkosten auf das sozialrechtlich angemessene Maß nachzusuchen (BSG vom 23.3.2010 – B 8 SO 24/08 R).

Unterkunftskosten sind nicht zu übernehmen, wenn die Möglichkeit besteht, durch Ausübung eines Gestaltungsrechts eigenen oder kostengünstigen Wohnraum zu nutzen, statt eine Wohnung zu mieten (vgl. dazu LSG NRW vom 23.8.2010 – L 19 (20) AS 47/09).
Näheres zu Mietverhältnissen zwischen nahen Angehörigen → S. 216 ff.

7 Nur rechtmäßige Kosten

Offensichtlich unwirksam

Eine offensichtlich unwirksame oder gar sittenwidrige Vereinbarung oder Mietforderung muss das Jobcenter nicht abdecken (SG Reutlingen vom 3.3.2009 – S 2 AS 1885/08; LSG Berlin-Brandenburg vom 10.9.2009 – L 34 AS 1321/08; LSG Baden-Württemberg vom 8.2.2011 – L 12 AS 4387/10 und vom 1.3.2011 – L 12 AS 4387/10: sittenwidrige Mietverträge). Zur Glaubhaftmachung eines mietvertraglichen Bindungswillens s. LSG Sachsen-Anhalt vom 4.9.2012 – L 5 AS 343/12 B ER).

Mietwucher

Eine wucherische Miete nachzuweisen, ist sehr schwer und oft nur mittels Gutachtens möglich (s. etwa BGH vom 28.1.2004 – VIII ZR 190/03; AG Köpenick vom 15.7.2014 – 7 C 127/14). Eine Kostenübernahme kann daher nicht schematisch nach einem Grenzwert, den das Jobcenter für Mietwucher festgelegt hat, abgelehnt werden (s. dazu SG Berlin vom 28.1.2013 – S 37 AS 2006/13 ER). Es bleibt meist nur der Weg über eine Kostensenkungsaufforderung nach § 22 Abs. 1 Satz 3 SGB II).

Fehlerhafte Mietminderung

Die Minderung der Miete wegen eines Mangels der Mietsache (§ 536 BGB) ist nur möglich, wenn der Mangel dem Vermieter auch gemeldet wurde, wobei eine telefonische Meldung nach LG Berlin vom 6.6.2014 – 63 S 238/13 nicht genügen soll.
Fehlt eine Mängelanzeige oder ist die vom Mieter erklärte Mietminderung offensichtlich unwirksam, hat die Kürzung der Mietzahlung nicht zur Folge, dass insoweit der KdU-Bedarf entfällt (BayLSG vom 14.5.2014 – L 11 AS 828/13 und – L 11 AS 261/12). Wenn die ungeminderte Miete angemessen ist, muss das Jobcenter weiter für die vollen Mietkosten aufkommen, ist aber berechtigt, die Unterkunfts- und Heizkosten gemäß § 22 Abs. 7 SGB II direkt an den Vermieter zu zahlen, um eine Kündigung wegen Mietschulden abzuwenden.

Zum Problem der Rückforderung nach §§ 45, 48 SGB X im Fall einer dem Jobcenter verschwiegenen Mietminderung oder Zurückbehaltung → S. 269.

Zur Übernahme von Mietschulden im Fall einer ungerechtfertigten Mietminderung → S. 362.

Mietverzicht

Ist ein teilweiser Mietverzicht wirksam vereinbart worden (dazu LG Berlin vom 31.5.2010 – 67 S 424/09), muss das Jobcenter nur die geschuldete Miete übernehmen.

Eine längere Untätigkeit des Vermieters bei der Geltendmachung von Forderungen aus dem Mietvertrag begründet allein keinen Rückschluss auf einen Mietverzicht (vgl. BGH vom 17.10.2010 – XII ZR 124/09; LG Berlin vom 11.12.2014 – 67 S 278/14).

Hatte der Wohnungseigentümer mit einem Wohnungsnutzer vereinbart, dass dieser die Wohnung unentgeltlich nutzen kann, ist diese Vereinbarung für den Zwangsverwalter nicht bindend (LG Dortmund 29.10.2010 – 3 O 175/10).

Verwirkung

Wegen Untätigkeit bei der Geltendmachung einer Forderung kann der Anspruch auf (volle) Mietzahlung jedoch verwirkt sein (KG Berlin vom 18.11.2013 – 8 U 71/13). Dies kann bei der Prüfung einer Mietschuldübernahme nach § 22 Abs. 8 SGB II eine Rolle spielen.

Zu Schönheitsreparaturklauseln → S. 141 f.
Zu Betriebskostennachforderungen → S. 331 f.

Rechtlich zweifelhaft

Für rechtlich lediglich zweifelhafte Forderungen oder Mietklauseln gilt das nicht. Die Alg II-Bewilligung ist ein Massengeschäft. Eine Prüfung mietrechtlicher Vereinbarungen oder Forderungen können die Jobcenter nicht leisten. Die Gewährung der Leistungen nach § 22 SGB II steht daher nicht unter einem allgemeinen Rechtmäßigkeitsvorbehalt (BSG vom 22.9.2009 – B 4 AS 8/09 R: zweifelhafter Staffelmietvertrag; s. dazu BGH vom 15.2.2012 – VIII ZR 197/11)). Soweit Zahlungen auf der Grundlage einer nicht ins Auge stechenden unwirksamen Vereinbarung mit dem Vermieter von diesem gefordert und vom Leistungsberechtigten auch tatsächlich gezahlt werden, sind sie zunächst zu übernehmen.
Das gilt auch für tatsächlich nachgewiesene Kosten der Unterkunft und Heizung, die trotz Unwirksamkeit eines Mietvertrages rechtmäßig gefordert werden können (LSG Sachsen-Anhalt vom 30.11.2011 – L 2 AS 229/11 B ER).

Kostensenkung

Hält das Jobcenter eine Vereinbarung über Unterkunftskosten für unwirksam, kann es das Kostensenkungsverfahren nach § 22 Abs. 1 Satz 3 SGB II betreiben. Denn Zahlungen auf Grund einer unwirksamen Vereinbarung sind nicht angemessen i. S. des § 22 Abs. 1 Satz 1 SGB II, auch wenn die Angemessenheitsgrenze des § 22 Abs. 1 Satz 1 SGB II nach allgemeinen Grundsätzen nicht überschritten wird. Die Unangemessenheit ergibt sich allein aus der zivilrechtlichen Unwirksamkeit der angeblichen Forderung (BSG vom 22.9.2009 – B 4 AS 8/

09 R; LSG Mecklenburg-Vorpommern vom 27.5.2010 – L 8 AS 71/08; LSG Sachsen-Anhalt vom 10.11.2010 – L 2 AS 182/10 B ER).

Information über die Rechtslage

Die Kostensenkungsaufforderung darf sich in diesem Fall aber nicht darauf beschränken, dem Leistungsberechtigten lediglich den nach Auffassung des Jobcenters angemessenen Mietzins und die Folgen mangelnder Kostensenkung vor Augen zu führen. Vielmehr muss dem Leistungsberechtigten die nach Ansicht des Jobcenters bestehende Rechtslage so verdeutlicht werden, dass er zur Durchsetzung seiner Rechte gegenüber dem Vermieter in die Lage versetzt wird (BSG vom 24.11.2011 – B 14 AS 15/11 R). Bis zu den erforderlichen Erläuterungen sind Schritte zur Kostensenkung regelmäßig subjektiv unmöglich, es sei denn, aufgrund des Kenntnisstandes des Leistungsberechtigten ist eine derartige Information entbehrlich.

Vorsicht bei Klagen gegen Vermieter

Der Leistungsberechtigte ist nicht zur Einleitung eines mit Kosten verbundenen Mahn- oder Klageverfahrens verpflichtet. Macht das Jobcenter die Gewährung der Unterkunftskosten von einer Klage abhängig, mit dem Versprechen, sich dann um das Betreiben der Klage zu kümmern, ist Vorsicht geboten. Denn der Übergang eines evtl. Anspruchs gegen den Vermieter nach Klageerhebung belässt den Leistungsberechtigten in der Rolle des unter Umständen kostenpflichtigen Klägers (§ 265 ZPO).
Besteht das Jobcenter auf einer Klage, ist zu verlangen, dass es sich schriftlich verpflichtet, für sämtliche daraus entstehende Kosten aufzukommen (LSG NRW vom 1.12.2009 – L 19 B 239/09 AS zum vergleichbaren Problem bei der Durchsetzung von Unterhaltsansprüchen). Sollte auf Drängen des Jobcenters Klage ohne vorherige Klärung der Kostenübernahme erhoben worden sein, sind alle entstandenen Kosten im Wege einer öffentlich-rechtlichen Geschäftsführung ohne Auftrag vom Jobcenter zu übernehmen. Zuständig bei Streit über die Kosten ist das Sozialgericht.

Schadenersatz

Wird der Leistungsberechtigte wegen einer verweigerten oder verzögerten Kostenübernahme vom Vermieter verklagt, muss das Jobcenter für die Kosten aufkommen, wenn sich die Forderung des Vermieters als rechtmäßig erweist (LSG Mecklenburg-Vorpommern vom 27.5.2010 – L 8 AS 71/08).

B Unterkunftskosten für Mietwohnungen

Unterkunfts-kosten = Kaltmiete + kalte Betriebskosten

Zu den Unterkunftskosten für die Mietwohnung gehören die Kaltmiete und die kalten Betriebskosten. Die Heizkosten sind, wie schon im Wortlaut von § 22 Abs. 1 SGB II vorgegeben – »Leistungen für Unterkunft und Heizung« – separat zu betrachten (BSG vom 2.7.2009 – B 14 AS 36/08 R). Dass § 22b Abs. 1 Satz 3 SGB II im Rahmen einer Satzung einen Gesamtbetrag von Kaltmiete, Betriebskosten und Heizkosten als Angemessenheitsgrenze zulässt, setzt die Ermittlung eines bestimmten Wertes für das – angemessene – Heizen voraus, weicht also nicht von § 22 Abs. 1 SGB II ab.

I Die Kaltmiete

Nur angemessene Kaltmiete

§ 22 Abs. 1 SGB II verpflichtet nur zur Übernahme angemessener Unterkunftskosten. Diese sind nach dem Bedarfsdeckungsgrundsatz insoweit **individuell** zu bestimmen, als je nach der persönlichen Situation der Mitglieder der BG festzustellen ist,

- welchen Wohnflächenbedarf die BG-Mitglieder haben (→ unter 1);
- welchen Wohnstandard die BG-Mitglieder benötigen (→ unter 2).

Abstrakt angemessen sind die für solche Wohnungen auf dem für die Leistungsberechtigten maßgebenden Wohnungsmarkt in einfacher Lage verlangten Preise für die Kaltmiete und die Betriebskosten.

Zur konkreten Angemessenheit s. Kap. I, → S. 181 ff.

1 Welche Wohnfläche ist angemessen?

1.1 Wohnflächen-Regelbedarf

Maßstab: Sozialer Wohnungsbau

Wenn keine Satzung nach § 22b Abs. 1 Nr. 1 SGB II vorliegt, richtet sich die Angemessenheit der Wohnfläche typisierend nach den landesrechtlichen Ausführungsbestimmungen zur Wohnfläche im sozialen Mietwohnungsbau (BSG vom 7.11.2006 – B 7b AS 10/06 R, vom 22.9.2009 – B 4 AS 70/08 R, vom 19.10.2010 – B 14 AS 2/10 R und vom 16.4.2013 – B 14 A 28/12 R). Die landesrechtlichen Wohnflächengrenzen gelten auch dann, wenn der Leistungsberechtigte in einem Gebiet mit hohen Mieten lebt und es dort üblich ist, dass Kleinverdiener auch in Wohnungen mit geringerer Größe leben (BSG vom 19.2.2009 – B 4 AS 30/08 R; BayLSG vom 11.7.2012 – L 16 AS 127/10).

Fläche statt Bautyp

Wohnflächenmaßstab für das SGB II ist nicht der Wohnungstyp (z. B. Anzahl der Zimmer, barrierefreie Bauweise), sondern die Wohnfläche, die einer hilfebedürftigen Person im Sinne von § 27 Abs. 4 Wohnraumförderungsgesetz (WoFG) zugestanden wird. Landesrechtliche Ausführungsbestimmungen zur Förderung des sozialen Wohnungsbaus, die auf den förderbaren Wohnungstyp abstellen, sind daher nicht heranzuziehen (BSG vom 17.12.2009 – B 4 AS 27/09 R und vom 20.12.2011 – B 4 AS 19/11 R). Auch Flächenbestimmungen durch Rückgriff auf einen Wohnungsbautyp oder eine Mindest-Zimmergröße (so z. B. LSG Berlin-Brandenburg vom 26.11.2009 – L 26 AS 407/07, vom 30.3.2010 – L 28 AS 1266/08 und vom 20.3.2014 – L 25 AS 2038/10) hat das BSG vom 19.10.2010 – B 14 AS 2/10 R eine Absage erteilt. Die dementsprechende Entscheidung des LSG Sachsen-Anhalt vom 9.5.2012 – L 5 AS 2/09: Keine Berücksichtigung von Verwaltungsvorschriften über höhere förderfähige Wohnflächen mit der Nennung einer Mindestzahl von Wohnräumen zur Schaffung von alten- und behindertengerechtem Wohnraum, ist vom BSG vom 14.2.2013 – B 14 AS 61/12 R bestätigt worden.

Aktualität entscheidet

Es ist auf die jeweils gültigen Ausführungsbestimmungen abzustellen (BSG vom 22.9.2009 – B 4 AS 70/08 R, vom 20.8.2009 – B 14 AS 41/08 R, vom 2.7.2009 – B 14 AS 33/08 R, vom 16.5.2012 – B 4 AS 109/11 R und vom 26.5.2011 – B 14 AS 86/09 R). Wohnungsbauliche Neuregelungen zu Wohnflächen schlagen daher auch auf die Bestimmung angemessener Unterkunftskosten nach § 22 SGB II durch, solange keine abweichende Satzung gemäß §§ 22a, 22b SGB II beschlossen ist.

Notfalls Alt-Regelung

Fehlen landesrechtliche Ausführungsbestimmungen zu § 10 WoFG oder genügen landesrechtliche Bestimmungen zur Förderung des sozialen Wohnungsbaus nicht den Maßstäben einer rein nach der Zahl der Wohnungsnutzer definierten Wohnfläche, ist zur Ermittlung eines verlässlichen und möglichst bundeseinheitlichen Maßstabes auf die Werte zurückzugreifen, die üblicherweise gelten oder nach früheren Vorschriften, z. B. zum Wohnungsbindungsgesetz, für bedürftige Personen gegolten haben (BSG vom 20.8.2009 – B 14 AS 65/08 R). Nach BSG vom 19.10.2010 – B 14 AS 2/10 R kann auch auf (unveröffentlichte) Arbeitshinweise einer Wohnungsbaubehörde zu § 5 WoBindG (wie in Berlin) zurückgegriffen werden.

Maßstab: Nur BG-Mitglieder

Im Regelfall ist zur Bestimmung der angemessenen Wohnungsgröße nicht auf die Zahl der Familienmitglieder, die eine Wohnung gemeinsam nutzen, sondern allein auf die Zahl der Mitglieder der BG abzustellen (BSG vom 18.2.2010 – B 14 AS 73/08 R).

Beispiel

Die hilfebedürftigen Eltern leben mit ihrem 24-jährigen Sohn S. zusammen. Als Dreipersonen-BG steht ihnen gemeinsam eine Wohnfläche von 80 qm zu. Mit dem 25. Geburtstag bildet der Sohn eine eigene Einpersonen-BG. Zur Bestimmung der Unterkunftskosten für diese BG stehen S. nicht [80 qm : 3], sondern 50 qm Wohnfläche zu.

Nicht-BG-Kind wegen Einkommens

Nach § 7 Abs. 3 Nr. 4 SGB II endet die BG-Zugehörigkeit eines Kindes, wenn es seinen Bedarf mit eigenem Einkommen decken kann. Es entsteht eine Haushaltgemeinschaft zwischen dem Kind und den hilfebedürftigen Eltern. Ändert dies den Maßstab für die Angemessenheit der Unterkunftskosten, wie im Beispielsfall mit dem 25. Geburtstag, kann sich die paradoxe Situation ergeben, dass die Eltern-Kind-BG wieder auflebt. Zur Vermeidung einer Zirkularität muss es hier beim Angemessenheitsmaßstab der Eltern-Kind-BG bleiben (s. auch SG Karlsruhe vom 6.2.2014 – S 13 AS 235/13).

Beispiel

Der 23-jährige S. lebt mit seiner Mutter M. in einer 90 qm großen Wohnung. Beide beziehen Alg II. Das Jobcenter hat die Unterkunftskosten auf den Maßstab einer 60 qm großen Wohnung gesenkt. Danach hat S. einen Bedarf von 302 € Regelbedarf + 230 € anteilige Unterkunfts- und Heizkosten. Durch Einkommen aus Minijob und Kindergeld kann S. diesen Bedarf gerade so decken. M. macht geltend, ihr stünde als 1-Personen-BG eine Wohnfläche von 50 qm zu, dem mit in der Wohnung lebenden S. müsse ebenfalls ein solcher Wohnbedarf zugebilligt werden. Führte dies zu einer Anerkennung der tatsächlichen Miete als angemessenem KdU-Bedarf, wäre S. mit einem anteiligen KdU-Bedarf in Höhe der halben, tatsächlichen Mietkosten wieder hilfebedürftig mit der Folge, dass wieder die Unterkunfts- und Heizkosten-Berechnung für eine 2-Personen-BG gilt und so fort.

Überlappende BG

Nach BSG vom 17.7.2014 – B 14 AS 54/13 R führt es nicht zur Teilung der BG, wenn ein unter 25-Jähriger, der in einer BG mit seinen Eltern lebt, seinen Partner in die Wohnung aufnimmt. Die Wohnungsnutzer bilden dann eine überlappende BG, d. h. die Eltern-Kind-BG überschneidet sich mit der Partner-BG. Die Gesamtzahl der Wohnungsnutzer bestimmt die Angemessenheit der Wohnfläche.

Beispiel

Der 23-jährige S. lebt mit seiner Mutter M. in einer 90 qm großen Wohnung zusammen. Beide beziehen Alg II. Das Jobcenter hat die Unterkunftskosten auf den Maßstab einer 60 qm großen Wohnung gesenkt. Als S.s langjährige Freundin F. in die Wohnung einzieht, erhöht das Jobcenter die Unterkunftskosten auf den Ansatz einer Wohnungsgröße für eine 3-Personen-BG (80 qm). S. wendet ein, seiner Mutter M. stünde ein Wohnbedarf von 50 qm zu, ihm und F. müssten 60 qm als angemessene Wohnfläche zugebilligt werden, so dass die Wohnung mit 90 qm allemal angemessen sei. Nach BSG vom 17.7.2014 – B 14 AS 54/13 R ist der Einwand nicht begründet: S., M. und F. stehen Wohnkosten zu, die sich an einer Wohnfläche von 75 – 80 qm orientieren.

Drei-Generationen-BG

Das BSG vom 17.7.2014 – B 14 AS 54/13 R nimmt auch das Kind des unter 25-Jährigen mit in die Eltern-Kind-BG auf, so dass eine 3-Generationen-BG entsteht. Auch hier bestimmt die Zahl der Wohnungsnutzer die angemessene Wohnfläche.

Abwesende BG-Mitglieder

Auch Personen, die sich nicht nur vorübergehend anderenorts aufhalten, können zu einer BG gehören; bei Partnern, solange der Wille besteht, die Ehe-/Lebens-/Einstands-Partnerschaft fortzuführen, bei Kindern bis zum 25. Geburtstag, solange ihr Lebensmittelpunkt im Haushalt der Eltern bleibt. Maßstab für die Prüfung des Fortbestandes einer Paar-BG sind nach BSG vom 18.2.2010 – B 4 AS 49/09 R und vom 16.4.2013 – B 14 AS 71/12 R familienrechtliche Grundsätze – § 1567 BGB (kritisch dazu SG Mainz vom 14.8.2014 – S 3 AS 430/14). Beurteilungskriterien für den Fortbestand einer Eltern-Kind-BG können der Rechtsprechung zu § 5 WoGG und § 13 BAföG entnommen werden (dazu LSG Sachsen vom 18.12.2013 – L 3 AS 1570/12; s. auch → S. 34).
Ist die abwesende Person nach den genannten Wertungen zur BG zu rechnen, kommt es bei Prüfung der Angemessenheit der Unterkunfts- und Heizkosten darauf an, ob eine Rückkehr in den Haushalt wahrscheinlich ist und ob Wohnraum für das abwesende BG-Mitglied vorgehalten wird. Ist das der Fall, bestimmt in der Regel die Zahl der BG-Mitglieder die Angemessenheit der KdU-Bedarfe. Sind die Bindungen zum Haushalt der BG geringer, kann ein Umzug in eine kleinere Wohnung bis zur Wiederherstellung der gemeinsamen Haushaltsführung zumutbar sein. Solange die Familie noch nicht zusammen lebt, bestimmt die Zahl der anwesenden Wohnungsnutzer die Angemessenheit der Wohnungsgröße.

Richtwerte für Wohnungsgröße

Üblich sind die folgenden Richtwerte:

Anzahl der Personen in der BG	Wohnungsgröße
eine	45 qm–50 qm
zwei	60 qm
drei	70 qm–80 qm
vier	80 qm–90 qm
jede weitere Person	10 qm–15 qm

Berechnung der Wohnfläche

Zur Berechnung der Wohnfläche gibt es im SGB II keine speziellen Vorgaben. Es kann daher auf die Grundsätze der Flächenberechnung für preisgebundene Wohnungen (Verordnung über wohnungswirtschaftliche Berechnungen nach dem Zweiten Wohnungsbaugesetz – Zweite Berechnungsverordnung – II. BV) abgestellt werden (so ausdrücklich LSG NRW vom 26.5.2010 – L 12 (20) SO 37/07; siehe auch LG Berlin vom 19.7.2011 – 65 S 130/10). Nach der Rechtsprechung des BGH (z. B. vom 16.9.2009 – VIII ZR 275/08) sind die Maßstäbe der II. BV auch für frei finanzierte Wohnungen einschlägig. Danach zählen Räume unter Dachschrägen sowie Balkons und Terrassen nur teilweise als Wohnfläche (s. AG Flensburg vom 31.8.2011 – 64 C 174/10; AG Brandenburg vom 4.7.2014 – 31 C 311/13: zur Wertung des Balkons; LG Landau vom 21.10.2014 – 1 S 67/14: zur Wertung einer Terrasse). Ob die Räume bauordnungsrechtlichen Vorschriften entsprechen, spielt keine Rolle (BGH vom 16.12.2009 – VIII ZR 39/09).

Gewerberaum

Für die Ermittlung von Gewerberaumflächen existieren keine allgemein anerkannten Berechnungsgrundlagen. Eine zulässige und mögliche Berechnungsmethode ist die DIN 277 (OLG Düsseldorf vom 17.11.2011 – I-24 U 56/11).

Nicht vertragsmäßige Wohnfläche

Für Leistungsberechtigte ist die genaue Kenntnis der Wohnfläche wichtig, um ggf. eine Mietminderung durchsetzen zu können oder sich gegen eine Betriebskostenabrechnung zu wehren (vgl. dazu AG Brandenburg vom 14.7.2011 – 31 C 102/09; AG Spandau vom 22.12.2011 – 10 C 285/11). Denn Flächenangaben im Mietvertrag mit »ca.«-Zusatz berechtigen zu einer Herabsetzung des Mietpreises, wenn die tatsächliche von der vertraglich angegebenen Größe um mehr als 10% abweicht (BGH vom 10.3.2010 – VIII ZR 144/09; zur Verjährung des Anspruchs auf Rückzahlung überhöher Mieten s. BGH vom 29.6.2011 – VIII ZR 30/10: LG Krefeld vom 7.11.2012 – 2 S 23/12; LG München vom 19.12.2013 – 31 S 6768/13). Das gilt auch für möblierten Wohnraum (BGH vom 2.3.2011 – VIII ZR 209/10). Wird im Mietvertrag geregelt, dass die Flächenangabe nicht verbindlich ist, gilt die Wohnung aber wie besichtigt als mangelfrei angenommen.

Wohn- und Nutzraum

Setzt sich die Flächenangabe im Mietvertrag aus der Summe von Wohnfläche und Nutzfläche (Kellerräume) zusammen, rechtfertigen Abweichungen der Gesamtfläche von der tatsächlichen qm-Zahl keine Mietminderung, wenn die Wohnfläche korrekt berechnet wurde (LG Berlin vom 11.11.2011 – 63 S 149/11).

Weicht die tatsächliche Wohnfläche lediglich von der Angabe in einer Wohnungsanzeige ab, kann nicht gemindert werden (AG München vom 10.8.2009 – 424 C 7097/09 und vom 16.12.2013 – 424 C 10773/13).

Vermieterbescheinigung

Die Angabe einer Wohnfläche im Mietvertrag stellt regelmäßig eine Beschaffenheitsvereinbarung dar (AG Dortmund vom 26.11.2013 – 425 C 7773/12). Fehlen jedoch verbindliche Angaben zur Wohnfläche im Mietvertrag und gibt der Vermieter nach Mietvertragsschluss in einer Bescheinigung, die der Mieter dem Jobcenter vorlegen soll, eine um mehr als 10 % zu große Wohnfläche an, berechtigt dies den Mieter nicht zur Minderung, da darin keine Beschaffenheitsvereinbarung zu sehen ist (vgl. dazu LG Dortmund vom 5.6.2007 – 1 S 96/06). Erteilt der Vermieter eine Bescheinigung vor Mietvertragsschluss, damit der Mietinteressent eine Zusicherung nach § 22 Abs. 4 SGB II bekommt, liegt darin grundsätzlich eine Vereinbarung zur Beschaffenheit der Wohnung.

Als nicht zu behebender Mangel berechtigt eine fehlerhafte Wohnflächenangabe im Mietvertrag auch zu einer fristlosen Kündigung. Diese begründet aber keinen erforderlichen Umzug im Sinne von § 22 SGB II, wenn die tatsächliche Wohnfläche noch ein zumutbares Wohnen ermöglicht; einen Rechtsanspruch auf Ausschöpfen von Angemessenheits-Höchstgrenzen gibt es nicht.

Zur Frage, wann eine Wohnung so klein ist, dass ein Umzug erforderlich wird, → S. 261 f.

Wohnflächenabweichung unter 10%

Das LG Hamburg vom 7.7.2011 – 307 S 162/10 schließt aus der BGH-Rechtsprechung, dass bei Mieterhöhungsverlangen sowie Heiz- und Betriebskostenabrechnungen nicht die tatsächliche, sondern die im Mietvertrag vereinbarte Wohnfläche zu Grunde zu legen ist, wenn letztere nur geringfügig über der tatsächlichen Wohnfläche liege. Verweigert der Vermieter in diesen Fällen eine Anpassung des Mietvertrages an die tatsächlichen Verhältnisse, sollte genau geprüft werden, ob bei Abschluss des Mietvertrages bewusst über die Wohnfläche getäuscht wurde. Dann ist die Anpassung an die tatsächlichen Verhältnisse zwingend, die überzahlten Mietkosten sind als Schadensersatzforderung zu ersetzen.

Wohnflächenabweichung über 10%

Übersteigt die tatsächliche Wohnfläche die im Mietvertrag vereinbarte Wohnfläche, kann der Vermieter nur Miete nachfordern und die Miete erhöhen, wenn die Abweichung mehr als 10 % beträgt (BGH vom 23.5.2007 – VIII ZR 138/06).

1.2 Wohnflächen-Mehrbedarf

Ein Wohnflächen-Mehrbedarf kann sich aus Bestimmungen zum sozialen Wohnungsbau oder aus beruflichen oder persönlichen Umständen eines BG-Mitglieds ergeben. Eine Satzung nach § 22a SGB II muss Regelungen für einen Flächenmehrbedarf vorsehen (§ 22b Abs. 3 SGB II).

Abstrakte Angemessenheit

Es geht hier um die Bestimmung eines Wohnflächen-Zusatzbetrages zur Ermittlung der Angemessenheitsgrenze des Mietpreises für die BG. Davon ist die in Kap. I, → S. 181 ff. erläuterte Problematik zu unterscheiden, ob und ggf. wie lange Kosten für eine abstrakt unangemessene Wohnung noch zu übernehmen sind (konkrete Angemessenheit).

Im Folgenden werden die wichtigsten Mehrbedarfsfälle dargestellt:

1.2.1 Mehrbedarf aus beruflichen Gründen

Wie in Kap. A, → S. 11 f. näher dargestellt, gehören abgrenzbare Räume, die nur für die Ausübung einer Erwerbstätigkeit genutzt werden, nicht zu den Unterkunftskosten nach § 22 SGB II. Nicht ausgeschlossen ist die Anerkennung eines zusätzlichen Wohnbedarfs bei untrennbarer Nutzung als Wohn- und Arbeitsraum, z. B. die Stellfläche für das Klavier eines Musikers. § 10 Abs. 1 WoFG erkennt diesen Mehrbedarf an (zur Erlaubnis des Vermieters in solchen Fällen s. BGH vom 10.4.2013 – VIII ZR 213/12).

Die Rechtsprechung der Finanzgerichte zur Abgrenzung von Arbeitszimmer und Privatraum (s. dazu etwa FG Köln vom 13.10.2010 – 9 K 3882/09 und vom 1.7.2011 – 10 K 4126/09; FG Baden-Württemberg vom 6.4.2011 – 4 K 5121/09) gilt nicht für die Anerkennung eines Flächenmehrbedarfs nach § 22 SGB II. Es genügt, wenn die Ausübung der Tätigkeit eine größere Wohnfläche zwingend erfordert. Kann der Wohnungsinhaber seine beruflichen Bedürfnisse bei Umgestaltung der Wohnungseinrichtung auch durch eine Mitbenutzung von »normal« bewohnter Wohnfläche in zumutbarer Weise befriedigen, bedarf es keiner Zusatzfläche (BVerwG vom 1.10.1986 – 8 C 29/84; VG München vom 23.7.2010 – M 12 K0 10.2995).

Trägerstreit

Die Förderung einer beruflichen Tätigkeit ist vorrangiger Zweck des SGB II. Einkommen aus Erwerbstätigkeit wird jedoch zunächst auf die Regelbedarfe nach §§ 20, 21, 23 SGB II angerechnet (§ 19 Abs. 3 Satz 2 SGB II). Ist das Einkommen aus der Erwerbstätigkeit, die einen Flächenmehrbedarf und höhere Unterkunftskosten verlangt, nicht bedarfsdeckend, kann es zwischen dem Jobcenter und dem kommunalen Träger, der für die Feststellung des Wohnbedarfs zuständig ist (§ 44a Abs. 5 SGB II) zu einem Streit darüber kommen, ob der Leistungsberechtigte seine Tätigkeit zugunsten einer Vermittlung in andere Arbeit aufgeben muss.

Der Streit ist so zu lösen, dass das Jobcenter im Rahmen der ihm allein zustehenden Prüfung der Hilfebedürftigkeit (§ 44a Abs. 4 SGB II) mit Bindung für den kommunalen Träger entscheidet, ob die zu Hause ausgeübte Tätigkeit aufgrund einer günstigen Prognose zum erwarteten Einkommen (weiter) zu unterstützen ist. Kann der Leistungsberechtigte wegen Krankheit, Kinderbetreuung oder Behinderung nur zu Hause arbeiten, ist ein Flächenmehrbedarf auch dann anzuerkennen, wenn langfristig kein bedarfsdeckendes Einkommen erzielt werden kann.

1.2.2 Mehrbedarf aus gesundheitlichen Gründen

Behinderung

Aus gesundheitlichen Gründen ist ein Mehrbedarf anzuerkennen, wenn sie einen größeren Flächenbedarf erfordern, z. B. bei Rollstuhlabhängigkeit (dazu LSG Baden-Württemberg vom 22.2.2007 – L 8 AS 6424/06 ER-B; LSG NRW vom 20.11.2010 – L 19 AS 29/09; SG Karlsruhe vom 6.3.2014 – S 14 AS 695/14 ER) oder falls Stellfläche für Behandlungsgeräte benötigt wird. Dies ist im Streitfall nachzuweisen, ggf. durch ein ärztliches Gutachten (LSG NRW vom 20.7.2009 – L 7 B 182/09 AS: Klaustrophobie; vgl. dazu auch BayVGH vom 3.8.2012 – 4 CE 12.1509; LSG NRW vom 15.12.2009 – L 20 B 120/09 AS ER: Übersteigerter Bewegungsdrang wegen ADHS-Syndrom). Allein der Hinweis auf eine Behinderung genügt nicht (BayLSG vom 14.9.2010 – L 11 AS 359/10 B ER: Blindheit; SG Duisburg vom 12.4.2013 – S 52 SO 51/13).

Schwangerschaft

Bei Schwangerschaft ist ab dem 4., jedenfalls aber ab dem 5. Schwangerschaftsmonat ein größerer Wohnflächenbedarf anzuerkennen (LSG Mecklenburg-Vorpommern vom 7.5.2009 – L 8 AS 87/08), der die abstrakte Angemessenheitsgrenze für die Mietkosten erhöht. Damit ist nichts darüber ausgesagt, wann ein Wechsel in eine größere Wohnung erforderlich i. S. von § 22 SGB II ist oder ob und unter welchen Bedingungen ein Verbleib in der bisherigen Wohnung zumutbar, praktisch möglich und ohne Verletzung der Menschenwürde noch hinnehmbar ist (näher dazu Kap. L, → S. 257).

Beispiel

R. bewohnt allein eine 56 qm große 2-Zimmer-Wohnung. Die tatsächlichen Miet- und Heizkosten betragen 520 €. Das Jobcenter hat die Unterkunfts- und Heizkosten auf 480 € gesenkt, den Wert, der für eine 1-Personen-BG als abstrakt angemessen zugrunde gelegt wird. R. ist dennoch in der Wohnung geblieben. Als R. erfährt, dass sie schwanger ist, macht sie neben dem Mehrbedarf nach § 21 Abs. 2 SGB II auch geltend, nun müsse die tatsächliche Miete als KdU-Bedarf anerkannt werden. Zu Recht: Ein Umzug ist nicht mehr zuzumuten, da die Wohnung nach der Geburt des Kindes angemessen ist. R. braucht zur Anmeldung des veränderten KdU-Bedarfs nach § 48 Abs. 1 Nr. 1 SGB X nicht die Geburt des Kindes abzuwarten; bereits die Absicht, das Kind bekommen zu wollen, begründet den Anspruch auf Bedarfsanpassung, weil die an eine Kostensenkungsaufforderung geknüpfte Befugnis zur Verringerung der KdU-Bedarfe nur solange gilt, wie der geforderte Umzug in eine kleinere Wohnung auch zumutbar ist. Hätte R. zur Kostensenkung untervermietet, müsste sie mit der Beendigung des Untermietvertrages wegen Eigenbedarf aber bis kurz vor der Geburt warten. Ist das Kind geboren, kann R. nicht entgegen gehalten werden, ein Säugling habe noch keinen Raumbedarf (s. dazu LSG Niedersachsen-Bremen vom 17.10.2006 – L 6 AS 556/06 ER).

Zur Bedeutung einer Schwangerschaft für die Erteilung eines Wohnberechtigungsscheins s. VG München vom 24.3.2011 – M 12 K 10.4821.

1.2.3 Mehrbedarf wegen Umgangsberechtigung

Die Ausübung des Umgangsrechts nach § 1684 BGB kann einen höheren Flächenbedarf begründen. Es handelt sich insoweit nicht um einen Bedarf des umgangsberechtigten Kindes, sondern um eine Frage der Angemessenheit der Wohnung des umgangsberechtigten Elternteils, d.h. der Anspruch ist im Streifall vom Wohnungsinhaber als eigener Anspruch nach § 22 SGB II geltend zu machen (§ 22b Abs. 3 Satz 2 Nr. 2 SGB II). So auch LSG Sachsen vom 15.1.2015 – L 2 AS 161/11, Revision unter – B 4 AS 2/15 R.
Soweit kein Betrag in einer Bestimmung zum sozialen Wohnungsbau oder in einer Satzung nach § 22a SGB II vorgegeben ist, richtet sich der Mehrbedarf nach den jeweiligen Umständen des Einzelfalls (z.B. Anzahl und Alter der Kinder, Häufigkeit und Dauer des Aufenthalts, Vorgaben zur Wohnungsausstattung durch das Familiengericht).

Uneinheitliche Rechtsprechung

Die Rechtsprechung ist sehr uneinheitlich:

Das SG Dortmund vom 28.12.2010 – S 22 AS 5857/10 ER hält bei Aufenthalt des Kindes an jedem zweiten Wochenende sowie der Hälfte der Ferien einen Flächenzuschlag von 2,6 qm für ausreichend. Das LSG Niedersachsen-Bremen vom 4.1.2012 – L 11 AS 635/11 B ER billigt 55 qm Wohnfläche zu, ebenso das LSG Niedersachsen-Bremen vom 1.11.2011 – L 15 AS 240/10 B ER: Um ca. 5 qm Zusatzfläche. Ca. 7,5 qm pro Umgangskind billigt das LSG Baden-Württemberg vom 27.5.2014 – L 3 AS 1895/14 ER-B als Wohnflächen-Mehrbedarf zu.
Das LSG Schleswig-Holstein vom 4.8.2010 – L 11 AS 105/10 B PKH gibt einen höheren Flächenbedarf nur im Ausnahmefall, wenn bei der zeitweiligen Aufnahme eines oder mehrerer Kinder unzumutbare Verhältnisse entstünden (ebenso SG Berlin vom 22.4. 2010 – S 128 AS 11433/08). In diese Richtung auch LSG NRW vom 17.06.2008 – L 20 B 225/07 AS ER.
Das HessLSG vom 1.11.2010 – L 6 AS 441/10 B ER hat die Entscheidung der Vorinstanz bestätigt, dass bei einem Aufenthalt von zwei Kindern zumindest an mehreren Tagen in der Woche die Wohnflächengrenze für einen Zweipersonenhaushalt anzuerkennen ist.
Bei Aufenthalten an jeweils drei Wochenenden hintereinander in der Zeit von Freitag, 16.00 Uhr bis Sonntag, 18.00 Uhr und in den Osterferien eines jeden Jahres sowie der ersten Hälfte der Sommerferien und

in jedem zweiten Jahr der Weihnachtsferien hat das SG Fulda vom 27.1.2010 – S 10 AS 53/09 einen Flächenbedarf für eine Zweipersonen-BG anerkannt.
Nach SG Duisburg vom 14.4.2010 – S 31 AS 490/08 begründet erst der Aufenthalt des Kindes, der an einen ganzen Monat heranreicht, einen Flächenbedarf für eine Zweipersonen-BG.

Besuchs-BG

Bei Unterbringung der Kinder im Heim oder einer Erziehungsstelle steht den Eltern ein höherer Wohnflächenbedarf zu, wenn ein regelmäßiger Aufenthalt im Elternhaus zur Rückführung in die Familie notwendig ist (dazu SG Berlin vom 3.9.2007 – S 37 AS 19604/07 ER; SG Lüneburg vom 26.7.2011 – S 45 AS 282/11 ER).

1.2.4 Mehrbedarf in weiteren Einzelfällen

Allein Erziehende

Wenn landesrechtliche Wohnraumförderungsbestimmungen für allein Erziehende einen höheren Flächenbedarf vorsehen, ist dieser für § 22 SGB II nicht maßgebend (BSG vom 22.8.2012 – B 14 AS 13/12 R und vom 16.4.2013 – B 14 AS 28/12 R). Ein Mehrbedarf an Wohnfläche folgt auch nicht zwangsläufig aus der Alleinerziehung (LSG Schleswig-Holstein vom 6.12.2012 – L 11 AS 97/10; LSG Berlin-Brandenburg vom 19.2.2014 – L 10 AS 881/10). Einen Anspruch auf ein separates Wohnzimmer hat der allein erziehende Elternteil nicht (LSG NRW vom 9.1.2008 – L 12 AS 77/06).
Nur im Einzelfall kann ein erhöhter Raumbedarf anerkannt werden. So hat das SG Duisburg vom 29.7.2011 – S 5 AS 1866/10 einem alleinerziehenden, schwerstkranken Leistungsberechtigten und seinem sechs Jahre alten Kind einen zusätzlichen Raumbedarf von 15 qm zugestanden.

Haustier

Zusätzliche Fläche für die Haltung eines Haustiers wird grundsätzlich nicht anerkannt (SG Dessau vom 16.4.2008 – S 4 AS 652/08; SG Gießen vom 4.3.2009 – S 19 AS 473/09 ER). Ausnahmen sind denkbar für einen Blindenhund (SG Frankfurt/Oder vom 30.3.2011 – S 28 AS 319/08) oder wenn das Haustier aus therapeutischen Gründen (Depression, Epilepsie) ständiger Begleiter sein muss (s. dazu LSG Berlin-Brandenburg vom 20.5.2009 – L 26 B 1960/08 AS PKH). Zur Frage, ob das Halten eines Haustieres im Einzelfall die Übernahme höherer Kosten wegen erschwerter Anmietung einer neuen Wohnung rechtfertigt (konkrete Angemessenheitsprüfung), → S. 198.

Sammler

Raum für Sammlungsstücke mit ideellem Wert begründen keinen Anspruch auf eine größere Wohnfläche (LSG Mecklenburg-Vorpommern vom 11.7.2007 – L 8 B 38/07). Das gilt nach BSG vom 13.4.2011 – B 14 AS 32/09 R auch dann, wenn die Sammelstücke einer wissenschaftliche Tätigkeit und einer geplanten Buchveröffentlichung dienen.

Pflegekinder

Zur Vollzeitpflege nach § 33 SGB VIII aufgenommene Pflegekinder gehören nicht zur BG. Das BSG vom 29.3.2007 – B 7b AS 12/06 R hat den für die Unterbringung der Kinder benötigten Raumbedarf »im Hinblick auf die dargestellte Zwecksetzung des SGB VIII, die Aufnahme von Pflegekindern in Pflegefamilien zu fördern«, dennoch beim Wohnbedarf der leistungsberechtigten Pflegeeltern berücksichtigt.

Pflegekraft

Dasselbe muss im Fall der Aufnahme einer Pflegekraft in die Wohnung eines leistungsberechtigten behinderten Menschen gelten. Er kann zur Senkung der Unterkunftskosten nicht auf eine Unterbringung in einem Pflegeheim verwiesen werden.

2 Welcher Wohnungsstandard ist angemessen?

2.1 Regelbedarf

Einfachen Bedürfnissen genügend

Neben der Wohnfläche bestimmt der Wohnstandard die Angemessenheit der Unterkunftskosten. Insoweit folgt das BSG der Rechtsprechung des BVerwG zum BSHG. Danach wird den Leistungsberechtigten im Regelfall eine Wohnung zugestanden, die nach Ausstattung, Lage und Bausubstanz einfachen Bedürfnissen genügt (BSG vom 7.11.2006 – B 7b AS 10/06 R und B 7b AS 18/06 R).

Unteres Mietpreisniveau

Mit dem Ausschluss offenkundig unangemessener Wertfaktoren, wie z. B. mehreren Bädern, einer Lage in Parknähe etc. ist noch nicht bestimmt, dass Wohnungen ohne solche wohnwerterhöhenden Merkmale stets angemessen sind. Die in ständiger BSG-Rechtsprechung verwandte Formel, dass Leistungsberechtigten nur eine Wohnung »im unteren Mietpreisniveau« zustehe – § 22a Abs. 3 Satz 1 SGB II spricht von »Verhältnissen des einfachen Standards« – fordert ein nachvollziehbares Konzept, welcher Wohnstandard und welche Wohnlage dieses Mietpreisniveau abbilden.

Aber keine Getto-Bildung

Je niedriger der Wohnstandard und je schlechter die Wohnlage gefasst werden, umso mehr ist darauf zu achten, dass keine Gettos, d. h. eine Konzentration von Leistungsberechtigten in einem bestimmten Wohngebiet gebildet werden.

Wohnungen ohne Bad und/oder ohne Sammelheizung dürfen nach BSG vom 19.10.2010 – B 14 AS 50/10 R nicht berücksichtigt werden; denn auf Wohnungen mit diesem untersten Ausstattungsgrad können Leistungsberechtigte bei der Wohnungssuche grundsätzlich nicht verwiesen werden. Dem lässt sich nach BSG, a.a.O. nicht entgegenhalten,

Kein unterster Standard

> »diese Werte seien einzubeziehen, um eine möglichst breite Datenbasis zu erhalten. Wenn solche Wohnungen nicht den unteren, sondern den untersten Standard abbilden, gehören sie von vornherein nicht zu dem Wohnungsbestand, der überhaupt für die Bestimmung einer Vergleichsmiete abzubilden ist. Deshalb dürfen sie in eine Auswertung des qualifizierten Mietspiegels unter dem Blickwinkel des § 22 SGB II nicht einfließen, unabhängig davon, ob sich in diesem Mietsegment (noch) eine nennenswerte Zahl an Wohnungen findet«.

Sollen aus Daten eines qualifizierten Mietspiegels Schlüsse auf den Wohnungsstandard abgeleitet werden, ist eine Beschränkung auf Wohnungen bestimmter Baualtersklassen grundsätzlich nicht zulässig:

Keine Begrenzung auf bestimmte Baualtersklassen

> »Über das Baualter können zwar sehr vergröbernd Rückschlüsse auf die Bauweise und den Baustandard gezogen werden. Insbesondere liegt der Ausstattungsgrad von Neubauten im Regelfall über dem Ausstattungsgrad in Gebäuden älterer Bauklassen. Gerade Wohnungen, die in der Nachkriegszeit erbaut worden sind, haben häufig einen wesentlich geringeren Ausstattungsgrad. Aus dem Mietspiegel allein lässt sich jedoch nicht ersehen, inwieweit gerade Wohnungen einer bestimmten Baualtersklasse in einem Umfang zur Verfügung stehen, die den Rückschluss zulassen, im konkreten Vergleichsraum sei eine ›angemessene‹ Wohnung tatsächlich anmietbar. Zudem birgt die Verweisung auf bestimmte Bauklassen verdeckt die Gefahr einer Gettoisierung. Solange nicht statistisch valides Material vorliegt, das eine Aussage darüber zulässt, welche Bauklassen in welchem Umfang tatsächlich die gesamte Stadt als Vergleichsraum – und nicht lediglich ganz bestimmte, als sozial problematisch einzuschätzende Teile einer Stadt – prägen, erscheint es nicht zulässig, allein bestimmte Bauklassen in Bezug zu nehmen. Dies gilt auch hinsichtlich der Bauklassen, die den Standard von Neubauten abbilden. Zwar werden eine ganze Anzahl von Neubauten einen Ausstattungsgrad haben, der über das in Bezug zu nehmende Segment nach § 22 SGB II hinausgeht. Eine generelle Festlegung, der Hilfeempfänger sei schlechterdings von der Anmietung einer solchen Wohnung ausgeschlossen, lässt sich aber nicht treffen. ... Erst wenn weitergehendes Material erkennen lässt, dass Gebäude dieser Bauklassen den Mietmarkt des unteren Marktsegments nicht maßgeblich mitprägen, kommt eine Außerachtlassung der Mietpreise für solche Bauklassen in Betracht« (BSG vom 19.10.2010 – B 14 AS 50/10 R; im Anschluss daran LSG Schleswig-Holstein vom 11.4.2011 – L 11 AS 123/09).

Bestimmte Baualtersklassen eines Mietspiegels können auch deshalb kein SGB II-Angemessenheitskriterium sein, weil Mietspiegel allein auf ein Gebäude zum Zeitpunkt der Bauabnahme abstellen (LG Berlin vom 13.9.2009 – 65 S 217/09). Umbauten, selbst wenn diese sehr umfassend sind und einen für Leistungsberechtigte nicht angemessenen, hohen Standard erreichen, spielen für ein Mieterhöhungsverlangen keine Rolle (s. dazu AG Potsdam vom 5.8.2011 – 24 C 163/11; AG Lichtenberg vom 23.5.2014 – 20 C 56/14; LG Berlin vom 17.1.2014 – 65 S 334/13).

Formales Baualtersklassenschema

Ein angemessener Wohnstandard kann nicht über das Fehlen bestimmter (zeitgemäßer) Ausstattungsmerkmale (z.B. kein Balkon, kein Parkettboden, keine energetische Sanierung) bestimmt werden. Zum einen kann man trefflich darüber streiten, ob ein Ausstattungsmerkmal dem Wohnstandard einer »SGB II-Wohnung« entspricht; zum anderen können auch Wohnungen ohne wohnwerterhöhende Merkmale je nach Lage auf dem Wohnungsmarkt zu teuer sein, wenn z. B. ein Wohnungsmarkt mit knappen Angeboten den Preis für einfa-

Kein Merkmal-Cluster

che Wohnungen in unangemessene Höhen treibt. Umgekehrt kann auf Wohnungsmärkten mit hoher Anbieterkonkurrenz oder mit Wohnungsüberhang eine Wohnung wegen nicht durchsetzbarer Umlegung der Kosten für Verbesserungen zum Zweck der Weitervermietung angemessen sein, auch wenn sie über eine Reihe wohnwerterhöhender Merkmale verfügt.

Wohnlage

Ein hoher Preis für Wohnungen einfachen Standards hängt vor allem damit zusammen, dass der Lage einer Wohnung eine dominierende Rolle bei der Preisbildung zukommt. Abgesehen von offensichtlichen Schlecht-Lagen, die das Wohnen unzumutbar erscheinen lassen, zeigt die hohe Quote der Mieterhöhungsprozesse wegen der Wohnlage, dass auch die Festlegung dieses Merkmals schwer objektivierbar ist.
Typische Merkmale für eine einfache Lage, wie z. B. vergleichsweise wenig öffentliche Grünflächen, große Entfernung zu Versorgungseinrichtungen, starke Belastung durch Verkehrslärm, Nähe zu Industrie- und Gewerbegebieten, schlechte Anbindung an den öffentlichen Personennahverkehr, sagen nicht zwingend etwas über den Ausstattungsstandard der dort gelegenen Wohnung aus, auf den es bei der Festlegung der Qualität der Wohnlage nicht ankommt (LG Berlin vom 12.2.2014 – 18 S 281/13). Lärmkarten oder straßenbezogene Klassifizierungen haben insofern nur begrenzte Aussagekraft.

Mietspiegel-Einordnung

Mietspiegel-Einordnungen zur Wohnlage sind kritisch darauf zu prüfen, ob sie die wirkliche Situation auf dem Wohnungsmarkt noch adäquat wiedergeben (s. zum Berliner Mietspiegel BGH vom 21.11.2012 – VIII ZR 46/12 und vom 6.11.2013 – VIII ZR 346/12). Oft liegt hier eine Schwachstelle der Mietspiegel, weil die Erstellung aussagekräftiger Lagekarten eine teure Angelegenheit ist, die bei der Fortschreibung der Mietspiegel gern vernachlässigt wird. Der BGH, a.a.O. hat den Einwand unwissenschaftlich erstellter Lagekarten auch bei qualifizierten Mietspiegeln durchgreifen lassen.

Preis bestimmt Standard und Wohnlage

Ein tauglicher Lösungsansatz zur Bestimmung, wann eine Wohnung einfachen Bedürfnissen genügt, ist die Feststellung des Preises von Wohnungen, die Bezieher kleiner, bedarfsdeckender Einkommen üblicherweise akzeptieren. Der für diese Wohnungen übliche Wohnstandard und die Lage, in der sich diese Wohnungen gehäuft befinden, sind kennzeichnend für Wohnungen, die auch leistungsberechtigten Personen zumutbar sind. Zur Bestimmung der Üblichkeit der Wohnqualität bietet sich die Rechtsprechung zu § 559 Abs. 4 Nr. 1 BGB an.

Die von den Jobcentern der Stadt Essen verwendete Berechnungsformel nach Punktwerten:

»Mietrichtwert x Wohnlage x Ausstattung/Sonstige Einflüsse«

hat das LSG NRW vom 28.11.2013 – L 7 AS 1122/13 als schlüssig akzeptiert.

Die Feststellung, dass eine Wohnung, die einfachen Wohnbedürfnissen entspricht, bzw. die die Lebenssituation der Bezieher kleiner Einkommen widerspiegelt, nicht anhand einer Reihe festgelegter Kriterien definiert werden kann, schließt die Kürzung übernahmefähiger Betriebskosten auf allgemeine Grundpositionen wie Grundsteuer, Müllabfuhr, Entwässerungs-/Wasserkosten, Hausbeleuchtung, Sach-/Haftpflichtversicherung aus (näher dazu → S. 91 f.).

Kein Rückschluss auf Betriebskosten

2.2 Mehrbedarf

Auch bei Ermittlung des Wohnungsstandards ist unter Heranziehung des Maßstabes von § 10 WoFG auf die persönlichen Bedürfnisse der BG-Mitglieder Rücksicht zu nehmen. Im Rahmen der Ermittlung der abstrakten Angemessenheitsgrenze wirken sich besondere Anforderungen an die Wohnung in der Regel aber erst bei der konkreten Angemessenheitsprüfung (kann der Leistungsberechtigte eine preiswertere Wohnung mit dem für ihn notwendigen Ausstattungsstandard finden?) aus. Denn bezogen auf den maßgebenden Wohnungsmarkt (→ unter III) unter Berücksichtigung der Bestandsmieten, ist nicht von vornherein ausgeschlossen, dass Wohnungen mit einfacher Ausstattung in einfacher Lage auch gehandicapten Leistungsberechtigten zur Verfügung stehen; so können bei einer Atemwegserkrankung (keine Wohnung in Straßen mit hoher Feinstaubbelastung) günstige Wohnungen in Randlagen oder im Hinterhof zumutbar sein oder bei Allergie (keine Wohnungen mit Teppichböden) kann es im unteren Marktsegment Wohnungen mit Holzfußboden, die nach Lage oder Zuschnitt nicht so attraktiv sind, geben. Bei einer Gehbehinderung kann statt einer meist teureren Wohnung mit Fahrstuhl eine Wohnung im Erdgeschoß angemessen sein, die es häufig im unteren Mietpreisniveau gibt.

3 Welcher Wohnungsmarkt ist maßgebend?

Wohnort

Der maßgebliche Markt zur Ermittlung der Mieten für einfache Wohnungen in der für die BG nötigen Größe in einfacher Lage ist in erster Linie der Wohnort der Leistungsberechtigten. Dabei kann der räumliche Vergleichsmaßstab mit der Größe des Ortes wechseln – je nachdem, ob es sich um einen ländlichen Raum oder ein Ballungszentrum handelt. Das konkrete Wohnumfeld (Stadtteil, Wohnviertel, soziales Umfeld) spielt erst auf der Stufe der konkreten Angemessenheitsprüfung (Kap I, → S. 181 ff.) eine Rolle.

Homogener Lebens- und Wohnbereich

Maßstab sind nach BSG vom 19.2.2008 – B 4 AS 30/08 R ausreichend große Räume mit Wohnungen, die auf Grund ihrer räumlichen Nähe zueinander, ihrer Infrastruktur und insbesondere ihrer verkehrstechnischen Anbindung einen insgesamt homogenen Lebens- und Wohnbereich bilden. Nach SG Aachen vom 5.11.2013 – S 11 AS 814/13 kann auch ein Landkreis (Düren) ein Vergleichsraum sein (zur vergleichbaren Situation im Mietrecht s. LG Marburg vom 5.2.2014 – 5 S

117/13). Grundsätzlich sind Gebiete, auf die sich ein Mietspiegel erstreckt, der maßgebende Wohnungsmarkt für den abstrakt angemessenen Mietpreis.

BSG

Als einheitlicher Wohnungsmarkt wurden vom BSG bisher gewertet:

Stadt	Entscheidung
Augsburg	BSG vom 20.8.2009 – B 14 AS 50/09 R
Berlin	BSG vom 19.10.2010 – B 14 AS 50/10 R
Bremen	BSG vom 26.5.2011 – B 14 AS 132/10 R
Dresden	BSG vom 18.11.2014 – B 4 AS 9/14 R
Duisburg	BSG vom 20.12.2011 – B 4 AS 19/11 R
Essen	BSG vom 17.12.2009 – B 4 AS 27/09 R
Flensburg	BSG vom 17.12.2009 – B 4 AS 50/09 R
Freiburg	BSG vom 13.4.2011 – B 14 AS 106/10 R
Heinsberg (NRW)	BSG vom 16.5.2011 – B 4 AS 109/11 R
Kiel	BSG vom 22.8.2012 – B 14 AS 13/12 R
München	BSG vom 19.2.2008 – B 4 AS 30/08 R und vom 10.9.2013 – B 4 AS 77/12 R
Nordhorn	BSG vom 2.7.2009 – B 14 AS 33/08 R
Osnabrück	BSG vom 18.6.2008 – B 14/7b AS 44/06 R
Wilhelmshaven	BSG vom 22.9.2009 – B 4 AS 18/09 R
Zweibrücken	BSG vom 18.2.2010 – B 14 AS 73/08 R

Teilwohnungsmarkt

Auf einen Teilwohnungsmarkt, in dem der Hilfebedürftige wohnt, ist abzustellen, wenn sich die Zuständigkeit des Jobcenters auf einen großen Bereich – z. B. einen großen Landkreis – mit klar abzugrenzenden unterschiedlichen Teilwohnungsmärkten erstreckt (HessLSG vom 13.12.2005 – L 9 AS 48/05 ER; LSG NRW vom 16.5.2011 – L 19 AS 2202/10). In Einzelfällen sind bei kleinen Gemeinden größere, bei Großstädten kleinere räumliche Bereiche maßgebend. Gibt es – insbesondere in Kleinstgemeinden – keinen Wohnungsmarkt, muss auf größere räumliche Bereiche abgestellt werden.

Vergleichbarkeit

Wird ein bestimmter Angemessenheitswert auf den Mietspiegel einer Nachbargemeinde gestützt, muss eine Vergleichbarkeit der Wohngemeinde des Leistungsberechtigten mit der zum Vergleich herangezogenen Nachbargemeinde bestehen (zum vergleichbaren Problem bei Mieterhöhungsverlangen s. LG Heidelberg vom 17.2.2012 – 5 S 95/11 m. w. Nachw.; LG Freiburg vom 29.8.2014 – 9 S 78/14; LG Potsdam vom 14.3.2014 – 13 S 86/13; AG Fürstenfeldbruck vom 6.12.2013 – 3 C 1662/13; BGH vom 13.11.2013 – VIII ZR 413/12).

Der Verbleib im sozialen Umfeld ist im Rahmen der konkreten Angemessenheitsprüfung ausreichend zu berücksichtigen.

4 Die Ermittlung des Mietpreises

Steht fest, welche Wohnungen auf welchem Wohnungsmarkt für die BG-Mitglieder in Betracht kommen, ist zu ermitteln, wie viel auf diesem Wohnungsmarkt für solche Wohnungen zu zahlen ist. Dabei sind auch Bestandsmieten mit einzubeziehen. Sondermietkosten für möblierten Wohnraum, Wohnheime oder üblicherweise nur für Kurzmietverhältnisse vorgesehene Mieträume bleiben außer Betracht (BSG vom 22.9.2009 – B 4 AS 18/09 R).

Preisgebundener Wohnraum

Leistungsberechtigte können auf preisgebundenen Wohnraum verwiesen werden; damit ist keine »Gettobildung« verbunden (BayLSG vom 11.7.2012 – L 16 AS 127/10). Das entsprechende Marktsegment muss daher bei der Ermittlung des angemessenen Mietpreises mit berücksichtigt werden (LSG NRW vom 12.3.2012 – L 19 AS 174/11) – es sei denn, die Zahl solcher Wohnungen ist so gering, dass sie auf dem maßgeblichen Wohnungsmarkt keine Rolle spielen (LSG Berlin-Brandenburg vom 21.11.2012 – L 18 AS 59/11). Die Einbeziehung von Sozialwohnungen wirkt sich insbesondere auf die Bestimmung der Betriebskosten aus, die für preisgebundenen Wohnraum meist höher liegen. Umgekehrt ist eine Sozialwohnung nicht automatisch angemessen. Die für Sozialwohnungen geltende Kostenmiete kann, unabhängig von der jeweiligen Marktmiete (zur Anpassung der Kostenmiete s. BGH vom 13.7.2011 – VIII ZR 261/10), über dem Durchschnitt der Mietspiegel-Mieten liegen, wie z. B. in Berlin, und dadurch für Leistungsberechtigte zu teuer werden.
Sinkt der Anteil mietpreisgebundener Sozialwohnungen unter 12 % des Gesamtwohnungsbestandes, werden Leistungsberechtigte für die Wohnungssuche ohnehin auf den freien Wohnungsmarkt angewiesen sein. Der Angemessenheitswert kann dann aus einem repräsentativen Datenmaterial freier Wohnungen ermittelt werden (BSG vom 19.10.2010 – B 14 AS 65/09 R).

Hohe Anforderungen

Bei Festlegung des maßgebenden Quadratmeterpreises tragen die Jobcenter und die Sozialgerichte eine hohe Verantwortung; einerseits kann ein zu hoch bemessenes Mietpreisniveau preistreibend wirken; andererseits besteht die Gefahr der Gettobildung, wenn das Niveau zu niedrig veranschlagt wird. Darüber hinaus hat das zu ermittelnde Mietpreisniveau für die Festlegung des pfändbaren Einkommens nach § 850f ZPO Leitbildfunktion (BGH vom 23.7.2009 – VII ZB 103/08, vom 5.8.2010 – VII ZB 17/09 und vom 13.10.2011 – VII ZB 7/11), trifft also auch Menschen, die keine SGB II-Leistungen beziehen. Die sehr hohen Anforderungen, die das BSG an ein Konzept zur Ermittlung des nach § 22 SGB II angemessenen Mietpreisniveaus stellt, sind daher verständlich und dürfen nicht durch laxe Satzungsbestimmungen unterlaufen werden (§ 22a Abs. 3 Satz 2 Nr. 4 SGB II).

BSG fordert schlüssiges Konzept

Nach ständiger Rechtsprechung des BSG (z. B. vom 22.9.2009 – B 4 AS 18/09 R) muss das Konzept zur Ermittlung des angemessenen Mietpreises schlüssig sein, d. h. mindestens folgende Voraussetzungen erfüllen:

- »Die Datenerhebung darf ausschließlich in dem genau eingegrenzten und muss über den gesamten Vergleichsraum erfolgen (keine Ghettobildung),
- es bedarf einer nachvollziehbaren Definition des Gegenstandes der Beobachtung, z. B. welche Art von Wohnungen – Differenzierung nach Standard der Wohnungen, Brutto- und Nettomiete [Vergleichbarkeit], Differenzierung nach Wohnungsgröße,
- Angaben über den Beobachtungszeitraum,
- Festlegung der Art und Weise der Datenerhebung (Erkenntnisquellen, z. B. Mietspiegel),
- Repräsentativität des Umfangs der eingezogenen Daten,
- Validität der Datenerhebung,
- Einhaltung anerkannter mathematisch-statistischer Grundsätze der Datenauswertung und
- Angaben über die gezogenen Schlüsse (z. B. Spannoberwert oder Kappungsgrenze).«

Gutachten

Diese Anforderungen sind so komplex, dass ihnen in der Praxis in der Regel nur in Anlehnung an die BSG-Rechtsprechung erstellte Gutachten (s. dazu LSG Niedersachsen-Bremen vom 27.7.2010 – L 9 AS 1049/09 B ER; LSG Sachsen vom 29.5.2012 – L 7 AS 24/12 B ER; BayLSG vom 11.7.2012 – L 16 AS 127/10; LSG NRW vom 28.11.2013 – L 7 AS 1122/13) genügen. Die Entwicklung eines schlüssigen Konzeptes ist keine Aufgabe der Sozialgerichte. Die dazu erforderlichen Erhebungen und Berechnungen sind sehr komplex und lassen sich nicht allein aus Werten eines Mietspiegels herleiten (s. dazu Christian von Malottki, Empirische Aspekte bei der Bestimmung von Angemessenheitsgrenzen der Kosten der Unterkunft, in: info also 2012, S. 99 ff.).

Konzeptvielfalt

Die Kriterien, denen ein schlüssiges Konzept genügen muss, legen kein bestimmtes Vorgehen fest. Das ist schon wegen regionaler Besonderheiten der Wohnungsmärkte nicht möglich. Außerdem stehen nicht überall aufbereitete Daten, wie sie z. B. einem Mietspiegel zugrunde liegen, zur Verfügung. Die Jobcenter haben daher ein bunt gestreutes Rechenwerk entwickelt, dem bei Überprüfung im Klageverfahren ein nicht minder breites Spektrum an Konzepten oder Konzeptkorrekturen der Sozialgerichte gegenübersteht.

Hilfe durch BSG?

Das BSG kann nur bedingt zu einer Klärung beitragen, bzw. mangels eigener Ermittlungen nur darüber urteilen, ob aus den vom Tatsachengericht geschilderten Gegebenheiten nachvollziehbare Schlüsse gezogen werden. So hat das BSG z. B. eine Differenzierung der Wohnungen nach der Wohnfläche als unerlässlich angesehen (BSG vom 20.8.2009 – B 14 AS 41/08 R) und den Ausschluss marktbestimmender Wohnungsanbieter bei der Datenerhebung gerügt (BSG vom

20.8.2009 – B 14 AS 65/08 R). Dagegen hat es die Einbeziehung sehr kleiner Wohnungen (26 qm) in den Datenbestand für zulässig erachtet, wenn diese prägend für den Wohnungsmarkt sind (BSG vom 18.11.2014 – B 4 AS 9/14 R: Dresden). Bei Bezugnahme auf Wohnungen einer bestimmten Baualtersklasse verlangt das BSG vom 13.4.2011 – B 14 AS 32/09 R den Nachweis, dass Wohnungen dieser Baualtersklasse statistisch nachvollziehbar über alle Bezirke des maßgebenden Wohnungsmarktes hinweg so häufig vorhanden sind und zugleich den einfachen Wohnungsstandard nachvollziehbar abbilden, dass allein auf diesen Wert (ggf. um einen Aufschlag erhöht, falls der Mietspiegel veraltet ist oder es Preissprünge gegeben hat) zurückgegriffen werden kann. Lassen sich solche weiter gehenden Schlüsse aus dem vorhandenen Datenmaterial nicht ziehen, kann nach BSG vom 19.10.2010 – B 14 AS 50/10 R ein nach Verteilung der in der Grundgesamtheit abgebildeten Wohnungen in den jeweiligen Bauklassen gewichteter arithmetischer Mittelwert ein geeigneter Maßstab sein. Nach BSG vom 22.9.2009 – B 4 AS 18/09 R kann ein angemessener Preis sowohl aus dem Gesamtwohnungsbestand (einfacher, mittlerer, gehobener Standard) als auch aus Wohnungen nur einfachen Standards ermittelt werden. Liegen der Datenerhebung nur Wohnungen einfachen Standards zu Grunde, ist als Angemessenheitsgrenze der Spannoberwert, d. h. der obere Wert der ermittelten Mietpreisspanne maßgebend. Durchschnittswerte aus Mieten verschiedener Anbieter müssen erkennen lassen, mit welchem Anteil diese Anbieter jeweils vertreten sind (BSG vom 20.8.2009 – B 14 AS 65/08 R). Die Beschränkung auf bestimmte Wohnungsanbieter ist nur zulässig, wenn sie über einen beherrschenden Marktanteil verfügen. Umgekehrt ist der Ausschluss bestimmter Anbieter erst zulässig, wenn festgestellt wurde, wie hoch der Marktanteil dieser Anbieter ist, und feststeht, dass diese Anbieter überwiegend nur Wohnungen im oberen Marktsegment anbieten (BSG vom 20.8.2009 – B 14 AS 65/08 R). Ist eine Preisfestlegung nicht nachvollziehbar, kann sie nicht mit einer »Gegenprobe«, dass Wohnungen zu diesem Preis per Annonce oder Internetauftritt angeboten werden, gerettet werden (BSG vom 20.8.2009 – B 14 AS 41/08 R). Rechtswidrig ist eine Beschränkung auf bestimmte Stadtteile oder gar niedrigpreisige Wohngegenden (BSG vom 19.2.2010 – B 4 AS 30/08 R und vom 6.10.2011 – B 14 AS 131/10 R). Im Fall einer hinreichenden Datengrundlage unter Ausklammerung unzumutbarer Wohnungen hat das BSG vom 10.9.2013 – B 4 AS 77/12 R: München II die Bezugnahme auf die unteren 20 % der Mietpreise für Wohnungen aus einem solchen Datenbestand als zulässigen Angemessenheitswert akzeptiert. Diese die besonderen Umständen des Münchner Wohnungsmarktes berücksichtigende Vorgehensweise ist nicht einfach auf andere Städte übertragbar (s. BSG vom 18.11.2014 – B 4 AS 9/14 R: Dresden).

Fehlender Mietspiegel

Existiert kein Mietspiegel oder alternativ zu einem Mietspiegel kann das Jobcenter auch eigene Methoden entwickeln, wenn sie hinreichende Gewähr dafür bieten, die aktuellen Verhältnisse des örtlichen Wohnungsmarktes abzubilden (BSG vom 22.9.2009 – B 4 AS 18/09 R).

Eigene Markterhebung

Stützt sich das Jobcenter auf eine eigene Datenbank, sind Angaben zu Wohnort, Wohnfläche, Ausstattung, Netto- und Bruttokaltmiete gefordert. Eine Differenzierung allein nach Anzahl der Wohnräume genügt nicht (SG Potsdam vom 6.4.2011 – S 21 AS 6432/08). Werden ausschließlich Unterkunftskosten von Leistungsberechtigten zu Grunde gelegt, darf daraus kein rechnerischer Durchschnittsbetrag gebildet werden (BSG vom 23.8.2011 – B 14 AS 91/10 R). Auch eine Beschränkung auf einen bestimmten Prozentsatz der erhobenen Daten ist nicht schlüssig (LSG Niedersachsen.Bremen vom 29.4.2014 – L 7 AS 330/13). Die Herausnahme von unter 25-jährigen Leistungsbeziehern und von Personen, die nach einer Senkungsaufforderung noch zu teure Mieten erhalten, ist unzulässig (LSG Sachsen vom 19.12.2013 – L 7 AS 637/12). Beschränkt das Jobcenter seine Datenerhebung nicht auf das einfache Marktsegment, ist es nach SG Darmstadt vom 14.3.2011 – S 22 AS 395/10 nicht verpflichtet, Daten zur Zimmerzahl, Ausstattung, zur Lage oder zur Bausubstanz zu erheben. Die Datenquellen und das Erhebungsverfahren müssen so sein, dass die Datenerhebung vom Leistungsberechtigten, u. U. vom Sozialgericht nachvollziehbar geprüft werden kann. Die Datenerhebung hat vollständig, fortlaufend und nicht nur gelegentlich zu erfolgen. Einen Erfahrungssatz, dass die Wohnungen von Alg II-Beziehern repräsentativ für den gesamten Wohnungsmarkt sind, gibt es nicht (LSG Rheinland-Pfalz vom 25.3.2014 – L 3 AS 44/10 ZVW). Die Datenbasis muss auf mindestens 10 % des regional in Betracht zu ziehenden Mietwohnungsbestandes beruhen (BSG vom 18.6.2008 – B 14/7b AS 44/06 R; nach LSG Niedersachsen-Bremen vom 11.12.2008 – L 13 AS 210/09 genügen 5,6 %; 4 % und weniger des Datenbestandes sind nach LSG Baden-Württemberg vom 26.3.2014 – L 2 AS 104/14, Revision unter – B 4 AS 45/14 R keine ausreichende Grundlage). Unter dieser Voraussetzung können auch über Medien verbreitete Mietangebote einbezogen werden. Gerade bei diesen ist es jedoch besonders wichtig, dass sie in regelmäßigen kurzen Abständen vollständig unter Berücksichtigung aller einschlägigen Medien erfasst sind, um Zufallsschwankungen und Falschangaben ausgleichen zu können. Unzureichend ist die Benennung einzelner preiswerter Wohnungen in einer Zeitungsannonce oder aufgrund einer Internetrecherche (LSG Niedersachsen-Bremen vom 24.4.2007 – L 7 AS 494/05, vom 28.6.2007 – L 13 AS 58/07 ER und vom 9.8.2007 – L 13 AS 121/07 ER; SG Bremen vom 22.1.2009 – S 21 AS 1/09 ER; BSG vom 2.7.2009 – B 14 AS 33/08 R; BayLSG vom 11.7.2012 – L 16 AS 127/10).

Mietspiegel

Die in der Praxis wichtigste Bedeutung zur Ermittlung angemessener Unterkunftskosten haben die in § 22c SGB II ausdrücklich als Datenquelle genannten Mietspiegel.

Mietspiegel geben eine Übersicht der auf dem erfassten Wohnungsmarkt gezahlten Mieten für nicht preisgebundenen Wohnraum. Sozialwohnungen bleiben außer Betracht. Ein qualifizierter Mietspiegel nach § 558d BGB gewährleistet eine wissenschaftliche Form der Datenerhebung unter Beteiligung der Akteure auf dem Wohnungsmarkt

(Vermieter und Mietervereine). Er begründet die Vermutung, dass die im qualifizierten Mietspiegel bezeichneten Entgelte die ortsübliche Vergleichsmiete wiedergeben. Die ortsübliche Vergleichsmiete wird gebildet aus den üblichen Entgelten, die in der Gemeinde oder einer vergleichbaren Gemeinde für Wohnraum vergleichbarer Art, Größe, Ausstattung, Beschaffenheit und Lage in den letzten vier Jahren vereinbart oder, von Erhöhungen wegen Betriebskostenanpassungen abgesehen, geändert worden sind. Sie soll einen repräsentativen Querschnitt der üblichen Entgelte darstellen.

Wirklich qualifiziert?

Dass ein Mietspiegel von seinem Ersteller als qualifizierter Mietspiegel bezeichnet oder von der Gemeinde und/oder von den Interessenvertretern der Vermieter und der Mieter als solcher anerkannt und veröffentlicht worden ist, macht ihn nicht unangreifbar (BGH vom 21.11.2012 – VIII ZR 46/12 und vom 6.11.2013 – VIII ZR 346/12). Substantielle Angriffe gegen den Mietspiegel (dazu LG Berlin vom 10.12.2013 – 63 S 161/13; LG München vom 26.2.2014 – 14 S 20377/13) muss derjenige, der sich die Vermutung des § 558d Abs. 3 BGB zu Nutze machen will, widerlegen (BGH, a.a.O.).
Wird ein qualifizierter Mietspiegel nicht im Zwei-Jahres-Turnus fortgeschrieben oder nach vier Jahren neu erstellt, gilt er nur noch als einfacher Mietspiegel, der im Miethöheprozess nach Grundsätzen der freien Beweiswürdigung herangezogen werden darf (BGH vom 16.6.2010 – VIII ZR 99/09). Mietspiegel-Rasterfelder, die mit einem » * « gekennzeichnet sind, genügen wegen einer zu geringen Anzahl von Vergleichsdaten nicht den Anforderungen eines Mietspiegels im Sinne von § 558d BGB (LG Berlin vom 1.4.2011 – 63 S 156/10; LG Frankfurt an der Oder vom 27.3.2012 – 6a S 194/11; LG Heidelberg vom 17.2.2012 – 5 S 95/11).

Mietspiegel nur Ausgangspunkt für weitere Ermittlungen

Mietspiegel dienen dazu, Mieterhöhungsverlangen im Regelfall ohne Einzelgutachten verlässlich und nachvollziehbar zu begründen. Aussagen über SGB II-relevante Unterkunftsbedarfe lassen sich daher nicht unmittelbar aus bestimmten Mietspiegel-Werten herleiten.

Mittelwerte örtlicher Mietspiegel

In einer Anhörung zu »Mindeststandards bei der Angemessenheit der Kosten für Unterkunft und Heizung« (Ausschussdrucksache 17(11)882) haben die Sachverständigen überwiegend die Bestimmung der angemessenen Nettokaltmiete nach dem Mittelwert eines örtlicher Mietspiegels, gewichtet nach der Bestandklasse der erfassten Wohnungen, abgelehnt. Je nach Lage auf dem Wohnungsmarkt könne dieser Wert nach SGB II-Maßstäben zu hoch sein, außerdem gebe es große Unsicherheit, nach welcher Methode ein tauglicher Mittelwert definiert werden solle.

Verfügbarkeitsprüfung

Doch selbst wenn es gelänge, einen geeigneten Mittelwert zu bestimmen, gibt ein Mietspiegel keinen Aufschluss darüber, ob die aus dem Mietspiegel als angemessen ausgewählten Wohnungen bzw. die dafür verlangten Mietpreise einen hinreichenden und über den gesamten SGB II-maßgeblichen Wohnungsmarkt verteilten Wohnungsbestand abbilden (dazu BSG vom 13.4.2011 – B 14 AS 106/10 R). Das gilt sowohl für die Herleitung schlüssiger Werte aus einem Regressionsmietspiegel (dazu LSG NRW vom 28.11.2013 – L 7 AS 1122/13) als auch aus einem Tabellenmietspiegel (LSG Schleswig-Holstein vom 19.5.2014 – L 6 AS 18/13). Das BSG vom 20.12.2011 – B 4 AS 19/11 R sieht dieses Problem:

> »... die Besetzung einzelner Tabellenfelder eines Mietspiegels lässt daher zunächst nur die Vermutung zu, dass zum Zeitpunkt der Datenerhebung ein bestimmter Wohnungsmietwert auf dem Gesamtwohnungsmarkt überhaupt vorhanden ist ...«.

Das BSG behilft sich mit der Annahme, dass eine Wohnung zu dem nach dem Mietspiegel angemessenen Quadratmeterpreis in der Regel zu finden ist, weil es in Deutschland derzeit keine allgemeine Wohnungsnot gibt und allenfalls in einzelnen Regionen Mangel an ausreichendem Wohnraum besteht, vorausgesetzt, der Angemessenheitspreis wird nach einem schlüssigen Konzept auf der Grundlage eines geeigneten qualifizierten Mietspiegels ermittelt (BSG vom 14.4.2011 – B 14 AS 32/09 R und – B 14 AS 106/10 R).

Realitätsnahe Bedarfsprüfung

Vor dem Hintergrund der BVerfG-Entscheidung vom 23.7.2014 – 1 BvL 10/12 zu den Regelbedarfen, wonach der Gesetzgeber **zeitnah** auf die Preisentwicklung regelbedarfsrelevanter Güter reagieren muss, um eine Bedarfsunterdeckung zu vermeiden, muss die Vermutungswirkung der Schlüssigkeitswerte aus einem qualifizierten Mietspiegel auf Wohnungsmärkte mit einem relativ statischen Preisgefüge bzw. auf Wohnungsmärkte mit geringen Preisbewegungen begrenzt werden. Denn nur auf einem entspannten Wohnungsmarkt kann der Wohnungssuchende Vertragsmieten durchsetzen, die in Höhe der ortsüblichen Vergleichsmieten liegen.

Angespannter Wohnungsmarkt

Den nachfolgenden Tabellen aus dem Gesetzentwurf zum Mietnovellierungsgesetz (BR.-Drs. 447/14) lässt sich entnehmen, in welchen Städten und unter welchen Bedingungen ein angespannter Wohnungsmarkt besteht.

Abweichung der Angebotsmieten zu Vergleichsmieten der Mietspiegel 2013 in ausgewählten Städten

Gemeinde	Vergleichsmiete des Mietspiegels in € / qm*	Angebotsmiete in € / qm**	Abweichung in €	Abweichung in %
Regensburg	6,33	8,45	2,12	33
Freiburg/Breisgau	7,58	9,97	2,39	32
Heidelberg	7,20	9,42	2,22	31
Jena	6,15	8,01	1,86	30
Münster	6,33	8,23	1,90	30
Frankfurt am Main	7,82	10,15	2,33	30
Fürth	5,71	7,38	1,67	29
Karlsruhe	6,52	8,33	1,81	28
München	10,25	12,86	2,61	25
Hamburg	7,51	9,38	1,87	25
Ulm	6,52	8,08	1,56	24
Passau	4,78	5,88	1,10	23
Darmstadt	7,08	8,58	1,50	21
Potsdam	5,96	7,20	1,24	21
Erlangen	6,71	8,11	1,40	21
Mainz	7,02	8,40	1,38	20
Weimar	5,03	6,00	0,97	19
Berlin	5,90	7,02	1,12	19
Stuttgart	8,20	9,73	1,53	19
Trier	5,96	7,00	1,04	17
Heilbronn	6,21	7,18	0,97	16
Aschaffenburg	6,15	7,07	0,92	15
Kiel	5,40	6,20	0,80	15
Mannheim	6,40	7,28	0,88	14
Nürnberg	6,52	7,36	0,84	13

* Quelle: F+B-Mietspiegelindex: Musterwohnung 65 qm, normale Ausstattung und Lage

** Quelle: BBSR-Wohnungsmarktbeobachtung, IDN Immodaten GmbH: Wiedervermietungsmieten, 50-80 m² Wohnfläche, mittlere Ausstattung

■ Mittlere Abweichung von ortsüblicher Vergleichsmiete und Angebotsmiete für Mietwohnungen mit mittlerer Ausstattung und Wohnungsgröße nach Wohnlagen für ausgewählte Städte (Kiel/Hannover/Bonn/Berlin/München/Hamburg/Frankfurt am Main)

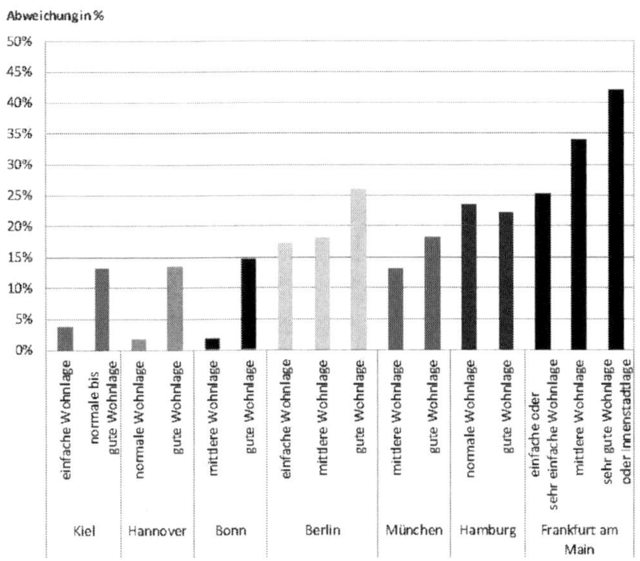

(Quelle: BBSR (Hintergrundpapier „Aktuelle Mietenentwicklung und ortsübliche Vergleichsmiete: Liegen die erzielbaren Mietpreise mittlerweile deutlich über dem örtlichen Bestandsmietenniveau?“, 2/2014, verfügbar über http://www.bbsr.bund.de unter BBSR/DE/WohnenImmobilien/Immobilienmarktbeobachtung/ProjekteFachbeitraege/Mietsteigerungen/hintergrundpapier_mieten.pdf?__blob=publicationFile&v=6), S. 27; Datenbasis: BBSR-Wohnungsmarktbeobachtungssystem, IDN ImmoDaten GmbH, Kieler Mietspiegel 2012, Mietspiegel Hannover 2013, Bonner Mietspiegel 2011, Berliner Mietspiegel 2013, Mietspiegel München 2013, Hamburger Mietenspiegel 2013, Mietspiegel Frankfurt am Main 2012)

■ Entwicklung der Neuvermietungsangebote für Berlin; prozentualer Preisanstieg 2012/2013

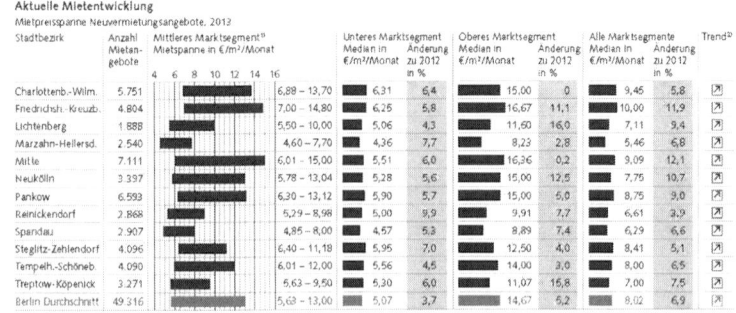

Aktuelle Mietentwicklung

Mietpreisspanne Neuvermietungsangebote, 2013

Stadtbezirk	Anzahl Mietenangebote	Mittleres Marktsegment[1] Mietspanne in €/m²/Monat	Unteres Marktsegment Median in €/m²/Monat	Unteres Marktsegment Änderung zu 2012 in %	Oberes Marktsegment Median in €/m²/Monat	Oberes Marktsegment Änderung zu 2012 in %	Alle Marktsegmente Median in €/m²/Monat	Alle Marktsegmente Änderung zu 2012 in %	Trend[2]
Charlottenb.-Wilm.	5.751	6,88 – 13,70	6,31	6,4	15,00	0	9,45	5,8	↗
Friedrichsh.-Kreuzb.	4.804	7,00 – 14,80	6,25	5,8	16,67	11,1	10,00	11,9	↗
Lichtenberg	1.888	5,50 – 10,00	5,06	4,3	11,60	16,0	7,11	9,4	↗
Marzahn-Hellersd.	2.540	4,60 – 7,70	4,36	7,7	8,23	2,8	5,46	6,8	↗
Mitte	7.111	6,01 – 15,00	5,51	6,0	16,36	0,2	9,09	12,1	↗
Neukölln	3.397	5,78 – 13,04	5,28	5,6	15,00	12,5	7,75	10,7	↗
Pankow	6.593	6,30 – 13,12	5,90	5,7	15,00	5,0	8,75	9,0	↗
Reinickendorf	2.868	5,29 – 8,98	5,00	9,9	9,91	7,7	6,61	3,9	↗
Spandau	2.907	4,85 – 8,00	4,57	5,3	8,89	7,4	6,29	6,6	↗
Steglitz-Zehlendorf	4.096	6,40 – 11,18	5,95	7,0	12,50	4,0	8,41	5,1	↗
Tempelh.-Schöneb.	4.090	6,01 – 12,00	5,56	4,5	14,00	3,0	8,00	6,5	↗
Treptow-Köpenick	3.271	5,63 – 9,50	5,30	6,0	11,07	15,8	7,00	7,5	↗
Berlin Durchschnitt	49.316	5,63 – 13,00	5,07	3,7	14,67	5,2	8,02	6,9	↗

1) ohne unteres und oberes Zehntel der Angebote 2) Prognose 12-Monats-Trend gesamtes Marktsegment

Quelle: CBRE auf Datenbasis empirica-systeme

Auf angespannten Wohnungsmärkten sind Angemessenheitswerte, die auf einen qualifizierten Mietspiegel gestützt werden, daher nur maßgebend, wenn das Jobcenter zugleich den Nachweis erbringt, dass es Wohnungen zum Angemessenheitswert in nennenswerter Zahl auch tatsächlich gibt. Ansonsten, auf entspannten Wohnungsmärkten, muss der von einer Kostensenkung betroffene Leistungsberechtigte die Vermutung hinreichend vorhandener Wohnungsangebote zum ermittelten Preis zu Fall bringen. Die Nichtexistenz angemessener Wohnungen muss er dabei nicht beweisen. Es genügt, wenn er die Vermutung über den Nachweis, trotz intensiver Suche keine Wohnung zum ermittelten Preis finden zu können bzw. nur in prekären Wohnlagen finden zu können, erschüttert (dazu BSG vom 6.10.2011 – B 14 AS 131/10 R).

Widerlegbare Vermutung

Die Unterkunftskosten gehören zum Existenzminimum. Sie müssen daher in einem transparenten, nachvollziehbaren Verfahren ermittelt werden (BVerfG vom 9.2.2010 – 1 BvL 1/09 und vom 23.7.2014 – 1 BvL 10/12). Der Leistungsberechtigte hat Anspruch darauf, dass ihm Art und Weise der Ermittlung der Angemessenheitswerte auf Nachfrage mitgeteilt und erläutert werden. Dabei ist auf folgende Punkte, die Indiz für ein schlüssiges Konzept sind, zu achten:

Schlüssiges Mietspiegelkonzept

- Wurden Daten aus einem qualifizierten Mietspiegel zugrunde gelegt?
- Ist der Mietspiegel wirklich qualifiziert? (BGH vom 21.11.2012 – VIII ZR 46/12 und vom 6.11.2013 – VIII ZR 346/12).
- Wurden die Daten mit einem plausiblen Preisindex (s. dazu SG Dresden vom 28.2.2012 – S 29 AS 7524/10; BayLSG vom 11.7.2012 – L 16 AS 127/10) auf den aktuellen Stand gebracht?
- Wurden Wohnungen mit unterstem Standard aussortiert?
- Wurden Wohnungen auf dem gesamten Wohnungsmarkt berücksichtigt?
- Wurden bei der Datensammlung alle Baualtersklassen berücksichtigt?
- Wurden alle für das Marktsegment der einfachen Wohnungen wichtigen Marktanbieter berücksichtigt?
- Beträgt der Umfang der preisgebundenen Wohnungen (das sind die nicht im Mietspiegel auftauchenden Wohnungen) am Gesamtwohnungsmarkt weniger als 12%?
- Wurden die ermittelten Mietspiegelwerte gewichtet (dazu BSG vom 19.10.2010 – B 14 AS 65/09 R)?
- Wurde geprüft, ob Wohnungen zum ermittelten Angemessenheitswert auch tatsächlich für Leistungsbezieher verfügbar sind?

Wird die allein auf (gewichtete) Mietspiegeldaten gestützte Vermutung, dass es Wohnungen zum Angemessenheitswert in nennenswerter Zahl auch tatsächlich gibt, erschüttert, ist noch nicht geklärt, in welchem Umfang Wohnungen zum ermittelten Konzeptpreis auf dem Gesamtwohnungsmarkt vorhanden sein müssen, um einen abstrakt angemessenen Preis abzubilden. Das BayLSG vom 11.7.2012 – L 16 AS 127/10 hält es für ausreichend, wenn mindestens ein Fünftel der vorhandenen

Ungeklärte Fragen

Wohnungen mit der für eine BG jeweils maßgeblichen Wohnungsgröße die hierfür ermittelten Angemessenheitsgrenzen nicht überschreiten **und** weitere Daten und Auswertungen sicherstellen, dass sich die von der Mietobergrenze abgedeckten Wohnungen in zumutbarer Weise über den gesamten Vergleichsraum verteilen,
und wenn der Anteil der Leistungsempfänger an der Bevölkerung deutlich unter 20% liegt.
Ferner ist noch offen, ob auf einem angespannten oder sehr dynamischen Wohnungsmarkt das Verhältnis der Neuvermietungen zu den Bestandsmietenänderungen näher analysiert werden muss. Das kann von Bedeutung sein, um Preissprünge zu erkennen, die ein bloßes Abstellen auf gewichtete Mietspiegeldaten unzureichend machen (dazu BSG vom 19.10.2010 – B 14 AS 65/09 R). Wichtiger Indikator für Preissprünge ist eine große Spreizung zwischen Bestands- und Angebotsmieten und wenn die Vertragsmieten weitgehend mit den Angebotsmieten zusammenfallen (s. dazu Tabellen → S. 73 f.) .

Bringschuld des Jobcenters

Zur Ermittlungspflicht der Jobcenter hat das BSG vom 17.12.2009 – B 4 AS 50/09 R ausgeführt:

> »Die umfassende Ermittlung der Daten sowie die Auswertung im Sinne der Erstellung eines schlüssigen Konzepts ist Angelegenheit des Grundsicherungsträgers und bereits für die sachgerechte Entscheidung im Verwaltungsverfahren notwendig. Im Rechtsstreit muss der Grundsicherungsträger sein schlüssiges Konzept auf Aufforderung durch das Gericht vorlegen. Entscheidet der Grundsicherungsträger ohne ein schlüssiges Konzept, ist er im Rahmen seiner prozessualen Mitwirkungspflicht nach § 103 Satz 1 2. Halbsatz SGG gehalten, dem Gericht eine zuverlässige Entscheidungsgrundlage zu verschaffen und ggf. eine unterbliebene Datenerhebung und -aufbereitung nachzuholen. Der für die Leistungen nach § 22 SGB II zuständige kommunale Träger muss die bei ihm vorhandenen Daten sowie die personellen und/oder sachlichen Voraussetzungen für die Erhebung und Auswertung der erforderlichen Daten zur Verfügung stellen«

Pflicht zur Konzepterstellung

Besteht die Möglichkeit, ein schlüssiges Konzept zu entwickeln, können die Jobcenter oder die Gerichte diese Pflicht nicht dadurch umgehen, dass sie die Werte nach § 12 WoGG als Angemessenheitswerte akzeptieren (BSG vom 12.12.2013 – B 4 AS 87/12 R). Das ist vor allem auf sehr teuren Wohnungsmärkten wichtig, weil hier die Angemessenheitswerte über den Werten der Wohngeldtabelle liegen können. Es enthebt daher auch nicht von der Pflicht zur Konzepterstellung, wenn ein unschlüssig ermittelter Angemessenheitswert über den Werten der Wohngeldtabelle liegt (dazu BSG vom 10.9.2013 – B 4 AS 4/13 R und – B 4 AS 5/13 R).

Fehlen eines schlüssigen Konzepts

Fehlt ein schlüssiges Konzept und bleibt das Jobcenter auch bei Beschaffung erforderlicher Daten zur Bestimmung der Angemessenheitsgrenze untätig und hat auch das Sozialgericht keine Möglichkeit, ein schlüssiges Konzept zu entwickeln (Erkenntnisausfall), müssen die tatsächlichen Mietkosten bis zur Höhe der Tabellenwerte nach § 12 WoGG zuzüglich eines Zuschlags von 10 % (dazu BSG vom 22.3.2012 – B 4 AS 16/11 R und vom 12.12.2013 – B 4 AS 87/12 R) übernommen werden.

Allein Erziehende

Da allein Erziehenden nicht automatisch eine größere Wohnfläche zusteht, auch wenn dies in landesrechtlichen Fördervorschriften vorgesehen ist (s. dazu S. 32), ist auch die in Ermangelung eines schlüssigen Konzeptes nach der Tabelle zum Wohngeldgesetz zu ermittelnde Mietobergrenze nicht durch Hinzurechnung eines fiktiven, weiteren Haushaltsangehörigen zu erweitern (BSG vom 11.12.2012 – B 4 AS 44/12 R).

Eilverfahren

Hat das Jobcenter die Mietkosten auf einen Angemessenheitswert gekürzt und bestreitet der Hilfebedürftige mit beachtlichen Argumenten die Schlüssigkeit dieses Wertes, hat er für einen vorübergehenden Zeitraum Anspruch auf Übernahme der tatsächlichen Miete, wenn im Eilverfahren vor dem Sozialgericht eine Klärung, ob die tatsächlichen Kosten angemessen sind, nicht erreicht werden kann. Ist die innegehabte Wohnung offenkundig zu teurer, die Kostensenkung aber ohne schlüssige Grundlage erfolgt, besteht die Obliegenheit zur Wohnungssuche weiter; vorläufig sind die Werte nach § 12 WoGG plus Sicherheitszuschlag zu übernehmen.

II Die kalten Betriebskosten

Kalte Betriebskosten

Zweiter Bestandteil der Unterkunftskosten neben der Kaltmiete sind die kalten Betriebs- oder Nebenkosten, d. h. die Betriebskosten ohne Heizung und Warmwassererzeugung (bei zentraler Warmwassererzeugung).

1 Welche Betriebskosten sind zu übernehmen?

Mietrecht entscheidet

Die kalten Betriebskosten umfassen alle nach dem Mietvertrag geschuldeten und auf die Mieter nach Mietvertragsrecht (§ 556 BGB, § 2 Betriebskostenverordnung – BetrKV) umlagefähigen Nebenkosten. Kosten, die nicht geschuldet sind oder die nicht auf die Mieter umgelegt werden dürfen, muss das Jobcenter nicht übernehmen.

Nicht umlagefähig

Keine Betriebskosten und daher auch nicht umlagefähig, auch wenn dies im Mietvertrag steht, sind

- Verwaltungskosten, wie z. B. die Kosten für die Lohnabrechnung von Dienstleistungen (AG Steinfurt vom 13.2.2014 – 21 C 1668/12: Lohnabrechnung für den Hausmeister);
- Erbbauzinsen (AG Mannheim vom 9.5.2008 – 10 C 404/07);
- Kosten für Reparaturversicherung (AG Köln vom 17.7.1990 – 208 C 614/89);

- Leihgebühr für Müllbehälter (LG Neuruppin vom 23.1.2003 – 4 S 241/02);
- Kosten für Gartenpflegegeräte (LG Potsdam vom 26.9.2002 – 11 S 81/01);
- Servicegebühren für ein Büro, in dem den Mietern die Möglichkeit gegeben wird, sich zu treffen, Hilfestellung bei Anträgen zu bekommen sowie gegen Gebühr Serviceleistungen wie Babysitting, Blumengießen und Briefkastenleerung bei Abwesenheit, Wäschepflege u.a. in Anspruch zu nehmen (AG Neuss vom 14.3.2013 – 85 C 1447/11.

Das sehr komplexe Thema Betriebskosten kann hier nur in den für das SGB II wichtigsten Grundzügen und für die Praxis bedeutsamen Fällen dargestellt werden. Im Streifall sollte Rat bei Mietervereinen oder einem Fachanwalt für Mietrecht eingeholt werden. Von offenkundig unrechtmäßigen Betriebskostenforderungen abgesehen, müssen die Jobcenter die vom Vermieter verlangten Abschläge übernehmen, soweit sie angemessen sind (LSG Sachsen-Anhalt vom 10.11.2010 – L 2 AS 182/10 B ER; BayLSG vom 14.2.2011 – L 11 AS 948/10 B ER).

Zu Betriebskostennachforderungen → Kap. N.

Nur was im Mietvertrag steht

Der Mieter muss nur die Betriebskosten tragen, die im Mietvertrag aufgeführt sind, wobei ein Verweis auf »alle Kosten nach der BetrKV« genügt (s. z. B. LG Berlin vom 18.5.2010 – 63 S 457/09). Zu ungenau ist die bloße Bezeichnung »Nebenkosten« (LG Wuppertal vom 27.5.2011 – 6 S 53/10; LG Waldshut-Tiengen vom 7.1.2014 – 2 S 17/13), »sonstige Nebenkosten« (BGH vom 7.4.2004 – VIII ZR 167/03 und vom 2.5.2012 – XII ZR 88/10) oder Kosten des »Betriebs der Gemeinschaftsräume« (AG Potsdam vom 21.6.2012 – 24 C 374/11). Verweist ein Mietvertrag hinsichtlich der umzulegenden Betriebskosten auf einen nicht mehr gültigen Betriebskostenkatalog, ohne die Positionen im Einzelnen aufzuzählen, scheitert die Umlagevereinbarung, wenn nicht ersichtlich ist, welche Version des Betriebskostenkatalogs gemeint ist. Das ist auch dann nicht anders, wenn auf die »jeweils geltende Fassung« verwiesen wird (AG Hanau vom 9.7.2014 – 37 C 106/14 (17)).
Werden die vom Mieter zu tragenden Kosten einzeln aufgelistet, kann der Vermieter ohne Zusatzvereinbarung keine weiteren Betriebskosten verlangen, auch wenn diese allgemein üblich sind.

Keine stillschweigende Vertragsänderung allein durch Zahlung

Hatte der Mieter zu Unrecht verlangte Betriebskosten gezahlt bzw. diese Kosten enthaltende Betriebskostenabrechnungen nicht beanstandet, berechtigt das nicht zu dem Schluss, diese Betriebskosten seien aufgrund einer stillschweigenden Vertragsänderung geschuldet. Ein Änderungsvertrag, der die Umlage von Betriebskosten erweitert, kann zwar auch stillschweigend zustande kommen (BGH vom 7.4.2004 – VIII ZR 146/03); erforderlich ist dafür aber, dass der Vermieter nach den Gesamtumständen davon ausgehen kann, der Mieter habe der Umlage weiterer Betriebskosten zustimmen wollen. Dafür reicht es grundsätzlich nicht aus, dass der Mieter Betriebskostenabrechnungen unter Einbeziehung bisher nicht vereinbarter Betriebskosten unbeanstandet lässt (BGH vom 10.10.2007 – VIII ZR 279/06 und vom 9.7.2014 – VIII ZR 36/14; AG Dortmund vom 19.6.2012 – 425 C 1232/12).

Keine Verwirkung bei unterbliebener Abrechnung

Umgekehrt kann allein aus dem Umstand, dass über Jahre hinweg bestimmte Betriebskosten entgegen dem Mietvertrag nicht abgerechnet wurden, nicht geschlossen werden, der Vermieter habe damit den Vertrag zu seinem Nachteil dahingehend ändern wollen, dass die vereinbarten Betriebskosten nicht abgerechnet werden (BGH vom 13.2.2008 – VIII ZR 14/06).

Neu entstehende Betriebskosten

Während eines laufenden Mietverhältnisses neu entstehende Betriebskosten können nur dann auf die Mieter umgelegt werden, wenn die Betriebskostenart im Mietvertrag aufgeführt ist und dem Vermieter das Recht eingeräumt wurde, neu entstehende Betriebskosten umzulegen (BGH vom 27.9.2006 – VIII ZR 80/06; s. auch AG Wedding vom 29.2.2012 – 3 C 177/11).

Beispiel

In einem Mietvertrag wird vereinbart, dass die Kosten für Sach- und Haftpflichtversicherungen zu den Betriebskosten gehören. Außerdem ist eine Anpassungsklausel vereinbart: »Werden öffentliche Abgaben neu eingeführt oder entstehen Betriebskosten neu, so können diese vom Vermieter im Rahmen der gesetzlichen Vorschriften umgelegt und angemessene Vorauszahlungen festgesetzt werden«. Schließt der Vermieter eine bislang nicht vorhandene Sachversicherung gegen Sturmschäden ab, kann er diese Kosten umlegen.

Das gilt nicht bei Modernisierungen und bei der Umstellung auf eine verbrauchsbezogene Abrechnung von Kosten, die bisher in der Grundmiete nicht enthalten waren.

Verbrauchsabhängige Abrechnung

Wenn möglich, muss der Vermieter die Kosten verbrauchsabhängig abrechnen. Rechnet er anders ab, obwohl ein verbrauchsabhängiger Maßstab geschuldet ist oder durch technische Änderungen (AG Köln vom 31.1.2012 – 212 C 38/12: Einbau von Wasserzählern) möglich geworden ist, hat der Mieter entsprechend § 12 Abs. 1 HeizkostenV das Recht, den auf ihn entfallenden Anteil der Kosten um 15% zu kürzen (s. z. B. BGH vom 13.3.2012 – VIII ZR 218/11). Dazu muss der Mieter nicht darlegen, ob und inwieweit sein Verbrauch unter dem Durchschnittsverbrauch liegt und dass und inwieweit ihm durch die nicht verbrauchsabhängige Abrechnung der Kosten ein Nachteil entstanden ist (LG Itzehoe vom 27.5.2011 – 9 S 118/10).

Defekte Ablesevorrichtung

Ist eine verbrauchsabhängige Abrechnung vereinbart, so gilt der gesetzliche Umlagemaßstab nach Quadratmetern, wenn die vorhandenen Ablesegeräte defekt oder die Eichfristen abgelaufen sind. Auch in diesem Fall ist die Abrechnung um einen Anteil von 15 % zu kürzen (LG Berlin vom 11.11.2011 – 63 S 149/11: Defekte Wasseruhr).

Zur Übernahme daraus resultierender Nachforderungen → S. 393.

Erhebliche Messdifferenz

Zeigt die Messung des Hauptzählers, auf den der Vermieter für die Berechnung der Kosten Bezug nimmt, Verbrauchsmengen an, die erheblich von den Einzelwerten der Wohnungszähler abweichen, muss er auf Verlangen des Mieters nach dem Wohnungszähler abrechnen (LG Braunschweig vom 22.12.1998 – 6 S 163/98).

Nur wirtschaftlich vertretbare Kosten

Der Vermieter hat die vertragliche Nebenpflicht, den Mieter nur mit Nebenkosten zu belasten, die erforderlich und angemessen sind. Er muss bei Abschluss von Verträgen, die sich auf die Betriebskosten auswirken, auf ein angemessenes Kosten-Nutzen-Verhältnis achten (BGH vom 28.11.2007 – VIII ZR 243/06; KG Berlin vom 7.2.2011 – 8 U 147/10; AG Lehrte vom 3.5.2012 – 9 C 522/11). Dabei trifft den Mieter aber die Last, günstigere Alternativen genau darzulegen (s. dazu AG Neukölln vom 23.6.2011 – 7 C 78/11: Kosten für Hausmeister; AG Ahrensburg vom 3.6.2011 – 45 C 193/11: Kosten für Gartenpflege). Der Verweis auf Durchschnittswerte aus dem Betriebskostenspiegel genügt nicht (BGH vom 6.7.2011 – VIII ZR 340/10). Zur Darlegungspflicht s. BGH vom 17.12.2014 – VIII ZR 170/13. Nach BGH vom 14.11.2012 – VIII ZR 41/12 ist der Vermieter berechtigt, fiktive Auftragskosten für Hausmeisterdienste und Gartenpflege in die Abrechnung einzustellen, obwohl er dafür eigenes Personal einsetzt.

Zum Unwirtschaftlichkeitseinwand bei den Kosten für Heizung und Warmwasser → S. 335.

Die folgenden Kostenpositionen sind für die Frage, welche Betriebskosten vom Jobcenter zu übernehmen sind und wie Betriebskosten ggf. verringert werden können, von besonderem Interesse:

2 ABC übernehmbarer Betriebskosten

Allgemeinstrom

Stromkosten, die nicht auf Heizenergie und Warmwassererzeugung entfallen, müssen aus dem Regelbedarf bestritten werden, auch wenn sie den dort enthaltenen Anteil übersteigen (BSG vom 16.7.2009 – B 14 AS 121/08 B und vom 26.5.2010 – B 4 AS 7/10 B; LSG NRW vom 26.4.2010 – L 19 AS 10/09; OVG Bremen vom 2.7.2010 – S 2 A 46/09). Das gilt nicht für Stromkosten, die auf den Mieter nach § 2 Nr. 11 BetrKV umgelegt werden und die deshalb zu den Unterkunftskosten nach § 22 Abs. 1 SGB II zählen (Strom für die Außenbeleuchtung und die Beleuchtung für die von den Mietern gemeinsam genutzten Gebäudeteile, wie Zugänge, Flure, Treppen, Keller, Bodenräume und Waschküchen). Allgemeine Stromkosten, die nicht hierunter fallen (z.B. die Kosten des Betriebs von Waschmaschinen, die allen Mietern zur Verfügung stehen), können die Mietparteien als sonstige Betriebskosten nach § 2 Nr. 17 BetrKV vereinbaren. Dazu bedarf es einer ausdrücklichen Vereinbarung, die solche Kosten im Mietvertrag genau aufführt (BGH vom 8.4.2009 – VIII ZR 128/08). Individuell abgerechneter Strom (z. B. für einen Kellerraum) kann nicht als Allgemeinstrom abgerechnet werden (AG Hamburg-Blankenese vom 8.7.2011 – 532 C 80/11).

Aufzug

Die Umlage der Kosten für die Aufzugsanlage kann auf die Mieter begrenzt werden, die einen Nutzen von der Anlage haben (AG Erfurt vom 20.11.2012 – 6 C 3355/11). Dazu genügt die Möglichkeit, mit dem Aufzug in den im Hause angemieteten Keller zu gelangen (AG Neuss vom 14.3.2013 – 85 C 1447/11). Eine Umlage der Kosten für die Aufzugsanlage auf alle Mieter, also auch solche, die den Aufzug nicht in wirtschaftlich sinnvoller Weise nutzen können, ist dem Vermieter nach BGH vom 20.9.2006 – VIII ZR 103/06 aber nicht verwehrt. Die Kosten der Notrufeinrichtung einer Aufzugsanlage sind in vollem Umfang umlagefähig, nicht jedoch die Kosten für die Miete einer Notrufanlage (LG Heidelberg vom 31.3.2014 – 5 S 48/13). Ein Vollwartungsvertrag, der auch Reparaturen des Aufzugs einschließt, darf nur anteilig auf die Mieter umgelegt werden (LG Berlin vom 21.5.2010 – 65 S 540/09).

Baumfällarbeiten

Baumfällarbeiten zum Zwecke der Gefahrenabwehr oder zur Umgestaltung des Gartens sind kein Teil regelmäßiger Gartenpflege und daher auch nicht über die Betriebskosten umlagefähig (AG Dinslaken vom 22.12.2008 – 30 C 213/08; AG Neustadt/Weinstraße vom 13.2.2009 – 5 C 73/08; AG Potsdam vom 27.12.2011 – 23 C 349/11; LG Krefeld vom 17.3.2010 – 2 S 56/09; a.A. AG Hamburg-Wandsbek vom 4.12.2013 – 715 C 283/13). Hierfür muss der Vermieter aufkommen. S. auch BGH vom 29.9.2008 – VIII ZR 124/08. Kosten für die Prüfung der Verkehrssicherheit des Baumbestandes haben nichts mit Pflegemaßnahmen zu tun und sind damit keine umlagefähigen Kosten im Sinne der Betriebskostenverordnung (AG Bottrop vom 12.6.2014 – 11 C 59/14).

Betriebsstrom

Betriebsstromkosten für die Heizungsanlage müssen mit den Heizkosten abgerechnet werden (BGH vom 20.2.2008 – VIII ZR 27/07). Dabei ist nicht erforderlich, dass die Heizkostenabrechnung separate Angaben über die Kosten des Betriebsstroms enthält (BGH vom 13.9.2011 – VIII ZR 69/11). Werden die Betriebsstromkosten mit dem Beleuchtungsstrom untrennbar vermischt, ist der gesamte, in der Betriebskostenabrechnung ausgewiesene Betrag nicht umlegbar (AG Berlin-Mitte vom 28.3.2007 – 21 C 333/06).

Gartenpflege

Kosten für die Pflege des Gartens einer Wohnanlage sind umlagefähige Betriebskosten. Der Vermieter ist befugt, zur Abrechnung der mit eigenen Arbeitskräften erbrachten Gartenpflegedienste fiktive Kosten eines Drittunternehmens anzusetzen (BGH vom 14.11.2012 – VIII ZR 41/12). Mieter, die gemeinschaftliche Gartenflächen nicht nutzen wollen, können dennoch an den Pflegekosten beteiligt werden (BGH vom 26.5.2004 – VIII ZR 135/03). Bei Anmietung eines Hauses gehört die Gartenpflege üblicherweise zu den Pflichten des Mieters. Für die üblichen Pflegearbeiten muss das Jobcenter nur aufkommen, wenn sie vom Mieter wegen Krankheit oder Behinderung nicht mehr erbracht werden können und das Weiterwohnen im Haus dennoch angemessen ist (LSG Hessen vom 14.3.2006 – L 7 SO 4/06 R). Für eine Umlage von Kosten der Gartenpflege, die der Vermieter selbst ausführt, muss das Jobcenter nicht aufkommen, sofern der Vermieter nicht wegen Untätigkeit des Mieters oder zur Gefahrenabwehr tätig wird (BGH vom 29.9.2008 – VIII ZR 124/08). Ein »Unkrautgarten« berechtigt den Vermieter noch nicht zur Beauftragung eines Gartendienstes (LG Köln vom 21.10.2010 – 1 S 119/09).

Graffiti

Die Kosten für die Beseitigung von Graffiti muss der Vermieter tragen; es handelt sich um Schäden Dritter am Wohngebäude. Einen Anspruch der Mieter auf Beseitigung von Graffiti gibt es nicht (LG Berlin vom 10.12.2007 – 67 S 164/07; AG Hamburg vom 22.4.2004 – 44 C 209/03; a. A: AG Berlin-Mitte vom 27.7.2007 – 11 C 35/07: Als Reinigungskosten umlegbar)

Hausmeister

Zu den umlagefähigen Kosten für den Hausmeister gehören dessen Vergütung, die Sozialversicherungsbeiträge und alle geldwerten Leistungen, die der Eigentümer dem Hausmeister für seine Arbeit gewährt, soweit diese nicht die Instandhaltung, Instandsetzung, Erneuerung, Schönheitsreparaturen oder die Hausverwaltung betrifft. Die Kontrolle des Müllplatzes gehört zu den umlegefähigen Arbeiten des Hausmeisters (LG Berlin vom 7.1.2011 – 63 S 177/10); nicht dagegen vereinzelte Kontrollgänge zur Prüfung einer Störung (AG Gera vom 1.12.2011 – 2 C 184/11; AG München vom 24.6.2011 – 412 C 32370/10). Auch wenn der Hauswart ausweislich seines Anstellungsvertrags erhebliche Reinigungsarbeiten zu verrichten hat, sind die Kosten der Hauswartung nicht umlagefähig, wenn in der Betriebskostenabrechnung außerdem noch – separate – Kostenpositionen für Gebäudereinigung, Gartenpflege, Straßenreinigung und Müllgebühren enthalten sind. In einem solchen Fall ist anzunehmen, dass der Hauswart nur am Rande mit Reinigungsarbeiten betraut ist und sich primär mit Verwaltungs-, Instandhaltungs- und Instandsetzungsarbeiten befasst. Dies gilt insbesondere dann, wenn die Gebäudereinigung durch eine andere Firma vorgenommen wird (AG Tempelhof-Schöneberg vom 21.2.2013 – 14 C 521/12). Nimmt der Vermieter bei den Kosten des Hausmeisters einen pauschalen Abzug nicht umlagefähiger Verwaltungs-, Instandhaltungs- und Instandsetzungskosten vor, muss er bei einer Beanstandung des Mieters die Kosten nachvollziehbar so aufschlüsseln, dass die nicht umlagefähigen Kosten genau herausgerechnet werden können (BGH vom 20.2.2008 – VIII ZR 27/07; s. auch AG Brandenburg vom 7.6.2010 – 31 C 210/09).

Kabelanschluss

Kap A, → S. 16.

Kaltwasser

Die Kosten für Kaltwasser sind Bestandteil der Unterkunftskosten. Das Argument, der Bezug von Wasser für die Ernährung und Körperpflege sowie die Reinigung von Wäsche sei mit den Regelbedarfen abgegolten (so LSG Niedersachsen-Bremen vom 31.3.2006 – L 7 AS 343/05 ER; SG Aachen vom 21.12.2006 – S 9 AS 127/06) ist nach BSG vom 3.3.2009 – B 4 AS 38/08 R nicht haltbar; zwar ist das Urteil des BSG zu Kosten für Wassergebühren bei Eigenheimen ergangen, für Wasserkosten, die ein Mieter schuldet, kann aber nichts anderes gelten (SG Freiburg vom 15.4.2011 – S 6 AS 3782/09; BSG vom 16.4.2013 – B 14 AS 28/12 R; s. auch OLG Dresden vom 8.11.2010 – 23 WF 951/10).

Kfz-Stellplatz

Die Kosten für einen Kfz-Stellplatz sind nur dann nach § 22 SGB II zu übernehmen, wenn die Wohnung nicht ohne den Stellplatz angemietet werden kann und der Mietpreis einschließlich Stellplatzkosten angemessen ist (SG Freiburg vom 1.2.2008 – S 12 AS 2614/06; SG Karlsruhe vom 11.3.2010 – S 11 AS 2772/08). Werden Betriebskosten für Stellplätze auf Wohnraummieter umgelegt, die nicht zugleich Stellplatzmieter sind, ist die Betriebskostenabrechnung für die Wohnungsmieter unwirksam (KG Berlin vom 6.12.2001 – 8 U 7561/00; AG Berlin-Schöneberg vom 6.11.2009 – 104a C 319/09; BGH vom 13.12.2011 – VIII ZR 286/10; AG Spandau vom 6.11.2013 – 4 C 192/13).

Müllkosten

Kosten für »Müllmanagement« können dann auf die Mieter umgelegt werden, wenn die Müllkosten sich insgesamt verringern oder zumindest nicht ansteigen, so dass für den Mieter keine finanziellen Nachteile durch eine erhöhte Betriebskostenabrechnung entstehen (AG Spandau vom 6.11.2013 – 4 C 192/13; LG Lüneburg vom 17.9.2014 – 6 S 92/13). Die Kosten für die Ersetzung kleinerer Mülltonnen durch einen größeren Container können ohne Bedarf für diese Änderung nicht umgelegt werden (AG Gelsenkirchen vom 25.6.2013 – 3b C 333/12).

Namensschilder

Kosten für neue Namensschilder sind keine umlagefähigen Betriebskosten (AG Augsburg vom 11.1.2012 – 21 C 4988/11).

Rauchmelder

Kosten für die Anmietung, den Einbau und die Wartung von Rauchmeldern in den vermieteten Wohnungen können als »sonstige Betriebskosten« nach § 2 Nr. 17 der BetrKV auf die Mieter umgelegt werden (LG Magdeburg vom 27.9.2011 – 1 S 171/11 (051); LG Halle vom 30.6.2014 – 3 S 11/14; AG Schwerin vom 29.10.2014 – 16 C 283/12 bei Öffnungsklausel im Mietvertrag; a. A. AG Bielefeld vom 30.3.2011 – 17 C 288/11; AG Hamburg-Wandsbek vom 4.12.2013 – 715 C 283/13).

Rohrreinigung

Kosten für Rohrreinigung sind nur als laufende Reinigungskosten umlegbar. Die Beseitigung von Rohrverstopfungen fällt nicht darunter (AG Augsburg vom 11.1.2012 – 21 C 4988/11).

Sperrmüllkosten

Laufend anfallende Sperrmüllkosten sind umlagefähig. Der einzelne Mieter kann nicht einwenden, dass nur die andere Mieter ihren Müll vorschriftswidrig entsorgen (BGH vom 13.1.2010 – VIII ZR 137/09; LG Berlin vom 11.11.2010 – 67 S 241/08). Es genügt, dass es sich um Aufwendungen zur Beseitigung von Müll von den Gemeinschaftsflächen des Mietobjekts handelt.

Treppenreinigung

Kann ein Mieter die übernommene Verpflichtung, die Hausreinigung anteilig selbst auszuführen, infolge von Krankheit oder Gebrechlichkeit nicht mehr erfüllen, ist der Vermieter berechtigt, die Arbeiten einem Unternehmen zu übertragen und die dadurch entstehenden Kosten auf alle Mieter umzulegen (AG Köpenick vom 26.10.2009 – 5 C 11/09). Hat er einen Reinigungsdienst beauftragt, weil der Mieter seiner Pflicht zur Reinigung der Treppe nicht nachkam, sind diese dem Mieter in Rechnung gestellte Kosten (dazu AG Bremen vom 15.11.2012 – 9 C 346/12) keine Mietnebenkosten nach § 22 SGB II, die das Jobcenter übernehmen muss.

Will der Vermieter nach jahrelanger Nichtumlage die im Mietvertrag als umlagefähig vereinbarte Treppenhausreinigung doch wieder auf die Mieter umlegen, muss er dies den Mietern vor Beginn der Abrechnungsperiode mitteilen (AG Köln vom 24.1.2008 – 201 C 334/07).

Überwachungsanlage

Kosten einer Überwachungsanlage können auf den Mieter nur abgewälzt werden, wenn sie im Mietvertrag benannt sind (OLG Düsseldorf vom 15.12.2011 – I-10 U 96/11).

Winterdienst

Hat der Mieter die Pflicht zum Winterräumdienst übernommen, muss das Jobcenter Kosten eines Räumdienstes tragen, wenn der Mieter außerstande ist, selbst tätig zu werden (LSG Niedersachsen-Bremen vom 19.6.2008 – L 7 AS 613/06). Vorrangig ist zu prüfen, ob eine Abgabe dieses Dienstes an eine andere Mietpartei möglich ist oder ob der Vermieter auf einen professionellen Anbieter wechselt und die Kosten auf alle Mieter umlegt. Ist im Mietvertrag festgelegt, dass der Winterdienst den Mietern des Hauses übertragen wird, kann der Vermieter nicht ohne neue Vereinbarung auf einen Dienstleister wechseln. Die Kosten für eine Fremdvergabe des Winterdienstes sind ohne Vereinbarung nicht umlagefähig (AG Köpenick vom 7.3.2013 – 17 C 394/12; AG Steinfurt vom 13.2.2014 – 21 C 1668/12).

3 Laufende Vorauszahlung und Endabrechnung

In der Regel werden **geschätzte** Betriebskosten in Form laufender, monatlicher Abschläge erhoben. Die tatsächlichen Betriebskosten schlagen sich erst nachträglich in einer Jahresendabrechnung nieder (§ 556 Abs. 3 BGB).

Monatliche Vorauszahlung

Nach § 556 Abs. 2 BGB darf der Vermieter Vorauszahlungen für Betriebskosten nur in angemessener Höhe verlangen. Dies bedeutet nach BGH vom 11.2.2004 – VIII ZR 195/03, dass die Vorauszahlungen nicht **überhöht** sein dürfen. Dagegen soll der Vermieter nicht verpflichtet sein, Vorauszahlungen auf die umlegbaren Nebenkosten so zu kalkulieren, dass sie in etwa kostendeckend sind (z. B. AG Lehrte vom 3.5.2012 – 9 C 522/11); **deutlich zu gering** veranschlagte Vorauszahlungen hindern den Vermieter somit nicht, im Rahmen der Endabrechnung eine hohe Nachzahlung zu fordern.

Plausibilitätskontrolle

Vor Abgabe einer Zusicherung nach § 22 Abs. 4 SGB II sind die Jobcenter daher berechtigt, die Daten in einem Mietangebot auf Plausibilität zu kontrollieren. Ob die Erteilung der Zusicherung davon abhängig gemacht werden kann, dass der Leistungsberechtigte vom Vermieter zum Nachweis einer seriösen Kalkulation eine Abrechnung aus dem vorangegangenen Mietverhältnis der angebotenen Wohnung verlangt, ist fraglich (vgl. AG Wetzlar vom 19.2.2009 – 38 C 1681/08; BGH vom 16.11.2011 – VIII ZR 106/11).

Vermieterzusicherung

Eine auf dem Wohnungsmarkt unübliche Zusicherung des Vermieters, dass die Vorauszahlung den tatsächlichen Kosten entspricht, kann vom Jobcenter nicht gefordert werden.

Versteckte Pauschalierung

Unzulässig ist die Zusicherung der Kostenübernahme für eine nach den laufenden Abschlägen angemessene Mietwohnung unter der Bedingung, dass künftige Erhöhungen des Abschlags und Betriebskostennachforderungen nicht übernommen werden. Dies liefe auf eine Pauschalierung der Nebenkosten hinaus, die nur im Satzungsrecht nach § 22a Abs. 2 SGB II zulässig ist.

Zu niedrig bemessene Abschläge

Hat der Vermieter die Betriebskostenabschläge bewusst zu niedrig bemessen, um den Mieter über den Umfang der tatsächlichen Mietbelastung zu täuschen und ihn auf diese Weise zur Begründung eines Mietverhältnisses zu veranlassen, kann der Mieter fristlos kündigen. Ein deshalb bedingter Umzug ist erforderlich i. S. von § 22 Abs. 1 Satz 2 SGB II, löst also keine Deckelung der Miete auf die Kosten der früheren Wohnung aus, wenn die tatsächlichen Betriebskosten die Wohnung unangemessen teuer machen.

Aufklärungspflicht

Ein Recht auf fristlose Kündigung kann sich auch aus einer Verletzung der Aufklärungspflicht des Vermieters bei Vertragsschluss ergeben. Der Vermieter hat den Mieter vor Abschluss des Vertrages auch ungefragt über Umstände aufzuklären, die für die Entscheidung des Mieters – für den Vermieter erkennbar – zum Abschluss des Mietvertrages bedeutsam sein können. Offenbart der Mietinteressent den Alg II-Bezug, ist klar, dass die Höhe der Mietkosten für ihn von zentraler Bedeutung ist. Auf eine Verletzung der Aufklärungspflicht kann sich ein Mieter ungeachtet der Kenntnis des Vermieters vom Alg II-Bezug vor allem berufen, wenn die Überschreitung der Vorauszahlungen im Wesentlichen auf Kosten beruht, die ganz überwiegend durch andere Mieter verursacht wurden (LG Karlsruhe vom 16.4.1998 – 5 S 339/97), die der Leistungsberechtigte also nicht mit eigenem, sparsamem Verhalten abwenden konnte.

Schadensersatzanspruch

Im Fall einer Täuschung oder Aufklärungspflichtverletzung kann der »Hartz IV-Mieter« höheren Abschlägen und Betriebskostennachforderungen auch einen Schadensersatzanspruch auf Freistellung von höheren Betriebskosten entgegenhalten. Der nach OLG Dresden vom 20.12.2002 – RE-Miet 2/02 dazu verlangte Schadensnachweis kann jedenfalls insoweit erbracht werden, als die Angemessenheitsgrenze für eine Kostenübernahme nach § 22 SGB II überschritten wird. Insoweit kann der Mieter geltend machen, »sich die tatsächlich abgerechneten Betriebskosten nach seinen wirtschaftlichen Verhältnissen nicht leisten zu können, sodass für ihn die Eingehung des Mietvertrages und die daraus resultierende Verpflichtung zur Tragung der Betriebskosten eine nachhaltige Beeinträchtigung seiner Lebensführung zur Folge gehabt habe« – es sei denn, die höheren Kosten beruhen auf seinem eigenen, unwirtschaftlichen Verhalten. Dann liegt kein Schaden darin, dass die in Rechnung gestellten Betriebskosten tatsächlich angefallen sind und korrekt abgerechnet wurden.

Umzug statt Schadensersatz

Setzt sich der Vermieter gegen den geltend gemachten Schadensersatzanspruch zur Wehr oder kündigt er das Mietverhältnis wegen ausstehender Betriebskostenzahlungen, kann der Mieter nicht zu einem Rechtsstreit verpflichtet werden. Das Jobcenter kann prüfen, ob es gegen den Vermieter vorgeht. Ist ihm das Risiko zu hoch, muss es einen Umzug als erforderlich i. S. von § 22 Abs. 4 SGB II anerkennen und nach § 22 Abs. 6 SGB II unterstützen.

Anpassung der Vorauszahlung

Zwischen der Festlegung der monatlichen Vorauszahlungen und der jährlichen Betriebskostenabrechnung besteht eine Wechselwirkung dergestalt, dass erst **nach** einer Betriebskostenabrechnung und nur für die Zukunft eine Anpassung der Vorauszahlungen auf eine angemessene Höhe verlangt werden kann (§ 560 Abs. 4 BGB). Die Anpassung ist nicht auf die letztmögliche Abrechnung beschränkt, kann also auch auf der Grundlage einer früheren Abrechnung vorgenommen werden, wenn die nachfolgende Abrechnungsperiode bereits abgelaufen, aber noch nicht abgerechnet ist (BGH vom 18.5.2011 – VIII ZR 271/10). Nach LG Berlin vom 7.1.2011 – 63 S 177/10 muss ein Schreiben, in dem der Vermieter eine Erhöhung der Betriebskostenvorauszahlungen verlangt, dem Mieter nicht in strenger zeitlicher Abfolge nach der Betriebskostenabrechnung zugehen.

Möglichst realistische Bemessung

Durch die Anpassung der Vorauszahlungen soll erreicht werden, dass bei der späteren Abrechnung weder ein großes Guthaben des Mieters noch eine hohe Nachforderung des Vermieters entstehen. Aus diesem Grund dürfen zwar absehbare Kostensteigerungen bei der Anpassung berücksichtigt werden, ein abstrakter Sicherheitszuschlag ist aber nicht zulässig (BGH vom 28.9.2011 – VIII ZR 294/10 und vom 15.5.2012 – VIII ZR 245/11).

Nur bei richtiger Betriebskostenabrechnung

Eine Anpassung der laufenden Vorauszahlungen gemäß § 560 Abs. 4 BGB ist nur insoweit begründet, als sie auf einer inhaltlich korrekten Abrechnung beruht (BGH vom 15.5.2012 – VIII ZR 245/11 und 246/11). Sind die laufenden Vorauszahlungen zu hoch bemessen worden, kann der Mieter eine Anpassung verlangen. Hatte er die höheren Abschläge nicht gezahlt, ist eine hierauf gestützte Kündigung nicht rechtmäßig (s. dazu BGH vom 18.7.2012 – VIII ZR 1/11, vom 16.10.2012 – VIII ZR 360/11 und vom 6.2.2013 – VIII ZR 184/12).

Anpassung einer Betriebskosten-Pauschale

Ist eine Nebenkostenpauschale für die in einer Anlage zum Mietvertrag näher bezeichneten kalten Betriebskosten zu entrichten, hat der Mieter nach BGH vom 16.11.2011 – VIII ZR 106/11 nur dann Anspruch auf Offenlegung und ggf. Ermäßigung der Pauschale, wenn er konkrete Anhaltspunkte für eine Veränderung der betreffenden Nebenkosten vortragen kann (z. B. Änderung der Müllgebühr, Abschaffung eines Gärtners oder Hausmeisters).

Endgültige Übernahme der laufenden Betriebskosten

Obwohl die laufenden Vorauszahlungen nur Schätzungen auf die zu erwartenden tatsächlichen Kosten sind, werden sie in den Alg II-Bescheiden endgültig bewilligt. Für eine vorläufige Bewilligung nach § 40 Abs. 1 Nr. 2 SGB II i. V. m. § 328 SGB III ist kein Raum. Dies ergibt sich mittelbar aus der Spezialregelung des § 22 Abs. 3 SGB II über die Anrechnung von Betriebskostenguthaben (näher dazu Kapitel O, → S. 347 ff.). Das Jobcenter kann diese Regelung auch nicht dadurch umgehen, dass es die Übernahme der laufenden Abschläge an einen Widerrufsvorbehalt nach § 47 SGB X knüpft (SG Bremen vom 20.4.2009 – S 23 AS 650/09 ER).

4 Verteilung der Betriebskosten

Es ist zwischen der mietrechtlichen und sozialrechtlichen Verteilung zu unterscheiden. Die mietrechtliche Verteilung geht der sozialrechtlichen Verteilung auf die BG-Mitglieder oder Haushaltsangehörigen insofern voraus, als die mietrechtliche Verteilung die von der BG bzw. dem Haushalt geschuldeten Gesamtkosten bestimmt; diese müssen dann nach SGB II-Maßstäben auf die BG- oder Haushaltsmitglieder aufgeteilt werden.

4.1 Verteilung nach Mietrecht

Vereinbarter Verteilungsschlüssel

Die Mietvertragsparteien sind an den im Mietvertrag vereinbarten Verteilungsschlüssel gebunden. Ohne ausdrückliche Vereinbarung ist nach der Wohnfläche abzurechnen. Betriebskosten, die von einem erfassten Verbrauch oder einer erfassten Verursachung durch die Mieter abhängen, sind nach einem Maßstab umzulegen, der dem unterschiedlichen Verbrauch oder der unterschiedlichen Verursachung Rechnung trägt (§ 556a Abs. 1 BGB).

Änderung des Verteilungsschlüssels

Zahlen die Mieter ohne Vorbehalt einen erhöhten Abschlag, den ihnen der Vermieter nach einer telefonischen oder schriftlichen Ankündigung über eine Änderung der Betriebskosten in Rechnung stellt, kann in der unbeanstandeten Zahlung eine Zustimmung zur Änderung des Verteilungsschlüssels liegen (BGH vom 9.7.2014 – VIII ZR 36/14).

Abänderungsrecht?

Werden verbrauchsabhängige Kosten mangels Verbrauchszähler nach der Wohnfläche abgerechnet (zu Wasserkosten s. AG Winsen vom 23.10.2013 – 16 C 808/13), kann dies bei verbrauchsabhängigen Betriebskosten zu Ungerechtigkeiten führen. Werden z. B. die Wasserkosten nach der Wohnfläche statt nach dem Wasserverbrauch oder der Personenzahl der Wohnungsnutzer verteilt, kann sich ein sparsamer, alleinstehender Mieter nicht gegen den kostenintensiven Wasserverbrauch einer mit im Haus lebenden Großfamilie wehren; er trägt diese Kosten mit. Nach BGH vom 12.3.2008 – VIII ZR 188/07 hat der Mieter nur in besonders krassen Fällen Anspruch auf eine verbrauchsabhängige Berechnung durch Einbau von Wasserzählern (s. auch LG Stuttgart vom 24.4.2013 – 13 S 26/13). Eine eigenmächtig vom Mieter installierte Wasseruhr hilft nicht. Auch dann hat der Mieter keinen Anspruch auf verbrauchsabhängige Abrechnung seiner Wasserkosten (AG Wedding vom 26.2.2002 – 16 C 473/01).

Leerstand

Leerstand von Wohnungen kann je nach Kostenart und Abrechnung den Vermieter oder die Mieter belasten. Eine Abänderung kann die belastete Mietpartei nach der Rechtsprechung des BGH aber nur in Fällen grober Unbilligkeit verlangen (BGH vom 31.5.2006 – VIII ZR 159/05, vom 6.10.2010 – VIII ZR 183/09, vom 8.1.2013 – VIII ZR 180/12 und vom 10.12.2014 – VIII ZR 9/14).

Gewerbe-Mieter

Befinden sich im Mietshaus auch gewerbliche Mieter, muss der Vermieter nach BGH vom 8.3.2006 – VIII ZR 78/05 keinen Vorwegabzug der auf die Gewerbeflächen entfallenden Kosten vornehmen, wenn die einheitliche Umlegung der Kosten nicht zu einer ins Gewicht fallenden Mehrbelastung der Wohnraummieter führt. Das Problem dieser Rechtsprechung ist die Verlagerung der Beweislast, dass die Gewerbemieter erhebliche Mehrkosten verursachen, auf die Mieter (BGH vom 11.8.2010 – VIII ZR 45/10).

4.2 Verteilung nach Sozialrecht

Kopfteilprinzip

Grundsätzlich gilt in einer BG oder einer Haushaltsgemeinschaft das Kopfteilprinzip, das für die gesamten Unterkunftskosten, also die Summe aus Kaltmiete und kalten Betriebskosten gilt (näher zum Kopfteilprinzip → S. 34 ff.). Geringfügige Abweichungen etwa beim Verbrauch von Wasser (eines der BG-Mitglieder ist im Straßenbau tätig und muss häufiger duschen und Wäsche waschen), führen nicht zur Abkehr vom Kopfteilprinzip. Dasselbe gilt im Fall geringerer Kosten, wenn eine annähernde Bestimmung des Minderverbrauchs nicht möglich ist.

Beispiel

K. studiert und lebt von Einkommen aus Minijob. BAföG steht ihm wegen mehrfachen Studienfachwechsels nicht mehr zu. Er lebt im Haushalt mit seiner Mutter M, die Alg II bezieht. Die Unterkunftskosten werden vom Jobcenter nur zur Hälfte übernommen, K. ist nach § 7 Abs. 5 SGB II von Leistungen ausgeschlossen. M. verlangt die Übernahme der vollen Betriebskosten und macht dazu geltend, K. sei tagsüber an der Uni und dusche häufig bei seiner Freundin.

Ausnahmen sind möglich, wenn sich diese aus einer speziellen Wohnungsnutzung ergeben, z. B. bei Untervermietung eines Raumes zur Lagerung von Möbeln. Hier fallen für den Untermieter keine Betriebskosten an. Das Jobcenter muss die Betriebskostenvorauszahlung für die Hauptmieter in angemessenem Umfang weiter voll übernehmen.

Besucher

Halten sich häufig Besucher in der Wohnung auf, wirken sich daraus bedingte Mehrkosten in der Regel erst bei der Endabrechnung aus. Zur Problematik der anteiligen Übernahme von Nachforderungen s. Kap. N, → S. 343 f.
Etwas anderes gilt, wenn die Besuche so umfangreich sind, dass der Vermieter die laufenden Abschläge erhöht (AG Frankfurt vom 27.6.1984 – 33 C 8464/83; AG Homburg vom 4.12.1986 – 7 C 537/86). Dann muss das Jobcenter den besuchsbedingten Betriebskostenanteil von den Unterkunftskosten abziehen, da nur die BG-Mitglieder Anspruch auf Leistungen nach § 22 SGB II haben.

Umgangsrecht

Bei Aufenthalt eines umgangsberechtigten Kindes entsteht zwar eine zeitweise BG (näher dazu → S. 60 ff. und → Leitfaden zum Arbeitslosengeld II, S. 82 ff.), die mit den Besuchen verbundenen Mehrkosten sind jedoch so gering und nicht exakt messbar, dass es bei der Verteilung der Gesamtkosten auf die Dauernutzer der Wohnung bleibt (AG Homburg vom 4.12.1986 – 7 C 537/86; AG Halle vom 30.6.2005 – 92 C 6253/04). Im Wechselmodell – das Kind lebt jeweils die Hälfte des Monats bei einem Elternteil – kann dem Kind ein entsprechender Anteil der Betriebskosten zugerechnet werden.

Atypische Sonderbedarfe

Noch nicht ausreichend geklärt ist, ob atypische Sonderbedarfe, die sich auch auf Kosten der Unterkunft beziehen (z. B. Mehrverbrauch an Wasser) als Mehrbedarf nach § 21 Abs. 6 SGB II zu gewähren sind (dafür spricht BSG vom 19.8.2010 – B 14 AS 13/10 R: Hygienebedarf bei HIV) oder zu einem individuell benötigten § 22 SGB II-Mehrbedarf gehören (dafür spricht BSG vom 14.4.2011 – B 8 SO 19/09 R: An den Mietvertrag gebundene Betreuungsleistung; siehe auch LSG Baden-Württemberg vom 25.11.2010 – L 12 AS 1520/09). Ordnet man sie dem § 21 Abs. 6 SGB II zu, müssen zur Kostenübernahme strengere Voraussetzungen erfüllt sein (→ Leitfaden zum Alg II, S. 223 ff.).
Das LSG Niedersachsen-Bremen vom 23.2.2011 – L 13 AS 90/08 ordnet Mehrkosten für Kaltwasser wegen eines Waschzwangs des erwerbsunfähigen Partners eines Leistungsberechtigten den vom Sozialhilfeträger geschuldete Kosten nach § 28 Abs. 1 Satz 2 SGB XII zu. Die Abgrenzung von den Unterkunftskosten des erwerbsfähigen Partners nach § 22 SGB II war mangels gesonderter Abrechnung nur im Wege einer Schätzung nach § 287 ZPO möglich:

> »Soweit es um die Nebenkosten für den Bezug von Kaltwasser (nebst Abwassergebühren) geht, ist auch hier zu berücksichtigen, dass der auf den Partner entfallende Anteil – die Verbrauchswerte sind für die Wohnung insgesamt erhoben worden – nur nach § 287 ZPO geschätzt werden kann. Hierbei ist der Senat von einem für Deutschland pro Person anzunehmen-

den Normalverbrauch von 130 Liter pro Tag ausgegangen; dies ergibt pro Monat einen Verbrauch von 3,9 cbm. Nach der Abrechnung der Vermieterin wurde für einen Kubikmeter Wasser ein Betrag von 1,2567 € in Rechnung gestellt, sodass für 3,9 cbm im Monat 4,90 € angefallen sind; hinzuzurechnen ist die (ermäßigte) Mehrwertsteuer von 7 % (0,34 €), es ergibt sich also ein Wert von 5,24 € im Monat. Die Abwassergebühr für 3,9 cbm betrug 5,24 €, sodass sich der Anteil des Partners für Kaltwasser und Abwassergebühr pro Monat auf insgesamt 20,44 € beläuft.«

Dasselbe Problem stellt sich in einer Mehrpersonen-BG mit SGB II-Anspruchsberechtigten. Eine vom Kopfteilprinzip abweichende Aufteilung der Betriebskosten kann dazu führen, dass Mitglieder der BG aus dem Leistungsbezug fallen.

Beispiel

M. benötigt krankheitsbedingt eine sehr aufwändige Körper- und Raumhygiene. Sie lebt mit ihren beiden Töchtern S. und F. zusammen. Die 17-jährige F. bekommt 250 € Unterhalt und Kindergeld. Die Kaltmiete der Wohnung beträgt 300 €, als Betriebskostenabschläge sind monatlich 120 € vereinbart.
Ordnet man M. einen Hygienemehrbedarf für Kaltwasser von 30 € monatlich zu, liegt der anteilige Unterkunftsbedarf der F. bei

[300 € : 3 = 100 €] + [120 € – 30 € : 3 = 30 €] = 130 €.

Mit dem anrechenbaren Einkommen von 240 € und Kindergeld kann sie ihren Bedarf von 302 € + 130 € decken, sie gehört nach § 7 Abs. 3 Nr. 4 SGB II nicht zur BG. Das überschüssige Kindergeld ist als Einkommen auf den Bedarf der M. und S. anzurechnen. Bei Anwendung des Kopfteilprinzips stünde F. ein Unterkunftsbedarf von 140 € zu, ihren SGB II-Bedarf könnte sie dann nicht ganz decken, sie bliebe BG-Mitglied.

5 Welche Betriebskosten sind angemessen?

Abstrakte Angemessenheit

Wie bei der Kaltmiete sind die Betriebskosten im Rahmen der Ermittlung eines allgemeinen Angemessenheitswertes abstrakt festzulegen, d.h. für alle nach Wohnungsgröße und Wohnungsstandard für die BG in Betracht kommenden Wohnungen. Eine Beschränkung auf gedachte Wohnungen, in denen aufwändigere Betriebskostenarten nicht anfallen, ist unzulässig (BSG vom 2.4.2014 – B 4 AS 17/14 B).

Bruttokaltmiete

Ein schlüssiges Konzept muss Bruttokaltmieten ausweisen. Die Beschränkung auf eine abstrakt angemessene Kaltmiete mit der Maßgabe, dass die für eine solche Wohnung tatsächlich verlangten Nebenkosten im Rahmen einer Toleranzgrenze für nichtverschwenderischen Verbrauch übernommen werden (so das Konzept für die Stadt Essen), findet beim BSG vom 2.4.2014 – B 4 AS 17/14 B keine Zustimmung.

Ob die Kosten der konkret bewohnten Wohnung übernommen werden müssen, wenn diese über der Angemessenheitsgrenze liegen, ist im Rahmen der konkreten Angemessenheitsprüfung festzustellen.

Kunterbuntes Rechenwerk

Auch zur Ermittlung der angemessenen kalten Betriebskosten kursieren wie beim Quadratmeterpreis für die angemessene Kaltmiete die unterschiedlichsten Berechnungsmodelle:

Zum Teil werden örtliche Betriebskostenspiegel herangezogen (LSG Sachsen vom 24.10.2006 – L 3 B 158/06 AS-ER; SG Dresden vom 29.6.2010 – S 40 AS 390/09). Dabei ist umstritten, ob die dort ausgewiesenen Einzelpositionen komplett übernommen oder um Teilpositionen, die für einen gehobenen Wohnstandard stehen (z. B. Gartenpflege, Aufzug), zu bereinigen sind (LSG Schleswig-Holstein vom 23.11.2007 – L 10 AS 15/06 und vom 11.4.2011 – L 11 AS 123/09). Weiter ist umstritten, ob im Fall ausgewiesener Spannenwerte nur die oberen Werte maßgebend sind, ob Mittelwerte zu bilden sind oder ob nach Baualtersklassen zu differenzieren ist. Vorgeschlagen werden auch allgemeine Abschläge von der Gesamtsumme der Betriebskostenpositionen oder die Heranziehung des vom Deutschen Mieterbund erstellten Kostenspiegels (LSG Berlin-Brandenburg vom 26.11.2009 – L 26 AS 407/07 und vom 30.3.2010 – L 28 AS 1266/08). Daten aus einer Befragung von Mietern hält das SG Dresden vom 21.12.2010 – S 29 AS 6486/10 für zu ungenau; ebenso das LSG NRW vom 12.3.2012 – L 19 AS 174/11.

BSG

Vom BSG ist bislang entschieden worden, dass zur Erstellung eines Konzepts vorrangig auf örtliche Übersichten und insoweit auf die sich daraus ergebenden Durchschnittswerte zurückgegriffen werden könne (BSG vom 19.10.2010 – B 14 AS 50/10 R). Eine weiter gehende Gewichtung oder Differenzierung hält das BSG a.a.O. nicht für notwendig, da nicht erkennbar sei, welche zuverlässigen, weiter gehenden Aussagen sich hieraus ableiten lassen. Neben den (nichtamtlichen) Übersichten in Mietspiegeln kämen auch Übersichten der örtlichen Interessenverbände in Betracht, die an der Erarbeitung des Mietspiegels beteiligt waren. Solche Werte müssen möglichst aktuell sein, um sichere Rückschlüsse auf das Preisniveau im jeweiligen Vergleichsraum zu geben. Sind die örtlich erfassten Werte nicht mehr aktuell, sind sie an die allgemeine Preisentwicklung anzupassen. Auf die vom Deutschen Mieterbund für das gesamte Bundesgebiet aufgestellten Betriebskosten-Übersichten soll nach BSG (a.a.O.) erst angeknüpft werden, wenn sich konkrete Anhaltspunkte dafür ergeben, dass diese Werte gerade das örtliche Niveau besser als die Übersichten im örtlichen Mietspiegel abbilden.
Die (letztlich willkürliche) Festsetzung eines Betriebskostenpreises pro Quadratmeter durch Herausrechnung einzelner Betriebskostenpositionen, die für SGB II-Wohnungen nicht typisch seien, hat das BSG vom 22.8.2012 – B 14 AS 13/12 R als unschlüssig verworfen.

Teufelskreis

Die Höhe der Betriebskosten hängt nicht in erster Linie vom Wohnstandard (z. B. Aufzug, Grünfläche) ab, sondern vom Baualter und der Gebäudeart. So sind beispielsweise die Betriebskosten im unsanierten Altbaubestand typischerweise von überdurchschnittlich hohen Hausmeisterkosten geprägt. Es ist also nicht so, dass hohe Betriebskosten typischerweise für Wohnungen mit gehobener Ausstattung oder in besserer Wohnlage anfallen. Umgekehrt spiegelt ein einfacher Wohnstandard nicht automatisch geringere Betriebskosten wider. Besonders deutlich ist das bei verbrauchsabhängigen Kosten: Werden sie genau gemessen, können sie bei sparsamem Gebrauch gering gehalten werden; die Mieter haben einen Anreiz zu wirtschaftlichem Verbrauch. Geräte zur genauen Verbrauchsmessung sind jedoch ein wohnwerterhöhendes Merkmal, rechtfertigen also eine höhere Kaltmiete (LG Berlin vom 20.6.2003 – 63 S 367/02: Kaltwasseruhren). Der Ansatz von Kaltmieten für Wohnungen ohne wohnwerterhöhende Merkmale in Kombination mit niedrig veranschlagten Betriebskosten läuft daher Gefahr, dass Leistungsberechtigte auf unterwertige Wohnungen oder auf ein Wohnen in prekären Stadtvierteln konzentriert werden. Außerdem wird dadurch die Produkttheorie (dazu gleich Kap. C) unterlaufen, weil niedrige Kaltmieten nicht mehr mit höheren Betriebskosten ausgeglichen werden können.

Bruttokaltmiete

Da Betriebskostentabellen im Mietspiegel keine Auskunft darüber geben, in welchem Umfang Wohnungen einfachen Standards im unteren Marktsegment über welche Betriebskostenarten verfügen, hat das BayLSG vom 11.7.2012 – L 16 AS 127/10 mit Billigung des BSG vom 19.9.2013 – B 4 AS 77/12 R im Wege eines Gutachtens die tatsächliche Verteilung der kalten Betriebskosten der Wohnungen im unteren Marktsegment ermitteln lassen. Diese Ermittlung einer Bruttokaltmiet-Angemessenheitsgrenze entspricht der Produkttheorie und durchbricht den erwähnten Teufelskreis. Auch das LSG Schleswig-Holstein vom 19.5.2014 – L 6 AS 18/13 hat ein Gutachten zu den Betriebskosten eingeholt und im Ergebnis einen Wert für nur einzelne Grundpositionen aus Betriebskostenabrechnungen zugrunde gelegt. Ob damit der Einwand des BSG gegen ein sehr ähnliches Vorgängermodell ausgeräumt ist: Der fehlende Nachweis, dass »mit gewisser Wahrscheinlichkeit tatsächlich Wohnungen mit entsprechend niedrigeren kalten Betriebskosten vermietet werden«, lässt sich den Ausführungen im LSG-Urteil nicht entnehmen.

Summer aller Betriebskostenpositionen

Ohne genauere Erforschung des Wohnungsmarktes danach, ob es auf dem **gesamten Wohnungsmarkt** zu einem Betriebskostenwert, der mittels einer mehr oder weniger willkürlichen Kürzung von Durchschnittswerten bestimmt wird, hinreichend viele Wohnungen einfachen Standards in einfacher Wohnlage gibt, bietet sich als abstrakter Angemessenheitswert die Summe der Mittelwerte **aller Betriebskostenpositionen** im örtlichen Betriebskostenspiegel an (so z. B. LSG NRW vom 12.3.2012 – L 19 AS 174/11 und vom 28.11.2013 – L 7 AS 1122/13; LSG Berlin-Brandenburg vom 28.3.2012 – L 10 AS 1191/09 und vom 19.2.2014 – L 10 AS 881/10), wobei auf die Herausrechnung der zur Beheizung gehörenden Kostenpositionen (näher dazu Kap. D, → S. 105) und Doppelpositionen (Satellitenschüssel und Kabel) zu achten ist.

Dynamische Größen

Anders als die Kaltmieten sind die monatlichen Abschläge für Betriebskosten nur vorläufige Rechnungsposten. Erst die Jahresendabrechnung enthält die tatsächlichen Betriebskosten. Ein bestimmter Betrag, der pro Quadratmeter-Wohnfläche für die laufenden Abschläge als angemessen gilt, kann daher nicht statisch festgeschrieben werden. Dies liefe auf eine starre Pauschalierung hinaus, die auch im Rahmen einer Satzung unzulässig ist. Allenfalls im Rahmen einer großzügigen Pauschalierung (§ 22a Abs. 2 SGB II) könnten feste Beträge vorgegeben werden, mit denen die Leistungsberechtigten trotz der üblichen Erhöhungen von Grundsteuern oder der Gebühren für die Müllabfuhr auskommen müssen. Unerwarteten Preissprüngen muss aber gesondert Rechnung getragen werden.

Keine starre Pauschalierung

Ohne Pauschale fordert die Dynamik der Betriebskosten unserer Auffassung nach eine Unterscheidung zwischen Richtwert und Toleranzwert. Das SG Aachen vom 5.11.2013 – S 11 AS 814/13 hat ein von Gutachtern erstelltes Konzept bestätigt, das kalte Betriebskosten für Wohnungen im unteren Preissegment als Nichtprüfungsgrenzwerte vorschlägt, so dass auch höhere Kosten für Positionen übernommen werden können, die der Leistungsberechtigte nicht beeinflussen kann. Muss der Leistungsberechtigte in der tatsächlich genutzten Wohnung eine Umlage für eine Aufzugsanlage zahlen, ist dafür ein Zuschlag zum ermittelten Nichtprüfungsgrenzwert vorgesehen.

Richtwerte

Nach einer der o.g. Methoden (→ S. 90 f.) bestimmte Richtwerte sind der Prüfung, ob der laufende Preis einer Wohnung (Kaltmiete + Abschläge) abstrakt angemessen ist und ggf. einen Anspruch auf Zusicherung nach § 22 Abs. 4 Satz 1 SGB II begründet, zu Grunde zu legen. Mit ihrer Hilfe können Wohnungssuchende und die Jobcenter vor Abschluss eines Mietvertrages auch erkennen, ob die vorgegebenen Vorauszahlungen realistisch kalkuliert sind.

Toleranzwerte

Haben die Vorauszahlungen nicht genügt, um den tatsächlichen Kostenaufwand zu decken, sind Toleranzwerte heranzuziehen, wenn geprüft wird, in welchem Umfang Betriebskostennachforderungen ohne nähere Prüfung der Gründe noch als angemessen gelten können und daher zu übernehmen sind (näher dazu → S. 337).

C Produkttheorie

I Was bedeutet die Produkttheorie?

Gesamtbelastung entscheidet

Nach einhelliger Auffassung aller Gerichte und ständiger BSG-Rechtsprechung (z. B. BSG vom 7.11.2006 – B 7b AS 10/06 R und – B 7b AS 18/06 R) bestimmt der Gesamtmietpreis der Wohnung, d. h. die Summe aus Kaltmiete und kalten Betriebskosten die Angemessenheit. Auf die Angemessenheit der einzelnen Faktoren kommt es nicht an.

Handlungsspielraum

Der Leistungsberechtigte hat daher einen Spielraum bei der Auswahl angemessenen Wohnraums: Er kann z. B. eine Wohnung anmieten, die kleiner ist, als ihm zugestanden wird, aber einen höheren Quadratmeterpreis aufweist; umgekehrt kann er auch eine größere Wohnung mit geringerem Quadratmeterpreis wählen; ferner kann er hohe Betriebskosten mit einer geringen Kaltmiete ausgleichen und umgekehrt.

Keine Abschwächung der Verfahrensstandards

Die interne Ausgleichsfunktion der tatsächlichen Kostenfaktoren für die Bruttokaltmiete berechtigt nicht zur Absenkung der Verfahrensanforderungen bei der Ermittlung der abstrakt angemessenen Kostenfaktoren; d. h. ein vom Jobcenter vorgegebener Richtwert für den Unterkunftsbedarf wird nicht dadurch abstrakt angemessen bzw. schlüssig, dass eine Nettokaltmiete exakt ermittelt, bei den Betriebskosten aber ohne weitergehende Prüfung ein Höchstwert aus einem Betriebskostenspiegel zum abstrakt angemessenen Wert erklärt wird (s. dazu BSG vom 2.4.2014 – B 4 AS 18/14 B und vom 4.6.2014 – B 14 AS 53/13 R).

Abstrakter Wert geht vor

Die Produkttheorie zielt auf den abstrakt angemessenen Wert, d. h. einen Betrag, bis zu dem die tatsächliche Bruttokaltmiete zu übernehmen ist. Liegt ein einzelner Faktor, z. B. die Betriebskosten unterhalb des abstrakt angemessenen Wertes, ist dennoch der abstrakte Wert maßgebend.

Keine Teilkürzung

Die Produkttheorie verbietet es dem Jobcenter, mietwertbestimmende Faktoren (Möblierungszuschlag, Wohnwertsteigerung wegen zweier Badezimmer etc.) isoliert herauszurechnen, wenn sie fester Bestandteil der Miete sind und die Bruttokaltmiete trotz solcher Faktoren insgesamt noch angemessen ist (s. z.B. LSG Sachsen vom 17.3.2011 – L 3 AS 500/09).

Keine Anteilsrechnung

Weitere Folge der Produkttheorie ist das Verbot, die tatsächlichen Unterkunftskosten bei Wohnungen mit einer unangemessen großen Wohnfläche auf die anerkannte Höchstwohnfläche nach der Formel

[Unterkunftskosten : Gesamtfläche] x angemessene Wohnfläche

zu kürzen (LSG Sachsen vom 24.10.2006 – L 3 B 158/06 AS ER; BSG vom 2.7.2009 – B 14 AS 36/08 R).

Produkttheorie bei Zusicherung

Eine Zusicherung nach § 22 Abs. 4 SGB II muss/kann nur für eine kostenangemessene Wohnung gegeben werden. Das ist nach der Produkttheorie zu beurteilen. Das Jobcenter ist nicht befugt, eine Zusicherung mit dem Argument zu verweigern, die Wohnfläche sei zu groß oder zu gering, wenn die Bruttokaltmiete angemessen ist.

Produkttheorie bei Mietdeckelung

Wurden die Unterkunftskosten nach einem nicht erforderlichen Umzug gemäß § 22 Abs. 1 Satz 2 SGB II auf die Kosten für die vorherige Wohnung gedeckelt, gilt für den Vergleich von Alt- und Neumiete ebenfalls die Produkttheorie. Das Jobcenter ist nicht befugt, einzelne Faktoren der neuen Miete auf die Einzelwerte der Altmiete zu kürzen, wenn diese geringer waren.

Produkttheorie bei Mietschuldübernahme

Gerechtfertigt nach § 22 Abs. 8 SGB II ist die Übernahme von Mietschulden nur, wenn es sich um eine erhaltenswerte, d. h. kostenangemessene Wohnung handelt. Das ist nach der Produkttheorie zu beurteilen. Das Jobcenter darf eine Mietschuldübernahme nicht von vornherein mit dem Argument ablehnen, die Wohnfläche sei zu groß oder zu gering, wenn die Bruttokaltmiete angemessen ist (s. dazu SG Wiesbaden vom 5.11.2014 – S 5 AS 834/14 ER; s. auch → S. 379 f.).

Heizung extra

Die Angemessenheit der Unterkunfts- und Heizkosten sind getrennt zu prüfen. Es kann also nicht ein Gesamtangemessenheitswert dargestellt werden (BSG vom 2.7.2009 – B 14 AS 36/08 R und vom 12.6.2013 – B 14 AS 60/12 R), solange dies nicht in einer Satzung gemäß § 22b Abs. 1 Satz 3 SGB II ausdrücklich angeordnet ist. Die getrennte Bewertung der Kosten für das Wohnen einerseits und für das Heizen andererseits fordert bei der Ermittlung der abstrakt angemessenen Bruttokaltmiete eine entsprechende Trennung der Kostenpositionen in mietrechtlichen Betriebskostenspiegeln. So werden z. B. die Kehrgebühren des Schornsteinfegers meist als kalte Betriebskosten abgerechnet, obwohl dies Kosten für das Heizen sind. Auch die Kosten einer Immissionsmessung müssen nach Mietrecht als Heizkosten abgerechnet werden. Auch sonstige Schornsteinfegerkosten sind sozialrechtlich den Heizkosten zuzurechnen.

Geplante Änderung

Mit dem SGB II-Rechtsvereinfachungsgesetz (Neuntes Gesetz zur Änderung des Sozialgesetzbuch II) soll die Bildung eines Gesamtangemessenheitswertes (Bruttowarmmiete) ermöglicht werden. Angesichts der Urteile des BSG zur Berliner Wohnaufwendungenverordnung – WAV (s. dazu Kapitel R, → S. 424 ff.), ist dieser Vorschlag sehr problematisch. Es gibt keinen Weg, einen abstrakten Angemessenheitswert für das Heizen unabhängig vom konkreten Zustand der Wohnung und der Heizanlage zu bestimmen. Die Höchstwerte aus dem Heizspiegel sind nicht geeignet. Denkbar ist daher nur eine gesetzliche Ermächtigung dazu, einen Gesamtangemessenheitswert unter Verwendung verschwenderischer Heizwerte, wie in der WAV, bilden zu dürfen. Verfassungskonform ist dieser Weg aber nur dann, wenn er (ggf. bis zu einer Kostensenkung) eine Öffnungsklausel für die Zuerkennung noch höherer Werte lässt, wenn diese wegen der schlechten Bausubstanz oder Wohnungslage oder aufgrund persönlicher Umstände für eine konkret angemessene Beheizung benötigt werden.

Warmwasser extra

Wie das Heizen gehört die Versorgung mit warmem Wasser zum Grundstandard einer angemessenen Unterkunft. Dient die zentrale Anlage der Heizung und der Warmwassererzeugung, ist üblicherweise keine exakte Trennung der Aufwendungen für die Warmwassererzeugung und für das Heizen möglich – die 18%-Regel der Heizkostenverordnung erfasst die Warmwasserenergie zu ungenau. Die Aufwendungen für Warmwasser sind dann als nicht bestimmbarer Anteil gemeinsam mit denen für Heizung zu bewerten und in angemessener Höhe zu übernehmen (BSG vom 6.4.2011 – B 4 AS 16/10 R).

Bei dezentraler Warmwassererzeugung ist der dafür pauschal nach § 21 Abs. 7 SGB II festgesetzte oder der konkret nachgewiesene Bedarf zusätzlich zur Heizung zu gewähren, soweit letzterer angemessen ist.

Wirtschaftlichkeitsprüfung

Die getrennte Bedarfsermittlung für das Wohnen und das Heizen führt zu unangemessenen Ergebnissen, wenn feststeht, dass die Kosten für die Unterkunft oder die Kosten für das Heizen unangemessen sind, also eigentlich gesenkt werden müssen, zusammengerechnet aber einen Wert ergeben, der unter den Kosten liegt, die im Fall des Umzugs in eine andere Wohnung entstünden. Dann darf »überteuert« gewohnt/geheizt werden, solange die Gesamtkosten im Sinne einer erweiterten Produkttheorie im Rahmen bleiben (BSG vom 12.6.2013 – B 14 AS 60/12 R; LSG Sachsen-Anhalt vom 16.12.2013 – L 5 AS 723/13 B ER; BayLSG vom 29.1.2014 – L 7 AS 25/14 B ER).

Gemischte SGB II-/SGB XII-BG

Da der kommunale Träger im Jobcenter für die Feststellung der § 22 SGB II-Bedarfe zuständig ist (§ 44a Abs. 5 SGB II) und das BSG auch für das SGB XII die Produkttheorie zu Grunde legt, darf es keine Differenzen zwischen den Berechnungswerten für die Unterkunftskosten des SGB XII-Leistungsberechtigten einerseits und des SGB II-Leistungsberechtigten andererseits geben.

Doppelte Haushaltsführung

Das FG Nürnberg vom 21.7.2010 – 6 K 428/10 hat die steuerrechtlich anzuerkennenden, notwendigen Mehraufwendungen für doppelte

Haushaltsführung in Anlehnung an die Produkttheorie bestimmt. Dies ist auch ein Orientierungsmaßstab für entsprechende Absetzungen von Erwerbseinkommen nach § 11b Abs. 1 Satz 1 Nr. 5 SGB II.

Zwei Wohnungen für eine BG

Die Gesamtbelastung entscheidet auch dann, wenn eine BG zwei Wohnungen unter Beibehaltung des gemeinsamen Haushalts anmieten möchte oder wenn neben einer Wohnung ein Lagerraum für die Möbel benötigt wird (BSG vom 16.12.2008 – B 4 AS 1/08 R; LSG NRW vom 4.3.2012 – L 19 AS 1489/11). Nach Ansicht des LSG Baden-Württemberg sind zwei Wohnungen wegen der Überversorgung mit Wirtschafts- und Sanitärräumen in der Regel unangemessen (LSG Baden-Württemberg vom 10.1.2007 – L 13 AS 6057/06 ER-B: Ablehnung eines Antrags auf Übernahme einer für die Kinder der BG vorgesehenen Wohnung im selben Mietshaus). Anders kann der Fall liegen, wenn erst die Anmietung zweier Kleinstwohnungen ein angemessenes Wohnen ermöglicht (SG Stade vom 8.10.2010 – S 28 AS 724/10 ER).

Doppelwohnung von Paaren

Nach BSG vom 18.2.2010 – B 4 AS 49/09 R bilden Ehe-/Lebenspartner, die an der Partnerschaft festhalten, auch ohne gemeinsamen räumlichen Lebensmittelpunkt eine Paar-BG. Die tatsächlichen Mietaufwendungen beider Ehe-/Lebenspartner sind danach nur angemessen, wenn sie den Angemessenheitswert für Zwei-Personen-Haushalte im maßgeblichen Vergleichsraum nicht übersteigen. Ein Zusammenziehen kann das Jobcenter nicht verlangen.

Beispiel

Die Eheleute K. und J. lebten in Berlin in einer 3-Zimmer-Wohnung, für die 640 € Miete zu zahlen ist. Nach einer schweren Krise ist J. nach Teltow in Brandenburg in eine möblierte 1-Raum-Wohnung gezogen, für die er monatlich 310 € Miete plus Heizung zahlt. K. und J. versöhnen sich, wollen aber noch nicht zusammenziehen. Als K. ihre gut bezahlte Arbeit verliert, werden beide Ehepartner hilfebedürftig. Das Jobcenter in Brandenburg übernimmt keine Unterkunfts- und Heizkosten, weil J. die Ehewohnung zur Verfügung stehe, das Berliner Jobcenter übernimmt 320 € für das Wohnen und Heizen, weil J. und K. nicht getrennt seien und J. mit im Mietvertrag stehe.
Beide Entscheidungen sind falsch: J. und K. haben zunächst beide Anspruch auf Übernahme der tatsächlichen Mietkosten, können aber zur Minderung des KdU-Bedarfs aufgefordert werden. Der Maßstab für J. ist dabei die Hälfte des Wertes für das Wohnen und Heizen, der Paar-BGs in Teltow zugestanden wird. K. muss sich auf die anteiligen KdU für Paar-BG-Wohnungen in Berlin verweisen lassen. Sollten sich die Eheleute für ein räumliches Zusammenleben in Berlin entscheiden, kann das dortige Jobcenter nicht einwenden, in Brandenburg könne billiger gewohnt werden. Die Kosten der Berliner Wohnung sind zu übernehmen, soweit sie angemessen sind.

II Rechenbeispiele zur Produkttheorie

Anschaulich lassen sich die Auswirkungen der Produkttheorie an Beispielen erläutern:

Beispiel 1

K. ist alleinstehend. Er bewohnt eine Zweizimmerwohnung mit einer Größe von 35 qm. Hierfür zahlt er eine Bruttokaltmiete von 350 € (280 € Grundmiete + 70 € Nebenkosten). Nachdem das Jobcenter zunächst die volle Miete übernommen hatte, bewilligt es K. auf dessen Folgeantrag hin nur noch eine nach dem örtlichen Mietspiegel als angemessen bezeichnete Grundmiete von 199,50 € (= 35 qm x 5,70 €) sowie weiterhin die Neben- und Heizkosten. K. legt dagegen Widerspruch ein und beruft sich auf den ihm zustehenden Wohnbedarf von 50 qm.
K. hat Recht. Bei einem Quadratmeterpreis von 5,70 € für Wohnungen im unteren Bereich des örtlichen Wohnungsmarktes ist die angemessene Höhe der Unterkunftskosten aus dem Produkt dieses angemessenen Quadratmeterpreises und der nach den Richtwerten zum sozialen Wohnungsbau angemessenen Wohnungsgröße zu ermitteln. Dies ergibt bei der im Falle des K. noch angemessenen Wohnungsgröße von 50 qm einen nach den örtlichen Verhältnissen für Alg II-Bezieher angemessenen Kalt-Mietzins von 285 €. K. hat somit Anspruch auf Übernahme der Miete, obwohl er einen Quadratmeterpreis von 7 € zahlt.

Beispiel 2

L. ist alleinstehend. Sie bewohnt in K-Stadt eine Dreizimmerwohnung mit 56 qm. Hierfür zahlt sie eine Kaltmiete von 3,98 €/qm und kalte Betriebskosten von 75 €. Abstrakt angemessen ist für K-Stadt eine Kaltmiete von 4,85 €/qm. Kalte Betriebskosten werden bis zu einem Betrag von 1,84 €/qm als angemessen gewertet. Obwohl L. nur eine Wohnung mit einer Fläche von 45 qm zusteht, zahlt sie insgesamt eine angemessene Miete. Denn ihre Mietkosten von (56 qm x 3,98 €) + 75 € = 297,88 € liegen noch unter der abstrakt angemessenen Miete von (45 qm x 4,85 €) + (45 qm x 1,84 €) = 301,05 €.

Beispiel 3

S. wohnte in B-Stadt in einer Zweizimmerwohnung mit 48 qm. Hierfür zahlte sie eine Kaltmiete von 230 € und kalte Betriebskosten von 80 €. Das Jobcenter hatte diese Kosten übernommen, da in B-Stadt eine Kaltmiete bis zu 4,98 €/qm und kalte Betriebskosten bis zu 1,67 €/qm als angemessen gewertet werden. S. findet eine schönere Wohnung mit 50 qm Fläche und einem Balkon zu einem Preis von 250 € Kaltmiete und einem monatlichen Betriebskostenabschlag von 60 €. Obwohl der Umzug nicht erforderlich i.S.v. § 22 SGB II war, hat S. Anspruch auf Übernahme der unveränderten Gesamtmiete von 310 €. Das Jobcenter ist nicht befugt, die neue Miete auf 230 € + 60 € zu begrenzen.

Beispiel 4

N. und H. wohnen in B-Stadt in einer Dreizimmerwohnung mit 75 qm. Hierfür zahlen sie eine Kaltmiete von 320 € und kalte Betriebskosten von 120 €. N. bezieht neben einer kleinen Altersrente Grundsicherung nach dem SGB XII, seine Ehefrau H. bezieht Alg II. Das Jobcenter hat anteilig 160 € Kaltmiete und 60 € Betriebskosten für H. als angemes-

sene Unterkunftskosten nach § 22 SGB II übernommen. Für N. hat das Sozialamt den Wohnbedarf entsprechend der Höchstwohnfläche von 60 qm auf 176 € (= 220 € : 75 qm x 60 qm) festgesetzt.
Zu Recht wendet H. ein, ihm müsse ebenfalls anteilig 220 € Unterkunftsbedarf zuerkannt werden, da die Gesamtmiete für zwei hilfebedürftige Personen in B-Stadt angemessen sei.

Die 4-köpfige Familie V. wohnt in einer Vierzimmerwohnung. Das Warmwasser wird mit einem Durchlauferhitzer erzeugt. Die für die Wohnung zu zahlende Miete von 635 € + 80 € Heizung hatte das Jobcenter 2014 auf 585 € + 80 € Heizung gesenkt. Im Mai 2015 erfährt ein BG-Mitglied, dass es für die Warmwassererzeugung einen Mehrbedarf gibt. Er beantragt diese Leistung am 28. Mai. Beispiel 5
Das Jobcenter lehnt den Antrag mit der Begründung ab, wegen der Mietsenkung könne es keine weiteren Kosten übernehmen. Falsch: Der Mehrbedarf nach § 21 Abs. 7 SGB II gehört zwar systematisch zu den Heizkosten (näher dazu → Kap. E), die hier aber nicht gekürzt wurden. Die Familie hat daher Anspruch auf die Mehrbedarfe nach § 21 Abs. 7 SGB II und zwar seit 1.1.2014, da ein gesonderter Antrag nicht erforderlich ist.

D Heizkosten für Mietwohnungen

I Vorfragen über Vorfragen ...

Was sind Heizkosten i.S. § 22 Abs. 1 SGB II?

Die bei Geltung der Produkttheorie erforderliche Trennung der Unterkunftskosten (Kaltmiete plus kalte Betriebskosten) von den Heizkosten wirft vor einer Klärung der vielen Detailprobleme zum Heizen im engeren Sinn die Frage auf, welche Bedarfspositionen unter den Begriff Heizkosten i. S. von § 22 Abs. 1 SGB II fallen.

Laufende und einmalige Kosten

Nach § 22 Abs. 1 SGB II werden die laufenden und einmaligen Kosten für das Heizen der Wohnung übernommen, soweit sie angemessen sind. Hierzu gehören die Vorauszahlungen an den Vermieter bei Zentralheizung oder die Kosten für Brennstoff an den Leistungsberechtigten, wenn er Ofenheizung hat oder den Öl- oder Gastank selbst füllt.

Mietrechtlich müssen verbrauchsabhängige Kosten nach dem Leistungs- oder Verbrauchsprinzip (nur die Kosten, die für den jeweiligen Abrechnungszeitraum angefallen sind) abgerechnet bzw. mit aus einer solchen Abrechnung resultierenden Abschlägen auf die Mieter umgelegt werden (BGH vom 5.7.2006 – VIII ZR 220/05 und vom 1.2.2012 – VIII ZR 156/11).

Abflussprinzip

Sozialrechtlich gilt das Abflussprinzip: Nur die Kosten, die in einem Monat mit Leistungsanspruch fällig werden (vom Mieter gezahlt werden müssen), bestimmen den KdU-Bedarf in diesem Monat; eine Umlegung auf einzelne Monate im Jahr oder im jeweiligen Bewilligungsabschnitt ist unzulässig (BSG vom 15.8.2008 – B 14/7b AS 58/06 R).

Das ist vor allem bei hohen, nur gelegentlich anfallenden Bedarfen, problematisch, → S. 112.

Warme Betriebskosten

Betriebskosten, die sich auf das Heizen beziehen, sind sozialrechtlich ein KdU-Bedarf, auch wenn sie mietrechtlich bei den kalten Betriebskosten auftauchen dürfen, wie z. B. die Kosten für die Wartung eines Feuerlöschers im Heizungsraum (LG Berlin vom 11.7.2000 – 64 S 79/00; AG Brühl vom 28.8.2011 – 3 C 359/08). Hat der Vermieter warme Betriebskosten zu Unrecht sonstigen Betriebskosten zugeschlagen, kann dies Einwände gegen die Betriebskostenabrechnung begründen.
Die Auswirkungen einer rechtmäßigen Deckelung der Bruttokaltmiete fallen geringer aus, soweit die Bedarfskürzung – genau betrachtet – Heizkostenanteile erfasst. S. auch → S. 92 f. und → S. 424 ff.

Auch Warmwasser

Kosten für die Warmwassererzeugung gehören systematisch zu den Heizkosten. Die Einordnung als Mehrbedarf in § 21 Abs. 7 SGB II bei dezentraler Warmwassererzeugung (Boiler, Durchlauferhitzer) hat daran nichts geändert. Aus § 21 Abs. 7 SGB II ist zu ersehen, dass Kosten für die Warmwassererzeugung ebenfalls nur in angemessenem Umfang übernommen werden (näher dazu → Kap. E).
In einer zentralen Heizanlage, die heizt und das warme Wasser erzeugt (Verbundanlage), war bis 31.12.2013 keine gesonderte Erfassung der für die Warmwassererzeugung gebrauchten Energie vorgeschrieben. Mit den üblicherweise vorhandenen Warmwasserzählern in den Wohnungen war bisher nur der Wasserverbrauch erfasst worden. Aus diesen gemessenen Verbrauchsdaten wurde die Energie für das Erwärmen des Warmwassers nach einer bestimmten Formel rechnerisch ermittelt. Seit 1.1.2014 müssen Verbundanlagen mit einem Wärmemengenzähler, der den tatsächlichen Energiebedarf für die Erwärmung des verbrauchten Wassers misst, ausgestattet werden – es sei denn, die Kosten oder der Aufwand der Installation spezieller Wärmemengenzähler sind unzumutbar hoch.
Gibt es eine genaue Verbrauchsabrechnung, kann hieran geprüft werden, ob der Energieverbrauch unangemessen war/ist und nur in Höhe eines angemessenen Betrages als KdU-Bedarf übernommen werden muss. Rechnet der Vermieter nach wie vor über Warmwasseruhren ab, obwohl er spezielle Wärmemengenzähler einbauen müsste, ist der Mieter zwar berechtigt, den auf ihn entfallenden Anteil an den Heiz- und/oder Warmwasserkosten um 15 % zu kürzen (§ 12 HeizkV), für eine Kostenübernahme nach § 22 SGB II bleibt aber zur Prüfung, ob angemessen geheizt und angemessen Warmwasser gebraucht wird, das Problem der Kostentrennung. Dasselbe gilt, wenn über eine Gastherme sowohl geheizt als auch Warmwasser erzeugt wird.
Die Kostentrennung ist wichtig, um zu ermitteln, wo der unwirtschaftliche Verbrauch liegt und welche Kosten der Leistungsberechtigte senken kann. Unter diesem Blickwinkel taucht die früher zur Bestimmung eines Abzugsbetrages vom Regelsatz für die Warmwassererzeugung diskutierte Frage wieder auf, ob der nach § 9 HeizkostenVO ermittelte Betrag für die Warmwassererzeugung auch für die sozialrechtliche Aufteilung von Heizkosten und Warmwasserkosten gilt (so HessLSG vom 21.3.2006 – L 9 AS 124/05 ER; LSG Rheinland-Pfalz vom 29.9.2006 – L 3 AS 24/06; neuerdings BSG vom 24.11.2011 – B 14 AS

121/10 R) und, sofern die Ausgaben über den Mehrbedarfspauschalen liegen, ein unwirtschaftlicher Warmwasserverbrauch zu vermuten ist (s. dazu → S. 131 f.).

Betriebsstrom

Da Heizanlagen auch Strom brauchen und dieser Strombedarf zu den Heizkosten nach § 22 Abs. 1 SGB II gehört (s. dazu OVG NRW vom 24.5.2013 – 14 E 50/13), stand es bis zum 31.3.2011 außer Frage, dass Betriebsstromkosten als Heizkosten zu übernehmen sind. Das galt gleichermaßen für Bewohner von Mietwohnungen als auch für Nutzer eigener Immobilien. Gerade für diese hatte das BSG vom 26.3.2010 – B 4 AS 7/10 B und vom 7.7.2011 – B 14 AS 51/10 R die Übernahme der Betriebsstromkosten für eine Umwälzpumpe damit begründet, dass diese untrennbar mit dem Betrieb der Heizung verbunden seien und auch für Mieter der mit den Heizkosten abgerechnete Heizungs-Betriebsstrom übernommen werde.

Die Übernahme von Betriebsstrom als KdU-Bedarf ist für die seit April 2011 geltenden Regelbedarfe von Teilen der Instanzgerichte bestritten worden (SG Augsburg vom 14.2.2013 – S 16 AS 887/12; SG Berlin vom 15.12.2014 – S 61 AS 2132/13). Sie stützen sich auf Ausführungen von Bernd-Günter Schwabe (ZfF 2014, 1/7), der aus einer Sonderauswertung zur EVS 2008 den Schluss zieht, für hilfebedürftige Bewohner eines Eigenheims oder einer Eigentumswohnung sei kein Betriebsstrom für Heizanlangen zu übernehmen, weil er bereits bedarfserhöhend in die Abteilung 4: »Wohnen, Energie und Wohnungsinstandhaltung« des Regelbedarfs eingeflossen sei.
Das kann schon in Anbetracht der sehr geringen Strom-Anteile für Eigentümerhaushalte (z. B. 1,43 € für den Regelbedarf Alleinstehender in 2014) nicht überzeugen. Außerdem bleibt damit der Einwand einer Besserstellung von Mieterhaushalten bestehen, die ungeachtet der Erhöhung des Strombedarfs in Abt. 4 keinen Abzug bei den Heizkosten um (geschätzte) Heizungs-Betriebsstromkosten hinnehmen müssen.
Betriebsstrom für Heizanlagen ist daher auch nach dem 1.4.2011 als Bestandteil der Heizkosten i. S. von § 22 SGB II zu übernehmen (so zutreffend SG Altenburg vom 20.10.2014 – S 27 AS 4108/11, Revision unter – B 4 AS 47/14 R).

Schätzung

Sind bei Betrieb einer zentralen Heizanlage keine Zwischenzähler für den Betriebsstrom installiert, kann der Stromverbrauch geschätzt werden (BGH vom 20.2.2008 – VIII ZR 27/07). Gängig, aber nicht zwingend (LG Hannover vom 19.4.1991 – 8 S 53/90) ist eine Schätzung der Stromkosten mit 5% – 8% der Brennstoffkosten (LSG Baden-Württemberg vom 25.3.2011 – L 12 AS 2404/08; LSG Niedersachsen-Bremen vom 10.7.2012 – L 7 AS 988/11 ZVW; LSG NRW vom 19.2.2013 – L 2 AS 2081/12; SG Gießen vom 5.11.2014 – S 25 AS 980/12). Andere Rechenmodelle sind zulässig (s. z. B LSG Sachsen-Anhalt vom 3.1.2011 – L 5 AS 423/09 B ER, vom 25.3.2011 – L 5 AS 427/10 B ER und vom 26.9.2013 – L 2 AS 338/10: Durchschnittliche jährliche Betriebsstunden). Ein Sachverständigengutachten muss nicht zwingend eingeholt werden (LSG NRW vom 16.12.2011 – L 19 AS 1261/11 NZB).

Nach BGH vom 12.11.2014 – VIII ZR 112/14 ist es für die formelle Ordnungsgemäßheit einer Betriebskostenabrechnung ohne Bedeutung, ob die dort für den jeweiligen Mieter angesetzten Kosten auf abgelesenen Messwerten oder einer Schätzung beruhen und ob eine eventuell vom Vermieter vorgenommene Schätzung den Anforderungen des § 9a Heizkostenverordnung entspricht. Sind die Schätzwerte nicht zu erschüttern, müssen die Mieter dafür aufkommen. Bei Hilfebedürftigkeit zahlt das Jobcenter.

Keine Pauschalierung

Außerhalb einer Satzungsregelung (§ 22b Abs. 1 Satz 2 SGB II) müssen die tatsächlich anfallenden Heizkosten übernommen werden, soweit sie angemessen sind. Eine mittelbare Kostenbegrenzung in der Form, dass starre Brutto-Warmmieten als Höchst-Richtwerte für die vom Jobcenter zu übernehmenden Gesamtkosten nach § 22 Abs. 1 SGB II gebildet werden, ist unzulässig. Dies liefe auf eine Pauschalierung der Heizkosten hinaus, die allenfalls über eine Satzung nach § 22a Abs. 2 SGB II erfolgen dürfte. Zur Unzulässigkeit einer Pauschalierung vgl. BSG vom 2.7.2009 – B 14 AS 36/08 R. Der Gesamtangemessenheitsgrenzwert nach § 22b Abs. 1 Satz 3 SGB II ist eine Erweiterung der Produkttheorie (näher dazu → Kap. C), setzt eine Ermittlung bedarfsorientierter (§ 22a Abs. 3 SGB II) Heizkostenwerte also voraus. Darum muss auch in einer Satzung oder Rechtsverordnung ein schlüssiger Wert für den Heizkostenbedarf abgebildet werden (BSG vom 4.6.2014 – B 14 AS 53/13 R).

»Heikos«

Einer unzulässigen Pauschalierung steht die Berechnung des zustehenden Heizkostenbedarfs nach dem Berechnungsprogramm »Heikos« gleich (SG Stuttgart vom 12.12.2011 – S 18 AS 8899/08; LSG Niedersachsen-Bremen vom 9.7.2012 – L 7 AS 883/11 und vom 3.4.2014 – L 7 AS 786/11).

Verteilungsschlüssel

Nach § 7 der HeizkostenVO 2009 sollen mindestens 50%, höchstens 70% der Heizkosten nach dem Verbrauch umgelegt werden. Bei bestimmten älteren Heizanlagen muss der Verbrauchsanteil bei 70% liegen. Für Wohnungen mit Oberputzheizleitungen, die erhebliche Wärme abstrahlen, kann die Abrechnung nach Wohnfläche statt Verbrauch sparsame Heizer benachteiligen. Ist das Verteilungsergebnis nach Wohnfläche nicht mehr zu billigen, kann der Vermieter verpflichtet sein, ein vom VDI entwickeltes Messverfahren anzuwenden (s. dazu LG Leipzig vom 7.10.2013 – 02 S 66/13; AG Bayreuth vom 19.8.2014 – 102 C 1359/13; vermieterfreundlicher: LG Berlin vom 5.10.2012 – 63 S 11/12; LG Karlsruhe vom 20.2.2014 – 9 S 248/13).

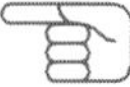

Gewerbemieter

Bei einem gemischt genutzten Gebäude mit Gewerbe- und Wohneinheiten kann es geboten sein, die Heizkosten, die auf den Gewerberaum entfallen, gesondert zu erfassen (AG Charlottenburg vom 24.5.2007 – 211 C 426/06). Nach BGH vom 11.8.2010 – VII ZR 45/10 soll allerdings der nichtgewerbliche Mieter beweisen, dass eine einheitliche Abrechnung ihn benachteiligt.

Treu und Glauben

Gegen überproportional hohe Kosten bei einer Wohnung mit Lagenachteil (unter dem Dach, über einer Toreinfahrt etc.) kann sich der Mieter nicht wehren; er muss auch die Einbeziehung nicht heizbarer Flächen der Wohnung (Terrasse, Balkon) in die Kostenteilung nach Fläche akzeptieren, wenn das im Mietvertrag vereinbart ist. Hoher Leerstand kann ein Kostentreiber sein. Der BGH vom 10.12.2014 – VIII ZR 9/14 gibt aber auch hier nur im Extremfall einen Korrekturanspruch nach dem schwammigen Grundsatz von Treu und Glauben. Das zeigt, dass mit einem sparsamen Heizen nur bedingt geringere Heizkosten erreicht werden können. Dem muss bei der Beurteilung der Angemessenheit (dazu unter IV, → S. 116 ff.) Rechnung getragen werden.

Kopfteilprinzip

Wie für die Betriebskosten gilt auch bei den Heiz- und Warmwasserkosten grundsätzlich das Kopfteilprinzip. Der Einwand eines Wohnungsnutzers, ein Mitbewohner begnüge sich mit weniger Energie oder sei fast nie zu Hause, genügt zur Begründung einer Abweichung vom Kopfteilprinzip nicht (BayLSG vom 18.1.2011 – L 8 SO 25/10). Dazu müssen besondere Umstände bzw. besonders zu berücksichtigende Bedarfe eines Mitbewohners vorliegen (z. B. Krankheit oder Behinderung mit deutlich höherem Bedarf an Heizung und/oder Warmwasser). Zur Aufteilung bei Waschzwang s. LSG Niedersachsen-Bremen vom 23.2.2011 – L 13 AS 90/08.

II Heizkosten bei Zentralheizung

Unter Zentralheizung wird hier die vom Vermieter außerhalb der Wohnung betriebene Heizung und die Wärmelieferung, das Contracting, verstanden.

1 Wärmelieferung

Wärmecontracting

In Fällen des Wärmecontracting wird die Heizungsanlage nicht durch den Vermieter, sondern einen Dritten als Dienstleister betrieben. Die dabei entstehenden Kosten gehen über die sonst umlagefähigen Heizkosten nach § 7 Abs. 2 HeizkostenVO hinaus. War die Wohnung schon bei Abschluss des Mietvertrages im Rahmen des Wärmecontracting versorgt, sind auch weitergehende Kosten umlagefähig. Der Mieter kann sich nicht darauf berufen, er hätte über die zu erwartende Höhe der Kosten aufgeklärt werden müssen (LG Berlin vom 2.4.2012 – 67 S 231/11).

In einem laufenden Mietverhältnis bedurfte zwar die Umstellung auf Wärmecontracting auch vor Inkrafttreten von § 556c BGB am 1.7.2013 nicht der Zustimmung des Mieters, ohne Zustimmung können aber weiterhin nur die Kosten der Wärmeversorgung auf den Mieter umgelegt werden, die auch bislang aufgrund des Mietvertrages umlagefähig waren (AG Charlottenburg vom 4.3.2014 – 206 C

196/11). Der Vermieter muss dann die nicht umlagefähigen Kosten des Contracting gesondert ausweisen und aus der Heizkostenabrechnung herausnehmen (BGH vom 6.4.2005 – VIII ZR 54/04; LG Berlin vom 31.10.2011 – 67 S 13/11).

Mietrechtsänderungsgesetz

Seit 1.7.2013 regelt § 556c BGB die wesentlichen Voraussetzungen für eine Umlage von Kosten des Contracting als Betriebskosten in einem bestehenden Mietverhältnis. Nach Absatz 1 Satz 1 Nummer 1 muss die Wärme zukünftig grundsätzlich aus einer vom Wärmelieferanten errichteten neuen Anlage oder aus einem Wärmenetz geliefert werden und bei einer Umstellung auf das Contracting im laufenden Mietvertrag für den Mieter kostenneutral sein. Damit ist aber nicht gewährleistet, dass zukünftige Mehrkosten durch Preiserhöhungen des Contracting-Unternehmens für den Arbeits- und Betriebsaufwand nicht an den Mieter weitergegeben werden (dazu BT-Drs. 17/10485, S. 64, 73).

2 Vom Vermieter betriebene Zentralheizung

Bei einer vom Vermieter betriebenen Zentralheizung gehören die nach Mietvertrag und Mietrecht auf den Mieter umlegbaren Kosten zu den Heizkosten nach § 22 SGB II; diese sind dann auch Maßstab für die Faktoren zur Bestimmung der Angemessenheit (vgl. dazu auch LSG NRW vom 5.1.2010 – L 12 B 87/09 SO NZB).

Zu den umlegbaren Kosten gehören:

- Brennstoffkosten und Kosten für die Lieferung des Brennstoffs. Der Vermieter muss den Brennstoff zu wirtschaftlich vertretbaren Bedingungen beziehen. Ist für ihn erkennbar, dass der Brennstofflieferant eine unberechtigte Forderung stellt, muss er diese im Interesse der Mieter abwehren (AG Pinneberg vom 17.10.2013 – 83 C 207/12). Für deutlich überteuerten Brennstoff müssen die Mieter nicht aufkommen. Ein Einkaufspreis für Heizöl von 6% über dem günstigsten Marktpreis verstößt nach LG Berlin vom 30.7.2014 – 65 S 12/14 aber noch nicht gegen das Wirtschaftlichkeitsgebot.
- Strom für die Heizanlage und damit verbundener Zusatzgeräte (Betriebsstrom). Liegen die Stromkosten mehr als 8% über den Brennstoffkosten und handelt es sich nicht um eine Altanlage, sind Zweifel an der Berechnung oder Schätzung angebracht.
- Kosten für Wartung und Messung, sofern sie nicht unwirtschaftlich sind (dazu LG Heidelberg vom 31.3.2014 – 5 S 48/13). Reparaturkosten anlässlich der Wartung sind vom Vermieter zu tragen. Hohe Kosten eines Wartungsvertrages können auf die unzulässige Abwälzung von Reparaturkosten auf die Mieter hindeuten. Die Kosten für eine Zwischenablesung wegen Auszugs eines Mieters trägt der Vermieter (BGH vom 14.11.2007 – VIII ZR 19/07).
- Kosten für Reinigung (BGH vom 11.11.2009 – VIII ZR 221/08: Tankreinigung).

- Miet-/Leasingkosten für Wärmezähler und Heizkostenverteiler. Sind die Kosten bei Kauf der Wärmezähler und Heizkostenverteiler für die Mieter deutlich günstiger, kann der Vermieter, wenn er keine Geräte kaufen will, nur angemessene Kosten umlegen (LG Berlin vom 10.11.2003 – 62 S 220/03). Die Kosten für den Ersatz defekter Wärmezähler oder Heizkostenverteiler sind keine Heizkosten. Der Einbau neuer Wärmezähler und Heizkostenverteiler kann eine Modernisierungsmaßnahme sein. Dann darf der Vermieter 11% der Anschaffungskosten auf die Miete umlegen.

Nicht als Heizkosten umlegbar und daher auch nicht als KdU-Bedarf bei der Miete einer Eigentumswohnung oder eines Hauses zu berücksichtigen sind:
- Leasingkosten für Öltank oder Brenner (BGH vom 17.12.2008 – VIII ZR 92/08).
- Kosten für Korrosionsschutz (AG Regensburg vom 11.8.1993 – 9 C 2418/93).
- Trinkgelder für die Brennstofflieferung.
- Finanzierungskosten für den Kauf von Brennstoffen.

Betriebskosten-Heizkosten

Üblicherweise tauchen die Kosten für den Schornsteinfeger und Kosten für Versicherungen, die mit der Beheizung zu tun haben (z. B. Öltankversicherung) in der Abrechnung der kalten Betriebskosten auf. Systematisch gehören sie aber zu den Heizkosten. Das wirkt sich bei Senkung der tatsächlichen Bruttokaltmiete auf die Angemessenheitsmiete aus, wenn die Kaltmiete angemessen ist, die Kürzung also nur die Betriebskosten betrifft. Um in diesem Fall ein unzulässiges Abschneiden von Heizkosten zu verhindern, müssen die Betriebskosten-Heizkosten vor der Absenkung aus den kalten Betriebskosten heraus gerechnet und den Heizkosten zugeschlagen werden.
Die Herausrechnung von Betriebskosten-Heizkosten kann sich v.a. auf Betriebskostennachforderungen bei abgesenkten Mietkosten auswirken, s. Kap N, → S. 338 f.

3 Gasetagenheizung

Kein Abzug für Kochenergie

Wird mit der Gastherme sowohl Warmwasser erzeugt als auch gekocht oder geheizt und gekocht, müsste nach der Systematik der Regelbedarfsbemessung eigentlich der Anteil für das Kochen als schon im Regelbedarf enthaltener Anteil für Haushaltsenergie vom Abschlag an den Gasversorger/Vermieter heraus gerechnet werden. Nach BSG vom 19.10.2010 – B 14 AS 50/10 R hat ein Abzug des Energieanteils für das Kochen aber zu unterbleiben, wenn sich ein Bezugspunkt für dessen realistische Schätzung nicht finden lässt. In den neuen Regelbedarfen gibt es keinen Anhaltspunkt für die Höhe der Kochenergie. Der Abzug von Kochenergiepauschalen hat daher seit 2011 zu unterbleiben.

Betriebsstrom

Der Strom für den Betrieb einer Gastherme gehört zu den Heizkosten (LSG NRW 12.11.2009 – L 7 AS 92/07; folgend das BSG vom 26.5.2010 – B 4 AS 7/10 B). Er kann mit 5 % der Gaskosten veranschlagt werden (LSG Baden-Württemberg vom 25.3.2011 – L 12 AS 2404/08; s. auch → S. 102).

Wartungskosten

Die komplette Übertragung der Wartung der Gasetagenheizung auf den Mieter (sog. Vornahmeklausel), also nicht nur der Kosten einzelner Wartungsmaßnahmen, ist unzulässig (AG Karlsruhe vom 18.1.2014 – 5 C 452/13).

Wartungskosten für die Etagenheizung können per Mietvertrag auf den Mieter abgewälzt werden. Es muss keine Obergrenze vereinbart sein, bis zu der Kosten vom Mieter zu tragen sind (BGH vom 7.11.2012 – VIII ZR 119/12). Führt der Mieter aufgrund einer unwirksamen Wartungsklausel Wartungsarbeiten an der Gastherme aus, kann er die hierfür gezahlten Beträge vom Vermieter zurück verlangen (AG Köln vom 21.1.2004 – 214 C 527/03). Ist der Mieter zur »alljährlichen« Reinigung und Wartung der Gastherme verpflichtet worden, besteht vor Ablauf des ersten Mietjahres keine Verpflichtung zur Wartung und Reinigung (AG Düsseldorf vom 22.01.2009 – 32 C 12149/08). Zur Wartungspflicht der Therme gehören lediglich Arbeiten, die zur Erhaltung der Betriebsbereitschaft des Geräts erforderlich sind (nach AG Lichtenberg vom 30.1.2003 – 10 C 281/02 gehört dazu auch der Austausch eines Elektrodensatzes), nicht jedoch Reparaturen. Das gilt auch dann, wenn Wartungsverträge im Einzelfall Reparaturarbeiten einschließen (BGH, a.a.O.). Unzulässig ist eine Vereinbarung, wonach der Mieter auf seine Kosten einen Wartungsvertrag mit einem Installationsbetrieb schließen muss (AG Peine vom 25.2.2004 – 18 C 78/03). Er ist auch nicht verpflichtet, den Schornsteinfeger zwecks Durchführung eines Termins zur Abgaswegprüfung zu kontaktieren (AG Bremen vom 20.2.2014 – 9 C 0579/13).

Soweit Wartungskosten vom Mieter zu tragen sind, gehören sie zu den Heizkosten nach § 22 SGB II (SG Berlin vom 4.11.2005 – S 37 AS 10013/05 ER).

Sicherheitskontrolle

Kosten für die Sicherheitskontrolle der Gasleitungen können auf den Mieter umgelegt werden. Der Vermieter muss bei Vergabe des Auftrags an eine Fachfirma auf wirtschaftlich vertretbare Kosten achten (AG Köln vom 17.4.2014 – 222 C 24/13). Häufigere Sicherheitskontrollen bedürfen zur Abwälzung der Kosten auf die Mieter einer Begründung (AG Darmstadt vom 3.9.2012 – 315 C 119/12).

Fälligkeit

Nach BSG vom 15.4.2008 – B 14/7b AS 58/06 R entscheidet die Fälligkeit über den Anspruch auf Kostenübernahme gemäß § 22 SGB II. Fordert der Gasversorger erst einige Zeit nach Inbetriebnahme der Heizung einen ersten Abschlag mit Rechnung für die vorangegangenen Monate, bestimmt der gesamte Betrag den KdU-Bedarf im Monat der Fälligkeit. Eine rückwirkende Umlegung auf die Heizmonate erfolgt nicht.

Teilt man die Auffassung, dass eine Kombitherme (Heizung und Warmwasser) eine »dezentrale Warmwassererzeugung« i. S. von § 21 Abs. 7 SGB II ist (dazu → S. 122), hat das Fälligkeitsprinzip zur Folge, dass auch der Mehrbedarf nach § 21 Abs. 7 SGB II nur in den Monaten beansprucht werden kann, in denen Gasabschläge oder Rechnungen für Gas zu zahlen sind (LSG NRW vom 28.5.2013 – L 9 AS 540/13 B).

Monatsabschlag und Endabrechnung

Sieht der Energieliefervertrag – wie üblich – vor, dass über einen Zeitraum von 11 Monaten ein bestimmter Abschlag zu zahlen ist und im 12. Monat die Abrechnung über die vergangene Heizperiode erstellt wird mit nachfolgender Neufestsetzung des laufenden Abschlags, ist dem auch bei der Kostenübernahme nach § 22 SGB II Rechnung zu tragen. Der Gasverbrauch im Abrechnungsmonat geht dabei nur dann zu Lasten des Jobcenters, wenn der Wohnungsnutzer auch noch im Abrechnungsmonat bzw. im Monat, in dem die Forderung gezahlt werden muss, Leistungen bezieht. Ist bis dahin die Hilfebedürftigkeit überwunden, muss er selbst für den Ausgleich einer evtl. Nachforderung sorgen; eine evtl. Gutschrift kann er behalten (SG Berlin vom 24.4.2009 – S 37 AS 3401/09).

Beispiel

P. ist nach Abrechnung der vorangegangenen Heizperiode verpflichtet, von März 2014 bis Januar 2015 monatlich 69 € an den Gasversorger zu zahlen. Im Juni wird er hilfebedürftig, das Jobcenter übernimmt die 69 € für die Gasheizung. Im Bewilligungsabschnitt Dezember 2014 bis Mai 2015 werden für Februar und März 2015 vorläufig (§ 328 SGB III) keine Gasabschläge angesetzt. P. wird im Januar 2015 aufgefordert, die Endabrechnung und die neuen Abschläge bis Ende März nachzuweisen. Ende Februar 2015 scheidet P. aus dem Leistungsbezug aus. Die am 15.3.2015 erstellte Endabrechnung enthält eine Nachforderung von 132 € und einen ab März zu zahlenden Abschlag von 80 €. P. beantragt beim Jobcenter die Übernahme der 132 €, zumindest müsse für Februar der auf diesen Monat entfallende Gasverbrauch übernommen werden.
P. irrt. Er hat nach Ausscheiden aus dem Alg II-Bezug keine Ansprüche auf Übernahme der Gaskosten: Im Februar war nach dem Energieliefervertrag kein Abschlag zu zahlen, im März stand er nicht mehr im Leistungsbezug.

Entfernung/ Wechsel des Gaszählers

Nach § 21b Abs. 2 EnWG kann der Mieter anstelle des Netzbetreibers einen Dritten mit dem Messstellenbetrieb beauftragen. Hat das einen Ausbau des Gaszählers zur Folge, muss der Messstellenbetreiber für etwaige Nachteile des Eigentümers nicht haften. Der Eigentümer kann sich je nach Abrede im Mietvertrag an den Mieter halten (AG Düsseldorf vom 26.11.2010 – 44 C 10106/10).

4 Nachtspeicheröfen

Wird die Wohnung mit Nachtspeicheröfen beheizt, besteht neben dem gesondert abgerechneten Heizstrom ein Bedarf an Betriebsstrom für die ordnungsgemäße Belüftung. Dieser Bedarf gehört zu den nach § 22 Abs. 1 SGB II zu übernehmenden Heizkosten, ist also nicht schon im Regelbedarf enthalten. Zur Berechnung des Heizstroms in solchen Fällen s. SG Hamburg vom 30.3.2005 – S 59 AS 107/05 ER. Das LSG NRW vom 23.11.2010 – L 1 AS 527/10 rechnet die vollen Nachtstromkosten und die Hälfte der Kosten für einen Zweitarifzähler den Heizkosten zu (folgend das BSG vom 9.6.2011 – B 4 AS 56/11 B).

Gibt es für den Heizungsstrom keinen gesonderten Tarifzähler, müssen die auf das Heizen ohne Warmwasser entfallenden Stromkosten geschätzt werden (s. dazu SG Hildesheim vom 8.9.2011 – S 54 AS 1404/11 ER). Weitergehend gewährt das SG Detmold vom 28.3.2014 – S 28 AS 1935/12 einen Anspruch auf Übernahme des gesamten Stromabschlags.

Laufender Heizkostenabschlag

Bei Nachtspeicherheizungen fordert der Energieversorger nur eine Gesamtabschlagszahlung für den Haushaltsstrom (HSt) und den Nachtspeicherstrom (NSt). Es ist daher der Anteil (in KWh) für den Nachtspeicherstrom bzw. für das Heizen aus der Abschlagszahlung nach folgender Formel heraus zurechnen:

$$\frac{\text{NSt-Verbrauch}}{\text{HSt-Verbrauch + NSt-Verbrauch}} \times 100 = X\ \%$$

Grundpreis

Zusätzlich zum Arbeitspreis (tatsächlicher Verbrauch in KWh) ist einmal im Jahr ein Grundpreis für die Nutzung des Stroms in zwei Tarifen zu zahlen. Da dieser Preis für beide Tarife zusammen, also auch für den Haushaltsstrom, gezahlt wird, ist er zu 1/3 bei den Heizkosten zu berücksichtigen, wenn – wie bei der Nachtspeicherbeheizung üblich – auch das Warmwasser mit Strom erzeugt wird.
Brauchbar sind dazu die im Internet abrufbaren Arbeitshinweise des Jobcenters München zu § 22 SGB II mit Stand 1.1.2015.

5 Stromheizungen (Ölradiator, Heizlüfter)

In der Regel werden mit Normalstrom betriebene Heizungen nur zusätzlich (z.B. Heizlüfter im Bad) oder nur in einzelnen Räumen in Wohnungen mit sehr geringem Wohnstandard genutzt. Obwohl es sich um ein teures Heizen handelt, stehen die Jobcenter hier vor dem Dilemma, mit einer auf das Heizen bezogenen Kostensenkung einen Auszug aus Wohnungen mit meist sehr geringen Kaltmieten zu erzwingen, was insgesamt gesehen teurer werden dürfte, als den Heizstrom zu übernehmen.
Bei voller Strombeheizung wegen einer Energiesperre oder eines Defekts der regulären Heizung müssen keine Kosten übernommen werden. Der Kostenübernahme ist über ein Darlehen nach § 22 Abs. 8 SGB II oder eine Mängelanzeige beim Vermieter zu begegnen (s. dazu AG Charlottenburg vom 7.6.2013 – L 16 C 7/13).
Schwierig ist mangels gesonderter Zähler die Erfassung des nur auf das Heizen bezogenen Stromverbrauchs. Liegen keine Anhaltspunkte

für unwirtschaftliches Heizen vor, können die laufenden Stromabschläge in voller Höhe abzüglich des im Regelbedarf enthaltenen Anteils für Haushaltsenergie (s. dazu Tabelle → S. 135) übernommen werden (BayLSG vom 7.10.2013 – L 7 AS 644/13 B ER). Wird ein Mehrbedarf für Warmwasserstrom nach § 21 Abs. 7 SGB II gewährt, ist dieser Betrag zusätzlich abzuziehen.

Separater Heizstrahler

Muss die Wohnung mangels Ofen oder Heizkörper zum Teil mit separatem Heizstrahler beheizt werden, gehört dieser Energieanteil ebenfalls zu den Heizkosten nach § 22 Abs. 1 SGB II. Sind keine Einzelzähler vorhanden, können die nach der Wattzahl des Geräts und der durchschnittlichen Gebrauchsdauer ermittelten Werte zu Grunde gelegt werden (SG Hamburg vom 30.3.2005 – S 59 AS 107/05 ER; SG Berlin vom 18.8.2006 – S 37 AS 5719/05; LSG Sachsen vom 15.2.2010 – L 3 AS 598/09 B PKH; BSG vom 10.5.2011 – B 4 AS 100/10 R). Zulässig ist auch ein auf die Quadratmeter des Raumes bezogener KW-Wert (vgl. Sozialhilfe-Richtlinien der Stadt Stralsund). Sind die für das Heizen angefallenen Kosten nicht genau zu ermitteln, kommt eine Schätzung in Betracht (LSG Berlin-Brandenburg vom 24.11.2010 – L 10 AS 2064/10 B PKH; LSG Baden-Württemberg vom 2.3.2011 – L 2 SO 4920/09).

Pauschalabzug in Höhe der Haushaltsenergie

Ist eine seriöse Schätzung nicht möglich, kommt zur Abgrenzung des Heizungsstroms vom Haushaltsstrom nur eine Kürzung des tatsächlichen Stromabschlags, der an den Energieversorger zu zahlen ist, um die im Regelbedarf enthaltene Haushaltsenergie-Pauschale (s. dazu Tabelle → S. 129) in Betracht.

Anhaltspunkt für ein unwirtschaftliches Heizen ist die Verwendung verbrauchsintensiver Heizlüfter statt Ölradiatoren oder der Dauerbetrieb von Heizlüftern in nur gelegentlich genutzten Räumen.

III Heizkosten bei selbst zu bestückender Heizung

Richtverbrauchswerte

Kniffelig ist die Beurteilung der Angemessenheit von Heizkosten, wenn der Leistungsberechtigte das Heizmaterial beschaffen muss. Die Jobcenter behelfen sich mit Erfahrungswerten aus der früheren Sozialhilfe (s. dazu LSG Baden-Württemberg vom 2.3.2011 – L 2 SO 4920/09). Auch insoweit gilt aber, dass die bei wirtschaftlichem Heizverhalten benötigten Aufwendungen als Heizkosten zu übernehmen sind, auch wenn sie über den Richtverbrauchswerten liegen (SG Würzburg vom 7.11.2005 – S 16 AS 146/05: Heizölmenge; SG Berlin vom 10.1.2006 – S 37 AS 10707/05 ER: Kohlenmenge).
Eine Raumtemperatur am Tag von 22°C (für Bad und Toilette) und von 20°C für die übrigen Räume muss bei der Bemessung des benötigen Brennmaterials als gewöhnliches, am zeitgemäßen Wohnstandard orientiertes Heizverhalten angesetzt werden (AG Köpenick vom 7.9.2010 – 5 C 64/09; LG Berlin vom 8.6.2012 – 63 S 423/11). Leis-

tungsberechtigten einen »warmen Pullover« zu empfehlen, ist reiner Populismus:

> »Es kommt hinzu, dass die Argumentation des SG vom Antragsteller nur als zynisch empfunden werden kann. Es geht hier ausschließlich um die das Sozialrechtsverhältnis zwischen den Beteiligten bestimmenden Kosten für Unterkunft und Heizung. Diese Aufwendungen stehen nicht zur Disposition des Antragstellers, (wie z.B. Ausgaben für Essen und Trinken), weil er entsprechende Beträge monatlich an den Vermieter bzw. an den Stromlieferanten abführen muss. Das SG geht offenbar davon aus, dass ein über Art 1 GG als Existenzminimum gewährleistetes Wohnen nur ›ein Dach über den Kopf‹ bedeutet, nicht aber auch das Wohnen in Räumen mit einer angemessenen Raumtemperatur (so aber die Rechtsprechung des Senats: Beschluss vom 28. Mai 2009 – L 7 AS 546/09 ER). Das SG mutet faktisch dem Antragsteller zu, dass er im jetzigen Winter jeden Tag für ein paar Stunden in seiner Wohnung im Kalten sitzen soll, obwohl er die Abschläge ungekürzt an den Stromlieferanten in der Höhe abführen muss, als ob er in beheizten Räumen wohnen würde«. (LSG Niedersachsen-Bremen vom 24.2.2010 – L 7 AS 1446/09 B ER).

BSG

Nachforderungen für Brennmaterial können nach der BSG-Rechtsprechung zum Heizkostenspiegel anhand der Werte für ›sehr hohen‹ Verbrauch gedeckelt werden (LSG Sachsen-Anhalt vom 18.9.2009 – L 5 B 593/08 AS ER, mit Vorgaben zur Berechnung der Grenzwert-Heizölmenge bei einem Einfamilienhaus).

Nicht nur für Heizperiode

Der Leistungsberechtigte kann nicht darauf verwiesen werden, Brennmaterial gebe es nur von Oktober bis April, wenn nach der Wettersituation in einem Haus mit Zentralheizung eine Pflicht des Vermieters besteht, die Heizung wieder anzumachen. Das ist nach der Rechtsprechung der Fall, wenn die Zimmertemperatur tagsüber unter 18 Grad absinkt und dies nach Wetterlage auch an den nächsten zwei Tagen zu erwarten ist. Bei Absinken unter 16 Grad muss sofort geheizt werden, um Gesundheitsgefahren abzuwehren (LG Göttingen vom 10.2.1988 – 2 S 160/87; LG Berlin vom 5.1.2010 – 65 T 162/09). In solchen Situationen muss Brennmaterial nach § 22 Abs. 1 SGB II übernommen werden.

Nothilfe

Sind die Heizkosten zulässig auf einen Höchstwert für angemessenes Heizen gesenkt worden (s. dazu → S. 203 ff.), muss bei Erschöpfung von Brennstoff in der Heizperiode oder bei einem Wettereinbruch dennoch geholfen werden. Nach BayLSG vom 27.4.2012 – L 7 AS 241/12 B ER und vom 25.2.2015 – L 7 AS 125/15 B ER ist dann jedenfalls ein Darlehen in analoger Anwendung von § 22 Abs. 8 SGB II oder die Übernahme der Kosten für weiteren Brennstoff vorläufig nach § 40 Abs. 2 Nr. 1 SGB II i.V.m. § 328 Abs. 1 Satz 1 Nr. 3 SGB III zu gewähren.
Bei Zweifeln an der Hilfebedürftigkeit kann das Jobcenter auch eine dingliche Sicherung für eine darlehensweise angebotene Heizungsbeihilfe verlangen (s. dazu LSG NRW vom 15.3.2012 – L 19 AS 298/12 B ER).

Keine Umlegung auf monatliche Verbrauchswerte

Nach BSG vom 16.5.2007 – B 7b AS 40/06 R und vom 29.11.2012 – B 14 AS 36/12 R sind die Heizkosten zu übernehmen, wenn und soweit sie benötigt werden. Maßgeblich ist der Monat, indem die Brennstoffrechnung fällig wird (LSG Thüringen vom 29.1.2014 – L 4 AS 1680/12). Eine ganzjährige Übernahme in Form von monatlichen Pauschalen ist unzulässig (so auch BayLSG vom 20.12.2011 – L 11 AS 608/09; zum Kinderzuschlag nach § 6a BKGG s. LSG Niedersachsen-Bremen vom 9.7.2014 – L 13 BK 20/09). Dies kann im Einzelfall dazu führen, dass nur in dem Monat, in dem Brennstoff benötigt wird, Hilfebedürftigkeit besteht. Wurden dennoch Pauschalen gewährt, die aber nicht zum Kauf von Brennmaterial genutzt wurden, können die Pauschalen von den zu übernehmenden Brennstoffkosten abgezogen werden (LSG Mecklenburg-Vorpommern vom 18.12.2008 – L 8 AS 30/07; LSG Sachsen-Anhalt vom 18.6.2009 – L 5 AS 179/07).

Nur bei laufendem Hilfebedarf

Das LSG Baden-Württemberg vom 24.4.2009 – L 12 AS 4195/08 knüpft die Gewährung von Einmalleistungen für Brennstoff an einen laufenden Hilfebedarf, zu ermitteln anhand einer Umlegung der Beschaffungskosten auf die Monate, für die das Heizmaterial vorgesehen ist (ebenso SG Dresden vom 16.2.2015 – S 48 AS 6069/12).

Verweis auf Ansparen

Häufig begründen Jobcenter die Ablehnung einer Kostenübernahme in solchen Fällen mit dem Anspargedanken in § 20 Abs. 1 Satz 4 SGB II. Das ist nicht haltbar, weil das SGB II selbst bei schuldhafter Verursachung eines Hilfebedarfs keine Leistungsversagung kennt. Reicht das laufende Einkommen nicht, um zumindest den monatlichen Bedarf für das Heizen zu sichern, müssen die Heizkosten nach § 22 Abs. 1 SGB II übernommen werden.

Kohleöfen

Bei Kohleöfen wird in der Praxis für die Monate der Heizperiode (Oktober bis April) eine Brennstoffhilfe gewährt, nach Preisen, wie sie bei Kellereinlagerung oder Einzelkauf entstehen. Ist eine Kellereinlagerung möglich, wird dem Leistungsberechtigten eine Einmalzahlung zu Beginn der Heizperiode gewährt, um den Frühkaufrabatt nutzen zu können.

Kostenübernahme nach Lieferung

Nach BSG vom 16.5.2007 – B 7b AS 40/06 R ist das Jobcenter im Regelfall nicht verpflichtet, vor der Brennstofflieferung eine Kostenübernahmeerklärung abzugeben. Wird aber nur gegen Barzahlung geliefert oder kauft der Leistungsberechtigte mangels Lagermöglichkeit Kleinmengen an Kohle und Anmachholz, müssen die dazu erforderlichen Geldmittel als einmalige Brennstoffhilfe, ggf. zunächst als Darlehen, zur Verfügung gestellt werden (LSG Sachsen-Anhalt vom 18.9.2009 – L 5 B 593/08 AS ER). Der Bewilligungsbescheid kann mit einer Zweckbindung (§ 47 SGB X) und der Auflage einer Rechnungsvorlage erteilt werden.

Nur bei Nachweis des Bedarfs

Das Jobcenter kann verlangen, dass der Bedarf an Brennstoff, für den die Kosten übernommen werden sollen, nachgewiesen wird. Wird dazu eine Außenprüfung (Hausbesuch) angekündigt, muss der

Leistungsberechtigte diese nicht dulden, verliert aber ggf. seinen Anspruch auf Kostenübernahme (LSG Sachsen vom 21.10.2013 – L 3 AS 1428/13 B ER: Antrag auf Kostenübernahme für 20 Raummeter Brennholz).

... und nur für gegenwärtigen Heizbedarf

Wurde das Brennmaterial vor Eintritt der Hilfebedürftigkeit schon gekauft und bezahlt, besteht kein Anspruch auf Kostenübernahme (BSG vom 16.5.2007 – B 7b AS 40/06 R und – B 11b AS 39/06 R). Steht nur die Bezahlung noch aus, kommt allenfalls unter der Voraussetzung des § 22 Abs. 8 SGB II eine Schuldübernahme in Betracht (BSG vom 16.5.2007 – B 7b AS 40/06 R). Anrechenbares Einkommen kann der Leistungsberechtigte nicht um Kosten mindern, die er vor dem Einkommenszufluss für den Kauf von Brennstoff aufgewandt hatte (LSG NRW vom 15.3.2012 – L 19 AS 1954/11 NZB).

Kehrpflicht und Reinigung

Sind die Kosten für das Kehren des Kamins (zur Kehrpflicht s. VGH Baden-Württemberg vom 9.1.2008 – 6 S 1089/07) vom Mieter zu tragen, gehören sie zu den Heizkosten nach § 22 SGB II. Die Kosten für die notwendige Reinigung eines Kachelofens (Entfernung von Glanzruß) sind als Heizkosten zu übernehmen, wenn die Wohnung nur mit dem Kachelofen beheizt werden kann oder diese Beheizung die wirtschaftlichere ist.

Rußschaden

Ist der Austritt von Ruß in der Wohnung des Mieters weder auf eine Untätigkeit des Vermieters nach Meldung einer Funktionsstörung noch auf ein pflichtwidriges oder unsachgemäßes Verhalten des Schornsteinfegers zurückzuführen, muss der Mieter dafür aufkommen (s. dazu BGH vom 1.6.2011 – VIII ZR 310/10). Renovierungskosten im notwendigen Umfang können dann ggf. einen Unterkunftsbedarf nach § 22 SGB II begründen (näher dazu Kapitel F).

Ölheizung

Muss der Leistungsberechtigte nach dem Mietvertrag für den Betrieb der Heizanlage aufkommen, umfasst der laufende Anspruch auf Kostenübernahme die für die Heizung aufzuwendenden Stromkosten (Umwälzpumpe). Kosten für die Wartung sind als Einmalleistung nach Durchführung der Wartungsarbeit zu übernehmen.

Befüllung Öltank

Muss der Leistungsberechtigte für die Befüllung eines Öltanks sorgen, hat er nach Lieferung und Bezahlung des Heizöls Anspruch auf Kostenübernahme (BSG vom 16.5.2007 – B 7b AS 40/06 R). Nach LSG Sachsen-Anhalt vom 18.9.2009 – L 5 B 593/08 AS ER kann das Jobcenter den Leistungsberechtigten nicht darauf verweisen, erst bei Anbruch der Heizperiode im Oktober den Tank füllen zu lassen; dies widerspräche einer wirtschaftlichen Einkaufsweise.

Eilverfahren

Steht dem Leistungsberechtigten für das Beheizen seiner Wohnung nur noch für wenige Tage Heizöl zur Verfügung und hilft das Jobcenter nicht, kann er beim Sozialgericht die Übernahme der Kosten für den notwendigen Mindestbedarf an Heizöl im einstweiligen Rechtsschutz erreichen. Hierzu muss der nur noch wenige Tage reichende Öl-Vorrat nachgewiesen werden (s. dazu LSG NRW vom 15.11.2010 – L 7 AS

1911/10 B ER). Das LSG NRW, a.a.O. hat auf eine Befüllung nach dem geschätzten Jahresverbrauch (1.100 Liter) erkannt, aber offen gelassen, ob das Jobcenter den Beschluss mit einem Zuschuss oder einem Darlehen umsetzt. Das müsse im Hauptverfahren entschieden werden. Eine besondere Eilbedürftigkeit, um den Anspruch im Streitfall vor Gericht durchzusetzen, sieht das BayLSG vom 10.8.2009 – L 7 AS 518/09 B ER in den Sommermonaten nicht.

Bevorratungsmenge

Das Jobcenter kann die Kostenübernahme auf die Menge begrenzen, die im jeweiligen Bewilligungsabschnitt wahrscheinlich gebraucht wird (LSG Sachsen-Anhalt vom 18.9.2009 – L 5 B 593/08 AS ER; LSG Sachsen vom 30.5.2011 – L 3 AS 342/11 B ER). Als Verbrauchsrichtwert bietet sich die in den Vorjahren des Leistungsbezugs im Durchschnitt benötigte Heizölmenge zu dem zum Zeitpunkt der Hilfebedürftigkeit maßgebenden Literpreis an (LSG Niedersachsen-Bremen vom 2.2.2006 – L 8 AS 439/05 ER, das die Angemessenheit des ermittelten Vorjahresverbrauchs anhand des Links http://www.co2online.de/heiz_check.0.html kontrolliert; SG Dresden vom 31.8.2005 – S 21 AS 701/05 ER: Flüssiggas). Scheidet der Leistungsbezieher zu einem bestimmbaren Zeitpunkt aus dem Leistungsbezug aus (z. B. bei Erreichen der Altersgrenze), kann die Übernahme der Heizkosten auf den Zeitraum bis zum Wegfall des Alg II-Anspruchs begrenzt werden (LSG Sachsen-Anhalt vom 12.3.2012 – L 5 AS 87/12 B ER). Ergibt sich daraus eine so geringe Menge an Brennstoff, dass dafür nicht oder nur zu einem unverhältnismäßig hohen Preisaufschlag geliefert wird, ist für den außerhalb des Leistungszeitraums liegenden Teil ein Darlehen zu gewähren.

Jahreszeitraum

Lässt sich noch nicht abschätzen, welche Heizölmenge bei wirtschaftlichem Heizverhalten benötigt wird oder liegen Anhaltspunkte für einen zu hohen Verbrauch vor, kann die Heizölmenge vorerst mit einem abstrakt angemessenen Jahresrichtwert (orientiert am Wert aus dem Heizspiegel mit der geringsten qm-Zahl) angesetzt und anhand der Gradtagstabellen nach DIN 4713 auf den benötigten Verbrauchszeitraum heruntergebrochen werden.

Beispiel

Eine aus vier Personen bestehende BG ist mit Zustimmung des Jobcenters im Juli in ein Haus mit einer Wohnfläche von 115 qm eingezogen. Laut Mietvertrag sind sie für die Beschaffung des Heizöls selbst verantwortlich. Warmwasser wird mit einem Durchlauferhitzer erzeugt. Bei Einzug war der Tank noch halb voll. Am 23. Januar geht das Heizöl zur Neige. Da noch keine Zahlen über den benötigten Ölverbrauch vorliegen, berechnet das Jobcenter die für den Zeitraum Februar bis April erforderliche Heizölmenge nach der Formel:

Angemessener Jahresverbrauch	x	Anteil Gradtagszahl
1.300 l + (3 x 390 l)		(150 + 130 + 80) : 1.000

Überschießender Vorrat

Hat der Leistungsberechtigte zur Erlangung eines Mengenrabatts mehr getankt, als er im laufenden Bewilligungsabschnitt benötigt, kann bei voraussichtlichem Verbleib im Hilfebezug auch eine Jahresverbrauchsmenge (§ 41 Abs. 1 Satz 2 SGB II) übernommen werden. Vor Bestellung des Brennmaterials sollte das Jobcenter zu einer Kostenübernahme in diesem Umfang befragt werden.

Nur für Leistungsberechtigte

Leben in einer BG Personen, die keinen Anspruch auf SGB II-Leistungen haben, kann das Jobcenter das Heizmaterial aufteilen und nur den für die Leistungsberechtigten bestimmten Teil übernehmen. Hierbei ist kopfteilig vorzugehen, es sei denn, die Bewohner des Hauses haben eine zulässige Abweichung vom Kopfteilprinzip vereinbart (BSG vom 29.11.2012 – B 14 AS 36/12 R). Gegebenenfalls können die von SGB II-Leistungen Ausgeschlossenen (z.B. Altersrentner) in dem Monat, in dem das Heizmaterial beschafft werden muss, einen aufstockenden Anspruch gegen den SGB XII-Träger haben (vgl. dazu SG Leipzig vom 4.3.2009 – S 19 AS 473/09 ER; BayLSG vom 27.4.2012 – L 7 AS 241/12 B ER; s. a. LSG NRW vom 5.1.2010 – L 12 B 87/09 SO NZB).

Vorherige Zusicherung

Zusichern muss das Jobcenter eine Kostenübernahme nur, wenn der Heizmittellieferant nur gegen Barzahlung liefert oder die Zahlungsfähigkeit des Kunden bezweifelt (BSG vom 16.5.2007 – B 7b AS 40/06 R; weitergehend SG Leipzig vom 23.7.2007 – S 19 AS 1077/07 ER: bei Zahlungsfrist des Lieferanten von 8 Tagen nach Lieferung). Möglich ist auch die Bewilligung eines einmaligen, zum Zweck des Brennstoffkaufs gewährten Zuschusses.

Ersatzanspruch

Hat das Jobcenter die – rechtzeitig beantrage – Zusicherung zu Unrecht verweigert und musste der Leistungsberechtigte deshalb mit eigenen Mitteln (Schonvermögen, Verschuldung) in Vorleistung gehen, hat er Anspruch auf Kostenübernahme zuzüglich etwaiger Zusatzkosten (LSG Sachsen-Anhalt vom 12.8.2010 – L 5 AS 135/10 B ER). Er kann diese Kosten aber nur ersetzt bekommen, wenn er die dazu nötigen Nachweise (z.B. Rechnungen) bringt (s. dazu LSG Baden-Württemberg vom 26.3.2014 – L 2 AS 104/14). Voraussetzung für einen Kostenersatz ist außerdem, dass keine Überversorgung mit Brennstoff erfolgte (vgl. dazu LSG Sachsen vom 21.10.2013 – L 3 AS 1428/13 B ER).

Teilrückzahlung bei Wegfall der Hilfebedürftigkeit?

Aus dem strengen Gegenwärtigkeitsprinzips bei der Übernahme von Brennstoffkosten folgt, dass der Leistungsberechtigte keinen Teil der Kosten zurückzuzahlen hat, wenn er früher als erwartet aus dem Leistungsbezug ausscheidet (a. A. SG Lüneburg vom 17.11.2008 – S 25 AS 1615/08 ER). Das Interesse an einer sparsamen Mittelverwendung ist dadurch gewahrt, dass das Jobcenter die Kostenübernahme bei zu erwartender Überwindung der Hilfebedürftigkeit auf kürzere Zeiträume beschränken kann. Um den Vorteil eines Mengenrabattkaufs nicht zu verlieren, kann es für die über den bewilligten Verbrauchszeitraum hinaus bestellten Brennstoffe ein Darlehen gewähren, das nach Ende des Leistungsbezugs in dem Umfang zurückzuzahlen ist, für den Brennstoff außerhalb des Leistungszeitraums gekauft wurde.

Übernahme der Restmenge durch Vermieter

Ziehen Leistungsberechtigte um, bevor das vom Jobcenter bezahlte Brennmaterial verbraucht ist, müssen sie ihren Anspruch auf Übernahme der Restmenge vom Vermieter oder einem Nachmieter geltend machen. Der Vermieter ist zur Übernahme verpflichtet (LG Freiburg vom 20.4.1982 – 9 S 380/81), es sei denn, er kann wegen Änderung der Heizanlage nichts mehr mit dem Brennmaterial anfangen (LG Stuttgart vom 30.10.1990 – 16 S 248/90).

Vermieterpfandrecht

Übt der Vermieter an den Sachen des Mieters ein Pfandrecht aus, ist er verpflichtet, vom Mieter bei Vertragsende zurückgelassene Gegenstände, auch Flüssigkeiten in auf dem Grundstück befindlichen Tankbehältern, in seine Obhut zu nehmen und für den Mieter zu verwahren (OLG Brandenburg vom 28.4.2010 – 3 U 122/09).

IV Welche Heizkosten sind angemessen?

Teufelskreis

Wie oben (→ S. 103) gezeigt, lassen sich in Mietwohnungen mit Zentralheizung – dem für Leistungsberechtigte häufigsten Wohnungstyp – trotz sparsamen Heizens nur bedingt geringere Heizkosten erreichen. Werden die Kaltmieten knapp bemessen, kann der Ansatz niedriger Richtwerte für das Heizen eine Abwärtsspirale auslösen: Denn oft sind Wohnungen im Marktsegment »einfacher Standard in einfacher Lage« nicht modernisiert und auch nicht energieeffizient (z. B. keine Thermofenster, keine Kaltwasserzähler, alte Technik). Bei Zusammentreffen von alter Heiztechnik mit schlechter Bausubstanz führt der dann häufig vorgeschriebene 70%-Verbrauchsanteil nach § 7 der HeizkostenVO 2009 zu einem zu hoch bewerteten Verbrauch mit einer entsprechend hohen Heizkostenrechnung (LSG Sachsen-Anhalt vom 12.3.2012 – L 5 AS 87/12 B ER).

Keine mietrechtlichen Ansprüche

Direkte Ansprüche gegen den Vermieter, die Heizanlage auf den neuesten Stand der Technik bringen zu lassen, gibt es nicht (vgl. LG Berlin vom 9.11.2010 – 65 S 435/09; BGH vom 18.12.2013 – XII ZR 80/12). Liegt nach Art und Beschaffenheit der Heizung weder ein Verstoß gegen das Wirtschaftlichkeitsgebot vor noch ein technisch bedingter Mehrverbrauch, kann der Mieter den Vermieter auch nicht wegen überhöhter Heizkosten in Anspruch nehmen (AG Krefeld vom 27.5.2011 – 11 C 524/07; KG Berlin vom 21.5.2012 – 8 U 217/11; LG Berlin vom 8.6.2012 – 63 S 423/11). Das gilt nicht, wenn trotz Einhaltung technischer Standards der Heizanlage keine ausreichenden Raumtemperaturen erreicht werden oder es zu Feuchtigkeits- oder Schimmelschäden kommt (LG Berlin vom 29.6.2010 – 63 S 540/09).

Heizkosten, die nur deshalb entstehen, weil der Vermieter zumutbare Maßnahmen zur zumindest teilweisen Optimierung einer betagten Heizanlage unterlässt, können ggf. Einwände gegen die Heizkostenabrechnung begründen (→ S. 335).

Feste Werte für angemessenes Heizen ließen sich daher nur unter Bezugnahme auf den konkreten Bauzustand und die jeweilige Wohnungslage festlegen, was mit einem nicht zu bewältigenden Ermittlungsaufwand verbunden wäre. Soll dieser vermieden werden, kann nur mit Höchst-Toleranzwerten gearbeitet werden, bei deren Unterschreitung die Angemessenheit der tatsächlichen Kosten unterstellt wird (BSG vom 4.6.2014 – B 14 AS 53/13 R) und bei Überschreitung im Einzelfall zu ermitteln ist, ob dennoch, gemessen an den konkreten Wohnverhältnissen, wirtschaftlich geheizt wird.

Toleranzwerte

Außerdem müssen auch die persönlichen Verhältnisse des Leistungsberechtigten und seiner Familie, z.B höherer Wärmebedarf von Kleinkindern oder wegen Krankheit oder Behinderung, bei der Angemessenheit berücksichtigt werden (BSG vom 20.8.2009 – B 14 AS 65/08 R und vom 12.6.2013 – B 14 AS 60/12 R).

Mehrbedarf

Nach BSG vom 2.7.2009 – B 14 AS 36/08 R können als Toleranzwerte die Heizkosten bis zu den Grenzwerten »sehr hoher Verbrauch« in den von der co2online gGmbH in Kooperation mit dem Deutschen Mieterbund erstellten, vorrangig kommunalen oder, wenn diese für das Gebiet des zuständigen Jobcenters fehlen, dem bundesweiten Heizspiegel ohne nähere Prüfung der Verbrauchsursachen übernommen werden. Die Heizspiegelwerte ab 2014 sind um die eingearbeiteten Werte für den Warmwasserverbrauch zu bereinigen. Für die Bestimmung des Toleranzwerts auf Grund der Heizspiegel sind also zunächst die Heizart und die insgesamt zu beheizende Fläche des Hauses zu ermitteln (zur maßgebenden Gebäudefläche s. LSG Berlin-Brandenburg vom 1.3.2012 – L 34 AS 950/11), in dem die Wohnung gelegen ist. Danach ist ein Produkt zu bilden aus der für die jeweilige BG angemessenen Wohnfläche und den Werten, ab denen die Heizkosten pro Quadratmeter nach dem (kommunalen oder bundesweiten) Heizspiegel für die jeweilige Energieart (Öl, Gas, Fernwärme) als »sehr hoch« angesehen werden (rechte Spalte des Heizspiegels).

Heizspiegelwerte

K. bewohnt im Jahr 2013 eine 56 qm große Wohnung in einem Wohnblock, der 900 qm vermietete Wohnfläche umfasst. Das Objekt wird mit Fernwärme beheizt. Die monatliche Heizkostenvorauszahlung beträgt 73 €. Der Tabellenwert in der rechten Spalte für Fernwärme-Heizungsanlagen und einer beheizten Wohnfläche zwischen 501 und 1000 qm beträgt für 2013 21,80 €. Multipliziert mit der für eine Einpersonen-BG angemessenen Wohnungsgröße von 50 qm ergibt das einen Jahreswert von 1090 €, aufgeteilt auf 12 Monate 90,83 €. Der Abschlag von 73 € liegt unterhalb dieses Höchstwertes, ist also angemessen und folglich vom Jobcenter zu übernehmen.

Beispiel

Es ist noch nicht geklärt, ob die Heizspiegel-Werte auch dann bis zu dem als »sehr hoch« eingestuften Wert eine abstrakte Nichtprüfungsgrenze markieren, wenn das Gebäude, in dem der Leistungsberechtigte wohnt, energieeffizient modernisiert wurde oder neueren Baujahrs ist. Legt man für neuere oder energetisch sanierte Gebäude den

Ungeklärte Rechtfrage

Heizspiegelwert für »mittleren« Verbrauch zugrunde (so z. B. das Jobcenter München), schadet das insofern nicht, als ein Überschreiten dieses Wertes auch dann zunächst nur die Prüfung auslöst, auf welchen Ursachen der tatsächliche Mehrverbrauch beruht. Die Heizkosten dürfen nicht gleich auf den mittleren Wert gekürzt werden.

Wer ist nachweispflichtig?

Bei Überschreitung der Heizspiegelwerte mit der Nichtprüfungsgrenze für »zu hohen« Verbrauch, obliegt es dem Leistungsberechtigten, Ursachen für den noch höheren Verbrauch darzulegen (BSG vom 12.6.2013 – B 14 AS 60/12 R). Senkt das Jobcenter die Nichtprüfungsgrenze, muss es vor einer Kostensenkung den Gründen für den höheren Verbrauch nachgehen. Das Überschreiten der mittleren Heizspiegelwerte ist allein noch kein Indiz für unangemessenes Heizen i. S. eines unwirtschaftlichen Umgangs mit Heizenergie.

Fiktive Heizspiegelwerte?

Für Einzelöfen und Gasetagenheizungen sind die Werte der co2gGmbH von vornherein nicht anzuwenden (SG Stuttgart vom 22.6.2012 – S 18 AS 2968/12 ER).
Dasselbe gilt für Heizungen in Gebäuden mit einer Wohnfläche unter 100 qm (SG Lüneburg vom 16.2.2010 – S 45 AS 34/10 ER).
Heizungsanlagen, die mit Strom, Kohle, Holz, Solarenergie etc. betrieben werden, sind in den Heizspiegeln gar nicht aufgeführt.

Ohne darüber schon entschieden zu haben, hat das BSG vom 12.6.2013 – B 14 AS 60/12 R angedeutet, dass als Toleranzwerte für Wohnungen mit Einzelöfen und Etagenheizungen die Werte des Heizspiegels für die Gebäudefläche 100 bis 250 qm denkbar seien, für Heizungen mit anderen Energiequellen könne der jeweils kostenaufwändigste Energieträger des Heizspiegels vergleichend zugrunde gelegt werden.

Abstrakte Nichtprüfungsgrenzen

Um Leistungsberechtigte in Wohn- bzw. Heizsituationen, die im Heizspiegel nicht geregelt sind, nicht schlechter zu stellen, muss auch hier eine Prüfung der Angemessenheit der Heizkosten erst nach Überschreitung abstrakt festgelegter Werte für einen zu hohen Energieverbrauch einsetzen.

Gasetagenheizung/Einzelölofen

Für Gasetagenheizungen und einzeln zu betankende Ölöfen ist der entsprechende Heizspiegelwert für zentral beheizte Wohnungen mit der Gebäudefläche 100 – 250 qm eine vertretbare Nichtprüfungsgrenze.

Holz-/Kohleofen

Für Holz- und Kohleöfen können allgemeine Erfahrungswerte (ausgewiesen in regionalen Arbeitshinweisen zur Brennstoffhilfe) herangezogen werden, wobei zu beachten ist, dass sie nicht als Grenzwert für eine Heizkostenübernahme verabsolutiert werden dürfen.

Nachtspeicherofen

Die abstrakte Nichtprüfungsgrenze der Kosten von Nachtspeicherheizungen ergibt sich aus den bei den örtlichen Energieversorgern abzufragenden, durchschnittlichen Stromverbrauchszahlen, gestaffelt nach der Wohnungsgröße. In Wohnungen mit niedriger Energieeffizienz sind angemessene Aufschläge zu gewähren, ggf. ist ein Gutachten einzuholen.

Wärmegutachten

Bei anderen Heizarten oder sonstigen Besonderheiten muss im Zweifelsfall ein Wärmegutachten erstellt werden (LSG Sachsen-Anhalt vom 12.3.2012 – L 5 AS 87/12 B ER).

Keine Pauschalierung

Pauschalen, ermittelt aus den Durchschnittsmieten aller örtlichen Baugruppen, berechtigen das Jobcenter auch im Rahmen einer Satzung nach § 22a SGB II nicht zu einer Kürzung der tatsächlich anfallenden Heizkosten. Solche Werte sind viel zu ungenau; sie verletzen die verfassungsrechtlich unabdingbare Pflicht zur Sicherung des physischen Existenzminimums (BayLSG vom 12.3.2007 – L 7 B 110/07 AS ER; LSG NRW vom 23.5.2007 – L 20 B 77/07 AS ER).
Pauschalen auf dieser ungenauen Basis können nur dem Zweck dienen, die Angemessenheit einer neuen Wohnung zu prüfen, in die der Leistungsberechtigte einziehen will (vgl. dazu LSG Berlin-Brandenburg vom 12.3.2009 – L 34 AS 336/09 B ER; SG Frankfurt (Oder) vom 29.10.2012 – S 21 AS 2212/12 ER).

Keine Kürzung nach Wohnfläche

Die tatsächlichen Heizkosten bei Wohnungen mit einer unangemessenen Wohnfläche dürfen nicht auf die anerkannte Höchstwohnfläche nach der Formel

[Heizkosten : Gesamtfläche x angemessene Wohnfläche]

gekürzt werden. Eine solche Kürzung widerspräche der Produkttheorie (LSG Sachsen vom 24.10.2006 – L 3 B 158/06 AS ER). Liegen die Heizkosten noch innerhalb des Heizspiegel-Grenzwertes (HG), errechnet nach der Formel

(HG pro qm x angemessene Wohnfläche)

muss das Jobcenter die Kosten voll übernehmen (BSG vom 2.7.2009 – B 14 AS 36/08 R). Aus dem Urteil des BSG vom 13.4. 2011 – B 14 AS 32/09 R kann nicht hergeleitet werden, dass die tatsächlichen Heizkosten nur bis zur Obergrenze aus dem Produkt des Wertes für sehr hohe Heizkosten mit der **tatsächlichen** Wohnfläche (auch wenn diese unter der maßgebenden Wohnflächengrenze liegt) zu übernehmen sind (so aber LSG Niedersachsen-Bremen vom 9.7.2012 – L 7 AS 883/ 11; richtig dagegen LSG NRW vom 14.5.2012 – L 19 AS 2007/11).

Liegen die Heizkosten wegen besonderer Verhältnisse trotz wirtschaftlichen Heizens oberhalb der HG-Grenzwerte, müssen sie im Fall einer Wohnung mit einer unangemessen großen Wohnfläche im Verhältnis der tatsächlichen Wohnungsgröße zur angemessenen Wohnungsgröße bis zur Prüfung einer Kostensenkung übernommen werden (LSG Niedersachsen-Bremen vom 21.11.2011 – L 11 AS 1063/ 11 B ER).

Mehrbedarf

Heizkosten oberhalb der HG-Grenzwerte aufgrund von persönlichen oder gesundheitlichen Besonderheiten (z. B. auszehrende Erkrankungen ggf. verbunden mit Kachexie, Bettlägerigkeit oder sonstiger weit gehender Immobilität) müssen nicht dauerhaft übernommen werden. Wie im Fall unangemessen hoher Heizkosten wegen des Alters der Heizanlage oder der schlechten Bausubstanz darf das Jobcenter prüfen, ob ein Wohnungswechsel zumutbar ist, und wenn ja, ob damit unter Einbeziehung aller KdU-Bedarfe die Hilfebedürftigkeit verringert wird. Das wäre beispielsweise nicht der Fall, wenn die Wohnung trotz des hohen Heizbedarfs insgesamt weniger Miete kostet als eine energetisch sanierte oder eine Neubauwohnung, bei der die hohe Bruttokaltmiete die geringeren Heizkosten auffrisst.

Näher zum Kostensenkungsverfahren → S. 201.

Beweislast-umkehr?

Übersteigen die tatsächlichen Heizkosten die jeweils einschlägige (abstrakte) Nichtprüfungsgrenze, begründet das unserer Auffassung nach erst dann einen, im Zweifel vom Leistungsberechtigten zu beweisenden, konkret angemessenen Mehrbedarf, wenn Besonderheiten aus seiner persönlichen Sphäre geltend gemacht werden. Ansonsten (Prüfung baulicher oder besonderer örtlicher Gegebenheiten) bleibt es bei der Amtsermittlungspflicht der Behörden ggf. der Gerichte.

Verbundanlagen

Liefert die Heizungsanlage auch das warme Wasser, ist zusätzlich ein Nichtprüfungsgrenzwert für den Warmwasserverbrauch zu bestimmen. Werden Heiz- und Warmwasserkosten – seit 2014 grundsätzlich vorgeschrieben – getrennt voneinander abgerechnet, kann dementsprechend eine getrennte Angemessenheitsprüfung erfolgen. Wird der Energieverbrauch für Heizung und Warmwasser gemeinsam abgerechnet, wie z.B. bei der Kombi-Gastherme, ist der Nichtprüfgrenzwert für das Heizen um den Grenzwert für Warmwasser zu erhöhen. Eine Erhöhung um die Pauschalen nach § 21 Abs. 7 SGB II ist nicht sachgerecht, weil mit der gemeinsamen Abrechnung bzw. dem gemeinsamen Abschlag ein konkret gemessener und vorgegebener Bedarf besteht.

Zur Angemessenheit der Kosten für Warmwasser → S. 131 ff.

E Bedarf für die Warmwassererzeugung

I Vorgeschichte

§ 20 Abs. 1 SGB II in der bis 31.12.2010 geltenden Fassung bestimmte:

> »Die Regelleistung zur Sicherung des Lebensunterhalts umfasst insbesondere Ernährung, Kleidung, Körperpflege, Hausrat, Haushaltsenergie ohne die auf die Heizung entfallenden Anteile ...«

Bis 2010 Regelleistungsanteil

Haushaltsenergie zur Erzeugung von Warmwasser gehörte demnach zur Regelleistung. Ob das stimmte, hatte LSG Sachsen vom 29.3.2007 – L 3 AS 101/06 mit einer Respekt zollenden Entscheidung in Frage gestellt. Das BSG vom 27.2.2008 – B 14/11b AS 15/07 R war dem indes nicht gefolgt, hatte aber immerhin den in der Regelleistung »**normativ**« enthaltenen Betrag für Warmwasserenergie als Höchstgrenze des Abzugs von dem, wie üblich, einheitlichen Abschlag für Heizkosten und Warmwasser bestimmt:

»Berechnungsansätze, die an den tatsächlichen Heizkosten anknüpfen, könnten zudem zu einer Unterdeckung bei der Regelleistung führen. Geht der Gesetz- bzw. Verordnungsgeber davon aus, dass mit den in die Regelleistung einfließenden Beträgen der jeweilige Bedarf gedeckt werden kann, so darf auch nur der entsprechende Betrag als bereits einmal geleistet aus den geltend gemachten Kosten der Unterkunft herausgerechnet werden«.

Seit 2011 kein Regelbedarfsanteil mehr

Seit 1.1.2011 umfasst der Regelbedarf zur Sicherung des Lebensunterhalts »insbesondere Ernährung, Kleidung, Körperpflege, Hausrat, Haushaltsenergie ohne die auf die Heizung **und Erzeugung von Warmwasser** entfallenden Anteile ...« (§ 20 Abs. 1 Satz 1 SGB II).

Seitdem werden die zur Erzeugung von Warmwasser benötigten Kosten somit als eigenständiger Bedarf erfasst, der folgerichtig deshalb nur in angemessener Höhe übernommen wird.

Für die Bedarfsermittlung sind zwei Formen der Warmwassererzeugung zu unterscheiden:

- Warmwasserzeugung als Bestandteil der Heizungsanlage (zentrale Warmwasserzeugung);
- Warmwassererzeugung in einem von der Heizung/der Heizanlage getrennten System (dezentrale Warmwasserzeugung).

II Zentrale Warmwasserzeugung

§ 21 Abs. 7 SGB II erkennt einen Mehrbedarf an,

»soweit Warmwasser durch in der Unterkunft installierte Vorrichtungen erzeugt wird (dezentrale Warmwassererzeugung) und deshalb keine Bedarfe für zentral bereitgestelltes Warmwasser nach § 22 anerkannt werden«.

Streng nach dem Wortlaut wäre demnach die Warmwassererzeugung als Teil einer Heizanlage, die sich in der Wohnung befindet (z. B. Kombi-Gastherme), eine dezentrale Warmwassererzeugung. Dann müsste der auf das Warmwasser entfallende Energieanteil aus dem Gesamtbetrag für das Heizen und die Warmwassererzeugung herausgerechnet werden, was gegen die Formulierung steht, dass der Mehrbedarf deshalb gegeben wird, weil er nicht nach § 22 SGB II als Teil des Heizkostenbedarfs anerkannt wird. Nach Sinn und Zweck der Regelung muss § 21 Abs. 7 SGB II daher so ausgelegt werden, dass eine Heizanlage, die auch das Warmwasser erzeugt, ungeachtet ihres Standorts, eine zentrale Warmwassererzeugung ist (so auch SG Gießen vom 5.11.2014 – S 25 AS 980/12).

Erfolgt die Warmwasserzeugung über die Heizanlage, werden die laufenden Abschläge üblicherweise in einer Gesamtsumme, d.h. ohne Trennung in Heizungsenergie und Warmwasserenergie erhoben. Erst die Jahresabrechnung weist getrennte Kostenpositionen aus.

Laufende Abschläge

Grundsätzlich sind daher die laufenden Abschläge in der vom Vermieter verlangten Höhe zu übernehmen, weil erst die Jahresabrechnung Aufschluss über den tatsächlichen Verbrauch gibt und erst dann – zukünftige – Kostensenkungsmaßnahmen geprüft werden können, sollten die Verbrauchswerte Toleranzwerte (die abstrakten Nichtprüfungsgrenzen → S. 131 ff.) übersteigen.

Im Verfahren auf Zusicherung nach § 22 Abs. 4 SGB II (näher dazu → S. 291 ff.) können als Anhaltspunkt für eine realistische Kalkulation der Abschläge die in den örtlichen Betriebskostenspiegeln erfassten Werte für das Heizen und die Warmwassererzeugung, notfalls die im Mietspiegel Bund genannten Werte, zugrunde gelegt werden.

Warmwasserstrom

Soweit für den Betrieb der Heizanlage auch Strom gebraucht wird, gehört dieser zu den Heizkosten. Genau genommen muss der auf die Warmwassererzeugung entfallende Stromanteil, der zum Warmwasser-Bedarf gehört, gesondert ermittelt werden. Eine genaue Erfassung ist technisch aber nicht möglich; man wird sich mit einer Schätzung auf 1/3 des Heizungsstroms begnügen müssen.

Gesamtrechnung

Schuldet der Vermieter oder das Versorgungsunternehmen keine nach Heiz- und Warmwasserkosten aufgeschlüsselte Abrechnung, wie z.B. bei einer Gasetagenheizung, muss für die Angemessenheitsprüfung ein gemeinsamer Wert gebildet und – falls dieser Wert überschritten wird – eine einheitliche Kostensenkungsaufforderung ergehen. Der Leistungsberechtigte hat es dann selbst in der Hand, ggf. mithilfe einer Energieberatung, die Ursache des Mehrverbrauchs zu ermitteln, um sich im Fall unvermeidbarer Mehrkosten gegen eine Kostensenkung wehren zu können.

III Dezentrale Warmwasserzeugung

Da bei zentraler Warmwasserversorgung Abschläge für Heizungs- und Warmwasserkosten – soweit diese angemessen sind – voll übernommen werden, müssen dementsprechend auch die Energiekosten für eine dezentrale Warmwasserversorgung in angemessenem Umfang übernommen werden. Fragt sich nur, wie?
Die nach zähem Ringen im Vermittlungsausschuss gefundene Lösung ist das Spiegelbild zum früheren Warmwasserabzug. Damit teilt sie auch – in vertauschten Rollen – dessen Folgeproblem: Wie kann ein von der Pauschale abweichender Bedarf nachgewiesen werden? Dazu unter V, → S. 129 ff.

Systemwidrige Lösung

Die Lösung, die Bedarfe für dezentral erzeugtes Warmwasser als Mehrbedarf dem § 21 SGB II zuzuordnen, passt nicht zu dem bei zentraler Warmwassererzeugung in § 22 SGB II angesiedelten Bedarf. Die systemwidrige Einordnung der eigentlich zu § 22 Abs. 1 SGB II gehörenden dezentralen Warmwasserkosten als Mehrbedarf nach § 21 Abs. 7 SGB II wirft eine Reihe ungelöster Probleme auf (→ S. 136 f.).

Fatal ist die Mehrbedarfsregelung, wenn die Pauschalen – zu Unrecht – als Maßstab für die Beurteilung der Angemessenheit zentral entstehender Warmwasserkosten herangezogen werden (näher dazu → S. 131 ff.).

Wie es zur Regelung des § 21 Abs. 7 SGB II und der dort festgelegten Pauschalen kam, ergibt sich aus den nachstehenden Erläuterungen im Vermittlungsausschuss:

Regelungsvorschlag für den Vermittlungsausschuss zu dem Entwurf eines Gesetzes zur Ermittlung von Regelbedarfen und zur Änderung des Zweiten und Zwölften Buches Sozialgesetzbuch (BT- Drs. 17/3404)

Bereich: Mehrbedarf für Haushalte, die Warmwasser dezentral aufbereiten

1. Artikel 2 Nummer 31 wird wie folgt geändert:

a) In § 20 Absatz 1 Satz 1 werden nach den Wörtern »ohne die auf die Heizung« die Wörter »und Erzeugung von Warmwasser« eingefügt.

b) § 21 wird wie folgt geändert:

aa) Nach Absatz 6 wird folgender Absatz 7 eingefügt:

»(7) Bei Leistungsberechtigten wird ein Mehrbedarf anerkannt, soweit Warmwasser durch in der Unterkunft installierte Vorrichtungen erzeugt wird (dezentrale Warmwassererzeugung) und deshalb keine Bedarfe für zentral bereitgestelltes Warmwasser nach § 22 anerkannt werden. Der Mehrbedarf beträgt für jede im Haushalt lebende leistungsberechtigte Person jeweils

1. 2,3 Prozent des für sie geltenden Regelbedarfs nach § 20 Absatz 2 Satz 1 oder Satz 2 Nummer 2, Absatz 3 oder 4,
2. 1,4 Prozent des für sie geltenden Regelbedarfs nach § 20 Absatz 2 Satz 2 Nummer 1 oder § 23 Nummer 1 bei Leistungsberechtigten im 15. Lebensjahr,
3. 1,2 Prozent des Regelbedarfs nach § 23 Nummer 1 bei Leistungsberechtigten vom Beginn des siebten bis zur Vollendung des 14. Lebensjahres oder
4. 0,8 Prozent des Regelbedarfs nach § 23 Nummer 1 bei Leistungsberechtigten bis zur Vollendung des sechsten Lebensjahres,

soweit nicht im Einzelfall ein abweichender Bedarf besteht oder ein Teil des angemessenen Warmwasserbedarfs nach § 22 Absatz 1 anerkannt wird.«

bb) Der bisherige Absatz 7 wird Absatz 8.

2. Artikel 3 wird wie folgt geändert:
a) In Nummer 8 werden in § 27a Absatz 1 Satz 1 nach den Wörtern »ohne die auf Heizung« die Wörter »und Erzeugung von Warmwasser« eingefügt.
b) Der Nummer 10 wird folgender Buchstabe c angefügt:
c) Folgender Absatz wird angefügt:

»(7) Für Leistungsberechtigte wird ein Mehrbedarf anerkannt, soweit Warmwasser durch in der Unterkunft installierte Vorrichtungen erzeugt wird (dezentrale Warmwassererzeugung) und denen deshalb keine Leistungen für Warmwasser nach § 35 Absatz 4 erbracht werden. Der Mehrbedarf beträgt für jede im Haushalt lebende leistungsberechtigte Person entsprechend ihrer Regelbedarfsstufe nach der Anlage zu § 28 jeweils
1. 2,3 vom Hundert der Regelbedarfsstufen 1 bis 3,
2. 1,4 vom Hundert der Regelbedarfsstufe 4,
3. 1,2 vom Hundert der Regelbedarfsstufe 5 oder
4. 0,8 vom Hundert der Regelbedarfsstufe 6,
soweit nicht im Einzelfall ein abweichender Bedarf besteht oder ein Teil des angemessenen Warmwasserbedarfs durch Leistungen nach § 35 Absatz 4 gedeckt wird.«

3. In Nummer 13 werden in § 35 Absatz 4 Satz 1 nach den Wörtern »Leistungen für Heizung« die Wörter »und zentrale Warmwasserversorgung« eingefügt.

Interne Erläuterung

Zu Nummer 1 (Änderung Artikel 2 - SGB II)
Zu Buchstabe a (§ 20)

Folgeänderung zu Nummer 2 Buchstabe a.
Durch die Klarstellung, dass der Bedarf für die Erzeugung von Warmwasser nicht Bestandteil des Regelbedarfs ist, ist gleichzeitig klargestellt, dass dieser als Bedarf für Unterkunft und Heizung anzuerkennen ist, soweit die Aufwendungen für die Erzeugung von Warmwasser angemessen und Bestandteil der Nebenkosten der Unterkunft sind. Soweit die Erzeugung von Warmwasser nicht in den Nebenkosten der Unterkunft enthalten ist, weil eine dezentrale Erzeugung getrennt von der Heizung erfolgt, ist ein Mehrbedarf nach § 21 Absatz 7 SGB II anzuerkennen.

Zu Buchstabe b (§ 21)

Folgeänderung zu Nummer 2 Buchstabe b.

Zu Nummer 2 (Änderung Artikel 3 - SGB XII)
Zu Buchstabe a (Nummer 8 - § 27a)

Bei der Einfügung in § 27a Absatz 1 Satz 1 handelt es sich um eine Klarstellung in der Definition des notwendigen Lebensunterhalts, die wiederum die Grundlage für die Definition der Regelbedarfe (§ 27a Absatz 2) bildet. Durch die vorzunehmende Ergänzung sind in der Haushaltsenergie (Verbrauchsausgaben für Strom), im Unterschied zu den auf der Grundlage der Einkommens- und Verbrauchsstichprobe 2003 bemessenen Regelsätzen, nicht nur keine Heizkosten umfasst, sondern zusätzlich auch keine Kosten für die Erzeugung von Warmwasser.
Diese Klarstellung ist Grundlage für die Einführung eines Mehrbedarfs für Warmwasser in § 30 Absatz 7 sowie die Zuordnung der Warmwasserkosten zu den Kosten für Unterkunft und Heizung in § 35 Absatz 4.

Zu Buchstabe b (Nummer 10 - § 30 Absatz 7)

Für Leistungsberechtigte, deren Warmwasserbedarf nicht ausschließlich über eine zentrale, also gemeinsame Warmwasserversorgung aller Wohneinheiten eines Mehrparteienhauses oder die Heizungsanlage einer Wohnung beziehungsweise eines Einfamilienhauses gedeckt wird, soll ein zusätzlicher Mehrbedarf eingeführt werden. Damit wird berücksichtigt, dass die dezentrale Warmwassererzeugung in einer Wohnung durch in der Regel mit Strom oder Gas betriebenen Boilern und Durchlauferhitzern Energiekosten verursacht, die im Rahmen der Einkommens- und Verbrauchsstichprobe nicht konkret ermittelt werden können. Der Stromverbrauch von mit Strom betriebenen Vorrichtungen zur Warmwassererzeugung wird aus dem Stromnetz des Haushalts gedeckt. Mangels eigener Stromzähler für diese Geräte kann der Stromverbrauch jedoch nicht isoliert ermittelt werden. Vergleichbares gilt bei mit Gas aus Versorgungsleitungen betriebenen Durchlauferhitzern und Boilern, wenn zusätzlich der Kochherd mit Gas betrieben wird. Auch hier fehlt ein separater Verbrauchszähler für die Warmwassererzeugung.
Da die im Regelbedarf enthaltenen Stromverbrauchsausgaben keine Anteile für die dezentrale elektrische Warmwassererzeugung enthalten (Änderung in § 27a), werden die Energiekosten für alle hierfür verwendeten Energieformen über einen Mehrbedarf abgedeckt. Jede leistungsberechtigte Person im Haushalt erhält den als Prozentsatz der für sie geltenden Regelbedarfsstufe ausgewiesenen Mehrbedarf. Damit werden einem Haushalt mit dezentraler Warmwassererzeugung in Abhängigkeit von der Zusammensetzung der dort lebenden Leistungsberechtigten die für die dezentrale Warmwassererzeugung erforderlichen Mittel zur Verfügung gestellt.
Die Höhe des Mehrbedarfs beruht auf dem im bislang von den Kosten für Unterkunft und Heizung vorzunehmenden Abzug eines Anteils von 30 Prozent der im geltenden Regelsatz enthaltenen Verbrauchsausgaben für Haushaltsstrom bei Leistungsberechtigten, die ihr Warmwasser über eine zentrale Warmwasserversorgung erhalten (Änderung in § 35).
Der Anteil von 30 Prozent der Stromausgaben für Warmwassererzeugung beruht auf einer Empfehlung des Deutschen Vereins für öffentliche und private Fürsorge aus dem Jahr 1991 und wurde ermittelt auf Basis von durchschnittlichen Stromverbräuchen von Haushalten unterschiedlicher Größe und Ausstattung. Das Bundessozialgericht hat die Ermittlung des Anteils elektrischer Energie am Stromverbrauch von Haushalten in seinem Urteil vom 27. Februar 2008 (Az: B 14/11 b AS 15/07 R) bestätigt.
Dieser aus dem Vergleich von durchschnittlichen Stromverbräuchen ermittelte Anteil von 30 Prozent lässt sich durch aktuelle Daten bestätigen. Nach der Stromverbrauchsstatistik des Bundesverbands der Energie- und Wasserwirtschaft e.V. (BDEW) verbraucht ein Einpersonenhaushalt mit einfacher Ausstattung (elektrischer Kochherd, Kühl-/Gefriergerät, Waschmaschine) und elektrischer Warmwassererzeugung jährlich rund 2050 Kilowattstunden Strom. Nach allen verfügbaren Informationen (Angaben zu durchschnittlichen Stromverbrauchsmengen nach Haushaltsgröße von Stromversorgern und Beratungsdienstleistern im Internet) beläuft sich der Stromverbrauch eines vergleichbaren Einpersonenhaushalts ohne elektrische Warmwassererzeugung auf jährlich rund 1550 Kilowattstunden. Danach erhöht sich der durchschnittliche Stromverbrauch im Einpersonenhaushalt durch die elektrische Warmwassererzeugung um rund 500 Kilowattstunden jährlich oder etwa ein Drittel.

Daraus ergibt sich folgende Höhe der Mehrbedarfe:

Regelbedarfsstufe	Höhe der Regelbedarfsstufe	Verbrauchsausgaben Haushaltsstrom	Anteil 30 % der Verbrauchsausgaben = Betrag Mehrbedarf	Betrag Mehrbedarf in % Regelbedarfsstufe
1	364 €	28,12 €	8,44 €	2,3%
2	328 €	25,31 €	7,59 €	2,3%
3	291 €	22,50 €	6,75 €	2,3%
4	287 €	13,22 €	3,97 €	1,4%
5	251 €	10,17 €	3,05 €	1,2%
6	215 €	5,79 €	1,74 €	0,8%

Folgeänderung zu Nummer 2 Buchstabe a.

Die Höhe des Mehrbedarfs in den sich aus der Tabelle ergebenden Anteilen ist in § 30 Absatz 7 Nummer 1 bis 4 enthalten. Der Mehrbedarf ist in dieser Höhe zu gewähren, wenn die Warmwassererzeugung ausschließlich dezentral erfolgt. Wird ein Teil des Warmwasserverbrauchs dezentral in der Wohnung erzeugt und ein Teil über eine zentrale Warmwasserversorgung zur Verfügung gestellt (z.B. im Bad über die Warmwasserversorgung, in der Küche über elektrisch betriebenen Durchlauferhitzer), sind die Anteile beider Warmwasserquellen zu ermitteln und entsprechend die Kosten auf Nebenkosten (§ 35 Absatz 4) und Mehrbedarf aufzuteilen.
Sofern im Einzelfall ein nachweisbar höherer Warmwasserbedarf besteht, ist der Mehrbedarf vom zuständigen Träger der Sozialhilfe höher festzusetzen; dies entspricht der Möglichkeit, wie sie auch für andere Mehrbedarfe in § 30 SGB XII vorgesehen ist.

Zu Buchstabe c (Nummer 13 - § 35)

Durch die Ergänzung in § 35 Absatz 4 wird die vollständige Übernahme der angemessenen Wärmwasserkosten bei einer zentralen Warmwasserversorgung zusätzlich zu den Heizkosten im Rahmen der Leistungen für Unterkunft und Heizung geregelt.
Bei der Mehrzahl der Haushalte erfolgt die Warmwasserversorgung zentral für alle Wohneinheiten in einem Mehrparteienwohnhaus über die Heizungsanlage, eine Warmwassertherme oder Fernwärme. Hierzu zählen auch Wohnungen beziehungsweise Einfamilienhäuser, in denen Warmwasser über die Heizungsanlage erzeugt wird. Die Abrechnung der Warmwasserkosten erfolgt im Rahmen der Nebenkostenabrechnung.
Die Übernahme der angemessenen Kosten für Warmwasser im Rahmen der Heizkosten in § 35 Absatz 4 führt erstmals zu einer systematisch richtigen Zuordnung dieser Kosten. Da bei den im Regelbedarf berücksichtigten durchschnittlichen Verbrauchsausgaben für Strom kein Anteil mehr für eine dezentrale Warmwassererzeugung enthalten ist (Änderung in den §§ 27a und 35) führt eine Übernahme der angemessenen Nebenkosten einschließlich Warmwasser nicht mehr zu einer Doppelleistung. Deshalb entfällt der bisherige pauschale Abzug in Höhe von 30 Prozent der Verbrauchsausgaben für Haushaltsstrom.

IV Wann wird Warmwasser dezentral erzeugt?

Grundsätzlich gilt, dass eine den Mehrbedarf nach § 21 Abs. 7 SGB II auslösende Warmwassererzeugung vorliegt, wenn ein von der Heizungsanlage technisch getrenntes Gerät oder System das Wasser erwärmt. Kein Mehrbedarf fällt somit an, wenn mit einer zwar separaten Gastherme oder einem Ölbrenner Warmwasser erzeugt wird, diese aber auch die Wohnung beheizen. Dann ist der an den Gasversorger zu zahlende Abschlag bzw. das zu tankende Öl ungekürzt als Bedarf nach § 22 Abs. 1 SGB II zu übernehmen. Das gilt auch für Technische Systeme im selbst genutzten Eigenheim oder gemieteten Haus, die zugleich Heizung und Warmwasser liefern.

Hauptsächliche Anwendungsfälle für den Mehrbedarf nach § 21 Abs. 7 SGB II sind demnach Wohnungen mit Elektroboiler oder Durchlauferhitzer und nur zum Heizen genutzter

- zentraler Heizung;
- Gasetagenheizung (Gamatöfen);
- Nachtspeicheröfen;
- Kohleöfen.

Mischfälle

Wird Warmwasser zum Teil zentral, zum Teil mit einem Extragerät erzeugt (z. B. Baden über die Zentralheizung, Spülen über Durchlauferhitzer), besteht ebenfalls Anspruch auf den Mehrbedarf nach § 21 Abs. 7 SGB II für die dezentral benötigte Warmwasserenergie. Zur Festlegung der Höhe → S. 131 f.

Sonderfälle

Sonderwohnformen können zu besonderen Formen der Warmwassererzeugung führen. Wird Wasser z. B. mit Kohle oder Solarstrom erwärmt, gibt es dafür einen Mehrbedarf nach § 21 Abs. 7 SGB II.

Energiesperre

Wechselt der Leistungsberechtigte nach einer Energiesperre wegen Stromschulden zu einem Campingkocher zur Warmwassererzeugung oder nutzt er im Fall einer Sperrung der Gasversorgung anstelle der stillgelegten Gastherme einen Elektrokocher, löst das einen Mehrbedarf aus.

Untermiete

Verfügt eine Wohnung über eine dezentrale Warmwassererzeugung und ist in einem Untermietvertrag geregelt, dass für den Verbrauch von Strom (Lichtstrom und Warmwasserstrom) eine einheitliche, monatliche Pauschale zu zahlen ist, muss der Untermietzins, soweit er angemessen ist, ungekürzt übernommen werden (BSG vom 24.11.2011 – B 14 AS 151/10 R).

V Pauschale Abgeltung bei dezentraler Erzeugung

Wird Warmwasser in vollem Umfang dezentral erzeugt, die Kosten dafür also nicht zum Teil auch nach § 22 Abs. 1 SGB II als Unterkunfts- und Heizungsbedarf gewährt, beträgt der Mehrbedarf monatlich:

Mehrbedarf bei dezentraler Warmwassererzeugung

Regelbedarfsstufe	Regelbedarf 2014	Mehrbedarf 2014	Regelbedarf 2015	Mehrbedarf 2015
1	391 €	8,99 €	399 €	9,18 €
2	353 €	8,12 €	360 €	8,28 €
3	313 €	7,20 €	320 €	7,36 €
4	296 €	4,14 €	302 €	4,23 €
5	261 €	3,13 €	267 €	3,20 €
6	229 €	1,83 €	234 €	1,87 €

VI Nachweislich abweichender Bedarf

Im Regelfall wird der Bedarf für das dezentral erzeugte Warmwasser als Pauschalbetrag vom Regelbedarf gewährt. Für einen Anspruch auf den Pauschal-Mehrbedarf genügt der Nachweis, dass Warmwasser erzeugt wurde (LSG NRW vom 28.5.2013 – L 9 AS 540/13 B: Keine Pauschale gibt es, wenn das Gerät zur Warmwassererzeugung nicht genutzt werden konnte).

§ 21 Abs. 7 Satz 2 SGB II lässt »im Einzelfall« ein Abweichen von der Pauschale zu, wenn ein abweichender Bedarf »besteht«. Vor dem Hintergrund der Entstehungsgeschichte des § 21 Abs. 7 SGB II ist hierunter der Fall zu verstehen, dass in der Wohnung eine technische Vorrichtung vorhanden ist, mit der die Kosten für die Warmwassererzeugung separat erfasst werden. Dann ist dieser erfasste Bedarf als tatsächlicher Bedarf maßgebend, soweit er angemessen ist oder unter der Pauschale liegt.

Atypischer Sonderbedarf

Ein abweichender Bedarf aufgrund besonderer Umstände in der Person des Leistungsberechtigten (z.B. Krankheit oder Behinderung) ist unseres Erachtens § 21 Abs. 6 SGB II zuzuordnen. Es bleibt abzuwarten, wie die Gerichte entscheiden (zur Rechtslage bis Ende 2010 s. z.B. LSG Niedersachsen-Bremen vom 23.2.2011 – L 13 AS 90/08: krankhafter Waschzwang = Mehrbedarf nach § 21 Abs. 6 SGB II; s. auch SG Dortmund vom 20.9.2013 – S 41 SO 132/12).

Gesonderte Energiequelle

Wird in einer Wohnung Warmwasser dezentral mit einer Energiequelle erzeugt, die **nur** hierzu genutzt wird, ist anstelle der Pauschalen der tatsächliche Verbrauch bzw. der laufende Abschlag (in den

Grenzen des Angemessenen) für diese Energie als Mehrbedarf zu übernehmen.

Beispiel

H. wohnt in einer Wohnung mit Kohleöfen. Das Warmwasser wird ausschließlich mit einem gasbetriebenen Durchlauferhitzer erzeugt. H. zahlt monatlich 25 € an den Gasversorger. In dieser Höhe hat er Anspruch auf den Mehrbedarf nach § 21 Abs. 7 SGB II.

Gesonderte Energiemessung

Wird die Energie für das Gerät, das Warmwasser erzeugt, gesondert gemessen und abgerechnet, bestimmt der gemessene Energieverbrauch den Mehrbedarf nach § 21 Abs. 7 SGB II, soweit er angemessen ist. Welche Anforderungen an eine solche Messung zu stellen, sind, kann den BSG-Entscheidungen zum Warmwasserabzug vom 27.2.2008 – B 14/11b AS 15/07 R, vom 22.9.2009 – B 4 AS 8/09 R und vom 6.4.2011 – B 4 AS 16/10 R entnommen werden; danach muss eine genaue Messung per Zähler oder einer vergleichbaren Apparatur vorhanden sein. Eine Schätzung nach der durchschnittlichen Gerätebetriebsdauer, dem Anschlusswert des Geräts und dem Strom- oder Gaspreis pro Verbrauchseinheit genügt danach nicht (LSG NRW vom 30.1.2014 – L 6 AS 1667/12 und vom 26.5.2014 – L 9 SO 474/13). Besteht eine Differenz zwischen dem im Regelbedarf enthaltenen Anteil für Strom und den insgesamt anfallenden Stromkosten, kann nicht unterstellt werden, dass der Strom-Mehrbetrag genau die für die Warmwassererzeugung benötigte Energie ist (dazu SG Berlin vom 26.3.2014 – S 205 AS 11970/13).

Offene Rechtsfragen

Ob es genügt, wenn der Leistungsberechtigte einen preiswerten Stromzähler aus dem Baumarkt an den Durchlauferhitzer klemmt, müssen die Gerichte klären. Ein geeichter Zähler des Stromversorgers ist so teuer, dass der Anschluss nicht lohnen dürfte.

Ob die Jobcenter, ggf. die Sozialgerichte, im Wege der Amtsermittlung zu einer gesonderten Feststellung mittels Sachverständigen verpflichtet sind, wenn ein vom Regelfall abweichender Bedarf (im technischen Sinn) geltend gemacht wird, z. B. weil Warmwasser mit einem uralten Boiler erzeugt wird, der einen ungewöhnlichen hohen Strombedarf hat, ist noch nicht hinreichend geklärt (s. dazu BayLSG vom 18.9.2014 – L 11 AS 293/13; LSG Berlin-Brandenburg vom 19.3.2014 – L 31 AS 3018/13 B).

Mängelbeseitigung geht vor

Beruht der hohe Energiebedarf darauf, dass die vom Vermieter gestellte Warmwassererzeugung Mängel aufweist, geht die Mangelbeseitigung, ggf. mittels Mietminderung erzwingbar, der Gewährung eines höheren Mehrbedarf vor. Beispiele: Der Durchlauferhitzer liefert erst nach langem Wasserlauf ausreichend temperiertes Wasser (s. dazu AG Schöneberg vom 29.4.1996 – 102 C 55/94). Das Wasser der Zentralheizung wird nur so lau geliefert (weniger als 40 Grad), dass auf den teureren Durchlauferhitzer zurückgegriffen werden muss. Die Gastherme ist zu schwach dimensioniert (AG München vom 26.10.2012 – 463 C 4744/11).

VII Teilweiser Mehrbedarf bei Mischerzeugung

Wird Warmwasser zum Teil zentral und zum Teil dezentral erzeugt, ist der Mehrbedarf nach § 21 Abs. 7 Satz 2 SGB II anteilig festzulegen; der zentrale Anteil wird ungekürzt als Bedarf nach § 22 Ab. 1 SGB II gewährt. In diesen Fällen lässt sich der dezentrale Bedarfsanteil ohne exakte Verbrauchsmessung nur schätzen. Eine Schätzung ist nur möglich, wenn sich zumindest der Einsatz des dezentralen Warmwassergeräts bestimmen lässt, z. B. nur eine Nutzung in der Küche zum Spülen und zur Essenzubereitung (zur Schätzung von Stromanteilen s. LSG Baden-Württemberg vom 25.3.2011 – L 12 AS 2404/08; LSG Sachsen-Anhalt vom 3.1.2011 – L 5 AS 423/09 B ER; LSG Sachsen vom 15.02.2010 – L 3 AS 598/09 B PKH). Schätzung

Als Orientierungswerte für die Schätzung können Durchschnittsverbrauchswerte (erwachsener Personen) pro Tag herangezogen werden:

Schätzwerte Warmwasserverbrauch

Nutzungsart	Täglicher Warmwasserverbrauch
Vollbad	160 Liter
Dusche	40 Liter
Waschtisch	17 Liter
Waschbecken	9 Liter
Küchenspüle	15 Liter
Putzen	3 Liter
Kochen	2 Liter

Ist auch anhand dieser Orientierungswerte keine hinreichend genaue Schätzung möglich, müssen die Pauschalen ungekürzt gewährt werden. In Anlehnung an BSG vom 19.10.2010 – B 14 AS 50/10 R (kein Abzug für Kochgas) hat ein Abschlag von der Mehrbedarfspauschale zu unterbleiben, wenn sich ein Maßstab für die realistische Schätzung des dezentral erzeugten Warmwasseranteils nicht finden lässt.

VIII Angemessener Bedarf

Heizkosten sind nach BSG vom 2.7.2009 – B 14 AS 36/08 R bis zu bestimmten Toleranzwerten als angemessen zu übernehmen (näher dazu Kap. D, → S. 116 ff.). Toleranzwerte

Auch für den konkret gemessenen oder zusammen mit den Heizkosten zentral erfassten Warmwasserbedarf sind Toleranzwerte i. S. abstrakt angemessener Nichtprüfgrenzwerte sachgerecht, da sonst in jedem Einzelfall ermittelt werden müsste, ob der tatsächliche Verbrauch im Rahmen eines wirtschaftlichen Verhaltens liegt. Denn es gibt keine validen Studien zum Warmwasserverbrauch der Personengruppen bzw. Haushalte, die zur Bestimmung der Regelbedarfe herangezogen werden. Darum kann ein abstrakter Angemessenheitswert als fixe Größe nicht seriös festgelegt werden. Analog zur Vorgehensweise bei der Bestimmung angemessener Heizkosten bietet sich daher auch für den Warmwasserbedarf einen Nichtprüfgrenzwert an, orientiert an Werten für einen sehr hohen Verbrauch.

Statistische Verbrauchswerte

Mangels genauerer Daten kann der Nichtprüfgrenzwert, bis zu dem Angemessenheit unterstellt wird, mit dem doppelten Wert statistisch erhobener Durchschnittsverbrauchswerte für den täglichen oder jährlichen Warmwasserbedarf angesetzt werden. Je nach Energiequelle für die Warmwassererzeugung und den üblichen Energiepreisen der örtlichen Versorger kann so ein realitätsgerechter Nichtprüfgrenzwert festgelegt werden.

Bei einem täglichen Warmwasserverbauch um die 50 Liter, was einem Jahresverbrauch von ca. 18 m^3 entspricht, und dem Energiebedarf, der zur Erwärmung dieser Wassermenge auf 60 Grad unter Berücksichtigung technisch bedingter Wärmverluste benötigt wird (näher dazu Bernd Eckhardt, info also 2012, S. 200 ff.), können z. B. die in den Arbeitshinweisen des Jobcenters München (abrufbar im Internet zu »§ 22 SGB II Jobcenter München«) erstellten Tabellen als brauchbare Werte zugrunde gelegt werden (ähnlich die Arbeitshinweise des Jobcenters Lübeck).

Nichtprüfgrenzwerte bei genauer Verbrauchsmessung oder zentral erzeugtem Warmwasser

Warmwasserbereitung bei Sammelheizungen:
Angemessenheitswerte seit 2012:

	Fernwärme	Heizöl	Erdgas
Alleinstehende(r) oder 1. Person in BG	315,41 €	357,35 €	231,61 €
Für jede weitere Person in der BG	225,29 €	255,25 €	165,44 €

Warmwasserbereitung mit Strom:
Angemessenheitswerte:

	Werte bis 2012	Werte seit 2013
Alleinstehende(r) oder 1. Person in BG	232,09 €*	377,13 €*
Für jede weitere Person in der BG	165,78 €	269,38 €

* zzgl. anteiliger Grundpreis bzw. anteiliger Leistungs- und Verrechnungspreis:
1/2 wenn Strom für Haushalt und Warmwasser benötigt wird
1/3 wenn Strom für Haushalt, Warmwasser und Heizung benötigt wird

Quelle: Jobcenter München, Stand 1.1.2015

Alternativ kann der doppelte Wert aus dem örtlichen oder bundesweiten Betriebskostenspiegel (z. B. 2 x 0,31 € pro qm in Berlin) zur Bestimmung eines Nichtprüfgrenzwerts herangezogen werden (so Brehm/Schifferdecker, Sozialgerichtsbarkeit 2011, S. 505 ff.). Nachteilig hieran ist die fehlende Berücksichtigung der je nach genutzter Energiequelle sehr unterschiedlichen Wassererwärmungskosten.

Keine Kostenkappung auf die WW-Pauschalen

Unzulässig ist die Kappung der Warmwasserkosten auf die Mehrbedarfspauschalen nach § 21 Abs. 7 SGB II zuzüglich der Nichtprüfgrenzwert des Heizspiegels.

Beispiel

B. lebt allein in einem Mietshaus mit einer Fläche von über 1000 qm. Warmwasser wird über eine zentrale Ölheizung erzeugt. Er muss im Jahr 2013 monatlich 85 € für das Heizen und die Warmwasserversorgung zahlen. Das Jobcenter übernimmt nur 78,29 = [69,50 € Nichtprüfgrenzwert für das Heizen + 8,79 € Mehrbedarfspauschale].

Diese Rechenweise ist methodisch falsch, weil der Gesamtabschlag mangels präziser Aufschlüsselung der Kosten für das Heizen einerseits und die Warmwassererzeugung andererseits nicht erkennen lässt, ob besonders viel Energie für das Heizen benötigt wird oder der Mehrverbrauch im Bereich der Warmwasserenergie liegt und wenn ja, ob es berechtigte Gründe für den hohen Verbrauch gibt. Allein eine Überschreitung der Pauschalen besagt nichts, weil diese nicht als Nichtprüfgrenzwert für zu hohen Verbrauch ausgestaltet sind (LSG NRW vom 28.5.2013 – L 9 AS 541/13 B).

Heizspiegel 2014

Die Werte des bundesweiten Heizspiegels 2014 enthalten – anders als in den Vorjahren – auch den Verbrauch für die zentrale Warmwasserbereitung mit 24 kWh pro m^3. Da die im Heizspiegel ermittelten Werte keine Aussagen über den Energiebedarf von Personen bzw. Haushalten ermöglichen (dazu Bernd Eckardt, info also 2012, S. 202), sind die Heizspiegelwerte kein realitätsgerechter Nichtprüfgrenzwert für die zentrale Warmwassererzeugung. Es bleibt dabei, dass im Fall eines einheitlichen Abschlags für die Heizung und das Warmwasser die Summe aus dem einschlägigen Heizspiegelwert abzüglich der 24 kWh für das Warmwasser und dem oben erläuterten Nichtprüfgrenzwert für hohen Warmwasserbedarf gebildet werden muss.

IX Kostensenkung

Bei zentraler Erzeugung setzt eine Senkung der nach § 22 Abs. 1 SGB II zu übernehmenden Heiz- und Warmwasserkosten auf die für den Leistungsberechtigten maßgebende Angemessenheitsgrenze eine vorherige Belehrung über die konkrete Höhe der vom Leistungsträger als angemessen erachteten Verbrauchswerte gemäß § 22 Abs. 1 Satz 3 SGB II voraus. Dem Leistungsberechtigten muss vermittelt werden, welche Kostenposition das Jobcenter als unange-

Vorherige Belehrung nötig

messen wertet und ggf. welche Maßnahmen zur Kostensenkung zu ergreifen sind.

Auch bei dezentraler Warmwassererzeugung ist vor der Kostensenkung eines von der Pauschale abweichenden Mehrbedarfs ein Kostensenkungsverfahren durchzuführen. Dem Leistungsberechtigten müssen konkrete Schritte zu einer Kostensenkung gezeigt werden. Insbesondere können Warmwasserkosten gespart werden

- durch Absenkung der Wassertemperatur;
- mit Durchflussbegrenzer für Dusche und Waschbecken.

Nach SG Freiburg vom 15.4.2011 – S 6 AS 3782/09 soll ein Kostensenkungsverfahren jedenfalls dann entbehrlich sein, wenn der tatsächliche Verbrauch erheblich über dem Grenzwert (im entschiedenen Fall mehr als dem Dreifachen) liegt.

X Aufteilung des Mehrbedarfs

Kopfteilprinzip

Bei dezentraler Erzeugung sind die als einheitlicher Abschlag zu entrichtenden Unterkunfts- und Heizkosten im Regelfall kopfteilig auf die BG-Mitglieder aufzuteilen, also auch die im Abschlag enthaltenen Kosten für die Warmwassererzeugung.

Abweichung nach Regelbedarfsstufen?

Die Ausgestaltung des pauschalen Warmwasserbedarfs als ein nach Lebensalter bzw. Regelbedarfsstufe gestaffelter Mehrbedarf wirft die Frage auf, ob bei Nachweis eines abweichenden Bedarfs eine Verteilung entsprechend dem Verhältnis der Pauschalen erfolgt. Um willkürliche Ergebnisse gegenüber Haushalten mit zentraler Erzeugung zu vermeiden, muss der nachgewiesene Mehrbedarf kopfteilig verteilt werden.

Beispiel

Die 2-Personen-BG aus Mutter und 12-jähriger Tochter L. lebt in einer Wohnung mit Zentralheizung. Die Bruttokaltmiete beträgt 400 €. Warmwasser wird mit einem Gas-Durchlauferhitzer für Bad und Küche erzeugt. Der Gas-Abschlag beträgt monatlich 36 €. L. bekommt monatlich 297 € Unterhalt. Zusammen mit dem an die Mutter gezahlten Kindergeld von 184 € kann L. ihren SGB II-Bedarf bei kopfteiliger Berechnung (200 € anteilige Bruttokaltmiete + 267 € Regelbedarf + 18 € anteilige Warmwasserkosten) nicht decken, sie gehört zur BG.
Verteilte man die Warmwasserkosten im Verhältnis der Mehrbedarfspauschalen, d.h. 36 € x 3,20 €/9,18 € (3,20 € für das Kind und 9,18 € für die Mutter) = 12,55 € auf die BG-Mitglieder, wäre der Bedarf der L. gedeckt; sie gehörte nicht mehr zur BG. Ein absurdes Ergebnis!

XI Warmwasserenergie-Nachzahlungen

Bei gesonderter Energiequelle

Sind die laufenden Abschläge für ein Gerät, dass ausschließlich Warmwasser erzeugt, vom Leistungsberechtigten an den Energieversorger entrichtet worden, muss die Nachzahlung entsprechend den in Kap. N dargelegten Grundsätzen als zusätzlich entstandener Bedarf übernommen werden.

Bei gemeinsamer Energiequelle

Wird Warmwasser mit Normal-Strom erzeugt (Boiler, Durchlauferhitzer) und wird hierfür die Mehrbedarfs-Pauschale gewährt, ist fraglich, ob eine Nachforderung des Stromversorgers einen abweichenden Bedarf nach § 21 Abs. 7 Satz 2 SGB II begründet, Dazu müsste der Warmwasserstrom vom Haushaltsstrom, der im Regelbedarf steckt, abgegrenzt werden, was ohne exakte Messung des Warmwasserstroms nicht möglich ist (s. dazu LSG NRW vom 26.5.2014 – L 9 SO 474/13). Für die Gewährung eines zusätzlichen Mehrbedarfs spricht die Gleichbehandlung mit Leistungsberechtigten, die wegen einer exakten Messung nicht nur den abweichenden, laufenden Mehrbedarf erhalten, sondern auch eine Nachzahlung, soweit die Kosten insgesamt angemessen sind.

Die Systemlogik der Pauschalierung (unterstellte Bedarfsdeckung mangels exakter Messung des Energieverbrauchs) gilt jedoch gleichermaßen für mögliche, aber leider unbestimmte Nachforderungen von Warmwasserstrom (LSG NRW, a.a.O.).

Bei Strombeheizung

Wird sowohl das Warmwasser als auch die Heizung mit Normalstrom betrieben, kann zur Ermittlung des Nachzahlungsbetrages der Stromanteil für Haushaltsenergie herausgerechnet werden. Da dies ohne exakte Messung nicht möglich ist, kann nur mit der pauschalen Lösung eines Abzugs der Haushalts-Energiepauschalen vom Gesamtstromverbrauch gearbeitet werden. Der Differenzbetrag ist der nach §§ 21 Abs. 7, 22 Abs. 1 SGB II zustehende Mehrbedarf für Heizung und Warmwasser.

Regelbedarfsstufe	Haushaltsenergie 2014	Haushaltsenergie 2015
1	30,39 €	31,01 €
2	27,43 €	27,98 €
3	24,33 €	24,87 €
4	14,30 €	14,59 €
5	11,04 €	11,30 €
6	6,26 €	6,40 €

Beispiel

H. beheizt sein Einzimmerappartement mit einem strombetriebenen Ölradiator. Das Bad wird mit einem Heizstrahler erwärmt. Das Warmwasser wird mit einem Durchlauferhitzer erzeugt. Sein monatlicher Abschlag an den Stromversorger war auf 30 € berechnet worden. Während der gesamten Abrechnungsperiode 2014 stand H. im Alg II-Bezug und hatte 8,60 € monatlich als Mehrbedarf erhalten. Die Jahresabrechnung des Stromversorgers weist einen Gesamtverbrauch von 680 € aus. H. beantragt Kostenübernahme der Nachforderung von 320 €. Hier kann H. höchstens einen Betrag von 680 € – [(12 x 8,99 €) + (12 x 30,39 € Hauhaltsenergieaneil im Regelbedarf)] = 207,44 € als Heiz- und Warmwasser-Nachforderung geltend machen. Der Rest ist – normativ – auf erhöhten Haushaltsstromverbrauch zurückzuführen.

XII Warmwasserenergie-Guthaben

Bei gesonderter Energiequelle

Fließt ein Teil der vom Jobcenter übernommenen Vorauszahlungen für die Warmwassererzeugung zurück, ist dies wegen der systemwidrigen Zuordnung als Mehrbedarf, der vom Bund bezahlt wird, keine Rückzahlung oder Gutschrift i. S. v. § 22 Abs. 3 SGB II. Das Guthaben kann nur als Einkommen gemäß § 11 SGB II nach Bereinigung gemäß § 11b SGB II angerechnet werden.

Beispiel

K. lebt in einer Wohnung, die zentral beheizt wird. Mit der Gastherme in der Küche wird warmes Wasser erzeugt und gekocht. Den monatlichen Abschlag für den Gasversorger in Höhe von 18 € hat das Jobcenter als Mehrbedarf nach § 21 Abs. 7 Satz 2 SGB II übernommen. Die Jahresabrechnung ergibt ein Guthaben von 36 €. Davon sind 6 € (36 € abzüglich der 30 €-Versicherungspauschale) als Einkommen auf den Regelbedarf im Monat, in dem das Guthaben zufließt, anzurechnen.

Bei gemeinsamer Energiequelle

Stromguthaben, die sich auf Haushaltsenergie beziehen, sind gar nicht anzurechnen. Es handelt sich um ersparte Leistungen i. S. v. § 11a Nr. 1 SGB II (BSG vom 23.8.2011 – B 14 AS 185/10 R). Waren jedoch Mehrbedarfe nach § 21 Abs. 7 SGB II und/oder Stromabschläge für das Heizen mit Normalstrom gewährt worden, stellt sich das Problem, den auf das Warmwasser oder das Heizen entfallenden Anteil herauszurechnen. Da dies mangels exakter Messung nicht möglich ist, scheidet eine Anrechnung als Einkommen aus; auch für eine Schätzung fehlen handhabbare Beurteilungsmaßstäbe.

XIII Systemwidrige Einordnung als Mehrbedarf

Die Einordnung des Warmwasserbedarfs als ein Mehrbedarf nach § 21 SGB II, also eine Leistung, die zum Regelbedarf gehört, bringt Verwerfungen im Vergleich zu Leistungsberechtigten, die in einer Wohnung mit zentraler Warmwassererzeugung leben.

Willkürliche Schlechterstellung?

Das gravierendste Problem ist die Schlechterstellung von Leistungsberechtigten, die die im allgemeinen Stromabschlag steckende Energie für die dezentrale Warmwassererzeugung bezahlen müssen. Sie erhalten hierfür nur die fragwürdigen Mehrbedarfs-Pauschalen, während Leistungsberechtigte mit zentraler Warmwassererzeugung ihre gemeinsam mit den Heizkosten abzuführenden Kosten für das Warmwasser in Höhe der tatsächlichen Kosten als KdU-Bedarf geltend machen können, sofern diese angemesse0n sind oder noch keine Kostensenkungsaufforderung ergangen ist (dazu LSG Sachsen vom 11.9.2013 – L 7 AS 1574/12 NZB). Mit Hinweis darauf, dass die Mehrbedarfspauschalen, wie die früheren Warmwasser-Abzugspauschalen, auf zulässigen Modellberechnungen zum Energieverbrauch beruhen (so z. B. BayLSG vom 18.9.2014 – L 11 AS 293/13), ist die Problematik der Ungleichbehandlung keineswegs gelöst. Zum einen schlagen die verfassungsrechtlichen Einwände gegen den auf Kante genähten Regelbedarf (BVerfG vom 23.7.2014 – 1 BvL 10/12), was angesichts der Preisentwicklung für Strom insbesondere die Abt. 4 betrifft, auf den als Bruchteil vom Regelbedarf für Haushaltsenergie konzipierten Warmwasser-Mehrbedarf durch, zum anderen ist die Gefahr einer Bedarfsunterdeckung nicht gebannt, wenn ein zum Existenzminimum gehörender Bedarf grundsätzlich nur mit einer Pauschale gedeckt wird und die Hürde für den Nachweis eines höheren Bedarfs sehr hoch ist. Bei der früheren Warmwasser-Abzugspauschale war die Situation genau umgekehrt: Um eine Bedarfsunterdeckung auszuschließen, durfte nach der Rechtsprechung des BSG grundsätzlich nur die (vermeintlich) im Regelsatz steckende Pauschale für die Warmwasserenergie vom tatsächlichen Heizkostenabschlag abgezogen werden. Dass Leistungsberechtigte mit Aufwendungen für dezentral erzeugtes Warmwasser hierfür gar keine Leistungen erhielten, war verfassungswidrig und hat zur Neuregelung der Regelsätze, seit 2011 Regelbedarfe, geführt. Wenn aber statt des benötigten Bedarfs für Warmwasser nur eine realitätsfremde (dies hat Bernd Eckhardt, info also 2012, S. 200 ff. nachgewiesen) Pauschale gegeben wird, sind Bedarfsdeckungslücken vorprogrammiert.

Verfassungskonforme Auslegung

Als Ausweg bietet sich in Umsetzung der vom BVerfG, a.a.O. geforderten verfassungskonformen Auslegung ein erleichterter Nachweis für einen höheren Energiebedarf an. Bringt der Leistungsberechtigte gewichtige Gründe für einen Mehrbedarf oberhalb der § 21 Abs. 7 SGB II-Pauschalen vor, z. B. die Herstellerangabe zum Verbrauch eines stromintensiven Geräts (s. auch dazu Bernd Eckhardt, a.a.O., S. 204), muss dem im Wege der Amtsermittlung näher nachgegangen werden.

Weiterer Handlungsbedarf für eine verfassungskonforme Auslegung besteht dort, wo über die Zuordnung des Warmwasser-Mehrbedarfs zu den Bedarfen nach § 22 SGB II eine willkürliche Ungleichbehandlung vermieden werden kann.

Soweit sich die Regelung des Warmwasserbedarfs als Mehrbedarf zum Regelbedarf willkürlich zugunsten der Leistungsberechtigten auswirkt, muss der Gesetzgeber (§ 31 SGB I) für Abhilfe sorgen.

Die wichtigsten Fälle sind:

- **Sanktionen bei unter 25-Jährigen**
  Nach § 31a Abs. 2 Satz 1 SGB II ist für diese Personengruppe das Alg II bei einer ersten Pflichtverletzung nach § 31 SGB II »auf die für die Bedarfe nach § 22 zu erbringenden Leistungen beschränkt«. Bei Wohnen mit zentraler, über § 22 SGB II finanzierter Warmwassererzeugung fließt somit trotz Sanktion weiter warmes Wasser. Sanktionierte Leistungsberechtigte mit Durchlauferhitzer müssten das Warmwasser für die Dauer der Sanktion selbst zahlen. Das ist willkürlich. Die dezentrale Warmwassererzeugung bzw. der Mehrbedarf nach § 21 Abs. 7 SGB II muss trotz Sanktion weiter übernommen werden.

- **Nestflüchter**
  Liegen die Voraussetzungen des § 22 Abs. 5 SGB II vor (näher dazu Leitfaden zum Alg II, S. 101 ff.), werden keine Bedarfe für Unterkunft und Heizung anerkannt. Danach sind Nestflüchter mit dezentraler Warmwassererzeugung (= Bedarf nach § 21 SGB II) besser gestellt als bei Erzeugung mit Zentralheizung, bei der die integrierte Warmwassererzeugung ein dem Heizen zugeordneter Bedarf nach § 22 SGB II ist. Die Ungleichbehandlung ist willkürlich.

- **KdU nach Wohngeldtabelle**
  Werden die Unterkunftskosten auf einen Wert nach § 12 WoGG plus 10% Sicherheitszuschlag festgesetzt, weil ein schlüssiges Konzept nicht zu entwickeln ist (dazu → S. 76), müssen für Wohnungen mit dezentraler Warmwasserversorgung die Mehrbedarfe nach § 21 Abs. 7 SGB II hinzuaddiert werden. Denn nach § 9 Abs. 1 und § 9 Abs. 2 WoGG sind zur Ermittlung der maßgeblichen Miete die Kosten für Heizung und Warmwasser von der tatsächlichen Miete abzuziehen.

- **Warmwasserguthaben = Einkommen nach § 11 SGB II**
  → S. 136.

- **Aufstockung bei Kostendeckelung**
  Zieht der Leistungsberechtigte von einer Wohnung mit zentraler Warmwasserversorgung ohne Erforderlichkeit in eine teurere Wohnung mit dezentraler Warmwasserversorgung, bekommt er Unterkunfts- und Heizkosten in Höhe der für die frühere Wohnung übernommenen Kosten plus den Mehrbedarf für Warmwassererzeugung.
  Ist auch die neue Wohnung zentral mit Warmwasser versorgt, gibt es nur Unterkunfts- und Heizkosten in alter Höhe.

Zum Mehrbedarf für Warmwasser bei Leistungsausschluss nach § 7 Abs. 5 SGB II → S. 234 f.

F Schönheitsreparaturen und Renovierungen

Die Frage, ob und in welchem Umfang die Kosten für Schönheitsreparaturen und Renovierungen vom Jobcenter zu übernehmen sind, spielt in der Praxis eine große Rolle. Die Frage kann regelmäßig nur unter Beachtung des Mietrechts richtig beantwortet werden.

I Schönheitsreparaturen

1 Teil der Unterkunftskosten?

Schon unter Geltung des BSHG war klar, dass nicht nur die Miete zu den Kosten der Unterkunft gehört, sondern auch die Aufwendungen für Schönheitsreparaturen, zu denen der Mieter nach dem Mietvertrag verpflichtet ist (BVerwG vom 30.4.1992 – 5 C 26/88). In diesem Umfang besteht grundsätzlich ein Anspruch auf Kostenübernahme (BSG vom 19.3.2008 – B 11b AS 31/06 R, vom 16.12.2008 – B 4 AS 49/07 R, vom 6.10.2011 – B 14 AS 66/11 R und vom 24.11.2011 – B 4 AS 15/11 R).

Was unter »Schönheitsreparaturen« zu verstehen ist und wann diese Arbeiten vom Mieter geschuldet sind, richtet sich nach Mietrecht und Mietvertrag.

2 Was sind Schönheitsreparaturen?

Nur Beseitigung typischer Gebrauchsspuren

Schönheitsreparaturen sind alle Arbeiten, die der Beseitigung typischer Gebrauchsspuren dienen (zur Beseitigung atypischer Gebrauchsspuren → S. 155 f.). Darunter fallen vor allem Tapezierarbeiten, das Streichen von Wänden, Decken, Fußböden, Heizkörpern einschließlich Heizrohren, der Innentüren sowie der Fenster und Außentüren von innen. Besonderheiten, wie z. B. einbrennlackierte oder pulverbeschichtete Heizkörper, die nur in einem Tauchbad fachgerecht lackiert werden können, sind keine Schönheitsreparatur (LG Nürnberg vom 5.8.2014 – 7 S 8765/13).

Keine Schönheitsreparaturen

Aufwändige Maßnahmen sind keine Schönheitsreparaturen:

- Parkettversiegelung (dazu BGH vom 13.1.2010 – VIII ZR 48/09 und vom 5.3.2013 – VIII ZR 137/12; LG Essen vom 17.2.2011 – 10 S 344/10; AG Gießen vom 7.3.2011 – 48 C 130/10; LG Berlin vom 28.5.2013 – 63 S 347/12).
- Streichen der Wohnungseingangstüren und Fenster von außen (BGH vom 10.2.2010 – VIII ZR 222/09; LG Hannover vom 28.5.2013 – 20 S 61/12).
- Streichen von Terrasse oder Balkon (BGH vom 18.2.2009 – VIII ZR 210/08).
- Erneuerung des Teppichbodens (OLG Hamm vom 22.3.1991 – 30 REMiet 3/90; AG Dortmund vom 6.2.1996 – 125 C 11515/95; OLG Braunschweig vom 30.1.1997 – 1 U 35/96; AG Schöneberg vom 8.8.2011 – 13 C 91/11).
- Ersatz eines zerstörten Kachelofens (LSG Berlin-Brandenburg vom 15.8.2012 – L 18 AS 1432/10).

Derartige Instandhaltungsarbeiten sind vom Vermieter geschuldet. Vom Mieter sind sie nur insoweit zu erbringen, als er die Mietsache durch unsachgemäßen Gebrauch beschädigt hat. Die Beseitigung von Schäden, die auf normaler Abnutzung (allgemeiner Wohngebrauch) beruhen, ist Sache des Vermieters.
Näher dazu und zur Abwälzung von Kleinreparaturen auf den Mieter → S. 153 f.

Gartenarbeiten

Ist ein Haus mit Garten gemietet, sind Anpflanzungen und Bodenverbesserungen keine Schönheitsreparaturen (LG Marburg vom 27.9.2000 – 5 S 36/00). Ziehen die Mieter aus, können sie für verbleibende Pflanzen keine Ersatz vom Vermieter verlangen (LG Berlin vom 7.3.2014 – 63 S 575/12).

3 Wann sind Schönheitsreparaturen Mietersache?

Schönheitsreparaturen sind eigentlich Sache des Vermieters, es sei denn, er hat die Pflicht zur Ausführung dieser Arbeiten dem Mieter übertragen. Dies geschieht üblicherweise im Mietvertrag – entweder in Form allgemeiner Klauseln oder kraft individueller Vereinbarung.

3.1 Abwälzungs-Klauseln

Üblicherweise verwenden Vermieter Mustermietverträge mit vorgegebenen Klauseln über die Rechte und Pflichten der Mietvertragsparteien, darunter oft Klauseln, die den Mieter zu Schönheitsreparaturen verpflichten.

Der BGH hat eine Reihe derartiger Klauseln für unwirksam erklärt. Unwirksam sind BGH

- **Schlussrenovierungsklauseln**, mit denen Mieter ungeachtet des Zustandes der Wohnung zu Schönheitsreparaturen verpflichtet werden (BGH vom 14.5.2003 – VIII ZR 308/02, vom 5.4.2006 – VIII ZR 152/05, vom 12.9.2007 – VIII ZR 316/06, vom 5.3.2008 – VIII ZR 95/07 und vom 18.2.2009 – VIII ZR 166/08; s. auch BGH vom 12.3.2014 – XII ZR 108/13).
  Zur Anfangsrenovierung → S. 158.
- **Starre Fristenpläne**, mit denen Mieter ungeachtet des Zustandes der Wohnung zu Schönheitsreparaturen nach Ablauf bestimmter Zeiträume (z.B. Bad alle drei Jahre, Küche alle fünf Jahre) verpflichtet werden (BGH vom 23.6.2004 – VIII ZR 361/03, vom 5.6.2006 – VIII ZR 152/05 und vom 27.5.2009 – VIII ZR 302/07).
  Starr sind Fristenpläne auch dann, wenn Fristen mit dem Zusatz »mindestens alle X Jahre« (AG Wiesbaden vom 22.4.2013 – 91 C 5829/11) oder »spätestens nach Ablauf von X Jahren« vorgegeben werden.
  Wirksam sind dagegen flexible Fristen: »Schönheitsreparaturen sind »im allgemeinen/in der Regel nach Maßgabe folgender Fristen durchzuführen« oder »regelmäßig nach Maßgabe folgender Fristen durchzuführen« (BGH vom 20.3.2012 – VIII ZR 192/11). Nach BGH vom 16.2.2005 – VIII ZR 48/04 ist die Auferlegung eines starren Fristenplans zulässig, wenn der Vermieter zugleich regelt, dass eine Verlängerung oder Verkürzung der Frist in seinem Ermessen steht oder dass auf Antrag des Mieters eine Frist verlängert werden kann (BGH vom 20.10.2004 – VIII ZR 378/03).

Nach bisheriger Rechtsprechung des BGH war die formularmäßige Abwälzung von Schönheitsreparaturen auf den Mieter nach Maßgabe eines weichen Fristenplans auch dann wirksam, wenn die Renovierungsfristen mit dem Anfang des Mietverhältnisses zu laufen beginnen, die Wohnung bei Vertragsbeginn renovierungsbedürftig war und der Anspruch des Mieters auf eine Anfangsrenovierung durch den Vermieter vertraglich ausgeschlossen wurde. Abweichend hiervon hat das LG Heilbronn vom 22.7.2014 – 2 S 63/13 dies als unzumutbare Belastung des Mieters gewertet. Der BGH vom 18.3.2015 – VIII ZR 185/14, – VIII ZR 242/13 und – VIII ZR 21/13) ist dem unter Aufgabe seiner bisherigen Rechtsprechung gefolgt. Danach ist es unzulässig, dem Mieter ohne angemessenen Ausgleich Renovierungspflichten für Abnutzungen der Vormieter aufzugeben. Der Nachlass einer halben Monatsmiete für Anstricharbeiten in drei Räumen ist nach – VIII ZR 185/14 unangemessen.

- **Gestaltungs-Klauseln**, die dem Mieter während des Mietverhältnisses die Art der Renovierung (weiße Decke, Raufasertapete) vorschreiben (BGH vom 14.5.2003 – VIII ZR 308/02, vom 5.6.2006 – VIII ZR 178/05, vom 28.3.2007 – VIII ZR 199/06, vom 18.2.2009 – VIII ZR 166/08, vom 23.9.2009 – VIII ZR 344/08, vom 16.12.2009 – VIII ZR 175/09, vom 20.1.2010 – VIII ZR 50/09, vom 14.12.2010 – VIII ZR 198/10, – VIII ZR 218/10, vom 21.9.2011 – VIII ZR 47/11 und vom 22.2.2012 – VIII ZR 205/11).
  Unzulässig ist die Vorgabe, dass jegliche Malerarbeiten mit ölhaltigen Farben (Alkydharzfarben) und keinesfalls mit wasserlöslichen Farben (Acrylfarben) vorzunehmen sind (LG Berlin vom 20.12.2013 – 63 S 216/13). Ebenso eine Klausel, dass Anstriche in Lasurtechnik, die nicht ohne erheblichen Aufwand tapezierbar sind, der Erlaubnis des Vermieters bedürfen (LG Berlin vom 17.2.2014 – 18 S 108/13).
- **Fachhandwerkerklauseln**, die dem Mieter die Möglichkeit der kostensparenden Eigenleistung nehmen (BGH vom 9.6.2010 – VIII ZR 294/09).
- **Unbestimmte Klauseln**, die Art oder Umfang der Schönheitsreparaturen nicht genau festlegen (BGH vom 31.8.2010 – VIII ZR 42/09; vom 10.2.2010 – VIII ZR 222/09: Keine Trennung bei Anstrich zwischen Innen und Außen und vom 14.12.2010 – VIII ZR 143/10: »Übliche Ausführungsart«).
- **Quotenklauseln**, die Mieter zu einer anteiligen Abgeltung von Kosten für Schönheitsreparaturen verpflichten, wenn beim Auszug noch kein Renovierungsbedarf besteht oder weil eine Abwälzungsklausel unwirksam ist (BGH vom 26.9.2007 – VIII ZR 143/06 und vom 11.2.2009 – VIII ZR 118/07); anders bei preisgebundenem Wohnraum (BGH vom 24.3.2010 – VIII ZR 177/09 und vom 12.1.2011 – VIII ZR 6/10), aber nicht, wenn die Wohnung aus der Preisbindung entlassen ist (BGH vom 9.11.2011 – VIII ZR 87/11; s. auch LG Freiburg vom 4.12.2014 – 3 S 114/14).

  In einem Hinweisbeschluss hat der BGH vom 22.1.2014 – VIII ZR 352/12 grundsätzlich infrage gestellt, ob Quotenabgeltungsklauseln einer Inhaltskontrolle überhaupt standhalten können, weil die Feststellung, welcher hypothetischen Nutzungsdauer bei »normaler« Nutzung der bei Beendigung des Mietverhältnisses bestehende Abnutzungsgrad der einzelnen Wohnräume entspricht, einer Fiktion gleichkommen könnte; darin könne eine unangemessene Benachteiligung des Mieters gesehen werden. Mit dieser Begründung

hat der BGH vom 18.3.2015 – VIII ZR 242/13 nun generell Quotenabgeltungsklauseln gekippt. Haben Mieter auf die bisher als zulässig erachteten Klauseln gezahlt oder Schönheitsreparaturen erbracht, können sie vom Vermieter eine Rückzahlung oder Schadensersatz für zu Unrecht erbrachte Schönheitsreparaturen fordern. Soweit das Jobcenter Kosten getragen hat, steht ihm der Ersatzanspruch zu.

- **Kumulierte Klauseln** zur Abwälzung von Schönheitsreparaturen können in ihrer Gesamtwirkung zu einer unangemessen Belastung des Mieters führen. Dann sind sie insgesamt unwirksam, auch wenn die Klauseln, einzeln betrachtet, zulässig sind (dazu BGH vom 12.3.2014 – XII ZR 108/13). So ist beispielsweise die Übertragung laufender Schönheitsreparaturen nach Maßgabe eines weichen Fristenplans, kombiniert mit einer unabhängig davon auferlegten Pflicht zur Einzugs- oder Auszugsrenovierung unwirksam (BGH vom 6.4.2005 – XII ZR 308/02). Ebenso die Kombination laufender Schönheitsreparaturpflichten mit einer Quotenabgeltungsklausel oder die Summierung weitreichender Einzelregelungen (AG Dortmund vom 26.8.2014 – 425 C 2787/14). Wird eine an sich zulässige Klausel so mit einer Individualabrede kombiniert, dass der Mieter unangemessen viele Schönheitsreparaturen durchführen soll, ist die gesamte Abrede zu den Schönheitsreparaturen unwirksam (LG Berlin vom 26.2.2013 – 63 S 199/12).

Klauseln prüfen!

Anpassungen von Schönheitsreparaturklauseln an die vorgenannte BGH-Rechtsprechung erfordern bei neueren Mietverträgen ein genaues Lesen, um beurteilen zu können, ob die Klauseln wirksam sind; es kann auf Details der Formulierung ankommen (s. dazu BGH vom 20.3.2012 – VIII ZR 192/11; LG Freiburg vom 12.7.2011 – 3 S 74/11). Im Zweifel sollte eine Mieterberatung in Anspruch genommen werden.

3.2 Individuelle Vereinbarung

Eine individuelle Vereinbarung setzt voraus, dass über die Frage der Schönheitsreparaturen im Einzelfall verhandelt wurde. Wird lediglich eine allgemeine Klausel handschriftlich dem Vertrag zugefügt, ist das keine Individualvereinbarung (BGH vom 27.5.2009 – VIII ZR 302/07). Das gilt auch für Zusätze in einem Übergabeprotokoll (LG Berlin vom 28.5.2013 – 63 S 347/12).

Enthält der Mietvertrag eine unwirksame Abwälzungsklausel, wird aber **nach Abschluss** des Mietvertrages individuell die Übernahme von Schönheitsreparaturen vereinbart, ist diese Vereinbarung nach BGH vom 14.01.2009 – VIII ZR 71/08 wirksam. Zur Unwirksamkeit einer Schönheitsreparaturklausel in Verbindung mit einer einzelvertraglich vereinbarten Endrenovierungsverpflichtung s. AG Mannheim vom 20.5.2011 – 10 C 14/11; AG Dortmund vom 26.8.2014 – 425 C 2787/14.

Keine Anpassungspflicht

Der Vermieter ist nicht berechtigt, wegen der Unwirksamkeit einer Abwälzungsklausel eine individuelle Vereinbarung zu verlangen, auch wenn er wegen der Klausel eine niedrigere Miete kalkuliert hatte. Die Androhung einer Mieterhöhung ist rechtlich bedeutungslos; wegen unwirksamer Klauseln darf der Vermieter keinen Zuschlag zur Miete verlangen (BGH vom 9.7.2008 – VIII ZR 83/07).

Vorsicht

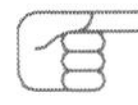

Stimmen Leistungsberechtigte einer Individualvereinbarung zu – »weil das Jobcenter ja zahlt« – können die daraus entstehenden Kosten unangemessen sein; sie sind dann also **nicht** nach § 22 SGB II zu übernehmen. Ist ein Mieter vom Vermieter über den Tisch gezogen worden, muss der Konflikt vor dem Zivilgericht ausgetragen werden.

4 Wann muss das Jobcenter Schönheitsreparaturen übernehmen?

Mietrecht

Grundsätzlich gilt, dass nur die Leistungen, zu denen der Mieter nach dem Mietvertrag wirksam verpflichtet ist, angemessene Unterkunftskosten sind (vgl. BVerfG vom 25.11.2009 – 1 BvR 2515/09). Bei eindeutig unwirksamen Abwälzungsklauseln kann der Mieter deshalb darauf verwiesen werden, dies dem Vermieter gegenüber geltend zu machen (LSG NRW vom 20.12.2007 – L 20 B 222/07; LSG Baden-Württemberg vom 21.2.2008 – L 7 SO 827/07 und vom 19.2.2009 – L 7 SO 1131/07; BayLSG vom 25.9.2008 – L 11 SO 82/07; SG Bremen vom 7.8.2009 – S 23 AS 1415/09 ER; LSG Sachsen vom 18.5.2009 – L 2 AS 101/09 B ER; LSG NRW vom 22.7.2010 – L 7 AS 60/09; LSG Sachsen-Anhalt vom 24.2.2010 – L 2 AS 288/09).

Keine Mieterberatung

Allein aus der Unwirksamkeit einer Klausel kann aber nicht immer geschlossen werden, dass keine oder nur bestimmte Arbeiten auszuführen sind. Das Mietrecht ist hier durch viele Einzelfallentscheidungen unübersichtlich geworden. Das Jobcenter hat zwar das Recht, vor Gewährung von Leistungen für die Ausführung von Schönheitsreparaturen die mietrechtliche Lage zu klären. Es ist dem Leistungsberechtigten gegenüber aber nicht verpflichtet, vor einer konkreten Aufforderung des Vermieters zur Durchführung von Schönheitsreparaturen zu ermitteln, ob und ggf. welche Maßnahmen geschuldet werden. Das gilt auch dann, wenn die Kaution vom Jobcenter gegeben wurde und sich der Leistungsberechtigte durch Einbehaltung der letzten Mietzahlungen die Möglichkeit sichern will, auf diesem Weg dem Jobcenter die Kaution zurückzahlen zu können.

Feststellungsklage

Nach BGH vom 13.1.2010 – VIII ZR 351/08 kann durch eine Feststellungsklage geklärt werden, ob Schönheitsreparaturen geschuldet sind. Geklagt werden sollte aber nur, wenn der Vermieter zu erkennen gegeben hat, dass er Schönheitsreparaturen verlangen wird. Ansonsten läuft der Mieter Gefahr, die Gerichts- und ggf. Anwaltskosten des verklagten Vermieters tragen zu müssen. Nach LG Halle vom 22.6.2010 – 2 S 40/10 soll es für eine Feststellungsklage nicht genügen, wenn der Vermieter auf eine zweimalige Aufforderung des Mieters, etwas zu den Schönheitsreparaturen zu sagen, schweigt.

Keine Pflicht zur Klage

Wegen des Kostenrisikos kann das Jobcenter nicht verlangen, dass der Leistungsberechtigte vor einer Kostenübernahme auf Feststellung des Bestehens einer Schönheitsreparaturpflicht klagt. Bei Mitgliedschaft in einem Mieterverein kann aber verlangt werden, dort Auskunft einzuholen.

Anwaltskosten

Rechtsanwaltskosten wegen der Geltendmachung der Unwirksamkeit einer Schönheitsreparaturklausel sind vom Vermieter zu erstatten, wenn die Klausel unwirksam ist (LG Berlin vom 21.4.2010 – 67 S 460/09 und vom 21.5.2010 – 65 S 526/09).

Rechtsbeistand vom Jobcenter

Bleiben Zweifel, ob Schönheitsreparaturen zu erbringen sind, kann das Jobcenter einem Antrag auf Übernahme der Kosten für Schönheitsreparaturen nicht ohne Weiteres die Unwirksamkeit bestimmter Regelungen im Mietvertrag entgegen halten. Es muss dem Leistungsberechtigten dann darlegen, warum es die Klausel für unwirksam hält, und ihm zeigen, wie er gegen den Vermieter vorgehen soll (BSG vom 24.11.2011 – B 14 AS 15/11 R). Unterbleibt eine solche Unterstützung, muss sich der Leistungsberechtigte nicht gegen die – mit Nachdruck – geforderte Ausführung von Schönheitsreparaturen wehren. Er kann zur Vermeidung eines Rechtsstreits mit dem Vermieter die verlangten Schönheitsreparaturen ausführen und vom Jobcenter die Kostenübernahme fordern. Das Jobcenter ist dann mangels Unterstützung zur Übernahme der Kosten verpflichtet (BSG, a.a.O.; LSG Berlin-Brandenburg vom 12.2.2014 – L 18 AS 2908/12).

Kostenrisiko!

Hat der Leistungsberechtigte die Forderung des Vermieters anerkannt, obwohl ihm das Jobcenter Gründe gegen die Gültigkeit der Schönheitsreparaturklausel genannt hat, trägt der Leistungsberechtigte das Risiko, wenn das Jobcenter die Kostenübernahme ablehnt und über die – ggf. im Streit vor dem Sozialgericht – zu klärende Wirksamkeit der Mietvertragsklausel keine Klarheit zu erlangen ist (BSG, a.a.O.).

Mietprozess

Wird bereits auf Unwirksamkeit einer Schönheitsreparaturklausel vor dem Zivilgericht geklagt, sollte **vor** einer vergleichsweisen Beendigung des Zivilrechtsstreits beim Jobcenter beantragt werden, die aufgrund des Vergleichs zu zahlenden Schönheitsreparaturkosten zu übernehmen. Bleibt das Jobcenter untätig oder lehnt es ohne Prüfung der Gründe für den Vergleich die Kosten ab, hat der Leistungsberechtigte auf der Grundlage des BSG vom 24.11.2011 – B 14 AS 15/11 R einen Anspruch auf Kostenübernahme.

Nebenintervention

Hält das Jobcenter die Schönheitsreparaturklausel für unwirksam, kann es über eine Beteiligung am Zivilprozess als Nebenintervenient oder Streithelfer diesen Standpunkt verteidigen (BSG, a.a.O.). Eine Beiladung des Vermieters im Sozialgerichtsprozess (auf Übernahme von Schönheitsreparaturkosten) bringt nichts, weil der Vermieter an den Rechtsstandpunkt des Sozialgerichts nicht gebunden werden kann.

Geschäftsführung ohne Auftrag

Wurde der Leistungsberechtigte vom Jobcenter zu einem Zivilprozess gedrängt und geht dieser verloren, muss das Jobcenter die Prozesskosten tragen (öffentlich-rechtliche Geschäftsführung ohne Auftrag). Vor dem Gang zum Gericht sollte sich der Leistungsberechtigte die Übernahme der im (Teil-)Unterlegensfall entstehenden Kosten (trotz Prozesskostenhilfe sind die Kosten des gegnerischen Anwalts zu zahlen!) schriftlich bestätigen lassen.

Ersatz für Selbsthilfe

Hat das Jobcenter einen Antrag auf Übernahme der Kosten für Schönheitsreparaturen nicht oder sehr schleppend bearbeitet und ist der Leistungsberechtigte deshalb in Vorleistung getreten, muss das Jobcenter nicht nur die Schönheitsreparaturkosten übernehmen, sondern auch die Kosten wegen einer Kontoüberziehung oder für ein zu marktüblichen Konditionen notwendig gewordenes Darlehen (BSG vom 6.10.2011 – B 14 AS 66/11 R).
Haben Freunde oder Verwandte bei den Schönheitsreparaturen geholfen, entfällt der Kostenübernahmeanspruch gegen das Jobcenter nicht, wenn feststeht, dass den Helfern im Falle der Durchsetzung des Anspruchs die aufgewandten Leistungen (z. B. Kosten für Farbe, Pinsel, Tapete) zurückerstattet werden (BSG, a.a.O.).

Übernahme von Folgekosten

Werden vom Mieter geschuldete Schönheitsreparaturen nicht oder verzögert durchgeführt, weil das Jobcenter einen Antrag auf Kostenübernahme nicht sachgemäß bearbeitet hat, muss es die daraus entstehenden Folgekosten (z. B. Mahngebühren, Anwaltskosten, Schadensersatzansprüche wegen verzögerter Weitervermietung der Wohnung) als Unterkunftskosten, die untrennbar mit der Nutzung der Wohnung zusammenhängen, übernehmen (LSG Baden-Württemberg vom 23.11.2006 – L 7 SO 4415/05; BSG vom 24.11.2011 – B 14 AS 15/11 R).

Weitere Kostenschuldner

Besteht dem Grunde nach ein Anspruch auf Übernahme der für eine Schönheitsreparatur oder eine Renovierung benötigten Kosten, muss das Jobcenter die Kosten nicht voll übernehmen, wenn ein früherer Mitmieter oder Ex-Partner anteilig dafür mithaftet. Der Leistungsberechtigte ist dann verpflichtet, die anteiligen Kosten beim früheren Mitmieter oder BG-Mitglied zu fordern. Eine solche Mithaftung besteht, wenn das frühere BG-Mitglied noch nicht aus dem Mietvertrag entlassen wurde. Im Fall einer Änderung des Mietvertrages nach § 1568a Abs. 3 BGB haftet der Ex-Partner nur für die bis zu seinem Ausscheiden fälligen Ansprüche aus dem Mietvertrag. Werden Ansprüche erst später fällig, kommt eine Mithaftung aber unter dem Gesichtspunkt von Ausgleichsansprüchen zwischen den Ex-Partnern in Betracht (BGH vom 3.2.2010 – XII ZR 53/08; s. auch SG Berlin vom 2.8.2011 – S 149 AS 42641/09).

5 Schönheitsreparaturen im laufenden Mietverhältnis

Auch für Schönheitsreparaturen im laufenden Mietverhältnis gilt der Grundsatz, dass sie nur dann vom Jobcenter übernommen werden müssen, wenn sie vom Mieter wirksam verlangt werden können (BVerfG vom 25.11.2009 – 1 BvR 2515/09). Über unwirksame Klauseln → 3.1.

Schönheitsreparaturen durch Vermieter

Sind die Schönheitsreparaturen nicht dem Mieter wirksam aufgebürdet worden, ist der Vermieter zu den laufenden Schönheitsreparaturen verpflichtet. Er muss dabei Rücksicht auf die vorhandene Gestaltung des Mieters nehmen (AG Berlin-Mitte vom 8.8.2013 – 121 C 135/13). Dann muss das Jobcenter nicht für die Kosten aufkommen (vgl. auch LSG Baden-Württemberg vom 10.12.2014 – L 2 SO 2379/14). Geht der Mieter auf Grund des Grades der individuellen Abnutzung seiner Wohnung davon aus, dass ihm ein Anspruch auf Vornahme von Schönheitsreparaturen gegen den Vermieter zusteht, kann er diesen Anspruch im Wege der Leistungsklage geltend machen (LG Berlin vom 18.3.2010 – 67 S 485/09).

Keine Verwirkung

Der Anspruch ist nicht verwirkt, wenn der Mieter keine Schönheitsreparaturen durchgeführt hat. Bei Vernachlässigung und Verwahrlosung der Mietwohnung durch vertragswidrigen Gebrauch kann es nach LG Limburg vom 10.9.2010 – 3 S 19/09 aber unbillig sein, vom Vermieter Schönheitsreparaturen zu verlangen. Weder der Vermieter noch das Jobcenter sind dann verpflichtet, für die Mängel aufzukommen, die auf einen unsachgemäßen Gebrauch zurückgehen.

Kostenvorschuss vom Vermieter

Ist der Vermieter mit den von ihm durchzuführenden Schönheitsreparaturen in Verzug, kann der Mieter die Renovierung in Auftrag geben und vom Vermieter dafür einen Kostenvorschuss in Höhe des von einem Malermeister eingeholten Kostenvoranschlags verlangen, auch wenn der Vermieter niedrigere Kostenvoranschläge vorlegt. Der Mieter hat einen Anspruch auf fachgerechte Ausführung der Malerarbeiten (LG Berlin vom 27.8.2010 – 65 S 440/09 und vom 4.10.2013 – 65 S 190/12).

Schönheitsreparaturen durch Mieter

Ist der Mieter zu Schönheitsreparaturen verpflichtet, wird der entsprechende Anspruch des Vermieters fällig, sobald aus der Sicht eines objektiven Betrachters Renovierungsbedarf besteht; darauf, ob bereits die Substanz der Wohnung gefährdet ist, kommt es nach BGH vom 6.4.2005 – VIII ZR 192/04 nicht an. Fordert der Vermieter Schönheitsreparaturen, gehören die dafür aufzuwendenden Kosten zu den Unterkunftskosten nach § 22 Abs. 1 SGB II. Da der Vermieter nicht verlangen kann, dass die Arbeiten von einem Fachmann ausgeführt werden (BGH vom 9.6.2010 – VIII ZR 294/09), sind die Kosten niedrig zu halten. Vorrangig ist daher die Eigenleistung oder die Hilfe von Bekannten und Freunden; dann beschränkt sich der Kosteneinsatz des Jobcenters im Wesentlichen auf das Material.

Vorschuss statt Schadensersatz

Solange das Mietverhältnis besteht, kann der Vermieter keinen Schadensersatz statt Durchführung von Schönheitsreparaturen verlangen. Bleiben die Mieter trotz angemessener Fristsetzung untätig, ist der Vermieter berechtigt, einen Vorschuss in Höhe der voraussichtlich entstehenden Schönheitsreparaturkosten zu fordern (BGH vom 6.4.2005 – VIII ZR 192/04). Ein Anspruch auf Kostenübernahme durch das Jobcenter besteht nur, wenn die Mieter wegen eines Fehlverhaltens des Jobcenters in Verzug geraten sind. Das Jobcenter muss dann zunächst den Vorschuss zahlen und dafür sorgen, dass die geschuldeten Reparaturen ausgeführt werden.

Besteht kein Zweifel daran, dass der Vermieter für Schönheitsreparaturen aufkommen muss, besteht insoweit schon kein Bedarf nach § 22 SGB II; das Jobcenter darf den Leistungsberechtigten auf einen Anspruch gegen den Vermieter verweisen (LSG Sachsen-Anhalt vom 24.2.2010 – L 2 AS 288/09; LSG Baden-Württemberg vom 10.12.2014 – L 2 SO 2379/14).
Sind Schönheitsreparaturen unstreitig auf den Mieter übertragen worden, besteht ein entsprechender KdU-Bedarf erst dann, wenn der Vermieter diese fordern würde.

Schöner Wohnen?

Einen Anspruch auf Kostenübernahme für Verschönerungsmaßnahmen gibt § 22 SGB II nicht. Der bloße Ablauf üblicher Schönheitsreparaturfristen besagt nicht, dass die Wohnung neu gemalert oder tapeziert werden muss, zumal die üblichen Regelfristen von 3 Jahren für Bad und Küche, 5 Jahre für Wohnzimmer und 7 Jahre für Schlafzimmer und Flur für moderne Wohnungen mit schmutzarmer Zentralheizung, gekachelten Bädern und Küchen mit Dunstabzugshauben häufig keinen Grad der Abnutzung belegen, der einen selbst zahlenden Mieter zu einer Renovierung veranlassen würde.

Kontrollumfang

Beantragt der Leistungsberechtigte die Übernahme von Kosten für Schönheitsreparaturen, ist fraglich, ob das Jobcenter über eine Außenprüfung zur Feststellung eines Reparaturbedarfs hinaus außerdem verlangen kann, dass der Vermieter eine Wohnungsbesichtigung durchführt und danach genau bezeichnete Reparaturmaßnahmen fordert. Da die Pflicht zur Durchführung von Schönheitsreparaturen nach BGH vom 6.4.2005 – VIII ZR 192/04 am objektiven Wohnungszustand anknüpft, muss es genügen, wenn die Jobcenter-Außenprüfung einen Reparaturbedarf feststellt. In einer solchen Situation den Vermieter einzuschalten, wäre so ungewöhnlich, dass es einer Stigmatisierung des Leistungsberechtigten gleichkäme. Zur Abwehr unberechtigter Forderungen genügt es, die üblichen Schönheitsreparaturfristen (s. dazu LG Dresden vom 14.3.2014 – 4 S 63/13) als Indiz dafür zu nehmen, zu welchem Zeitpunkt auch ein selbstzahlender Mieter zu Pinsel und Farbe greifen würde (LSG Niedersachsen-Bremen vom 28.1.2008 – L 9 AS 647/07 ER). Eine ungewöhnlich hohe Abnutzung vor Ablauf dieser Fristen könnte auf einen unsachgemäßen Gebrauch der Wohnung hindeuten, für dessen Folgen das Jobcenter nicht aufkommen muss.

6 Schönheitsreparaturen bei Beendigung des Mietverhältnisses

Nur die Kosten für mietvertraglich wirksam übertragene Auszugs-Schönheitsreparaturen sind zu übernehmen. Unwirksam sind vor allem die oben (3.1) erwähnten Schlussrenovierungsklauseln und Klauseln mit starren Fristenplänen. Zulässig sind Gestaltungsklauseln nur für die Auszugsreparaturen (Vorgaben zum Anstrich von Decken, Wänden und Holzteilen).

Vorsicht Falle!

Vorsicht ist geboten, wenn der Vermieter im Zusammenhang mit der Abnahme der Wohnung auf eine schriftliche Verpflichtung zu Reparaturen oder eine Quotenabgeltung drängt. Nach BGH vom 14.1.2009 – VIII ZR 717/08 und vom 18.3.2009 – XII ZR 200/06 ist eine individuell getroffene Abrede wirksam, selbst wenn der Mietvertrag eine unwirksame Abwälzungsklausel enthält (s. dazu auch LSG NRW vom 2.7.2012 – L 20 SO 75/12).

Ein Wohnungsabnahmeprotokoll enthält keine Individualvereinbarung zur Übernahme von Schönheitsreparaturen, wenn die der Verpflichtung zur Durchführung der Schönheitsreparaturen vorangestellte Präambel des Protokolls ausdrücklich auf die mietvertraglichen Bestimmungen Bezug nimmt (LG Berlin vom 23.2.2010 – 63 S 290/09, s. auch vom 28.5.2013 – 63 S 347/12; LG Frankenthal vom 19.11.2014 – 2 S 173/14). Ebenso bei einem Besichtigungsprotokoll AG Gießen vom 10.5.2012 – 48 C 352/11.

Zurückbehaltung

Weiß der Leistungsberechtigte, dass der Vermieter trotz unwirksamer Schönheitsreparaturklauseln auf Schönheitsreparaturen besteht bzw. bei Nichtdurchführung die Kaution vereinnahmen wird, kann er vorsorglich die letzten Mietzahlungen einbehalten (Zurückbehaltungsrecht nach § 273 BGB, vgl. dazu AG Bremen vom 22.12.2011 – 10 C 331/11). Ist ihm diese Möglichkeit verwehrt, weil die Miete nach § 22 Abs. 7 SGB II direkt an den Vermieter überwiesen wird und hat der Leistungsbezieher das Jobcenter im Vorfeld der Beendigung des Mietverhältnisses über die Gefahr einer unzulässigen Vereinnahmung der Kaution informiert, kann er vom Jobcenter die Zurückhaltung der Mietzahlung verlangen. Das gilt auch für Kautionsdarlehen, die über § 42a SGB II schon getilgt sind. Denn der Leistungsberechtigte bleibt trotz Direktüberweisung der Miete Inhaber des § 22 Abs. 1 SGB II-Anspruchs und darf selbstbestimmt darüber verfügen, wenn der Regelungszweck des § 22 Abs. 7 SGB II, Mietschulden zu verhindern, erfüllt ist.

Aufrechnung

Eine Aufrechnung der letzten Mietzahlungen mit dem Kautionsrückzahlungsanspruch ist dem Leistungsberechtigten vor Ablauf der Kündigungsfrist nicht möglich, weil der Kautionsrückzahlungsanspruch noch nicht fällig ist. Eine Aufrechnungslage besteht erst **nach Ablauf** der Kündigungsfrist (LG Berlin vom 13.2.2012 – 12 T 1/12).

Regulärer KdU-Bedarf

Sind Schönheitsreparaturen wirksam auf die Mieter übertragen worden, gehören die dafür erforderlichen Kosten zu den Unterkunftskosten nach § 22 Abs. 1 SGB II. Die Auszugsreparaturen sind im Laufe der Mietzeit aufgestaute Kosten für laufende Schönheitsreparaturen, zu denen der Mieter nach Mietvertrag verpflichtet wurde (LSG Berlin-Brandenburg vom 12.2.2014 – L 18 AS 2908/12). Ein vorheriger Antrag auf Kostenübernahme ist nicht erforderlich. Notwendige Kosten für Schönheitsreparaturen sind auch dann zu übernehmen, wenn das Mietverhältnis zum Zeitpunkt der Durchführung der Schönheitsreparaturen schon beendet ist. Zuständig ist das Jobcenter, das dann laufende Leistungen erbringt (Rückschluss aus BSG vom 20.12.2011 – B 4 AS 9/11 R: Betriebskosten für frühere Wohnung), ggf. sind mehrere Jobcenter für anteilige Kosten zuständig, wenn die Bewohner der früheren Wohnung in unterschiedliche Orte umziehen.

Ausführung in Eigenregie

Grundsätzlich sind auch die Auszugs-Schönheitsreparaturen in Eigenregie durchzuführen. Muss ein Fachbetrieb beauftragt werden, kann das Jobcenter Kostenvoranschläge verlangen. Die Obliegenheit zu kostensparendem Verhalten schließt ein, dass die Schönheitsreparaturen möglichst während des Laufs der Kündigungsfrist abgeschlossen werden.

Nutzungsentgelt oder Mietausfallschaden?

Wird der Mieter bis zum Ablauf der Kündigungsfrist mit den Schönheitsreparaturen nicht fertig oder nimmt der Vermieter die Reparaturen nicht ab, begründet der weitere Zugang zu der ansonsten ordnungsgemäß geräumten Wohnung, um die Schönheitsreparaturen abzuschließen, keinen Anspruch auf Nutzungsentgelt (§ 546a BGB), sondern einen Mietausfallschaden (dazu BGH vom 13.7.2010 – VIII ZR 326/09).

Das Jobcenter muss hierfür nur aufkommen, soweit den Leistungsberechtigten kein Verschulden trifft. Hat er die Verzögerung oder Schlechterfüllung der Schönheitsreparaturen zu vertreten, kann er die verursachten Kosten nicht dadurch auf das Jobcenter abwälzen, dass er eine Verlängerung des Mietvertrages vereinbart und die Doppelmiete als Wohnungsbeschaffungskosten nach § 22 Abs. 6 SGB II geltend macht.

Schadensersatz

Ist der Mieter mit der Durchführung von Schönheitsreparaturen in Verzug, kann der Vermieter nicht sofort Schadensersatz fordern. Er muss den Mieter unter angemessener Fristsetzung und genauer Benennung der noch ausstehenden Arbeiten zur unverzüglichen Durchführung auffordern. Läuft die gesetzte Frist ab, ohne dass die Arbeiten abgeschlossen sind, kann der Vermieter Schadensersatz verlangen. Erlässt der Vermieter einem neuen Mieter einen Teil des Mietzinses, weil dieser die Wohnung im abgenutzten Zustand übernimmt, kann er diesen Mietausfall vom Vormieter als Schadensersatz fordern (AG Wetzlar vom 4.6.2012 – 38 C 264/12 (38)).

Nachmieter

Ob ein Schadensersatzanspruch entfällt, wenn der Nachmieter die unrenovierte Wohnung ohne Mietnachlass übernimmt, ist sehr umstritten (dazu AG Neuruppin vom 6.5.2009 – 42 C 329/07 mit Hinweisen auf den Meinungsstand).

Keine Einbehaltung der Kaution

Der Anspruch auf Schadensersatz kann nicht mit Einbehaltung der Kaution durchgesetzt werden. Der Vermieter muss nach ergebnisloser Fristsetzung den Schadensersatz beziffern und kann ihn dann gegen den nach Beendigung des Mietverhältnisses entstehenden Anspruch auf Kautionsrückzahlung aufrechnen (AG Frankenthal vom 30.10.2014 – 3a C 270/14).

Verrechnung mit Kaution

Verweigert der Vermieter die Auszahlung einer vom Jobcenter gewährten Kaution, weil vom Mieter geschuldete Schönheitsreparaturen nicht durchgeführt wurden, ist zu unterscheiden:

- Ist die Kaution einbehalten worden, weil das Jobcenter einen Antrag auf Übernahme der Reparaturkosten (noch) nicht bearbeitet hat und deshalb keine Schönheitsreparaturen durchgeführt werden konnten, kann der Leistungsberechtigte der Forderung des Jobcenters auf Rückzahlung/Tilgung der Kaution seinen Anspruch auf Kostenübernahme entgegen halten.
  Ist das Jobcenter der Meinung, die Forderung nach Schönheitsreparaturen sei unwirksam, kann es sich den Anspruch auf Auszahlung der Kaution abtreten lassen und dann selbst gegen den Vermieter vorgehen. Ohne Mietrechtsschutzversicherung oder Mitgliedschaft in einem Mieterverein ist dem Leistungsberechtigten ein Prozess nicht zuzumuten.
- Ist die Kaution einbehalten worden, weil der Leistungsberechtigte ausgezogen ist, ohne sich um seine Pflicht zur Ausführung von Schönheitsreparaturen zu kümmern, ist er zur Rückzahlung/Tilgung der Kaution verpflichtet. Es bleibt ihm unbenommen – auf eigenes Risiko – gegen den Vermieter vorzugehen.

Bedarfsbezogener Maßstab

Auch wenn der Umfang der Auszugs-Reparaturen hoch ist, weil der Leistungsberechtigte die laufend geschuldeten Schönheitsreparaturen hinausgeschoben hat, kann das Jobcenter einer Kostenübernahme dann nicht entgegenhalten, dass der Leistungsberechtigte vor Eintritt in den Alg II-Bezug hätte renovieren müssen. Genau wie bei der Erstausstattung (s. dazu BSG vom 20.8.2009 – B 14 AS 45/08 R) ist der Zusatzbedarf bei den Unterkunftskosten dann zu erfüllen, wenn er im Leistungszeitraum anfällt.

Klauselunabhängige Reparaturen

War der Mieter im laufenden Mietverhältnis weder einer Gestaltungsklausel unterworfen noch zu Schönheitsreparaturen verpflichtet und besteht auch keine wirksame Schlussrenovierungsklausel, muss er die Wohnung bei Auszug dennoch in einem Zustand zurückzugeben, der es dem Vermieter ermöglicht, die Wohnung allein mit den üblichen Vorarbeiten und den üblichen Schönheitsreparaturen in einen wiedervermietbaren Zustand zu versetzen (BGH vom 6.11.2013 – VIII ZR 416/12: Ungewöhnliche Farbgestaltung). Der Mieter trägt dann nur die Kosten, die über den Teil, der normalerweise als Schönheitsreparatur aufzuwenden ist, hinausgeht (LG Essen vom 8.9.2011 – 10 S 121/11).

Beispiel

M. hatte eine Wohnung mit einem starren Fristenplan zur Erbringung laufender Schönheitsreparaturen bewohnt. Er darf ohne die laut Mietvertrag geschuldeten Schönheitsreparaturen ausziehen. Bei der Wohnungsabnahme rügt der Vermieter, dass die Raufaser-Tapete in der Küche voller Fettflecke und Beschädigungen ist. Zu Recht: M. muss die Küche an den schadhaften Stellen neu tapezieren oder die Kosten der Tapetenerneuerung tragen. Streichen muss er die Tapete nicht.

Offene Rechtsfrage

Das Jobcenter muss diese Kosten übernehmen, sofern die zu beseitigenden Gebrauchsspuren nicht auf einer vertragswidrigen Nutzung beruhen, sondern Ausdruck des grundrechtlich geschützten, allgemeinen Persönlichkeitsrechtes sind, wie z. B. ungewöhnliche Dekorationen oder mit Erlaubnis des Vermieters vorgenommene Einbauten. Weil die damit zusammen hängenden Reparatur- oder Beseitigungsmaßnahmen nur anlässlich des Auszugs aus der Wohnung anfallen, ist noch nicht geklärt, ob das Jobcenter die entstehenden Kosten als reguläre Unterkunftskosten nach § 22 Abs. 1 SGB II übernehmen muss oder ob es sich um Wohnungsbeschaffungskosten nach § 22 Abs. 6 SGB II, die zwingend vorher beantragt werden müssen, handelt (so SG Berlin vom 10.4.2014 – S 82 AS 25836/12: Kosten für die Beseitigung von Einbauten).

7 Rückabwicklung nicht geschuldeter Schönheitsreparaturen

Bereicherungseinwand

Schuldet der Mieter keine Schönheitsreparaturen, kann er die hierfür aufgewendeten Kosten unter dem Gesichtspunkt einer unrechtmäßigen Bereicherung des Vermieters von diesem zurückverlangen.
Soweit die Kosten nach § 22 Abs. 1 SGB II übernommen wurden, steht dem Jobcenter dieser Anspruch gegen den Vermieter in Höhe der übernommenen Kosten zu.
Dasselbe gilt, wenn laufende Beträge für eine Schönheitsreparaturrücklage trotz unwirksamer Verpflichtung zur Durchführung von Schönheitsreparaturen zusätzlich zur Miete eingezogen wurden (AG Lahnstein vom 28.2.2012 – 20 C 799/11).

Verjährung droht!

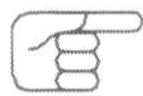

Ansprüche des Mieters aus ungerechtfertigter Bereicherung wegen durchgeführter Schönheitsreparaturen oder Ersatzleistungen ohne eine solche Verpflichtung verjähren in sechs Monaten nach Ende des Mietverhältnisses (BGH vom 31.1.2012 – VIII ZR 141/11 und vom 20.6.2012 – VIII ZR 12/12).

Ist die Wirksamkeit einer Kündigung des Mietverhältnisses streitig, kann innerhalb der sechsmonatigen Verjährungsfrist in der Regel keine Klärung erreicht werden. Damit besteht die Gefahr, dass im Fall einer Bestätigung der Kündigung Ansprüche auf Rückabwicklung erbrachter Schönheitsreparaturmaßnahmen schon verjährt sind. In diesem Fall kann mit einer Zwischenfeststellungswiderklage auf Unwirksamkeit der Kündigung geklagt werden (LG Frankfurt (Oder) vom 23.10.2012 – 16 T 88/12).

Hat das Jobcenter die Kosten für Schönheitsreparaturen wegen Unklarheit über eine Verpflichtung zu solchen Reparaturen nur vorläufig nach § 328 SGB III übernommen und wird dann so langsam geprüft, dass die Verjährungsfrist für Bereicherungsansprüche abgelaufen ist, kann der Leistungsberechtigte diese Verzögerung einer Rückzahlung nach § 328 Abs. 3 SGB III entgegen halten (LSG NRW vom 2.7.2012 – L 20 SO 75/12).

Vorläufige Kostenübernahme

Sind nicht geschuldete Schönheitsreparaturen mangelhaft ausgeführt worden, kann der Mieter nur bei Verursachung zusätzlicher Schäden zum Schadenersatz verpflichtet sein (BGH vom 18.2.2009 – VIII ZR 166/08). Ansonsten muss der Vermieter die Wohnung so abnehmen (zur Darlegungslast des Vermieters in solchen Fällen s. LG Frankfurt am Main vom 1.11.2011 – 2-11 S 95/11).

Schadensersatz

Hat das Jobcenter ungeprüft eine unberechtigte Forderung des Vermieters auf Kostenübernahme für Schönheitsreparaturen oder Renovierungen übernommen, kann der Leistungsberechtigte dafür nicht nach §§ 34, 34a SGB II haftbar gemacht werden (vgl. dazu VG Augsburg vom 4.2.2005 – Au 3 K 04.1621).

Haftung

II Renovierungen

Renovierungen unterscheiden sich von Schönheitsreparaturen dadurch, dass nicht nur Gebrauchs-, sondern Substanzschäden behoben werden (s. dazu OLG Koblenz vom 23.6.2014 – 3 U 182/14). Grundsätzlich ist der Vermieter dafür zuständig, es sei denn, die Schäden wurden schuldhaft durch einen unsachgemäßen Gebrauch der Mietsache verursacht. Dafür haftet der Mieter nach den allgemeinen Grundsätzen des Schadensersatzes. Schadensersatzforderungen sind keine Kosten der Unterkunft nach § 22 SGB II.

1 Renovierungen im laufenden Mietverhältnis

Der Vermieter ist berechtigt, Kleinreparaturen bis zu einer festgelegten Höchstgrenze auf den Mieter abzuwälzen. Eine Kostenübernahme seitens des Jobcenters scheidet aus, weil für solche Kleinreparaturen ein Betrag im Regelbedarf vorgesehen ist, auch wenn der Betrag für die konkrete Reparatur nicht reicht (LSG Sachsen vom 3.4.2014 – L 7 AS 536/11 NZB). Kann der Mieter nicht zahlen, kommt nur ein Darlehen nach § 24 Abs. 1 SGB II in Betracht (SG Köln vom 29.7.2010 – S 32 AS 2091/10: Erneuerung Kücheneckventil; LSG Baden-Württemberg vom 20.1.2009 – L 7 SO 5864/08 NZB: Reparatur Badezimmerfenster; SG Aachen vom 14.7.2009 – S 20 SO 26/09: neuer Duschschlauch).

Kleinreparaturen

Kleinreparaturen aus Anlass der Wartung der zur Mietwohnung gehörenden Gastherme sind umlagefähige Betriebskosten, die der Ver-

Wartungskosten Gastherme

mieter auf den Mieter abwälzen darf (BGH vom 7.11.2012 – VIII ZR 119/12). Für sie muss das Jobcenter als Teil der Unterkunfts- und Heizkosten nach § 22 Abs. 1 SGB II aufkommen, wenn der Vermieter die Rechnung zu einem Zeitpunkt stellt, in der der Mieter Alg II bezieht oder wegen Hilfebedürftigkeit beantragt hat.

Wartungskosten Durchlauferhitzer

Wartungsarbeiten an einem Durchlauferhitzer fallen nach AG Neukölln vom 5.6.2013 – 10 C 332/12 nicht unter die Kleinreparaturklausel.

Unwirksame Kleinreparaturklauseln

Ist die Kleinreparaturklausel unwirksam, muss der Mieter nicht zahlen, folglich das Jobcenter keine Kosten übernehmen (LSG Rheinland-Pfalz vom 20.11.2009 – L 1 SO 36/07). Unwirksam ist z.B. eine Klausel, die

- eine jährliche Belastung des Mieters mit insgesamt mehr als 6% der Jahresbruttokaltmiete vorsieht (AG Stuttgart vom 15.10.2013 – 2 C 1438/13);
- dem Mieter mehr als 100 € Reparaturkosten aufbürdet (str. AG Würzburg vom 17.5.2010 – 13 C 670/10: wegen der Preissteigerungen bis 110 € zulässig; ebenso AG Köpenick vom 9.9.2011 – 6 C 184/11; bei 120 € verneint das AG Bingen vom 4.4.2013 – 25 C 19/13 die Wirksamkeit);
- keine Höchstgrenze für den Fall enthält, dass innerhalb eines bestimmten Zeitraums mehrere Kleinreparaturen anfallen (BGH vom 6.5.1992 – VIII ZR 129/91);
- die den Mieter verpflichtet, sich an allen Reparaturen anteilig zu beteiligen (BGH vom 7.6.1989 – VIII ZR 91/88);
- den Mieter zu Reparaturkosten an Mietsachen verpflichtet, auf die er selten oder keinen Zugriff hat (AG Köln vom 27.6.2006 – 201 C 254/05: Türdichtung, Türschloss; AG Wedding vom 27.8.2010 – 6a C 5/10: Toilettenspülkasten; AG Köln vom 27.1.2011 – 210 C 324/10: Heiztherme; AG Wedding vom 25.10.2011 – 20 C 191/11: Silikonfugen; AG Charlottenburg vom 31.8.2011 – 212 C 65/11: Dichtung vom Abflussrohr; AG Köln vom 10.6.2011 – 224 C 460/10: Füllventil WC-Kasten);
- offen lässt, ob sich die Kostenverpflichtung nur auf kleinere Reparaturen im Gesamtbetrag bis 100 € bezieht oder auch auf größere Reparaturen, an welchen sich dann der Mieter mit einem Teilbetrag von 100 € beteiligen soll (AG Köln vom 27.6.2005 – C 254/05; LG Potsdam vom 19.6.2008 – 11 S 151/07).

Wasserschaden

Die Instandsetzung von Decken und Wänden nach einem Wasserschaden stellt weder eine Schönheitsreparatur noch einen Bagatellschaden dar (AG Halle/Saale vom 25.6.2013 – 95 C 3141/12).

Teppichboden

Die Erneuerung eines Teppichbodens ist keine Schönheitsreparatur, sondern zählt zu den Renovierungen (BGH vom 8.10.2008 – XII ZR 15/07). Grundsätzlich ist der Vermieter zum Ersatz des schadhaften Bodens verpflichtet.

Unter engen Voraussetzungen hat das BSG vom 16.12.2008 – B 4 AS 49/07 R die Kosten für einen Teppichboden bei Einzug in eine Wohnung allerdings dem Jobcenter auferlegt. Nach VG Gelsenkirchen vom 9.12.2009 – 11 K 4316/08 kann nichts anderes gelten, wenn in einer schon bewohnten Wohnung der vorhandene Teppichboden durch jahrelange Abnutzung unbrauchbar geworden ist. Auch dann ist ein neuer Teppichboden erforderlich, um die Räume bewohnbar zu machen.

2 Renovierungen bei Beendigung des Mietverhältnisses

Sind keine Schönheitsreparaturen geschuldet, beschränkt sich die Pflicht des ausziehenden Mieters auf das Saubermachen der Wohnung und die Entfernung selbst eingebauter Teile (s. dazu LG Berlin vom 6.7.2010 – 65 S 355/09) oder die Beseitigung eines Zustandes, der die Weitervermietung ungewöhnlich erschwert (s. dazu LG Essen vom 8.9.2011 – 10 S 121/11; LG Berlin vom 16.3.2012 – 65 S 219/10; BGH vom 6.11.2013 – VIII ZR 416/12). Die Kosten für solche Renovierungen gehören zu den Unterkunftskosten nach § 22 Abs. 1 SGB II oder nach § 22 Abs. 6 SGB II, → S. 306 f. Für darüber hinausgehende Schäden der Wohnung muss das Jobcenter nicht aufkommen (BVerwG vom 3.6.1996 – 5 B 24/96).

Zulässige Nutzung oder Beschädigung?

Ob Abnutzungs- oder Gebrauchsspuren der Wohnung auf einem **mietvertraglich zulässigen Gebrauch** (§ 538 BGB) oder auf vertragswidrigem Gebrauch beruhen, gibt im Mietrecht häufig Anlass zu Streitigkeiten. Beruht die Abnutzung auf dem vertragsgemäßen Gebrauch der Mietsache, ist sie aber so ausgeprägt, dass der Vermieter eine Beseitigung verlangen kann, sind die dafür nötigen Kosten als Bestandteil der für die Nutzung der Wohnung entstandenen Unterkunftskosten vom Jobcenter zu übernehmen. Erst im Fall einer Beschädigung der Mietsache durch unsachgemäßen Gebrauch, handelt es sich bei der geforderten Renovierung bzw. Beseitigung der Abnutzung um einen Schadensersatzanspruch des Vermieters, für den das Jobcenter nicht aufkommen muss.

Einzelfälle

- **Badewanne:** Eine aufgeraute Oberfläche durch Scheuermittel und Emailleabplatzungen sind übliche Gebrauchsspuren (AG Charlottenburg vom 26.6.2013 – 221 C 250/11; AG Saarbrücken vom 2.5.2013 – 36 C 306/12 (12): Abplatzung auf Badewannenrand).
- **Bodenbelag:** Beschädigungen des Bodens durch Pfennigabsätze sind als vertragswidriger Gebrauch vom Mieter zu beseitigen (vgl. LG Mannheim vom 14.6.1973 – 12 S 9/72; OLG Karlsruhe vom 26.9.1996 – 11 U 13/96). Das Jobcenter ist nicht zur Kostenübernahme verpflichtet.
- **Dübellöcher:** Eine ungewöhnlich hohe Zahl von Dübellöchern (dazu LG Göttingen vom 12.10.1988 – 5 S 106/88; LG Münster vom 22.10.1999 – 3 S 97/98; LG Berlin vom 10.1.2002 – 61 S 124/01; AG Hamburg vom 18.5.2006 – 318c C 283/05; AG Rheinbach vom 7.4.2005 – 3 C 199/04; AG München vom 18.2.2014 – 473 C 32372/13) kann eine vertragswidrige Beschädigung sein, für die das Job-

center nicht aufkommen muss. Dübellöcher an üblichen Stellen müssen bei einer unwirksamen Schönheitsreparaturklausel gar nicht beseitigt werden (s. dazu AG Pankow vom 24.9.2014 – 7 C 135/14).

- **Farbwahl:** Es ist nicht als vertragswidrig zu werten, wenn ein Mieter während bestehender Mietzeit die angemieteten Räume in kräftigen Farbtönen anstreicht. Er ist dann aber verpflichtet, das Mietobjekt in einem farblichen Zustand zurück zu geben, der eine Neuvermietung der Räume zu üblichen Geschmacksvorstellungen ermöglicht (AG Coburg vom 15.3.2010 – 14 C 1668/08; LG Essen vom 17.2.2011 – 10 S 344/10; LG Berlin vom 16.3.2012 – 65 S 219/10). Einen bestimmten Anstrich oder Tapetentyp (z. B. nur weiße Raufaser) darf der Vermieter nicht verlangen.
- **Fensterbank:** Die zum Einbau einer Küche gekürzt wurde, ist ein Schaden, der über den vertragsgemäßen Gebrauch hinausgeht (LG Saarbrücken vom 21.11.2014 – 10 S 60/14).
- **Fliesen:** Die Beschädigung einer ordnungsgemäß verlegten Bodenfliese geht über einen normalen Abnutzungsgebrauch hinaus; der Mieter muss für diesen Schaden haften (LG Saarbrücken vom 21.11.2014 – 10 S 60/14). Das Nachdunkeln der Fugenmasse ist normale Abnutzung, die nicht zur Renovierung verpflichtet. Werden Löcher in die Fliesen und nicht in die Fliesenfugen gebohrt, handelt es sich nach AG Münster vom 29.1.2008 – 28 C 3053/07 um eine Beschädigung der Mietsache; a.A. AG Dortmund vom 26.8.2014 – 425 C 2787/14.
- **Gartenpflege:** Hier kann es darauf ankommen, ob der Garten verwildert überlassen wurde (dann keine Kostenübernahme) oder turnusmäßige Pflegearbeiten anstehen (vgl. AG Köln vom 1.10.2005 – 205 C 154/05).
- **Kratzer:** Kleine, kaum sichtbare Kratzer an den Zimmertüren einer Wohnung sind bei einer Mietzeit von fast drei Jahren nicht vermeidbar und daher durch vertragsgemäßen Gebrauch gedeckt (AG Gießen vom 30.6.2009 – 48 M C 720/08). Hat ein Hund die Kratzer verursacht, ist das ein über den üblichen Gebrauch der Mietsache hinausgehender Schaden, wenn die Hundehaltung nur mit Einschränkungen erlaubt war (LG Koblenz vom 5.6.2014 – 6 S 45/14).
- **Lackabsplitterungen:** Lackabsplitterungen an zugänglichen Stellen können auch bei ordnungsgemäßer Benutzung entstehen. Ein Schaden ist dann auch nicht aufgrund des Überstreichens solcher Stellen gegeben (LG Berlin vom 20.7.2010 – 63 S 632/09).
- **Lackierter Holzboden:** Eine Beschädigung der Mietsache liegt vor, wenn ein abgeschliffener Holzboden gegen den Willen des Vermieters lackiert wurde (AG Neukölln vom 25.8.2011 – 12 C 49/11).
- **Messie-Wohnung:** Hier liegt ein vertragswidriger Gebrauch vor (vgl. etwa AG Rheine vom 26.2.2008 – 4 C 731/07; AG Schöneberg vom 16.6.2009 – 11 C 507/08), für dessen Beseitigung das Jobcenter nicht zuständig ist (LSG Niedersachsen-Bremen vom 8.3.2012 – L

13 AS 22/12 B ER: Gegebenenfalls ist das Sozialamt nach § 67 SGB XII zuständig).
Nach VG Arnsberg vom 9.5.2008 – 3 L 336/08 kann der Vermieter einer Wohnung für die Entrümpelung und Reinigung ordnungsrechtlich verpflichtet werden, wenn die Mieter aufgrund finanzieller Umstände oder krankheitsbedingt zur Gefahrenbeseitigung (Ungezieferbefall) durch Reinigung der Wohnräume außerstande sind. Zu einer Ordnungsverfügung gegen den Mieter siehe VG Köln vom 11.7.2012 – 7 L 712/12.

- **Nikotin:** Übermäßiges Rauchen begründet nach BGH vom 5.3.2008 – VIII ZR 37/07 eine Renovierungspflicht des Mieters, wenn dadurch Verschlechterungen der Wohnung verursacht werden, die sich nicht mehr durch Schönheitsreparaturen beseitigen lassen, sondern darüber hinausgehende Renovierungen erfordern. Im Regelfall sind Raucherspuren mit den üblichen Schönheitsreparaturen zu beseitigen, sodass es für die Verpflichtung des Mieters auf Beseitigung solcher Spuren auf die Schönheitsreparaturklausel ankommt (dazu auch OLG Düsseldorf vom 1.10.2009 – I-10 U 58/09: Keine Erneuerung des Teppichbodens ohne eine das Rauchen einschränkende Vereinbarung im Mietvertrag).
- **Schimmel:** Hat der Mieter durch unzureichendes Heiz- und Lüftungsverhalten eine Schimmelbildung verursacht, ist er zur Beseitigung dieses Schadens verpflichtet. Der Vermieter kann grundsätzlich erst Schadensersatz wegen der Beseitigungskosten verlangen, wenn er dem Mieter erfolglos eine Frist zur Beseitigung gesetzt hat oder eine solche ausnahmsweise entbehrlich war (LG Saarbrücken vom 23.3.2012 – 10 S 29/11).
- **Schlüssel:** Muss wegen eines Schlüsselverlustes ein Schloss in einem Mehrfamilienhaus ausgetauscht werden, sind die damit verbundenen Kosten nur dann vom Mieter, der einen Schlüssel verloren hat, zu übernehmen, wenn er den Verlust verschuldet hat. Eine verschuldensunabhängige Klausel im Mietvertrag ist unwirksam (AG Spandau vom 20.12.2012 – 6 C 546/12).
- **Schutzleisten:** Die Montage von Eckleisten zum Schutz der Tapeten ist ein vertragsgemäßer Gebrauch (AG Düsseldorf vom 18.8.2011 – 50 C 3305/11).
- **Tapetenflecke:** Helle Stellen dort, wo Bilder hingen oder Möbel standen, verpflichten nicht zum Anstrich.
- **Teppichboden:** Ein schon abgewohnter Teppichboden löst selbst bei starker Abnutzung während des Mietverhältnisses keine Ersatzansprüche aus (AG Schöneberg vom 8.8.2011 – 13 C 91/11; s. a. AG Dortmund vom 26.8.2014 – 425 C 2787/14).
- **Türschloss:** Das erneuert werden muss, weil dem Mieter ein Schlüssel darin abgebrochen ist, begründet einen Schadensersatzanspruch (LG Saarbrücken vom 21.11.2014 – 10 S 60/14).
- **Waschbecken:** Kleinere Beschädigungen des Waschbeckens sind normale Abnutzungsspuren (AG Hamburg vom 6.5.2010 – 44 C 93/09).

3 Renovierungen zu Beginn des Mietverhältnisses

Mietrecht

Im Mietrecht sind Einzugsrenovierungsklauseln wegen einer unzumutbaren Belastung des Mieters unwirksam (OLG Hamburg vom 31.8.1995 – 4 U 42/95 RE-Miet). Zulässig ist eine individuelle Abrede über Renovierungsarbeiten, wenn sie Gegenleistungen des Vermieters (z.B. Mietnachlass, Beteiligung an Materialkosten) einschließt (BGH vom 1.7.1987 – VIII ARZ 9/86).

Noch kein Mietvertrag?

Überlässt der Vermieter dem Mieter die Wohnung vor Beginn des Mietverhältnisses, damit dieser die für den vertragsgemäßen Gebrauch erforderlichen Maßnahmen vornehmen kann, begründet dies unabhängig von der zivilrechtlichen Wertung (nach OLG Rostock vom 27.3.2014 – 3 U 90/12 handelt es sich um ein Überlassungsverhältnis eigener Art) einen KdU-Bedarf nach § 22 Abs.1 SGB II (z. B. für die Heizung), wenn sich der Mieter schon regelmäßig in der Wohnung aufhält. Ansonsten (Aufenthalt nur am Wochenende) kann ein Bedarf nach § 22 Abs. 6 SGB II vorliegen.

Schönheitsreparaturklausel

Wenn die Wohnung bei Vertragsbeginn renovierungsbedürftig war und der Anspruch des Mieters auf eine Anfangsrenovierung durch den Vermieter vertraglich ausgeschlossen ist, darf der Vermieter laufende Schönheitsreparaturen ab Beginn des Mietverhältnisses nicht auf den Mieter abwälzen (BGH vom 18.3.2015 – VIII ZR 185/14).

Sozialrecht

Kosten für die Einzugsrenovierung sind Unterkunftskosten nach § 22 Abs. 1 SGB II (BSG vom 6.8.2014 – B 4 AS 57/13 R) Sie müssen nur übernommen werden, soweit sie angemessen sind.

Drei Prüfschritte

Die Angemessenheit ist nach BSG vom 16.12.2008 – B 4 AS 49/07 R in drei Schritten zu prüfen:
erstens ist festzustellen, ob die Einzugsrenovierung im konkreten Fall erforderlich war, um die »Bewohnbarkeit« herzustellen (s. dazu SG Duisburg vom 26.10.2010 – S 38 (27) AS 514/07; HessLSG vom 9.4.2014 – L 6 AS 401/11);
zweitens ist zu ermitteln, ob eine Einzugsrenovierung ortsüblich ist, weil keine renovierten Wohnungen in nennenswertem Umfang zur Verfügung stehen (SG Detmold vom 24.8.2010 – S 8 AS 71/09; SG Berlin vom 7.2.2011 – S 157 AS 32385/10);
drittens ist zu klären, ob die Renovierungskosten der Höhe nach zur Herstellung des Standards einer Wohnung im unteren Wohnungssegment erforderlich sind (s. dazu SG Stade vom 11.10.2011 – S 28 AS 669/11 ER). Das LSG Rheinland-Pfalz vom 28.11.2012 – L 6 AS 573/12 B ER hat das zur Ausstattung der Wohnung mit einem Gasofen anerkannt; das Jobcenter wurde zur Übernahme der Kosten zum Kauf des Ofens als Bedarf nach § 22 Abs. 1 SGB II verpflichtet. Das HessLSG, vom 9.4.2014 – L 6 AS 401/11 hat die Ausbesserung mit Rigipsplatten als unüblich gewertet.

Doppelmiete

Verzögert sich die Einzugsrenovierung und muss die alte Wohnung daher noch weiter genutzt werden, ist die Miete für die neue Wohnung nach § 22 Abs. 6 SGB II als Wohnungsbeschaffungskosten zu übernehmen, soweit die Verzögerung unvermeidbar war. Besteht kein Anspruch auf Übernahme der Miete für die neue Wohnung, schadet es nach LSG NRW vom 18.1.2013 – L 6 AS 2124/11 B nicht, wenn das Jobcenter in Unkenntnis der Verzögerung die Bewilligung für die alte Wohnung aufhebt und die neue Miete als KdU-Bedarf nach § 22 Abs. 1 SGB II übernimmt; der Anspruch auf Übernahme der Miete oder eines Nutzungsentgelts (§ 546a BGB) für die weiter genutzte Wohnung sei mit Zahlung der Miete für die neue Wohnung erfüllt.

Maßnahmen der Wohnraumverbesserung

Maßnahmen der Wohnraumverbesserung sind nicht angemessen. Ob Kosten für Auslegeware zu übernehmen sind, ist eine Frage des konkreten Einzelfalls (verneint vom SG Berlin vom 28.1.2010 – S 128 AS 28212/08: Kalter Holzfußboden; bejaht von SG Bremen vom 24.7.2009 – S 24 SO 103/09: Austausch des Teppichbodens wegen Lungenkrankheit). Befindet sich die Wohnung in einem sehr schlechten Zustand, sollte bereits im Rahmen der Einholung der Zusicherung geklärt werden, in welchem Umfang das Jobcenter Kosten übernimmt. Unübliche Reparaturarbeiten ohne deutliche Gegenleistung des Vermieters (z.B. Mietnachlass, Beteiligung an Materialkosten) deuten darauf hin, dass Kosten auf die Allgemeinheit abgewälzt werden sollen.

Nur anlässlich des Einzugs

Ein nach Jahren des Wohnens gestellter Antrag auf Gewährung einer Einzugsrenovierung, weil die Wohnung ursprünglich unrenoviert bezogen wurde, kann nach LSG NRW vom 22.3.2011 – L 12 SO 582/10 nicht als Einzugsrenovierung gewertet werden (so auch das BSG vom 6.8.2014 – B 4 AS 57/13 R). Trotz Einzug in unrenoviertem Zustand können aber Schönheitsreparaturen geschuldet sein (BGH vom 1.7.1987 – VIII ARZ 9/86).

III Pauschalierung

Viele Jobcenter übernehmen die Kosten für Schönheitsreparaturen und Einzugsrenovierungen, die in Eigenregie erbracht werden können, anhand von Pauschalen, die das benötigte Material inklusive Werkzeuge, die nicht ausgeliehen werden können (z.B. Pinsel, Farbrolle), umfassen.

Beispielhaft seien hier die Hinweise des Jobcenters Cuxhaven genannt:

Materialbedarf:
Zur Vereinfachung wurden die Kosten des Tapezierens anhand einer Musterberechnung auf qm Grund- bzw. Wohnfläche der zu renovierenden Räume umgerechnet. Berechnungsbasis war dabei eine fiktive 80 qm-Wohnung. mit 3 Zimmern, Küche, Bad, Diele und einer Deckenhöhe von 2,50 m, woraus sich eine Wandfläche von 200 qm ergab.

200 qm Wandfläche x 0,80 € je qm Wandfläche (vorher ermittelte Kosten für Tapeten und Kleister einfacher Qualität) ergibt einen Bedarf von 160, € : 80 qm Grundfläche = 2 € je qm Grund/Wohnfläche. Arbeitsmaterial (Pinsel, Rollen, Spachtel etc.) ist hierin bereits enthalten; hinzu kommt ggf. ein Betrag von 0,50 € je qm für den Deckenanstrich.

Es ergeben sich also folgende Beihilfen: (jeweils je qm Grund-/Wohnfläche)
1. Tapeten incl. Kleister (bei Raufaser auch incl. Anstrich): 2,00 €
2. Wandanstrich (ohne Tapezieren): 1,25 €
3. Deckenanstrich: 0,50 €
4. Tapezieren und Deckenanstrich (Pos. 1. + Pos. 3.): 2,50 €

Alle Werte verstehen sich einschließlich der notwendigen Arbeitsgeräte. Alle Werte beziehen sich auf eine Wandhöhe von 2,50 m; bei größeren Abweichungen (z. B. höhere Wände oder – ggf. teilweise – geflieste Wände in Küche oder Bad) sind entsprechende Zu- oder Abschläge vorzunehmen.

Streichen von Türen und Fenstern:
- pro Tür (mit Rahmen, incl. Arbeitsmaterial) 5 €
- pro Fenster (ggf. incl. Fensterbank und incl. Arbeitsmaterial 2,50 €

Eine Pauschalierung ist zulässig, wenn sie realitätsgerechte Werte liefert und Abweichungen für Besonderheiten im Einzelfall lässt. Das Jobcenter muss beachten, dass mangelhafte Schönheitsreparaturen Nachbesserungsmaßnahmen oder Schadensersatzansprüche auslösen können. Um dies zu vermeiden, kann z. B. der Kauf einer sehr gut deckenden Wandfarbe angemessen sein.

Ungeklärte Rechtsfrage

War ein Umzug erforderlich und ist die Miete für die neue Wohnung trotz Überschreitung der Richtwerte für die zugestandene Wohnfläche angemessen, ist bei Anwendung einer Pauschale fraglich, ob der Materialaufwand nach der Richtwert-Wohnfläche (so wohl HessLSG vom 9.4.2014 – L 6 AS 401/11) oder der tatsächlichen Fläche zu bemessen ist. Die an die Produkttheorie geknüpfte Wahlfreiheit spricht dafür, die tatsächliche Wohnfläche zu nehmen.

IV Verjährung

Schadensersatzansprüche des Vermieters verjähren in sechs Monaten nach Rückgabe der Wohnung (§ 548 Abs. 1 BGB).
Zu dem häufigen Streit, ob und wann die Verjährung beginnt, wenn der Vermieter die Rückgabe der Wohnung (Übergabe der Schlüssel) verweigert s. BGH vom 12.10.2011 – VIII ZR 8/11.

G Unterkunftskosten bei selbst genutztem Wohneigentum

I Grundsätze

Die Unterkunftskosten für Wohneigentum (Eigentumswohnung, Haus) umfassen drei Kostengruppen:

- Finanzierungskosten,
- Wohnkosten,
- Erhaltungsaufwendungen.

Kosten, die nur anlässlich des Erwerbs von Wohneigentum entstehen (z. B. Notargebühren, Grunderwerbssteuern), sind keine Unterkunftskosten i. S. von § 22 SGB II (LSG Hessen vom 24.11.2011 – L 1 AS 93/10, s. auch BSG vom 29.3.2012 – B 14 AS 271/11 B).

Auch für Wohnungseigentümer sind Unterkunftskosten nur zu übernehmen, soweit sie angemessen sind. Nach der Produkttheorie ist dabei auf die Gesamtkosten abzustellen.

Gleichbehandlung

Maßstab für angemessene Kosten ist der Vergleich zu Kosten, die aufzuwenden wären, wenn der Eigentümer zur Miete wohnte. Denn nach inzwischen gefestigter BSG-Rechtsprechung sollen Eigentümer und Mieter bei den Unterkunftskosten i. S. von § 22 Abs. 1 SGB II gleichgestellt werden (BSG vom 18.6.2008 – B 14/11b AS 76/06 R). Die Begründung des BSG: § 12 Abs. 3 Satz 1 Nr. 4 SGB II sei eine »rein vermögensrechtliche Schutzvorschrift«, die nichts über die Pflicht zur Übernahme

Schutz des Eigentums oder des Wohnens?

der Unterkunftskosten aussage, steht in einem Spannungsverhältnis zur Aussage, Zweck von § 12 Abs. 3 Satz 1 Nr. 4 SGB II sei »nicht der Schutz der Immobilie als Vermögensgegenstand, sondern allein der Schutz der Wohnung im Sinne der Erfüllung des Grundbedürfnisses ›Wohnen‹ und als räumlicher Lebensmittelpunkt« (BSG vom 15.4.2008 – B 14/7b AS 34/06 R). Denn ist das Wohnen im eigenen Heim geschützt, liegt es auf der Hand, dass dann die Unterkunftskosten angemessen sind, die zur Erfüllung dieses Grundbedürfnisses benötigt werden.

Eigenständiger Angemessenheitsbegriff

Unserer Auffassung nach muss der Begriff der »angemessenen Unterkunftskosten« i. S. von § 22 Abs. 1 SGB II für Wohneigentümer daher eigenständig ausgelegt werden unter Berücksichtigung der mit dem Wohneigentum verbundenen, besonderen Kostenbelastung. Zur Vermeidung einer ungerechtfertigten Besserstellung hilfebedürftiger Wohnungseigentümer gegenüber Mietern ist bei der Übernahme der Kosten jeweils zu beurteilen, ob

- die Kosten zur Erhaltung des Wohnraums unvermeidbar sind,
- die Kosten sich in einem für die Grundsicherung vertretbaren Rahmen halten und
- bei Wechsel auf eine Mietwohnung deutlich höhere Kosten für die Allgemeinheit entstünden (§ 22 Abs. 1 Satz 4 SGB II).

II Finanzierungskosten

Schuldzinsen

Muss die Wohnung oder das Haus noch abgezahlt werden, gehören die dafür anfallenden Schuldzinsen zu den Unterkunftskosten nach § 22 SGB II, soweit die Zinsbelastung plus der sonstigen Kosten im Rahmen der Bruttokaltmiete für eine der BG angemessene Mietwohnung liegen.

Verzugszinsen

Zinsen, die nicht der Finanzierung des Eigenheims, sondern dem Ersatz des Schadens dienen, der durch die Kündigung des Kreditvertrages wegen Nichtzahlung der vereinbarten Zins- und Tilgungszahlungen an die Bank entstanden sind (Verzugszinsen), fallen nicht unter § 22 Abs. 1 SGB II (LSG Baden-Württemberg vom 22.5.2012 – L 13 AS 3213/11; LSG Sachsen-Anhalt vom 13.12.2012 – L 5 AS 21/09). Ob etwas anderes gilt, wenn die Zahlung der Verzugszinsen eine Vollstreckung durch den Kreditgeber verhindert, hat das LSG offen gelassen.

Schuldzinsfinanzierungsvereinbarung

Ist ein Dritter (Elternteil, Freund) wegen besserer Konditionen Kreditnehmer für ein Darlehen, mit dem die vom Leistungsberechtigten allein genutzte Immobilie finanziert wird und ist der Leistungsberechtigte verpflichtet, das Darlehen zurückzuzahlen, sind die Schuldzinsen gegenüber der Bank als Bedarf nach § 22 SGB II anzuerkennen (LSG Hamburg vom 18.7.2011 – L 5 AS 28/07). Entscheidend für die Anerkennung der Tilgung des Darlehens als Bedarf nach § 22 SGB II ist, dass das Darlehen ausschließlich für das vom Leistungsberechtigten tatsächlich und allein genutzte Wohneigentum eingesetzt wird und der Dritte als Darlehensnehmer vom Leistungsberechtigten von der Rückzahlung freigestellt wird (vgl. dazu BSG vom 6.10.2011 – B 14 AS 66/11 R).

Privater Darlehensvertrag

Schuldzinsen für ein von Freunden oder Verwandten gewährtes Baudarlehen können einen KdU-Bedarf begründen, wenn die Zinsvereinbarung ernsthaft und nicht nur zu Lasten der Allgemeinheit vereinbart wurde (dazu LSG Berlin-Brandenburg vom 27.2.2014 – L 34 AS 1021/12; zur Darlehensabrede s. auch BSG vom 18.9.2014 – B 14 AS 48/13 R).

Miteigentum

Haben sich Partner, denen ein Haus oder eine Eigentumswohnung gemeinsam gehört, getrennt und bedient der wohnenbleibende Partner die Bankkredite allein weiter, kann er vom Jobcenter die volle Übernahme der Schuldzinsen verlangen, wenn die Kosten für das Wohnen weiterhin angemessen sind und der ausgezogene Partner bei Verweis auf seine Mithaftung für die Bankschulden eine Nutzungsentschädigung vom Ex-Partner verlangen würde, die noch über den Schuldzinsen liegen würde (SG Dresden vom 30.5.2011 – S 3 AS 2611/09).

Tilgung bleibt Tilgung

Tilgt der im Haus wohnenbleibende Partner als Ausgleich für eine sonst zu zahlende Nutzungsentschädigung allein das Darlehen, bleibt dies im Verhältnis zur Bank eine Tilgung für den gemeinsamen Hauskauf, die grundsätzlich nicht unter § 22 SGB II fällt (BSG vom 22.8.2012 – B 14 AS 1/12 R; LSG NRW vom 19.8.2013 – L 19 AS 1399/13 B ER).

Mittelbare Tilgung

Auch eine mittelbare Tilgung dergestalt, dass Einkünfte aus der Vermietung von Teilen der Eigentumswohnung/des Hauses um Tilgungsraten gekürzt werden, ist grundsätzlich ausgeschlossen (LSG Hamburg vom 7.1.2013 – L 4 AS 315/12).
Davon zu unterscheiden sind Zahlungen laufender Hauskosten aufgrund einer vertraglichen Vereinbarung im Zusammenhang mit einem Eigentümerwechsel. Soweit diese angemessen sind, handelt es sich um Unterkunftskosten nach § 22 SGB II (BSG vom 29.11.2012 – B 14 AS 36/12 R).

Beispiel

E. ist aufgrund eines notariellen Vertrages 2005 Eigentümer eines zuvor seiner Mutter gehörenden Hauses geworden. Die im Haus weiter wohnende Mutter hat im Gegenzug zur Übertragung des schuldenfreien Eigentums die laufenden Kosten für das Wohnen und die Instandhaltung auf E. übertragen. 2013 wird E. hilfebedürftig. Seinen Antrag auf Übernahme der laufenden Wohnkosten weist das Jobcenter zu Unrecht mit der Begründung zurück, es handele sich um Ausgleichszahlungen für die von der Mutter geleistete Finanzierung des Hauses.

Eigenheimzulage

Die Eigenheimzulage senkt den tatsächlichen Wohnbedarf, soweit sie die Höhe der Schuldzinsen mindert. Soweit möglich, muss die Eigenheimzulage zu einer monatlichen Reduzierung der real anfallenden Schuldzinsen eingesetzt werden, um die Hilfebedürftigkeit zu verringern (BSG vom 18.2.2010 – B 14 AS 74/08 R; s. auch LSG Niedersachsen-Bremen vom 9.7.2014 – L 13 BK 20/09).

Tilgungsraten

Problematisch ist die Übernahme von Tilgungsraten; sie steht in Konflikt zu dem Grundsatz, dass aus Mitteln der Allgemeinheit kein Vermögen gebildet werden darf (LSG NRW vom 3.7.2009 – L 12 B 42/09 AS ER und vom 26.3.2012 – L 19 AS 2051/11). Ausnahmslos umgesetzt hätte dies jedoch zur Folge, dass eine sehr kostengünstige Wohnmöglichkeit preisgegeben werden müsste und dann höhere Unterkunftskosten für eine Mietwohnung zu zahlen wären.

Bei den Finanzierungskosten (Zinsen und Tilgung) muss der Grundsatz – keine Vermögensbildung zulasten der Allgemeinheit – nach BSG vom 18.6.2008 – B 14/11b AS 67/96 R dann durchbrochen werden, wenn eine Selbsthilfe in Form einer Tilgungsaussetzung oder -streckung nicht möglich ist, ohne (Teil)Übernahme der Tilgungsraten ein Verlust der Immobilie droht und die Schuldzinsen plus Tilgungsraten die Kaltmiete für eine nach Quadratmeterzahl, Ausstattung und Wohnlage angemessene Mietwohnung nicht übersteigen. Dabei ist nach BSG vom 15.4.2008 – B 14/7b AS 34/06 R nicht zwingend auf den Mietpreis für Neubauten abzustellen.

Beispiel

Im Kreis S. ist für zwei Personen eine Kaltmiete von 60 qm x 5,30 € = 318 € angemessen. Die Eheleute R. und F. müssen zur Finanzierung einer 90 qm großen Eigentumswohnung monatlich 465 € aufwenden. Die Wohnung ist fast abgezahlt, es fallen überwiegend Tilgungsraten an.

Hier muss das Jobcenter die Finanzierungskosten in Höhe von 318 € monatlich übernehmen. Die restlichen 147 € kann es als Darlehen übernehmen, wenn R. und F. aus eigener Kraft keine Finanzierung möglich ist.

Fast abgezahlt

Wann eine Finanzierung so weit fortgeschritten ist, dass unter den o.g. Voraussetzungen eine Übernahme restlicher Tilgungsraten ausnahmsweise als KdU-Bedarf anerkannt werden kann, ist nach Prüfung der jeweiligen Umstände im Einzelfall zu beurteilen. Eine feste Summe, ab der ein Restdarlehen so gering ist, dass die Tilgung vom Jobcenter übernommen werden muss, gibt es nicht. Das LSG Sachsen-Anhalt vom 18.4.2013 – L 5 AS 8/12 B ER hält eine Tilgung von mindestens 80% für erforderlich. Im Urteil vom 18.4.2013 – L 5 AS 76/08 lehnt das LSG bei einem Restbetrag in Höhe der halben Kreditsumme eine Übernahme der Tilgung ab. Nach HessLSG vom 29.10.2014 – L 6 AS 422/12, Revision unter – B 4 AS 49/14 R ist die Übernahme von Tilgungsraten vertretbar, wenn die Resttilgung nur noch ca. 18,7 % des Kaufpreises beträgt und wegen Rentennähe von vornherein nur ein Gesamtleistungsbezug auf die Tilgung von ca. 2,7 % des Kaufpreises denkbar ist. Bei einem Restdarlehen von ca. 100.000 € hat das BSG vom 22.8.2013 – B 14 AS 78/12 R einen Anspruch auf Übernahme der Tilgung verneint. Für das LSG NRW vom 19.8.2013 – L 19 AS 1399/13 B ER sind knapp 50.000 € Restdarlehen zu viel, um dem Jobcenter eine Tilgung aufzubürden.

Hauskauf trotz Hilfebedürftigkeit

Das LSG Niedersachsen-Bremen vom 19.11.2009 – L 6 AS 374/06 hat den vom BSG entwickelten Maßstab auch auf Tilgungsraten für ein während des Bezugs von Sozialleistungen (Arbeitslosenhilfe) ohne Eigenkapital erworbenes Haus übertragen. Dabei handelt es sich allerdings um einen Sonderfall, weil der Kaufpreis des Hauses zinslos gestundet worden war bei monatlichen Tilgungsraten von nur 350 €. Die Unterkunftskosten für die Vierpersonen-BG waren daher sehr gering. Dennoch hat das BSG vom 7.7.2011 – B 14 AS 79/10 R die Entscheidung gekippt und ausgeführt, dass Tilgungsraten nur in ganz seltenen Ausnahmefällen übernommen werden können und ein solcher Ausnahmefall nicht schon dann vorliege, wenn die Finanzierungskosten des Eigentümers die Höhe der Gesamtkosten einer angemessenen Mietwohnung nicht überstiegen. Das BSG scheint damit von seiner stark kritisierten Entscheidung vom 18.6.2008 – B 14/11b AS 67/96 R abzurücken. Ob der vom LSG Sachsen vom 5.5.2011 – L 2 AS 803/09 entschiedene Fall einer Übernahme von Tilgungsraten bei einem Hauskauf unter Eigentumsvorbehalt einer sechsköpfigen Familie den Segen des BSG fände, ist offen; die Revision wurde nicht zugelassen. Das LSG NRW vom 25.11.2010 – L 7 AS 57/08 verlangt zur Übernahme von Tilgungsraten eine **konkrete Gefahr** des Wohnungsverlustes, falls die Raten nicht vom Jobcenter übernommen werden. Das BSG vom 16.2.2012 – B 4 AS 14/11 R hat diesen Grundsatz bestätigt und darüber hinaus ausgeführt, dass eine Übernahme der Tilgung schon deshalb ausscheide, weil der Aspekt der Vermögensbildung eindeutig im Vordergrund stand und die Kläger die Immobilie zu einem Zeitpunkt erworben hatten, in dem bereits Hilfebedürftigkeit bestand und sie zur Sicherung ihres Lebensunterhalts auf Alhi angewiesen waren.

BSG-Rückzug

§ 22 Abs. 1 Satz 4 SGB II erlaubt dem Jobcenter, unangemessene Kosten weiter zu übernehmen, wenn das wirtschaftlicher als ein Wohnungswechsel ist. Ob § 22 Abs. 1 Satz 4 SGB II auch den Wohnungseigentümern ein **subjektives Recht** auf Beachtung einer wirtschaftlichen Mittelverwendung gibt, ist sehr fraglich (welcher Maßstab soll gelten?). Gegen ein solches Recht spricht im Fall einer abgelehnten Kostenübernahme für Tilgungsraten, dass – rein wirtschaftlich gesehen – ein Verkauf der Immobilie für geraume Zeit die Hilfebedürftigkeit beseitigen kann.

Wirtschaftlichkeitsprüfung

Liegen die engen Voraussetzungen für eine Übernahme von Tilgungsraten vor, muss der Eigentümer zumutbare Anstrengungen zur Senkung der Kosten unternehmen. Das kann z. B. durch einen Antrag auf Tilgungsstreckung oder -aussetzung geschehen (SG Lüneburg vom 19.11.2009 – S 28 AS 666/08) oder durch die Verwendung der Eigenheimzulage zur Verringerung der Schuldzinsen (BSG vom 18.2.2010 – B 14 AS 74/08 R). Umschuldungsmaßnahmen durch Anpassung des variablen Zinssatzes und Vereinbarung einer gleichbleibenden Mindesttilgung sind zumutbar, auch wenn sich dadurch die Laufzeit des Kreditvertrages verlängert (s. dazu LSG Baden-Württemberg vom 30.9.2011 – L 12 AS 5858/10).

Kostensenkungsobliegenheit

Nach LSG Sachsen-Anhalt vom 7.11.2008 – L 2 B 152/08 AS ER können auch Raten aufgrund einer mit dem Kreditgeber getroffenen Rückzahlungsvereinbarung nach Kündigung des Darlehensvertrages übernommen werden, wenn hierdurch die weitere Nutzung der Immobilie gesichert wird (erkaufter Vollstreckungsschutz).

Leibrente

Im Sozialhilferecht nach dem BSHG gehörten Zahlungen einer monatlichen Rente bis zum Tod des Grundstückverkäufers (Leibrenten) als Gegenleistung für den Erwerb eines Hausgrundstücks nicht zu den laufenden Kosten der Unterkunft (BVerwG vom 24.4.1975 – V C 61.73). Einige Sozial- und Landessozialgerichte habe diese Rechtsprechung auf § 22 SGB II übertragen (LSG NRW vom 20.2.2008 – L 12 AS 20/07; SG Mainz vom 20.3.2012 – S 10 AS 178/12 ER). Das BSG vom 4.6.2014 – B 14 AS 42/13 R hat diese Frage so entschieden, dass Leibrenten als Gegenleistung für den Erwerb einer Immobilie einer Tilgungsrate gleichstehen, also nur dann als KdU-Bedarf übernommen werden können, wenn es nach den konkreten Umständen um die Erhaltung von Wohneigentum geht, dessen Finanzierung schon weitgehend abgeschlossen ist.

Testamentarische Leibrente

Erbt ein Leistungsberechtigter im laufenden Alg II-Bezug eine Immobilie mit der Bedingung, dass er dem Ehegatten des Erblassers eine lebenslange Rente zahlt und zieht der Leistungsberechtigte in das Haus oder die Eigentumswohnung ein, nutzt er nach Ablauf der sechs Monate, in denen die geerbte Immobilie als Einmaleinkommen gilt und auf das Alg II anzurechnen ist (§ 11 Abs. 3 SGB II), einen Vermögensgegenstand, der unter den Voraussetzungen des § 12 Abs. 3 Nr. 4 SGB II geschützt ist. Unserer Ansicht nach kann eine Verwertung als Vermögen bzw. ein Verzicht auf eine Nutzung als Wohneigentum nicht verlangt werden, wenn es sich um eine nach § 12 Abs. 3 Nr. 4 SGB II schützenswerte Immobilie handelt. Die Leibrentenzahlung ist in diesem Fall aber keine Gegenleistung für die Nutzung der Immobilie, sondern die Erfüllung einer Schuldverpflichtung gegenüber dem überlebenden Elternteil. Dasselbe gilt, wenn die Leibrente an einen Miterben als Ausgleich dafür gezahlt werden muss, dass der Miterbe nicht Miteigentümer der Immobilie geworden ist (vgl. dazu BayLSG vom 24.11.2010 – L 16 AS 179/10).

Kostensenkungskosten

Zahlungen, die ein Leistungsbezieher zur Tilgung eines Darlehens für eine von ihm vermietete Wohnung aufwendet, können im Rahmen der Bereinigung des Einkommens aus der Vermietung grundsätzlich nicht vom Mietzins abgesetzt werden (LSG Sachsen-Anhalt vom 11.7.2011 – L 2 AS 217/11 B ER; LSG Hamburg vom 7.1.2013 – L 4 AS 315/12). Dieser Grundsatz gilt nach unserer Auffassung nicht, wenn Kreditkosten Folge einer Kostensenkungsaufforderung des Jobcenters sind. Wie die vom Jobcenter zu übernehmenden Wohnungsbeschaffungskosten eines zur Kostensenkung erforderlichen Umzugs sind Baukosten zur Kostensenkung notwendige Kosten für ein angemessenes Weiterwohnen.

Beispiel

Eine aus vier Personen bestehende BG bewohnt ein Eigenheim mit 120 qm Wohnfläche. Die Finanzierungskosten übersteigen zusammen mit den laufenden Wohnkosten die angemessene Bruttokaltmiete für eine zur Miete wohnende Vierpersonen-BG um 150 €. Nach Zugang einer Kostensenkungsaufforderung bauen die Betroffenen das Dachgeschoss so aus, dass dort eine kleine Mietwohnung entsteht.

Für die Baukosten haben sie einen Kleinkredit aufgenommen, der mit monatlich 75 € getilgt werden muss. Die Kosten für die Tilgung dieses Kleinkredits können von der Miete abgesetzt werden. Nach der übrigen Bereinigung der Mieteinnahme (s. dazu Leitfaden zum Alg II S. 402 f.) verbleiben 183 €, die zur Senkung der Unterkunftskosten für das Eigenheim einzusetzen sind bzw. von den nach § 22 SGB II zu übernehmenden Unterkunftskosten abgezogen werden.
Teilt man diese Auffassung nicht, weil auch die Tilgung von Kostensenkungskosten Eigentum sichere und damit der Vermögensbildung diene (so wohl LSG Hamburg vom 12.9.2013 – L 4 AS 130/13), sind jedenfalls die mit der Kreditaufnahme zusammenhängenden Zinsen absetzbare Kosten.

III Wohnkosten

Was sind Wohnkosten?

Wohnkosten sind zum einen die Aufwendungen, die den Betriebskosten bei einem Wohnen zur Miete entsprechen, zum anderen Zahlungsverpflichtungen, die mit dem Eigentum an der Immobilie zusammenhängen. Zu den Wohnkosten gehören somit alle notwendigen Ausgaben, die bei der Berechnung der Einkünfte aus Vermietung und Verpachtung anfallen (BSG vom 15.4.2008 – B 14/7b AS 34/06 R unter Bezug auf § 7 der Verordnung zu § 82 SGB XII). Dazu gehören insbesondere öffentliche Abgaben, Grundsteuern und Beiträge für die Gebäudeversicherung sowie Zahlungen für Nebenkosten, wie sie bei Mietwohnungen entstehen.

Nur angemessene

Die Kosten sind angemessen, wenn sie vergleichbare Nebenkosten für angemessene Mietwohnungen nicht übersteigen. Die nach § 12 Abs. 3 Satz 1 Nr. 4 SGB II geschützten Wohnflächenwerte gelten nicht.

Nicht: Versicherungsprämien Kontoführungsgebühren

Das Verbot einer Besserstellung gegenüber hilfebedürftigen Mietern schließt die Übernahme von Beiträgen für Versicherungen aus, die nicht zwingend abgeschlossen werden müssen (BSG vom 7.7.2011 – B 14 AS 51/10 R: Haftpflichtversicherung; SG Lüneburg vom 15.10.2009 – S 28 AS 593/08: Kontoführungsgebühren).

Strom

Das LSG Niedersachsen-Bremen vom 27.4.2009 – L 7 AS 354/06 folgert aus der Stellung als Eigentümer, dass Stromkosten für die Heizungspumpe, Außenbeleuchtung und Gartenpflege nicht als Unterkunfts- und Heizkosten nach § 22 SGB II berücksichtigt werden können. Das BSG vom 7.7.2011 – B 14 AS 51/10 R hat das bis auf die Stromkosten für die Heizungspumpe bestätigt. Im Hinblick auf die Gleichbehandlung zwischen dem Eigentümer von selbst genutztem Wohneigentum und einem hilfebedürftigen Mieter sei zu berücksichtigen, dass bei den Vorauszahlungen, die an den Vermieter für die Beheizung der Unterkunft zu leisten sind, Stromkosten des Betriebs einer zentralen Heizungsanlage enthalten seien.

Die Neufassung der Regelbedarfe zum 1.4.2011 hat hieran nichts geändert; Stromkosten für den Betrieb wohnbezogener technischer Anlagen sind ein nicht im Regelbedarf steckender KdU-Bedarf. Zum Strombedarf für den Betrieb einer Kläranlage und eines Brunnens s. SG Dresden vom 27.8.2013 – S 49 AS 2681/12.
Zum Problem des Betriebsstroms s. auch → S. 81 und → S. 102.

Hat der Verwalter eines Wohnkblocks trotz Hinweis eines Miteigentümers auf einen erhöhten Stromverbrauch keinerlei geeignete Maßnahmen im Rahmen seiner Überwachungs-, Kontroll- und Hinweispflichten getroffen, um die Ursachen des erhöhten Stromverbrauchs zu ermitteln, kann das Schadensersatzansprüche auslösen (OLG Brandenburg vom 22.7.2010 – 5 Wx 27/09).

Keine monatliche Durchschnittsberechnung

Nach BSG vom 15.4.2008 – B 14/7b AS 58/06 R, vom 19.9.2008 – B 14 AS 54/07 R, vom 24.2.2011 – B 14 AS 61/10 R und vom 29.11.2012 – B 14 AS 36/12 R sind Unterkunftskosten in dem Monat, in dem sie tatsächlich anfallen, dem Bedarf hinzuzurechnen. Die entstehenden Kosten für Unterkunft sind also jeweils im Monat der Fälligkeit zu berücksichtigen. Eine monatliche Durchschnittsberechnung ist unzulässig (s. dazu SG Mainz vom 20.3.2012 – S 10 AS 178/12 ER). Diese Sichtweise ist kaum praktikabel.

Ungeklärte Folgeprobleme

Das strikte Fälligkeitsprinzip bei der Ermittlung der KdU-Bedarfe wirft die Frage auf, ob eine fiktive Leistungsberechnung nach einem auf Monate umgelegten Bedarf vorzunehmen ist, wenn nur wegen eines hohen, gelegentlichen Bedarfs Anspruch auf Alg II bestünde.

Beispiel

Die Eheleute K. und F. können mit dem bereinigten Einkommen des K. aus Erwerbsarbeit ihren laufenden Bedarf, darunter laufende Wohnkosten für ein schuldenfreies Haus, decken. Im März werden die vierteljährlichen Kosten für Wasser, Abwasser und die Feuerversicherung fällig. Rechnerisch besteht dann ein KdU-Bedarf in Höhe von 83 €, ein Anspruch auf Wohngeld besteht nicht. Der am 25.3. gestellte Alg II-Antrag wird abgelehnt, weil das Einkommen ausreiche, wenn die Kosten für Wasser, Abwasser und die Feuerversicherung auf den Kalendermonat umgelegt würden.
Falls man demgegenüber einen Anspruch auf Alg II im März bejaht, knüpft daran die Frage, ob K. und F. künftig eine Obliegenheit zur Umstellung auf eine monatliche Zahlung trifft und wenn ja, ob dann, sollte diese Umstellung unterbleiben, Folgeanträge auf Alg II mit Verweis auf das Ansparprinzip abgelehnt oder nach § 31 Abs. 2 Nr. 1 oder Nr. 2 SGB II sanktioniert werden können.
Der Gesetzgeber sollte im Interesse einer praktikablen Lösung eine monatliche Berechnungsweise ermöglichen.

Erschließungskosten

Fraglich ist, ob Kanalanschluss- oder Straßenbaugebühren zu den Unterkunftskosten nach § 22 Abs. 1 SGB II gerechnet werden können (so SG Dresden vom 10.7.2006 – S 34 AS 293/05).

Dafür spricht, dass Erschließungskosten als öffentliche Abgaben im Sinne von § 7 Abs. 2 Satz 1 Nr. 2 der Verordnung zu § 82 SGB XII verstanden werden können (SG Altenburg vom 2.3.2009 – S 23 AS 130/09; SG Duisburg vom 29.7.2010 – S 38 (17) AS 126/08; LSG NRW vom 25.2.2010 – L 7 AS 47/09; LSG Sachsen-Anhalt vom 3.3.2011 – L 5 AS 181/07) und sich der Eigentümer diesen Ausgaben nicht entziehen kann (s. dazu OLG Brandenburg vom 23.6.2009 – 10 UF 133/08 zu einer ähnlichen Wertung im Unterhaltsrecht).
Dagegen spricht, dass es sich bei diesen Kosten genau genommen nicht um Aufwendungen für den Wohnraum, sondern Lasten aus dem Eigentum an Grund und Boden handelt, die im Ergebnis den Wert des Eigentums erhöhen (so schon BSG vom 21.9.1971 – 8 RV 769/70) und die ein Vermieter nicht auf die Miete umlegen darf.

Nur angemessene Erschließungskosten

Dennoch hat das LSG NRW vom 25.2.2010 – L 7 AS 47/09, gestützt auf § 7 Abs. 2 Satz 1 Nr. 2 DurchführungsVO zu § 82 SGB XII, Erschließungskosten als Unterkunftsbedarf i.S. § 22 SGB II anerkannt, der übernommen werden müsse, soweit er angemessen sei. Angemessen seien die Erschließungskosten, wenn bei Umlegung auf einen Monatsbeitrag ein Gesamtbetrag an Wohn- und Finanzierungskosten anfalle, der sich im Rahmen der Bruttokaltmiete für angemessenen Mietwohnraum halte. Das BSG vom 24.2.2011 – B 14 AS 61/10 R hat die Entscheidung mit der Maßgabe bestätigt, dass Kosten, die der Grundstückseigentümer wegen eines gemeindlichen Anschluss- und Benutzungszwangs entrichten muss, in angemessener Höhe zu übernehmen sind. Auf die landesrechtliche Ausgestaltung solcher Lasten als Gebühr oder als öffentlich-rechtliches Entgelt besonderer Art komme es nach Sinn und Zweck des § 22 SGB II nicht an.
Die in der BSG-Entscheidung als Rahmen für die Angemessenheitsprüfung angedeutete Jahresgrenze kann im Hinblick auf die Regelung des § 22 Abs. 2 SGB II auch für Erschließungskosten, zu denen auch die Kosten für die Erneuerung oder Ausbesserung gemeindlicher Einrichtungen gehören, zugrunde gelegt werden.

Beispiel

E. bewohnt mit Ehefrau und zwei Kindern sein eigenes, vermögensgeschütztes Haus. Die Schuldzinsen und Wohnkosten belaufen sich auf 520 € monatlich. Wohnte die Familie zur Miete, stünden ihr maximal 640 € Unterkunftskosten zu. Für die Erneuerung des Kanalanschlusses werden E. 542 € in Rechnung gestellt. Umgelegt auf den Monat (542 : 12 = 45,16) ergeben sich bei Übernahme der Erschließungsgebühr laufende Kosten von 565,16 €, die unter der angemessenen Miete liegen.

Ungeklärte Rechtsfrage

Noch ungeklärt ist, ob die für Instandhaltungs- und Reparaturmaßnahmen geschaffene Regelung des § 22 Abs. 2 SGB II auch insoweit auf Erschließungskosten anzuwenden ist, dass nur »unabweisbare« Kosten übernommen werden müssen. Wird das bejaht, kann der Eigentümer vor einer Kostenübernahme darauf verwiesen werden, gemäß § 12 der Kommunalabgabegesetze der Länder i.V.m. § 222 Abgabenordnung eine Stundung bei der Gemeinde zu beantragen (so LSG Thüringen vom 14.3.2014 – L 9 AS 1302/10); Ansprüche aus der

Stundung?

Erhebung von Straßenausbau- und Kanalanschlussbeiträgen sind ganz oder teilweise zu stunden, wenn die Einziehung für den Beitragspflichtigen eine erhebliche Härte bedeuten würde.
Eine erhebliche Härte i. S. von § 222 AO liegt allerdings erst vor, wenn der Beitragspflichtige sein Möglichstes zur Abtragung der Beitragsschuld getan hat (OVG NRW vom 19.05.2009 – 15 A 4164/06). Dazu könnten auch Anträge auf Kostenübernahme beim Jobcenter gehören. Lehnt die Gemeinde eine Stundung mit dieser Begründung ab, wird man die Unabweisbarkeit der Kostenforderung nicht in Abrede stellen können. Ein Eilverfahren vor dem Verwaltungsgericht auf Aussetzung des Vollzugs der Beitragsforderung ist an sehr hohe Hürden geknüpft (vgl. dazu VG Würzburg vom 16.11.2010 – W 2 S 10.1118).
Für die Dauer der Stundung stehen der Gemeinde nach § 12 Abs. 1 Nr. 5b KAG i. V. m. § 234 Abs. 1 AO Stundungszinsen zu. Hierauf kann (Ermessen) sie aber im Einzelfall aus Billigkeitsgründen verzichten (§ 234 Abs. 2 AO). Ein solcher Verzicht kommt bei unverschuldeter Notlage wegen längerer Arbeitslosigkeit in Betracht. Das LSG Sachsen-Anhalt vom 11.1.2010 – L 5 AS 216/09 B ER verneint damit die Eilbedürftigkeit für ein Verfahren nach § 86b Abs. 2 SGG.

Nicht als Grundstückserwerbskosten

Sind Erschließungskosten schon beim Erwerb des Grundstücks fällig gewesen, gehören sie zu den Grundstückserwerbskosten, die nur in Höhe der ggf. zu zahlenden Schuldzinsen vom Jobcenter zu übernehmen sind (LSG Sachsen-Anhalt vom 26.8.2010 – L 5 AS 113/07: Kosten für den Anschluss an das öffentliche Abwassernetz).

IV Erhaltungsaufwendungen

Angemessene Erhaltungsaufwendungen gehören bei vermögensgeschütztem Wohneigentum (dazu LSG Niedersachsen-Bremen vom 26.10.2011 – L 7 AS 893/11 B ER) zu den Unterkunftskosten (BSG vom 15.4.2008 – B 14/7b AS 34/06 R; vom 3.3.2009 – B 4 AS 38/08 R).

Seit April 2011 sind Umfang und Angemessenheit der vom Jobcenter zu übernehmenden Erhaltungsaufwendungen in § 22 Abs. 2 SGB II geregelt. Danach werden »unabweisbare Aufwendungen« für Instandhaltung und Reparatur anerkannt, soweit sie unter Berücksichtigung der im laufenden sowie den darauffolgenden elf Kalendermonaten anfallenden Aufwendungen für das Wohnen (ohne Heizung) insgesamt angemessen sind.

Substanzmängel

War die Immobilie schon zum Zeitpunkt des Erwerbs mit Mängeln behaftet oder in einem reparaturbedürftigen Zustand, sind solche anfänglichen Mängel und Reparaturen keine Erhaltungsaufwendungen i. S. von § 22 Abs. 2 SGB II. Hatte sie der Verkäufer der Immobilie verschwiegen, können Ersatzansprüche bestehen (zum Fall einer Asbestbelastung s. BFH vom 29.3.2012 – VI R 47/10). Hilft das nicht weiter und ist das Weiterwohnen wegen der Mängel nicht zumutbar, bleibt

nur der Weg über einen vom Jobcenter zu finanzierenden, notwendigen Umzug.
War die Immobilie bei Erwerb »nur« in einem schlechten bzw. reparaturanfälligen Zustand, können weitere Verschlechterungen oder Funktionsausfälle, die insgesamt zu unzumutbaren Wohnverhältnissen führen, Ansprüche nach § 22 Abs. 2 SGB II auslösen. Dass Reparaturen in diesem Fall zwangsläufig zu einer Wertverbesserung führen, schließt Ansprüche auf Kostenübernahme nicht völlig aus (s. dazu LSG Sachsen-Anhalt vom 9.7.2012 – L 5 AS 178/12 B ER).

1 Was sind Instandhaltungs- und Reparaturaufwendungen?

Eine Definition fehlt im SGB II. Rückschlüsse lassen sich aus § 7 DurchführungsVO zu § 82 SGB XII ziehen: Danach sind Ausgaben für Instandsetzung und Instandhaltung von Ausgaben für Verbesserungen oder baulichen Veränderungen bzw. wertsteigernden Maßnahmen abzugrenzen.

Zivilrechtlicher Maßstab

Das BSG vom 18.9.2014 – B 14 AS 48/13 R definiert den Begriff der Instandhaltung unter Bezugnahme auf Rechtsprechung zum Mietrecht als Maßnahmen,

> »die zur Erhaltung des bestimmungsmäßigen Gebrauchs aufgewendet werden müssen, um die durch Abnutzung, Alterung, Witterungseinwirkung entstehenden baulichen oder sonstigen Mängel ordnungsgemäß zu beseitigen (BGH vom 7.4.2004 – VIII ZR 167/03)«.

Instandhaltungsmaßnahmen umfassen damit über den engen Begriff der Schönheitsreparatur (Beseitigung von Abnutzungsspuren ohne substanzielle Bau- oder Reparaturmaßnahmen) hinaus auch Maßnahmen zur Beseitigung substantieller Mängel.

Da der Gesetzgeber in Anlehnung an die Rechtsprechung vor Inkrafttreten von § 22 Abs. 2 SGB II das Begriffspaar Instandhaltung und Reparatur ausdrücklich ins Gesetz aufgenommen hat, ist davon auszugehen, dass die o.g. Definition auch auf die seit 1.4.2011 geltende Rechtslage anwendbar ist (offen gelassen von LSG NRW vom 3.12.2012 – L 6 AS 1004/12 B).

»Aufgedrängte« Wertsteigerung

Während Maßnahmen zur Wertsteigerung nicht unter § 22 Abs. 2 SGB II fallen, sind die mit notwendigen Instandhaltungs- und Instandsetzungsaufwendungen zwangsläufig verbundenen Wertsteigerungen der Immobilie zu übernehmen bzw. können die Kosten für berücksichtigungsfähige Instandhaltungs- und Reparaturmaßnahmen nicht um Abzüge Alt gegen Neu verringert werden (BSG vom 18.9.2014 – B 14 AS 48/13 R).

2 Wann sind Instandhaltungs- und Reparaturaufwendungen unabweisbar?

Nach der Gesetzesbegründung sollen »nur zeitlich besonders dringliche Aufwendungen, die absolut unerlässlich sind« (BT-Drs. 17/3404, 161), unabweisbar sein. Diese Lesart engt die Kostenübernahme auf Notfälle, d.h. auf Hilfe, ohne die eine Nutzung zum Wohnen akut gefährdet ist (z.B. Ausfall der Heizung im Winter, Einregnen) und auf Maßnahmen zur Gefahrenabwehr (z.B. maroder Schornstein, morscher Baum) ein. Sie ist nur in einem Eilverfahren vor Gericht nach § 86b SGG vertretbar (LSG Sachsen-Anhalt vom 26.10.2010 – L 5 AS 345/09 B ER). Als allgemeiner Maßstab lässt sich eine so restriktive Auslegung nicht mit dem Vermögensschutz in § 12 Abs. 3 Nr. 4 SGB II und dem Anspruch auf Gleichstellung mit Mietern, die Anspruch auf Sicherung bzw. Aufrechterhaltung sozial adäquaten Wohnens haben, vereinbaren; sie führt außerdem zu unsinnigen Ergebnissen:

Beispiel 1

Wegen Absenkung der Terrasse läuft Wasser an die Hauswand. Gegen eine Reparatur wendet das Jobcenter ein, es sei noch zu keinem Feuchtigkeitsschaden gekommen, die Reparatur daher nicht unabweisbar.

Beispiel 2

Wegen Absenkung der Terrasse läuft Wasser an die Hauswand, die bereits Feuchtigkeitsschäden zeigt. Das Jobcenter übernimmt die Kosten für die Schadensbekämpfung. Bei der Ausschachtung wird festgestellt, dass ein Regenabflussrohr eine bedenkliche Knickstelle aufweist, aber noch dicht ist. Gegen eine vorsorgliche Erneuerung wendet das Jobcenter ein, diese sei nicht unabweisbar. Kaum ist die Terrasse erneuert, bricht das Abflussrohr.

Beispiel 3

Wegen eines Materialbruchs lässt sich ein Fenster nicht mehr öffnen und schließen. Eine Reparatur ist nicht möglich. Gegen die Erneuerung des Fensters wendet das Jobcenter ein, das Fenster könne immer verschlossen bleiben, die Lüftung des Raums sei über die Innentür ausreichend, eine Instandhaltung also nicht unerlässlich.

Die vorstehenden Beispiele zeigen, dass sinnvoller Auslegungsmaßstab für »unabweisbare« Aufwendungen die zur Aufrechterhaltung oder Instandsetzung der regulären Funktion nötigen Maßnahmen sind. Das schließt Aufwendungen für Reparaturen ein, die zwar nicht akut fällig, aber nach Lage der Dinge zur Vermeidung drohender oder weiterfressender Schäden unbedingt erledigt werden sollten. Im Zweifel muss das über ein Gutachten geklärt werden. Insoweit gelten die von der Rechtsprechung zu § 22 SGB II a.F. entwickelten Maßstäbe auch für § 22 Abs. 2 SGB II. Einer unverhältnismäßigen Kostenabwälzung auf die Allgemeinheit wird schon über die weitere Voraussetzung der Angemessenheit der Aufwendungen vorgebeugt.

3 Wann sind Instandhaltungs- und Reparaturaufwendungen angemessen?

Das Jobcenter muss nur »angemessene« Instandhaltungs- und Reparaturmaßnahmen finanzieren. Zur Beurteilung der Angemessenheit sind – neben der Beschränkung auf den jährlichen Aufwand – je nach Einzelfall weitere Faktoren zu berücksichtigen, z. B. ein sicher bevorstehendes Ende des Leistungsbezugs, der Umfang der Bedürftigkeit, das Ausmaß der Beeinträchtigung der Wohnqualität, der Gesamtwert und -zustand des Hauses, die Höhe der künftig zu erwartenden Sanierungskosten (LSG Sachsen-Anhalt vom 9.7.2012 – L 5 AS 178/12 B ER).

1-Jahreskostenrahmen

§ 22 Abs. 2 SGB II grenzt den Zuschuss für unabweisbare Instandhaltung und Reparaturen auf die Summe der Differenzbeträge zwischen den laufenden Unterkunftskosten und der für die Immobilie höchstmöglich zu übernehmenden Unterkunftskosten im Zeitraum der kommenden zwölf Monate ein.
Sind die laufenden Kosten für die Unterkunft bereits ohne Berücksichtigung evtl. Reparatur- oder Instandhaltungskosten unangemessen, sind überhaupt keine weiteren Kosten zu übernehmen (LSG Sachsen-Anhalt vom 3.8.2011 – L 2 AS 242/11 B ER). Der Gesetzgeber hat damit den vom LSG NRW vom 25.2.2010 – L 7 AS 47/09 zu Erschließungskosten entwickelten Maßstab übernommen.

Berechnung des Zuschusses 1. Schritt

Zur Berechnung des Zuschusses sind somit zwei Schritte erforderlich:

- Feststellung der angemessenen laufenden Unterkunftskosten **ohne Heizung**, die in den auf die anfallende Reparatur oder Instandhaltungsmaßnahme folgenden elf Monaten unter Einbeziehung des Monats, in dem die Kosten ausgezahlt werden, voraussichtlich zu erbringen sind.

Offene Rechtsfragen

  Damit entstehen Probleme, die die Sozialgerichte klären müssen:

  - Kann der Zuschuss vorläufig (§ 328 SGB III) erbracht werden, wenn innerhalb der nächsten elf Monate eine Veränderung des Angemessenheitsmaßstabes zu erwarten ist (z. B. durch Auszug eines BG-Mitglieds, Ablauf einer Kostensenkungsaufforderung, Geburt eines BG-Mitglieds, anhängigen Rechtsstreit über die laufenden, angemessenen Kosten)?
  - Ist der Zuschuss eine Leistung mit Dauercharakter i. S. v. § 48 SGB X, die im Fall einer nachträglichen Veränderung der laufenden Unterkunftskosten angepasst werden muss?
  - Sind zu erwartende Preiserhöhungen (z. B. für Müllabfuhr, Grundsteuer) in die Berechnung des Zuschusses einzubeziehen?
  - Kann der Zuschuss ganz oder teilweise zurückgefordert werden, wenn die Hilfebedürftigkeit vor Ablauf des Elf-Monats-Zeitraums endet?

2. Schritt

- Feststellung, wie hoch die benötigten Aufwendungen für die Instandhaltung oder Reparatur sind. Vom Leistungsberechtigten kann wie bei der Beauftragung eines Umzugsunternehmens im Rahmen von § 22 Abs. 6 SGB II verlangt werden, dass er **vor** Übernahme der Aufwendungen dem Jobcenter Kostenvoranschläge einreicht. Im Streifall ist durch Sachverständigengutachten zu klären, welche Maßnahmen unbedingt nötig und vom Umfang her erforderlich sind. Die Kosten trägt das Jobcenter im Rahmen seiner Pflicht zur Aufklärung der Leistungsvoraussetzungen.
  Ob und in welchem Umfang das Jobcenter im Rahmen der Beratungspflicht nach § 16 SGB I auf etwaig aufzubewahrende Belege zu Reparaturzwecken des Eigenheims hinweisen muss, ist nach den Umständen des Einzelfalls zu beurteilen (LSG Sachsen-Anhalt vom 18.7.2011 – L 5 AS 224/09 NZB).

4 Darlehen für unangemessene Instandhaltungs- und Reparaturaufwendungen

Überschreiten die unabweisbaren Aufwendungen den Zuschuss-Betrag, **können** (Ermessen) weiter gehende Kosten nach 22 Abs. 2 Satz 2 SGB II **als Darlehen** gewährt werden, das dinglich gesichert werden **soll** (Regelfall).

Ermessen

Zentraler Gesichtspunkt für die Ermessensausübung ist die Prüfung, ob durch Übernahme der Kosten der Erhalt der Immobilie gesichert werden kann. Fallen sehr hohe Kosten und nach dem Zustand des Gebäudes weitere Aufwendungen an, kann eine Kostenablehnung ermessengerecht sein, auch wenn damit der Verlust der Immobilie verbunden ist (LSG Berlin-Brandenburg vom 30.9.2010 – L 29 AS 328/10; LSG Sachsen-Anhalt vom 22.12.2010 – L 2 AS 425/10 B ER).

Dingliche Sicherung

Die Gewährung als dinglich gesichertes Darlehen ist in der Regel gerechtfertigt, da der Wohnungseigentümer mit der Immobilie über Schonvermögen verfügt, aus dem er im Fall der Veräußerung oder Vererbung die Darlehensschuld begleichen kann (HessVGH vom 19.10.1993, FEVS 45, S. 29 ff.). Bei einem handwerklich versierten Eigenheimbesitzer kommt als Hilfe auch die Vergabe eines Warengutscheins eines Baumarktes in Betracht (LSG Mecklenburg-Vorpommern vom 4.10.2006 – L 8 B 141/06).

Sanierungskredit

Hat der Eigenheimbesitzer die Möglichkeit, einen Kredit zur Finanzierung einer Sanierung aufzunehmen, können die damit verbundenen Schuldzinsen, nicht aber die Tilgungsraten, vom Jobcenter als Unterkunftskosten gemäß § 22 Abs. 1 SGB II übernommen werden (LSG Sachsen-Anhalt vom 16.11.2006 – L 2 B 66/06 AS ER und vom 21.10.2008 – L 2 B 342/07 AS ER). Das gilt auch für Tilgungsraten aufgrund eines vor dem Alg II-Bezug aufgenommenen Darlehens (LSG Hamburg vom 12.9.2013 – L 4 AS 130/13).

Nach § 42a Abs. 2 Satz 1 SGB II muss das Darlehen sofort mit 10% der laufenden Leistungen getilgt werden. Als Darlehensnehmer kommen alle BG-Mitglieder, weil Nutznießer des Darlehens, in Betracht. Hohe Darlehen führen über lange Zeiträume hinweg zu einer nicht unerheblichen Absenkung des Leistungsniveaus und bergen die Gefahr einer Bedarfsunterdeckung. Minderjährige in der BG kommen als Darlehensnehmer nicht in Betracht (Schluss aus BSG vom 8.11.2014 – B 4 AS 3/14 R).

Tilgung

Ob Erhaltungsaufwendungen und ggf. in welchem Umfang übernommen werden, zeigt folgendes ABC. Dabei ist für die seit 1.4.2011 geltende Rechtslage zu beachten, dass die Höhe der Instandhaltungs- oder Reparaturkosten kein Ablehnungsgrund ist, wenn die Kosten bei Umlegung auf 11 Monate angemessen sind. Darüber hinausgehende Kosten können (Ermessen) als Darlehen übernommen werden:

ABC der Erhaltungsaufwendungen

- **Abwasser-Sammelgrube**
  Ja, soweit vom Abwasserzweckverband gefordert. Der mit der Errichtung der Sammelgrube verbundene Wertzuwachs schließt eine Kostenübernahme nicht aus, wenn mit der Investition einer öffentlich-rechtlichen Pflicht entsprochen wird (LSG Sachsen-Anhalt vom 22.5.2014 – L 2 AS 172/14 B ER).
- **Dachsanierung**
  Ja, aber nur die Reparatur schadhafter Stellen (LSG Niedersachsen-Bremen vom 31.3.2006 – L 7 AS 343/05 ER: umfangreicher Sturmschaden; BayLSG vom 18.3.2010 – L 11 AS 455/09: Reparatur von 7.500 €; LSG Berlin-Brandenburg vom 5.5.2010 – L 5 AS 425/10 B ER: Kosten ca. 9.000 €).
- **Elektroanlage**
  Ja, Erneuerung nach Kabelbrand mit Kosten von ca. 2.500 € (LSG Sachsen-Anhalt vom 9.7.2012 – L 5 AS 178/12 B ER).
- **Fassadenanstrich**
  Nein, da reine Wertsteigerung (BayLSG vom 16.7.2009 – L 11 AS 447/08).
- **Fensterelemente und Wohnungsabschlusstüren**
  Nein, bei Reparaturkosten in Höhe von 4.097,17 € (SG Aachen vom 30.4.2009 – S 5 AS 182/08).
- **Gasetagenheizung**
  Nein, keine unabweisbare Maßnahme, wenn bloßer Ersatz für eine funktionsfähige Ölheizung (LSG Baden-Württemberg vom 26.9.2013 – L 7 AS 1121/13).
- **Haustür**
  Ja, aber nur in einfacher Baumarkt-Ausführung zusätzlich Einbaukosten (LSG Sachsen-Anhalt vom 3.1.2011 – L 5 AS 423/09 B ER: 750 €).
- **Heizungsanlage**
  Kein kompletter Austausch, da rein wertsteigernd (LSG Sachsen-Anhalt vom 16.11.2005 – L 2 B 68/05 AS ER; LSG NRW vom 30.8.2007 –

L 9 B 136/07 AS-ER); aber Reparatur von ca. 3.000 € (LSG NRW vom 23.11.2010 – L 1 AS 426/10). Ist eine Reparatur nicht mehr möglich, kann trotz Wertsteigerung eine neue Anlage zu berücksichtigen sein.

- **Hoftor**
  Nein, gehört nicht zum Wohnbedarf (LSG Niedersachsen-Bremen vom 24.05.2011 – L 13 AS 274/10).

- **Kläranlage**
  Ja, aber nur in einfacher Ausführung (LSG Sachsen-Anhalt vom 6.7.2010 – L 5 AS 136/10 B ER: ca. 6.500 €).

- **Maschendrahtzaun**
  Nein, keine unabweisbare Maßnahme (LSG Sachsen-Anhalt vom 24.9.2014 – L 4 AS 637/12).

- **Rollläden**
  Nein, da Wohnung auch mit defekten Rollläden bewohnbar ist (HessLSG vom 28.9.2009 – L 7 AS 334/09 B ER).

- **Sanierung mit Abriss- und Neubaumaßnahmen**
  Nein, keine Instandhaltung, sondern praktisch Neuerrichtung (LSG Sachsen-Anhalt vom 22.12.2010 – L 2 AS 425/10 B ER).

- **Schornstein**
  Ja, in Höhe von 3.100 € zum Schutz vor herabstürzenden Mauerteilen; kein kompletter Neuaufbau (LSG Sachsen-Anhalt vom 11.1.2010 – L 5 AS 216/09 B ER).

- **Solaranlage für Wohn-Bauwagen**
  Ja, volle Kostenübernahme, weil bei Umlegung der Kosten auf den Monat insgesamt noch angemessene Wohnkosten bestehen (HessLSG vom 28.10.2009 – L 7 AS 326/09 B ER).

- **Trinkwasseranschluss**
  Nein, weil Kosten von ca. 4.000 € unangemessen hoch sind (LSG Berlin-Brandenburg vom 30.9.2010 – L 29 AS 328/10). Nach § 22 Abs. 2 SGB II nicht mehr haltbar.

- **Wärmedämmung**
  Nein, keine unabweisbare Maßnahme (LSG Sachsen vom 9.12.2013 – L 3 AS 1800/13 B PKH).

- **Warmwasserboiler**
  Ja, für neuen Boiler in Höhe von 916,30 € (LSG Baden-Württemberg vom 26.5.2009 – L 12 AS 575/09).

Instandhaltungsrücklage

Eine Ausnahme gilt für die Instandhaltungsrücklage nach § 16 Abs. 2 WEG. Der Eigentümer kann sich dieser Pflicht nicht entziehen (LSG NRW vom 3.7.2009 – L 12 B 42/09 AS ER; LSG Sachsen vom 26.11.2009 – L 7 AS 219/08; LSG Rheinland-Pfalz vom 23.7.2009 – L 5 AS 111/09; LSG Saarland vom 13.4.2010 – L 9 AS 18/09). Eine Grenze bildet aber auch hier der über die reine Wohnerhaltung hinausgehende Kostenbeitrag; dieser ist nicht zu übernehmen (LSG Baden-Württemberg vom 26.1.2007 – L 12 AS 3932/06).

Eine Instandhaltungsrücklage ist nur zu berücksichtigen, wenn sie auf einem verbindlichen Beschluss der Eigentümergemeinschaft beruht und auch tatsächlich eingefordert wird (BayLSG vom 7.5.2014 – L 11 AS 225/14 NZB).

Nur in tatsächlicher Höhe

Ist der Leistungsberechtigte wirksam zur Zahlung einer Umlage zur Sanierung maroder Balkons verpflichtet worden, kann er diese Kosten in angemessener Höhe als KdU-Bedarf geltend machen, auch wenn er nur einen der sanierten Balkons nutzen kann (BSG vom 18.9.2014 – B 14 AS 48/13 R).

Balkonumlage

V Kostenaufteilung

Eigenheim/Eigentumswohnung

Kopfteilprinzip

Wird ein Eigenheim oder eine Eigentumswohnung von mehreren Personen genutzt, sind die laufenden und einmalig anfallenden Kosten für die Nutzung des Eigenheims in der Regel anteilig pro Kopf zu berücksichtigen. Das gilt unabhängig von Alter oder Nutzungsintensität der Mitbewohner und unabhängig davon, ob die Mitbewohner zur BG gehören oder die Kosten (z. B. Grundsteuer) nur vom Eigentümer zu entrichten sind (BSG vom 24.2.2011 – B 14 AS 61/10 R; LSG NRW vom 26.3.2012 – L 19 AS 2051/11).

Mehrfamilienhaus

Nutzt der Leistungsberechtigte eine Wohnung in einem ihm gehörenden Mehrfamilienhaus, das wegen hoher Schulden kein verwertbares Vermögen ist, sind, vorbehaltlich abweichender vertraglicher Regelungen (BSG vom 22.8.2013 – B 14 AS 85/12 R; LSG NRW vom 11.8.2014 – L 10 SO 141/13), die verbrauchsabhängigen Wohnkosten im Verhältnis der Gesamtwohnfläche zur selbst genutzten Wohnfläche aufzuteilen; die Verteilung der übrigen Wohnkosten (Grundsteuer, Schuldzinsen usw.) richtet sich nach dem Verhältnis der jeweiligen Gesamtflächen unter Einbeziehung von Keller- oder Speicherräumen (HessLSG vom 11.10.2006 – L 7 AS 153/06 ER; LSG Mecklenburg-Vorpommern vom 4.10.2006 – L 8 B 30/06; LSG Sachsen-Anhalt vom 2.12.2008 – L 2 B 292/08 AS ER und vom 11.7.2011 – L 2 AS 217/11 B ER).

Wohnrecht/Nießbrauch

Sind die Wohnkosten so verteilt, dass der im Haus wohnende Wohn- oder Nießbrauchsberechtigte kraft vertraglicher Vereinbarung mit dem leistungsberechtigten Eigentümer keine Wohnkosten trägt, können die auf die Versorgung der dem Wohnrecht unterliegenden Räume entfallenden Kosten ein § 22 SGB II-Bedarf des Leistungsberechtigten sein (BSG vom 29.11.2012 – B 14 AS 36/12 R). Ist der Nutzer des Wohn- oder Nießbrauchsrechts hilfebedürftig, kann er Kosten, die üblicherweise der Eigentümer trägt, nicht als Unterkunftskosten vom Jobcenter fordern (LSG Berlin-Brandenburg vom 5.2.2008 – L 26 B 2321/07 AS ER). Zur Auslegung von Regelungen über die Kostentragung bei Bestellung eines Wohnrechts s. BGH vom 16.9.2011 – V ZR 236/10.

H Heizkosten bei selbst genutztem Wohneigentum

Eigentumswohnungen

Für Eigentumswohnungen gelten im Wesentlichen dieselben Maßstäbe wie für Mietwohnungen. Die Heizkosten, die auf Mieter umgelegt werden können, sind auch für Eigenheimbewohner als Heizkosten anzuerkennen. Insoweit kann auf Kapitel D verwiesen werden.

Vergleichswohnung

Sachgerechter Bezugspunkt für die angemessenen Heizkosten einer vergleichbaren Mietwohnung ist bei Nutzung einer Eigentumswohnung der co2-Heizspiegel, sofern die gesamte Gebäudefläche, in der die Eigentumswohnung liegt, die Mindest-Qm-Zahl für die Anwendung des Mietspiegels erreicht und eine entsprechende Heizenergie (Öl, Gas oder Fernwärme) genutzt wird.
In anderen Fällen ist die Angemessenheit nach den Umständen des Einzelfalls zu prüfen.

Eigenheime

Für Eigenheimbesitzer sind ebenfalls nur die Kosten zu übernehmen, die auf Mieter umgelegt werden könnten (BSG vom 19.9.2008 – B 14 AS 54/07 R: Kosten für Öltank-, Kessel- und Brennerreinigung). Keine übernahmefähigen Kosten sind daher Leasingkosten für einen Öltank oder Brenner (BGH vom 17.12.2008 – VIII ZR 92/08) und Trinkgelder für den Öllieferanten oder Heizungsmonteur (LG Wuppertal vom 7.7.1978 – 10 S 54/78).

Wartung oder Instandhaltung?

Bei Eigenheimbesitzern stellt sich oft das Problem, laufende Wartungsarbeiten an der Heizanlage, die zu den Heizkosten nach § 22 Abs. 1 SGB II gehören, von Instandhaltungsarbeiten, die nach § 22 Abs. 2 SGB II zu übernehmen sind, abzugrenzen, vor allem, wenn der Eigentümer einen Vollservice-Vertrag abgeschlossen hat. Die regelmäßig in diesen Verträgen steckenden Instandhaltungsarbeiten sind nicht immer »unabweisbare« Aufwendungen nach § 22 Abs. 2 SGB II. Im Zweifel muss der in einem solchen Vertrag steckende Anteil für Instandhaltung geschätzt und dann von den regulären Heizkosten nach § 22 Abs. 1 SGB II abgezogen werden. Kosten für Korrosionsschutzarbeiten sind Aufwendungen nach § 22 Abs. 2 SGB II, soweit sie unabweisbar sind (AG Regensburg vom 11.8.1993 – 9 C 2418/93).

Angemessenes Heizen

Bei Eigenheimen gibt es oft Probleme, die Angemessenheit zu bestimmen; die Heizspiegel-Werte sind wegen der geringen Baufläche ungeeignet (SG Lüneburg 16.2.2010 – S 45 AS 34/10 ER). Außerdem benötigen insbesondere frei stehende Häuser typischerweise auch bei guter Isolierung mehr Heizenergie als eine Mietwohnung. Eine einfache Kostengegenüberstellung kann dazu führen, dass ein zum Erhalt des Hauses notwendiges Heizen nicht mehr bezahlt werden kann und damit sogar ein Verkauf der Immobilie droht, wenn andere Formen der

Kostenreduzierung nicht möglich sind. Kosten für eine optimale Wärmedämmung übernimmt das Jobcenter nicht.

Verbrauchs-erfassungs-system

Entschließt sich der Hauseigentümer wegen anhaltender Streitigkeiten über die angemessenen Heizkosten zum Kauf eines Verbrauchserfassungssystems, handelt es sich um keine Instandhaltungsaufwendung nach § 22 Abs. 2 SGB II. Er muss die Kosten dafür allein tragen. Mietet er stattdessen ein solches Gerät, kann der Mietzins – er ist für Mieter von Wohnraum eine umlegbare Betriebskostenposition – als Bestandteil der Heizkosten zu übernehmen sein. Zur Vermeidung unwirtschaftlicher Kosten wird aber nur eine vorübergehende Mietdauer akzeptiert werden können. Sachgerecht ist dabei eine Zeitdauer, die zum Nachweis der nötigen Heizkosten bei wirtschaftlichem Heizen gebraucht wird. Mit dieser Einschränkung ist die vorübergehende Übernahme von Mietkosten für ein Wärmeerfassungssystem wirtschaftlicher als ein im Streitfall vom Jobcenter oder Gericht einzuholendes Sachverständigengutachten.

Hilfebedürftigkeit allein wegen Heizkosten

Erzielen die Wohneigentümer genug Einkommen, um die laufenden Lebenshaltungs- und Wohnkosten zu decken, reicht das Geld aber nicht für das Heizmaterial (z. B. für das Füllen des Tanks mit Heizöl), entsteht im Monat, in dem das Heizmaterial geliefert werden muss, Hilfebedürftigkeit mit Anspruch auf Kostenübernahme nach § 22 SGB II. Nach LSG Baden-Württemberg vom 24.4.2009 – L 12 AS 4195/08; SG Dresden vom 16.2.2015 – S 48 AS 6069/12 muss nur bei rechnerisch laufender Hilfebedürftigkeit geholfen werden:

> »Werden wegen erzielten Einkommens keine laufenden Leistungen bezogen, ist die Hilfebedürftigkeit nicht allein zum Zeitpunkt der Fälligkeit der Heizkostenforderung zu ermitteln, sondern fiktiv eine Aufteilung der Kosten auf den Zeitraum vorzunehmen, für den das Heizmaterial vorgesehen ist. Nur wenn bei Berechnung der monatlich umgelegten Heizkosten Hilfebedürftigkeit besteht, können die Kosten für das Heizmaterial vom Grundsicherungsträger übernommen werden.«

Betriebsstrom

Zu den Kosten für Betriebsstrom s. → S. 102.

Warmwasser

Zu den Kosten für die Warmwasseraufbereitung s. Kap. E, → S. 121 ff.

Kostensenkungs-Kosten

Zahlungen, die ein Leistungsbezieher zur Tilgung von Kosten für Maßnahmen zur Senkung der Heizkosten aufwendet, sind unserer Auffassung nach Bedarfs-Bestandteil der (verbleibenden) Heizkosten, wenn andere Möglichkeiten zur Kostensenkung nicht durchführbar sind.

Beispiel

Eine aus vier Personen bestehende BG bewohnt ein Eigenheim mit 85 qm Wohnfläche. Das Haus ist mit einem sehr alten und ineffizienten Ölbrenner ausgestattet. Der über das Jahr gerechnete Ölverbrauch bei wirtschaftlichem Heizen und der notwendigen Beheizung der für 4 Personen knappen Wohnfläche übersteigt mit 245 l – auf den Monat gerechnet – die Angemessenheitsgrenze (Höchsttoleranzwert) von 238,3 l bzw. 221,65 € (Heizölpreis 0,93 € pro Liter). Nach Aufforderung zur Kostensenkung bleibt als kostengünstigste Maßnahme nur der Einbau eines neuen Brenners, der den Ölverbrauch auf vorausichtlich 160 l monatlich reduziert. Für den Kauf und den Einbau eines neuen Brenners hat die Familie eine Ratenzahlung von 1.000 € sofort und 50 € monatlich für den Restbetrag ausgehandelt. Hier sind die Raten von 50 € als Heizkostenbedarf zu übernehmen, weil die laufenden Heizkosten über das Jahr gerechnet auf einen Monatsbetrag von 198,80 € (= [160 l x 0,93 €] + 50 €), also auf ein angemessenes Maß, gesenkt werden.

I Kostenübernahme für unangemessen teures Wohnen?

I Grundsatz

Liegt die tatsächliche Bruttokaltmiete oder die entsprechende Kostenposition bei selbst genutztem Wohneigentum über dem abstrakten Angemessenheitswert, muss das Jobcenter die tatsächlichen Kosten dennoch übernehmen, **solange**

- es auf dem maßgebenden Wohnungsmarkt keine Neuvertragsmiete zum abstrakt angemessenen Mietpreis gibt (→ unter II),
- persönliche Umstände eine Kostensenkung unzumutbar machen (→ unter III),
- Kosten mangels wirksamer Aufforderung oder Wissens des Leistungsberechtigten über den maßgebenden Mietwert nicht gesenkt werden können (→ unter IV),
- das Verfahren zur Kostensenkung nicht eingehalten ist (→ unter V).

Rechtmäßige Leistung

Die Übernahme der abstrakt unangemessenen Kosten unter den genannten Umständen bedeutet nicht, dass übergangsweise zu hohe Unterkunftskosten gezahlt werden. Denn solange keine Senkung vollzogen werden kann, sind die tatsächlichen Unterkunftskosten **konkret angemessen**. In einem Erstattungsverfahren nach den §§ 102 ff. SGB X oder beim Übergang eines Anspruchs gegen einen Unterhaltsschuldner nach § 33 SGB II kann somit nicht eingewandt werden, die über den abstrakten Angemessenheitsgrenzen gezahlten Unterkunftskosten seien rechtswidrig und deshalb nicht zu erstatten bzw. könnten deshalb nicht übergehen.

II Fehlendes Wohnungsangebot

Bestands- und Neuvertragsmieten

Der abstrakt angemessene Mietpreis ist nicht nur anhand der Neuvertragsmieten zu ermitteln. Auch Bestandsmieten sind zu berücksichtigen (BSG vom 22.9.2009 – B 4 AS 18/09 R). Auf einem angespannten Wohnungsmarkt oder wenn das Jobcenter die Angemessenheit auf der Grundlage eines älteren Mietspiegels ermittelt, können Bestands- und Neuvertragsmieten auseinanderdriften.

Auf einem angespannten Wohnungsmarkt sind für Leistungsberechtigte nicht nur die Preise freier Wohnungen eine Zugangsschwelle, sondern auch die Zugänglichkeit angemessenen Wohnraums, weil Vermieter andere Bewerber (z. B. Studenten mit Kautions- und Bürgschaftsversprechen) bevorzugen. Leistungsberechtigten geht es dann ähnlich wie schwerbehinderten Arbeitsplatzbewerbern: Der an den Vorteil einer Mietübernahme durch das Jobcenter gebundene Kontrolldruck auf das Mietverhältnis (z.B. Ist die Betriebskostenabrechnung korrekt? Darf die Miete erhöht werden?), hat bei der Suche nach einem abschlussbereiten Vermieter eher abschreckende Wirkung.

Tatsächlicher Mietwohnungsmarkt entscheidet

Entscheidend für eine Kostensenkung ist, dass Wohnungen zu den als angemessen bewerteten Mietpreisen vorhanden und für den Leistungsberechtigten zugänglich sind. Eine höhere Miete kann daher auch deshalb konkret angemessen sein, weil es tatsächlich keine Wohnung zum angemessenen Mietpreis gibt (BSG vom 7.11.2006 – B 7b AS 10/06 R).

Dynamischer Wohnungsmarkt

Je stärker die Bestandsmieten von den Neuvertragsmieten abweichen, was vor allem der Fall ist, wenn die Neuvertrags- mit den Angebotsmieten zusammenfallen, d. h. je dynamischer sich der Wohnungsmarkt entwickelt, desto größer ist die Gefahr, dass Wohnungen zu dem nach einem schlüssigen Konzept (näher dazu → S. 68 ff.) ermittelten, abstrakten Mietpreis tatsächlich nicht mehr oder nur noch selten vorhanden oder nur noch in prekärer Wohnlage zu finden sind. Außerdem ist auf einem angespannten Wohnungsmarkt zu prüfen, ob die vorhandenen Wohnungen zum abstrakt angemessenen Preis überhaupt (noch) an SGB II-Bezieher vermietet werden.

Liegen Anhaltspunkte für eine zunehmende Verknappung günstigen Wohnraums vor, kann das der Kostensenkungsaufforderung zugrunde liegende Konzept hinfällig werden, da letztlich die tatsächlichen Verhältnisse auf dem Wohnungsmarkt die Bedarfe nach § 22 SGB II bestimmen müssen. Das folgt unmittelbar aus dem Regelbedarfsurteil des BVerfG vom 23.7.2014 – 1 BvL 10/12. Die dort erhobene Forderung, dass die Regelbedarfspositionen realitätsgerecht sein müssen, d.h. ggf. außerhalb einer turnusmäßigen Dynamisierung einer »schnelleren« Preisentwicklung angepasst werden müssen, gilt auch für die Bedarfe nach § 22 SGB II.

Ungeklärte Rechtsfragen

Welche Konsequenzen daraus für die weitere Kostenübernahme folgen – denn mit der Widerlegung des schlüssigen Konzepts ist ja nicht gesagt, dass die für die innegehaltene Wohnung zu zahlende Miete die abstrakt angemessene Miete ist – bedarf weiterer Klärung durch die Rechtsprechung; dabei ist vor allem zu klären,

- wann die auf einem realitätsfernen Konzept gestützte Kostensenkungsaufforderung in dem Sinne hinfällig wird, dass bis zur Entwicklung eines neuen Konzepts und einer darauf basierenden Senkungsaufforderung die tatsächlichen Mietkosten zu übernehmen sind;
- ob trotz widerlegtem Konzept als Höchstgrenze für die Kostenübernahme stets nur die Werte nach § 12 WoGG – ggf. mit welchem Sicherheitszuschlag – anzuwenden sind;
- wann die Zahl der zugänglichen Wohnungen zu dem abstrakt ermittelten Preis so verknappt ist, dass eine Anpassung des Konzept-Preises an die veränderte Marktlage erfolgen muss;
- wie der von einer Kostensenkungsaufforderung betroffene Leistungsberechtigte nachweisen kann, dass – nach objektiver Marktlage – keine Wohnungen in ausreichender Zahl zum Konzept-Preis zu erlangen sind;
- wer im Zweifel die Last der Beobachtung des Wohnungsmarktes trägt (s. dazu LSG Baden-Württemberg vom 5.3.2014 – L 12 AS 5254/13 ER-B: Wenn der Leistungsberechtigte aufgrund eigener ausreichender Suchbemühungen den Nachweis geführt hat, dass zu dem abstrakt angemessenen Mietzins keine Wohnungen zu mieten sind, ist es Aufgabe des Jobcenters, konkret angemessenen Wohnraum nachzuweisen; zur Nachweispflicht vorhandenen Wohnraums für eine Großfamilie s. LSG Rheinland-Pfalz vom 25.3.2014 – L 3 AS 343/10 ZVW).

Obliegenheit zur Kostensenkung trotz objektiver Unmöglichkeit?

Unverständlich sind die Ausführungen des BSG im Urteil vom 23.8.2011 – B 14 AS 91/10 R, dass die Obliegenheit zur Kostensenkung auch bei Unmöglichkeit, eine Wohnung zum abstrakt angemessenen Preis finden zu können, »grundsätzlich« bestehen bleibe. Denn abgesehen davon, dass nach BSG-Rechtsprechung zum schlüssigen Konzept in diesem Fall der Konzeptpreis nicht schlüssig ist, bzw. die Vermutung, dass zu diesem Preis Wohnungen in hinreichender Zahl auf dem gesamten Wohnungsmarkt zu finden sind, widerlegt ist (so ausdrücklich BSG vom 14.4.2011 – B 14 AS 32/09 R und B 14 AS 106/10 R; zu den Anforderungen der Widerlegung s. BSG vom 6.10.2011 – B 14 AS 131/10 R), kann Unmögliches nicht verlangt werden; worin soll die Obliegenheit zur Kostensenkung bestehen? Auf welche Wohnungen kann das Jobcenter verweisen? (s. dazu BayLSG vom 12.8.2013 – L 7 AS 589/11).

III Unzumutbare Kostensenkung

Ist eine Kostensenkung im Wege einer Verhandlung mit dem Vermieter (s. dazu BSG vom 23.3.2010 – B 8 SO 24/08 R; LSG Baden-Württemberg vom 8.2.2011 – L 12 AS 4387/10), einer Kündigung mietvertraglicher Zusatzleistungen (s. dazu LSG Berlin-Brandenburg vom 25.9.2009 – L 32 AS 1758/08: Möblierungszuschlag), einer Senkung der laufenden Abschläge oder einer Untervermietung nicht möglich, kann eine Kostensenkung praktisch nur durch Umzug in eine günstigere Wohnung verwirklicht werden. Ist ein Umzug einem Mitglied der BG nicht zumutbar, muss die tatsächliche Miete übernommen werden, bis die Hinderungsgründe wegfallen. Dasselbe gilt, wenn die BG wegen einer notwendigen engen Bindung an das unmittelbare Wohnumfeld keine günstigere Wohnung in zumutbarer Nähe finden kann.

Die Gerichte stellen hohe Anforderungen an den Nachweis der Unzumutbarkeit eines Umzugs.

Umzug **zumutbar**

Ein Umzug ist nicht allein deshalb unzumutbar, weil

- der Verbleib in der Wohnung nach ärztlichem Attest »befürwortet« wird (LSG Berlin-Brandenburg vom 10.7.2007 – L 32 B 823/07 AS ER: abbaubare Ängste; s. auch HessLSG vom 15.5.2014 – L 4 SO 19/14 B E: zur Bewertung ärztlicher Atteste);
- blitzartig auftretende Panikattacken eine schnellstmögliche Rückkehr in die eigene Wohnung erforderlich machen; dieser Rückzug ist auch in einer neuen Wohnung möglich (LSG Berlin-Brandenburg vom 9.4.2014 – L 34 AS 1050/13);
- nachbarschaftliche Hilfe verloren geht, wenn ohnehin Verwandte helfen (LSG Berlin-Brandenburg vom 14.6.2007 – L 10 B 391/07 AS ER);
- die Betreuung eines Kleinkindes oder der erkrankten Eltern bei Umzug ins nähere Wohnumfeld zwar erschwert ist, aber aufrecht erhalten werden kann (LSG Berlin-Brandenburg vom 13.9.2007 – L 29 B 883/07 AS ER; vgl. dazu BSG vom 19.2.2008 – B 4 AS 30/08 R; LSG NRW vom 12.1.2012 – L 19 AS 132/11);
- der Leistungsberechtigte älter ist oder schon lange Mieter der Wohnung ist (LSG Berlin-Brandenburg vom 20.11.2007 – L 14 B 1650/07 AS ER und vom 28.3.2012 – L 10 AS 1191/09; LSG Schleswig-Holstein vom 17.1.2008 – L 6 AS 39/07; BSG vom 13.4.2011 – B 14 AS 106/10 R; LSG Baden-Württemberg vom 12.6.2013 – L 1 AS 19/13);
- ein Teil der Wohnungseinrichtung besonders eingepasst wurde (LSG NRW vom 3.5.2007 – L 20 B 332/06 AS ER);

- hohe Eigenleistungen für Renovierung und Umbau in der Wohnung stecken (SG Darmstadt vom 14.3.2011 – S 22 AS 395/10; SG Detmold vom 18.10.2013 – S 13 AS 344/10);
- spezielle Schränke (für hohe Altbauwohnung) angeschafft wurden (LSG Mecklenburg-Vorpommern vom 17.7.2007 – L 8 B 105/07);
- die Gefahr besteht, vorhandenes Mobiliar könne nach einem Umzug nicht wieder aufgebaut und weiterhin genutzt werden (LSG Baden-Württemberg vom 19.1.2010 – L 13 AS 3303/08);
- Raum für Sammlungsstücke mit ideellem Wert verloren geht (LSG Mecklenburg-Vorpommern vom 11.7.2007 – L 8 B 38/07);
- die Wohnung mit hinreichendem Abstand zu Mobilfunkantennen im Rand- oder Außenbereich bei zugleich guter Infrastruktur beibehalten werden soll (BayLSG vom 24.6.2010 – L 7 AS 391/10 B ER);
- die Wohnung gute Voraussetzungen für eine beabsichtigte selbstständige Tätigkeit bietet (SG Darmstadt vom 14.3.2011 – S 22 AS 395/10; BSG vom 13.4.2011 – B 14 AS 32/09 R).

Als unzumutbar wurde ein Umzug gewertet bei

Umzug **unzumutbar**

- Suizidgefahr (SG Berlin vom 11.9.2008 – S 26 AS 14505/08 ER; BayLSG vom 27.9.2012 – L 8 AS 646/10; s. auch die Rechtsprechung zur Härte nach § 574 Abs. 2 BGB und zum Räumungsschutz nach § 765a ZPO, → S. 381 ff.);
- besonderer psychischer Belastung (LSG Sachsen-Anhalt vom 7.9.2007 – L 2 B 57/07 AS ER; LSG Berlin-Brandenburg vom 27.3.2009 – L 14 AS 274/09 B ER); nicht bei Krankenhausaufenthalt (LSG Berlin-Brandenburg vom 10.7.2007 – L 32 B 823/07 AS ER; LSG NRW vom 8.6.2009 – L 7 B 411/08 AS ER); nicht, wenn Partner helfen kann (BayLSG vom 26.5.2011 – L 7 AS 331/11 B ER);
- Klaustrophobie, die einen Wechsel in eine kleinere Wohnung unmöglich macht (LSG NRW vom 20.7.2009 – L 7 B 182/09 AS);
- beginnender Demenz, die ein Verbleib in der vertrauten Wohnung erforderlich macht (SG Berlin vom 24.10.2014 – S 37 AS 20431/14);
- Alter und sehr starker Sehbehinderung (SG Stuttgart vom 20.6.2011 – S 7 SO 3292/09);
- konkreter Gesundheitsgefährdung durch Wohnungswechsel nach vorangegangener Traumatisierung oder wegen einer psychischen Erkrankung (LSG Berlin-Brandenburg vom 5.12.2007 – L 28 B 2089/07 AS ER, vom 28.11.2008 – L 29 B 1944/08 AS ER und vom 1.12.2008 – L 25 B 1774/08 AS ER; LSG NRW vom 8.6.2009 – L 7 B 411/08 AS ER; BGH vom 13.8.2009 – I ZB 11/09 zu einem solchen Grund in der Räumungsvollstreckung);
- Schwangerschaft; jedenfalls ab dem fünften Monat (LSG Mecklenburg-Vorpommern vom 7.5.2009 – L 8 AS 57/08);

- der Pflege eines schwerbehinderten Kindes durch den in der Nähe lebenden Vater (LSG Berlin-Brandenburg vom 5.3.2009 – L 25 AS 231/09 B ER);
- bevorstehendem Umzug eines behinderten Leistungsberechtigten in ein betreutes Wohnprojekt (LSG Sachsen-Anhalt vom 22.4.2013 – L 5 AS 341/13 B ER);
- bevorstehendem Wechsel in die Sozialhilfe. Muss der Alg II-Bezieher innerhalb der nächsten sechs Monate seit Prüfung einer Kostensenkung wegen Erreichung der Altersgrenze in die Grundsicherung nach § 41 SGB XII wechseln oder entstehen im Zusammenhang mit der Prüfung der Zumutbarkeit eines Umzugs ernsthafte Zweifel an der Erwerbsfähigkeit, müssen zunächst diese Zweifel geklärt werden. Im Fall des Wechsels in die Grundsicherung im Alter und bei Erwerbsunfähigkeit ist der Sozialhilfeträger berufen, über eine Kostensenkung zu entscheiden;
- kurz bevorstehendem Ende der Hilfebedürftigkeit (LSG NRW vom 17.4.2009 – L 19 B 75/09 AS ER).

Zu weiteren Gründen, die der Rechtsprechung zu § 574 BGB entnommen werden können s. → S. 373 f.

Aufklärungspflicht

Bescheinigt ein Arzt dem Leistungsberechtigten die Unzumutbarkeit eines Umzugs, muss das Jobcenter vor Absenkung der Unterkunftskosten medizinisch ermitteln (SG Freiburg vom 23.3.2010 – S 9 AS 5037/09; zur Amtsermittlungspflicht des Sozialgerichts s. LSG NRW vom 17.2.2014 – L 12 AS 1208/13 NZB). Strenger das LSG Sachsen vom 5.9.2012 – L 3 AS 640/10 NZB: Eine unzureichende oder gänzlich unterbliebene Sachverhaltsermittlung begründe keinen Anspruch auf weitere Kostenübernahme, wenn ein Umzug objektiv zumutbar ist.

Mitwirkungspflicht

Wirkt der Leistungsberechtigte bei der Aufklärung nicht ausreichend mit, ist ihm der Einwand der Unzumutbarkeit des Umzugs abgeschnitten (vgl. dazu BGH vom 9.6.2011 – V ZB 319/10). Sieht das Jobcenter wegen akuter gesundheitlicher Probleme von einer Kostensenkung ab, kann es vom Leistungsberechtigten verlangen, dass er sich (falls nicht schon geschehen) in ambulante oder stationäre fachärztliche Behandlung begibt und deren Aufnahme dem Jobcenter unverzüglich nachweist sowie den Verlauf der Behandlung durch Vorlage fachärztlicher Bescheinigungen darlegt (vgl. dazu BGH vom 14.1.2010 – I ZB 34/09 und vom 7.10.2010 – V ZB 82/10). Bei späterer, erneuter Prüfung der Zumutbarkeit eines Umzugs hat das Jobcenter bei Nachweis fortbestehender gesundheitlicher Probleme zugunsten des Leistungsberechtigten zu berücksichtigen, dass er selbst das ihm Zumutbare getan hat, um einen Wohnungswechsel zu ermöglichen (vgl. dazu auch BGH vom 20.1.2011 – I ZB 27/10).

Beweislast

Macht der Leistungsberechtigte geltend, er sei aus gesundheitlichen Gründen nicht umzugsfähig, muss er dies glaubhaft machen (vgl. LSG NRW vom 29.6.2009 – L 20 B 31/09 SO), er trägt im Zweifel oder bei unzureichender Mitwirkung bei der ärztlichen Klärung die Beweislast (LSG NRW vom 24.8.2005 – L 19 B 28/05 AS ER).

IV Unwirksame Aufforderung zur Kostensenkung

Zweck der Aufforderung

Nach der Rechtsprechung des BSG hat die Aufforderung nach § 22 Abs. 1 Satz 3 SGB II Aufklärungs- und Warnfunktion. Der Leistungsberechtigte soll Klarheit über die aus Sicht des Jobcenters angemessenen Aufwendungen für die Unterkunft erhalten. Wird ihm diese Kenntnis nicht hinreichend genau vermittelt, kann er keine Maßnahmen zur Kostensenkung ergreifen; die tatsächliche Miete ist weiter zu übernehmen (statt vieler LSG NRW vom 6.10.2010 – L 12 AS 35/08; LSG Sachsen-Anhalt vom 28.8.2013 – L 5 AS 191/11).

Zugang der Aufforderung

Den Beweis, dass der Leistungsberechtigte über die Notwendigkeit einer Kostensenkung informiert wurde, insbesondere ob ihm eine schriftliche Senkungsaufforderung zugegangen ist, muss das Jobcenter erbringen (SG Berlin vom 6.11.2007 – S 37 AS 26704/07 ER).

Vertreter der BG

Es genügt, wenn die Mietsenkungsaufforderung an den Vertreter der BG nach § 38 SGB II übersandt wird (BSG vom 7.11.2006 – B 7b AS 10/06 R).

Doch keine BG

Stellt sich heraus, dass die vermeintliche BG eine Wohngemeinschaft ist, die zu teuer wohnt, ist fraglich, ob eine an den »falschen« BG-Vorstand gerichtete Kostensenkungsaufforderung dennoch die Kenntnis über die Unangemessenheit der Wohnung bzw. der Wohnungsteile vermittelt hat.

Beispiel

K. und C. wohnen zusammen in einer Wohnung. Die Miete von 850 € wird hälftig geteilt. Beide hatten schon vor dem Zusammenziehen Alg II bezogen. Mit einer an C. gerichteten Kostensenkungsaufforderung teilt das Jobcenter mit, dass die angemessene Miete für eine 2-Personen-BG 500 € betrage. Die 850 € würden nur noch akzeptiert, solange trotz intensiver Wohnungssuche keine andere Wohnung gefunden werde. Bereits zum Zeitpunkt des Zugangs der Kostensenkungsaufforderung hatten K. und C. getrennt Alg II beantragt und angegeben, als Wohngemeinschaft zusammen zu leben. Das Jobcenter folgt dem nicht und senkt nach Ablauf von sechs Monaten die Unterkunftskosten auf 500 €. Mit erfolgreicher Klage wird drei Monate nach der Absenkung ein Zusammenleben als Wohngemeinschaft festgestellt. Das Jobcenter gewährt C. und K. jeweils 400 € Unterkunftskosten, der für eine 1-Personen-BG angemessene Wert.
Das ist problematisch, weil die geringfügige Überschreitung der Angemessenheitswerte nicht zweifelsfrei das Wissen vermittelt, das Jobcenter werde auch wegen der 25 €-Überschreitung auf einer Kostensenkung bestehen. Es spricht mehr dafür, dass zunächst die 425 € pro Person übernommen werden müssen und nach Prüfung der Wirtschaftlichkeit ggf. eine neue Kostensenkungsaufforderung an C. und K. versandt werden muss.

Doch eine BG

Umgekehrt vermittelt eine an eine vermeintliche BG in Haushaltsgemeinschaft versandte Kostensenkungsaufforderung erst Recht die Kenntnis, dass zu teuer gewohnt wird. Probleme ergeben sich erst, wenn infolge der irrtümlichen Senkungsaufforderung zu teuer umgezogen wurde.

Beispiel

M. lebt mit ihrer 22-jährigen Tochter T. zusammen. Für die Wohnung zahlen sie 900 € Miete. Angemessen für eine 3-Personen-BG sind 600 €, für eine 2-Personen-BG 450 € und für eine 1-Personen-BG 350 €. Als T. ein Kind bekommt, nimmt das Jobcenter eine Teilung der BG an und fordert sowohl M. als auch T. auf, eine Wohnung mit Kosten bis zu 350 € bzw. 450 € zu suchen. Nach Wertung des BSG vom 17.7.2014 – B 14 AS 54/13 R bilden M., T. und deren Kind eine 3-Generationen-BG, so dass 600 € angemessen wären. Die Kostensenkungsaufforderungen haben damit auf jeden Fall die Notwendigkeit einer Kostensenkung vermittelt. M. und T. können sich nicht darauf berufen, auf eine Kostenübernahme in Höhe von 800 € (450 € + 350 €) vertraut zu haben. Denn mit 100 € darüber bleibt die tatsächliche Miete deutlich unangemessen. Haben M. und T. allerdings zu den zugestandenen 800 € eine neue Wohnung bezogen, können die Unterkunftskosten erst nach einer neuen Senkungsaufforderung auf 600 € reduziert werden. Dass innerhalb kurzer Zeit ein erneuter Umzug erfolgen muss, geht hinsichtlich der damit verbundenen Kosten zu Lasten des Jobcenters. Die neue Kaution muss ggf. als Zuschuss gegeben werden, sollte sich die Rückzahlung der Kaution für die vorherige Wohnung länger hinziehen.

Nur Information

Das BSG stellt nur geringe Anforderungen an die Senkungsaufforderung; es genüge sogar ein Informationsschreiben des Sozialhilfeträgers über die Unangemessenheit der Unterkunftskosten (BSG vom 7.11.2006 – B 7b AS 10/06 R und B 7b AS 18/06 R: Zur Rechtslage nach dem BSHG; s. auch SG Kassel vom 10.4.2013 – S 7 AS 793/10). Das BSG misst der Regelung des § 22 Abs. 1 Satz 3 SGB II (Fassung seit 1.8.2006) die Bedeutung einer Zumutbarkeitsregelung bei, die verhindern soll, dass der Leistungsberechtigte nicht sofort (bei Eintritt in die Hilfebedürftigkeit) gezwungen ist, seine bisherige Wohnung aufzugeben. Das gilt nach BSG vom 17.12.2009 – B 4 AS 19/09 R auch dann, wenn der Leistungsberechtigte kurz vor Beginn des Leistungsbezugs eine neue Wohnung zu einem unangemessenen Mietzins anmietet. Das Jobcenter muss zunächst die tatsächlichen Kosten der Wohnung – in der Regel für längstens sechs Monate – übernehmen, es sei denn, der Leistungsberechtigte kannte bei Abschluss des Mietvertrags die Unangemessenheit.

Information über Kostensenkungsabsicht

In einem laufenden Leistungsfall mit komplett übernommenen Mietkosten kann nur nach einer konkret übermittelten Absicht zur Kostensenkung künftig der KdU-Bedarf gesenkt werden. Ein förmliches Aufforderungsschreiben ist jedoch entbehrlich, wenn der Leistungsberechtigte auf sonstige Weise, z. B. im Rahmen eines Rechtsstreits über abgelehnte Kosten oder durch eine abgelehnte Zusicherung nach § 22 Abs. 4 SGB II Kenntnis darüber erlangt hat, dass das Jobcenter die tatsächlichen Kosten seiner Wohnung für unangemessen hält (s. dazu LSG NRW vom 28.11.2013 – L 7 AS 1122/13). Dagegen ist der Verweis darauf, dass die Angemessenheits-Richtwerte im Internet abrufbar seien, nicht ausreichend.

Mindest-anforderung

Die Absenkung der Unterkunftskosten von der Höhe der tatsächlichen auf die nach Ansicht des Jobcenters angemessenen setzt zumindest voraus, dass dem Leistungsberechtigten diese Kosten (Kaltmiete und kalte Betriebskosten) genannt werden. Dies ist nach der Produkttheorie (→ S. 94 ff.) der entscheidende Maßstab zur Beurteilung der Angemessenheit (BSG vom 1.6.2010 – B 4 AS 78/09 R; LSG Berlin-Brandenburg vom 19.9.2013 – L 18 AS 1218/12). Das LSG NRW vom 6.10.2010 – L 12 AS 35/08 verlangt eine konkrete Aufschlüsselung zwischen Brutto- und Kaltmiete, lässt es aber genügen, wenn eine aus Sicht des Jobcenters angemessene Kaltmiete mit der Zusage, die tatsächlichen Betriebskosten zu übernehmen, kombiniert wird (LSG NRW vom 28.11.2013 – L 7 AS 1122/13). Eine Kostensenkungsaufforderung, die auf einen Mietspiegel Bezug nehme, müsse zumindest die dort gemachte Differenzierung wiedergeben, um Unklarheiten über den Umfang der Kosten zu vermeiden. Im entschiedenen Fall hat das LSG die Aufforderung zur Kostensenkung als unzureichend beanstandet und das Jobcenter weiter zur Übernahme der tatsächlichen Kosten verurteilt:

> »Unter dem Begriff ›Kosten der Unterkunft‹ versteht der Gesetzgeber den Preis der Grundmiete zuzüglich der Vorauszahlung für die allgemeinen Betriebskosten (wie z. B. der Gebühren für Müllabfuhr und Straßenreinigung, Kaltwasserverbrauch usw.). Diese Kosten werden auch als ›Kaltmiete‹ bezeichnet.
> Sie bewohnen eine 80,00 qm große Wohnung zu einem Mietpreis von 439,53 EUR Kaltmiete.
> Auf der Grundlage des H Mietspiegels und der Wohngeldstatistik des Fachbereichs Liegenschaften und Wohnungswesen der Stadt H werden Unterkunftskosten für einen Zweipersonenhaushalt von 289,00 EUR bis 338,00 EUR als angemessen angesehen.«

Es soll jedoch nicht zur Unwirksamkeit der Kostensenkungsaufforderung führen, wenn das Jobcenter eine Bruttowarmmiete als einheitlichen Betrag nennt, wie z. B. in Berlin (BSG vom 20.8.2009 – B 14 AS 41/08 R; ebenso LSG Berlin-Brandenburg vom 28.2.2011 – L 14 AS 205/11 B ER mit der Ergänzung, dass sich die getrennte Berechnung der Aufwendungen für Unterkunft und Heizung allenfalls geringfügig auf den Angemessenheitswert auswirke und die Suche nach einer angemessenen Wohnung daher kaum einschränke). Danach muss die Kostensenkungsaufforderung jedenfalls auf einem angespannten Wohnungsmarkt den nach der Produkttheorie ermittelten Werten entsprechen.

Unrichtiger Angemessenheitswert

Die objektiv fehlerhafte Angabe zur Höhe der vermeintlich angemessenen Miete begründet nach BSG vom 19.2.2009 – B 4 AS 30/08 R nur dann einen Anspruch auf weitere Übernahme der tatsächlichen Miete, wenn der zur Kostensenkung Aufgeforderte **wegen** des fehlerhaft zu niedrig veranschlagten Werts in seiner Suche nach einer Wohnung zu einem angemessenen Preis wesentlich eingeschränkt ist (s. dazu LSG Sachsen vom 6.6.2013 – L 3 AS 757/11 ZVW: zu geringe Wohnungsgröße genannt; BayLSG vom 11.7.2012 – L 16 AS L 16 AS 127/10).

Satzungsregelung

Die Anforderungen an eine Kostensenkungsaufforderung, wenn die Angemessenheit durch Satzung geregelt ist, dürfen angesichts der hohen Bedeutung des Wohnungserhalts nicht geringer veranschlagt werden. Ein bloßer Verweis auf die Satzung wird nicht genügen.

Werden Hinweise zur Übernahme von Wohnungsbeschaffungskosten gegeben, müssen diese stimmen.

Beispiel

A. wird zur Mietsenkung aufgefordert. Das Informationsschreiben enthält den Zusatz: »Maklerkosten und Kaution können nicht übernommen werden.«
Mit diesen pauschalen, von § 22 Abs. 6 SGB II nicht gedeckten Einschränkungen belastet, kann sich A. darauf berufen, keine angemessene Wohnung zum verlangten Mietpreis gefunden zu haben. Seine Unterkunftskosten dürfen nach Ablauf der Suchfrist nicht gekürzt werden (HessLSG vom 7.9.2006 – L 7 AS 104/06 ER; SG Berlin vom 1.2.2007 – S 103 AS 10511/06 ER; BSG vom 19.2.2009 – B 4 AS 30/08 R).

Widersprüchliches Verhalten

Ist das Verhalten des Jobcenters zur Durchsetzung der Kostensenkung widersprüchlich, kann keine Kostensenkung vom Leistungsberechtigten erwartet werden (BSG vom 19.2.2009 – B 4 AS 30/08 R und vom 7.5.2009 – B 14 AS 14/08 R). Als widersprüchlich kann das Verhalten des Jobcenters insbesondere gewertet werden, wenn es trotz Ankündigung einer Senkung geraume Zeit die ungekürzte Miete weiter zahlt (BSG vom 22.11.2011 – B 4 AS 219/10 R und vom 12.6.2013 – B 14 AS 60/12 R) oder in einer Anhörung zur Kostensenkung Gründe für eine Übernahme höherer Mietkosten nennt, der Leistungsberechtigte solche Gründe anführt und das Jobcenter nicht reagiert; hier konnte der Leistungsberechtigte annehmen, dass seine Gründe für den weiteren Verbleib in der Wohnung erst geprüft werden und er bis zur Mitteilung über diese Prüfung nicht auf Wohnungssuche gehen muss (SG Berlin vom 24.10.2014 – S 37 AS 20431/14).

Erhöhte Informationspflicht

Eine wirksame Aufforderung zur Kostensenkung setzt neben dem Hinweis auf die angemessene Miete weitere Informationen voraus, wenn der Leistungsberechtigte nachvollziehbar einen erhöhten Informationsbedarf hat oder geltend macht, z. B. nachfragt, ob er wegen einer ärztlichen Bescheinigung über eine Gehbehinderung eine Wohnung mit Fahrstuhl anmieten darf. Reagiert das Jobcenter nicht, kann sich die Suchfrist verlängern (LSG Berlin-Brandenburg vom 19.3.2009 – L 14 B 2268/08 AS ER).
Eine erhöhte Informationspflicht besteht auch dann, wenn es um eine andere Art der Kostensenkung als durch Umzug geht. Hier muss die Aufforderung detailliert beschreiben, welche Kostensenkungsmaß-

nahmen verlangt werden. Das BSG vom 23.3.2010 – B 8 SO 24/08 R verlangt:

> »Im Hinblick auf die Frage, ob die unangemessenen Unterkunftskosten gem. § 29 Abs. 1 S. 3 SGB 12 ›auf andere Weise‹ gesenkt werden können, hat das LSG bei der Nachholung fehlender Feststellungen zu beachten, dass bei einem Mietverhältnis wie hier zwischen Tochter und Eltern – auch unabhängig von der zu klärenden Rechtmäßigkeit der vertraglichen Vereinbarungen – dem Hilfebedürftigen zugemutet werden kann, bei der Tochter als Vermieterin um eine Senkung der Miet- und Nebenkosten auf das sozialhilferechtlich angemessene Maß nachzusuchen. Vom Ablauf des sechsmonatigen Übergangszeitraumes für eine solche Kostensenkungsmaßnahme kann allerdings nur dann ausgegangen werden, wenn anhand der Kostensenkungsaufforderung für den Hilfebedürftigen erkennbar war, welche Kostensenkungsbemühungen man von ihm erwartet«.

Zweifelhafte Mietforderung

Ergibt sich die Unangemessenheit der Miete aus einer rechtlich zweifelhaften Forderung des Vermieters, kann das Jobcenter den Leistungsberechtigten zwar nicht verbindlich zur Rechtslage beraten oder gar eine Zivilklage fordern. Da sich in einer solchen Situation jedoch die Möglichkeit bietet, statt eines Umzugs durch Nachfrage beim Vermieter oder Rat von einem Mieterverein eine Senkung der Miete zu erreichen, muss das Jobcenter in der Kostensenkungsaufforderung seine Zweifel in einer Weise verdeutlichen, die den Leistungsberechtigen in die Lage versetzt, anstelle eines Umzugs einen Mietnachlass zu prüfen (BSG vom 22.9.2009 – B 4 AS 8/09 R: Zweifelhafte Staffelmietvereinbarung und vom 24.11.2011 – B 14 AS 15/11 R: Zweifelhafte Schönheitsreparaturklausel).

Überhöhte Betriebskosten

Liegen die Voraussetzungen vor, unter denen der Mieter eine Anpassung laufender Betriebskostenabschläge vom Vermieter verlangen kann oder die geforderten Abschläge ohne Kündigungsrisiko kürzen darf (dazu → S. 87 f.), muss das Jobcenter die sich daraus ergebende Bruttokaltmiete zum Maßstab der Kostensenkungsprüfung nehmen. Der Leistungsberechtigte ist dann verbindlich darüber zu informieren, ob die Kostensenkungsaufforderung wegen der verringerten Miete vom Tisch ist oder – wegen der Unsicherheit über die tatsächlichen Betriebskosten vor Erstellung der nächsten Jahresabrechnung – aufrecht erhalten wird. Hält das Jobcenter an der Senkungsaufforderung fest, kann es etwaige Betriebskostennachforderungen kürzen und die Summe aus neu festgesetzten Abschlägen + Kaltmiete nur in Höhe der angemessenen Bruttokaltmiete übernehmen.

Besondere Vertragsgestaltung

Nach LSG Berlin-Brandenburg vom 26.01.2011 – L 28 AS 2276/07 kann sich bei besonderer Mietvertragsgestaltung oder einer Bindungsfrist – wenn diese nicht zu Lasten des Jobcenters vereinbart wurde – eine erhöhte Informationspflicht des Jobcenters ergeben, um dem Leistungsberechtigten Wege zu zeigen, dennoch (legal) innerhalb der ggf. zu verlängernden Senkungsfrist den Mietvertrag zu ändern.

Erschwerte Wohnungssuche

Wird der Leistungsberechtigte keine Mietschuldenfreiheitsbescheinigung bekommen oder hat er Schufa-Einträge, ist das Mieten einer Wohnung erheblich erschwert. Sind dem Jobcenter solche Umstände bekannt, muss es schon in der Kostensenkungsaufforderung erklären, mit welchen Maßnahmen es den Vertragsschluss unterstützen wird (z. B. durch Zusicherungserklärung, Kautionsgarantie, Direktzahlung der Miete). Ansonsten kann es die Unterkunftskosten nach Ablauf der regulären Suchfrist nicht senken, wenn sich der Leistungsberechtigte vergeblich bemüht hatte, eine Wohnung zu finden.

Treuwidriges Verhalten

Hat sich eine Rechtsprechung gefestigt, dass die in dem Kostensenkungsschreiben verwendeten Richtwerte zu gering veranschlagt sind, kann sich das Jobcenter bei weiterer Verwendung dieser Richtwerte ohne Hinweis auf die kontroverse Rechtsprechung nach Treu und Glauben nicht darauf berufen, die tatsächliche Miete sei unangemessen und könne somit zumindest auf die von der Rechtsprechung entwickelten Werte gesenkt werden.

Beispiel

Das Jobcenter in B-Stadt veranschlagt die Höchstgrenze für Wohnungen nach den Mietspiegelwerten des untersten Standards (ohne Bad oder Sammelheizung). Mit diesen Werten fordert das Jobcenter G., der zu 310 € Kaltmiete + 75 € kalte Betriebskosten wohnt, im Juni auf, bis spätestens Dezember eine Wohnung zu einer Kaltmiete von 180 € plus 70 € kalte Betriebskosten zu suchen, ansonsten werde der Bedarf nach § 22 SGB II ab Januar auf diese Beträge gesenkt. Im August entscheidet das BSG zu einem Fall aus B-Stadt, dass Wohnungen des untersten Standards nicht herangezogen werden dürfen. Der von der Vorinstanz für eine Einpersonen-BG ermittelte abstrakte Wert von 248 € Kaltmiete plus 72 € Betriebskosten sei nicht zu beanstanden. Im Januar senkt das Jobcenter die tatsächliche Miete des B. von 310 € + 75 € unter Bezugnahme auf die BSG-Rechtsprechung auf 248 € + 72 €.

Falsch: Die Miete ist nach Information des G. über die bestehende Rechtslage bzw. den nun für maßgeblich gehaltenen Wert weiter für längstens sechs Monate in voller Höhe zu übernehmen. Zu dem deutlich zu niedrig veranschlagten Richtwert von 180 € + 70 € musste G. keine Wohnung suchen bzw. hätte er eine Wohnung nicht akzeptieren müssen.

Nachbessern zulässig

Umgekehrt kann sich der Leistungsberechtigte nicht auf eine zu unbestimmte oder fehlerhafte Kostensenkungsaufforderung berufen, wenn er anlässlich eines sonstigen Kontakts mit dem Jobcenter hinreichend genaue Kenntnis von den maßgeblichen Angemessenheitsgrenzen erlangt hatte (vgl. dazu BSG vom 19.3.2008 – B 11b AS 41/06 R; LSG Schleswig-Holstein vom 3.9.2009 – L 9 SO 22/08).

Keine Verwirkung

Hatte der zur Kostensenkung Aufgeforderte keine Wohnung zu dem vom Jobcenter genannten Richtwert gesucht und waren solche Wohnungen zum Zeitpunkt des Zugangs der Kostensenkungsaufforderung in ausreichender Zahl vorhanden, kann der Leistungsberechtigte sich bei einem folgenden Anziehen der Mietpreise zwar nicht darauf berufen, keine Wohnung zum genannten Wert finden zu können; dennoch hat er Anspruch darauf, dass eine Anpassung der Richtwerte an die geänderte Marktlage auch ihm in Form einer entsprechenden Erhöhung der laufenden Unterkunftskosten zu Gute kommt.

Vertrauensschutz

Hatte das Jobcenter mit Richtwerten zur Kostensenkung aufgefordert, die nach einhelliger Rechtsprechung zu hoch sind, darf es zunächst nur auf diese Werte absenken, um nach Hinweis auf die nun für maßgebend gehaltenen Richtwerte erneut zur Wohnungssuche aufzufordern, wenn der Leistungsberechtigte sich darauf eingerichtet hatte, die nach der Kostensenkungsaufforderung zu erwartende Differenz zwischen tatsächlicher und gesenkter Miete aus eigener Kraft aufbringen zu können.

Beispiel

Das Jobcenter in K-Stadt veranschlagt die Höchstgrenze für Wohnungen für die Einpersonen-BG auf 310 € Kaltmiete + 80 € kalte Betriebskosten. Damit fordert sie L., die zu 360 € Kaltmiete + 75 € kalte Betriebskosten wohnt, im Juni auf, bis spätestens Dezember eine Wohnung bis 390 € zu suchen, ansonsten werde der Bedarf nach § 22 SGB II ab Januar auf 390 € plus Heizkosten gesenkt. Im August bestätigt das BSG zu einem Fall aus K-Stadt die Vorinstanz, wonach für eine Einpersonen-BG eine Kaltmiete bis 260 € plus 72 € kalte Betriebskosten angemessen sei.
Im Januar senkt das Jobcenter die Miete der L. unter Bezugnahme auf das BSG-Urteil auf 260 € + 72 €. Weil L die Wohnung ohnehin behalten wolle, könne sie sich nicht darauf berufen, zumindest übergangsweise Unterkunftskosten von 310 € + 80 € zu bekommen.

Falsch: Die Miete kann erst nach Information der L. über die bestehende Rechtslage bzw. den nun für maßgeblich gehaltenen Wert und erneuter Suchfrist auf 260 € + 72 € abgesenkt werden. Zu dem zunächst angegebenen Richtwert hatte L. wegen der ungedeckten Differenz von nur 45 € keinen Anlass gehabt, eine günstigere Wohnung zu suchen.

V Rechtmäßiges Kostensenkungsverfahren

Vor Aufforderung zur Senkung der Unterkunftskosten muss das Jobcenter zunächst feststellen, ob es zu den abstrakten Angemessenheitswerten auf dem in Betracht kommenden Wohnungsmarkt eine **nennenswerte Zahl** freier Wohnungen gibt (LSG Niedersachsen-Bremen vom 24.4.2007 – L 7 AS 494/05; s. auch SG Detmold vom 30.9.2014 – S 8 SO 87/13 zu den Anforderungen an eine solche Prüfung).

Ausreichendes Wohnungsangebot

Das LSG Niedersachsen-Bremen begründet den Nachweis einer signifikanten Zahl freier Wohnungen zur Angemessenheits-Miete überzeugend wie folgt:

> »Der Leistungsbezieher würde ansonsten unter einem ständigen Umzugsdruck stehen, sofern der Leistungsträger ihm eine preiswertere Wohnung nachweist.«

Schwierige Ermittlung

Je angespannter der Wohnungsmarkt ist, desto schwieriger ist die Ermittlung, wann ein hinreichend großes Angebot angemessener Wohnungen zur Verfügung steht. Aus einem Mietspiegel lassen sich dazu nur bedingt Schlüsse ziehen (BSG vom 13.4.2011 – B 14 AS 106/10 R). Gegebenenfalls muss die Angebotsstruktur durch Befragung marktrelevanter Anbieter oder mit Gutachten (s. dazu LSG Niedersachsen-Bremen, a.a.O.; BayLSG vom 11.7.2012 – L 16 AS 127/10) geklärt werden. Kann trotz aller Ermittlungsbemühungen nicht zuverlässig festgestellt werden, in welchem Umfang abstrakt angemessene Wohnungen vorhanden sind (wie im Fall des LSG Niedersachsen-Bremen, a.a.O.), ist die Kostensenkung objektiv unmöglich bzw. die tatsächliche Miete als konkret angemessene Miete weiter zu übernehmen, bis eine Kostensenkungsaufforderung zu realistischen Marktpreisen ergeht. Viel zu pauschal ist der Textbaustein vom »entspannten Wohnungsmarkt«, wenn dieser nicht belegt wird oder der schlichte Nachweis einer bestimmten Anzahl von Wohnungsangeboten zum geforderten Preis, wenn diese nicht den Anforderungen, die in ein schlüssiges Konzept einfließen müssen, entsprechen:

- keine Wohnungen mit Substandard;
- nicht nur Wohnungen in einem sozialen Brennpunktgebiet (s. dazu BayLSG vom 11.7.2012 – L 16 AS 127/10);
- nicht nur Wohnungen an der untersten Wohnflächengrenze.

Unhaltbar daher das LSG Schleswig-Holstein vom 6.12.2011 – L 11 AS 97/10, das den Nachweis von nur zehn Wohnungen unter Einbeziehung von Wohnungen mit einer sehr geringen Wohnfläche ausreichen lässt (BSG vom 22.8.2012 – B 14 AS 13/12 R).

Gibt es auf dem maßgebenden Wohnungsmarkt hinreichend Wohnraum, ist in einem zweiten Schritt zu prüfen, ob Besonderheiten vorliegen, die den Wohnungsmarkt für den Leistungsberechtigten und die mit ihm zusammenlebenden Personen auf das nähere Wohnumfeld oder eine bestimmte Wohnlage verengen.

Verengter Wohnungsmarkt

Eine Verengung des Wohnungsmarktes bzw. ein Anspruch auf Wohnungssuche im näheren Wohnumfeld der abstrakt unangemessenen Wohnung mit der Folge, dass ggf. keine zumutbare günstigere Wohnung gefunden werden kann, ist anerkannt, wenn

- nur hierdurch die Betreuung von Kindern oder pflegebedürftigen Angehörigen gewährleistet ist;
- ein Umzug in einen anderen Bezirk oder Stadtteil den Schulweg um mehr als 20 km verlängern würde (LSG Berlin-Brandenburg vom 24.1.2008 – L 26 B 21/08 AS ER; BSG vom 19.2.2008 – B 4 AS 30/08 R);
- ältere Menschen mit in der BG oder Haushaltsgemeinschaft leben, deren Recht auf Verbleib in ihrem langjährig vertrauten sozialen Umfeld besonders geschützt ist (BSG vom 23.3.2010 – B 8 SO 24/08 R; SG Stuttgart vom 20.6.2011 – S 7 SO 3292/09). Eine Trennung von dem älteren Mitbewohner oder gar eine Heimeinweisung kann zur Kostensenkung nicht verlangt werden;
- aus psychischen Gründen zwar ein Umzug verkraftet werden kann, nicht aber der Wechsel der vertrauten Umgebung.

Weitere Gründe können auch der Rechtsprechung zu § 574 BGB entnommen werden (→ S. 373 f.).

Darlegungslast des Jobcenters

Zur Darlegung einer hinreichenden Zahl freier Wohnungen zur Angemessenheits-Miete genügt der Verweis auf Angebote im Internet (z. B. http://www.immobilienscout24.de) nicht, wenn diese Angebote nicht erkennen lassen, wie sich die Miete für die in Betracht kommenden Wohnungen jeweils zusammensetzt, z. B. nicht ersichtlich ist, ob Nebenkosten überhaupt berücksichtigt sind, und unklar bleibt, ob die Wohnung nach Zuschnitt und Ausstattung zumutbar ist (LSG Niedersachsen-Bremen vom 9.5.2006 – L 6 AS 114/06 ER). Allein auf eine Reihe nachgewiesener Internetangebote kann die Kostensenkung auf einen Richtlinienwert in der Regel nicht gestützt werden (LSG Niedersachsen-Bremen vom 9.8.2007 – L 13 AS 125/07 ER; BayLSG vom 11.7.2012 – L 16 AS 127/10). Verfügt das Jobcenter nicht über verwertbare Datenbestände, die einen offenen Wohnungsmarkt belegen, ist die tatsächliche Miete weiter zu übernehmen.

Akzeptanz durch Vermieter?

Der Nachweis billigeren Wohnraums durch Hinweis auf Internetangebote ist vor allem dann unzureichend, wenn Vermieter mit Internetauftritt, z. B. große Wohnungsbaugesellschaften, nicht an Alg II-Bezieher vermieten. Auf Kleinanzeigen privater, abschlussbereiter Vermieter kann sich das Jobcenter nur berufen, wenn es sich dabei nicht um Wohnungsangebote mit ungewöhnlich langem Leerstand handelt, was darauf hindeutet, dass es sich um »Bruchbuden« handelt, die sonst nicht vermietbar sind.

Mitwirkung des Leistungsberechtigten

Weil der konkrete Nachweis einer angemessenen Unterkunftsalternative durch das Jobcenter unterbleiben kann, wenn der Leistungsberechtigte untätig bleibt (HessLSG vom 23.7.2007 – L 9 AS 91/06 ER), sollte sofort nach Aufforderung zur Mietsenkung entweder dargelegt werden, dass besondere Gründe einen Umzug unzumutbar machen, oder es sollte sofort nach einer Wohnung zu der vorgegebenen Miete gesucht werden.

VI Suchfrist

1 Sechsmonatige Suchfrist

Sollfrist

Bei der in § 22 Abs. 1 Satz 3 SGB II eingeräumten sechsmonatigen »Schonfrist« zugunsten des Leistungsberechtigten handelt es sich um eine Sollfrist.

Fristverkürzung

Dies bedeutet zum einen, dass auch eine kürzere Frist festgelegt werden darf, wenn nach Lage des Wohnungsmarktes und der sonstigen Umstände eine neue Unterkunft schneller gefunden werden kann. Der Leistungsberechtigte braucht sich aber nicht auf die erstbeste Wohnung verweisen zu lassen. Ihm ist eine angemessene Zeit zur Suche ei-

ner ihm geeignet erscheinenden, angemessenen Unterkunft einzuräumen (LSG Schleswig-Holstein vom 25.5.2005 – L 6 B 52/05 AS ER; SG Oldenburg vom 30.5.2005 – S 47 AS 138/05 ER).
Weigert sich der Leistungsberechtigte, sich zumutbar um die Senkung der Unterkunftskosten zu bemühen, besteht kein Grund, ihm dennoch sechs Monate eine zu hohe Miete zu zahlen (LSG NRW vom 3.5.2007 – L 20 B 332/06 AS ER; BayLSG vom 18.2.2010 – L 7 AS 873/09 B ER).

Deckelung statt Fristverkürzung

Erfolgt ein mit dem Jobcenter nicht abgesprochener Wohnungswechsel im Zeitraum nach der Beantragung von Alg II und Zugang einer Kostensenkungsaufforderung, hat der Umzug bis zum Ablauf der sechsmonatigen Suchfrist »nur« eine Deckelung der KdU-Leistungen auf die frühere Miete zur Folge (SG Freiburg vom 18.12.2014 – S 19 AS 1756/14).

Beispiel

H. beantragt nach Ausschöpfung eines Anspruchs auf Alg I im März Alg II. Er bewohnt mit 600 € Miete eine nach SGB II-Maßstäben (danach sind 450 € angemessen) unangemessene Wohnung. Das Jobcenter schickt der Bewilligung von Alg II daher eine Kostensenkungsaufforderung hinterher. Noch vor Zugang der Kostensenkungsaufforderung (im Mai) schließt H. im Vertrauen darauf, dass sich ein lukratives Jobangebot realisiert, einen Mietvertrag über eine 680 € teure Wohnung. Das Mietverhältnis beginnt im Juli. Das Jobcenter ändert die auf der Grundlage der Miete von 600 € ergangene Bewilligung für den Zeitraum März bis Juli mit Wirkung ab Mai auf einen KdU-Bedarf von 450 €. Zu Unrecht: H. hat bis zum Ablauf der im Mai beginnenden Suchfrist Anspruch auf 600 € KdU-Bedarf. Die fehlende Zustimmung zum neuen Mietvertrag hat allerdings zur Folge, dass der KdU-Bedarf nach § 22 Abs. 1 Satz 2 SGB II auf die frühere Miete begrenzt ist.

Fristverlängerung

nur bei atypischen Fällen

Die Sechsmonatsfrist kann nur in atypischen Fällen verlängert werden (LSG Berlin-Brandenburg vom 1.8.2005 – L 10 B 73/05 AS ER).
Solche atypischen Fälle können insbesondere vorliegen bei

- Personen, die in absehbarer Zeit kostendeckende Einkünfte erzielen (LSG NRW vom 17.4.2009 – L 19 B 76/09 AS);
- längeren Kündigungsfristen oder einem individuell vereinbarten Kündigungsausschluss (dazu LG Kleve vom 12.7.2012 – 6 S 155/11); besteht noch eine sehr lange Laufzeit des Mietvertrags, muss sich der Leistungsberechtigte um eine vorzeitige Lösung vom Vertrag bemühen (HessLSG vom 28.3.2006 – L 7 AS 122/05 ER); ein formularmäßiger Ausschluss der Kündigung ist nach BGH vom 8.12.2010 – VIII ZR 86/10 unwirksam. Ohne Beachtung von Frist und Form kann ein Mietvertrag jederzeit durch Mietaufhebungsvertrag beendet werden. Ist gesichert, dass dem Leistungsberechtigten eine neue, angemessene Unterkunft nahtlos zur Verfügung steht, ist der Abschluss eines Mietaufhebungsvertrages, wenn sich der Vermieter darauf einlässt, eine zumutbare Kostensenkungsmaßnahme. Bietet der Vermieter sogar eine »Abfindung« oder Abstandszahlung für die vorzeitige Beendigung des Mietvertrages an, handelt es sich um anrechenbares Einkommen, das dem Jobcenter gemeldet werden muss. Darf der

Mieter zur vorzeitigen Aufhebung des Mietvertrags einen geeigneten Nachmieter stellen, ist er zur raschen Kostensenkung durch intensive Suche eines geeigneten Nachmieters verpflichtet (SG Augsburg vom 20.3.2014 – S 3 SO 79/13; LSG Berlin-Brandenburg vom 31.1.2013 – L 34 AS 90/11). Der Mietvertrag endet auch dann, wenn der Vermieter einen Nachmieter ohne nachvollziehbaren Grund (dazu BGH vom 22.1.2003 – VIII ZR 244/02; AG Wetzlar vom 9.5.2006 – 38 C 1639/05 (38)) ablehnt. Zur unzulässigen Vorgabe einer bestimmten Nationalität des Nachmieters s. LG Bückeburg vom 6.11.2013 – 1 S 38/13. Zur diskriminierenden Ablehnung von Alg II-Beziehern als Nachmieter s. SG Nordhausen vom 18.9.2013 – S 11 AS 3700/11).
Besteht ein Sonderkündigungsrecht, muss der Leistungsberechtigte dies zur Kostensenkung nutzen. Wichtige Sonderkündigungsrechte sind:

- Kündigung wegen der willkürlichen Ablehnung einer Untervermietung; dieses Kündigungsrecht besteht auch dann, wenn schon ordentlich gekündigt wurde (LG Hamburg vom 3.7.1998 – 311 S 8/98).
- Kündigung wegen Mieterhöhung.
- Kündigung wegen Modernisierungs-Mieterhöhung.

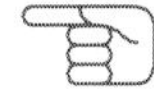

Der Vermieter ist nicht gehindert, eine Mieterhöhung erst zu einem späteren Zeitpunkt als in § 558b BGB vorgesehen, geltend zu machen (z. B. wegen einer Kappungsgrenze nach § 558 Abs. 3 BGB). In diesem Fall kann der Mieter erst unmittelbar vor dem Zeitpunkt des Eintritts der Mieterhöhung kündigen, um sich hierüber für weitere zwei Monate die Nutzungsmöglichkeit der Wohnung gegen Zahlung der nicht erhöhten Miete (§ 561 Abs. 1 Satz 2 BGB) zu sichern (BGH vom 25.9.2013 – VIII ZR 280/12). Dasselbe muss nach den Erwägungen des BGH zum Mieterschutz auch für die Sonderkündigung gemäß § 555e BGB bei vorzeitiger Ankündigung einer Modernisierungsmaßnahme (§ 555c BGB) gelten.

Andere atypische Fälle können sein:

- eine Kostensenkung in Form der Änderung einer zivilrechtlich unwirksamen Miete (BSG vom 22.9.2009 – B 4 AS 8/09 R: Staffelmietvertrag);
- gemeinsamer Mietvertrag mit Nichthilfebedürftigem, der mit Ausstieg aus Mietvertrag nicht einverstanden ist (LSG NRW vom 13.12.2007 – L 7 AS 19/07). Leben ehemalige Einstandspartner getrennt in der auch für zwei Einzel-BGs zu teuren Wohnung weiter, oder ist der für den infolge der Trennung hilfebedürftig gewordenen Partner aufzubringende Mietanteil unangemessen, müssen beide Ex-Partner gemeinsam für die möglichst rasche Beendigung des Mietvertrages sorgen (vgl. dazu OLG Düsseldorf vom 2.5.2007 – I – 10 W 29/07). Will der nicht hilfebedürftige Ex-Partner die Wohnung behalten, muss er im Innenverhältnis den Mietzins allein tragen und den ausgezogenen Partner gegenüber dem Vermieter von der Mietzinsforderung freistellen (OLG Düsseldorf vom 24.10.1997 – 22 U 43/97);

- erschwerte Suche wegen besonderen Betreuungsbedarfs (LSG Mecklenburg-Vorpommern vom 27.3.2008 – L 8 B 51/08) oder benötigte Sonderausstattung für die Wohnung, z. B. bauliche Veränderung zur Rollstuhlnutzung (SG Schleswig vom 28.11.2005 – S 3 AS 593/05 ER);
- Schufa-Eintrag oder Mietschulden;
- Hilfebedarf nach §§ 67, 68 SGB XII;
- Großfamilien (s. dazu BayLSG vom 17.9.2009 – L 18 SO 111/09 B ER; LSG Rheinland-Pfalz vom 25.3.2014 – L 3 AS 343/10 ZVW).

Erschwerung mit Haustier?

Mit größerem Haustier kann die Wohnungssuche erschwert sein, vor allem, wenn es sich um »Problemtiere« (Kampfhund, Schlange) handelt. Ob das Halten eines Haustieres im Einzelfall ein rechtserhebliches Zugangshindernis bei der Anmietung einer abstrakt als angemessen eingestuften Wohnung darstellt, hat das LSG NRW vom 1.12.2010 – L 7 AS 969/10 B als noch nicht abschließend geklärte Rechtsfrage gewertet und PKH gewährt. Nach AG München vom 12.5.2014 – 424 C 28654/13 ist die Haltung von fünf Hunden in einer Mietwohnung kein normaler Mietgebrauch, den der Vermieter dulden muss (zur Tierhaltung s. auch BayLSG vom 21.9.2009 – L 8 SO 112/09 B ER; LSG NRW vom 2.2.2007 – L 20 B 323/06 AS ER).

Darlegungslast des Leistungsberechtigten

Solange sich der Leistungsberechtigte ausreichend um eine günstigere Wohnung bemüht, kann die Suchfrist nicht dadurch verkürzt werden, dass ihm eine bestimmte Wohnung vom Jobcenter aufgezwungen wird. Ausreichende Eigenbemühungen zur Wohnungssuche lassen sich nach der Rechtsprechung der Sozialgerichte nicht durch die bloße Vorlage von Angeboten teurerer Wohnungen aus der Tagespresse oder dem Internet nachweisen (HessLSG vom 28.3.2006 – L 7 AS 122/05 ER). Als unzureichend wurde der pauschale Verweis gewertet, in der Tagespresse sei über das Fehlen geeigneter Wohnungen berichtet worden und bei Baugenossenschaften gebe es bekanntermaßen lange Wartelisten (SG Hamburg vom 8.5.2006 – S 62 AS 827/06 ER). Ebenfalls zu dürftig ist die Behauptung, man befinde sich in einer Konkurrenzsituation mit anderen Alg II-Empfängern und Studenten, die ebenfalls Wohnungen im gleichen Segment suchten (LSG Schleswig-Holstein vom 11.4.2011 – L 11 AS 123/09). Vom Leistungsberechtigten kann erwartet werden, dass er unter Ausschöpfung aller zumutbar erreichbaren Hilfen, z. B. durch Inanspruchnahme von Wohnungsämtern, nach einer angemessenen Unterkunft sucht (SG Hamburg vom 30.3.2006 – S 52 AS 467/06 ER). Bestehen keine Bindungen an die bisherige Umgebung (z. B. wegen Schulbesuchs der Kinder, Pflege von oder durch Nachbarn/Angehörigen), muss sich die Wohnungssuche unter Beachtung des bisherigen Wohnumfeldniveaus (z. B. Struktur der Wohnbevölkerung, soziale Akzeptanz) auf ein größeres Umfeld erstrecken (SG Lüneburg vom 23.3.2006 – S 25 AS 145/06 ER). Auf Einschränkungen bei der Suche nach einer neuen Wohnung (nur im Erdgeschoss oder nur mit Fahrstuhl) kann sich der Leistungsberechtigte berufen, wenn er Gründe dafür nachweist.

2 Erneute Kostensenkungsaufforderung mit Suchfrist

Eine Unterbrechung des Leistungsbezugs erfordert nicht stets eine erneute Kostensenkungsaufforderung. Nur wenn sich die Umstände, die der früheren Aufforderung zugrunde lagen, wesentlich geändert haben, kann die frühere Aufforderung ihren Informations- und Warncharakter verloren haben. Dass die tatsächliche Miete immer noch unangemessen ist, macht eine neue Information nicht entbehrlich, weil der Betroffene ja nicht weiß, ob das Jobcenter angesichts geänderter Richtwerte nach wie vor auf einer Kostensenkung besteht (s. LSG Berlin-Brandenburg vom 4.9.2014 – L 34 AS 224/14 und vom 4.12.2013 – L 14 AS 449/10; a. A. SG Detmold vom 11.9.2014 – S 23 AS 1471/12: Keine erneute Aufforderung erforderlich).

Beispiel

G. zahlt für eine Wohnung 580 € Miete. Angemessen waren im Jahr 2011 450 €. G. war im Mai 2011 zu einer Kostensenkung aufgefordert worden. Diese wurde nicht mehr umgesetzt, weil G. wegen einer Erbschaft im August 2011 aus dem Leistungsbezug ausschied. Im März 2015 beantragt er wieder Alg II. Die Miete für seine Wohnung ist inzwischen auf 610 € erhöht worden, der aktuelle Angemessenheitswert liegt bei 540 €. Hier kann G. nicht einschätzen, ob er nach wie vor die Kosten senken muss.

Wegfall der Hilfebedürftigkeit

Fällt die Hilfebedürftigkeit durch Arbeitsaufnahme nicht nur vorübergehend weg, ist bei Wiedereintritt in den SGB II-Bezug erneut zu prüfen, ob die Unterkunftskosten unangemessen sind und eine Aufforderung zur Mietsenkung erfolgen darf (LSG Niedersachsen-Bremen vom 18.5.2009 – L 9 AS 529/09 B ER). Wegen zwischenzeitlicher Überwindung der Hilfebedürftigkeit kann dem Leistungsberechtigten nicht vorgeworfen werden, er hätte die Phase wirtschaftlicher Erholung zum Wohnungswechsel nutzen müssen (SG Stuttgart vom 31.3.2009 – S 20 AS 4431/08; LSG Rheinland-Pfalz vom 27.6.2012 – L 6 AS 582/10; LSG Berlin-Brandenburg vom 4.9.2014 – L 34 AS 224/14).
Eine erneute, ggf. abgekürzte Suchfrist steht dem Leistungsberechtigten aber nur zu, wenn er sich sofort nach Kenntnis vom Verlust der Arbeit intensiv bemüht hat, die Kosten zu senken (SG Freiburg vom 8.11.2007 – S 14 AS 5447/07 ER). Auf die Kündigungsfristen ist zur Vermeidung von Doppelmieten Rücksicht zu nehmen (SG Berlin vom 4.3.2011 – S 37 AS 18517/10). Konnte er noch nicht mit einer gesicherten Überwindung der Hilfebedürftigkeit rechnen (z. B. bei einem Probearbeitsverhältnis), wirkt die Kostensenkungsaufforderung aus der Zeit des Leistungsbezugs noch fort und es kommt allenfalls eine kurze Verlängerung der Suchfrist in Betracht, wenn der Leistungsberechtigte intensiv sucht, sobald ihm das endgültige Ende des Arbeitsverhältnisses bekannt wird (LSG Niedersachsen-Bremen vom 9.10.2007 – L 9 AS 461/07 ER; BayLSG vom 12.8.2013 – L 7 AS 589/11). Ebenso das LSG Berlin-Brandenburg vom 3.6.2010 – L 19 AS 377/10 B ER, wenn die selbstständige Tätigkeit doch nicht tragfähig war; die Nichteinräumung einer Suchfrist dürfte aber nur dann zumutbar im Sinne der BSG-Rechtsprechung sein, wenn der erneut hilfebedürftig gewordene Leistungsberechtigte die Wohnung ohnehin nicht verlassen will.

Wegfall der Kostendeckelung

Eine Kostendeckelung nach § 22 Abs. 1 Satz 2 SGB II endet, wenn der Leistungsberechtigte mindestens einen Monat die Hilfebedürftigkeit aus eigener Kraft überwindet (BSG vom 9.4.2014 – B 14 AS 23/13 R). Der Wiedereintritt in den Alg II-Bezug ist ein neuer Leistungsfall, der eine, ggf. gekürzte, Suchfrist begründet (BSG, a.a.O.; LSG Sachsen-Anhalt vom 13.11.2014 – L 5 AS 983/12).

Beispiel

J. bezog von März 2013 bis Juli 2014 Alg II. Bis Oktober 2013 hatte er eine Wohnung mit 380 € Mietbelastung. Im November zog er in eine Wohnung mit 450 € Miete um. Als KdU-Bedarf war durchgehend die unterhalb der Angemessenheitsgrenze von 400 € liegende Miete der bis Oktober 2013 bewohnten Wohnung (380 €) anerkannt worden, weil der Umzug im November 2013 nicht erforderlich war. Durch Ausweitung eines Minijobs konnte J. seinen Hilfebedarf im Juni und Juli 2014 decken. Auf seinen Neuantrag im August 2014 bewilligt das Jobcenter als KdU-Bedarf 380 €. Zu Unrecht: Zunächst ist die tatsächliche Miete zu übernehmen. Im Rahmen einer regulären Kostensenkungsaufforderung kann das Jobcenter den KdU-Bedarf nach Ablauf der Suchfrist auf 400 € senken.

Wechsel zum Sozialamt

Hatte der Leistungsberechtigte während eines vorausgegangenen Bezugs von Alg II ausreichend Zeit, die Unterkunftskosten zu senken, verpflichtet der Wechsel vom Leistungsbezug nach dem SGB II zum SGB XII den Sozialhilfeträger nicht, für eine weitere Frist, die unangemessen hohen Kosten zu übernehmen (LSG NRW vom 29.06.2009 – L 20 B 31/09 SO).

Veränderte BG

Trotz früherem Hinweis auf die Unangemessenheit der Kaltmiete muss das Jobcenter die Leistungsberechtigten erneut über die angemessenen Unterkunftskosten belehren, wenn sich die BG ändert (LSG Rheinland-Pfalz vom 21.4.2009 – L 3 AS 80/07: Geburt eines weiteren Kindes).

Zeitablauf

Dasselbe gilt, wenn die in einer früheren Kostensenkungsaufforderung genannten Daten nicht mehr dem aktuellen Stand entsprechen.

Beispiel

D. war im März 2014 eine Kostensenkungsaufforderung zugegangen, in der Richtwerte auf der Grundlage des Mietspiegels 2012 genannt werden. Im Mai 2014 wird ein neuer Mietspiegel veröffentlicht, der vor allem für kleine Wohnungen deutlich höhere Mieten aufweist. D.s tatsächliche Wohnungsmiete wird dadurch angemessen und in der Folgezeit ungekürzt übernommen. Nach einer Mieterhöhung zahlt das Jobcenter die bisherige Miete weiter, weil D. im März 2014 eine Kostensenkungsaufforderung erhalten habe. Zu Unrecht: Hier muss das Jobcenter erneut darüber informieren, dass aus seiner Sicht eine Kostensenkung erfolgen muss.

Wegfall von Mietanteilen

Erhöhen sich die Unterkunftskosten, weil ein Mitbewohner/Mitmieter auszieht, ist der Leistungsberechtigte gehalten, sofort nach Kenntnis des Auszugs Anstrengungen zur Kostensenkung (Suche nach neuem

Mitmieter, Umzug in kleinere Wohnung) zu unternehmen. Tut er dies, muss das Jobcenter übergangsweise die höhere Miete tragen (BSG vom 16.4.2013 – B 14 AS 28/12 R).

VII Wirtschaftlichkeit

Seit 1.4.2011 stellt § 22 Abs. 1 Satz 4 SGB II die schon bislang geübte Praxis, bei Unwirtschaftlichkeit von einer Kostensenkungsaufforderung abzusehen, auf eine rechtliche Grundlage. Nach der Gesetzesbegründung (BT-Drs. 17/3404, S. 161) gibt § 22 Abs. 1 Satz 4 SGB II dem Leistungsberechtigten kein subjektives Recht. Selbst wenn man dem zustimmt, ist ein zum Umzug aufgeforderter Leistungsbezieher nach dem Verhältnismäßigkeitsgrundsatz aber davor geschützt, seine Wohnung aufzugeben, obwohl dies keine Ersparnis bringt (BSG vom 12.6.2013 – B 4 AS 60/12 R; SG Dresden vom 16.12.2013 – S 12 AS 2150/12; LSG Sachsen-Anhalt vom 16.12.2013 – L 5 AS 723/13 B ER).

Allerdings muss der Nachweis der Unwirtschaftlichkeit hinreichend sicher sein. Bloße Spekulationen über das Ende des Leistungsbezugs oder eine auch günstigere Wohnungen alsbald treffende Verteuerung sind unbeachtlich. Ebenso der Hinweis auf hohe Kosten für Schönheitsreparaturen und ein Umzugsunternehmen.

Selbstbindung durch Verwaltungspraxis

Feste Regeln oder Beträge zur Ermittlung der Unwirtschaftlichkeit eines Umzugs lassen sich nicht aufstellen. Hat sich das Jobcenter jedoch durch interne Verwaltungsvorschriften gebunden, kann der Leistungsberechtigte unter dem Gesichtspunkt der Gleichbehandlung nach Art. 3 GG eine Fortzahlung der Miete geltend machen, wenn ein Umzug, gemessen an den Kriterien der ausgeübten Verwaltungsvorschriften, unwirtschaftlich wäre (vgl. BVerwG vom 4.8.2006 – 2 B 12/06).

VIII Selbsthilfeangebot

Kommt der Leistungsberechtigte einer Aufforderung zum Wohnungswechsel nicht nach und erklärt er sich bereit, die Differenz zwischen tatsächlicher und angemessener Miete aus Eigenmitteln zu finanzieren, stellen sich drei Fragen:

- Kann das Jobcenter die Übernahme der Richtlinienmiete mit der Begründung verweigern, wegen der Hilfebedürftigkeit sei mit Mietschulden und damit ohnehin dem Verlust der Wohnung zu rechnen? **Nein** – Da es viele Möglichkeiten gibt, wie der Leistungsberechtigte die Differenz zur tatsächlichen Miete ausgleicht, darf das Jobcenter nicht einfach unterstellen, es werde zu Mietschulden kommen (LSG NRW vom 22.11.2005 – L 12 B 38/05 AS ER). Ist es aber zu Mietschulden gekommen, kann deren Übernahme von der Erwägung abhängig gemacht werden, ob die Wohnung erhalten werden kann. Das ist nicht anzunehmen, wenn die Miete die Angemessenheitsgrenze nach § 22 SGB II übersteigt und der Leistungsberechtigte aus persönlichen oder finanziellen Gründen nicht in der Lage sein wird, den darüber liegenden Betrag aus dem Regelbedarf zu bestreiten (HessLSG vom 9.11.2010 – L 7 SO 134/10 B ER).

- Kann das Jobcenter unter Hinweis auf den günstigen Wohnungsmarkt und das Selbsthilfegebot aus § 2 Abs. 1 SGB II die Unterkunftskosten unter die Richtlinienwerte kürzen?
Nein – Ein Verweis auf Wohnraum unter dem vom Jobcenter festgelegten Richtlinienwert ist unzulässig. Im Rahmen des Richtlinienwerts ist der Wunsch des Leistungsberechtigten, die jetzige Wohnung weiter zu nutzen, nach § 33 SGB I stets zu respektieren (BayLSG vom 16.11.2005 – L 10 B 11/05 AS ER).

- Kann ein von Dritten zur Verfügung gestellter Mietzuschuss als Einkommen auf den Regelbedarf angerechnet werden?
Nein – § 22 Abs. 1 Satz 3 SGB II lässt neben der Teilvermietung (SG Lüneburg vom 4.6.2007 – S 30 AS 618/07 ER; LSG Schleswig-Holstein vom 12.4.2011 – L 6 AS 37/10: Untermietzins = zweckbestimmte Leistung zur Kostensenkung) eine Senkung der Unterkunftskosten »auf andere Weise« zu. Diese spezielle Regelung geht § 11 SGB II vor (LSG Berlin-Brandenburg vom 26.1.2011 – L 28 AS 2276/07). Es wäre auch nicht zu begründen, warum Einkünfte aus einer Teilvermietung zweckbestimmt zur Senkung der Unterkunftskosten verwendet werden dürfen, zweckbestimmte Zuwendungen eines Dritten, um den Wohnraum für den Leistungsberechtigten zu erhalten, dagegen als Einkommen angerechnet werden sollen oder die Anrechnung davon abhängig gemacht werden soll, ob der private Mietzuschuss an den Leistungsberechtigten zur Weiterleitung an den Vermieter fließt oder von dem Dritten direkt an den Vermieter gezahlt wird. Die Entscheidung des SG Lübeck vom 7.2.2007 – S 26 AS 35/07 ER, Mietunterstützung durch die Mutter kürze den Regelbedarf, ist daher nicht haltbar. Ein infolge der Anrechnung der Mietzuwendung als Einkommen erzwungener Umzug dürfte in der Regel auch unwirtschaftlich sein. Die ARGE Frankfurt am Main hat Spendengelder, die einer allein erziehenden, (aufstockend zum Arbeitsentgelt) Alg II beziehenden Mutter mit drei Kindern zuflossen mit dem Zweck, einen Umzug wegen unangemessen hoher Miete zu verhindern, nicht als Einkommen angerechnet; jedenfalls solange die Spenden nicht die Hälfte des Regelbedarfs übersteigen (Frankfurter Rundschau vom 9.3.2007, S. 33). In einem Sozialhilfefall hat das SG Frankfurt am Main vom 20.2.2007 – S 56 SO 15/07 ER einen von der Mutter der Leistungsberechtigten verbürgten Zuschuss zur Miete als ausreichende Mietsenkungsmaßnahme anerkannt und den Sozialhilfeträger zur Übernahme der angemessenen Restmiete verpflichtet.

IX Kostensenkung bei Wohneigentum

Bei selbst genutztem, angemessenem Wohneigentum bezieht sich die Aufforderung nach § 22 Abs. 1 Satz 3 SGB II auf Kostensenkung durch Teilvermietung, Verringerung der Zinsbelastung durch Umschuldung oder sonstige Sparmaßnahmen.
Für die Fristberechnung und die Regeldauer der Übernahme unangemessener Wohnkosten gelten die zu Mietwohnungen dargelegten Ausführungen entsprechend. Bei komplizierteren Schritten zur Kostensenkung ist die Regeldauer von sechs Monaten angemessen zu verlängern (OVG NRW vom 28.9.2001 – 16 A 4482/99).
Sind die Kosten unter Einbeziehung von Leistungen zur Reparatur (§ 22 Abs. 2 SGB II) zu hoch, muss das Jobcenter vor einer Kostensenkungsaufforderung auf die Unwirtschaftlichkeit von Reparaturmaßnahmen hinweisen (LSG Berlin-Brandenburg vom 5.5.2010 – L 5 AS 425/10 B ER).
Ist eine Kostensenkung nicht möglich, kann der in § 12 Abs. 3 Nr. 4 SGB II geschützte Gebrauch des Wohneigentums nur mit einer höheren oder sogar vollen Übernahme der Kosten gewährleistet werden (LSG Mecklenburg-Vorpommern vom 30.1.2007 – L 8 B 39/06; enger BSG vom 23.8.2011 – B 14 AS 91/10 R).
Muss die Immobilie verkauft werden, steht der Absenkung auf angemessene Unterkunftskosten nach Ablauf des sechsmonatigen Übergangszeitraums nicht entgegen, dass der Verkauf länger dauert. Der Wechsel in eine angemessene Wohnung ist nicht notwendig an den vorangehenden Verkauf des Hauses geknüpft (BSG vom 2.7.2009 – B 14 AS 32/07 R).

X Kostensenkung für Heizung

Wohnen zur Miete

Die Angemessenheit der Heizkosten ist unabhängig von den Unterkunftskosten zu bestimmen und erfordert daher auch eine gesonderte Kostensenkungsaufforderung (BSG vom 19.9.2008 – B 14 AS 54/07 R). Das ist seit 1.4.2011 in § 22 Abs. 1 Satz 3 SGB II klargestellt (LSG Berlin-Brandenburg vom 19.2.2014 – L 10 AS 881/10). Es gelten weitgehend die zur Absenkung der Unterkunftskosten dargestellten Grundsätze. Wird die Angemessenheit in einer Satzung nach einem Gesamtwert von Bruttokaltmiete plus Heizung bestimmt, ist der Leistungsberechtigte unter dem Gesichtspunkt der erhöhten Informationspflicht (→ S. 190 f.) auf die Ermittlungen des Jobcenters zu den maßgeblichen Heizwerten hinzuweisen. Denn es macht einen großen Unterschied, ob wegen unwirtschaftlichen Heizens gekürzt werden soll (hier kann schon das Runterdrehen der Heizkörper helfen) oder eine schlechte Bausubstanz oder sogar Baumängel für den hohen Verbrauch verantwortlich sind. Hier kann der Leistungsberechtigte ggf. mit einem Mängelbeseitigungsanspruch gegen den Vermieter Erfolg haben. Dadurch kann die Senkungsfrist entsprechend verlängert werden.

Senkung nach Jahresabrechnung

Der genaue Verbrauch für das Heizen ist erst aus einer Abrechnung über den Abrechnungszeitraum von meist einem Jahr erkennbar und wird in der Regel erst nach Kenntnis des Jobcenters von der Abrechnung eine Prüfung auslösen, ob die Heizkosten auf einen angemessenen Wert gesenkt werden können. Das Jobcenter prüft dann, ob bei Überschreitung der Nichtprüfgrenze Gründe für einen ungewöhnlich hohen Verbrauch (z. B. wegen schlechter Wärmedämmung, ineffizienter Heizanlage, Krankheit) vorliegen. Fehlen solche Gründe, darf das Jobcenter zur Kostensenkung auffordern. Die Kosten müssen **sofort** gesenkt werden (z. B. durch Reduzierung der Raumtemperatur, richtiges Lüften). Das Jobcenter ist also berechtigt, die laufenden Abschläge ab dem Monat nach Zugang der Kostensenkungsaufforderung auf 1/12tel der Höchsttoleranzgrenze zu kürzen. Außerdem ist das Jobcenter berechtigt, Heizkostennachforderungen für Zeiträume nach Zugang der Kostensenkungsaufforderung auf einen angemessenen Betrag zu kürzen.

Vorläufige Bewilligung

Da der Leistungsberechtigte trotz wirtschaftlichen Heizens keine Möglichkeit hat, die bis zur Erstellung der nächsten Abrechnung geforderten Abschläge zu verringern, muss das Jobcenter zur Vermeidung von Mietschulden die vollen Abschläge vorläufig übernehmen, um sie später durch die Aufrechnung mit dem Heizkostenguthaben auf den angemessenen Wert zu senken (s. dazu BSG vom 12.6.2013 – B 14 AS 60/12 R). Bleibt eine Verringerung der Heizkosten trotz Senkungsaufforderung aus, muss der Leistungsberechtigte die überzahlten Heizkostenabschläge nach § 328 Abs. 3 SGB III zurückzahlen.

Senkung der laufenden Abschläge

Sind die laufenden Abschläge auffällig hoch, kann das Jobcenter schon vor der (Jahres)abrechnung eine Prüfung der Kostensenkung einleiten. Liegt der rechnerische Jahreswert (12 x laufender Monatsabschlag) über der Höchsttoleranzgrenze und gibt es dafür keine anzuerkennenden Gründe, darf das Jobcenter zur Kostensenkung auffordern, die sofort beginnt. Die Kostensenkung auf den angemessenen Wert erfasst dann die laufenden Abschläge und etwaige Nachforderungen ab Zugang der Kostensenkungsaufforderung.

Wohneigentum

Bei Wohneigentum ist zu prüfen, ob die Kosten sofort zu senken sind, z. B. durch Absenkung der Raumtemperatur in wenig oder gar nicht genutzten Räumen (LSG Sachsen vom 18.9.2009 – L 5 B 593/08 AS ER). Bei einer extremen Überschreitung der Angemessenheitsgrenze (470 qm Wohnfläche) ist nach LSG Niedersachsen-Bremen vom 28.3.2011 – L 13 AS 82/11 B ER keine Schonfrist einzuräumen. Einer vorherigen Kostensenkungsaufforderung bedürfe es nicht.
Wurde mit Gas geheizt, sind Kostensenkungen durch Preisnachlassverhandlungen mit dem Energieversorger zu prüfen (BGH vom 15.7.2009 – VIII ZR 225/07; AG Berlin-Mitte vom 10.3.2010 – 17 C 464/09).
Erfolgversprechend sind nach den Urteilen des EuGH vom 23.10.14 – C 359/11 und – C 400/11 vor allem Einwände gegen Preiserhöhungen s.auch → S. 397.

XI Kostensenkung für Warmwasser

Unangemessen hohe Kosten für Warmwasser berechtigen das Jobcenter zur Kostensenkung wie beim Verfahren zur Senkung der Heizkosten, wenn keine besonderen Gründe für einen individuell angemessenen Mehrverbrauch (Krankheit, Behinderung) vorliegen.

Schwierig ist die Feststellung, dass ungewöhnlich viel Warmwasser verbraucht wird, wenn es nur eine gemeinsame Vorauszahlung für Heiz- und Warmwasserkosten gibt, wie z.B. bei einer Gastherme. Hier reicht es, wenn das Jobcenter einen insgesamt zu hohen Abschlag für Heizen und Warmwasser feststellt und zur Senkung bzw. einem wirtschaftlicheren Verhalten auffordert. Es obliegt dann dem Leistungsberechtigten, aus dem festgestellten Überverbrauch die richtigen Schlüsse auf deren Ursache zu ziehen, ggf. unter Einschaltung eines Energieberaters.

XII Rechtsschutz

Aufforderung zum Wohnungswechsel ist kein Verwaltungsakt

Die Aufforderung zum Wohnungswechsel ist kein gesondert anfechtbarer Verwaltungsakt (BSG vom 7.11.2006 – B 7b AS 10/06 R). Einstweiliger Rechtsschutz gegen die Aufforderung zum Wohnungswechsel ist durch einen vorbeugenden Unterlassungsantrag möglich (LSG Berlin-Brandenburg vom 24.1.2007 – L 14 B 1068/06; a.A. LSG NRW vom 11.11.2005 – L 19 B 88/05 AS ER; BayLSG vom 14.7.2005 – L 10 B 239/05 AS ER und vom 10.5.2013 – L 7 AS 330/13 B ER: Rechtsschutz gegen den Bescheid, der die Unterkunftskosten kürzt, in der Regel ausreichend).

Formalverwaltungsakt

Hat das Jobcenter die Kostensenkungsaufforderung versehentlich in die Form eines Verwaltungsaktes gekleidet, handelt es sich nach LSG NRW vom 4.3.2013 – L 12 AS 152/13 B nur um einen »Formalverwaltungsakt«, der den Betroffenen nicht beschwere. Dieser habe ungeachtet der Bestandskraft des Senkungsaufforderungsverwaltungsaktes die Möglichkeit, eine darauf gestützte Kostensenkung uneingeschränkt anzufechten.

Wurden trotz wirksamer Aufforderung für den nachfolgenden Bewilligungszeitraum die Kosten der Unterkunft in unveränderter Höhe bewilligt, kommt als Rechtsgrundlage für eine rückwirkende Abänderung nur § 45 SGB X (unter Beachtung von Vertrauensschutz) in Betracht (LSG Mecklenburg-Vorpommern vom 3.08.2009 – L 8 B 406/08).

Mietfortzahlung im einstweiligen Rechtsschutz

Folgt man der herrschenden Auffassung, dass es Rechtsschutz erst gegen die tatsächliche Kostensenkung im Nachgang einer Senkungsaufforderung gibt, darf die begrenzte Überprüfbarkeit der abgesenkten Unterkunfts- und Heizkosten im summarischen Verfahren nach § 86b SGG nicht zu Lasten der Antragsteller gehen. Soweit im Verfahren des einstweiligen Rechtsschutzes eine Ermittlung der tatsächlichen Angemessenheitsgrenzen nicht möglich ist, besteht daher für einen vorübergehenden Zeitraum auch dann ein Anspruch auf Übernahme der tatsächlichen Miet- und Heizkosten, wenn diese wahrscheinlich unangemessen sind (BayLSG vom 29.1.2014 – L 7 AS 25/14 B ER; SG Gießen vom 28.11.2014 – S 25 AS 859/14 ER). Das gilt vor allem dann, wenn das Jobcenter kein schlüssiges Konzept entwickelt hat und in zumutbarer Entfernung zum Arbeitsplatz des Leistungsberechtigten anmietbare Wohnungen kaum vorhanden sind (LSG Sachsen-Anhalt vom 18.11.2013 – L 5 AS 336/13 B ER) oder der Leistungsberechtigte aufgrund eigener ausreichender Suchbemühungen den Nachweis geführt hat, dass es zu der abstrakt angemessenen Miete keine Wohnungen gibt (LSG Baden-Württemberg vom 5.3.2014 – L 12 AS 5254/13 ER-B).

XIII Beendigung des Kostensenkungsverfahrens

Vollzogene Kostensenkung

Beendet ist das mit einer Senkungsaufforderung in Gang gesetzte Verfahren auf Reduzierung der tatsächlichen Miet- und Heizkosten auf abstrakte Angemessenheitswerte, wenn der Betroffene dies erreicht hat – sei es durch einen Wohnungswechsel, eine Untervermietung oder durch ein sparsameres Heizen. Danach eintretende Preissteigerungen über das Niveau (ggf. fortgeschriebener) Angemessenheitswerte, lösen nicht automatisch eine erneute Pflicht zur Kostensenkung aus; es bedarf dazu einer erneuten Aufforderung des Jobcenters.

Unterbrechung im Leistungsvollzug

Nicht nur vorübergehende Unterbrechungen im Leistungsbezug (länger als sechs Monate) machen bei Wiedereintritt der Hilfebedürftigkeit grundsätzlich ein neues Kostensenkungsverfahren erforderlich. Bei kürzeren Unterbrechungen hängt dies, wie oben (→ S. 199) gezeigt, von den Umständen des Einzelfalls ab.

Erfolglose Wohnungssuche

Solange der zur Kostensenkung aufgeforderte Leistungsbezieher keine Wohnung zur vorgegebenen Miete findet, bleibt er nach BSG vom 23.8.2011 – B 14 AS 91/10 auch bei Unmöglichkeit oder subjektiver Unzumutbarkeit eines Wohnungswechsels grundsätzlich verpflichtet, die tatsächlichen KdU-Bedarfe zu verringern. In Bezug auf die Unmöglichkeit, eine angemessene Wohnung zu finden, kann dies unserer Auffassung nach nur bedeuten, dass im Fall des Nachweises einer Wohnung durch das Jobcenter oder der Vermittlung einer angemessenen Wohnung auf sonstige Weise diese Chance zur Kostensenkung ergriffen werden muss, sofern die Wohnung nach Lage und Ausstattung zumutbar ist. Eine zeitlich unbegrenzte Wohnungssuche mit extrem geringer Erfolgsaussicht ist dem Leistungsbezieher nicht zumutbar. Bei subjektiver Unzumutbarkeit eines Wohnungswechsels ist das BSG-Urteil so zu lesen, dass bei Wegfall der Gründe für den Verbleib in der unangemessen teuren Wohnung unverzüglich und ohne erneute Aufforderung auf Wohnungssuche gegangen werden muss.

Veränderte Lebensumstände

Ist der Leistungsberechtigte trotz einer zulässigen Kostensenkung in seiner Wohnung geblieben, ist sein Recht auf Anpassung des KdU-Bedarfs an die tatsächlichen Umstände gemäß § 48 Abs. 1 Nr. 1 SGB X nicht verloren gegangen. Für die Anpassung an fortgeschriebene Angemessenheitswerte steht das außer Frage, muss aber auch für sonstige Änderungen gelten. Anderenfalls käme die Beibehaltung der gekürzten Miete der Verwirkung eines Leistungsanspruchs gleich, ohne dass die sehr engen Grenzen für die Annahme einer Verwirkung (dazu BSG vom 20.8.2009 – B 14 AS 45/08 R und vom 28.10.2009 – B 14 AS 56/08 R vorliegen; a. A. SG Chemnitz vom 7.11.2014 – S 26 AS 3770/13).

Beispiel

Die Eheleute R. und G. beziehen beide Alg II. Seit März erhalten sie nach vorausgegangenem Kostensenkungsverfahren statt der tatsächlichen Miet- und Heizkosten in Höhe von 540 € nur 480 € nach den einschlägigen Angemessenheitswerten. Im Februar des folgenden Jahres erleidet G. einen Schlaganfall, der ihn dauerhaft zum Pflegefall mit Rollstuhlabhängigkeit macht. Der für G. zuständig gewordene Grundsicherungsträger nach dem SGB XII anerkennt 270 € (540 € : 2) als angemessenen Bedarf für das Wohnen und Heizen. Das Jobcenter lehnt R.s Antrag auf Anpassung der 240 € (480 € : 2) an die geänderten Verhältnisse ab mit der Begründung, wären R. und G. beizeiten in eine angemessene Wohnung umgezogen, müssten jetzt nicht so hohe Kosten übernommen werden.
Zu Unrecht: Spekulationen zur Entwicklung des Hilfebedarfs sind dem SGB II fremd. Genauso gut könnte R. einwenden, dass im Fall eines seinerzeitigen Umzugs nun wegen der Rollstuhlabhängigkeit ein erneuter Umzug in eine wesentlich teurere Wohnung nötig geworden wäre.

J Spezielle Streitfälle

Häufig ist es in den folgenden Fällen umstritten, ob und in welcher Höhe Unterkunfts- und Heizkosten zu übernehmen sind.

I Untermietverhältnis

Das Untermietverhältnis ist für Leistungsberechtigte unter drei Gesichtspunkten von praktischer Bedeutung:

- Auf einem angespannten Wohnungsmarkt kann das Wohnen zur Untermiete eine Alternative zur unattraktiven Billigwohnung sein.
- Das Wohnen zur Untermiete kann einen der Mietdeckelung des § 22 Abs. 1 Satz 2 SGB II unterliegenden Wohnungswechsel ermöglichen.
- Eine Teilvermietung kann den Auszug aus einer unangemessen teuren Wohnung abwenden.

1 Übernahme der Kosten für ein Untermietverhältnis

Wohnt ein Leistungsberechtigter zu teuer, kann er anstelle einer eigenen günstigeren Wohnung auch ein Untermietverhältnis begründen und die angemessene Untermiete als KdU-Bedarf geltend machen.
Im Folgenden werden nur die mit dem Wohnen zusammenhängenden Fragen und Probleme abgehandelt. Zum Risiko, dass Jobcenter ungeachtet des Abschlusses einer Untermietvereinbarung eine Einstandsgemeinschaft i. S. von § 7 Abs. 3 c) SGB II vermuten, wird auf den Leitfaden zum Arbeitslosengeld II verwiesen (zur aktuellen Rechtsprechung s. beispielhaft BayLSG vom 16.9.2014 – L 16 AS 649/14 B ER).

Untermieterlaubnis

Bei Einzug in eine Untermietwohnung verlangen die Jobcenter für eine Zusicherung nach § 22 Abs. 4 Satz 1 SGB II in der Regel die Vorlage einer Untermieterlaubnis des Vermieters (→ S. 212) und eine Kopie des Hauptmietvertrages. Nach Mietrecht muss der Hauptmieter dem Vermieter die Person des beabsichtigten Untermieters mit Namen und Anschrift nennen, damit der Vermieter prüfen kann, ob in der Person des Untermieters Gründe für eine Ablehnung der Untervermietung bestehen. Es gibt daher kein berechtigtes Interesse des Untermieters, dem Jobcenter den Nachweis der Untermieterlaubnis zu verweigern. Damit soll verhindert werden, dass im Fall einer Kündigung des Hauptmietvertrages wegen unerlaubter Untervermietung ein erneuter Umzug finanziert werden muss (zum Räumungsschutz des Untermieters bei einem Kündigungsrechtsstreit des Hauptmieters s. LG Berlin vom 29.5.2012 – 63 T 78/12). Der Hauptmietvertrag dient zur Prüfung, ob die Untermiete im Verhältnis zur Gesamtmiete angemessen ist.

Angemessene Untermiete

Es gibt für Untermietverhältnisse keinen eigenen Angemessenheitsmaßstab in dem Sinne, dass die Miete für solche Wohnverhältnisse unter denen regulären Wohnraums liegen muss. Steht das verlangte Entgelt aber in keinem Verhältnis zur Miete der gesamten Wohnung, kann es sich um einen Scheinvertrag handeln oder einen zum Nachteil der Allgemeinheit geschlossenen Vertrag, der sittenwidrig ist.

Kostenkontrolle nach qm-Zahl

Die Beurteilung der Angemessenheit der Untermiete richtet sich in erster Linie nach der getroffenen Vereinbarung. Die Kopfteilberechnung gilt nicht (LSG NRW vom 3.11.2008 – L 19 AS 46/07). Die Untermiete muss jedoch in einem angemessenen Verhältnis der genutzten Wohnfläche zur Gesamtmiete stehen, um zu verhindern, dass ein Großteil der Miete auf das Jobcenter abgewälzt wird (LSG Berlin-Brandenburg vom 9.11.2007 – L 28 B 1059/07; LSG Mecklenburg-Vorpommern vom 5.5.2008 – L 10 B 43/08; vgl. auch VG Gera vom 5.5.2011 – 6 K 509/10 Ge).

Datenschutz

Sozialdaten sind möglichst direkt bei dem Betroffenen (dem Leistungsberechtigten) zu erheben. Das Jobcenter ist daher nicht berechtigt, den Vermieter auszuforschen und dort Erkundigungen einzuholen (vgl. dazu, wann Daten beim Vermieter erhoben werden dürfen BSG vom 25.1.2012 – B 14 AS 65/11 R); schon deshalb nicht, weil der Vermieter nicht befugt ist, sich nach Beruf oder Kreditwürdigkeit des Untermieters zu erkundigen (LG Berlin vom 15.1.2002 – 65 S 559/00 und vom 8.11.2004 – 67 S 210/04), über eine Direktanfrage des Jobcenters aber solche Daten erhielte. Ist der Leistungsberechtigte mit einer Anfrage beim Vermieter einverstanden, darf das Jobcenter nicht nach dem Untermietzins fragen. Denn hierüber können Hauptmieter und Untermieter gegenüber dem Vermieter Stillschweigen vereinbaren. Dem Vermieter steht kein Anspruch auf den Untermietzins zu; er darf auch auf die Höhe des Untermietzinses keinen Einfluss nehmen (LG Berlin vom 8.11.2004 – 67 S 210/04; OLG Düsseldorf vom 20.9.2012 – I – 10 U 33/12).

Vorlage des Hauptmietvertrags?

Die Vorlage des Hauptmietvertrages kann das Jobcenter nicht verlangen, wenn der Hauptmieter dem Untermieter diesen Vertrag nicht zeigt, wozu er nicht verpflichtet ist. Der Hauptmieter selbst ist dem Jobcenter auch nicht zur Auskunft verpflichtet; § 60 SGB II ist nicht anwendbar.

Dem Jobcenter bleibt nur die Möglichkeit, die Angemessenheit der Untermiete anhand der zugänglichen Daten, ggf. durch Augenschein der untervermieteten Räume, zu prüfen.

Bestandswohnung

Lebte der Leistungsberechtigte bei Eintritt in den Alg II-Bezug schon zur Untermiete, ist er weder zur Vorlage einer Untermieterlaubnis des Vermieters (LSG Niedersachsen-Bremen vom 22.6.2006 – L 8 AS 165/06 ER) noch des Hauptmietvertrages verpflichtet. Es handelt sich hierbei um Daten, die zur Prüfung des Anspruchs auf Unterkunfts- und Heizkosten nicht benötigt werden.

Dreiecksverhältnis

Der zwischen Haupt- und Untermieter bestehende Mietvertrag besteht unabhängig vom Vertrag zwischen Vermieter und Hauptmieter. Der Untermieter muss also auch bei unberechtigter Untervermietung die Untermiete an den Hauptmieter zahlen. Der Vermieter hat keinen Zahlungsanspruch gegen den Mieter auf die Untermiete oder auf einen Teil der Untermiete. Das gilt selbst dann, wenn die Untermiete die vom Hauptmieter zu zahlende Miete übersteigt (LG Berlin vom 13.4.2004 – 63 S 7/04).

Jobcenter muss zahlen

Demnach muss das Jobcenter die angemessenen, ggf. gekappten Unterkunfts- und Heizkosten auch ohne nachgewiesene Untermieterlaubnis zahlen, solange der Untermietvertrag wirksam ist bzw. den Leistungsberechtigten zur Mietzahlung verpflichtet (vgl. LSG Baden-Württemberg vom 13.7.2007 – L 8 AS 2589/06; LSG Berlin-Brandenburg vom 11.9.2007 – L 28 AS 1059/07).

Zahlungspflicht endet

Erst wenn das Hauptmietverhältnis gekündigt wird, entfällt die Pflicht zur Zahlung der Untermiete, weil der Hauptmieter dann keine Miete mehr verlangen kann (BGH vom 12.8.2009 – XII ZR 76/08). Dann endet auch der Anspruch auf Übernahme der Unterkunftskosten.

Nutzungsentschädigung

Wurde die Untermiete in Unkenntnis der Kündigung des Hauptmietvertrages weiter gezahlt, handelt es sich um eine Entschädigung für die weitere Nutzung der Wohnung, die eigentlich dem Vermieter zusteht. Sie ist ebenfalls vom Jobcenter zu übernehmen; die trotz Kündigung des Hauptmietvertrages weitergezahlten Unterkunftskosten können nicht über § 48 SGB X zurückgefordert werden. Denn hätte der Leistungsberechtigte seine Mietzahlung an den Hauptmieter rechtzeitig eingestellt, müsste er denselben Betrag an den Vermieter als Gegenleistung für die Wohnungsnutzung zahlen.

Kaution

Eine Kaution ist bei Untermiet- oder mietvertragsähnlichen Nutzungsverhältnissen nicht vom Jobcenter zu übernehmen. Dafür muss der Hauptmieter aufkommen.

Entgeltliche Nutzungserlaubnis

Einem Untermietverhältnis steht eine entgeltliche (Weiter-)Nutzungserlaubnis gleich. Das ist z.B. der Fall bei Auszug des Hauptmieters mit der vom Vermieter geduldeten Abrede, dass der Untermieter die volle Miete direkt an den Vermieter zahlt oder beim Auszug der Mietvertragspartei und Verbleib des vertragsfreien Partners oder Mitbewohners in der Wohnung, wenn der Vermieter dies akzeptiert (s. dazu SG Potsdam vom 8.9.2009 – S 19 AS 2765/09 ER).
Eine vom Vermieter lediglich geduldete Untervermietung endet mit dem Auszug des Untermieters (AG Hamburg vom 12.11.2003 – 40b C 149/03).

Nur Betriebskosten

Wird Wohnraum mietfrei, aber gegen Zahlung einer Betriebskostenpauschale überlassen, richtet sich die Angemessenheitsprüfung nicht isoliert auf diese Betriebskosten, sondern auf den Vergleich zu den gesamten Unterkunftskosten im regulären Mietverhältnis (OVG Bremen vom 18.6.2007 – S 1 S 176/07), d.h. das Jobcenter kann nicht einwenden, die Nebenkosten seien überhöht, wenn der Gesamtpreis nach der Produkttheorie für das Wohnen angemessen ist.

Inklusivstrommiete

Zuweilen wird im Untermietvertrag pauschal ein Betrag für die Nutzung von Haushaltsenergie (Tabelle → S. 129) vereinbart. Das Jobcenter darf in diesem Fall den im Regelbedarf enthaltenen Anteil für Haushaltsenergie nicht von den Unterkunftskosten abziehen (BSG vom 24.11.2011 – B 14 AS 151/10 R).

Gemischte BG

Das BSG begründet die Übernahme der vollen Inklusivstrommiete mit der Pauschalierung der Regelbedarfe. In der Sozialhilfe ermöglicht § 27a Abs. 4 Satz 1 SGB XII eine Kürzung des Regelbedarfs, wenn der Bedarf ganz oder teilweise anderweitig gedeckt ist. Enthält der Untermietvertrag einen exakt ausgewiesenen Betrag für Haushaltsenergie und wird dieser Betrag als Bedarf nach § 35 SGB XII übernommen, kann der Regelbedarf entsprechend gekürzt werden (LSG Baden-Württemberg vom 4.12.2014 – L 7 SO 2474/14). Kann dagegen nicht ermittelt werden, ob und in welchem Ausmaß der SGB XII-Leistungsberechtigte für Zwecke seines Lebensunterhalts Haushaltsenergie verbraucht hat oder ist in den Aufwendungen für die Unterkunft nur ein unbestimmter Betrag für die Haushaltsenergie enthalten, ist eine Kürzung des Regelbedarfs um einen geschätzten Haushaltsenergieanteil unzulässig.

Dezentrale Warmwassererzeugung

Enthält die Untermiete einen Betrag für Strom und wird Warmwasser mit einem Durchlauferhitzer oder Boiler erzeugt, muss das Jobcenter den Mehrbedarf nach § 21 Abs. 7 SGB II nicht gewähren. Mit Übernahme der vollen Miete ist der Warmwasserbedarf abgedeckt.

2 Kostendeckelung bei Wohnungswechsel

Lebt der Leistungsberechtigte in einer preiswerten Wohnung, ist sein Anspruch auf Kostenübernahme der Miete einer neuen Wohnung auf die Unterkunfts- und Heizkosten der vorherigen Wohnung begrenzt, wenn der Wohnungswechsel nicht erforderlich war und innerhalb des regionalen Wohnungsmarktes erfolgte (näher → S. 276 ff.). Auf einem angespannten Wohnungsmarkt kann ein Untermietverhältnis eine im Sinne des § 22 Abs. 1 Satz 2 SGB II kostenneutrale Alternative zu einer unattraktiven Billig-Wohnung sein.

Keine Verwirkung

Beruht die Wahl eines Untermietverhältnisses darauf, dass vom Jobcenter zu Unrecht ein wichtiger Grund für einen Wohnungswechsel verneint wurde, ist der Leistungsberechtigte bei Einzug in eine neue, reguläre Wohnung nicht an den Untermietzins gebunden. Er kann die vorrangige Erforderlichkeit des Wohnungswechsels auch dann noch geltend machen, wenn er die ablehnende Entscheidung des Jobcenters nicht angefochten hatte (LSG Mecklenburg-Vorpommern vom 7.5.2009 – L 8 AS 87/08).

3 Kostensenkung durch Untervermietung

Untermieterlaubnis

Der Leistungsberechtigte kann einer Kostensenkungsaufforderung auch durch Teilvermietung seiner Wohnung nachkommen. Die Wohnung darf aber nicht ohne Erlaubnis des Vermieters Dritten zur Verfügung gestellt werden. Ansonsten riskiert der Leistungsberechtigte eine Kündigung (dazu BGH vom 2.2.2011 – VIII ZR 74/10; AG München vom 30.9.2013 – 423 C 29146/12 zu einem bewusst verschwiegenen Untermietverhältnis). Es ist daher wichtig zu wissen, wann eine Untervermietung erlaubt ist.

Teiluntervermietung

Wird nur ein Teil der Wohnung untervermietet, hat der Hauptmieter Anspruch auf eine Erlaubnis zur Untervermietung, wenn er **nach** Abschluss des Haupt-Mietvertrages ein berechtigtes Interesse zur Untervermietung geltend machen kann. Dazu genügen nachvollziehbare wirtschaftliche oder persönliche Gründe. Der Einwand, die Wohnung sei durch die Untervermietung einer verstärkten Abnutzung ausgesetzt, zieht nicht (LG Stuttgart vom 2.4.2008 – 5 S 224/07). Nach BGH vom 23.11.2005 – VIII ZR 4/05 muss der Vermieter die Untervermietung eines Teils der Wohnung auch dann erlauben, wenn sich der Hauptmieter überwiegend an einem anderen Ort aufhält (s. auch BGH vom 8.12.2010 – VIII ZR 93/10; AG Stuttgart vom 8.2.2012 – 32 C 6091/11; BGH vom 11.6.2014 – VIII ZR 349/13). Eine Verschlechterung der Einkommenssituation ist ebenfalls ein berechtigter Grund für eine Untervermietung, für die der Vermieter auch einen Alg II-Bezieher als Untermieter akzeptieren muss (LG Hamburg vom 13.11.2012 – 316 T 70/12; AG München vom 15.10.2013 – 422 C 13968/13).

Die Untervermietung der gesamten Wohnung ist nur mit Erlaubnis des Vermieters möglich; auf deren Erteilung besteht kein Anspruch – auch dann nicht, wenn ein Kind oder der Ex-Partner des Hauptmieters in der Wohnung bleiben soll (LG Berlin vom 7.6.2005 – 65 S 364/04).

Untervermietung der gesamten Wohnung

Der Vermieter kann verlangen, dass ihm die Person, an die untervermietet werden soll, konkret benannt wird. § 553 BGB gibt keinen Anspruch auf Erteilung einer generellen, nicht personenbezogenen Untermieterlaubnis (BGH vom 21.2.2012 – VIII ZR 290/11).

Nur an konkret benannte Person

Liegt ein berechtigtes Interesse an einer Untervermietung vor, kann auch eine Person, die nicht Mitglied der Genossenschaft ist, Untermieter sein (AG Neukölln vom 26.6.2014 – 3 C 54/14).

Auch bei Genossenschaftswohnung

Eine Untermieterlaubnis berechtigt den Mieter nicht ohne Zustimmung des Vermieters, die Wohnung tageweise an Touristen zu überlassen (BGH vom 8.1.2014 – VIII ZR 210/13).

Nicht an Touristen

Ist die Untervermietung mit einer Belastung des Vermieters verbunden, kann er seine Zustimmung von der Zahlung eines Zuschlags zur Hauptmiete abhängig machen (AG Hamburg vom 13.9.2007 – 49 C 95/07). Ein Untermietzuschlag kann nicht verlangt werden, wenn sich durch die Untervermietung die Anzahl der die Wohnung nutzenden Personen nicht erhöht (LG Berlin vom 18.12.2003 – 67 277/03).

Untermietzuschlag

Besteht die Gefahr eines Wohnungsverlustes, weil der Mieter ohne die Untermiete außerstande ist, die Miete pünktlich zu zahlen, kann er im Wege einer einstweilige Verfügung sein Recht auf Untervermietung durchsetzen (LG Hamburg vom 13.11.2012 – 316 T 70/12).

Einstweilige Anordnung

Widerruft der Vermieter berechtigterweise die Untermieterlaubnis, muss der Hauptmieter für die Beendigung des Untermietverhältnisses sorgen, um nicht selbst eine Kündigung zu erhalten (s. dazu BGH vom 4.12.2013 – VIII ZR 5/13). Ist der Hauptmieter der Alg II-Bezieher und hat er den Widerruf nicht verschuldet, muss das Jobcenter die volle Miete übernehmen, bis ein neuer Untermieter gefunden wird. Ist der Untermieter der Alg II-Bezieher, stehen ihm nach Kündigung des Untermietverhältnisses die Ansprüche zu, die § 22 SGB II für einen notwendigen Wohnungswechsel vorsieht. Ob das auch gilt, wenn er den Widerruf verschuldet hat, ist umstritten (näher dazu Kapitel L, → S. 255).

Widerruf der Untermieterlaubnis

Vermietet der Mieter unter, ohne die erforderliche Erlaubnis seines Vermieters einzuholen, verletzt er seine vertraglichen Pflichten auch dann, wenn er einen Anspruch auf Erteilung der Erlaubnis hat. Ob eine Kündigung des Mietvertrages in einem derartigen Fall gerechtfertigt ist, muss anhand aller Umstände des Einzelfalls gewürdigt werden (LG Berlin vom 1.7.2011 – 63 S 517/10: Teilweise Überlassung der Wohnung an die dort seit Vertragsbeginn wohnende Tochter und deren Lebensgefährten ist keine Pflichtverletzung, die eine Kündigung recht-

Kündigungsgrund

fertigt). Eine auf die fehlende Erlaubnis gestützte Kündigung ist rechtsmissbräuchlich, wenn der Vermieter eine Erlaubnis, die er hätte erteilen müssen, mutwillig versagt oder verzögert und damit seinerseits den Mietvertrag verletzt (BGH vom 2.2.2011 – VIII ZR 74/10).

Schadenersatz vom Vermieter

Ein Vermieter, der zu Unrecht die Erlaubnis zur Untervermietung verweigert, hat dem Mieter den dadurch entgangenen Untermietzins zu ersetzen (LG Berlin vom 4.12.2006 – 67 S 425/05; BGH vom 11.6.2014 – VIII ZR 349/13). Hat ein Alg II-Bezieher nach Kostensenkung wegen der verweigerten Untervermietung den vom Jobcenter nicht übernommenen Mietanteil aus eigenen Mitteln oder über ein Darlehen Dritter finanziert, kann der Schadenersatz nicht als Einkommen auf den Regelbedarf angerechnet werden. Soweit der Untermietzins über die KdU-Senkung hinausgeht, muss er auf die Bedarfe nach § 22 SGB II angerechnet werden (BSG vom 6.8.2014 – B 4 AS 37/13 R). Der Anteil des Schadensersatzes, der auf die nicht übernommene Miete entfällt, ist entweder bloßer Rückfluss verauslagten Schonvermögens oder Ersatz für Aufwendungen aus dem Regelbedarf; hier käme die Anrechnung als Einkommen einer doppelten Anrechnung gleich: Einmal bei den Kosten der Unterkunft, zum anderen auf den Regelbedarf. Bei Hilfe eines Dritten mit einem Darlehen darf der ersetzte Untermietzins als nachträgliche Maßnahme zur verlangten Kostensenkung der Darlehenstilgung zugeführt werden.

Beispiel

K. bezieht Alg II. Nachdem das Jobcenter im November ankündigt, die Kosten für die Unterkunft ab Mai auf 380 € abzusenken (tatsächlich zahlt K. bruttokalt 480 €), sucht K. einen Nachmieter. Im Februar findet K. eine Person, die ab Mai ein Zimmer für 150 € nehmen würde. Der um Erlaubnis gefragte Vermieter lehnt eine Untervermietung generell ab. Erst nach Schriftwechsel mit dem eingeschalteten Rechtsanwalt lenkt der Vermieter ein. K. muss einen neuen Nachmieter suchen, der Mitte Juli einzieht und für Juli 70 € Miete zahlt, ab August 150 €. K. hat die seit Mai aus eigener Tasche aufzuwendende Miete vom Regelbedarf abgezweigt. Der beauftragte Rechtsanwalt war damit einverstanden, dass die Anwaltsgebühren direkt vom Vermieter als Ersatzanspruch für die rechtswidrig verweigerte Untermieterlaubnis beglichen werden. Der entgangene Untermietzins in Höhe von (150 € + 150 € + 80 €) geht im August auf das Konto von K. Davon stehen dem Jobcenter 100 € zu (50 € für Mai und Juni [= 380 € übernommene Miete abzüglich 330 € tatsächliche Miete nach Abzug des Untermietzinses]). Die restlichen 280 € darf K. als Ausgleich für die aus dem Regelbedarf gezahlte Miete behalten.

Schadenersatz vom Jobcenter?

Will ein Alg II-Leistungsberechtigter Räume an einen anderen Alg II-Leistungsberechtigten vermieten und verzögert sich dessen Einzug, weil das Jobcenter zunächst keine Zusicherung erteilt, kann es die Hauptmiete vor Abschluss des Untermietvertrages nach Treu und Glauben nicht absenken. Ob darüber hinaus ein Schadenersatz zu leisten ist, wenn die Miete schon (zu Recht) abgesenkt wurde und das Jobcenter den Abschluss eines Untermietvertrages vereitelt, ist fraglich. Zuständig wäre dafür das Landgericht (Amtshaftungsklage).

Vollzug der Kostensenkung

Die Kostensenkung durch Untervermietung funktioniert so, dass die Untermiete abweichend von der Anrechnungsregel des § 19 SGB II nicht als Einkommen auf den Regelbedarf angerechnet wird, sondern die Unterkunfts- und Heizkosten verringert (LSG Berlin-Brandenburg vom 22.2.2008 – L 28 AS 1065/07 und vom 26.1.2011 – L 28 AS 2276/07; LSG Schleswig-Holstein vom 12.4.2011 – L 6 AS 37/10; BSG vom 6.8.2014 – B 4 AS 37/13 R).

Abzug der »echten« Miete

Die vereinnahmte Untermiete ist nur in Höhe der für das Wohnen und Heizen vereinbarten Anteile von den Unterkunfts- und Heizkosten abzusetzen.

Beispiel

H. bezieht Alg II. Die Miete für seine Dreizimmerwohnung beträgt 530 €. Die angemessene Miete für eine Einpersonen-BG liegt bei 400 €. H. vermietet ein Zimmer für 150 €, zusätzlich nimmt er vom Untermieter für die Nutzung des nicht an den Hauptmietvertrag gebundenen Kabelanschlusses 10 € und für den Internetzugang 20 € monatlich.
Von den 180 € Mieteinnahmen sind nur 150 € auf die Unterkunftskosten anzurechnen, die 30 € für Kabel und Internetzugang sind an sich anrechenbares Einkommen (wegen der 30 €-Versicherungspauschale bleiben sie allerdings anrechnungsfrei). H. stehen somit 399 € Regelbedarf plus 380 € Unterkunft und Heizung (= 530 € – 150 €) zu; mit den (anrechnungsfreien) 30 € Einkommen kann er einen Teil der Kosten für das Kabel und Internet bezahlen.

Ausgefallener Untermieter

Hat ein hilfebedürftiger Hauptmieter zur Kostensenkung einen Teil der Wohnung untervermietet und wird der Untermieter zahlungsunfähig oder zieht er ohne Kündigung einfach aus, muss der Hauptmieter unverzüglich einen Ersatzmieter suchen oder auf sonstige Weise die Unterkunftskosten senken (LSG Niedersachsen-Bremen vom 19.4.2007 – L 9 AS 669/07 ER). Solange ihm das trotz ausreichender Bemühungen nicht gelingt, muss das Jobcenter die vollen Mietkosten tragen (BSG vom 29.11.2012 – B 14 AS 161/11 R). Erweist sich eine Vermietung als aussichtslos, bleibt nur der Wohnungswechsel.

Auf den in der Regel nicht durchsetzbaren mietvertraglichen Anspruch gegen den Untermieter kann der Leistungsberechtigte nicht verwiesen werden (LSG Berlin-Brandenburg vom 9.2.2007 – L 14 B 68/07 AS ER).

II Möblierter Wohnraum

Ein möblierter Raum in einem Wohnappartement oder einer Pension steht einer Mietwohnung gleich, wenn ein festes monatliches Nutzungsentgelt berechnet wird, ein unbeschränkter Aufenthalt und eine Selbstbeköstigung möglich sind (SG Augsburg vom 23.3.2009 – S 9 AS 187/09; vgl. zur Parallele im Wohngeldrecht BayVGH vom 26.7.1985 – 12 B 82 A 2848).

Kein Abzug vom Regelbedarf

Ist bei Anmieten des möblierten Wohnraums ein vom Vermieter festgelegter Betrag für Mobiliar und Stromverbrauch als **untrennbarer** Bestandteil der Monatsmiete zu entrichten, darf das Jobcenter die Unterkunfts- und Heizkosten – soweit sie angemessen sind – nicht kürzen (BSG vom 24.11.2011 – B 14 AS 151/10 R; s. dazu auch BSG vom 20.9.2012 – B 8 SO 4/11 R).

Erspart Erstausstattung

Ist die Möblierung nicht fester Vertragsteil, d.h. kann die Wohnung auch ohne Möbel gemietet werden, können die Möblierungskosten im Gegenzug gegen das Einsparen der Erstausstattung nach § 24 Abs. 3 SGB II übernommen werden. Eine ungerechtfertigte Besserstellung verhindert die Begrenzung der Kostenübernahme auf die angemessenen Unterkunftskosten nach § 22 Abs. 1 Satz 1 SGB II. Wird trotz Möblierung nur ein Entgelt für die Überlassung der leeren Wohnung genommen, kann das auf ein Schein-Mietverhältnis hindeuten (dazu FG Berlin-Brandenburg vom 8.3.2012 – 9 K 9009/08).

Zum Prüfungsmaßstab, wann bei der Vermietung möblierten Wohnraums innerhalb einer Wohnung eine Wuchermiete vorliegt, s. LG Hamburg vom 17.6.2011 – 311 S 4/11.

III Mietverhältnis zwischen nahen Angehörigen

Kosten der Unterkunft für einen zwischen nahen Angehörigen abgeschlossenen Mietvertrag sind zu übernehmen, wenn sie nicht zum Zweck vereinbart werden, Kosten auf das Jobcenter abzuwälzen (SG Reutlingen vom 3.3.2009 – S 2 AS 1885/08; LSG Berlin-Brandenburg vom 10.9.2009 – L 34 AS 1321/08; LSG Baden-Württemberg vom 8.2.2011 – L 12 AS 4387/10). Es genügt eine mündliche Vereinbarung, wenn sie ernst gemeint ist (BSG vom 7.5.2009 – B 14 AS 31/07 R; LSG Niedersachsen-Bremen vom 26.8.2010 – L 8 SO 52/08). Zur Ernsthaftigkeit des Mietverhältnisses s. SG Neuruppin vom 18.8.2010 – S 26 AS 704/08; SG Halle vom 6.5.2010 – S 24 AS 716/06; SG Lüneburg vom 12.3.2014 – S 37 AS 1884/10; LSG Sachsen-Anhalt-vom 21.6.2012 – L 5 AS 67/09.

Hohe Miete

Bei hoher Miete muss der Mietvertrag einem Fremdvergleich standhalten, d.h. zu Bedingungen laufen, die auch in einem regulären Mietverhältnis üblich sind (LSG Sachsen-Anhalt vom 20.12.2006 – L 2 B 173/06 AS ER; LSG Berlin-Brandenburg vom 25.1.2007 – L 10 B 1195/06 AS PKH; LSG Mecklenburg-Vorpommern vom 22.1.2008 – L 8 B 247/07; LSG Baden-Württemberg vom 14.3.2008 – L 8 AS 5912/06: mit Verweis auf das Steuerrecht). Dasselbe gilt für eine Mieterhöhung (BayLSG vom 13.5.2009 – L 11 AS 177/09 B PKH).

Geringe Miete

Eine geringe Miete muss keinem Fremdvergleich standhalten; eine aus Gefälligkeit besonders günstige Miete ist erwünscht (BSG vom 3.3.2009 – B 4 AS 37/08 R). Eine Verpflichtung zur kostenfreien

Wohnraumgewährung oder zum Verzicht auf den Bezug eigenen Wohnraums lässt sich außerhalb einer BG, in der die Wohnkosten ja kopfteilig übernommen werden, weder aus § 9 Abs. 5 SGB II noch aus § 2 SGB II ableiten.

Verschärfter Prüfungsmaßstab

Hat der Mietvertrag zwischen nahen Angehörigen den Zweck, den Besitz einer Wohnung oder eines Hauses trotz eines Verkaufs oder einer Zwangsversteigerung zu erhalten, sind nach BGH vom 18.9.2013 – VIII ZR 297/12 hohe Anforderungen an den Nachweis der Ernsthaftigkeit des Mietvertragsschlusses zu stellen. Dasselbe gilt, wenn über den Mietvertrag eine Immobilie finanziert werden soll (dazu HessLSG vom 28.8.2013 – L 9 AS 476/11).

Kost und Logis

Zahlt der Leistungsberechtigte für die Nutzung eines Zimmers mit Bad im Haus seiner Eltern eine Pauschalmiete, die neben anteiligen Haus- und Heizkosten auch eine Beteiligung an den Kosten für Strom, Wasser, Warmwassererzeugung, Telefon und Kost enthält und ist die konkrete Höhe der im Pauschalbetrag enthaltenen Kosten für Unterkunft und Heizung nicht feststellbar, können die von § 22 SGB II zu deckende Bedarfe realitätsnah geschätzt werden (LSG NRW vom 14.5.2012 – L 19 AS 156/12).

Nicht bei BG

In einer BG gilt grundsätzlich eine Aufteilung nach der Zahl der BG-Mitglieder (näher dazu Kapitel A, → S. 34 ff.). Das gilt auch für die gemischte BG (LSG NRW vom 11.8.2014 – L 20 SO 141/13).

Nicht bei Haushaltsgemeinschaft

Bei einem Zusammenleben in einer Haushaltsgemeinschaft, d. h. einer gemeinsamen Nutzung der Wohnung mit gemeinsamem Wirtschaften, gilt grundsätzlich das Kopfteilprinzip: Jede Person ist in gleichem Umfang an den Unterkunfts- und Heizkosten beteiligt (grundlegend BVerwG vom 21.1.1988, BVerwGE 79, S. 17; BayLSG vom 15.9.2005 – L 10 B 429/05 AS ER; SG Braunschweig vom 16.5.2008 – S 25 AS 138/06; s. auch LSG Niedersachsen-Bremen vom 26.8.2010 – L 8 SO 52/08). Dass die im Haushalt lebenden volljährigen Kinder eines Alg II-Beziehers dadurch zu dessen Bedarfsdeckung beitragen (über die Anrechnung überschüssigen Kindergeldes), spielt nach LSG NRW vom 24.2.2014 – L 12 AS 2319/13 B ER keine Rolle. Ein zwischen den Wohnungsnutzern geschlossener Mietvertrag oder eine mündliche Abrede über eine abweichende Kostenverteilung wird daher meist nicht anerkannt. Ausnahmen sind aber denkbar, wenn Lebensgewohnheiten und Aufteilung des Wohnraums für ein abweichendes Nutzungsverhältnis sprechen (LSG NRW vom 3.11.2008 – L 19 AS 46/07; SG Berlin vom 24.6.2005 – S 37 AS 2513/05; BSG vom 7.5.2009 – B 14 AS 14/08 R).

Beispiel 1

Der 35-jährige K. hat wegen Strafhaft seine Wohnung verloren. Als Freigänger auf Arbeitsuche nutzt er die Wohnung seiner Mutter als Rückzugsort und an den Wochenenden. Die Mutter lebt von Alg II. Von den 165 € aus einem Nebenjob gibt er seiner Mutter für Essen 80 € im Monat. Hier kann das Jobcenter die Unterkunftskosten nicht halbieren.

Beispiel 2

Die 23-jährige S. verlässt nach einem heftigen Streit ihren Ehemann endgültig. Sie zieht zu ihrer Mutter, die mit einer kleinen Rente gerade so über die Runden kommt. Wegen mitgenommener Einrichtungsgegenstände bekommt S. das größere Zimmer der Zweizimmerwohnung und nutzt auch den Flur. S. vereinbart mit ihrer Mutter, dass sie von den 460 € Miete mit Heizung 300 € übernimmt. Weil sich der Ehemann weigert, Unterhalt zu zahlen, beantragt S. Alg II. Die 300 € für Unterkunft und Heizung sind nach den Nutzungsanteilen der Wohnung vom Jobcenter zu übernehmen.

Nachweis tatsächlicher Unterkunftskosten

Besteht nach den Lebensgewohnheiten eine kopfteilige Wohnungsnutzung, folgt daraus allein noch nicht, dass alle Bewohner der Wohnung auch kopfteilig zur Mietzahlung verpflichtet sind. Dies wird aus Gründen der Verwaltungsvereinfachung in der Regel unterstellt, muss aber im Zweifel nachgewiesen werden, um einen KdU-Bedarf zu begründen (LSG NRW vom 27.5.2014 – L 2 AS 653/14 B ER; s. auch LSG NRW vom 10.2.2014 – L 20 SO 401/13, Revision unter – B 8 SO 10/14 R).

Sanktion

Ob eine Abweichung vom Kopfteilprinzip aus bedarfsbezogenen Gründen (BSG vom 29.5.2013 – B 4 AS 67/12 R und vom 2.12.2014 – B 14 AS 50/13 R) auch in der Haushaltsgemeinschaft gilt, ist höchstrichterlich noch ungeklärt. Die Begründung des BSG in den beiden Urteilen dürfte aber auch für die Situation in einer Haushaltsgemeinschaft gelten (a. A. SG Karlsruhe vom 29.1.2014 – S 17 AS 2895/13).

Beispiel

Der 23-jährige G. ist verheiratet (und folglich kein BG-Kind i.S.v. § 7 Abs. 3 Nr. 4 SGB II). Er lebt von Alg II. Nach einem Zerwürfnis mit seiner Ehefrau zieht G. in die Wohnung seiner Mutter M., die ebenfalls Alg II bezieht. Beide erhalten jeweils die Hälfte der Miete als anteiligen KdU-Bedarf. Wegen wiederholter unberechtigter Ablehnung eines Stellenangebots wird G. die gesamte SGB II-Leistung entzogen. M. hat als Mietvertragspartei Anspruch auf Übernahme der vollen Mietkosten, solange die Sanktion läuft und G. auch keine Mittel hat, um einen Beitrag zur Miete zu leisten.

Eigenständiger Haushalt trotz Zusammenwohnen

Zur Frage, wann trotz Zusammenwohnens mit Angehörigen ein eigenständiger Haushalt geführt wird, was eine vom Kopfteilprinzip abweichende Mietzinstragung rechtfertigen kann, gibt die Rechtsprechung der Finanzgerichte zur Anerkennung einer doppelten Haushaltsführung taugliche Anhaltspunkte (s. z.B. BFH vom 6.12.2009 – VI B 124/08, vom 28.6.2012 – III R 26/10, vom 28.8.2014 – V R 22/14, vom 10.4.2014 – VI R 79/13 und vom 20.1.2014 – VI R 76/13; FG München vom 3.3.2010 – 9 K 3789/08; FG Münster vom 20.1.2010 – 10 K 5155/05 E und vom 12.3.2014 – 6 K 3093/11 E).

Haushaltsgemeinschaft mit Pflegekind

Eine Aufteilung der Unterkunftskosten nach Kopfteilen erfolgt auch, wenn ein Pflegekind – das nicht zur BG gehört – familienähnlich im Haushalt lebt (BSG vom 13.11.2008 – B 14/7b AS 4/07 und vom 27.1.2009 – B 14/7b AS 8/07 R). Die Wohnanteile in den Pflegesätzen nach § 39 SGB VIII sind nicht auf die Berechnung des SGB II abgestimmt worden (vgl. dazu SG Oldenburg vom 2.2.2005 – S 47 AS 18/05 ER: Kopfteilmethode; SG Berlin vom 27.4.2005 – S 37 AS 1213/05 ER). Das BSG vom 27.1.2009 – B 14/7b AS 8/07 R verweist auf eine abweichende Bemessung der Leistungen nach § 39 Abs. 1, Abs. 2, Abs. 4 Satz 1 SGB VIII, wenn der nach dem SGB VIII pauschal berücksichtigte Unterkunftsbedarf hinter dem nach der Kopfzahl ermittelten Anteil an den Wohnungskosten zurückbleibt.

IV Wohngemeinschaft (WG)

Lebt der Leistungsberechtigte mit anderen – nicht hilfebedürftigen Personen – in einer WG, gilt die Kopfteilmethode nicht (BSG vom 22.8.2013 – B 14 AS 85/12 R). Die Angemessenheit der Unterkunfts- und Heizkosten hängt davon ab, ob die Unterkunfts- und Heizkosten des Leistungsberechtigten für sich genommen angemessen sind; er wird also so behandelt, als ob er alleinstehend wäre; anderenfalls würde es Alg II-Beziehern unmöglich gemacht, mit nicht hilfebedürftigen Personen zusammenzuwohnen (BSG vom 18.6.2008 – B 14/11b AS 61/06 R; LSG Hessen vom 28.7.2011 – L 7 SO 51/10 B ER; LSG Niedersachsen-Bremen vom 13.6.2012 – L 13 AS 246/09). Eine Obliegenheit, sich gemeinsam eine billigere Wohnung zu suchen, gibt es nicht (LSG Berlin-Brandenburg vom 9.12.2008 – L 32 B 2223/08 AS ER).

Beispiel

R. bezieht Alg II. Er lebt mit dem berufstätigen K., den er aus früheren Studentenzeiten kennt, zusammen. K. ist Mieter der 600 € teuren Wohnung. Die Mietkosten werden hälftig geteilt. Ansonsten lebt und wirtschaftet jeder für sich. Das Jobcenter kündigt R. an, dass es die Unterkunfts- und Heizkosten auf 250 € kürzt, auf die Hälfte der Bedarfe für Miete und Heizung, die für eine Zweipersonen-BG angemessen sind. R. erhebt Widerspruch und macht zu Recht geltend, dass Angemessenheitsmaßstab die Miete für eine Einpersonen-BG ist, die er deutlich unterschreite.

Warmwasserpauschale

Wird die Wohnung dezentral über Strom oder Gas mit Warmwasser versorgt, gibt es keine Grundlage, den in diesem Fall zustehenden Mehrbedarf nach § 21 Abs. 7 SGB II zu kürzen (vgl. zur spiegelbildlichen Problematik der Warmwasserpauschale als Abzugsposten – bis Ende 2010 – LSG Sachsen vom 17.3.2011 – L 3 AS 500/09).

Mitmieter oder Untermieter

Die WG kann mietrechtlich über einen gemeinsamen Hauptmietvertrag oder über Untermietverträge mit einzelnen Personen begründet werden (zur Untermiete → oben I).

Die Mitmieter einer Wohngemeinschaft sind regelmäßig als Mitglieder einer BGB-Gesellschaft verbunden. Sie können nur gemeinschaftlich kündigen und gemeinschaftlich gekündigt werden.

Mieterwechsel

Stimmt der Vermieter jahrelang dem Wechsel von Wohngemeinschaftern zu, ist regelmäßig von einem geduldeten Eintritt der neuen Wohngemeinschafter in den Mietvertrag auszugehen (LG Braunschweig vom 23.3.1982 – 6 S 286/81; LG Berlin vom 19.4.2013 – 65 S 377/12). Die Aufnahme eines neuen Mitmieters in eine Wohngemeinschaft ohne Erlaubnis des Vermieters berechtigt den Vermieter unter diesen Umständen nicht zur fristlosen Kündigung (LG Berlin vom 28.8.2013 – 65 S 78/13).

Kaution

Hinsichtlich der nach einer Kündigung zurückzuzahlenden Kaution liegt bei Mitmietern eine Mitgläubigerschaft nach § 432 BGB bzw. eine Gesamtgläubigerschaft vor, sodass nur alle Mitmieter gemeinsam die Kaution fordern können (LG Flensburg vom 9.10.2008 – 1 S 56/08). Bei Aufbringung der Kaution nach Anteilen – nur insoweit stünde einem leistungsberechtigten Mitmieter ein Anspruch auf ein Kautionsdarlehen nach § 22 Abs. 6 SGB II zu – hat die Mitgläubigerschaft den Vorteil, dass der einzelne Kautionsgeber nicht fürchten muss, im Streitfall könnte ein anderer Mitbewohner über die Kaution verfügen.

Kündigung

Stimmt der Vermieter der Entlassung eines Mitmieters aus dem Mietvertrag nicht zu, bleibt der Mitmieter nicht bis zur Kündigung aller Mietparteien an den Mietvertrag gebunden bzw. muss das Jobcenter nicht bis dahin von einer Mietsenkung absehen, sollte die anteilige Miete unangemessen hoch sein. Der mit Leistungen nach § 22 SGB II unterstützte Mitmieter kann von den anderen Mietern deren Zustimmung zur Kündigung des Mietverhältnisses nach gesellschaftrechtlichen Grundsätzen (§§ 723 ff. BGB) verlangen, ggf. einklagen (KG Berlin vom 30.3.1992 – 2 W 1331/92). Der Auszug aus der gemeinsamen Wohnung ist regelmäßig eine konkludente Kündigung der Wohngemeinschafts-Gesellschaft (LG Köln vom 16.3.1993 – 11 S 233/92).

Keine Bindung an WG-Verhältnisse

Meist ist das Wohnen in einer WG billiger als in einer eigenen Wohnung. Für hilfebedürftige Wohngemeinschaftsmitglieder kann die Mietkappung nach § 22 Abs. 1 Satz 2 SGB II zur Falle werden, wenn sie ausziehen möchten. Wenn sie triftige Gründe für den Wechsel von der WG in eine eigene Wohnung vorbringen können, muss das Jobcenter eine angemessene Wohnung finanzieren. Ein wichtiger Auszugsgrund kann z. B. sein, dass in der WG die Unverletzlichkeit der Intimsphäre nicht mehr gewährleistet ist (SG Braunschweig vom 11.4.2008 – S 18 AS 473/08 ER).

WG oder BG

Wird ein gemeinsamer Mietvertrag geschlossen, wird bei zwei Personen regelmäßig geprüft, ob die Bewohner der Wohnung als Einstandspartner zusammenleben (näher dazu LSG Sachsen-Anhalt vom 24.3.2014 – L 4 AS 881/12 B ER und Leitfaden zum Arbeitslosengeld II, 11. Auflage 2014, S. 67 ff.).

Nachgehende Auseinandersetzungsansprüche

Die Stellung als BGB-Gesellschafter bei einer echten WG schlägt auch auf Auseinandersetzungsansprüche nach Auszug eines Mitbewohners durch. Er muss trotz Auszug noch seinen Teil an der Miete oder sonstigen Forderungen (z. B. wegen Renovierung, Forderung aus Betriebskostenabrechnung) erfüllen, solange der Mietvertrag wirksam ist. Ist der ausgezogene Mieter nicht hilfebedürftig, kann das Jobcenter Anträgen auf Kostenübernahme für Nachforderungen von Betriebskosten oder Schönheitsreparaturen die anteilige Mithaftung des Ausgezogenen entgegenhalten.

Zwischen Ex-Einstandspartnern

Besonders kann das ins Gewicht fallen, wenn eine Einstandspartnerschaft bestand und der in der Wohnung gebliebene, von Alg II lebende Partner vom Jobcenter Leistungen für höhere Betriebskosten oder Schönheitsreparaturen verlangt. Gegebenenfalls haftet je nach den Lebensverhältnissen während des Zusammenlebens dafür der ausgezogene Ex-Einstandspartner ganz allein (LG Oldenburg vom 1.8.2007 – 5 S 39/07; OLG Düsseldorf vom 12.3.2010 – 22 U 142/09; BGH vom 3.2.2010 – XII ZR 53/08; s. auch OLG Brandenburg vom 5.8.2014 – 3 U 45/13).

Zur Wohngemeinschaft im Wohngeldrecht s. VG Saarland vom 15.10.2014 – 3 K 2084/13; VG München vom 22.8.2013 – M 22 K 11.1912.

V Wohnheim

Bei Aufenthalt in einem Wohnheim, das nach Tagessätzen abrechnet, ist das Jobcenter bei Kostenübernahme nur dazu berechtigt, einen Betrag für Haushaltsenergie (Strom, Kochgas) von den Unterkunftskosten abzuziehen, wenn dieser Betrag, der über den Tagessatz gewährt wird, genau beziffert ist (BSG vom 24.11.2011 – B 14 AS 151/10 R). Ein Abzug für die im Tagessatz enthaltenen Kosten der Nutzung der Möbel oder eine Pauschale für die Instandhaltung ist nicht zulässig (LSG Baden-Württemberg vom 17.4.2008 – L 7 SO 5988/07).

Einverständniserklärung

Meist sind die Verträge mit den Wohnheimen so gefasst, dass die Unterkunfts- und Heizkosten ungekürzt gezahlt werden müssen, meist in Form einer Direktzahlung des Jobcenters an den Vermieter. Der Leistungsberechtigte muss der Direktzahlung zustimmen (LSG Berlin-Brandenburg vom 20.9.2010 – L 5 AS 1540/10 B PKH).

Nur auf Rechnung?

Nach HessLSG vom 20.3.2013 – L 6 AS 227/11 kommt ein Anspruch auf Übernahme der Wohnkosten bei Unterbringung des Leistungsberechtigten in einer stationären Einrichtung, die keinen Leistungsausschluss bewirkt, nur dann in Betracht, wenn der Einrichtungsträger dem Leistungsberechtigten die Unterkunftskosten zumindest in Rechnung stellt.

K Zuschuss zu den Unterkunfts- und Heizkosten für Auszubildende mit Anspruch auf BAföG/BAB/Ausbildungsgeld

I Wer kann den Zuschuss erhalten?

§ 7 Abs. 5 SGB II schließt Schüler, Studenten und Auszubildende von SGB II-Regelleistungen, darunter Leistungen für Unterkunft und Heizung aus, wenn sie BAföG, Berufsausbildungsbeihilfe (BAB) oder Ausbildungsgeld nach dem SGB III erhalten, das über Mini-BAföG/-BAB (216 €, ab August 2016: 231 €) hinausgeht. In welchen Fällen bzw. für welche Ausbildungsgänge/Schultypen der Leistungsausschluss gilt, wird im Leitfaden zum Arbeitslosengeld II, S. 125 ff. ausführlich dargestellt.

Bezug von BAföG, BAB, Ausbildungsgeld

Den Mietzuschuss gibt es nur für Personen, die die in § 27 Abs. 3 SGB II abschließend genannten Leistungen nach dem BAföG oder dem SGB III tatsächlich erhalten oder diese Leistungen **nur wegen** der Anrechnung von Einkommen nicht beziehen oder die Leistungen wegen eines Bagatellbetrages (gemäß § 51 Abs. 4 BAföG, § 71 Satz 2 SGB III: weniger als 10 €) nicht ausgezahlt werden.

Unterschiedlicher Einkommens- und Vermögensbegriff

Im SGB II werden Einkommen und Vermögen anders angerechnet als im BAföG. Das hat zur Folge, dass Einkommen oder Vermögen zwar zum Wegfall des BAföG führen kann, der Mietzuschuss aber nicht ausgeschlossen wird oder umgekehrt BAföG gezahlt wird, für den Mietzuschuss aber keine Hilfebedürftigkeit besteht.

Beispiel 1

R. studiert in einer Großstadt mit gutem Verkehrsnetz. Er hat ein Auto mit einem Zeitwert von 5.000 €. Im BAföG ist ein Auto unabhängig von seiner Größe, seinem Wert oder seiner sonstigen Beschaffenheit verwertbares Vermögen im Sinne von § 27 Abs. 1 Satz 1 Nr. 1 BAföG (BVerwG vom 30.6.2010 – 5 C 3/09). Da R. das Auto weder zum Studium noch aus einem sonst wichtigen Grund benötigt, bekommt er kein BAföG. Er kann aber Mietzuschuss nach § 27 Abs. 3 SGB II erhalten, weil das Auto nach § 12 SGB II geschützt ist und das Jobcenter daher keine Verwertung verlangen kann, damit R. BAföG erhält.

BAföG-2016

Ab Oktober 2016 wird der allgemeine Vermögensfreibetrag in § 29 BAföG auf 7.500 € erhöht. Damit soll ausdrücklich ausgeschlossen werden, dass Studierende den BAföG-Anspruch wegen eines bescheidenen Kfz verlieren. Haben sie außer dem Kfz noch anderes Vermögen, ist das Kfz vor einem Vermögenseinsatz geschützt, wenn es zur Ausübung des Studiums dringend benötigt wird (BT-Drs. 18/2663, S. 45 f.).

Beispiel 2

L. lebt mit ihrem Freund zusammen, der Erwerbseinkommen bezieht. Sie bekommt BAföG, weil Einkommen des Einstandspartners im BAföG nicht angerechnet wird. Den Mietzuschuss gibt es aber nicht, weil das Einkommen des Partners so hoch ist, dass L. mit dem BAföG und dem ihr nach SGB II-Regeln zuzurechnenden Partnereinkommen (s. dazu → S. 244) nicht mehr hilfebedürftig ist.

Vorläufige Bewilligung

Steht fest, dass dem Grunde nach ein Anspruch auf BAföG/BAB/Ausbildungsgeld besteht, kann dieser aber wegen Verzögerung bei der Einkommensberechnung oder -ermittlung nicht zeitnah realisiert werden, ermöglicht § 40 SGB II i. V. m. § 328 SGB III eine vorläufige Bewilligung. Denn selbst wenn ein Anspruch auf BAföG/BAB/Ausbildungsgeld wegen hohen Einkommens abgelehnt würde, besteht dem Grunde nach ein Anspruch auf den Mietzuschuss, der sich – anders als im BAföG oder SGB III – nach den tatsächlich zur Verfügung stehenden Einkünften richtet. Ansprüche auf BAföG/BAB/Ausbildungsgeld sowie Unterhalt kann sich das Jobcenter über die Anmeldung eines Erstattungsanspruchs und eine Überleitungsanzeige nach § 33 SGB II sichern (s. dazu OLG Brandenburg 23.6.2009 – 10 UF 133/08).

BAföG-/SGB III-Vorausleistung

Die BAföG-/SGB III-Vorausleistung nach § 36 Abs. 1 BAföG bzw. § 68 Abs. 1 SGB III geht einer vorläufigen Bewilligung des Mietzuschusses nicht grundsätzlich vor. Zum einen handelt es sich bei den Vorausleistungen um keine Ausbildungsförderleistungen, sondern um außerordentliche Zusatzleistungen zur Abwendung der Gefahr eines Aus-

bildungsabbruchs wegen aktueller Mittellosigkeit (SG Berlin vom 25.11.2011 – S 37 AS 19517/11; BVerwG vom 9.12.2014 – 5 C 3/14), zum anderen ist die Vorausleistung an wesentlich strengere Voraussetzungen geknüpft. Nach § 36 BAföG/§ 68 SGB III muss der Auszubildende glaubhaft machen, dass seine Eltern den nach den BAföG-/SGB III-Regeln errechneten Unterhalt nicht zahlen oder Auskünfte zur Errechnung des Unterhalts verweigern und deshalb die Aufnahme oder Fortsetzung der Ausbildung trotz Kindergeld (dazu BVerwG vom 9.12.2014 – 5 C 3/14) akut gefährdet ist. Die Eltern müssen in der Regel vorher angehört werden. Die Prüfung dieser Voraussetzungen dauert eine Weile, vor allem, wenn beide Elternteile die Auskunft verweigern. Vor einem Verweis auf die Vorausleistung muss das Jobcenter daher prüfen, ob darüber der Hilfebedarf kurzfristig gedeckt werden kann. Eine einstweilige Anordnung auf Vorausleistung kann nicht verlangt werden, zumal die Verwaltungsgerichte auf den vorläufigen Mietzuschuss verweisen können.
Für vergangene Zeiträume ist ein Antrag auf Vorausleistung ausgeschlossen (BVerwG vom 23.2.2010 – 5 C 2/09; OVG Sachsen vom 30.9.2013 – 1 A 152/13). Zahlen die Eltern den errechneten Unterhalt nicht, bleibt es bei dem vorläufig ohne Elterneinkommen gewährten Mietzuschuss. Das Jobcenter kann über § 33 SGB II zivilrechtlich gegen die Eltern vorgehen.

Anpassungsantrag

Wird der Mietzuschuss im laufenden Bezug von BAföG/BAB/Ausbildungsgeld beantragt, weil die zahlungswilligen Eltern aktuell den nach BAföG-/SGB III-Regeln (zugrunde gelegt werden die Einkommensverhältnisse im vorletzten Jahr vor Beginn der Ausbildung) errechneten Unterhalt nicht mehr leisten können, kann die BAföG-/SGB III-Berechnung über einen Antrag nach § 24 Abs. 3 BAföG an die aktuellen Einkommensverhältnisse der Eltern angepasst werden.

Unsicheres Elterneinkommen

Wird BAföG/BAB/Ausbildungsgeld wegen der noch nicht genau feststellbaren Höhe des Elterneinkommens unter dem Vorbehalt der Rückforderung gewährt (§ 24 Abs. 2 BAföG bzw. § 328 SGB III), sollte darauf geachtet werden, dass auch der Bescheid über den Mietzuschuss, soweit er die Anrechnung des BAföG/der SGB III-Leistung betrifft, nur vorläufig ergeht. Ansonsten besteht die Gefahr, dass BAföG/BAB/Ausbildungsgeld zurückgezahlt werden muss, es aber bei der Anrechnung auf den Mietzuschuss bleibt. Dasselbe gilt für eine Anpassung nach § 24 Abs. 3 BAföG, die es nur unter Vorbehalt gibt.

Beispiel

Die 17-jährige S. erhält wegen eines weiten Wegs zur Schule Voll-BAföG in Höhe von 465 €. Darauf werden 120 € Unterhalt des Vaters angerechnet. Auf dieser Grundlage wird S. ein Mietzuschuss in Höhe von 135 € gewährt. Die BaföG-Zahlung erfolgte unter dem Vorbehalt der Rückforderung, weil S. nach § 24 Abs. 3 BAföG eine Anpassung der BAföG-Berechnung an das vom Vater nach Verlust der Arbeitsstelle nunmehr bezogene Arbeitslosengeld beantragt hatte. Nach Kenntnis des BAföG-Amtes von einer dem Vater anlässlich der Kündigung der Arbeitsstelle gezahlten Abfindung in Höhe von 48.000 € wird das auf das BAföG anzurechnende Einkommen des Vaters auf 250 € monatlich festgesetzt (zur Berechnung des Einkommens im Fall eines Aktualisierungsantrags s. BVerwG vom 27.3.2014 – 5 C 6/13). S. muss deshalb 1.300 € BAföG zurückzahlen. Der Mietzuschuss wird rückwirkend nicht erhöht, weil S. das rechtswidrig gewährte BAföG in Höhe von 395 € ja zugeflossen ist. Nachträglichen Unterhalt kann S. von ihrem Vater nicht fordern. Für einen Antrag auf Vorausleistung nach § 36 BAföG ist es zu spät (BVerwG vom 23.2.2010 – 5 C 2/09).

Übergangsdarlehen

Für den ersten Ausbildungsmonat sieht § 27 Abs. 4 Satz 2 SGB II ein Darlehen entsprechend § 24 Abs. 4 SGB II vor. Diese Regelung soll die Zahlungslücke beseitigen, die wegen erst am Monatsende fälliger Förderleistungen entstehen kann. Das Darlehen soll in der Regel erst nach Ende der Ausbildung zurückgezahlt werden (BT-Drs. 17/3404, S. 170).

Verspätetes BAföG

Obwohl das BAföG nach § 51 Abs. 1 BAföG monatlich im Voraus zu zahlen ist, muss das Jobcenter helfen, wenn BAföG für den Monat der Ausbildungsaufnahme zwar beantragt, aber noch nicht ausgezahlt wurde (SG Stuttgart vom 7.10.2011 – S 25 AS 5506/11 ER).

BAföG-Vorschuss

Grundsätzlich geht der BAföG-Vorschuss nach § 51 Abs. 2 BAföG dem SGB II-Darlehen vor. Liegen jedoch die Voraussetzungen für einen BAföG-Vorschuss (erstmaliger Antrag oder Antrag nach einer Ausbildungsunterbrechung) nicht vor oder verzögert sich die Antragsbearbeitung ohne Verschulden des Auszubildenden, weil noch Unterlagen fehlen (die sechswöchige BAföG-Bearbeitungsfrist läuft dann nicht), muss im Notfall über § 27 Abs. 4 Satz 1 SGB II geholfen werden (vgl. dazu BayLSG vom 23.7.2014 – L 16 AS 457/14 B ER).

BAföG-2016

Ab Oktober 2016 wird der BAföG-Vorschuss auf 80% des zu erwartenden BAföG erhöht. Der Gesetzgeber hat erkannt, dass der bis August 2015 geltende Höchstbetrag von 360 € dem mit dem Vorschuss beabsichtigten Zweck, allen Auszubildenden in angemessener Zeit eine hinreichend wirksame finanzielle Unterstützung zu gewährleisten, nicht mehr gerecht wird (BT-Drs. 18/2663, S. 48). Dies stärkt die Auffassung, dass bis zum Inkrafttreten der Neuregelung im Notfall das Jobcenter helfen muss.

II Anspruchsvoraussetzungen

Die Prüfung eines Mietzuschusses setzt voraus, dass

- ein Antrag auf diese Leistung gestellt wird;
- der Antragsteller die in § 27 Abs. 3 SGB II aufgezählten Förderleistungen erhält oder nur wegen der Anrechnung von Einkommen oder Vermögen nicht erhält;
- kein Fall der Nestflucht nach § 22 Abs. 5 SGB II vorliegt.

1 Antrag

Nach § 37 SGB II wird der Mietzuschuss nur auf Antrag gewährt. Da der Mietzuschuss zwar kein Alg II ist, aber als »Leistung zur Sicherung des Lebensunterhalts« angesehen werden kann, wirkt der Antrag gemäß § 37 Abs. 2 SGB II auf den Monatsersten zurück.

Formloser Antrag genügt

Der Antrag ist an keine Form gebunden; insbesondere muss er nicht persönlich oder unter Verwendung des Antragsformulars gestellt werden (LSG NRW vom 27.3.2008 – L 7 B 315/07 AS). Es genügt ein Fax, notfalls ein telefonischer Antrag, wobei dann aber Sorge zu tragen ist, dass der Zeitpunkt des Antrags unverzüglich bestätigt wird. Die Abgabe des Antragsformulars hat bei vorangegangenem formlosem Antrag nur die Aufgabe, dem Jobcenter die Prüfung der Leistungsvoraussetzungen zu ermöglichen (LSG Berlin-Brandenburg vom 22.12.2006 – L 10 B 1217/06 AS ER; BayLSG vom 9.9.2008 – L 7 B 743/08 AS ER).

Antrag per Fax

Für den Eingang eines Antrags per Fax ist auf den vollständigen Empfang (Speicherung) der gesendeten technischen Signale im Faxgerät des Jobcenters abzustellen. Das Vorliegen eines »OK«-Vermerks im Sendebericht belegt das Zustandekommen der Verbindung, falls eine Manipulation des Sendeberichts auszuschließen ist. Der Antragsteller kann daher im Streitfall durch die Vorlage eines nicht manipulierten Sendeprotokolls nachweisen, dass zwischen seinem und dem Faxgerät des Jobcenters eine Verbindung zustande gekommen ist (BSG vom 20.10.2009 – B 5 R 84/09 B).

Meistbegünstigungsgrundsatz

Ob und wann der Mietzuschuss beantragt wurde, ist im Streitfall nach dem Grundsatz der Meistbegünstigung zu prüfen. Dieser Grundsatz besagt, dass bei Prüfung eines Antrags ohne ausdrückliche Beschränkung auf eine bestimmte Leistung davon auszugehen ist, dass der Antragsteller die Sozialleistungen begehrt, die nach der Lage des Falls für ihn oder die Personen, für die er Leistungen (mit) beantragt, in Betracht kommen (dazu BSG vom 19.10.2010 – B 14 AS 16/09 R). Ein trotz Leistungsausschluss (§ 7 Abs. 5 SGB II) gestellter Antrag auf Alg II ist daher hilfsweise als Antrag auf den Mietzuschuss auszulegen. Der vom Vertreter einer BG gestellte Antrag gilt nach dem Meistbegünstigungsgrundsatz als Leistungsantrag für alle Angehörigen der BG und für alle nach dem SGB II in Betracht kommenden Ansprüche, darunter auch den Mietzuschuss nach § 27 Abs. 3 SGB II (SG Berlin vom 17.12.2008 – S 37 AS 17404/07).

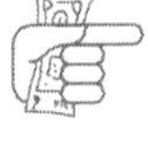

EV kein konkludenter Antrag

Der Abschluss einer Eingliederungsvereinbarung (EV) ist kein konkludenter Antrag auf Leistungen zur Sicherung des Lebensunterhalts (BSG vom 7.10.2014 – B 14 AS 55/14 B), auch wenn in der Eingliederungsvereinbarung die Aufnahme einer Ausbildung vereinbart wird.

Im BAföG-/BAB-/Ausbildungsgeld-Antrag enthalten?

Aufgrund der eigenständig geregelten Berechnung des BAföG, des BAB und des Ausbildungsgeldes kann den hierauf gerichteten Anträgen nicht automatisch ein ergänzender Antrag auf den Mietzuschuss beigemessen werden (vgl. dazu auch BSG vom 2.4.2014 – B 4 AS 29/13 R).

Herstellungsanspruch

Wenn aber der Agentur für Arbeit oder dem BAföG-Amt bei der Bearbeitung des Förderantrags erkennbar wird, dass ein Mietzuschuss Bedarfslücken schließen könnte oder anlässlich der Antragstellung nach sonstigen Hilfeleistungen gefragt wird, muss hierüber unverzüglich beraten werden. Unterbleibt die Beratung, gilt der Antrag als zu dem Zeitpunkt gestellt, zu dem er bei rechtzeitiger und richtiger Beratung beim Jobcenter eingegangen wäre.

Wohngeld statt Mietzuschuss

Wurde zunächst Wohngeld beantragt, das Auszubildenden in der Regel nicht zusteht (§ 20 WoGG), steckt im Wohngeldantrag kein hilfsweise gestellter Antrag auf den Mietzuschuss (HessLSG vom 23.1.2012 – L 9 AS 450/10). Hier hilft bei Ablehnung des Wohngeldantrags § 28 SGB X. Danach wirkt der nunmehr nachgeholte § 27 Abs. 3 SGB II-Antrag bis zu einem Jahr zurück, wenn er innerhalb von sechs Monaten nach Ablauf des Monats gestellt wird, in dem die Ablehnung des Wohngeldes bindend geworden ist. Das gilt nach § 28 Satz 2 SGB X auch dann, wenn der rechtzeitige Antrag auf den Mietzuschuss aus Unkenntnis über dessen Anspruchsvoraussetzungen unterlassen wurde. Nach LSG Baden-Württemberg vom 28.9.2009 – L 1 AS 3286/09 soll die gegenüber § 28 SGB X verkürzte Frist für den nachgeholten SGB II-Antrag – nach Ablauf des Monats, in dem die Ablehnung der anderen Leistung bindend geworden ist (§ 40 Abs. 5 SGB II) – auf den Mietzuschuss nicht anwendbar sein. Im Revisionsverfahren (BSG vom 22.3.2010 – B 4 AS 69/09 R) wurde diese Frage wegen Anerkenntnis des Jobcenters nicht entschieden.

Kein Verweis auf Wohngeld

Bezieher von BAföG/BAB/Ausbildungsgeld haben grundsätzlich keinen Anspruch auf Wohngeld (§ 20 Abs. 2 WoGG). Das kann in Haushalten, in denen auch Personen ohne Förderleistungen leben, anders sein. Hier können z. B. die Eltern des Auszubildenden Wohngeld beantragen (s. § 11 WoGG). In diesen Fällen ist es nicht zulässig, die Entgegennahme oder Bearbeitung eines Antrages auf den Mietzuschuss von einem vorherigen Wohngeldantrag abhängig zu machen. Der SGB II-Antrag muss zeitnah bearbeitet werden; ggf. kann das Jobcenter unter Anmeldung eines Erstattungsanspruchs gegenüber dem Wohngeldamt den Mietzuschuss zahlen (SG Bremen vom 23.2.2010 – S 26 AS 498/09).

2 Anspruchsbegründende Förderleistungen

Die folgenden Tabellen zeigen, für welche BAföG-/SGB III-Förderleistungen es einen Mietzuschuss geben kann. Zur Berechnung des Mietzuschusses muss für die Förderfälle nach § 12 BAföG der in der BAföG-Leistung enthaltene Anteil für das Wohnen gesondert ermittelt bzw. ausgewiesen werden.

Für Bezieher von BAföG ist die früher in §§ 12 Abs. 3, 13 Abs. 3 BAföG geregelte Erhöhung des Wohnanteils zugunsten einer höheren Gesamtpauschale mit dem 23. BAföG-Änderungsgesetz aufgegeben worden. Für Bezieher von BAB und Ausbildungsgeld gibt es weiterhin eine Grundpauschale, die bei Nachweis höherer Mietkosten um einen weiteren Betrag aufgestockt wird (§ 123 Abs. 1 Nr. 4, Abs. 2 SGB III). Rückschließend aus den Regelungen zum SGB III und der durchschnittlichen Erhöhung der Förderleistungen um 2% kann so auch für Bezieher von BAföG der jeweilige Anteil für das Wohnen im jeweiligen Förderbetrag ermittelt werden.

Für die ab 2016 geltenden Fördersätze kann der Gesetzesbegründung (BT-Drs. 18/2663) entnommen werden, dass die jeweiligen Anteile für das Wohnen um 11,6% erhöht werden. Daraus ergeben sich rückschließend aus den Förderbeträgen für 2015 auch die künftigen, gerundeten Wohnanteile in den Fördersätzen 2016.

BAB-Bezieher

	Bedarf nach SGB III		
Berechtigte	**allgemeiner**	**Unterkunftskosten**	**Rechtsgrundlage**
Azubi mit BAB in beruflicher Ausbildung mit eigenem Haushalt	348 €/ 372 €*	149 €/166 €*, bei höheren Kosten bis 75 €/84 €* Zuschlag	§ 61 Abs. 1 SGB III i. V. m. § 13 Abs. 1 Nr. 1 BAföG
Teilnehmer mit BAB in einer berufsvorbereitenden Bildungsmaßnahme mit eigenem Haushalt	391 €/ 418 €*	58 €/65 €*, bei höheren Kosten bis 74 €/83 €* Zuschlag	§ 62 Abs. 2 SGB III
Behinderte Azubis mit BAB in einer beruflichen Ausbildung im Haushalt der Eltern, wenn ■ unverheiratet oder ohne eingetragenen Lebenspartner **oder** unter 21 Jahre alt ■ sonst	316 €/338 €* 397 €/425 €*		§ 116 Abs. 3 SGB III

* ab 1.8.2016 (§ 445 SGB III)

Ausbildungsgeld-Bezieher

Berechtigte	Bedarf nach SGB III		Rechtsgrundlage
	allgemeiner	Unterkunftskosten	
Behinderte Azubis mit Ausbildungsgeld im Haushalt der Eltern, wenn ▪ unverheiratet oder ohne eingetragenen Lebenspartner **und** unter 21 Jahre alt ▪ sonst	316 €/338 €* 397 €/425 €*		§ 123 Abs. 1 Nr. 1 SGB III
Behinderte Azubi mit Ausbildungsgeld im eigenen Haushalt	348 €/ 372 €*	149 €/166 €*, bei höheren Kosten bis 75 €/84 €* Zuschlag	§ 123 Abs. 1 Nr. 4 SGB III i. V. m. § 13 Abs. 1 Nr. 1 BAföG
Behinderte Menschen mit Ausbildungsgeld in einer berufsvorbereitenden Bildungsmaßnahme mit eigenem Haushalt	391 €/ 418 €*	58 €/65 €*, bei höheren Kosten bis 74 €/83 €* Zuschlag	§ 124 Abs. 1 Nr. 2 SGB III

* ab 1.8.2016 (§ 445 SGB III)

Bedarf nach § 123 Abs. 1 Nr. 2 SGB III

Bei der Ausbildung mit Unterbringung in einem Wohnheim, Internat oder in einer besonderen Einrichtung für behinderte Menschen gibt es für ein im Elternhaus vorgehaltenes Zimmer oder für eine zusätzliche Wohnung weder Alg II (zum Leistungsausschluss nach § 7 Abs. 5 SGB II s. BSG vom 6.8.2014 – B 4 AS 55/13 R und vom 17.2.2015 – B 14 AS 25/14 R) noch einen Mietzuschuss nach § 27 Abs. 3 SGB II (nach LSG NRW vom 23.1.2014 – L 19 AS 2316/13 B auch keine analoge Anwendung von § 27 Abs. 3 SGB II). Nach überwiegend vertretener Auffassung muss zusätzlich benötigter Wohnraum, weil das Wohnheim oder Internat an den Wochenenden und in der Ferien geschlossen hat, über die §§ 127, 128 SGB III von der Arbeitsagentur als Rehabilitationsträger finanziert werden (LSG Sachsen-Anhalt vom 17.4.2013 – L 2 AS 951/12 B ER; LSG Thüringen vom 2.7.2014 – L 9 AS 656/14 B ER).

BAföG-Bezieher

Berechtigte	Bedarf nach BAFöG		Rechtsgrundlage
	allgemeiner	Unterkunfts-kosten	
Schüler mit BAföG im Haushalt der Eltern in Abendhauptschulen, Berufsaufbauschulen, Abendrealschulen und in Fachoberschulklassen, deren Besuch eine abgeschlossene Berufsausbildung voraussetzt	391 €/ 418 €*		§ 12 Abs. 1 Nr. 2 BAföG
Schüler mit BAföG mit eigenem Haushalt in weiterführenden Schulen (Gymnasium/Gesamtschule ab Klasse 11), Berufsfachschulen ab Klasse 11 und Fach- und Fachoberschulklassen, deren Besuch keine abgeschlossene Berufsausbildung voraussetzt (z. B. Oberstufenkolleg ab Klasse 11), wenn eine zumutbare Ausbildungsstätte von der Wohnung der Eltern nicht erreichbar ist oder Schüler verheiratet ist oder war oder in eingetragener Lebenspartnerschaft lebt(e) oder mit mindestens einem Kind zusammenlebt	333 €/ 357 €*	132 €/ 147 €*	§ 12 Abs. 2 Nr. 1 BAföG i. V. m. § 2 Abs. 1 a S. 1, 2 BAföG
Schüler mit BAföG mit eigenem Haushalt in Abendhauptschulen, Berufsaufbauschulen, Abendrealschulen und Fachoberschulklassen, deren Besuch eine abgeschlossene Berufsausbildung voraussetzt	411 €/ 440 €*	132 €/ 147 €*	§ 12 Abs. 2 Nr. 2 BAföG
Studierende mit BAföG im Haushalt der Eltern in Fachschulklassen, deren Besuch eine abgeschlossene Berufsausbildung voraussetzt, Abendgymnasien und Kollegs (z. B. Westfalenkolleg)	348 €/ 372 €*	49 €/52 €*	§ 13 Abs. 1 Nr. 1, Abs. 2 Nr. 1 BAföG
Studierende mit BAföG im Haushalt der Eltern in höheren Fachschulen, Akademien und Hochschulen	373 €/ 399 €*	49 €/52 €	§ 13 Abs. 1 Nr. 2, Abs. 2 Nr. 1 BAföG

* ab 1.10.2016 (§ 66a BAföG)

Bei den Eltern wohnen

Nur der »bei seinen Eltern« wohnende Student mit dem kleinen BAföG-Wohnanteil von 49 €/52 € (ab 10/2016) ist mietzuschussberechtigt. Wann der Student bei seinen Eltern wohnt, ist nach BAföG-Recht zu bestimmen, weil dieses für die Höhe des BAföG-Satzes maßgebend ist bzw. darüber entscheidet, ob der Mietzuschuss (weiter) beansprucht werden kann. Nach der Rechtsprechung der Verwaltungsgerichte zu § 13 Abs. 2 BAföG begründet allein der Umstand, dass der Student mit den Eltern oder einem Elternteil in derselben Wohnung wohnt, noch nicht die Voraussetzung des »bei den Eltern Wohnens« i. S. v. § 13 Abs. 2 Nr. 1 BAföG. Es ist außerdem erforderlich, dass der Student in dem für Eltern-Kind-Haushalte üblichen Sinne mit den Eltern oder einem Elternteil zusammenlebt. Daran fehlt es z. B., wenn der Student sich während eines kurzzeitigen Praktikums in der Wohnung seiner Eltern aufhält, während dieser Zeit aber seine Wohnung am Studienort beibehält (OVG Lüneburg vom 16.2.2012 – 4 LA 260/10) oder der Student einen betreuungsbedürftigen Elternteil oder weil dieser keine eigene Wohnung finden/finanzieren kann, in seine Wohnung aufnimmt (VG Hamburg vom 30.8.2011 – 2 E 1781/11 und vom 13.4.2012 – 2 K 1801/11).

Atypisches Zusammenwohnen

Ob es für ein atypisches Zusammenwohnen mit Anspruch auf den BAföG-Satz von 373 € + 224 €/399 € + 250 € (ab 10/2016) für das Wohnen schon genügt, dass der in die Wohnung des Studenten aufgenommene Elternteil von Alg II lebt, sein Kind also finanziell nicht unterstützen kann, ist noch nicht abschließend geklärt (s. dazu VG Gelsenkirchen vom 13.1.2012 – 15 L 1396/11; VG Mainz vom 8.1.2015 – 1 K 726/14.MZ). Nach der Verwaltungsrechtsprechung verliert ein Student mit eigener Wohnung seinen hohen BAföG-Satz, wenn ein Elternteil in die Wohnung einzieht, um seinem Kind zu helfen. Es gibt dann BAföG nach § 13 Abs. 2 Nr. 1 BAföG plus Mietzuschuss nach § 27 Abs. 3 SGB II.

In anderer Wohnung der Eltern wohnen

Nach § 13 Abs. 3a BAföG wohnt ein Auszubildender auch dann bei seinen Eltern, wenn der von ihm bewohnte Raum im Eigentum der Eltern steht. Er hat selbst dann nur Anspruch auf den kleinen Wohngeldanteil von 49 €/52 € (ab 10/2016) und damit auf den Mietzuschuss, wenn er für die elterliche Wohnung regulär Miete zahlt (VG Gelsenkirchen vom 4.2.2015 – 15 K 4847/12). Sind die Eltern außerstande, Unterhalt in Form der Überlassung der Wohnung zu zahlen, muss bei Hilfebedürftigkeit des Auszubildenden das Jobcenter für den Großteil der Miete aufkommen, auch wenn dadurch mittelbar Immobilieneigentum »gefördert« wird.

Beispiel

M. lebt von einer Erwerbsminderungsrente und einem kleinen Zusatzeinkommen an der Grenze der Sozialhilfebedürftigkeit. Für eine in besseren Zeiten erworbene Eigentumswohnung fallen monatliche Aufwendungen für Tilgung, Zinsen und Wohnkosten in Höhe von 430 € an. M. hat die Wohnung an ihre 26-jährige Tochter T. gegen ein Entgelt von 400 € vermietet. T. erhält nach Aufnahme eines Studiums im Oktober 2015 BAföG in Höhe von 373 € + 49 € Wohnanteil. Sie beantragt daher einen Mietzuschuss nach § 27 Abs. 3 SGB II, der ihr in Höhe von 380 € (Angemessenheitsgrenze für 1-Personen-BG) abzüglich 49 € = 331 € zusteht. Da T. weder eine BG mit ihrer Mutter bildet, noch nach SGB II-Maßstäben in deren Haushalt lebt, gibt es außerhalb des Unterhaltsrechts keine Handhabe, Einkommen oder Vermögen der M. auf den Mietzuschuss anzurechnen. § 22 Abs. 5 SGB II greift nicht mehr.

Leistungsausschluss bei Ende/ Unterbrechung des Studiums

Da der Student mit eigener Wohnung i. S. von § 13 Abs. 2 Nr. 2 BAföG weder Alg II noch einen Mietzuschuss erhält, ist es wichtig zu wissen, wann der Leistungsausschluss nach § 7 Abs. 5 SGB II endet bzw. Alg II beansprucht werden kann. Das ist der Fall bei Exmatrikulation oder Abschluss des letzten Prüfungsteils (§ 15b Abs. 3 S 2 BAföG), auch wenn BAföG nach interner Weisung noch für den gesamten Ausbildungsmonat gezahlt wird (LSG Niedersachsen-Bremen vom 28.2.2012 – L 7 AS 783/11), oder bei Unterbrechung des Studiums (Urlaubssemester), wenn der Student in dieser Zeit entweder aus organisationsrechtlichen Gründen der Hochschule nicht mehr angehört oder die organisationsrechtliche Zugehörigkeit zwar weiterhin vorliegt, er aber tatsächlich nicht studiert (BSG vom 22.3.2012 – B 4 AS 102/11 R).

BAföG-2016

Ab Oktober 2016 wird die Verwaltungspraxis, BAföG im Monat der Abschlussprüfung noch bis zum Monatsende zu zahlen, auf eine gesetzliche Grundlage gestellt. Außerdem wird geregelt, dass es bis zur »Bekanntgabe« des Gesamtergebnisses BAföG gibt (Änderungen in § 15b BAföG).

3 Nestflucht

§ 27 Abs. 3 Satz 2 SGB II umfasst vier Tatbestände, in denen der Mietzuschuss ausgeschlossen ist:

- Der unter 25-Jährige war schon vor Beginn seiner Ausbildung von der Leistung nach § 22 Abs. 5 SGB II ausgeschlossen, d.h., er war als Bezieher von Alg II ohne Zusicherung aus dem Elternhaus in eine eigene Wohnung gezogen oder er war in der Absicht in eine eigene Wohnung gezogen, um Alg II zu erhalten.
- Der im Elternhaus lebende unter 25-jährige Auszubildende bezieht Alg II und erlangt mit eigener Wohnung einen Anspruch auf BAföG, BAB oder Ausbildungsgeld, der statt Alg II einen Anspruch auf den Mietzuschuss nach § 27 Abs. 3 SGB II begründen würde, wenn das Jobcenter dem Auszug zugestimmt hätte.
- Der im Elternhaus lebende unter 25-jährige Auszubildende erhält einen Mietzuschuss und zieht ohne Zusicherung in eine eigene Wohnung, wodurch sich der Mietzuschuss erhöht.
- Der im Elternhaus lebende unter 25-jährige Auszubildende zieht mit der Absicht in eine eigene Wohnung, um einen Mietzuschuss zu erlangen.

Unter welchen Voraussetzungen das Jobcenter einem Auszug aus dem Elternhaus zustimmen muss und wann ggf. von dem Erfordernis einer vorherigen Zustimmung abgesehen werden kann, wird ausführlich im Leitfaden zum Arbeitslosengeld II, S. 105 ff. dargestellt.

§ 22 Abs. 5 SGB II ist keine Strafvorschrift. Der Leistungsausschluss für den Mietzuschuss entfällt daher, sobald Umstände eintreten, die eine Zustimmung des Jobcenters zum Auszug erzwungen hätten. Bei Auszubildenden kommt insoweit vor allem ein für die Ausbildung erforderlicher Umzug in Betracht (§ 22 Abs. 5 Satz 2 Nr. 2 SGB II). Dabei ist nur darauf abzustellen, ob die Ausbildungsstätte so weit vom Elternhaus entfernt liegt, dass ein tägliches Pendeln nicht zumutbar wäre. Das Jobcenter kann dem Auszubildenden nicht entgegen halten, dass die Ausbildung auch am Wohnort der Eltern absolviert werden könnte.

Fortwirkender Leistungsausschluss

Der 20-jährige F. lebte mit seinen Eltern in Frankfurt zusammen. Die Familie bezog Alg II. F. war gegen den Willen seiner Eltern im März 2012 nach München in eine Wohngemeinschaft gezogen. Das dortige Jobcenter hatte F. nur Regelleistungen nach § 20 SGB II gewährt. Im Februar 2013 beginnt F. eine Ausbildung zum Koch in einem Münchner Hotelbetrieb. Er hat Anspruch auf BAB und einen Mietzuschuss.

Beispiel 1

Der 19-jährige K. lebte in BG mit seiner Mutter, die ebenfalls Alg II bezog. K. war ohne wichtigen Grund ausgezogen und hatte sich eine gewisse Zeit mit dem Regelbedarf von 306 € durchgeschlagen. Nach Abschluss eines Lehrvertrages bezieht er eine Wohnung und beantragt BAB und Mietzuschuss nach § 27 Abs. 3 SGB II. Zu seiner Mutter kann er nicht zurück, da diese inzwischen zu ihrem Freund gezogen ist.
Hier hat K. Anspruch auf den Mietzuschuss, weil das Wohnen in einer BG mit seiner Mutter aus von ihm nicht zu vertretenden Gründen nicht mehr möglich ist.

Beispiel 2

Der 21-jährige H. absolviert eine Ausbildung. Er lebt im Elternhaus und wird dort gegen Überlassung seines Kindergeldes versorgt. Die Eltern leben von Erwerbseinkommen. Um unabhängiger zu sein, bezieht H. eine Zweiraumwohnung. Er hatte sich ausgerechnet, dass er mit der Ausbildungsvergütung und dem Mietzuschuss vom Jobcenter über die Runden kommt. Der Mietzuschuss wird nach § 27 Abs. 3 i.V.m. § 22 Abs. 5 Satz 4 SGB II abgelehnt. Vier Monate nach dem Auszug beantragt H. erneut einen Mietzuschuss und weist nach, dass er wegen einer gewalttätigen Auseinandersetzung mit seinem Vater nicht mehr im Elternhaus leben könnte.
Dem Antrag muss stattgegeben werden, weil H. nach § 22 Abs. 5 Satz 2 Nr. 3 SGB II auch als Alg II-Bezieher hätte ausziehen dürfen.

Beispiel 3

Ist BAföG/BAB gewährt worden, weil das BAföG-Amt bzw. die Agentur für Arbeit ein Wohnen im Elternhaus wegen zu großer Entfernung zwischen Elternwohnung und Ausbildungsstätte oder aus schwerwiegenden Gründen i.S. § 60 Abs. 2 Nr. 4 SGB III für unzumutbar hält, ist das Jobcenter hieran gebunden, sofern sich die Verhältnisse nicht geändert haben. Im Rahmen des § 2 Abs. 1a BAföG ist zu beachten, dass der BAföG-Anspruch bei Umzug der Eltern in die Nähe der Ausbildungsstätte entfallen kann, woraus sich dann ein Anspruch auf reguläres Alg II ergibt (BSG vom 21.12.2009 – B 14 AS 61/

Bindung an BAföG-/BAB-Entscheidung

08 R). Auf einen Einzug ins Elternhaus kann der Schüler, Auszubildende grundsätzlich nicht verwiesen werden (Näheres dazu im Leitfaden zum Arbeitslosengeld II, S. 127 ff.).

III Berechnung des Zuschusses

Nach der Rechtsprechung des BSG (z. B. BSG vom 22.3.2010 – B 4 AS 69/09 R) ist der Zuschuss in vier Schritten zu berechnen:

1. Schritt
- Feststellung der angemessenen Unterkunfts- und Heizkosten (→ 1)

2. Schritt
- Feststellung des SGB II-Bedarfs (→ 2)

3. Schritt
- Feststellung des nach SGB II-Maßstäben anrechenbaren Einkommens (→ 3)

4. Schritt
- Deckelung des Mietzuschusses auf die Differenz zwischen angemessenen Unterkunfts- und Heizkosten und dem Wohnkostenanteil in der BAföG-/SGB III-Förderleistung (→ 4)

1 Feststellung der angemessenen Unterkunfts- und Heizkosten

SGB II-Maßstäbe

Zur Bestimmung, ob die Wohnung, für die der Zuschuss beantragt wird, angemessen ist, gelten die zu § 22 SGB II entwickelten Maßstäbe, darunter das Kopfteilprinzip (LSG Sachsen-Anhalt vom 24.4.2014 – L 2 AS 54/13). Der Einzug in eine Wohngemeinschaft oder ein Studentenwohnheim kann ebenso wenig verlangt werden, wie der Einzug ins Elternhaus oder zu einem Verwandten (LSG Hamburg vom 25.8.2005 – L 5 B 201/05; a. A. LSG Schleswig-Holstein vom 9.10.2009 – L 11 B 465/09 AS ER).

Erhöhter Raumbedarf

Die Grundsätze, nach denen Alg II-Beziehern ein größerer Raumbedarf bzw. höhere Unterkunfts- und Heizkosten zugestanden werden (z. B. wegen Behinderung oder Wahrnehmung des Umgangsrechts) gelten auch im Rahmen von § 27 Abs. 3 SGB II.

Auch Warmwasserkosten

Bei **zentraler** Warmwassererzeugung gehören die dafür verlangten Kosten (in Form laufender Abschläge und evtl. späterer Nachforderungen bei höherem Verbrauch oder gestiegener Kosten) zu den Zahlungspflichten aus dem Mietvertrag. Sie beeinflussen daher die angemessenen Unterkunfts- und Heizkosten.

Bei **dezentraler** Warmwassererzeugung (mittels Strom oder Gas) gibt es für Alg II-Bezieher einen Mehrbedarf nach § 21 Abs. 7 SGB II. Dieser Mehrbedarf wird nicht bei den Leistungen, die ausgeschlossene Schüler, Studenten oder Auszubildende dennoch erhalten können (§ 27 Abs. 2 SGB II), erwähnt. Daraus kann aber nicht geschlossen werden, dass solche Kosten bei Ermittlung des Mietzuschusses außer Betracht bleiben. Für den bis Dezember 2010 geltenden Abzug einer Warmwasserpauschale bei zentraler Versorgung hat dies das BSG vom 22.3.2010 – B 4 AS 69/09 R entschieden. Spiegelbildlich muss daher auch die seit 2011 geltende Hinzurechnung der Warmwasserpauschalen nach § 21 Abs. 7 SGB II bei dezentraler Versorgung in die Bestimmung der angemessenen Unterkunfts- und Heizkosten einfließen.

Zur Bestimmung der angemessenen Kosten bei Untermiete, Wohnheim oder in einer WG gelten die auf → S. 208 ff. dargestellten Maßstäbe.

Keine Suchfrist?

§ 27 Abs. 3 SGB II enthält keine Regelung zu einer vorübergehenden Übernahme unangemessener Kosten. Ob daraus geschlossen werden kann, dass Schülern, Studenten und Auszubildenden keine Suchfrist mit vorgeschalteter Kostensenkungsaufforderung zusteht (so SG Berlin vom 23.3.2007 – S 37 AS 2804/07 ER und vom 4.5.2007 – S 102 AS 932/07 ER) ist von BSG vom 22.3.2010 – B 4 AS 69/09 R offen gelassen worden. Eine höchstricherliche Klärung steht noch aus.

Die besseren Argumente sprechen dafür. Zwingend zur Vermeidung von Mietschulden scheint dies, wenn der Auszubildende mit SGB II-Leistungsberechtigten zusammenlebt.

Beispiel

Der Student G. lebt bei seiner Mutter M., die wegen Hilfebedürftigkeit die Mietkosten von 680 € anteilig (in Höhe von 340 €) vom Jobcenter erhält. Angemessen für eine 2-Personen-BG sind 530 €. Der Mietzuschuss wird nach der Differenz von 44 € (Wohnanteil nach BAföG) zu 265 € (530 € : 2) gewährt, obwohl M. noch keine Kostensenkungsaufforderung erhalten hat.

Offene Rechtsfrage

Folgt man der Auffassung, dass auch für die Anpassung des Mietzuschusses an die Angemessenheitswerte eine Senkungsaufforderung erforderlich ist, stellt sich die Frage, ob G. im obigen Beispiel Widerspruch gegen die Bemessung des Mietzuschusses erheben kann, wenn die für M. übernommenen Mietkosten auf 265 € gesenkt wurden und M. das akzeptierte.

Betriebskostennachforderung

Nachforderungen für Betriebskosten sind Teil der Unterkunftskosten im Monat der Fälligkeit der Nachforderung (dazu → S. 326); sie fließen daher in die Berechnung des Mietzuschusses ein. Ergab die Berechnung des Mietzuschusses auf der Grundlage der regulären Unterkunfts- und Heizkosten keinen Bedarf, kann dies für den Monat, in dem die Nachforderung anfällt, anders sein. Dann ist für diesen Monat mit höheren Kosten ein Antrag auf Gewährung des Zuschusses zu stellen. Werden schon laufende Zuschüsse gezahlt, bedarf es keines gesonderten Antrags (näher dazu → S. 326).

Betriebskostenguthaben

Betriebskostenguthaben mindern entsprechend § 22 Abs. 3 SGB II den Mietzuschuss, sind also dem Jobcenter bei Zufluss mitzuteilen. Die Deckelung des Zuschusses auf die Differenz zwischen tatsächlicher Miete und dem Wohnanteil im BAföG oder der SGB III-Leistung ändert daran nichts. Nur wenn statt der tatsächlichen eine abstrakt ermittelte Miete zur Berechnung des Zuschusses herangezogen wurde, ist das Guthaben nur teilweise zu berücksichtigen, indem es von der tatsächlichen Miete abgezogen wird (→ S. 350 f.).

Mietdeckelung nach § 22 Abs. 1 Satz 2 SGB II

Zieht ein Alg II-Empfänger ohne wichtigen Grund in eine Wohnung mit höheren Kosten, erhält er nur die Unterkunfts- und Heizkosten für die bisherige Wohnung, auch wenn die neue Miete auf dem maßgebenden Wohnungsmarkt noch im Rahmen des Angemessenen liegt (näher dazu → S. 276 ff.). Für den Mietzuschuss nach § 27 Abs. 3 SGB II gibt es keine § 22 Abs. 1 Satz 2 SGB II entsprechende Regelung. Dennoch wird auch für einen nicht erforderlichen Umzug, der zu einer höheren Miete führt, der Mietzuschuss gedeckelt bleiben. Denn Kosten wegen eines nicht erforderlichen Umzugs sind unangemessene Kosten.

2 Feststellung des SGB II-Bedarfs

Fiktiver Alg II-Bedarf

Bei Feststellung des SGB II-Bedarfs im Rahmen des § 27 Abs. 3 SGB II handelt es sich um die Ermittlung des Bedarfs, der ohne Leistungsausschluss nach § 7 Abs. 5 SGB II zu decken wäre.

Ohne Mehrbedarf nach § 21 Abs. 4 SGB II

Der Mehrbedarf nach § 21 Abs. 4 SGB II ist nicht bei den Mehrbedarfen, die Auszubildende trotz Leistungsausschluss als besondere Leistung gemäß § 27 Abs. 2 SGB II erhalten, aufgeführt, weil der Gesetzgeber diesen Mehrbedarf als ausbildungsgeprägt ansieht; soweit behinderte Auszubildende entsprechende Mehrbedarfe haben, müssen diese durch besondere, vorrangige Teilhabeleistungen gedeckt werden (BT-Drs. 17/3404, S. 170). Der Mehrbedarf nach § 21 Abs. 4 SGB II bleibt bei der fiktiven SGB II-Bedarfsberechnung daher unberücksichtigt (LSG Sachsen-Anhalt vom 24.4.2014 – L 2 AS 54/13).

Keine Mehrbedarfe nach § 21 Abs. 2 SGB II

Wegen Kappung des Mietzuschusses auf die Differenz von angemessener Miete und Mietanteil im BAföG/bei BAB und Ausbildungsgeld ist bei der Errechnung des fiktiven Alg II-Bedarfs zu beachten, dass die in § 27 Abs. 2 SGB II genannten Mehrbedarfe nicht nach § 7 Abs. 5 SGB II ausgeschlossen sind. Sie sind daher zusätzlich zu gewähren. Im Rahmen der Berechnung des Mietzuschusses sind die Bedarfe nach § 27 Abs. 2 SGB II daher gesondert zu berechnen und werden zusätzlich zum Mietzuschuss gewährt; ansonsten wären sie von der Kappung betroffen (→ S. 247, Beispiel 6).

Keine Bildungsbedarfe nach § 28 SGB II

Aufwendungen für Bildungsbedarfe nach § 28 Abs. 2 – 6 SGB II werden über die Bereinigung des BAföG (→ 3.1) berücksichtigt. Für Auszubildende, die eine Ausbildungsvergütung erhalten, sind diese Bedarfe nach § 28 Abs. 1 SGB II ausgeschlossen.

Dieser Bedarf in Höhe von 10 € monatlich wird bei Jugendlichen bis zum 18. Geburtstag dem allgemeinen Bedarf zugeschlagen, fließt also auch in die fiktive Bedarfsberechnung zur Ermittlung des Mietzuschusses ein.

Teilhabebedarf nach § 28 Abs. 7 SGB II

3 Feststellung des anrechenbaren Einkommens

Wegen der vom SGB II abweichenden Einkommensermittlung und -berücksichtigung im BAföG und im SGB III, ist bei der Einkommensanrechnung im Rahmen der Ermittlung des Mietzuschusses zwischen BAföG-Beziehern, Beziehern von BAB und mit Ausbildungsgeld geförderten Auszubildenden zu unterscheiden.

3.1 Einkommensberechnung bei BAföG

Kindergeld

Da Kindergeld nach § 11 Abs. 1 Satz 4 SGB II Einkommen des leistungsberechtigten Kindes ist, wird es auch im Rahmen der fiktiven Bedarfsermittlung als Einkommen gewertet, obwohl es im BAföG, beim BAB und Ausbildungsgeld nicht angerechnet wird. Angerechnet wird das Kindergeld aber nur, wenn es der bezugsberechtigte Elternteil auch dem Kind zur Verfügung stellt.

Versicherungspauschale

Bei **Volljährigen** ist das Kindergeld um die 30 €-Versicherungspauschale nach § 6 Alg II-VO zu bereinigen, auch wenn keine Versicherungen abgeschlossen wurden.
Minderjährige können 30 € pauschal absetzen, wenn für sie eine angemessene Versicherung besteht. Es genügt, wenn die Eltern die Versicherung für das Kind abgeschlossen haben (BSG vom 10.5.2011 – B 4 AS 139/10 R: Unfallversicherung). Das BSG vom 16.2.2012 – B 4 AS 89/11 R wertet eine Kinderunfallversicherung und eine Zusatzkrankenversicherung für ein Kind unter 14 ohne besonderes gesundheitliches Risiko als unangemessene Versicherung, für die keine Beiträge vom Kindergeld abgesetzt werden können. Bei älteren Jugendlichen in einer Ausbildung müssen großzügigere Maßstäbe gelten, zumal hier ausbildungsbedingte Risiken bestehen können, die im Recht der Unfallversicherung nur unzureichend abgesichert sind. Das BayLSG vom 25.6.2010 – L 7 AS 404/10 B ER hält eine Ausbildungsversicherung für unangemessen. Bei BAföG-Beziehern mit Ausbildungsvergütung ist die Versicherungspauschale im 100 €-Grundfreibetrag enthalten, kann also nicht noch mal vom Kindergeld abgezogen werden.

20%-Pauschale für Lernmittel und Fahrkosten

Das BAföG kann pauschal um 20% des jeweils **vollen** BAföG-Satzes vermindert werden. Insoweit gilt das BAföG nach der Rechtsprechung des BSG (z.B. vom 17.3.2009 – B 14 AS 62/07 R) als zweckbestimmte Leistung für Lernmittel und notwendige Fahrkosten.

Ungeachtet der Höhe des BAföG-Auszahlungsbetrags sind pauschal absetzbar:

BAföG		20 %-Pauschale	
2015	2016	2015	2016
465 €	504 € nach § 12 Abs. 2 Nr. 1 BAföG	93,00 €	100,80 €
543 €	587 € nach § 12 Abs. 2 Nr. 2 BAföG	108,60 €	117,40 €
572 €	622 € nach § 13 Abs. 1 Nr. 1, Abs. 2 Nr. 2 BAföG	114,40 €	124,40 €
597 €	649 € nach § 13 Abs. 1 Nr. 2, Abs. 2 Nr. 2 BAföG	119,40 €	129,80 €

Fallen darüber hinaus Kosten an, können sie bei Nachweis nach § 1 Abs. 1 Nr. 10 Alg II-VO abgesetzt werden.

Fahrkosten

Nach den SGB II-Maßstäben (§ 6 Abs. 3 Alg II-VO) sind Aufwendungen anzuerkennen, soweit sie erforderlich sind. Bei der Benutzung von Verkehrsmitteln ist daher auf kostengünstige Verbindungen zu achten; muss ein PKW genutzt werden, können die konkret nachgewiesenen Kosten für Treibstoff und Verschleiß abgesetzt werden; ohne Nachweis eignet sich der Pauschbetrag für Erwerbstätige nach § 6 Abs. 1 Nr. 3b Alg II-VO (20 ct pro Entfernungskilometer) als Orientierungsgröße.

BAföG plus Ausbildungsvergütung

Für Auszubildende, die zusätzlich zum BAföG eine Ausbildungsvergütung beziehen, ist eine Doppelberücksichtigung ausbildungsbedingter Aufwendungen dadurch ausgeschlossen, dass Kosten nach § 1 Abs. 1 Nr. 10 Satz 2 Alg II-VO nur absetzbar sind, soweit sie die 100 € Grundpauschale nach § 11b Abs. 2 Satz 2 SGB II übersteigen.

Schulgeld

Die Streitfrage, ob auch Schulgeld vom BAföG/BAB abgesetzt werden kann, hat das BSG mit drei Urteilen vom 17.3.2009 – B 14 AS 61/07 R; 62/07 R und 63/07 R entschieden; danach ist Schulgeld nicht absetzbar. Das BVerfG vom 7.7.2010 – 1 BvR 2556/09 hat die dagegen eingelegte Verfassungsbeschwerde nicht zur Entscheidung angenommen.

Zuschuss nach § 14a BAföG

Nach § 1 Abs. 2 der VO über Zusatzleistungen in Härtefällen nach dem BAFöG gibt es für private Schulen, denen ein Tagesheim organisatorisch angegliedert ist (Tagesheimschulen), eine Unterstützung.

Studiengebühr

Studiengebühren müssen vom Studierenden selbst aufgebracht werden. Ein Erlass in Härtefällen kommt bei einer wirtschaftliche Notlage grundsätzlich nicht in Betracht (vgl. BVerwG vom 2.2.2011 – 6 B 42/10; OVG Sachsen-Anhalt vom 20.4.2011 – 3 L 378/09; BayVGH 9.3.2011 – 7 ZB 10.1706).

Ein Abzug vom BAföG im Rahmen der § 27 Abs. 3 SGB II-Bedarfsermittlung ist nach BayLSG vom 18.2.2011 – L 7 AS 118/11 B ER nicht möglich.

BAföG nach Landesrecht

Das BAföG nach Landesrecht, z. B. in Brandenburg, ist als zusätzlicher Anreiz für die Ausbildung und die damit zusammenhängenden Kosten für Lernmittel gedacht. Es kann daher nicht auf den Mietzuschuss angerechnet werden.

Einkommen des BAföG-Beziehers

Einkommen des BAföG-Beziehers wird nach den speziellen Regelungen der §§ 21 ff. BAföG und der VO zu § 21 BAföG auf das BAföG angerechnet bzw. zum Teil von der Anrechnung ausgenommen (z. B. die Waisenrenten und Nebeneinkommen). Außerdem wird das Einkommen pauschal bereinigt und als ein Durchschnittseinkommen im Bewilligungszeitraum (unter Einbeziehung von Einmalzahlungen) auf das BAföG angerechnet.
Dagegen wird im SGB II das Einkommen monatsgenau oder als Durchschnitt im Alg II-Bewilligungszeitraum (sechs Monate) gebildet (§ 2 Abs. 3 Alg II-VO). Einmaleinkommen wird gesondert angerechnet, Waisenrenten und Waisengelder sind im SGB II nicht privilegiert (Näheres zur Einkommensanrechnung im Leitfaden zum Arbeitslosengeld II, S. 304 ff.).

Im Rahmen der fiktiven Bedarfsermittlung ist daher das tatsächlich ausgezahlte BAföG und das nach SGB II-Maßstäben anzurechnende Einkommen zu berücksichtigen.

Elterneinkommen

Das nach § 24 BAföG anzurechnende Elterneinkommen ist bei BAföG-Beziehern mit eigenem Haushalt auch im Rahmen der fiktiven Bedarfsermittlung zu Grunde zu legen. soweit es tatsächlich zufließt. Unterstützen die Eltern das Kind zusätzlich, mindert die Unterstützung den Mietzuschuss oder lässt ihn ganz entfallen. Dies muss deshalb dem Jobcenter mitgeteilt werden.

Bei Wohnen im Elternhaus ist die BAföG-Berechnung, die auf Elterneinkommen aus dem vorletzten Kalenderjahr vor Beginn des BAföG-Bewilligungszeitraums abstellt (§ 24 Abs. 1 BAföG), nur bei Anrechnung des BAföG-Zahlbetrages maßgebend. Darüber hinaus ist zu prüfen, ob nach den Grundsätzen der Unterstützung in der BG nach § 9 SGB II Elterneinkommen berücksichtigt werden muss. Abweichend vom BAföG wird im SGB II auch der Einstandspartner verpflichtet, für das in der BG lebende, hilfebedürftige Kind aufzukommen, auch wenn es nicht das eigene Kind ist (zur sog. Stiefkinderhaftung s. Leitfaden zum Arbeitslosengeld II, S. 80 ff.).

Partnereinkommen

Einkommen des Ehe- oder Lebenspartners wird im BAföG stärker »geschont« als im SGB II. Der Einstandspartner wird gar nicht herangezogen. Das ist im SGB II anders. Der BAföG-Zahlbetrag ist daher um Partnereinkommen zu ergänzen, soweit der Partner über Einkommen, das seinen fiktiven SGB II-Bedarf übersteigt, verfügt (→ S. 244, Beispiel 4).

20%-Freibetrag

Wird wegen der Anrechnung von Eltern- oder Ehe-/Lebenspartnereinkommen kein oder nur ganz wenig BAföG gezahlt, ist das zufließende Einkommen wie das BAföG um 20% zu vermindern. Insoweit dient das Einkommen der Finanzierung von Ausbildungskosten und kann nicht bei der Berechnung des Mietzuschusses berücksichtigt werden (SG Berlin vom 25.11.2011 – S 37 AS 19517/11; LSG Baden-Württemberg vom 9.2.2015 – L 1 AS 5146/13).

Vermögen

Sofern Schonvermögen, das im BAföG geschützt ist, nach § 12 SGB II angerechnet werden muss, entfällt der Mietzuschuss nach § 27 Abs. 3 SGB II. Die Besonderheit, dass der Mietzuschuss kein Alg II ist, wird aber insofern zu beachten sein, als sorgfältig zu prüfen ist, ob die Vermögensanrechnung eine besondere Härte darstellt.

3.2 Einkommensberechnung bei BAB

Für die fiktive Bedarfsberechnung bei Beziehern von BAB sind die zum BAföG dargelegten Rechenregeln gleichermaßen zu beachten, mit der Ausnahme, dass der BAB-Zahlbetrag nicht pauschal um einen bestimmten Betrag für Lernmittel und Fahrkosten bereinigt werden kann (BSG vom 22.3.2010 – B 4 AS 69/09 R). Stattdessen sind die im SGB III dafür vorgesehen Leistungen (§§ 63, 64 SGB III) als zweckbestimmte Einnahmen nicht zu berücksichtigten.

Notwendige auswärtige Unterbringung

Die nach § 67 Abs. 1 Nr. 3 SGB III geltenden Sonderregeln bei notwendiger auswärtiger Unterbringung (s. dazu LSG Berlin-Brandenburg vom 20.5.2010 – L 30 AL 61/07) gelten nicht für die Ermittlung des Mietzuschusses.

Ausbildungsvergütung mit Einmalzahlung

Zu beachten ist die bei der Einkommensermittlung im BAB vom SGB II abweichende Durchschnittsberechnung unter Einbeziehung von Einmalzahlungen (z.B. Urlaubs-, Weihnachtsgeld). Im SGB II wird das Einmaleinkommen gesondert angerechnet. Die nach § 11 Abs. 3 SGB II heranzuziehende Anrechnungsregel kann dazu führen, dass Einmaleinkommen zur Minderung oder zum Wegfall des Mietzuschusses führt, obwohl sich der BAB-Zahlbetrag nicht ändert.

3.3 Einkommensberechnung bei Ausbildungsgeld

Die für BAB-Bezieher dargestellten Besonderheiten gelten auch für das Ausbildungsgeld; auch davon wird weder eine 20%-Pauschale für Lernmittel noch der Erwerbstätigenfreibetrag nach § 11b Abs. 1 Nr. 6 SGB II abgesetzt (BayLSG vom 30.7.2014 – L 17 AS 670/13). Dort kommen aber noch weiter gehende Privilegierungen zum Zuge, die für das SGB II unbeachtlich sind.

Elterneinkommen

Hervorzuheben ist vor allem § 126 Abs. 2 Nr. 2 SGB III, wonach auf das Ausbildungsgeld eines behinderten Jugendlichen, der bei keinem Elternteil lebt, kein Elterneinkommen anzurechnen ist (BSG vom 18.5.2010 – B 7 AL 36/08 R und vom 14.5.2014 – B 11 AL 20/13 R). Bei sehr hohem Elterneinkommen wird im Rahmen des Mietzuschusses zu prüfen sein, ob ein Unterhaltsanspruch nach § 1610 BGB besteht, den das Jobcenter über § 33 SGB II gegen die Eltern geltend machen kann.

IV Deckelung des Mietzuschusses

Das BSG vom 22.3.2010 – B 4 AS 69/09 R hat zu § 22 Abs. 7 SGB II a.F. entschieden, dass der rechnerische Betrag, der sich bei Gegenüberstellung des SGB II-Bedarfs und des anrechenbaren Einkommens ergibt, noch daraufhin zu überprüfen ist, ob er den Differenzbetrag zwischen angemessener Miete und Mietkostenanteil im BAföG/in der SGB III-Leistung übersteigt. Dann ist dieser Differenzbetrag die Höchstgrenze für den Mietzuschuss. Diese einschränkende Auslegung gilt mangels Änderung der Vorschrift auch für § 27 Abs. 3 SGB II (LSG Baden-Württemberg vom 9.2.2015 – L 1 AS 5146/13).

Änderungen beachten!

Der bei Antragstellung errechnete Mietzuschuss ist keine statische Größe. Erhöhen sich die Unterkunfts- und Heizkosten im Rahmen des noch angemessenen Mietwerts nach § 22 SGB II, erhöht sich auch der Grenzbetrag für den Mietzuschuss.

Entfällt BAföG wegen Anrechnung von Elterneinkommen nach § 24 BAföG, zahlen die Eltern aber weniger als vom BAföG-Amt errechnet wurde, ist der Mietzuschuss höchstens auf den Differenzbetrag zwischen angemessener Miete und dem im BAföG-Satz steckenden Wohnanteil begrenzt (→ S. 247, Beispiel 7)

V Beispiele zur Einkommensanrechnung und Deckelung

Die dargelegten Rechenschritte (→ unter III) und die Deckelung des Mietzuschusses (→ unter IV) lassen sich am besten anhand von Beispielen erläutern:

Beispiel 1

Die 17-jährige S. ist Schülerin. Sie musste wegen eines sehr weiten Fahrwegs zur Schule eine eigene Wohnung anmieten und erhält deshalb den BAföG-Fördersatz von 465 €. Auf ihn werden 120 € Unterhalt des Vaters angerechnet. An Miete, Neben- und Heizkosten hat sie 320 € zu zahlen. Warmwasser wird mit Strom erzeugt. Der BAföG-Wohnkostennanteil beträgt 132 €. Das Kindergeld von 184 € wird ihr von den Eltern überwiesen. S. zahlt für einen Sportverein im Monat 25 € Beitrag, für eine Unfallversicherung 10 €. Die zu entrichtende Miete ist nach den Richtlinien des örtlichen Jobcenters angemessen.

Fiktiver SGB II-Bedarf

Regelbedarf	399,00 €
+ Teilhabebedarf	+ 10,00 €
+ Unterkunftskosten	+ 320,00 €
+ Warmwasserpauschale	+ 9,18 €
= Fiktiver Bedarf	**= 738,18 €**

Anrechenbares Einkommen

BAföG-Zahlbetrag 345 € – 20 % Lernmittelpauschale von 465 € (= 93 €)	252,00 €
+ Unterhalt	+ 120,00 €
+ Kindergeld – Versicherungspauschale (184 € – 30 €)	+ 154,00 €
= Anrechenbares Einkommen	**= 526,00 €**

Zuschuss nach § 27 Abs. 3 SGB II

Fiktiver SGB II-Bedarf	738,18 €
– Anrechenbares Einkommen	– 526,00 €
= Rechnerischer Zuschuss nach § 27 Abs. 3 SGB II	**= 212,18 €**

Deckelung

Die 212,18 € liegen über dem Höchst-Zuschuss von 188 € (= 320 € Miete – 132 € Wohngeldanteil) im BAföG. Der Mietzuschuss ist daher auf 188 € zu deckeln.

Beispiel 2

Der 19-jährige G. besucht eine Fachoberschulklasse. Seine Eltern beziehen Alg II. Das Kindergeld geben sie an G. weiter. G. hat Anspruch auf BAföG in Höhe von 465 €. Für ein Zimmer in Untermiete zahlt G. 200 € monatlich. Zur Absolvierung seiner Ausbildung braucht G. im Monat 140 € für Fahrkosten und Lernmittel.

Fiktiver SGB II-Bedarf

Regelbedarf	399,00 €
+ Unterkunftskosten	+ 200,00 €
= Fiktiver SGB II-Bedarf	**= 599,00 €**

Anrechenbares Einkommen

	BAföG – Fahrkosten und Lernmittel		325,00 €
+	Kindergeld – Versicherungspauschale (30 €)	+	154,00 €
=	**Anrechenbares Einkommen**	=	**479,00 €**

Rechnerischer Zuschuss nach § 27 Abs. 3 SGB II

	Fiktiver SGB II-Bedarf		599,00 €
–	Anrechenbares Einkommen	–	479,00 €
=	**Rechnerischer Zuschuss nach § 27 Abs. 3 SGB II**	=	**120,00 €**

Deckelung

Die 120 € liegen über den ungedeckten Wohnkosten von 200 € – 132 € = 68 €. Der Zuschuss nach § 27 Abs. 3 SGB II ist also auf 68 € zu deckeln.

Beispiel 3

Der 23-jährige M. besucht nach einer Ausbildung eine Fachoberschule. Er wohnt in einer Wohnung, für die er mit Heizung und zentraler Warmwassererzeugung 460 € zahlt. M.verdient in einem Nebenjob monatlich 250 €. Seine Eltern können ihn wegen geringen Einkommens nicht unterstützen. Das Kindergeld leiten sie an M. weiter. Nach SGB II-Grundsätzen ist für eine Einpersonen-BG eine Miete von 280 € (Kaltmiete + kalte Betriebskosten) und Heizkosten bis zu 40 € angemessen.

Fiktiver SGB II-Bedarf

	Regelbedarf		399,00 €
+	Miete und Heizung	+	320,00 €
=	**Fiktiver SGB II-Bedarf**	=	**719,00 €**

Anrechenbares Einkommen

Nach den Berechnungsvorschriften in § 23 Abs. 1 Nr. 1 BAföG wird das Nebeneinkommen nicht auf das BAföG von 543 € (= 411 € Grundbedarf + 132 € Wohnkostenanteil) angerechnet. Das gilt nicht für das SGB II.

	BAföG – 20 %-Lernmittel-/Fahrkostenpauschale		434,40 €
+	Nebeneinkommen – (100 € Grundpauschale + 20%-Freibetrag)	+	120,00 €
+	Kindergeld	+	184,00 €
=	**Anrechenbares Einkommen**	=	**738,40 €**

M. hat keinen Anspruch auf den Zuschuss nach § 27 Abs. 3 SGB II, da er seinen Bedarf selbst decken kann.

Beispiel 4

Die 22-jährige S. besucht nach diversen Praktika eine Fachoberschule. Wegen hoher Fahrkosten und teurer Bücher hat sie monatliche Ausbildungskosten von 144 €. Sie lebt seit zwei Jahren fest mit ihrem Freund P. zusammen, der 1200 € brutto/902,88 € netto verdient. P. und S. wohnen in einer Wohnung, für die sie inkl. Heizung 460 € zahlen. Die Warmwassererzeugung läuft über einen Durchlauferhitzer mit Strom. Die Eltern von S. leben von Alg II. Das Kindergeld leiten sie an S. weiter. Die Miet- und Heizkosten sind für eine Zweipersonen-BG angemessen.

Fiktiver SGB II-Bedarf

Regelbedarf	360,00 €
+ anteilige Miete und Heizung	+ 230,00 €
+ Warmwasserpauschale	+ 8,28 €
= Fiktiver SGB II-Bedarf	**= 598,28 €**

Anrechenbares Einkommen

Im BAföG wird das Einkommen des P. nicht berücksichtigt. Das gilt nicht nach § 9 SGB II für den Einstandspartner in der BG. P. muss seine Partnerin mit dem bereinigten Einkommen von 602,88 € (Netto abzüglich 300 € Freibeträge) unterstützen, soweit es seinen eigenen SGB II-Bedarf von 598,28 € übersteigt.

BAföG abzüglich Lernmittelkosten	321,00 €
+ Unterstützung Einstandspartner	+ 4,60 €
+ Kindergeld – Versicherungspauschale (30 €)	+ 154,00 €
= Anrechenbares Einkommen	**= 479,60 €**

Zuschuss nach § 27 Abs. 3 SGB II

Fiktiver SGB II-Bedarf	598,28 €
– Anrechenbares Einkommen	– 479,60 €
= Zuschuss nach § 27 Abs. 3 SGB II	**= 118,68 €**

Deckelung

Die 118,68 € liegen über den ungedeckten Wohnkosten von 230 € – 132 € = 98 €. Der Zuschuss nach § 27 Abs. 3 SGB II ist also auf 98 € zu deckeln.

Beispiel 5

Der 20-jährige K. wurde in eine Ausbildungsstelle vermittelt, die 300 Kilometer vom seinem Elternhaus entfernt liegt. Für eine Einzimmerwohnung am Ausbildungsort zahlt K. 350 € im Monat, dazu kommt eine Abschlagszahlung für Heizung und Warmwasser von 30 € monatlich. Seine Fahrtkosten für eine Monatskarte und eine Heimfahrt im Monat betragen 70 €. Die Ausbildungsvergütung von 510 € brutto/403,53 € netto wird mit monatlich 342 € auf die BAB von 654 € = 348 € + [149 € + 75 €] Wohnkostenanteil + 12 € Arbeitskleidung + 70 € Fahrkosten angerechnet. Dazu kommt eine Waisenrente in Höhe von 135 €, die in Höhe von 10 € auf die BAB anzurechnen ist (§ 67 Abs. 2 SGB III i. V. m. § 23 Abs. 4 Nr. 1 BAföG). Die Mutter von K. lebt von einer kleinen Rente und Sozialhilfe. Das Kindergeld für K. wird hierauf angerechnet. Die Miet- und Heizkosten von 380 € sind nach den Verhältnissen auf dem Wohnungsmarkt angemessen.

Fiktiver SGB II-Bedarf

Regelbedarf		399,00 €
+ Miete und Heizung	+	380,00 €
= Fiktiver SGB II-Bedarf	**=**	**779,00 €**

Anrechenbares Einkommen

Der höhere Ausbildungsvergütungs-Freibetrag wegen der auswärtigen Ausbildung (§ 67 Abs. 2 Nr. 3 SGB III) und der Freibetrag für die Waisenrente werden im SGB II nicht berücksichtigt. Als zweckbestimmtes Einkommen i. S. v. § 11a Abs. 3 SGB II ist jedoch die für Arbeitskleidung und Fahrkosten gewährte BAB anrechnungsfrei.

BAB-Zahlbetrag – Arbeitskleidung – Fahrkosten		220,00 €
+ Ausbildungsvergütung (netto – 100 € Grundpauschale + 20 %-Freibetrag)	+	221,53 €
+ Waisenrente	+	135,00 €
= Anrechenbares Einkommen	**=**	**576,53 €**

Rechnerischer Zuschuss nach § 27 Abs. 3 SGB II

Fiktiver SGB II-Bedarf		779,00 €
– Anrechenbares Einkommen	–	576,53 €
= Rechnerischer Zuschuss	**=**	**202,47 €**

Deckelung des Mietzuschusses

Angemessene Unterkunfts- und Heizkosten		380,00 €
– Wohnkostenanteil in der BAB	–	224,00 €
Höchst-Zuschussbetrag	**=**	**156,00 €**
= Zuschuss nach § 27 Abs. 3 SGB II	**=**	**156,00 €**

Beispiel 6

Die 19-jährige L. besucht eine Fachoberschule. Ihr Anspruch auf 465 € BAföG wird wegen eines vom BAföG-Amt errechneten Unterhaltsanspruchs gegen die Eltern nicht ausgezahlt. Statt des nach § 24 BAföG anzurechnenden Einkommens zahlen die Eltern den nach § 1610 BGB geschuldeten Unterhalt von 235 € und überweisen L. das Kindergeld von 184 €. L. verdient in einem Nebenjob monatlich 250 €. Für Schul-Fahrkosten und Ausbildungsmaterial muss sie monatlich 135 € aufwenden. Sie lebt in einer Wohnung, für die sie mit Heizung und zentraler Warmwasserversorgung 345 € zahlt.

Fiktiver SGB II-Bedarf

Regelbedarf		399,00 €
+ Miete und Heizung	+	345,00 €
= Fiktiver SGB II-Bedarf	**=**	**744,00 €**

Anrechenbares Einkommen

Der nach § 24 BAföG errechnete Anrechnungsbetrag kann nicht zugrunde gelegt werden. Denn im Streitfall kann auch das BAföG-Amt höchstens den BGB-Unterhalt von den Eltern fordern.

Die 250 € Nebenverdienst sind nach § 23 BAföG anrechnungsfrei. Eigentlich wäre der Unterhalt um die 135 € Ausbildungskosten zu bereinigen; wegen der erzielten Minijob-Vergütung ist aber die Regelung des § 1 Abs. 1 Nr. 10 Alg II-VO zu beachten; danach sind nur die über dem Grundfreibetrag von 100 € liegenden Ausbildungskosten zusätzlich absetzbar. Der Unterhaltsbetrag von 235 € ist somit nur um 35 € für Fahrkosten und Lernmittel zu kürzen.

Unterhalt – 35 € Ausbildungskosten		200,00 €
+ Nebeneinkommen – (100 € Grundpauschale + 20 %-Freibetrag)	+	120,00 €
+ Kindergeld	+	184,00 €
= Anrechenbares Einkommen	**=**	**504,00 €**

Rechnerischer Zuschuss nach § 27 Abs. 3 SGB II

Fiktiver SGB II-Bedarf		744,00 €
– Anrechenbares Einkommen	–	504,00 €
= Zuschuss nach § 27 Abs. 3 SGB II	**=**	**240,00 €**

Deckelung

L. bezieht zwar kein BAföG, hierdurch kann sie aber nicht besser gestellt werden, als würden ihr die 465 € BAföG ausgezahlt. Der ihr dann zustehende Höchst-Zuschuss von 345 € Miete – 132 € Wohnkostenanteil im BAföG beschränkt daher auch im Fall der Zahlung von Unterhalt die Grenze für den Mietzuschuss. Der Mietzuschuss ist auf 213 € (= 345 € – 132 €) zu deckeln.

Der 18-jährige behinderter Auszubildende B. mit eigener Wohnung (380 € Bruttowarmmiete) erhält Ausbildungsgeld nach § 123 Abs. 1 Nr. 4 SGB III in Höhe von 348 € + 224 € Mietanteil und Kindergeld. B. leidet an einer Nierenerkrankung, die eine besondere Ernährung erfordert. Beispiel 7

Fiktiver SGB II-Bedarf abzüglich der Mehrbedarfe nach § 21 Abs. 4, Abs. 5 SGB II

Regelbedarf	399,00 €
+ Miete und Heizung	+ 380,00 €
= Fiktiver SGB II-Bedarf	**= 779,00 €**

Anrechenbares Einkommen

Ausbildungsgeld	572,00 €
+ Kindergeld – Versicherungspauschale (30 €)	+ 154,00 €
= Anrechenbares Einkommen	**= 726,00 €**

Fiktiver SGB II-Bedarf	779,00 €
– Anrechenbares Einkommen	– 726,00 €
= Rechnerischer Zuschuss nach § 27 Abs. 3 SGB II	**= 53,00 €**

Mehrbedarf nach § 27 Abs. 2 i.V.m. § 21 Abs. 5 SGB II

Der Mehrbedarf nach § 27 Abs. 2 i. V. m. § 21 Abs. 5 SGB II ist zusätzlich zum Mietzuschuss zu gewähren, soweit er nicht mit dem Einkommen des Auszubildenden gedeckt werden kann, d. h. soweit das Einkommen den Grundbedarf von Regelbedarf + Unterkunfts- und Heizkosten übersteigt. Im Beispielsfall muss sich B. 0 € (= 726 € – [399 € + 380 €]) auf den Mehrbedarf von 39,90 € anrechnen lassen.

B. erhält also 39,90 € nach § 27 Abs. 2 SGB II für Krankenkost und 53 € Mietzuschuss. Beide Leistungen gelten nach § 27 Abs. 1 SGB II nicht als Alg II.

VI Mietschulden

Durch § 27 Abs. 5 SGB II ist nun ausdrücklich geklärt (zur früheren Rechtslage s. LSG Berlin-Brandenburg vom 5.6.2009 – L 14 AS 748/09 B ER), dass auch für Bezieher eines Mietzuschusses Mietschulden unter den Voraussetzungen des § 22 Abs. 8 SGB II (dazu → S. 361 ff.) übernommen werden können. In der Gesetzesbegründung heißt es dazu:

> »Die Übernahme von Schulden zur Sicherung des Wohnraumes oder Behebung einer vergleichbaren Notlage nach § 22 Absatz 8 SGB II soll auch weiterhin in Betracht kommen, wenn die hilfesuchende Person als Auszubildende/Auszubildender einen Zuschuss zu den ungedeckten angemessenen Kosten für Unterkunft und Heizung (§ 22 Absatz 1 Satz 1 SGB II) erhält. Denn nach der Gesetzessystematik handelt es sich bei dem Zuschuss für Auszubildende um Leistungen für die Unterkunft« (BT-Drs. 17/4095, S. 30)

Damit ist auch klargestellt, dass Schulden bei einem Energieversorger (Strom, Gas) übernommen werden können, wenn nur so die mit einer Energiesperre eintretende Notlage abgewendet werden kann.

Rechtfertigungsprüfung

Die Mietschuldübernahme muss »gerechtfertigt« sein. Auch insoweit gelten für Bezieher des Mietzuschusses keine anderen Maßstäbe als bei Alg II-Bezug. Dort besteht aber die Möglichkeit, bei aufgelaufenen Mietschulden – auch gegen den Willen des Leistungsberechtigten – die Miete direkt an den Vermieter zu zahlen.
Weil das erneute Entstehen von Mietschulden bei Beziehern eines Mietzuschusses nicht mit einer Direktüberweisung des Zuschusses zu verhindern ist, hat das LSG Berlin-Brandenburg vom 2.6.2010 – L 5 AS 557/10 B ER bei einer negativen Sozialprognose die Übernahme vom Mietschulden abgelehnt.

Betreuung/Schuldnerberatung

Eine Mietschuldübernahme kann in solchen Fällen dennoch gerechtfertigt sein, wenn der Betroffene damit einverstanden ist, dass seine Probleme durch Schuldenberatung angegangen werden und er sich verpflichtet, dem Jobcenter die pünktlichen Mietzahlungen nachzuweisen.

Kein Ausbildungsabbruch

Ein bei Beziehern eines Mietzuschusses gewichtiges Argument für eine Mietschuldübernahme ist die Verhinderung eines Abbruchs der Ausbildung, der häufig zu einem längeren Alg II-Bezug führt.

Kaution

Die Kaution gehört zu den Wohnungsbeschaffungskosten nach § 22 Abs. 6 SGB II (näher dazu → S. 295 ff.). Diese Leistungen sind für Auszubildende mit Leistungsausschluss nicht vorgesehen (SG Dresden vom 6.1.2014 – S 49 AS 8115/12 zu Umzugskosten). Die Übernahme einer Kaution kommt somit nur in Betracht, wenn sie zu einer Mietschuld geworden ist. Da nach § 22 Abs. 8 SGB II zumutbare Selbsthilfebemühungen einer Mietschuldübernahme vorgehen, ist neben dem Einsatz von Schonvermögen zu prüfen, ob der Auszubildende auf die für Studenten angebotenen Kautionsbürgschaften verwiesen werden kann. Diese werden gegen ein zumutbares Entgelt gewährt, sofern keine Schufa-Einträge vorliegen. Allerdings muss der Vermieter die Bürgschaft akzeptierten. Gezwungen ist er dazu nicht.

VII Verwaltungsverfahren

Keine Sanktion

§ 27 Abs. 3 SGB II ist eine Sonderregelung. Sie durchbricht den Grundsatz des § 7 Abs. 5 SGB II: Keine Förderung von Schule, Studium oder Ausbildung mit Leistungen des SGB II. Der Zuschuss gilt nach § 27 Abs. 1 Satz 2 SGB II nicht als Alg II; der Geförderte ist also kein Vermittlungsfall; eine Eingliederungsvereinbarung (§ 15 SGB II) ist nicht abzuschließen. Das Jobcenter ist auch nicht berechtigt, vom Antragsteller den Abbruch einer aus seiner Sicht arbeitsmarktlich sinnlosen Ausbildung zu verlangen. Solange nur der Zuschuss nach § 27 Abs. 3 SGB II bezogen wird, gibt es auch keine Handhabe, eine »Bummelei« bei Absolvierung der Ausbildung oder den Abbruch eines Nebenjobs nach § 31a SGB II zu sanktionieren.

Ersatzhaftung möglich

Denkbar sind jedoch Haftungsansprüche des Jobcenters nach §§ 34, 34a SGB II, wenn die Zahlung des Zuschusses auf einem sozialwidrigen Verhalten beruht (Näheres dazu im Leitfaden zum Arbeitslosengeld II, S. 728 ff.).

Mitwirkungspflichten

Wer den Mietzuschuss beantragt, hat bei der Ermittlung der Leistungsvoraussetzungen mitzuwirken und Änderungen nach Bekanntgabe des Bewilligungsbescheides unverzüglich mitzuteilen. Darüber hinaus unterliegt auch der Bezieher eines Mietzuschusses einer umfassenden Datenkontrolle (§§ 50 – 52 SGB II).

L Umzugskosten

I Grundsatz

Auch für Leistungsberechtigte nach dem SGB II gilt das Grundrecht auf Freizügigkeit nach Art. 11 GG.
Daran muss sich § 22 Abs. 1 Satz 2 SGB II messen lassen. Danach werden bei einem nicht erforderlichen Umzug aus einer angemessenen in eine teurere, aber immer noch angemessene Wohnung nur die vorherigen, angemessenen Kosten übernommen (näher zu dieser Deckelung → S. 276).

Deckelung der Miete bei Umzug?

Die Mietdeckelung greift nur, wenn der Umzug nicht erforderlich war. War er erforderlich, sind höhere, aber noch angemessene Unterkunfts- und Heizkosten auch dann zu übernehmen, wenn keine Zusicherung nach § 22 Abs. 4 Satz 1 SGB II eingeholt wurde. Soweit die Kosten unangemessen sind, müssen sie aber nicht übernommen werden. Ohne Zusicherung muss einer Deckelung auf die Angemessenheitsgrenze auch kein Kostensenkungsverfahren vorausgehen.

II Wann ist ein Umzug erforderlich?

1 Vernünftige Umzugsgründe reichen

Zur Wahrung des Grundrechts auf Freizügigkeit und der nach § 33 SGB I gebotenen Respektierung von Gestaltungswünschen der Leistungsberechtigten (vgl. SG Schleswig vom 21.2.2005 – S 6 AS 30/05 ER) muss das Jobcenter auch dann die neuen Unterkunfts- und Heizkosten – soweit sie angemessen sind – tragen, wenn der Umzug zwar nicht notwendig, aber von einem vernünftigen Grund gedeckt ist, von dem sich auch ein Nichtleistungsberechtigter leiten lassen würde (LSG Mecklenburg-Vorpommern vom 28.10.2008 – L 8 B 299/08; BSG vom 24.11.2011 – B 14 AS 107/10 R). Ein vernünftiger Grund rechtfertigt den Umzug aber erst, wenn auf andere Weise als durch einen Umzug keine Abhilfe erreicht werden kann (LSG Sachsen vom 25.1.2010 – L 3 AS 700/09 B ER). Das gilt insbesondere bei Störungen des Mietverhältnisses; hier geht eine – zumutbare – zivilrechtliche Lösung dem Ausweichen durch einen vom Jobcenter finanzierten Umzug vor.

Kostenabwägung

Ein vernünftiger Grund, den ein Nichtleistungsempfänger vor einem Umzug berücksichtigen würde, sind die mit dem Wohnungswechsel verbundenen Kosten. Das Jobcenter kann daher die Zusicherung für eine neue Wohnung davon abhängig machen, dass keine kostengünstige Alternative besteht. Die Anforderungen an die Selbsthilfe dürfen aber nicht überspannt werden, vor allem, wenn sie mit Risiken, z. B. einem Rechtsstreit, verbunden sind.

Kostensenkender Umzug

Fordert das Jobcenter zur Kostensenkung auf, ist der Umzug gemäß § 22 Abs. 4 SGB II erforderlich. Ein Kosten senkender Umzug ist jedoch auch ohne Kostensenkungsaufforderung vernünftig, wenn er von einer sinnvollen wirtschaftlichen Kalkulation getragen ist (LSG Sachsen vom 5.4.2012 – L 7 AS 425/11 B ER). Die Bejahung der Erforderlichkeit ist in diesem Fall zur Übernahme etwaiger Wohnungsbeschaffungskosten wichtig.

Obliegenheit zur Kostenminimierung

Liegen vernünftige Umzugsgründe vor, muss der Leistungsberechtigte darauf achten, eine Wohnung zu finden, deren Kosten in einem angemessenen Verhältnis zur Ursache des Umzugs stehen. Das Jobcenter muss nicht stets die am Wohnort geltende Höchst-Richtmiete übernehmen, wenn eine günstigere Wohnung zu finden ist (BSG vom 24.11.2011 – B 14 AS 107/10 R; LSG Baden-Württemberg vom 11.12.2013 – L 2 AS 1281/12 ZVW). Je weniger zwingend oder dringend der Umzug war, desto größeres Augenmerk muss der Leistungsberechtige auf die Kostenminimierung richten.

Wahlrecht bleibt

Das Recht des Leistungsberechtigten, zwischen verschiedenen, angemessenen Wohnungen zu wählen, geht damit nicht verloren. Vor allem kann der umzugsberechtigte Alg II-Bezieher nicht darauf verwiesen werden, eine vom Jobcenter angebotene Wohnung zu beziehen oder Mietangebote vorzulegen, von denen das Jobcenter das preisgünstigste Angebot auswählt (LSG Sachsen-Anhalt vom 13.6.2012 – L 5 AS 189/12 B ER).

2 Streitfälle

Im Folgenden werden die in der Praxis häufigsten Fälle, in denen über die Erforderlichkeit eines Umzugs gestritten wird, anhand der Rechtsprechung der Sozialgerichte behandelt. Die damit verbundenen mietrechtlichen Fragen sind sehr komplex und können hier nur in Grundzügen erläutert werden.

2.1 Kündigung des Vermieters

Wann eine Kündigung mietvertraglich berechtigt, d. h. für den Mieter unabwendbar ist, hängt von den jeweiligen Umständen des Einzelfalles ab. Im Zweifel muss der Mieter Rat bei einem Mieterverein oder Rechtsanwalt suchen. Das Jobcenter ist in den Grenzen der Abwehr offenbar rechtswidriger oder »gezinkter« Kündigungen nicht berechtigt, die Erforderlichkeit eines Umzugs unter Verweis auf einen Rechtstreit mit dem Vermieter zu verneinen.

Kündigungsschutz

Unterhalb der Schwelle eines Rechtsstreits gegen eine Vermieterkündigung kann jedoch verlangt werden, dass sich der Leistungsberechtigte gegen offensichtlich unwirksame Kündigungen wehrt oder der (im regulären Mietverhältnis) bestehende gesetzliche Kündigungsschutz (Widerspruch nach §§ 574 – 574c BGB) genutzt wird.

Unwirksame Kündigungen

Nach § 568 BGB muss die Kündigung schriftlich erfolgen. Eine Kündigung per Fax oder E-Mail ist unwirksam. SGB II-Ansprüche wegen eines Wohnungswechsels oder Wohnungserhalts bestehen dann nicht (HessLSG vom 17.5.2013 – L 9 AS 247/13 B ER).

Die Kündigung muss vom Vermieter unterschrieben sein. Im Zweifel trägt er die Beweislast dafür, dass die Unterschrift von ihm stammt; dies kann bei Eigenbedarfskündigungen eine Rolle spielen (LG Hamburg vom 28.10.2010 – 307 S 55/10; AG Schöneberg vom 20.12.2012 – 109 C 223/11). Bei Kündigung durch einen Vertreter des Vermieters muss der Kündigung eine Vollmacht beiliegen (zu Kündigungen mit dem Kürzel »i. A.« s. LG Berlin vom 22.3.2011 – 65 S 363/10 und vom 24.9.2014 – 65 S 64/14). Fehlt ein ausreichender Nachweis der Bevollmächtigung, muss der Mieter die Kündigung unverzüglich zurückweisen, um sie unwirksam zu machen. Zur Abwehr sozialrechtlicher Ansprüche, z. B. von Doppelmieten, ist die Zurückweisung einer vollmachtlosen Kündigung grundsätzlich zumutbar.

Eine Wohnungskündigung muss begründet werden, damit der Mieter die Gründe für die Kündigung kennt und beurteilen kann.

Eine Wohnungskündigung muss an alle Mietvertragsparteien gerichtet werden. Anderes kann gelten, wenn der Wohnungsmieter sich auf die Unwirksamkeit der Kündigung beruft, weil diese nur ihm gegenüber, nicht aber gegenüber einem seit Jahren eigenmächtig aus der Mietwohnung ausgezogenen Mitmieter erklärt worden ist (dazu BGH vom 14.9.2010 – VIII ZR 83/10).

Besteht eine Betreuung mit dem Aufgabenkreis »Wohnen«, muss gegenüber dem Betreuer gekündigt werden (AG Neukölln vom 26.6.2014 – 7 C 95/14).

Ist die Rechtslage nicht völlig eindeutig, muss das Jobcenter den Leistungsberechtigten beraten oder ihn durch Übernahme der Kosten für eine Rechtsberatung in die Lage versetzen, sich ohne Risiko zu wehren (LSG NRW vom 22.2.2012 – 7 AS 1716/11 B). Es genügt nicht, einen Leistungsberechtigten, dem es regelmäßig an Erfahrung auf dem Gebiet des zivilgerichtlichen Rechtsschutzes fehlt, pauschal und ohne das Angebot von Beratung und Hilfestellung auf (vermeintliche) Abwehransprüche zu verweisen (HessLSG vom 17.5.2013 – L 9 AS 247/13 B ER).

Widerspruch gegen Kündigung

Nach § 574 Abs. 1 BGB kann der Mieter der Kündigung des Vermieters widersprechen und von ihm die Fortsetzung des Mietverhältnisses verlangen, wenn die Beendigung des Mietverhältnisses für den Mieter, seine Familie oder einen anderen Angehörigen seines Haushalts eine Härte bedeuten würde, die auch unter Würdigung der berechtigten Interessen des Vermieters nicht zu rechtfertigen ist. Eine Härte liegt nach § 574 Abs. 2 BGB vor, wenn angemessener Ersatzwohnraum zu zumutbaren Bedingungen nicht beschafft werden kann.
Die Ausübung des Widerspruchsrechts ist schwierig und ohne rechtskundigen Rat zur Abwehr sozialrechtlicher Ansprüche nicht zumutbar. Wichtig ist das Widerspruchsrecht vor allem zur Abwendung von Obdachlosigkeit.
Näher dazu Kapitel P, → S. 373 f.

Kein Zuwarten bis Räumung

Rechtswidrig ist das Hinauszögern von Entscheidungen durch das Jobcenter mit dem Argument, Wohnungslosigkeit drohe ja erst im Fall einer Räumung. Zum allgemeinen Grundsatz erhoben liefe dies darauf hinaus, dem Leistungsberechtigten eine Vertragsverletzung aufzuzwingen mit u. U. erheblichen Kostenforderungen des Vermieters. Außerdem brächte der Zwang, in der gekündigten Wohnung bis zur Räumung zu bleiben, SGB II-Berechtigte in den Ruf, nicht tragbare Mieter zu sein.
Zur Situation nach einer Eigenbedarfskündigung s. LSG Berlin-Brandenburg vom 18.12.2008 – L 25 B 2222/08 AS ER:

> »Die persönlichen Verhältnisse der Antragsteller sind nämlich – in einer für ihre Wohnbedarfslage und Umzugserforderlichkeit möglicherweise bedeutsamen Weise – nicht nur dadurch gekennzeichnet, dass die Antragstellerin zu 1 alleinerziehende Mutter des dreijährigen Antragstellers zu 2 ist, sondern auch dadurch, dass die Antragsteller nach der Eigenbedarfskündigung ihrer alten Wohnung gezwungen waren, sich zügig eine neue Wohnung zu beschaffen, ...«.

Verschuldete Kündigung

Beruht die Kündigung des Mietverhältnisses auf einem verschuldeten und vermeidbaren Verhalten des Leistungsberechtigten, löst das nach SG Berlin vom 16.7.2010 – S 82 AS 7352/09 keine Verpflichtung des Jobcenters zur Übernahme höherer Unterkunfts- und Heizkosten für die neue Wohnung aus (a. A. LSG Berlin-Brandenburg vom 15.2.2010 – L 25 AS 35/10 B ER).
Zur Kündigung wegen Mietschulden Kap. M → S. 316 f.

2.2 Kündigung des Mieters

Kündigung aus wichtigem Grund

Kündigt der Mieter, weil die Wohnverhältnisse unzumutbar geworden sind und dem durch den Vermieter oder durch Eigeninitiative in absehbarer Zeit nicht abgeholfen werden kann, erfordert das in der Regel einen Umzug. Eine Obliegenheit, vor der Kündigung das

Jobcenter um Zustimmung zu bitten, besteht nicht. Es ist aber ratsam, das Jobcenter um Zustimmung zu bitten. Denn nicht immer macht eine mietrechtlich zulässige Kündigung den Umzug erforderlich (wenn z. B. die Wohnfläche falsch angegeben wurde; näher dazu → S. 56 f.); außerdem kann das Verhalten des Vermieters Schadensersatzansprüche begründen (§ 536a BGB), auf die der Leistungsberechtigte nicht ohne weiteres zu Lasten der Allgemeinheit verzichten darf.

Ist die Kündigung nicht rückgängig zu machen, ist ein Wohnungswechsel zwar notwendig, aber nach SG Berlin vom 16.7.2010 – S 82 AS 7352/09 nicht automatisch erforderlich i. S. von § 22 Abs. 1 Satz 2 SGB II. Ebenso SG Hildesheim vom 22.12.2009 – S 26 AS 2257/09 ER:

> »Könnte auch eine ohne Ersatzunterkunft ausgesprochene Wohnungskündigung die Erforderlichkeit des Umzuges begründen, hätte es der Hilfebedürftige mit dieser Kündigung in der Hand, einen der gesetzgeberischen Zielsetzung widersprechenden Wohnungswechsel innerhalb desselben Wohnortbereichs zu erzwingen«.

Dagegen stellt das LSG Berlin-Brandenburg vom 15.2.2010 – L 25 AS 35/10 B ER nur darauf ab, »dass der Hilfebedürftige selbst sein bisheriges Mietverhältnis gekündigt hat. Die Erforderlichkeit ergibt sich allein aus dem tatsächlich drohenden Verlust der Unterkunft«.

Haftung nach § 34 SGB II

Der Unterschied zwischen beiden Rechtsauffassungen wird in Fällen sozialwidrigen Verhaltens durch die Haftungsregelung des § 34 SGB II relativiert; das Jobcenter kann die höheren Unterkunfts- und Heizkosten über eine gegen den laufenden Regelbedarf aufrechenbare (§ 43 SGB II) Ersatzforderung zurückholen.

Verwirkung?

Die Kündigung einer Wohnung mit einem unzumutbaren Ausstattungsstandard macht einen Wohnungswechsel auch dann erforderlich, wenn die Wohnung vertragsgemäß mit einem unzumutbaren Standard (d. h. ohne Anspruch gegen den Vermieter auf Wohnwertverbesserung) gemietet worden war. Denn das Recht auf menschenwürdiges Wohnen kann nicht verwirkt werden. Das gilt auch dann, wenn die Wohnung schon vor Eintritt in den Alg II-Bezug gemietet worden war (a. A. SG Stuttgart vom 5.6.2012 – S 7 AS 2485/09). Zum vergleichbaren Problem einer aufgeschobenen Bedarfsdeckung mit Möbeln hat das BSG vom 20.8.2009 – B 14 AS 45/08 R entschieden:

> »Anspruch auf Gewährung einer Erstausstattung für eine Wohnung besteht auch dann, wenn der Hilfebedürftige die erforderliche Anschaffung von Wohnungsgegenständen zunächst aus freier Entscheidung unterlassen und bereits längere Zeit in einer unmöblierten Wohnung gelebt hat«.

Fälle eines ausnahmsweise sozialwidrigen Verhaltens können über § 34 SGB II abgewehrt werden (BSG a.a.O.).

2.3 Gesundheitliche Gründe

Genügt die bisherige Wohnung nicht (mehr) den gesundheitlichen Anforderungen der Bewohner oder ist am Wohnort keine ausreichende medizinische Versorgung gewährleistet, ist ein Umzug erforderlich, wenn anderweite Hilfen nicht ausreichen. Im Streitfall muss das Gericht medizinisch ermitteln. Eine laienhafte Wertung über die Zumutbarkeit körperlicher Belastungen reicht nicht (BSG vom 24.11.2011 – B 14 AS 107/10 R).

So wurde die Erforderlichkeit in folgenden Fällen bejaht:

Erforderlichkeit bejaht

- Umzug zur Ermöglichung einer besseren Heilbehandlung (SG Schwerin vom 1.5.2005 – S 10 ER 29/05 AS; SG Landshut vom 7.2.2012 – S 10 AS 294/11).
- Umzug wegen Angstzuständen in der Wohnung (LSG NRW vom 15.9.2009 – L 7 B 298/09 AS).
- Pflege der Mutter, auch ohne Pflegestufe, wenn sie auf regelmäßige Hilfe angewiesen ist (VG Bremen vom 9.4.2008 – S 3 V 952/08).
- Benutzung der Kohleheizung fällt dem Leistungsberechtigten schwer (OVG Hamburg vom 16.1.1990 – Bs IV 256/89; LSG Berlin-Brandenburg vom 25.3.2009 – L 25 AS 470/09 B ER: Luftnot wegen Kohleheizungsluft).
- Treppenlaufen in Wohnung im 4. OG ohne Aufzug für allein erziehende Mutter zweier Kinder im Alter von 7 Monaten und 2 Jahren bei Vorliegen weiterer gesundheitlicher Beeinträchtigungen nicht zumutbar (SG Berlin vom 16.10.2009 – S 82 AS 40096/08).
- Treppenlaufen in Wohnung im 4. OG bei schwerwiegenden Kniegelenksbeschwerden (SG Gießen vom 10.1.2013 – S 25 AS 832/12 ER).
- Treppenlaufen in Wohnung im 4. OG mit einjährigem Kleinkind bei Rückenproblem der Mutter (BSG vom 24.11.2011 – B 14 AS 107/10 R; LSG Baden-Württemberg vom 11.12.2013 – L 2 AS 1281/12 ZVW).
- Aufnahme eines autistischen Kindes in die Wohnung (SG Lüneburg vom 12.5.2009 – S 78 AS 666/09 ER).
- Alleinerziehende mit Krebserkrankung (SG Duisburg vom 29.7.2011 – S 5 AS 1866/10).
- Atemwegserkrankung, Schimmel in der Wohnung → S. 271 ff.

Dagegen wurde die Erforderlichkeit in folgenden Fällen verneint:

Erforderlichkeit verneint

- Größere Wohnung wegen ADHS-bedingtem Bewegungsdrang (LSG NRW vom 15.12.2009 – L 20 B 120/09 AS ER).
- Wechsel der Straßenseite wegen Asthmaerkrankung (LSG Berlin-Brandenburg vom 25.9.2009 – L 32 AS 1758/08).

- Bessere ärztliche Erreichbarkeit (LSG Sachsen vom 26.10.2009 – L 3 B 768/08 SO-ER).
- Fußkalte Wohnung (SG Neubrandenburg vom 27.7.2009 – S 13 ER 186/09 AS).
- »Tapetenwechsel« wegen depressiver Stimmung (LSG Sachsen vom 21.6.2012 – L 3 AS 828/11).
- Psychische Belastung wegen Beziehungsproblemen als Grund für einen sofortigen Umzug (SG Karlsruhe vom 6.3.2014 – S 14 AS 695/14 ER).

2.4 Schwangerschaft

Wohnungszustand/-größe

Mit Eintritt der Schwangerschaft wird nicht sofort und im späteren Verlauf erst dann ein Umzug erforderlich, wenn in der bisherigen Wohnung ein neugeborenes Kind nicht angemessen untergebracht werden kann, z. B. wegen des schlechten Wohnungszustands (dazu LSG Sachsen vom 22.12.2009 – L 2 AS 711/09 B ER), der fehlenden Möglichkeit zur Einrichtung einer Ruhezone für den Säugling. Die fehlende Wohnfläche für eine Zweipersonen-BG allein erlaubt noch keinen Umzug; denn der Raumbedarf eines neugeborenen Kindes ist geringer als der eines Kindes ab dem Krabbelalter (dazu auch SG Stralsund vom 10.4.2014 – S 8 AS 287/14 ER).
Ist die Wohnung zur Unterbringung eines Säuglings ungeeignet, kann die Schwangere nach LSG Mecklenburg-Vorpommern 28.10.2008 – L 8 B 299/08 und vom 7.5.2009 – L 8 AS 87/08 jedenfalls ab dem 5. Schwangerschaftsmonat umziehen, weil ein späterer Umzug gesundheitlich unzumutbar ist (enger LSG Sachsen-Anhalt vom 12.2.2009 – L 5 B 177/07 AS: ab dem 6. Schwangerschaftsmonat).
Unzulässig ist der Verweis auf einen Umzugstermin nach der Entbindung, weil die Geburt ja auch schiefgehen könnte.

Familiäre Gründe

Ein Umzug kann auch deshalb notwendig sein, weil die Schwangere zum künftigen Vater des Kindes oder zu Freunden oder Verwandten ziehen will, da sie sich allein überfordert fühlt und in der Endphase der Schwangerschaft und nach der Entbindung Hilfe braucht.

U 25

Die Schwangerschaft kann ein schwerwiegender Grund i. S. von § 22 Abs. 5 SGB II für einen Auszug hilfebedürftiger »Kinder« aus der mit den Eltern gebildeten BG sein (SG Berlin vom 19.6.2006 – S 103 AS 3267/06 ER; SG Gießen vom 15.5.2009 – S 26 AS 490/09 ER; LSG Sachsen-Anhalt vom 12.2.2009 – L 5 B 177/07 AS). Da nach Geburt des Kindes bei Verbleib im Elternhaus nach BSG vom 17.7.2014 – B 14 AS 54/13 R keine eigene Eltern-Kind BG in der BG entsteht, it noch zu klären, ob das Jobcenter eine vom Kopfteilprinzip abweichende Miet- und Heizkostenregelung, wenn sie nach der veränderten Nutzung der Wohnung sachgerecht ist, akzeptieren muss (vgl. dazu LSG Sachsen-Anhalt vom 27.7.2010 – L 2 AS 349/10 B ER).

2.5 Berufliche/schulische Gründe

Ein Umzug ist in der Regel erforderlich, wenn nur dadurch eine Arbeits- oder Ausbildungsstelle in zumutbarer Zeit erreicht werden kann (LSG Sachsen-Anhalt vom 11.9.2012 – L 5 AS 461/11 B). Nach LSG Berlin-Brandenburg vom 24.1.2008 – L 26 B 21/08 AS ER; BSG vom 19.2.2008 – B 4 AS 30/08 R ist ein Auszug aus einer unangemessen teuren Wohnung unzumutbar, wenn sich dadurch der Schulweg für die Kinder um mehr als 20 km verlängert. Daraus kann geschlossen werden, dass ein notwendiger Schulwechsel einen Umzug erforderlich machen kann, wenn der Weg zur neuen Schule mehr als 20 km beträgt. Bei einem Schulwechsel aus freien Stücken können höhere Anforderungen an die Bewältigung des Schulwegs gestellt werden. Bei Aufnahme einer auswärtigen Arbeitsstelle ist zur Vermeidung von Kosten für eine doppelte Haushaltsführung (näher → Leitfaden zum Arbeitslosengeld II S. 352 ff.) ein Umzug erforderlich, wenn die Probezeit abgelaufen ist. Reicht das Erwerbseinkommen ggf. zusammen mit Wohngeld zur Bedarfsdeckung aus, helfen in der Startphase Leistungen aus dem Vermittlungsbudget nach § 45 SGB III.

Beispiele für einen erforderlichen Umzug sind:

- Aufnahme einer auswärtigen Arbeitsstelle (SG Frankfurt am Main vom 16.1.2006 – S 48 AS 20/06 R; LSG NRW vom 23.9.2009 – L 19 B 39/09 AS). Nach LSG NRW vom 26.2.2014 – L 7 AS 245/14 B ER kann ein Umzug zur Arbeitsaufnahme im Ausland im Rahmen von § 22 SGB II nicht bezuschusst werden.
- Verbesserung der Ausbildungsplatzchancen am neuen Wohnort (VG Bremen vom 9.4.2008 – S 3 V 952/08).
- Größerer Raumbedarf wegen einer Tätigkeit als Tagesmutter (LSG Sachsen vom 29.5.2012 – L 7 AS 24/12 B ER).

2.6 Eheliche Gemeinschaft/Einstandsgemeinschaft

Nach BSG vom 18.2.2010 – B 4 AS 49/09 R bilden Ehe-/Lebenspartner, die an der Partnerschaft festhalten, auch ohne gemeinsamen räumlichen Lebensmittelpunkt eine Paar-BG. Die tatsächlichen Mietaufwendungen beider Ehe-/Lebenspartner sind danach nur angemessen, wenn sie den Angemessenheitswert für Zwei-Personen-Haushalte im maßgeblichen Vergleichsraum nicht übersteigen. Ist das nicht der Fall, können die Kosten gemäß § 22 Abs. 1 Satz 3 SGB II gesenkt werden; ein Zusammenziehen kann das Jobcenter aber nicht verlangen. Umgekehrt können die Ehe-/Lebenspartner mit den Gründen der BSG-Entscheidung aber geltend machen, ein Zusammenziehen sei ein »erforderlicher« Umzug, auch wenn die Kosten beider bisheriger Wohnungen nach dem Maßstab für eine 2-Personen-BG angemessen sind (Leitbild des Zusammenlebens unter einem Dach).

Für Paare, die mit dem Zusammenziehen Einstandspartner nach § 7 Abs. 3 c SGB II werden wollen, gilt das nur, wenn die Bindung schon vor dem geplanten Zusammenleben i. S. von § 7 Abs. 3a SGB II gefestigt ist oder wichtige Gründe für ein Zusammenziehen dazukommen (gemeinsames [werdendes] Kind, Krankheit, Behinderung).

H. bezieht Alg II. Die Kosten ihrer 35 qm-Wohnung (360 €) werden vom Jobcenter als angemessen übernommen. Im März 2015 lernt sie B. kennen, der ebenfalls von Alg II lebt. Die Wohnkosten seiner 40 qm großen Wohnung in Höhe von 410 € trägt mangels Kostensenkungsaufforderung das Jobcenter. Im Mai 2015 beantragen beide die Zusicherung für den Bezug einer 65 qm großen Wohnung, die mit 480 € Miete angemessen ist. Das Jobcenter lehnt eine Zusicherung ab, weil das Zusammenziehen unter den gegebenen Umständen als rein persönlicher Wunsch zu werten sei, den die Allgemeinheit nicht finanzieren müsse. Zu Recht; ein Anspruch auf Zusicherung und Wohnungsbeschaffungskosten gibt es daher nicht. Ist der Vermieter abschlussbereit, können H. und B. die Wohnung aber beziehen, weil die jeweils 240 € anteilige Unterkunftskosten keine Deckelung nach § 22 Abs. 1 Satz 2 SGB II auslösen. Beispiel

2.7 Trennung/Scheidung

Die Auflösung der BG macht einen Umzug erforderlich (LSG Sachsen vom 27.12.2012 – L 3 AS 943/12 B PKH). Warum es zur Trennung kam, spielt keine Rolle. Auch wenn ein Partner die Trennung veranlasst hat (z.B. durch Fremdgehen, Alkohol), können ihm die mit der Trennung verbundenen Umzugskosten nicht über § 34 SGB II aufgebürdet werden. Ist der ausgezogene Ex-Partner nicht hilfebedürftig, kann das Jobcenter aber prüfen, ob er bis zum Wohnungswechsel für die Miete der früheren Wohnung noch anteilig aufkommen muss (s. dazu BGH vom 3.2.2010 – XII ZR 53/08). Stellt der hilfebedürftige Mieter den Ex-Partner von Ansprüchen frei und ist die Freistellung nicht sittenwidrig, kann das Jobcenter eine Haftung nach § 34 SGB II prüfen.

Das Jobcenter kann nicht verlangen, dass bis zum Finden neuer, angemessener Wohnungen weiter zusammengelebt wird. Nach LSG Mecklenburg-Vorpommern vom 30.4.2008 – L 10 B 134/07 ist bei Scheitern einer Ehe ein Umzug bereits vor Ablauf des Trennungsjahres erforderlich.
Ist die Wohnung nach Auszug für eine Person unangemessen teuer, muss vor Absenkung der Miete ein Kostensenkungsverfahren vorgeschaltet werden.
Nicht nur die Auflösung einer Ehe, auch der Zuzug zum Ehegatten kann einen Umzug erforderlich machen (LSG Berlin-Brandenburg vom 22.11.2006 – L 5 B 760/06 AS ER und vom 5.2.2008 – L 10 B 2193/07).

2.8 Auszug über 25-Jähriger aus elterlicher Wohnung

Über 25-Jährige gehören nicht mehr zur BG; sie leben in Haushaltsgemeinschaft mit den Eltern. Die strengen Grundsätze des § 22 Abs. 5 SGB II gelten für sie nicht mehr. Nach LSG Mecklenburg-Vorpommern vom 22.7.2008 – L 10 B 203/08 können sie ohne Angabe von Gründen ausziehen; offen gelassen vom LSG Sachsen-Anhalt vom vom 19.5.2014 – L 4 AS 169/14 B ER, weil Umzug wegen unzumutbarer Wohnverhältnisse im Elternhaus erforderlich war; eingeschränkt LSG Berlin-Brandenburg vom 28.9.2006 – L 14 B 733/06 AS ER: bei beengten Wohnverhältnissen; SG Hildesheim vom 25.3.2010 – S 54 AS 963/09:

»Ein Auszug aus der elterlichen Wohnung, hinsichtlich der dem über 25-jährigen erwerbsfähigen Hilfebedürftigen seit Jahren ein kostenfreies Wohnrecht eingeräumt wurde und in der er neben den zur gemeinschaftlichen Nutzung mit seinen Familienangehörigen vorgesehenen Funktionsräumen (Bad, WC, Küche etc.) über ein eigenes Zimmer zur ausschließlichen Nutzung als Wohn- und Schlafraum verfügt, ist ohne das Hinzutreten gewichtiger persönlicher Gründe nicht erforderlich i.S. des § 22 Abs. 2 S. 2 SGB 2 [a.F.]«.

2.9 Umgangsrecht

Das Umgangsrecht nach § 1684 BGB umfasst regelmäßig auch Übernachtungen beim umgangsberechtigten Elternteil (KG Berlin vom 10.1.2011 – 17 UF 225/10). Der Umzug in eine größere Wohnung ist daher erforderlich, wenn die bisherige Unterkunft nach Wohnfläche oder Zuschnitt dem Unterkunftsbedarf einer zeitweisen BG (näher → Leitfaden zum Arbeitslosengeld II, S. 82 ff.) nicht gerecht wird. Zur Prüfung, wann eine andere Wohnung benötigt wird, → S. 60 f.

Wohlverhaltenspflicht

Lehnt der Elternteil, bei dem das Kind überwiegend lebt, den Umgang wegen der schlechten Wohnverhältnisse des umgangsberechtigen Elternteils ab, kann im Streit vor dem Familiengericht eine in Aussicht stehende bessere Wohnung mit Unterstützung des Jobcenter vorgeschlagen werden. Zur aktiven Förderung des Umgangs (Wohlverhaltenspflicht) gehört dann auch, dass es der andere Elternteil unterlässt, auf die Wohnungsgesellschaft oder das Jobcenter negativ einzuwirken (KG Berlin vom 10.1.2011 – 17 UF 225/10).

Ausweitung des Umgangsrechts

Ein Umzug kann auch erforderlich sein, wenn der Leistungsberechtigte so die Erziehung und Betreuung seines Kindes ausweiten kann. Der Umzug dient dann sowohl dem Kindeswohl als auch dem Recht des Leistungsberechtigten auf Erziehung seines Kindes (SG Bremen vom 31.5.2010 – S 23 AS 987/10 ER).

Kostengünstige Alternative

Nach LSG Niedersachsen-Bremen vom 9.6.2010 – L 13 AS 147/10 B ER ist vor dem Bezug einer teureren Wohnung zu prüfen, ob es dem hilfebedürftigen Elternteil zugemutet werden kann, das Umgangsrecht durch den Besuch seines Kindes an dessen gewöhnlichem Aufenthaltsort zu realisieren.

Umgekehrt soll nach LSG Thüringen vom 19.3.2014 – L 4 AS 1560/12, Revision anhängig – B 4 AS 27/14 R; LSG NRW vom 26.1.2015 – L 12 AS 2410/14 B ER ein Umzug vorrangig bzw. »erforderlich« sein, wenn die Kosten für den Besuch der Kinder sehr hoch sind und die Eltern nur räumlich getrennt leben.

Laufender Sorgerechtsstreit

Ein laufender Sorgerechtsstreit, in dem erst noch geklärt werden muss, ob sich ein Kind künftig häufiger in der Wohnung des Leistungsberechtigten aufhält, macht den Bezug einer größeren Wohnung nach LSG NRW vom 9.12.2013 – L 2 AS 843/13 B noch nicht erforderlich.

Eigenbedarfskündigung

Ein Umzug kann dadurch erforderlich werden, dass der Vermieter den Mietvertrag kündigt, weil er die vom Leistungsberechtigten bewohnten Räume als (Zweit-)Wohnung zur Ausübung seines Umgangsrechts gegenüber einem 13-jährigen Kind in familiärer bzw. häuslicher Atmosphäre benötigt (LG Berlin vom 22.8.2013 – 67 S 121/12; die Verfassungsbeschwerde wurde vom BVerfG vom 23.4.2014 – 1 BvR 2851/13 nicht zur Entscheidung angenommen).

Wohnungsberechtigungsschein

Höherer Raumbedarf für die Ausübung eines Umgangsrechts muss auch bei der Erteilung eines Wohnungsberechtigungsscheines berücksichtigt werden. Nach VG München vom 14.3.2013 – M 12 K 12.5572 soll dabei u. a. erheblich sein, ob die Kosten für die angestrebte, größere Wohnung finanziert werden können bzw. vom Jobcenter übernommen werden würden.

2.10 Zu kleine Wohnung

Regulärer Angemessenheitsmaßstab

Vergrößert sich die BG (z. B. durch Geburt eines Kindes, Zuzug des Partners) oder verringert sich die Wohnfläche (z. B. durch bauliche Änderungen, Teileigenbedarf des Vermieters), kann zur Prüfung, ob der Umzug in eine andere Wohnung wegen der Wohnfläche erforderlich ist, in der Regel auf die Wohnflächenwerte in den landesrechtlichen Richtlinien zur Wohnförderung (→ S. 53 f.) oder auf Satzungsbestimmungen zur Wohnungsgröße zurückgegriffen werden (vgl. LSG Berlin-Brandenburg vom 20.5.2008 – L 14 B 768/08 AS ER); werden sie unterschritten, ist der Umzug erforderlich (LSG Baden-Württemberg vom 7.11.2012 – L 3 AS 5162/11; a.A. SG Wiesbaden vom 5.11.2014 – S 5 AS 834/14 ER: Prüfung der Zumutbarkeit trotz Unterschreitung der qm-Angemessenheitsgrenze). Ein Verweis auf absolute Untergrenzen oder eine vom Vermieter gerügte Überbelegung der Wohnung ist unzulässig.

Absolute Mindestgröße?

Hat der Leistungsberechtigte aus freiem Entschluss eine Wohnung unterhalb der regulären Wohnflächenwerte gemietet, gelten strengere Maßstäbe. Denn allein die Unterschreitung einer bestimmten Flächengröße macht das Wohnen nicht unzumutbar bzw. den Bezug einer größeren Wohnung erforderlich (vgl. LSG Sachsen vom 12.3.2012 – L 7 AS 985/11 B ER).

Ob es eine absolute Grenze gibt, deren Unterschreitung einen Umzug ohne weiteres erforderlich macht, ist nach der bisherigen Rechtsprechung zur Einpersonen-BG unklar. Das HessLSG vom 12.3.2007 – L 9 AS 260/06 deutet an, dass eine Wohnung mit einer Wohnfläche von weniger als 35 qm für eine Person unzumutbar ist; in diese Richtung weist auch das LSG Schleswig-Holstein vom 3.9.2009 – L 9 SO 22/08. Dagegen hält das LSG Schleswig-Holstein vom 11.4.2011 – L 11 AS 123/09 auch kleinere Wohnungen bis 25 qm für zumutbar:

> »Hilfebedürftigen ist grundsätzlich zumutbar, auch kleinere Wohnungen anzumieten. Aus dem Kieler Mietspiegel ist auch ersichtlich, dass nicht nur diese kleineren Wohnungen auf dem Wohnungsmarkt zur Verfügung stehen, sondern auch in ausreichender Anzahl Wohnungen im Bereich von 40 bis 50 qm. Für den Senat sind jedoch keinerlei Gründe ersichtlich, weshalb eine einzelne Person auf einer Wohnfläche von 25 qm nicht menschenwürdig leben können sollte.«

Das SG Stade vom 8.10.2010 – S 28 AS 724/10 ER hält bei einer Wohnung von nur 19,38 qm die Anmietung weiteren Wohnraums für erforderlich. Die Erforderlichkeit eines Umzugs aus seinem ehemaligen ca. 10 qm großen Kinderzimmer in eine eigene Wohnung eines über 25-Jährigen bejaht LSG Sachsen-Anhalt vom 4.9.2014 – L 4 AS 373/14 B ER. Ebenso das LSG Sachsen-Anhalt vom 19.5.2014 – L 4 AS 169/14 B ER bei einem nur 9 qm großen Kinderzimmer.

Folgeprobleme zu engen Wohnens

Ständiger Streit wegen beengter Wohnverhältnissen kann einen Umzug erfordern (SG Lüneburg vom 28.4.2009 – S 86 AS 589/09 ER).

2.11 Nicht kindgerechte Wohnung

Der Grundsatz des § 16 SGB XII, dass Leistungen der Sozialhilfe »die besonderen Verhältnisse in der Familie berücksichtigen sollen«, gilt als Wertungsmaßstab für einen erforderlichen Umzug auch im SGB II. Es ist daher je nach Lage des Einzelfalles zu beurteilen, ob die Wohnung dem Wohnbedarf der Familie (noch) gerecht wird. Einen Automatismus, wonach sich der Wohnflächenbedarf mit Erreichen eines bestimmten Alters erhöht (z. B. ab vollendetem sechsten Lebensjahr um 15 qm bei alleinerziehender Mutter), gibt es nicht (BSG vom 16.4.2013 – B 14 AS 28/12 R). Die nachfolgenden Entscheidungen können als Orientierungsmaßstab herangezogen werden:

- **Eigene(s) Kinderzimmer**
  - Zwei Kinder im Alter von vier und fast zwei Jahren benötigen nach Schlafgewohnheit und Entwicklungsstand kein eigenes Zimmer. Ist das aktuell genutzte Kinderzimmer für beide Kinder zu klein, geht nach LSG Sachsen vom 04.03.2011 – L 7 AS 753/10 B ER eine andere Raumaufteilung einem Umzug vor (ebenso LSG NRW vom 10.2.2010 – L 7 B 424/09 AS: Umwandlung des Arbeitszimmers in ein Kinderzimmer).
  - LSG Niedersachsen-Bremen vom 11.10.2007 – L 7 AS 623/07 ER: Führt die bisherige gemeinsame Nutzung eines gemeinsamen Zimmers durch zwei Kinder im Alter von sechs und acht Jahren zu erheblichen gegenseitigen Beeinträchtigungen, ist der Bezug einer Wohnung mit zwei Kinderzimmern erforderlich (so auch LSG Baden-Württemberg vom 11.8.2011 – L 12 AS 3144/11 ER-B).
  - SG Dresden vom 2.8.2007 – S 10 AS 1957/07 ER: Ein Altersunterschied der Kinder von zehn Jahren macht in der Regel eine Wohnung mit jeweils eigenem Kinderzimmer erforderlich.
  - Gleichaltrigen Kindern kann nach SG Dresden vom 2.6.2014 – S 7 AS 510/12 auch im schulpflichtigen Alter die Nutzung eines gemeinsamen Zimmers zugemutet werden.
  - LSG Sachsen vom 27.3.2008 – L 3 B 479/07 AS-ER: Dreizimmerwohnung mit 74 qm für zwei Erwachsene und vier Kinder macht Umzug erforderlich.
  - Haben die in einer 77 qm großen Dreizimmerwohnung lebenden, sieben- und achtjährigen Kinder ein eigenes Zimmer, kann die Mutter nach LSG NRW vom 5.7.2011 – L 6 AS 18/11 B auf eine Schlafcouch im Wohnzimmer verwiesen werden.
  - Benötigt ein in einer Jugendhilfeeinrichtung untergebrachtes Kind zur Reintegration in die Familie ein eigenes Zimmer, ist einem dazu nötigen Umzug zuzustimmen (LSG Berlin-Brandenburg vom 14.8.2014 – L 18 AS 2084/14 B ER).

- **Geburt eines (weiteren) Kindes**
  - LSG Berlin-Brandenburg vom 16.11.2006 – L 5 B 821/06 AS ER: Auszug aus Zweizimmerwohnung für allein erziehende Mutter mit sechsjährigem Kind nach Geburt eines zweiten Kindes erforderlich.
  - LSG Niedersachsen-Bremen vom 17.10.2006 – L 6 AS 556/06 ER: Wohnung mit 46 qm Wohnfläche nach Geburt eines Kindes zu beengt. Strenger SG Chemnitz vom 26.7.2012 – S 14 AS 3078/12 ER: Zweizimmerwohnung mit 39,26 qm ist ausreichend groß.
  - LSG Berlin-Brandenburg vom 20.3.2014 – L 25 AS 2038/10: 64 qm große Wohung nach Geburt des zweiten Kindes für vier Personen zu klein.

- LSG Berlin-Brandenburg vom 15.12.2006 – L 5 B 1147/06 AS ER: Auszug der Eltern aus Einzimmerwohnung mit zweitem Behelfsraum wegen Geburt eines Kindes erforderlich.
- LSG Baden-Württemberg vom 27.9.2006 – L 7 AS 4739/05 ER-B: Auszug der Eltern aus Zweizimmerwohnung (55 qm) wegen Geburt eines Kindes erforderlich; a.A. LSG NRW vom 21.5.2012 – L 12 AS 609/12 B ER: 55 qm für zwei Personen mit zweijährigem Kind ausreichend.
- LSG Mecklenburg-Vorpommern vom 7.5.2009 – L 8 AS 87/08: Wohnung von 73,3 qm für vier Personen nach Geburt des dritten Kindes zu klein.
- LSG Berlin-Brandenburg vom 24.8.2007 – L 28 B 1389/07 AS ER: Einzimmerwohnung von 43,15 qm nach Geburt eines Kindes zu klein.

■ **Ungünstiger Schnitt der Wohnung**

- SG Köln vom 6.4.2009 – S 14 AS 55/09 ER: Keine Trennung von Wohn- und Schlafraum möglich.
- LSG Berlin-Brandenburg vom 20.5.2008 – L 14 B 768/08 AS ER: Wohnung mit lediglich zwei Wohnräumen, von denen einer ein Durchgangszimmer ist, für Dreipersonenhaushalt mit zwei Kindern.
- LSG Berlin-Brandenburg vom 18.12.2006 – L 10 B 1091/06 AS ER: Zweizimmerwohnung mit 56 qm für Eltern mit achtjährigem Kind.
- LSG Berlin-Brandenburg vom 25.6.2007 – L 10 B 854/07 AS ER: 52 qm große Eineinhalbzimmerwohnung für zwei Erwachsene und ein Kleinkind im Krabbelalter.

Keine Verwirkung

Unterbleibt zunächst ein wegen Platzmangels erforderlicher Umzug, entfällt die einmal eingetretene Erforderlichkeit auch durch längeren Zeitablauf nicht, da der objektive Wohnflächenmangel fortbesteht und regelmäßig auch keine Verwirkung des Anspruchs auf Erteilung der Zusicherung eintritt (LSG Mecklenburg-Vorpommern vom 7.5.2009 – L 8 AS 87/08).

2.12 Unzumutbares Wohnumfeld

Ein unzumutbares Wohnumfeld (z. B. drohende Gewalt Dritter, erhebliche Verwahrlosung, verfeindete Nachbarn: LSG Berlin-Brandenburg vom 6.6.2007 – L 28 B 676/07 AS ER und vom 31.3.2008 – L 29 B 296/08 AS ER; LSG Sachsen vom 25.1.2010 – L 3 AS 700/09 B ER und vom 21.6.2012 – L 3 AS 828/11) erfordert einen Umzug, wenn eine Abhilfe nicht in Aussicht ist. Sind Kinder in der BG gefährdet, steht der Erforderlichkeit des Umzugs nicht entgegen, dass schon bei Einzug die schlechten Wohnverhältnisse bekannt waren (LSG Sachsen vom 24.2.2009 – L 3 B 650/08 AS PKH).

Geht die Störung von einem Mitmieter aus, ist bei Meldung der Störung an den Vermieter die erbetene Anonymität zu respektieren. Der Störer hat im Fall einer Abmahnung keinen Anspruch gegen den Vermieter auf Auskunft, wer ihn beschuldigt hat (AG München vom 8.8.2014 – 463 C 10947/14). Einem Mieter, der auf Grund seiner psychischen Erkrankung in erheblichem Maße den Hausfrieden stört und Verhaltensweisen zeigt, die auf die Mitmieter bedrohlich wirken und Anlass für Sorge und Verängstigung geben, kann trotz seiner Erkrankung fristlos aus wichtigem Grund gekündigt werden, wenn sich aus einer umfassenden Interessenabwägung die Unzumutbarkeit der Fortsetzung des Mietverhältnisses für die Wohnungsnachbarn ergibt (LG Heidelberg vom 15.4.2011 – 5 S 119/10).

2.13 Unterwertiger Wohnungsstandard

Eine Wohnung des untersten Ausstattungsstandards (z.B. fehlende Abgeschlossenheit, keine Zentralheizung, kein Bad) ist auf Dauer unzumutbar und begründet die Erforderlichkeit eines Umzugs, wenn eine Wohnwertverbesserung vom Vermieter nicht geschuldet oder zu erwarten ist.

Üblicher Wohnstandard

Wurde die Wohnung mit dem geringen Standard als vertragsgemäßem Zustand gemietet, gibt es keinen Anspruch gegen den Vermieter auf Veränderungen. Fehlt es an einer Vereinbarung zur Beschaffenheit der Mietsache, schuldet der Vermieter nach BGH vom 7.7.2010 – VIII ZR 85/09 und vom 5.6.2013 – VIII ZR 287/12 eine Beschaffenheit, die sich für die Nutzung als Wohnung eignet und die der Mieter nach der Art der Mietsache erwarten kann:

> »Der Mieter einer Wohnung kann nach der allgemeinen Verkehrsanschauung erwarten, dass die von ihm angemieteten Räume einen Wohnstandard aufweisen, der bei vergleichbaren Wohnungen üblich ist. Dabei sind insbesondere das Alter, die Ausstattung und die Art des Gebäudes, aber auch die Höhe der Miete und eine eventuelle Ortssitte zu berücksichtigen. ... Gibt es zu bestimmten Anforderungen an den Wohnstandard technische Normen, so ist nach der Rechtsprechung des Senats (jedenfalls) deren Einhaltung vom Vermieter geschuldet. Dabei ist nach der Verkehrsanschauung grundsätzlich der bei Errichtung des Gebäudes geltende Maßstab anzulegen.«

Stromversorgung

Zum technischen Standard der Stromversorgung einer Wohnung gehört nach BGH vom 10.2.2010 – VIII ZR 343/08 eine Elektrizitätsversorgung,

> »die zumindest den Betrieb eines größeren Haushaltsgeräts wie einer Waschmaschine und gleichzeitig weiterer haushaltsüblicher Geräte wie zum Beispiel eines Staubsaugers ermöglicht. Auf eine unterhalb dieses Mindeststandards liegende Beschaffenheit kann der Mieter nur bei eindeutiger Vereinbarung verwiesen werden. Dem genügt eine Formularklausel, nach der der Mieter in der Wohnung Haushaltsmaschinen nur im Rahmen der Kapazität der vorhandenen Installationen aufstellen darf, nicht«.

Zum Recht des Mieters, Waschmaschine und Trockner in der Wohnung aufzustellen, auch wenn im Haus dazu Räume zur Verfügung stehen, s. LG Freiburg vom 10.12.2013 – 9 S 60/13.

Schlechte Wärmedämmung

Der Wunsch, aus einer schlecht isolierten Wohnung, die im Winter nur durch ständiges Heizen einigermaßen warm zu bekommen ist, in eine normal isolierte umzuziehen, macht den Wohnungswechsel erforderlich, wenn mietvertragliche Ansprüche gegen den Vermieter auf Verbesserung der Dämmung oder ähnliches nicht bestehen (LSG Berlin-Brandenburg vom 25.9.2009 – L 32 AS 1758/08). Ein Anspruch auf Verbesserung der Wärmedämmung besteht erst, wenn die bisherige Dämmung beschädigt ist oder wenn in der Wohnung Mängel auftreten, wie z. B. Feuchtigkeit (Schimmel) oder die Raumtemperatur trotz voller Beheizung nicht mehr als 16 bis 17 Grad erreicht (LG Stuttgart vom 30.1.2013 – 13 S 176/12).

Unzureichende Heizung

Ist die Heizungsanlage so dimensioniert, dass in Wohnräumen tagsüber keine 20 Grad erreicht werden, liegt ein Mangel vor, den der Vermieter beseitigen muss (LG Berlin vom 8.6.2012 – 63 S 423/11). Die Mängelbeseitigung geht einem Umzug vor. Erreicht die Heizung höchstens 20 Grad, benötigt der Mieter aus gesundheitlichen Gründen aber eine höhere Raumtemperatur, kann er eine für ihn zumutbare Wohnung nur mit einem Umzug erreichen, den das Jobcenter unterstützen muss.

Hohe Heizkosten

Selbst außergewöhnlich hohe Heizkosten sind kein Fehler der Mietsache, der den Vermieter zur Mängelbeseitigung verpflichtet, wenn die Heizungsanlage zwar sehr alt ist, aber normgerecht funktioniert (dazu OLG Düsseldorf vom 8.7.2010 – I-24 U 222/09; LG Berlin vom 8.6.2012 – 63 S 423/11; BGH vom 18.12.2013 – XII ZR 80/12). Fordert das Jobcenter hier zur Kostensenkung auf, kann diese nur mit einem Umzug realisiert werden. Von sich aus kann der Mieter wegen der hohen Heizkosten nur dann »erforderlich« i. S. von § 22 SGB II umziehen, wenn ihm das Jobcenter keine Garantie gibt, dass es die Heizkosten und auch etwaige Nachforderungen bei der Heizkostenabrechnung ungekürzt übernimmt.

Unzumutbare sanitäre Verhältnisse

- SG Dortmund vom 22.12.2005 – S 31 AS 562/05 ER: Wohnung ohne Bad.
- LSG Sachsen-Anhalt vom 31.3.2011 – L 5 AS 359/10 B ER: Wegfall der Badmitbenutzung bei Wohnung mit sehr niedrigem Standard.
- LSG Sachsen vom 22.12.2009 – L 2 AS 711/09 B ER: Wohnung einer BG mit Neugeborenem verfügt lediglich über ein nicht beheizbares Bad und über Ofenheizung in den übrigen Räumen.

Häufung unterwertiger Ausstattung

- SG Bremen vom 3.9.2009 – S 26 AS 1408/09 ER: Wohnung ohne Küche oder anderweitige Kochgelegenheit.
- SG Berlin vom 16.12.2005 – S 37 AS 11501/05 ER: Wohnung sehr ungünstig geschnitten und schlecht beheizbar.

- SG Berlin vom 4.11.2005 – S 37 AS 10013/05: Schlechte sanitäre Verhältnisse und Ofenbeheizung für einen älteren, gesundheitlich angeschlagenen Leistungsberechtigten.
- LSG Baden-Württemberg vom 11.8.2011 – L 12 AS 3144/11 ER-B: Wohnung sehr klein, schlecht geschnitten und schlecht beheizbar.

2.14 Baumängel

§ 535 Abs. 1 Satz 2 BGB verpflichtet den Vermieter, die Mietsache während der gesamten Mietzeit in gebrauchsfähigem Zustand zu erhalten. Grundsätzlich haben daher Ansprüche auf Mängelbeseitigung gegen den Vermieter Vorrang vor einem SGB II-finanzierten Auszug, zumal der Mieter verpflichtet ist, Mängel der Mietsache sofort dem Vermieter zu melden, wenn sonst ein weiter gehender Schaden droht. Das gilt auch für das erneute Auftreten eines beseitigten Mangels (AG München vom 8.11.2011 – 431 C 20886/11). Tritt eine Verschlimmerung des Schadens aufgrund einer trotz Anzeige unterlassenen Mängelbeseitigung ein, trifft den Mieter vor Abzug eines entsprechend höheren Minderungsbetrags aber keine erneute Anzeigepflicht hinsichtlich der Ausweitung des Schadens (BGH vom 18.3.2014 – VIII ZR 317/13). Im Rahmen eines Schadensersatzanspruchs wegen unterlassener Mängelanzeige (§ 536c Abs. 2 BGB) trägt der Vermieter die Darlegungs- und Beweislast für die Verletzung der Anzeigepflicht (BGH vom 5.12.2012 – VIII ZR 74/12).

Substantielle Mängelanzeige

Da der Vermieter darlegungs- und beweispflichtig dafür ist, dass er die Wohnung in einem zum vertragsgemäßen Gebrauch geeigneten Zustand erhalten hat und ein Mangel nicht vorliegt, macht der Mieter einen Mangel mit dem Recht zur Mietminderung und zur Mängelbeseitigung hinreichend geltend, wenn er einen konkreten Sachmangel beanstandet und darlegt, dass dieser die Tauglichkeit der Mietsache zum vertragsgemäßen Gebrauch beeinträchtigt. Das Maß der Gebrauchsbeeinträchtigung oder einen bestimmten Minderungsbetrag braucht der Mieter nicht vorzutragen (BGH vom 25.10.2011 – VIII ZR 125/11 und vom 29.2.2012 – VIII ZR 155/11).

Unverschuldete Mängel

Der Vermieter muss nur die Mängel, die er zu verantworten hat, beseitigen (BGH vom 15.12.2010 – VIII ZR 113/10: Unterbrechung der Stromversorgung, weil der Mieter die Stromrechnung nicht zahlt). Kündigt der Vermieter aus vom Mieter zu vertretenden Gründen oder wird die Wohnungsnutzung unzumutbar (z. B. bei Stromsperre), ist ein Umzug unabwendbar; im Fall der Stromsperre bei Ablehnung einer Schuldenübernahme nach § 22 Abs. 8 SGB II. Ob er dann auch »erforderlich« mit der Folge der Übernahme höherer Kosten für die neue Wohnung ist, ist höchstrichterlich noch unentschieden (→ S. 252).

Verschuldete Mängel

Ist ein vom Mieter leicht fahrlässig verursachter Schaden im Rahmen einer Wohngebäudeversicherung, deren Kosten die Mieter tragen, abgesichert, muss der Vermieter in der Regel die Versicherung statt den Schadensverursacher in Anspruch nehmen. Die Pflicht des Vermieters zur Erhaltung der Mietsache (§ 535 Abs. 1 BGB) besteht auch dann, wenn er von einer Inanspruchnahme der Wohngebäudeversicherung absieht (BGH vom 19.11.2014 – VIII ZR 191/13: Vom Kind des Mieters verursachter Wohnungsbrand).

Keine Verjährung

Sind die Baumängel, derentwegen das Jobcenter einem Umzug zustimmen soll, schon älter, aber bisher nicht vom Mieter beanstandet worden, schadet das nicht. Der Anspruch auf Mängelbeseitigung gegen den Vermieter verjährt nicht (BGH vom 17.2.2010 – VIII ZR 104/09) und geht einem Umzug grundsätzlich vor.

Beispiel

Wegen unzureichender Lärm- und Schalldämmung überschreiten die Geräusche, die von der WC-Spülung in der Dachgeschosswohnung ausgehen, die zulässigen Grenzwerte. Um keinen Streit mit dem Vermieter zu haben, wurde dieser Mangel zunächst nicht gerügt. Nach Einzug neuer Mieter verstärkt sich die Lärmbelästigung. Die Mieter können vom Vermieter Abhilfe verlangen.

Umfang der Selbsthilfe

Wie stark sich der Leistungsberechtigte um Beseitigung von Mängeln durch den Vermieter bemühen muss, bevor ein Wohnungswechsel als erforderlich anerkannt werden kann, ist noch weitgehend ungeklärt (LSG NRW vom 4.2.2011 – L 19 AS 1984/10). Pauschale Grundsätze lassen sich wegen der in jedem Einzelfall zu würdigenden Sach- und Rechtslage nicht aufstellen. Als Mindestmaß an Selbsthilfe des Leistungsberechtigten kann verlangt werden, dass er

- den Mangel, dessentwegen er ausziehen will, dem Vermieter anzeigt und um Abhilfe nachsucht;
- den Vermieter bei Ausbleiben einer Reaktion per Einschreiben mit Rückschein oder einer anderen beweisbaren Zustellung zur Mängelbeseitigung auffordert.

Untätiger Vermieter

Bleibt der Vermieter trotz derartiger Aufforderung zur Mängelbeseitigung untätig, hängt die Forderung nach weiteren Schritten seitens des Mieters davon ab,

- ob der Mangel ohne Schwierigkeit als ein vom Vermieter zu vertretender Mangel nachweisbar ist;
- ob nach einer Mietrechtsberatung (Mieterverein oder Rechtsanwalt mit Beratungshilfe) Gewährleistungsansprüche als aussichtsreich eingeschätzt werden; zur Beratungshilfe bei Mietmängelstreit s. AG Halle vom 19.11.2012 – 103 II 107/12);
- ob das Jobcenter den Leistungsberechtigten bei Vollzug der Gewährleistungsansprüche unterstützt, wozu die Übernahme von Beiträgen zum Mieterverein gehören kann (LSG Hamburg vom 27.2.2014 – L 4 AS 429/11 ZVW).

Minderung der Miete

Mindert der Leistungsberechtigte im laufenden Alg II-Bezug die vom Jobcenter übernommene Miete, muss er diese Änderung dem Jobcenter melden. Denn akzeptiert der Vermieter die Minderung oder ist diese offensichtlich begründet, besteht nur in Höhe der gezahlten Miete Anspruch auf Kostenübernahme nach § 22 Abs. 1 SGB II.

Bestreitet der Vermieter das Recht auf Minderung oder die Höhe des Minderungsbetrages, ist ungewiss, in welcher Höhe letztlich Miete gezahlt werden muss bzw. ein KdU-Bedarf besteht. Sachgerecht ist in diesem Fall eine vorläufige Bewilligung der KdU in Höhe der gezahlten Miete. Hat der Mieter zu Recht gemindert, bleibt es bei der vorläufig bewilligten Miete als endgültigem KdU-Bedarf; durfte nicht oder nicht so viel gemindert werden, ist die nachzuzahlende Miete im Rahmen der endgültigen Festsetzung der zustehenden Leistungen vom Jobcenter zu übernehmen.

Wegfall der Hilfebedürftigkeit?

Reicht das Einkommen des Leistungsberechtigten, um den Regelbedarf und die geminderte Miete zu zahlen, endet der Leistungsbezug. § 328 SGB III gibt keine Handhabe, vorläufig 0 € zu bewilligen (vgl. dazu LSG Baden-Württemberg vom 28.5.2010 – L 12 AL 4265/09; Bay LSG vom 6.8.2012 – L 10 AL 95/12 B PKH; LSG NRW vom 25.8.2014 – L 9 AL 234/14 B gegen die Praxis der Arbeitsagenturen, wegen Prüfung einer Sperrzeit vorläufig 0 € Arbeitslosengeld zu bewilligen; offen gelassen vom BSG vom 2.5.2012 – B 11 AL 23/10 R).
Dies hat zur Folge, dass eine spätere Nachforderung der zu Unrecht geminderten Miete nur als Mietschuldübernahme gemäß § 22 Abs. 8 SGB II geltend gemacht werden kann. Denn anders als bei der Betriebskostennachforderung, die einen nachgelagerten KdU-Bedarf begründet, ist die zu Unrecht gekürzte Miete eine echte Mietschuld.

Zurückbehaltung

Der Alg II-Bezieher kann dieser Folge entgehen, indem er statt zu mindern nach ordnungsgemäßer Mängelanzeige und Aufforderung zur Mängelbeseitigung einen Teil der Miete zurückbehält, solange der Vermieter untätig bleibt. Die Zurückbehaltung der Miete ist lediglich ein Druckmittel zur Durchsetzung des Anspruchs auf Mängelbeseitigung; die Mietforderung bleibt in voller Höhe bestehen. Daher bleibt auch der Hilfebedarf unverändert; wenn der zurückgehaltene Mietanteil hinterlegt oder auf einem Extra-Sparbuch aufbewahrt wird (s. auch → S. 47).

Ungeklärte Rechtsfrage

Noch ungeklärt ist, ob das Jobcenter anstelle der bloßen Zurückbehaltung eine Minderung, die, soweit sie berechtigt ist, den KdU-Bedarf für die Dauer der Minderung verringert, verlangen kann. Übernimmt das Jobcenter die mit der Minderung verbundenen Risiken, dürfte eine Minderung der Miete nach ordnungsgemäßer Mängelanzeige zumutbar sein.

Minderung bei Direktzahlung nach § 22 Abs. 7 SGB II

Das Recht auf Minderung besteht auch dann, wenn die Miete vom Jobcenter direkt an den Vermieter überwiesen wird (§ 22 Abs. 7 SGB II). Im Fall einer auf Wunsch des Leistungsberechtigten erfolgten Direktzahlung genügt der Antrag, die Direktzahlung an die geminderte Miete anzupassen (SG Karlsruhe vom 19.4.2011 – S 15 AS 2985/09). Geht die Miete zur Verhinderung von Mietschulden direkt an den Vermieter (§ 22 Abs. 7 Satz 2 SGB II), kann das Jobcenter prüfen, ob die Mietminderung der Form (substantielle Mängelanzeige gemäß § 536c BGB) und dem Inhalt nach plausibel ist. Wenn ja, liegt die

Durchsetzung der Minderung im öffentlichen Interesse und ist durch Direktzahlung der gekürzten Miete zu ermöglichen; wenn nicht, ist das Jobcenter befugt, weiter die bisherige Miete an den Vermieter zu überweisen (s. dazu LSG Baden-Württemberg vom 21.10.2011 – L 12 AS 2016/11).

Ungeklärte Rechtsfrage

Noch ungeklärt ist, ob das Jobcenter zur Verhinderung des Risikos einer Kündigung aus Anlass einer vom Leistungsbezieher mitgeteilten Mietminderung auf eine Direktzahlung nach § 22 Abs. 7 SGB II in Höhe der bisher übernommenen, ungekürzten Miete übergehen kann. Das wird zu bejahen sein, wenn die Minderung unzulässig (die Mängelanzeige fehlt oder ist offenbar unzureichend) oder auf den ersten Blick unbegründet ist (z. B. 50% Minderung wegen eines tropfenden Wasserkrans). Der Leistungsberechtigte ist verpflichtet, auf Nachfrage des Jobcenters nähere Angaben zur Minderung zu machen; der Vermieter darf nur mit Zustimmung des Leistungsberechtigten befragt werden (BSG vom 25.1.2012 – B 14 AS 65/11 R).

Verschwiegene Mietminderung

Hat der Leistungsberechtigte dem Jobcenter die Mietminderung verschwiegen, darf das Jobcenter die Leistungsbewilligung rückwirkend auf die gekürzte Zahlmiete korrigieren, auch wenn die Mietvertragsparteien noch über das Minderungsrecht streiten. Denn der KdU-Bedarf wird von den »tatsächlichen Aufwendungen«, d.h. den Zahlungen auf eine rechtmäßige Vermieterforderung bestimmt (a.A. BayLSG vom 14.5.2014 – L 11 AS 616/13; HessLSG vom 20.3.2013 – L 6 SO 73/10: Keine Aufhebung möglich, da der KdU-Bedarf nicht durch die Miet-Zahlung bestimmt werde).

Vorsicht bei Minderung und Zurückbehaltung

Zwar gerät der Mieter nicht in einen die Kündigung des Mietverhältnisses begründenden Zahlungsverzug, wenn er zuvor einen bestehenden Mangel angezeigt hat, der eine Minderung oder ein Zurückbehaltungsrecht in Höhe des Mietrückstands begründet. Hat der Mieter aber zu viel an Miete gemindert oder zurückbehalten, kann er einer fristlosen Kündigung wegen Zahlungsverzugs nur dann fehlendes Verschulden entgegenhalten, wenn er trotz Beachtung der »verkehrsüblichen Sorgfalt« nicht hätte erkennen können, dass die tatsächlichen Voraussetzungen für die Minderung/Zurückbehaltung nicht bestanden (BGH vom 11.7.2012 – VIII ZR 138/11; s. auch LG München vom 6.12.2012 – 14 S 12138/12). Dies macht eine Mietminderung außerhalb offensichtlich vom Vermieter zu vertretender Mängel sehr riskant, zumal sich der Mieter eine Fehlberatung Dritter zurechnen lassen muss (BGH vom 25.10.2006 – VIII ZR 102/06: Verschulden des Mieterschutzvereins).

Mängelbeseitigung durch Handwerker

Reagiert der Vermieter auf eine zugegangene Mängelanzeige mit Fristsetzung zur Mängelbeseitigung nicht, kann der Mieter einen Handwerker mit der Reparatur beauftragen und die Rechnung dem Vermieter präsentieren (§ 536a Abs. 2 BGB). Der Handwerker wird allerdings nur kommen, wenn er bezahlt wird. Kann der Leistungsberechtigte die Handwerkerrechnung nicht begleichen, hat er die Möglichkeit, vom

Vermieter nach erfolglos verlangter Zahlung eines Vorschusses einen Kostenvorschuss einzuklagen (BGH vom 28.5.2008 – VIII ZR 271/07 und vom 21.4.2010 – VIII ZR 131/09). Unaufschiebbare Reparaturen können **nach Mängelanzeige** auch ohne Fristsetzung in Auftrag gegeben werden, wenn der Vermieter nicht unverzüglich Abhilfe schafft (§ 536a Abs. 2 Nr. 2 BGB). Dabei ist aber auf wirklich dringende Fälle zu achten, um nicht auf den Kosten sitzen zu bleiben (s. dazu AG Brandenburg vom 25.4.2012 – 34 C 45/11: Heizungsausfall im Winter).

Schadensersatzanspruch

Sind die aufgetretenen Mängel nicht zu beseitigen oder ist dem Mieter ein Weiterwohnen nicht zumutbar, ist er zu einer fristlosen Kündigung berechtigt. Hat der Vermieter die Mängel zu vertreten, muss er Schadensersatz leisten, der alle mit einem Umzug verbundene Kosten (Wohnungsbeschaffungskosten) umfasst (s. dazu LG Berlin vom 21.2.2012 – 63 S 251/11). Geht das Jobcenter insoweit in Vorleistung, kann es über § 33 SGB II oder aus abgetretenem Recht des Mieters beim Vermieter Rückgriff nehmen. Ist eine Mängelbeseitigung fehlgeschlagen, kann der Mieter nur dann zu Lasten des Vermieters ausziehen, wenn er ihn über den erneut aufgetretenen Mangel informiert hatte und der Vermieter untätig blieb oder ein Verbleib in der Wohnung nicht mehr zuzumuten war (AG München vom 8.11.2011 – 431 C 20886/11).

Mietrechtsstreit

Bestreitet der Vermieter, dass er den angezeigten Mangel zu vertreten hat, können die Kosten eines Rechtsstreits sehr hoch werden. Hat der Leistungsberechtigte keine Rechtsschutzversicherung oder ist er nicht Mitglied in einem Mieterverein, der den Streit übernimmt, kann ihn das Jobcenter nur dann auf die Durchführung eines Mietrechtsstreits verweisen, wenn er für diesen Streit Prozesskostenhilfe (PKH) bekommt, d. h. wenn eine hinreichende Erfolgsaussicht bejaht wird. Wird PKH abgelehnt und sind die bestehenden Mängel so gravierend, dass ein Weiterwohnen unzumutbar ist, muss das Jobcenter einem Umzug zustimmen oder den Rechtsstreit über § 33 SGB II oder aus abgetretenem Recht führen. Die Ablehnung von PKH besagt nicht automatisch, dass der Mieter den Mangel in einer Weise verschuldet hat, die ihm einen Anspruch auf Übernahme eines kostenerhöhenden Umzugs nach § 22 Abs. 1 Satz 2 SGB II abschneidet oder ihn nach § 34 SGB II haften lässt.

2.15 Schimmelbefall

Der praktisch bedeutsamste Streit über die Erforderlichkeit eines Wohnungswechsels betrifft Feuchtigkeitsschäden und Schimmelbefall in der Wohnung. Auch hier ist nur unter Abwägung aller Umstände des Einzelfalles zu entscheiden, welche Maßnahmen gegen den Vermieter unternommen werden müssen, bevor ein Umzug als erforderlich im Sinne von § 22 SGB II anerkannt und vom Jobcenter finanziert werden muss (LSG NRW vom 3.6.2011 – L 7 AS 2047/10 B).

Weil häufig streitig ist, wer den Schimmelbefall zu vertreten hat, hängt der Umfang der zivilrechtlichen Bemühungen zur Vermeidung

Beweislast

eines Umzugs oder zur Abwälzung der Umzugskosten auf den Vermieter, wenn wegen des Wohnungszustandes fristlos gekündigt werden darf (§ 536a BGB), von der Beweislast ab. Dazu die wichtigsten Grundsätze:
Verlangt der Mieter die Beseitigung von Feuchtigkeitsschäden und Schimmelbefall in der Wohnung, trägt der **Vermieter** zunächst die Beweislast dafür, dass die Mängel nicht auf bauseitigen Ursachen beruhen, dass es sich also nicht um von außen eindringende oder im Mauerwerk aufsteigende Feuchtigkeit handelt, und dass das Gebäude nach dem Stand der Technik zur Bauzeit (dazu LG Stuttgart vom 30.1.2013 – 13 S 176/12) frei von wärmetechnischen Baumängeln ist (statt vieler z. B. LG Hamburg vom 17.9.2009 – 307 S 39/09; LG Wuppertal vom 19.7.2012 – 9 S 212/11; AG Reinbek vom 15.4.2014 – 13 C 312/13). Erst dann, wenn dem Vermieter dieser Beweis gelungen ist, muss der **Mieter** beweisen, dass nicht er die Feuchtigkeitsschäden zu verantworten hat (z. B. LG Frankfurt (Oder) vom 14.9.2010 – 19 S 22/09; BGH vom 11.7.2012 – VIII ZR 138/11).

Heizen und Lüften

Meist geht es dann darum, dass der Mieter darlegt, der Schimmel sei trotz ausreichenden Heizens und Lüftens entstanden. Enthält der Mietvertrag keine zusätzlichen Vereinbarungen zum Heiz- und Lüftungsverhalten, ist das übliche Heiz- und Lüftungsverhalten geschuldet (LG Konstanz vom 20.12.2012 – 61 S 21/12). Nach BGH vom 18.4.2007 – VIII ZR 182/06 ist eine 30 qm große Wohnung bei Anwesenheit von zwei Personen während des Tages insgesamt vier Mal durch Kippen der Fenster für etwa drei bis acht Minuten zu lüften. Ähnlich das LG Frankfurt am Main vom 30.5.2012 – 2-17 S 89/11; LG Hagen vom 19.7.2012 – 1 S 53/12. Das LG Frankfurt (Oder) vom 14.9.2010 – 19 S 22/09 hält es für unzumutbar, dass ein Mieter trotz zweimaligen Stoßlüftens am Tag für 10 bis 15 Minuten und einer durchschnittlichen Raumtemperatur von 17,4° C ein Hygrometer aufstellen muss, um die Raumfeuchtigkeit zu messen und gegebenenfalls durch weiteres Lüften hierauf reagieren zu können.
Da es Sache des Mieters ist, seine Wohnung nach individuellen Bedürfnissen zu beheizen, z. B. das Schlafzimmer kühl zu lassen, liegt eine Pflichtverletzung erst vor, wenn der Schimmel durch zu geringes Heizen entstanden ist (z. B. AG Saarbrücken vom 9.12.2009 – 4 C 487/08; LG Bonn vom 21.11.2011 – 6 S 79/11: 18 ° C Raumtemperatur nicht zu niedrig; LG Heidelberg vom 21.1.2013 – 5 S 99/11: Heizung über 20° C nicht zumutbar).

Möblierung

Mieter sind zur Vermeidung von Schimmelbildung nicht verpflichtet, auf eine übliche Möblierung zu verzichten (z. B. AG Hamburg-St. Georg vom 19.2.2009 – 915 C 515/08; LG Gießen vom 2.4.2014 – 1 S 199/13; s. auch LG Kiel vom 27.1.2012 – 1 S 102/11; LG Lübeck vom 7.3.2014 – 1 S 106/13: Vorkehrungen bei der Aufstellung von Schränken).

Gesundheitsgefährdung

Nach BGH vom 18.4.2007 – VIII ZR 182/06 ist eine außerordentliche fristlose Kündigung des Mietverhältnisses auch bei Geltendmachung einer erheblichen Gesundheitsgefährdung grundsätzlich erst zulässig, wenn der Mieter dem Vermieter zuvor gemäß § 543 Abs. 3 Satz 1

BGB eine angemessene Abhilfefrist gesetzt oder ihn abgemahnt hat. Zieht der Mieter ohne Mängelanzeige und Fristsetzung aus, muss er zur Durchsetzung von Schadensersatzansprüchen nach § 536a BGB das Verschulden des Vermieters darlegen und beweisen (BGH vom 25.1.2006 – VIII ZR 223/04). Dazu muss er Art und Konzentration der Schimmelsporen vortragen sowie ärztliche Atteste vorlegen, damit ggf. darüber durch Einholen eines Sachverständigengutachtens Beweis erhoben werden kann (KG Berlin vom 3.6.2010 – 12 U 164/09; OLG Düsseldorf vom 6.6.2013 – I-10 U 26/13; OLG Brandenburg vom 25.2.2014 – 3 U 154/11).

Sachverständigengutachten

Oft werden sich die Ursachen der Schimmelbildung und die Gesundheitsgefährdung erst gutachtlich klären lassen, was zu hohen Kosten bzw. einem erheblichen Prozessrisiko führt. Zwar kann der Mieter die Kosten für die Beauftragung eines Sachverständigen als Mangelfolgeschaden gemäß § 536a Abs. 1 BGB ersetzt verlangen, wenn ein Gutachten nach den Umständen erforderlich erscheint und wenn den Mieter die Darlegungs- und Beweislast trifft (OLG Düsseldorf vom 29.7.2010 – I-24 U 20/10); er muss aber in Vorleistung gehen.

Sozialrechtlicher Prüfungsmaßstab

Vor dem Hintergrund der dargestellten Problemlage ist die Erforderlichkeit eines Umzugs gemäß § 22 SGB II wie folgt zu beurteilen:

- Steht fest, dass die Schadensursache im Herrschafts- und Einflussbereich des Vermieters liegt, sich also der Vermieter vom Verschulden entlasten muss und kann die Wohnung in angemessener Zeit von Schimmel befreit werden, muss der Mieter die ihm zustehenden Gewährleistungsansprüche ausschöpfen. Der vorübergehende Bezug einer Ersatzwohnung auf Kosten des Vermieters geht einem Auszug vor (LSG NRW vom 17.1.2011 – L 6 AS 1914/10 B ER).
- Ist die Schadensursache streitig und eine Gesundheitsgefährdung glaubhaft gemacht worden, muss das Jobcenter einem Umzug zustimmen ((SG Lüneburg vom 19.6.2007 – S 30 AS 768/07 ER; SG Bremen vom 19.3.2009 – S 23 AS 485/09 ER).
- Wiederholt fehlgeschlagene Mängelbeseitigungen machen die Fortsetzung des Mietverhältnisses unzumutbar (LSG Berlin-Brandenburg vom 21.7.2008 – L 26 B 807/08 AS; LSG Sachsen vom 16.4.2008 – L 3 B 136/08 AS-ER).
- Eine besondere Gefährdung macht ein Weiterwohnen bis zur Klärung der Ursachen unzumutbar (LSG Sachsen vom 22.12.2009 – L 2 AS 711/09 B ER: Bevorstehende Geburt eines Kindes; vgl. auch AG Charlottenburg vom 9.7.2007 – 203 C 607/06; LG Berlin vom 20.1.2009 – 65 S 345/07; LSG NRW vom 3.6.2011 – L 7 AS 2047/10 B: Bei Vorliegen einer Atemwegserkrankung sei näher zu klären, ob eine mehrmalige telefonische Ansprache des Vermieters und erfolglos verlaufene Beseitigungsversuche als Selbsthilfebemühung ausreichen; SG Duisburg vom 10.2.2011 – S 5 AS 252/09: Durchsetzung der Mangelbeseitigung nicht zumutbar – Wohnen in verschimmelter Kellerwohnung bei den Eltern).

- Hat der Mieter (wahrscheinlich) den Schimmelbefall verursacht, kommt anstelle einer Umzugszusage die Übernahme der Kosten für eine Schimmelbeseitigung in Betracht (BayLSG vom 20.3.2007 – L 8 SO 5/07 ER). Liegen besondere psychische Probleme vor, kann nach Sanierung der Wohnung das ausreichende Heizen und Lüften durch eine ambulante Eingliederungshilfe zum selbstständigen Wohnen sichergestellt werden (LSG NRW vom 21.2.2011 – L 9 SO 626/10 B).

Unterstützung durch Jobcenter

Neben der oben zu 2.13 erwähnten Unterstützung des Jobcenters kann wegen der komplizierten Ursachenfeststellung eine Kostenzusage für die Einschaltung des Mietervereins gegeben werden (LSG NRW vom 6.7.2007 – L 20 B 65/07 SO ER).

Folgeschäden

Für Aufwendungen zur Beseitigung der Feuchtigkeitsschäden durch Demontage und Einlagerung von Möbeln muss der Vermieter aufkommen, wenn er den Schimmelbefall zu vertreten hat. Der Mieter kann für diese Leistungen einen Kostenvorschuss einfordern, ggf. einklagen (AG Spandau vom 1.12.2010 – 4 C 380/09).

Sind auch die Möbel von Schimmel befallen, muss sie der für die Feuchtigkeitsschäden der Wohnung verantwortliche Vermieter ersetzen. Hat der Mieter den Schimmel zu vertreten, ist ihm nach Entsorgung des Mobiliars eine Erstausstattung nach § 24 Abs. 3 Nr. 1 SGB II zu gewähren. Eine Haftung nach § 34 SGB II kommt nur im Extremfall einer mutwilligen Zerstörung in Betracht (BSG vom 19.8.2010 – B 14 AS 36/09 R).

2.16 Lärmbelästigung

Beruht die Lärmbelästigung, derentwegen ein Umzug erfolgen soll, auf Baumängeln oder einem Fehlverhalten anderer Mieter, das der Vermieter unterbinden muss, gelten die oben zu 2.13 dargelegten Grundsätze der Selbsthilfe entsprechend (LSG NRW vom 10.2.2010 – L 7 B 424/09 AS: Baulärm im Mietshaus). Ein Rechtsstreit gegen einen Wohnungsnachbarn kann vom Leistungsberechtigten grundsätzlich nicht verlangt werden (fraglich daher LSG Sachsen vom 25.1.2010 – L 3 AS 700/09 B ER; zur Darlegung der Lärmbelästigung s. LSG Berlin-Brandenburg vom 11.1.2012 – L 18 AS 1172/10).

Mietshaus mit Touristenwohnungen

Nach BGH vom 29.2.2012 – VII ZR 155/11 liegt eine vom Vermieter zu vertretende Beeinträchtigung des Mietgebrauchs nicht schon darin, dass er frei gewordene Wohnungen an Feriengäste und Touristen vermietet. Ist das aber mit erheblicher Lärmbelästigung verbunden, kann die Miete auch ohne genauen Nachweis mittels eines Lärmprotokolls gemindert werden. Das bringt dem lärmgeplagten Mieter aber wenig. Kann er die Vermietung an Touristen nicht unterbinden (s. dazu BGH vom 15.1.2010 – V ZR 72/09), muss das Jobcenter einem Umzug zustimmen.

Werden die Mieter durch eine Lärmquelle außerhalb des Hauses gestört, die der Vermieter abwehren kann, können sie über eine Mietminderung auf Abhilfe dringen (AG Wedding vom 8.6.2011 – 3 C 13/11: Stromgenerator auf Nachbargrundstück).

Lärmquelle von draußen

Hat der Leistungsberechtigte aus freien Stücken eine Wohnung gemietet, die sich wegen Verkehrs- oder Gewerbelärms als sehr laut erweist, darf er umziehen, wenn der Lärm gesundheitsschädliche Ausmaße annimmt (LSG Berlin-Brandenburg vom 05.03.2009 – L 25 AS 231/09 B ER). Verschlechtert sich die Wohnsituation durch Lärm einer Großbaustelle oder eine veränderte Straßenführung, ist ein Umzug erforderlich, wenn die Wohnung dadurch geraume Zeit unter dem für SGB II-Bezieher üblichen Standard des Wohnens in einfacher Wohnlage absinkt. Zur Mietminderung in solchen Fällen s. BGH vom 19.12.2012 – VIII ZR 152/12; LG Berlin vom 27.2.2012 – 67 S 476/13 und vom 26.9.2013 – 67 S 251/13).

Schlechte Wohnlage

2.17 Von der Miete zum Wohneigentum

Ziehen Leistungsberechtigte von einer Mietwohnung in ein Eigenheim oder eine Eigentumswohnung, ist zu unterscheiden:

- Ziehen sie in Wohneigentum, das sie schon **vor** Eintritt in den Alg II-Bezug mit eigenen Mitteln oder mit Hilfe Dritter teilweise erbaut/finanziert hatten;
- ziehen sie in Wohneigentum, das sie **nach** Eintritt in den Alg II-Bezug mit eigenen Mitteln oder mit Hilfe Dritter erbauen/erwerben;
- ziehen sie in Wohneigentum, das ihnen im laufenden Alg II-Bezug durch Erbschaft oder Schenkung »zugeflossen« ist.

Im ersten Fall handelt es sich bei dem Wohneigentum um Vermögen, das unter Härtegesichtspunkten (§ 12 Abs. 3 Nr. 6 SGB II) geschützt sein kann, wenn es angemessen ist, zum Selbstwohnen dienen sollte bzw. soll und auch die laufenden Kosten, die das Jobcenter tragen muss, angemessen sind. Sind die laufenden Kosten höher als die bisherige Miete, schadet das nicht, weil der Einzug in die Wohnimmobilie unter den gegebenen Umständen ein erforderlicher Umzug ist.

1. Variante

Bei Erwerb von Wohneigentum nach Eintritt des Alg II-Bezugs mit geschontem Sparvermögen und auf Kreditbasis ist die zum Wohnen gekaufte Immobilie geschütztes Vermögen, wenn sie nach Größe und Ausstattung im Rahmen von § 12 Abs. 3 Nr. 4 SGB II bleibt. Auch in diesem Fall kann der Umzug als vernünftig bzw. erforderlich anerkannt werden, wenn die Wohnkosten insgesamt angemessen sind und auch die Tilgung aus eigener Kraft gewährleistet werden kann.

2. Variante

Im laufenden Alg II-Bezug durch Schenkung oder Erbschaft erworbenes Wohneigentum ist Einmaleinkommen, das sich aber nach sechs

3. Variante

Monaten Anrechnungszeit zu Vermögen wandelt. Vor Prüfung der Erforderlichkeit eines Umzugs stellt sich daher die Frage, ob die Leistungsbezieher das Vermögen verwerten müssen anstatt dort selbst einziehen zu dürfen. Das hängt von den Umständen des Einzelfalls ab.
Überschreibt beispielsweise die Mutter ihrem Sohn ihr Wohnhaus mit der Auflage, dass sie dort wohnen bleibt und von der Familie bis zu ihrem Tod versorgt wird, ist eine Verwertung als Vermögen ausgeschlossen und der Umzug in das Haus von einem wichtigen Grund gedeckt, auch wenn die Wohnkosten die bisherige Miete übersteigen, aber insgesamt noch angemessen sind.
Anders liegt der Fall, wenn ein Haus geerbt wird, dessen weitere Finanzierung (Zinsen, Wohnkosten und Tilgung) mit Alg II sehr unwahrscheinlich und ein Ende des Leistungsbezugs nicht absehbar ist oder wenn das geerbte Haus zwar abgezahlt, aber in einem so schlechten Zustand ist, dass massive Erhaltungs- und Reparaturmaßnahmen absehbar sind.

III Wann dürfen die Unterkunftskosten gedeckelt werden?

Ist der Leistungsberechtigte von einer angemessenen in eine teurere Wohnung umgezogen, ohne dass der Umzug erforderlich war, muss das Jobcenter nach § 22 Abs. 1 Satz 2 SGB II nur die früheren, angemessenen Kosten übernehmen. Ein Ermessen zur Übernahme der neuen Miet- und Heizkosten, auch wenn diese noch angemessen sind, steht ihm nicht zu.

Hilfebedürftigkeit bei Abschluss des Mietvertrages

Nach BSG vom 30.8.2010 – B 4 AS 10/10 R darf die Miete nur gedeckelt werden, wenn der Leistungsberechtigte schon zum Zeitpunkt des Mietvertragsschlusses hilfebedürftig war. Hierbei ist auf die tatsächliche Bedarfslage abzustellen, so dass die Deckelung auch dann nicht greift, wenn die Leistungsbewilligung erst später rückwirkend aufgehoben wird (LSG Sachsen-Anhalt vom 13.11.2014 – L 5 AS 983/12). Wird erst zum Zeitpunkt des Einzugs in die Wohnung Alg II benötigt, muss die volle Miete übernommen werden. Ist sie unangemessen hoch, können die Unterkunfts- und Heizkosten erst nach einem Kostensenkungsverfahren gemäß § 22 Abs. 1 Satz 3 SGB II verringert werden.

Beispiel

H. bezog bis Juli Alg II. Die Leistung war eingestellt worden, weil sein Bedarf mit Einkommen aus einer Beschäftigung gedeckt war. Wider Erwarten wird H. im Oktober entlassen. Er hatte im September einen Vertrag für eine neue Wohnung mit Einzugsdatum 1. November abgeschlossen. Die Kostenbelastung liegt über der früheren Miete, ist aber nach SGB II-Maßstäben noch angemessen. H. hätte sie mit seinem Lohn ohne ergänzendes Alg II bestreiten können. Bei Wiedereintritt in den Alg II-Bezug im November hat H. Anspruch auf Übernahme der vollen Mietkosten.

Missbrauchskontrolle

War zum Zeitpunkt der Unterzeichnung des neuen Mietvertrages der Wiedereintritt in den Alg II-Bezug absehbar, kann sich der Leistungsberechtigte nicht auf ein neues Kostensenkungsverfahren berufen. Das Jobcenter muss die Unterkunfts- und Heizkosten nur in bisheriger Höhe übernehmen, es sei denn, zwischenzeitlich ist ein Grund für einen erforderlichen Umzug entstanden.

War der neue Mietvertrag schon in der Probezeit eines Arbeitsverhältnisses mit bedarfsdeckendem Einkommen (unter Berücksichtigung der neuen Miete) abgeschlossen worden und endet das Arbeitsverhältnis in der Probezeit ohne Verschulden des Arbeitnehmers, muss das Jobcenter die neue Miete übernehmen oder, falls diese unangemessen ist, ein Kostensenkungsverfahren durchführen, wenn der erneut hilfebedürftig gewordene Alg II-Antragsteller bei Abschluss des Mietvertrages mit einer Festanstellung rechnen konnte und die neue Wohnung ein sehr attraktives Angebot war, das auch ein Selbstzahler in der Situation des Betroffenen nicht ausgeschlagen hätte. Ansonsten kann dem Antrag auf Übernahme der neuen Miete entgegengehalten werden, dass ein Selbstzahler vor Erhöhung seiner Mietkosten den Ablauf der Probezeit abgewartet hätte.

Veränderung der BG

Erhöht sich die Miete wegen Auszugs eines BG-Mitglieds oder des Endes eines zeitlich befristeten Preisnachlasses, ist das kein Fall von § 22 Abs. 1 Satz 2 SGB II (LSG Berlin-Brandenburg vom 19.2.2009 – L 25 AS 170/09 B ER), auch wenn für die Wohnung ein neuer Mietvertrag mit einer höheren Miete abgeschlossen wird oder eine Fortsetzung des Mietverhältnisses nach § 1568a BGB verlangt wird.

Modernisierungsvereinbarung

Kosten dürfen nach § 22 Abs. 1 Satz 2 SGB II nur bei einer Mieterhöhung **wegen Umzugs** gedeckelt werden. Gedeckelt werden darf nicht zulasten des Leistungsberechtigten bei einer den Mietpreis erhöhende Modernisierungsvereinbarung. Ob es für die Modernisierung einen wichtigen Grund gibt, ist daher – in den Grenzen von § 34 SGB II – unerheblich (BSG vom 23.8.2012 – B 4 AS 32/12 R).

Das BSG stellt die Kostendeckelung in systematischen Zusammenhang mit der Zusicherungsverpflichtung des Jobcenters nach § 22 Abs. 4 SGB II. Daraus kann gefolgert werden, dass die Verlängerung oder der Neuabschluss eines Mietvertrages über die bereits bewohnte Wohnung keine Kostendeckelung auslöst (so HessLSG vom 28.8.2013 – L 9 AS 476/11). Fehlt ein sachlicher Grund für eine auf der Verlängerung oder dem Neuabschluss beruhende Mietpreiserhöhung, kann eine Haftung nach § 34 SGB II geprüft werden.

Nur bei vollwertiger Alt-Miete

Um unverhältnismäßige Einschränkungen des Grundrechts auf Freizügigkeit nach Art. 11 GG und eine willkürliche Schlechterstellung gegenüber dem Regelfall der Übernahmeverpflichtung angemessener Unterkunfts- und Heizkosten zu verhindern, besteht eine Bindung an die früheren Kosten nur dann, wenn es sich hierbei um Kosten für eine reguläre Wohnung handelt. Der Leistungsberechtigte kann über § 22

Abs. 1 Satz 2 SGB II nicht gezwungen werden, eine von ihm gewählte Wohnalternative, z. B. in einer WG, in einem Wohnwagen, einer Gartenlaube oder bei einem Verwandten für die Dauer der Hilfebedürftigkeit weiter aufrechtzuerhalten. Sein Wunsch nach sozialtypischem Wohnraum geht hier vor, weil § 22 Abs. 1 Satz 2 SGB II nicht darauf zielt, Alg II-Beziehern das Recht auf eine eigengenutzte Wohnung streitig zu machen (LSG Berlin-Brandenburg vom 7.8.2008 – L 5 B 940/08 AS ER; SG Bremen vom 3.9.2009 – S 26 AS 1408/09 ER: Wohnung ohne Küche; SG Chemnitz vom 23.7.2009 – S 22 AS 3302/08: Auszug aus Jugendwohnheim; LSG NRW vom 19.11.2009 – L 19 B 297/09 AS ER: Auszug aus Obdachlosenunterkunft; HessLSG vom 28.8.2013 – L 9 AS 476/11: Wohnen bei den Großeltern).

Dasselbe gilt, wenn die frühere Wohnung zwar abgeschlossenen Wohnraum mit Minimalstandard bietet, jedoch unter Umständen bezogen wurde, die auf eine nur vorübergehende Nutzung schließen lassen (LSG Mecklenburg-Vorpommern vom 18.2.2008 – L 10 B 13/08).

Beispiel

Nach heftigem Ehestreit sieht A. keine andere Lösung als den sofortigen Auszug. Sie bezieht eine seit Jahren unvermietbare Hinterhofwohnung, um von dort aus in Ruhe auf Wohnungssuche gehen zu können.

Widersprüchliches Verhalten

Nach dem auch im Sozialrecht geltenden Grundsatz von Treu und Glauben (§ 242 BGB) kann das Jobcenter nicht auf die Alt-Miete verweisen, wenn es den Einzug in die frühere Wohnung durch unzulässigen Druck herbeigeführt hatte.

Beispiel

Die A. lebte mit einem früheren Arbeitskollegen in einer gemeinsam angemieteten Wohnung. Durch unrechtmäßige Unterstellung, es bestehe eine Einstandsgemeinschaft, war A. wegen der entstandenen Schwierigkeiten für den Mitbewohner rasch in eine sehr günstige Einraumwohnung gezogen. Da sie nicht allein leben möchte, zieht sie in eine neue WG mit einer etwas höheren, aber noch angemessenen Teilmiete.

Örtlicher Wohnungsmarkt

Um einen unverhältnismäßigen Eingriff in das Grundrecht auf Freizügigkeit im ganzen Bundesgebiet zu vermeiden, kann es für die Frage, welche Wohnkosten nach einem nicht erforderlichen Umzug an einen Wohnort, der außerhalb des Wohnungsmarktes liegt, der zur Prüfung der Angemessenheit der früheren Wohnungsmiete herangezogen wurde, nur auf die Angemessenheit der Unterkunfts- und Heizkosten auf dem neuen Wohnungsmarkt ankommen. Der Zweck der Regelung des § 22 Abs. 1 Satz 2 SGB II, Umzüge innerhalb eines Wohnungsmarktes zur missbräuchlichen Erhöhung von Leistungsansprüchen abzuwenden, bleibt gewahrt. Es ist auch kein sachlicher Grund dafür erkennbar, SGB II-Bezieher bei Umzügen im Bundesgebiet stärker zu beschränken als Hilfebedürftige nach dem SGB XII, das eine § 22 Abs. 1 Satz 2 SGB II vergleichbare Vorschrift nicht kennt (BSG vom 1.6.2010 – B 4 AS 60/09 R). Das BSG führt als weiteres Argument an, dass es nicht zu den »Funktionen des Grundsicherungsrechts « gehöre, die aufnehmende Kommune vor arbeitsuchenden Leistungsberechtigten zu schützen.

Kein Abschreckungs-abschlag!

Ein Abschreckungs-Abschlag von der angemessenen Miete für hinzuziehende Leistungsberechtigte ist rechtswidrig (SG Dresden vom 19.10.2009 – S 29 AS 4942/08).

Angemessene Alt-Miete

Maßstab für die Höhe der Unterkunfts- und Heizkosten der neuen Wohnung ist die Höhe der »angemessenen« Aufwendungen für die alte Wohnung. Waren diese Kosten fälschlich zu hoch festgesetzt worden, ist das Jobcenter nicht an diese Festsetzung gebunden. War der Leistungsberechtigte aber noch nicht aufgefordert worden, die Kosten der alten Wohnung zu senken, können die Unterkunfts- und Heizkosten für die neue Wohnung nicht sofort auf die abgesenkten Kosten für die alte Wohnung gedeckelt werden (SG Bremen vom 30.3.2009 – S 23 AS 459/09 ER). Das Jobcenter muss ein Kostensenkungsverfahren nach § 22 Abs. 1 Satz 3 SGB II durchführen. Waren die Kosten für die alte Wohnung zu niedrig festgesetzt worden, kann das mit Widerspruch gegen den Bescheid über die auf diesen fehlerhaften Wert gedeckelte Neumiete angefochten werden. Einer Überprüfung der früheren Bewilligung nach § 44 SGB X bedarf es nicht.

Kein isolierter Kostenvergleich

Bei einem nicht erforderlichen Umzug in eine neue Wohnung mit einem in der Summe von Nettokaltmiete und Betriebskostenabschlag unveränderten Wohnbedarf kann einer Kostenübernahme nicht entgegengehalten werden, in der früheren Wohnung wäre die Kaltmiete oder der Betrag für die Betriebskosten geringer gewesen. Denn nach der Produkttheorie kommt es nur darauf an, ob sich die Summe von Kaltmiete und Betriebskosten erhöht hat. Eine isolierte Prüfung bzw. Deckelung ist aber für die Heizkosten möglich (BayLSG vom 17.6.2013 – L 7 AS 972/11).

Deckelung auf abstrakt angemessene Miete

Hat das Jobcenter die Erforderlichkeit eines Umzug zu Unrecht verneint und daher auch keine Zusicherung für den Umzug in die neue Wohnung gegeben, ohne deren Angemessenheit zu prüfen, greift zwar weder die Deckelung auf die Alt-Miete noch auf die abstrakt angemessene Miete wegen Umzugs ohne Zusicherung; das Jobcenter kann einer Übernahme der neuen Miete aber deren Unangemessenheit im Verhältnis zum Umzugszweck entgegenhalten (so LSG Baden-Württemberg vom 11.12.2013 – L 2 AS 1281/12 ZVW).

Beispiel

P. wohnt in einer mit 400 € angemessenen Wohnung, die sich in einem Haus ohne Aufzug im 6. OG befindet. Wegen eines Gehleidens beantragt er beim Jobcenter die Übernahme der Miete für eine Wohnung in einem Neubau in der X-Straße NN im 8. OG. Die Miete für diese Wohnung liegt mit 680 € deutlich oberhalb der abstrakten Angemessenheitsgrenze von 450 €. Das Jobcenter lehnt eine Kostenübernahme mit der Begründung ab, dass ohne Merkzeichen G die Erforderlichkeit eines Umzugs nicht anerkannt werden könne. P. zieht dennoch um und klagt gegen die Begrenzung der Unterkunftskosten für die neue Wohnung auf 400 €. Im Klageverfahren wird die Erforderlichkeit eines Umzugs anerkannt, allerdings nur in Höhe der abstrakt angemessenen Miete von 450 €. Um die unzumutbare Bela-

stung des Treppensteigens zu vermeiden, hätte es nicht der von P. angemieteten, teuren Wohnung bedurft.
Eine weitergehende Deckelung mit dem Argument, dass P. Wohnungen im Erdgeschoß für 400 € hätte finden können, ist unserer Auffassung nach nicht zulässig. Die Erforderlichkeit eines Wohnungswechsels eröffnet P. im Rahmen der abstrakten Angemessenheitsgrenze die Auswahl von Wohnungen bis zu diesem Preis.

Deckelung der Betriebs- und Heizkostennachforderung?

Wie sich die Mietdeckelung auf Betriebs- und Heizkostennachforderungen der neuen Wohnung auswirkt, ist noch ungeklärt. Beruhen die Nachforderungen auf Preissteigerungen verbrauchsunabhängiger Positionen (z. B. Grundsteuer, Müllabfuhr), wäre vermutlich auch für die frühere Wohnung eine Nachforderung angefallen. Die volle Ablehnung der Kostenübernahme für die neue Wohnung ginge dann über den Regelungszweck hinaus.

Dynamisierung

Dies legt es nahe, § 22 Abs. 1 Satz 2 SGB II so einzuschränken, dass der vor dem Umzug übernommene Wohnbedarf mit einem Preissteigerungsfaktor dynamisiert wird (s. dazu LSG Mecklenburg-Vorpommern vom 18.2.2008 – L 10 B 13/08; SG Berlin vom 11.11.2011 – S 37 AS 14345/11), um Änderungen, die zu einer Erhöhung der früheren Unterkunfts- und Heizkosten geführt hätten, auch auf die gedeckelte Miete durchschlagen zu lassen.

Beispiel 1

K. lebt in einer Wohnung, für die das Jobcenter bis zum Umzug des K. im Februar 2015 die laufende Kaltmiete von 320 €, die Abschläge für die Betriebskosten von 56 € und den Heizkosten- und Warmwasserabschlag von 40 € übernommen hatte. Die Kosten für die neue Wohnung betragen 366 € Kaltmiete + 70 € Betriebskosten + 60 € Heizkosten- und Warmwasserabschlag. Weil der Umzug nicht erforderlich war, übernimmt das Jobcenter nur 320 € + 56 € + 40 €. Im September 2015 erhält K. die Betriebs- und Heizkostenabrechnung für das Jahr 2014, mit der eine Nachzahlung von 105 € für Betriebskosten und 79 € für Heizkosten verlangt wird. Das Jobcenter muss die Nachforderung übernehmen (näher dazu → S. 325 ff.). K. macht geltend, dass die Mietdeckelung unter Berücksichtigung der für 2014 insgesamt übernommen Betriebs- und Heizkosten für die alte Wohnung auf Abschläge in Höhe von [(12 x 56 €) + 105 €] : 12 = 64,75 € für die Betriebskosten und [(12 x 40 €) + 79 €] : 12 = 46,58 € für die Heizkosten angepasst werden müsse.

Beispiel 2

R. lebte bis zu ihrem Umzug im Oktober 2014 in einer Wohnung, für die das Jobcenter nach einer Kostensenkung gemäß § 22 Abs. 1 Satz 3 SGB II statt der tatsächlich zu zahlenden 367 € Kaltmiete plus 75 € Betriebskosten + 56 € für das Heizen nur 325 € Kaltmiete plus 60 € Betriebskosten + 56 € für das Heizen übernommen hatte. Diese Beträge werden auch für die neue Wohnung zugrunde gelegt, für die 340 € Kaltmiete, 80 € Betriebskosten und 50 € Heizkosten zu zahlen sind. Im Mai 2015 erhöht das Jobcenter den abstrakt angemessenen Wert für Einpersonenwohnungen auf 338 € Kaltmiete + 70 € Betriebskosten + 60 € für Heizen und Warmwasser. Diese Erhöhung wäre R. bei Verbleib in der früheren Wohnung zu Gute gekommen, sodass sie auch für die neue Miete gelten muss.

Beispiel 3

R. lebte bis zu ihrem Umzug im Juli 2010 in einer Wohnung, für die das Jobcenter die zu zahlende Miete von 367 € kalt + 65 € Betriebskosten übernommen hatte. Vom Abschlag für das Heizen und die Warmwasserversorgung (54 €) waren nach damaliger Rechtlage 6,47 € Warmwasserpauschale abgezogen worden. Nach einer Rechtsberatung macht R im März 2012 geltend, der für die gegenwärtige Wohnung von 67 € auf 47,53 € (54 € – 6,47 €) gedeckelte Heizkostenabschlag müsse auf 54 € aufgestockt werden, da er in dieser Höhe seit 1.1.2011 hätte übernommen werden müssen. Bekommt R. einen Mehrbedarf nach § 21 Abs. 7 SGB II, weil sie das Warmwasser in der neuen Wohnung mit Strom erzeugt, ändert das nicht den Anspruch auf Anpassung des Heiz- und Warmwasserabschlags auf den Wert, den das Jobcenter bei Verbleib in der alten Wohnung seit Januar 2011 hätte übernehmen müssen (dazu auch BayLSG vom 17.6.2013 – L 7 AS 972/11).

Zeitablauf?

Das SG Berlin vom 16.7.2010 – S 82 AS 7352/09 begrenzt die Mietdeckelung auf zwei Jahre, wenn lediglich eine maßvolle Kostensteigerung vorliegt und wenn anzunehmen ist, dass sich auch die ursprüngliche Miete erhöht haben würde. Zur Vermeidung von Ermittlungen zum mutmaßlichen Anstieg der früheren Miete kommt die Begrenzung der Mietdeckelung auf zwei Jahre dem Wunsch der Behörden und Gerichte nach einfach handhabbaren Regelungen entgegen. Mit Blick auf die gesetzlich geregelte Dynamisierung einer Satzung in § 22c Abs. 2 SGB II ist auch der vom SG Berlin gewählte 2-Jahres-Zeitraum plausibel.

Wegfall der Mietdeckelung

Das BSG vom 9.4.2014 – B 14 AS 23/13 R hat die verfassungsrechtlichen Bedenken gegen eine zeitlich unbegrenzte Deckelung (dazu ausführlich SG Aachen vom 21.10.2014 – S 11 AS 714/14) dadurch entschärft, dass eine mindestens einmonatige Überwindung der Hilfebedürftigkeit mit bedarfsdeckendem Einkommen die Mietdeckelung beenden soll. Noch ungeklärt ist, ob das auch bei Zufluss von Einmaleinkommen gilt, das den Leistungsbezug rechnerisch um sechs Monate unterbricht oder durch sonstigen Zufluss bedarfsdeckenden Einkommens (z.B. Glücksspielgewinn, Zuzug von Partner mit Einkommen).

Veränderung der Wohnsituation

Die Unterkunfts- und Heizkosten können nicht mehr auf die angemessene Alt-Miete beschränkt werden, wenn sich die BG durch Geburt eines Kindes und/oder Einzug eines Partners so verändert hat, dass ein Auszug aus der alten Wohnung erforderlich gewesen wäre (LSG Berlin-Brandenburg vom 19.2.2009 – L 25 AS 170/09 B ER). Das gilt auch für sonstige Umstände, die einen späteren Umzug erforderlich gemacht hätten (SG Dresden vom 8.1.2010 – S 23 AS 1952/09: Abriss der früheren Wohnung). Hat die bloße Teilübernahme zur Folge, dass die Wohnung wegen entstehender Mietschulden nicht zu halten sein wird, berechtigt das nicht zu einer vollständigen Ablehnung der Unterkunfts- und Heizkosten (LSG NRW vom 22.11.2005 – L 12 B 38/05 AS ER). Ob die wegen der Deckelung erzwungene Aufgabe der Wohnung zumindest dann die Deckelung beendet, wenn zum Deckelungsbetrag keine angemessene Wohnung gefunden werden kann, harrt der Klärung durch das BSG (Revision unter – B 14 AS 6/14 R zu LSG Mecklenburg-Vorpommern vom 4.12.2013 – L 10 AS 285/11; Revision unter – B 14 AS 7/14 R zu LSG Mecklenburg-Vorpommern vom 4.12.2013 – L 10 AS 286/11).

Geplante Änderung

Mit dem SGB II-Rechtsvereinfachungsgesetz (Neuntes Gesetz zur Änderung des Sozialgesetzbuch II) soll klargestellt werden, dass bei nicht erforderlichem Umzug stets die angemessenen Kosten der alten Wohnung weitergelten, auch wenn der Leistungsberechtigte in eine unangemessen teure Wohnung zieht (insoweit ist die Neuregelung sinnvoll) oder kostenneutral oder sogar kostensparend umzieht. Hier macht die Neuregelung keinen Sinn. Sie lässt ohne Not die Zahl der Streitigkeiten um die Erforderlichkeit des Umzugs und um die Dauer der Mietdeckelung ansteigen. Sie ist kontraproduktiv, weil die Leistungsberechtigten darauf achten werden, im Fall eines erforderlichen Umzugs möglichst nah am Angemessenheitswert zu bleiben. Gemessen an Art. 11 GG und dem Grundsatz der Verhältnismäßigkeit ist die die Ausweitung der Kostendeckelung auf kostenneutrale oder kostensparende Wohnungswechsel bedenklich.

Beispiel 1

P. muss wegen einer Gehbehinderung seine Wohnung im 4. OG verlassen. Er könnte zu sehr günstigen Bedingungen in die Wohnung seiner Schwester ziehen, die nach Wegzug ihrer Tochter einen Untermieter sucht. Nach Beratung über die Mietdeckelung wählt P. lieber eine eigene Wohnung. Ihm ist es zu unsicher, ob das Jobcenter einen erneuten Umzug als erforderlich anerkennt, wenn dieser mit dem Wunsch nach Alleinleben begründet wird. Ohne eine solche Anerkennung wird P. zu den Bedingungen der Untermiete keine zumutbare Wohnung finden.

Beispiel 2

H. zieht wegen Streits mit einem Mieter der Nebenwohnung in ein anderes Stockwerk des Wohnblocks, der Etage für Etage modernisiert wird. Die Miete für die nach Schnitt und Ausstattung gleichen Wohnungen ändert sich nicht. Als sich die Miete der neuen Wohnung wegen der energetischen Modernisierung erhöht, lehnt das Jobcenter die Übernahme der geänderten Miete ab, weil H.s Umzug nicht erforderlich gewesen sei. Kann H. die Erforderlichkeit des Umzugs nicht nachweisen, ist nach dem Regelungszweck der geplanten »Vereinfachung« fraglich, ob H. zu gegebener Zeit einwenden könnte, dass nun auch seine frühere Wohnung modernisiert worden sei.

IV Vorherige Zusicherung der Mietkostenübernahme

Soll, nicht muss

Zieht ein Leistungsberechtigter in eine andere Wohnung, **soll** er vor Abschluss des Mietvertrages vom Jobcenter die Zusicherung zu den Aufwendungen für die neue Unterkunft einholen, § 22 Abs. 4 Satz 1 SGB II. Nach SG Hamburg vom 10.1.2007 – S 56 AS 2601/06 ER gilt das auch für den Neuabschluss eines Mietvertrages über dieselbe Wohnung. Diese Ansicht ist unter Beachtung des BSG-Urteils vom 23.8.2012 – B 4 AS 32/12 R nicht haltbar. Danach hat die Zusicherung nach § 22 Abs. 4 SGB II den Zweck, eine Kostenübernahme-Entscheidung des zuständigen Jobcenters für eine **neue** Wohnung vor der Entstehung der Mietkosten herbeizuführen, um zu verhindern, dass der Leistungsberechtigte Gefahr läuft, sich infolge des Wohnungswechsels Kosten aufzubürden bzw. Mietschulden zu machen. Die Zusicherung erfasst daher neben den Unterkunftskosten als Summe von Kaltmiete und Betriebskosten auch die für die neue Wohnung veranschlagten Heizkosten (LSG Sachsen vom 5.4.2012 – L 7 AS 425/11 B ER; SG Frankfurt (Oder) vom 29.10.2012 – S 21 AS 2212/12 ER).

Das Jobcenter muss nach § 22 Abs. 4 Satz 2 SGB II die Übernahme der Aufwendungen für eine neue Unterkunft nur zusichern, wenn der Umzug erforderlich ist **und** die Aufwendungen für die neue Wohnung angemessen sind.

Schweigen ≠ Zusicherung

Reagiert das Jobcenter auf einen Antrag auf Zusicherung nicht, muss der Anspruch ggf. vor Gericht eingefordert werden. Zieht der Leistungsbezieher einfach um, kann er sich im Fall eines Streits über die Angemessenheit der neuen Unterkunfts- und Heizkosten nicht darauf berufen, das Jobcenter habe die Kostenübernahme konkludent durch Stillschweigen zugesichert (LSG Sachsen-Anhalt vom 16.8.2011 – L 5 AS 65/11 B).

Umzug ohne Zusicherung

Rechtsfolge eines Umzugs ohne Zusicherung ist nach BSG vom 7.11.2006 – B 7b AS 10/06 R nicht, dass gar keine Unterkunfts- und Heizkosten übernommen werden, sondern allein, dass unangemessene Kosten nicht übernommen werden – auch nicht für eine Übergangszeit von sechs Monaten. Es ist daher zweckmäßig, sich vor Abschluss eines neuen Mietvertrages beim zuständigen Träger zu vergewissern, dass die Unterkunftskosten angemessen sind. Ohne Zusicherung entsteht die Gefahr, dass der Leistungsberechtigte auch bei erforderlichem Umzug den »unangemessenen« Teil der Unterkunfts- und Heizkosten selbst tragen muss.

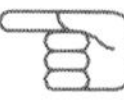

Nur bei Hilfebedürftigkeit

Die Obliegenheit, eine Zusicherung gemäß § 22 Abs. 4 Satz 1 SGB II vor einem Wohnungswechsel einzuholen, trifft nur erwerbsfähige Leistungsberechtigte, nicht Personen, die bedarfsdeckendes Entgelt oder Alg I beziehen (LSG Baden-Württemberg vom 27.2.2009 – L 12 AS 3990/08). Bei Einzug in eine unangemessene Wohnung gilt die Suchfrist von sechs Monaten. Es kann ohne Nachweis nicht unterstellt werden, die Betroffenen hätten mit dem Eintritt von Hilfebedürftigkeit rechnen müssen.

Zuständiger Träger

Vor einer Zusicherung nach § 22 Abs. 4 SGB II muss der kommunale Träger am Wegzugsort die Erforderlichkeit des Umzugs und die Angemessenheit der neuen Unterkunftskosten prüfen. Letzteres macht Probleme, wenn der Leistungsberechtigte aus dem Zuständigkeitsbereich des zum Zeitpunkt des Antrags auf Erteilung der Zusicherung noch örtlich zuständigen Trägers wegzieht. Da die Zusicherung grundsätzlich nicht abstrakt, d.h. ohne Nachweis eines konkreten Wohnungsangebots am Zuzugsort erteilt wird (BSG vom 6.4.2011 – B 4 AS 5/10 R), muss der kommunale Träger am Wegzugsort bei dem am Zuzugsort zuständigen Träger eine Bescheinigung darüber einholen, dass die Miete der gefundenen Wohnung nach den dortigen Verhältnissen angemessen ist; wie oben (→ S. 67 ff.) ausgeführt, ist allein der Blick in Tabellen oder Richtlinien nicht ausreichend, um die Angemessenheit beurteilen zu können. Die Beteiligung des am Zuzugsort zuständigen Trägers ist in § 22 Abs. 4 Satz 2 SGB II geregelt.

Jobcenterinterne Abstimmung

Der Leistungsberechtigte hat bei einem Umzug mit Zuständigkeitswechsel der Jobcenter keinen Anspruch darauf, dass das für den neuen Wohnort zuständige Jobcenter gegenüber dem für die Erteilung der Zusicherung zuständigen Jobcenter des Wegzugsortes eine Erklärung zur Angemessenheit der Mietkosten der angestrebten Wohnung am Zuzugsort abgibt. Die Regelung des § 22 Abs. 4 Satz 2 2. Halbsatz SGB II betrifft allein die verwaltungsinterne Abstimmung zwischen den beiden Jobcentern. Es bleibt nur die Möglichkeit, vom Jobcenter des Wegzugsortes eine Zusicherung zu erwirken oder dem Jobcenter am Zuzugsort die Verpflichtung abzuverlangen, die neue Miete ungekürzt zu übernehmen (BayLSG vom 12.5.2011 – L 11 AS 250/11 B ER).

Bindung an Zusicherung

Hat das Jobcenter am Wegzugsort schriftlich die Erforderlichkeit des Umzugs zugesichert, ist der Träger am Zuzugsort daran gebunden (LSG NRW vom 6.8.2007 – L 19 B 83/07 AS ER). Dasselbe gilt umgekehrt für die schriftliche Zusicherung der Angemessenheit der neuen Miete (SG Berlin vom 28.11.2005 – S 37 AS 10613/05 ER).

Bindung an fehlerhafte Zusicherung

Eine abgegebene Zusicherung bindet das Jobcenter nach den Grundsätzen des § 34 SGB X (LSG Mecklenburg-Vorpommern vom 5.7.2007 – L 8 B 68/07; LSG Schleswig-Holstein vom 13.11.2008 – L 11 B 519/08 AS ER; BSG vom 6.8.2014 – B 4 AS 37/13 R). Für die Lösung von einer fehlerhaften Zusicherung gilt daher Vertrauensschutz unter den Bedingungen des § 45 SGB X (SG Berlin vom 12.10.2007 – S 37 AS 23904/07 ER).

Geplante Änderung

Mit dem SGB II-Rechtsvereinfachungsgesetz (Neuntes Gesetz zur Änderung des Sozialgesetzbuch II) soll klargestellt werden, dass die Zuständigkeit beim Jobcenter des Zuzugsortes liegt. Die auf den ersten Blick plausible Regelung (bessere Kenntnis des Wohnungsmarktes) wird relativiert, weil Abstimmungsprobleme bleiben: Kann das Jobcenter des Zuzugsortes die Erforderlichkeit des Umzugs und damit die Erteilung einer Zusicherung bestreiten? Wer entscheidet bei einem Dissens der Jobcenter über die Erforderlichkeit des Umzugs? Kann das Jobcenter des Zuzugsortes die Hilfebedürftigkeit und damit die Erteilung einer Zusicherung bestreiten?

Keine Blankozusicherung

Die Zusicherung nach § 22 Abs. 4 SGB II erfordert eine genaue Prüfung, ob die neue Wohnungsmiete nach den jeweiligen Gesamtumständen angemessen ist. Es gibt daher keinen Anspruch auf eine Blankozusicherung mit dem Inhalt: »Für eine neue Wohnung wird eine Miete bis zum Richtlinien-Höchstwert übernommen« (BSG vom 6.4.2011 – B 4 AS 5/10 R und vom 17.12.2014 – B 8 SO 15/13 R). Eine Klage auf abstrakte Zusicherung ist unzulässig (BSG a.a.O.). Das gilt nach LSG Berlin-Brandenburg vom 29.6.2012 – L 14 AS 1363/12 B ER auch dann, wenn die begehrte Feststellung weiteren Streit zwischen den Beteiligten, ob ein Umzug erforderlich ist, ausschließt.

Eilrechtsschutz

Ob eine im Eilverfahren erstrittene Zusicherung gegenüber dem Antrag auf Übernahme der potentiellen Unterkunfts- und Heizkosten einer konkreten Wohnung keine weitergehende Sicherheit bietet und daher unzulässig (so SG Chemnitz vom 26.7.2012 – S 14 AS 3078/12 ER) oder unbegründet ist, weil die Übernahme der angemessenen Kosten der neuen Unterkunft keine Zusicherung voraussetzt (so LSG NRW vom 3.9.2014 – L 2 AS 1195/14 B ER und vom 26.11.2014 – L 12 AS 1959/14 B ER), ist umstritten. Das LSG NRW vom 26.1.2015 – L 7 AS 617/14 B vertritt mit guten Gründen die Auffassung, dass eine Zusicherung im Eilverfahren erkämpft werden kann:

> »Es ist mit Art. 19 Abs. 4 GG nicht vereinbar und dem Betroffenen nicht zuzumuten, auf eigenes Kostenrisiko umzuziehen. Dem kann nicht entgegengehalten werden, dass eine im einstweiligen Rechtsschutzverfahren ausgesprochene Verpflichtung zur Erteilung der Zusicherung nur eine vorläufige Regelung wäre, die dem Betroffenen die erwünschte Rechtssicherheit der vollständigen Übernahme der Kosten für Unterkunft und Heizung gar nicht verschaffen könne. Die im einstweiligen Rechtsschutzverfahren im Rahmen eines Beschlusses ausgesprochene Zusicherung ist eine vollwertige Zusicherung, mit der das Ergebnis eines Hauptsacheverfahrens vorweggenommen wird. Dies ist nicht a priori unzulässig, wenn sich Art. 19 Abs. 4 GG nicht anders wahren lässt. Die Prüfungsdichte ist dann – wie dargelegt – entsprechend enger und kommt der Prüfungsdichte eines Hauptsacheverfahrens nahe«

(Siehe auch LSG NRW vom 19.12.2014 – L 19 AS 2077/14 B; LSG Berlin-Brandenburg vom 14.8.2014 – L 18 AS 2084/14 B ER; LSG Sachsen-Anhalt vom 9.9.2014 – L 4 AS 373/14 B ER.)

Kostenschonender Umzug

Liegen die Kosten der neuen Wohnung unter den gegenwärtigen Unterkunftskosten, kann zwar ohne Zusicherung umgezogen werden, gleichwohl ist ein Eilantrag auf Erteilung einer Zusicherung begründet, wenn der Vermieter den Abschluss des Mietvertrages von einer Zusicherung abhängig macht.

Beschwerdefähige Entscheidung?

Der Eilbeschluss über eine Zusicherung kann ungeachtet der Höhe der strittigen Unterkunftskosten mit der Beschwerde angefochten werden, weil eine Zusicherung nach § 22 Abs. 4 SGB II nicht für einen bestimmten Leistungszeitraum Bindungswirkung entfaltet, sondern bei im Wesentlichen gleichbleibender Sach- und Rechtslage auf unbestimmte Zeit fortwirkt (LSG Berlin-Brandenburg vom 1.7.2014 – L 14 AS 1360/14 B ER und vom 14.8.2014 – L 18 AS 2084/14 B ER; a.A. Schleswig-Holsteinisches LSG vom 28.2.2012 – L 6 AS 145/11 B PKH; LSG Sachsen-Anhalt vom 13.6.2012 – L 5 AS 189/12 B ER; LSG Mecklenburg-Vorpommern vom 28.5.2014 – L 8 AS 169/14 B ER).

Beispiel

R. bezieht Alg II. Die Kosten seiner Wohnung in Höhe von 380 € werden als angemessene Kosten vom Jobcenter übernommen. R. beantragt für den Umzug in eine 420 € teure Wohnung eine Zusicherung; der Umzug sei wegen der größeren Nähe der Wohnung zur pflegebedürftigen Mutter erforderlich. Das Jobcenter lehnt eine Zusicherung mangels Erforderlichkeit des Umzugs ab. Das nach § 86b Abs. 2 SGG angerufene Sozialgericht folgt der Bewertung des Jobcenters. Die Rechtsmittelbelehrung (keine Beschwerde zum LSG) wird damit begründet, dass R. auch ohne Zusicherung in Wohnungen mit einer Miete bis zu 380 € umziehen könne. Die Zusicherung beinhalte daher nur den Streit um 40 € (= 420 € – 380 €), was bezogen auf den sechsmonatigen Bewilligungsabschnitt in einem Klageverfahren die Berufung und damit auch die Beschwerde im Eilverfahren ausschließe.
Fraglich: R. kann unter Berufung auf die o.g. Entscheidungen des LSG Berlin-Brandenburg Beschwerde einlegen.

Einstweilige Unterkunfts- und Heizkostenübernahme

Folgt man der Ansicht, dass eine Zusicherung nicht im Eilrechtsschutz erlangt werden kann und bestreitet das Jobcenter generell die Erforderlichkeit eines Umzugs und kann ohne Zusicherung kein abschlussbereiter Vermieter gefunden werden, muss für ein konkretes Wohnungsangebot ein Antrag beim Sozialgericht auf Übernahme der Miete für diese Wohnung gestellt werden. Der Antrag geht dahin, das Jobcenter zu verpflichten, die Miet- und Heizkosten für die Wohnung in der X-str. in Y zu übernehmen, vorbehaltlich des Zustandekommens eines Mietvertrages über diese Wohnung (LSG Berlin-Brandenburg vom 16.1.2009 – L 5 B 2097/08 AS ER und vom 25.3.2009 – L 25 AS 470/09 B ER).

Wohnung weg

Eine abstrakte Feststellung, dass ein Umzug in die zunächst angestrebte Wohnung erforderlich war, bringt dem Hilfesuchenden nichts, weil ohnehin immer noch geprüft werden muss, ob die neu gefundene Wohnung angemessen ist. Deshalb fehlt es auch an einem Rechtsschutzbedürfnis für einen Feststellungsantrag oder eine Fortsetzungsfeststellungsklage, wenn die angestrebte Wohnung im laufenden Eil- oder Klageverfahren anderweitig vermietet wird (LSG Berlin-Brandenburg vom 8.8.2012 – L 18 AS 424/12 B PKH; a. A. LSG NRW vom 28.3.2011 – L 19 AS 43/11 B: Ein Fortsetzungsfeststellungsinteresse bestehe regelmäßig, wenn das Jobcenter einen Umzug nicht für

notwendig hält oder die Zusicherung wegen Unangemessenheit der neuen Unterkunft ablehnt).
Nach Einzug in die neue Wohnung ist eine Fortsetzungsfeststellungsklage bereits unzulässig, wenn ein zwischenzeitlich ergangener Änderungs- oder Bewilligungsbescheid mit der gekürzten Miete bestandskräftig wurde (LSG Berlin-Brandenburg vom 17.11.2011 – L 34 AS 1424/11 B PKH). Mit einem Überprüfungsantrag nach § 44 SGB X kann aber noch eine anfechtbare Entscheidung auf Übernahme ungekürzter Unterkunfts- und Heizkosten erreicht werden.

Zusicherung nach Umzug?

Das Rechtsschutzinteresse auf Erteilung einer gesonderten Zusicherung entfällt nach einem zwischenzeitlich vollzogenen Wohnungswechsel. Dann muss auf Übernahme der Kosten für die neue Wohnung geklagt werden (BSG vom 6.4.2011 – B 4 AS 5/10 R; LSG NRW vom 8.3.2012 – L 19 AS 2025/11 B; LSG Hamburg vom 27.2.2014 – L 4 AS 429/11 ZVW). Erledigt sich der Antrag auf Erteilung der Zusicherung durch einen Wohnungswechsel im laufenden Eil- oder Klageverfahren, kann der Antrag auf Erteilung der Zusicherung in einen Antrag auf Übernahme der Unterkunftskosten für die neue Wohnung umgestellt werden, vorausgesetzt, der den Zeitpunkt des Wohnungswechsels umfassende Alg II-Bescheid ist noch nicht bestandskräftig geworden (LSG Sachsen vom 21.6.2012 – L 3 AS 828/11).
Sind die Leistungsberechtigten in eine Wohnung mit geringeren laufenden Wohnkosten gezogen, haben sie keinen Anspruch auf vorbeugende Feststellung, dass der Umzug erforderlich war, um sich im Fall von Mietpreissteigerungen vor einer Deckelung nach § 22 Abs. 1 Satz 2 SGB II zu schützen; erst wenn dies konkret ansteht, können sie sich dagegen mit Widerspruch und Klage wehren. In diesem Verfahren ist dann über die Erforderlichkeit des Umzugs zu befinden (BSG vom 22.11.2011 – B 4 AS 219/10 R; die hiergegen erhobene Verfassungsbeschwerde wurde vom BVerfG vom 17.9.2012 – 1 BvR 653/12 nicht zur Entscheidung angenommen.

Modernisierungsmieterhöhung

Nach BSG vom 23.8.2012 – B 4 AS 32/12 R löst eine Modernisierungsvereinbarung keine Kostendeckelung nach § 22 Abs. 1 Satz 2 SGB II aus, weil es sich nicht um den Umzug in eine neue Wohnung handelt. Daraus kann geschlossen werden, dass auch eine Zusicherung nach § 22 Abs. 4 SGB II nur im Fall des erforderlichen Bezuges einer neuen Wohnung erteilt werden muss. Dies hindert das Jobcenter aber nicht, einen Antrag auf Zusicherung der Übernahme einer Modernisierungsmieterhöhung zu prüfen und zu bescheiden. Der Leistungsberechtigte hat ein zu beachtendes Interesse an der Zusicherung, um zu entscheiden, ob er die bevorstehende Mieterhöhung mit einem Härteeinwand gemäß § 555d BGB abwehren kann. Der Mieter muss Härtegründe gegen die künftige Miethöhe schriftlich innerhalb bestimmter Fristen geltend machen (näher dazu Kapitel A, → S. 19 ff.). Keine Härte liegt vor, wenn das Jobcenter die erhöhte Miete übernimmt.

Ungeklärte Rechtsfragen

Ob die nachfolgend angebotenen Lösungen zu einer Reihe ungeklärter Fragen gerichtsfest sind, bleibt abzuwarten:

- Gibt es einen Anspruch auf Zusicherung, wenn die neue Wohnung zwar unangemessen ist, der Leistungsberechtigte aber vorträgt, dass ein Dritter für den nicht übernahmefähigen Teil der Kosten aufkommt?

  Ja, in Höhe der angemessenen Kosten, wenn der Leistungsberechtigte die Restkostenübernahme durch einen Dritten vertraglich absichert, dieser seine Zahlungsfähigkeit nachweist und der (zivilrechtliche) Anspruch auf Kostenübernahme, soweit die Mietkosten unangemessen sind, an das Jobcenter abgetreten wird. Das verbleibende Risiko eines Zahlungsausfalls des Dritten ist wegen der dann greifenden Kostensenkung nach § 22 Abs. 1 Satz 3 SGB II überschaubar (s. dazu auch BSG vom 6.8.2014 – B 4 AS 37/13 R: Berücksichtigung von künftigen Einnahmen aus Untervermietung).

  Bietet der Leistungsberechtigte an, die unangemessene Restmiete aus dem Regelbedarf oder Schonvermögen zu zahlen, kann das Jobcenter die Zusicherung ablehnen; das Risiko von Mietschulden oder einen erneuten Wohnungswechsel, weil die Last doch zu groß wird, ist in diesem Fall nicht hinreichend beherrschbar.

- Gibt es einen Anspruch auf Zusicherung, wenn die neuen Wohnkosten nur deshalb im Rahmen des Angemessenen liegen, weil der Vermieter einen Mietnachlass für die Dauer des Alg II-Bezuges gewährt?

  Ja, wenn dazu ein verbindlicher Vertrag zwischen den Mietparteien geschlossen wird, in dem geregelt ist, dass sich der Mietpreis an dem für die BG jeweils maßgebenden Angemessenheitswert orientiert. Liegt die Wohnfläche über den angemessenen Richtwerten, darf das Jobcenter die Zusicherung auch noch davon abhängig machen, dass die Heizkosten höchstens bis zu dem für eine angemessen große Wohnung geltenden Toleranzwerten übernommen werden.

- Gibt es einen Anspruch auf Zusicherung, wenn Personen mit in die neue Wohnung ziehen, die kein Alg II erhalten?

  Ja, wenn es sich um BG- oder Haushaltsmitglieder handelt, in Höhe des Anteils, der kopfteilig auf die leistungsberechtigten Mitglieder entfällt. Dabei ist auf eine Wohnung abzustellen, die nach der Gesamtzahl der Bewohner angemessen ist. Das Jobcenter darf prüfen, ob die nichtleistungsberechtigten Mitbewohner den auf sie entfallenden Mietanteil tragen können. Bei sonstigen Mitbewohnern hängt die Zusicherung davon ab, ob sie mietrechtlich in die Wohnung einziehen dürfen (Untermieterlaubnis etc.) und die leistungsberechtigten Personen Kosten für das Wohnen und Heizen tragen sollen, die ihrer tatsächlichen Nutzung der Wohnung entsprechen.

- Gibt es einen Anspruch auf Zusicherung, wenn der Leistungsberechtigte nach Erteilung einer Zusicherung für die Wohnung X ein attraktiveres Angebot findet und diese Wohnung Y teurer, aber noch angemessen ist?

  Nein, unter Berücksichtigung der Obliegenheit zur sparsamen Mehrung der Wohnkosten (BSG vom 24.11.2011 – B 14 AS 107/10 R) muss der Leistungsberechtigte die zugesicherte Wohnung als die kostensparsamere Umzugsalternative anmieten.

- Entsteht ein Anspruch auf Zusicherung für die Wohnung Y, wenn die Wohnung X anderweitig vermietet wurde, weil der Leistungsberechtigte zu lange gezögert hat?

  Ja, wenn die Umstände so liegen, dass eine Suche nach einer Wohnung in der Preislage der Wohnung X nicht mehr möglich ist (z.B. anstehender Räumungstermin, unzumutbare Wohnsituation in der bisherigen Wohnung). Ansprüche auf Existenzsicherung können nicht verwirkt werden, wozu auch die Sicherung einer zumutbaren Wohnung oder die Abwendung von Wohnungslosigkeit gehört.

- Müssen die bei Umzug einer gemischten BG zuständigen Jobcenter und Sozialämter eine einvernehmliche Lösung analog § 22 Abs. 4 Satz 2 SGB II herstellen?

  Ja, weil die Beteiligten ansonsten keine Möglichkeit haben, eine Wohnung ohne das Risiko einer eigenen Kostenbeteiligung anzumieten. Unterschiedliche Auffassungen können die Abstimmung der Leistungsträger schwierig machen:
  - Es gibt unterschiedliche Auffassungen über den abstrakt angemessenen Mietpreis
  - Es gibt unterschiedliche Auffassungen über die Erforderlichkeit eines Umzugs
  - Es gibt unterschiedliche Auffassungen über die Verteilung der Unterkunftskosten, falls z. B. das Jobcenter geltend macht, der SGB XII-Träger müsse für den rollstuhlabhängigen Grundsicherungsbezieher einen höheren Anteil der Wohnkosten übernehmen. Die 2013 auf 75% erhöhte und ab 2014 volle Erstattung der Grundsicherungsleistungen für Alter und Erwerbsunfähigkeit durch den Bund (§ 46a SGB XII n. F.) macht solche Streitigkeiten für die mit den Unterkunftskosten belasteten kommunalen Träger im Jobcenter interessant.

  Stellen die Leistungsträger kein Einvernehmen her, kann im Streit vor dem Sozialgericht über eine notwendige Beiladung eine für beide Träger verbindliche Entscheidung erreicht werden.

V Pflicht zur Übernahme von Wohnungsbeschaffungskosten

Ist ein Umzug vom Jobcenter veranlasst oder aus sonstigen Gründen erforderlich, was bei Zusicherung der Mietkostenübernahme nach § 22 Abs. 4 Satz 1 SGB II nicht mehr gesondert zu prüfen ist, »soll« das zuständige Jobcenter (= das Jobcenter des Wegzugsortes) die Übernahme solcher Kosten zusichern, ohne die der Leistungsberechtigte eine angemessene Unterkunft »in einem angemessenen Zeitraum« nicht finden und anmieten kann (§ 22 Abs. 6 Satz 2 SGB II). Dem Grunde nach kann in diesem Fall eine Kostenübernahme nicht abgelehnt werden. Ermessen bleibt dem Jobcenter nur bei der Entscheidung über die Höhe und Notwendigkeit von Umzugskosten.

Die Zusicherung nach § 22 Abs. 6 SGB II hängt nicht davon ab, dass zuvor eine Zusicherung nach § 22 Abs. 4 SGB II eingeholt wurde (LSG NRW vom 26.2.2013 – L 9 SO 437/12 B; LSG Sachsen-Anhalt vom 27.11.2012 – L 5 AS 902/12 B ER). Umgekehrt enthält eine Zusicherung nach § 22 Abs. 4 SGB II nicht automatisch eine Zusicherung nach Abs. 6 SGB II (LSG Berlin-Brandenburg vom 10.5.2012 – L 32 AS 741/11), selbst wenn der Umzug unstreitig erforderlich ist. Im Gegensatz zur Zusicherung nach § 22 Abs. 4 SGB II ist die Zusicherung nach Abs. 6 für die Übernahme von Wohnungsbeschaffungskosten grundsätzlich unentbehrlich.

1 Die Zusicherung der Kostenübernahme

Vorherige Zusicherung

Auch bei notwendigem Umzug und Erforderlichkeit der geltend gemachten Kosten müssen Wohnungsbeschaffungskosten nicht übernommen werden, wenn **vor** Eingehung diesbezüglicher Verpflichtungen (Abschluss Mietvertrag, Auftrag für Zeitungsinserat) nicht die Zusicherung des Jobcenters eingeholt worden ist (BSG vom 7.11.2006 – B 7b AS 19/06 R).

Kaution

Der Wohnungssuchende muss z. B. die Zustimmung zur Übernahme einer Kaution **vor** Abschluss des Mietvertrages einholen (NRW vom 26.11.2009 – L 19 B 297/09 AS ER). Auf die Fälligkeit der Kaution kommt es nicht an (LSG Sachsen vom 28.2.2008 – L 2 AS 111/07).

Umzugskosten

Umzugskosten müssen vor Abschluss eines Vertrages mit dem Umzugsunternehmen (BayLSG vom 24.9.2014 – L 8 SO 95/14; SG Detmold vom 17.10.2014 – S 8 SO 237/14 ER) oder mit dem Autoverleiher (LSG NRW vom 18.5.2011 – L 7 AS 619/11 B) beantragt werden.

Antrag bei unzuständigem Jobcenter

Wurde die Zusicherung bei einem unzuständigen Jobcenter beantragt, schadet das nicht. Das unzuständige Jobcenter hat den Antrag nach § 16 SGB I unverzüglich an das zuständige Jobcenter weiterzuleiten (LSG NRW vom 7.6.2010 – L 7 AS 506/10 B). Der Antrag gilt dann zu dem Zeitpunkt des Eingangs beim unzuständigen Jobcenter als bei dem richtigen gestellt.

Keine Blankozusicherung

Genau wie bei der Zusicherung nach § 22 Abs. 4 SGB II muss sich die Zusicherung nach § 22 Abs. 6 SGB II auf einen konkreten Beschaffungsvorgang beziehen. Eine Blanko-Zusicherung kann nicht erteilt werden (LSG Berlin-Brandenburg vom 25.1.2011 – L 14 AS 2337/10 B ER; BayLSG vom 23.12.2010 – L 7 AS 923/10 B ER und vom 23.5.2013 – L 16 AS 141/13 B ER; LSG Hamburg vom 27.2.2014 – L 4 AS 434/11 ZVW).

Eilverfahren

Bleibt das Jobcenter trotz Antrag und Vorlage der nötigen Unterlagen für eine Kostenübernahme untätig, kann die Zusicherung nach § 22 Abs. 6 SGB II auch durch Eilantrag erzwungen werden (SG Chemnitz vom 26.7.2012 – S 14 AS 3078/12 ER). Hierbei ist zu unterscheiden, ob es sich um einen vom Jobcenter veranlassten oder aus sonstigen Gründen erforderlichen Umzug handelt, Wohnungsbeschaffungskosten also übernommen werden »sollen«, oder ob die Gewährung solcher Kosten im Ermessen des Jobcenters steht (dazu → S. 312).
Bei erforderlichem Umzug in eine angemessene Wohnung ist ein Anordnungsanspruch auf Übernahme notwendiger, angemessener Beschaffungskosten grundsätzlich gegeben, problematisch ist der Anordnungsgrund (die Eilbedürftigkeit), weil aus Eile erzwungene Vorausleistungen des Leistungsberechtigten dem Anspruch auf Übernahme von Wohnungsbeschaffungskosten nicht schaden (dazu gleich → S. 291) und die Zusicherung bei schuldhaftem Verhalten des Jobcenters für eine Kostenübernahme entbehrlich ist. Unserer Auffassung nach gibt Art. 19 Abs. 4 GG aber jedenfalls dann Anspruch auf eine vorläufige Zusicherung, wenn die benötigten Wohnungsbeschaffungskosten sonst nicht in Anspruch genommen werden können; der Verweis auf einen Eilantrag auf direkte Übernahme bestimmter Kosten oder auf später geltend zu machende Ersatzansprüche geht dann ins Leere.

Treu und Glauben

Auch ohne Eilverfahren geht der Umziehende aber nicht leer aus, wenn er mit dem Abschluss des Mietvertrages und dem Umzug nicht länger warten konnte. Denn die Verweigerung einer Zusicherung nach § 22 Abs. 6 SGB II ist bei einem erforderlichen Umzug i.S.v. § 22 Abs. 4 Satz 2 SGB II in der Regel treuwidrig (LSG Schleswig-Holstein vom 19.1.2007 – L 11 B 479/06 AS PKH). Es gibt dann grundsätzlich keinen Spielraum für eine Ablehnung der Zusicherung (LSG Berlin-Brandenburg vom 5.2.2008 – L 10 B 2193/07 AS ER). Von dem Erfordernis der vorherigen Zusicherung kann abgesehen werden, wenn das Jobcenter seine Entscheidung in treuwidriger Weise verzögert oder die Zusicherung zu Unrecht verweigert (BSG vom 6.5.2010 – B 14 AS 7/09 R; LSG NRW vom 11.05.2010 – L 6 AS 41/10). War die Einholung einer Zusicherung wegen ganz besonderer Umstände unzumutbar, kann sie nicht als Voraussetzung für eine Kostenübernahme verlangt werden (s. dazu LSG NRW vom 23.9.2009 – L 19 B 39/09 AS; BayLSG vom 24.9.2014 – L 8 SO 95/14).

Zusicherung = Verwaltungsakt

Bei der Zusicherung nach § 22 Abs. 6 SGB II handelt es sich um einen der Kostenbewilligung vorgeschalteten Verwaltungsakt i. S. von § 31 SGB X (BSG vom 18.2.2010 – B 4 AS 28/09 R und vom 6.8.2014 – B 4

AS 37/13 R). Das Jobcenter kann sich nach Erteilung einer Zusicherung nur unter den Voraussetzungen der §§ 45 ff. SGB X von einer Kostenübernahme (dem Grunde nach) befreien.

Anspruchsuntergang?

Der Abschluss eines Mietvertrages lässt einen bis dahin unerfüllten Anspruch auf Zusicherung zur Übernahme von Wohnungsbeschaffungskosten zwar untergehen, weil die Zusicherung dann nicht mehr nötig ist, um in angemessener Zeit eine Unterkunft finden zu können. Soweit der Leistungsberechtigte notwendige Kosten selbst übernehmen musste, wandelt sich der Anspruch auf die Zusicherung aus § 22 Abs. 6 SGB II in einen Kostenerstattungsanspruch (LSG Sachsen vom 9.9.2013 – L 3 AS 950/13 B PKH; BSG vom 6.8.2014 – B 4 AS 37/13 R). Das gilt außerdem für die Beschaffungskosten, die trotz rechtzeitigem Antrag auf Zusicherung nach wie vor offen sind (z. B. weitere Kautionsraten) oder vorausgelegt werden mussten (LSG NRW vom 26.2.2013 – L 9 SO 437/12 B). Das Jobcenter kann bei unsachgemäßer Bearbeitung eines Antrags nicht einwenden, es hätte eine Wohnung ohne Kautionshinterlegung oder Zeitungsinserat vermitteln können.
Nach BSG vom 6.5.2010 – B 14 AS 7/09 R ist die Formulierung »wenn ohne die Zusicherung eine Unterkunft in einem angemessenen Zeitraum nicht gefunden werden kann« aber für solche Kosten ohne Bedeutung, die unabhängig davon anfallen, ob Wohnraum knapp oder im Überfluss vorhanden ist, also z. B. für die Umzugskosten (so richtig das LSG Berlin-Brandenburg vom 27.10.2008 – L 5 B 2010/08 AS ER).

Das gilt auch für ein Eil- oder Klageverfahren nach dem Umzug, wenn trotz Wohnungswechsel noch Beschaffungskosten aufzuwenden sind, wie z. B. restliche Möbel aus der alten Wohnung zu holen (HessLSG vom 24.1.2012 – L 9 AS 698/11 B ER).

Sozialrechtlicher Herstellungsanspruch

Wurde der Leistungsberechtigte unzureichend oder fehlerhaft beraten, kann die Zusicherung im Wege des sozialrechtlichen Herstellungsanspruchs ersetzt werden (SG Lüneburg vom 9.11.2006 – S 25 AS 163/06). Eine Fehlberatung kann z. B. darin liegen, dass anlässlich einer Zusicherung nach § 22 Abs. 4 SGB II die Information gegeben wird, es müsse eine Wohnung ohne Kaution gesucht werden. Sind zumutbare Wohnungen in angemessene Zeit nur mit Kaution zu finden, muss das Jobcenter die Kaution auch nach Abschluss des Mietvertrags übernehmen, wenn der Antrag auf vorherige Zusicherung wegen der falschen Information unterblieben war.

Nachträgliche Anerkennung als Beschaffungsbedarf?

Zieht ein Leistungsberechtigter ohne Zusicherung nach § 22 Abs. 4 und Abs. 6 SGB II in eine sehr preisgünstige Wohnung, für die Beschaffungskosten anfallen (z. B. Genossenschaftsanteile), eröffnet die Wirtschaftlichkeitsklausel in § 22 Abs. 1 Satz 4 SGB II dem Jobcenter die Möglichkeit, diese Kosten auch ohne vorherige Zusicherung als Bedarf für eine so günstige Dauermiete anzuerkennen und zu übernehmen. Das OVG Bremen vom 16.3.2006 – S 1 B 85/06 hat es für die Übernahme von Wohnungsbeschaffungskosten ausreichen lassen, wenn die Notwendigkeit des Umzugs und die dafür nötige finanzielle

Hilfe zweifelsfrei ist; einer Zusicherung bedürfe es dann nicht. Überzeugend ist das in den Fällen, in denen ansonsten ein Umzug zur Kostensenkung nach § 22 Abs. 1 Satz 3 SGB II scheiterte mit der Folge, dass dann weiter die hohen Unterkunftskosten getragen werden müssten (vgl. SG Berlin vom 31.10.2008 – S 37 AS 29504/07).

Ziehen leistungsberechtigte und nicht leistungsberechtigte Personen um, gelten für die Zusicherung nach § 22 Abs. 6 SGB II die auf → S. 288 dargelegten Grundsätze für die Zusicherung nach § 22 Abs. 4 SGB II entsprechend.

2 Die Kosten

Offener Kostenbegriff

Der Begriff »Wohnungsbeschaffungskosten« umfasst alle Kosten, die zum Finden und zur Anmietung einer neuen Wohnung benötigt werden (BSG vom 16.12.2008 – B 4 AS 49/07 R). Kosten, die das Finden oder Anmieten zwar erleichtern (z. B. für Makler, besonders gestaltetes Wohnungsinserat), aber nach der Situation auf dem Wohnungsmarkt oder fehlenden persönlichen Erschwernissen in der Person der Wohnungssuchenden (z. B. SCHUFA-Einträge, Behinderung) nicht benötigt werden, muss das Jobcenter nicht übernehmen.

Nicht Mietschuldübernahme

Die Begleichung von Mietschulden ist in § 22 Abs. 8 SGB II gesondert geregelt (näher dazu Kap. P, → S. 361 ff.). Die strengen Voraussetzungen für eine Mietschuldübernahme können nicht dadurch ausgehebelt werden, dass die Mietschuldübernahme als Voraussetzung für die Löschung eines Eintrags im Schuldnerregister oder eines Negativeintrags bei der SCHUFA den Wohnungsbeschaffungskosten zugeschlagen wird (LSG Berlin-Brandenburg vom 29.7.2010 – L 25 AS 1343/10 B ER).

Im Folgenden werden die in der Praxis wichtigsten Beschaffungskosten und die dazu ergangene Rechtsprechung dargestellt; die Aufzählung ist nicht abschließend.

2.1 Maklergebühr

Maklergebühren können nur dann übernommen werden, wenn der Wohnungsmarkt sehr angespannt ist, bzw. auf günstigerem Weg in angemessener Zeit keine Wohnung gefunden werden kann (LSG NRW vom 2.4.2009 – L 7 B 33/09 AS ER; BayLSG vom 16.7.2009 – L 11 AS 144/08; BSG vom 18.2.2010 – B 4 AS 28/09 R; LSG Berlin-Brandenburg vom 25.2.2010 – L 19 AS 151/10 B ER und vom 22.7.2010 – L 5 AS 673/10 B PKH). Die Zusicherung zur Übernahme der Maklergebühr kommt regelmäßig erst dann in Betracht, wenn dem Jobcenter ein konkretes Vermittlungsangebot für Wohnraum unterbreitet wird (LSG Baden-Württemberg vom 30.7.2008 – L 7 AS 2809/08 ER-B; BayLSG vom 7.10.2013 – L 7 AS 644/13 B ER; LSG Hamburg vom 27.2.2014 – L 4 AS 432/11 ZVW).

Vorrangige Hilfsangebote

Bei Erschwernissen in der Person des Wohnungssuchenden gehen erfolgversprechende Hilfen des Jobcenters oder einer sozialen Einrichtung der Beauftragung eines Maklers vor (LSG NRW vom 12.10.2009 – L 12 B 84/09 AS ER).

Maklercourtage für Verkauf von Wohnungseigentum

Maklergebühren anlässlich der Veräußerung von Wohnungseigentum gehören nach BSG vom 18.2.2010 – B 4 AS 28/09 R weder zu den Unterkunfts- noch zu den Wohnungsbeschaffungskosten i. S. § 22 Abs. 6 SGB II.

2.2 Abstandszahlung

Abschlussprämie

Ein Vermieter darf keine Abstandszahlung dafür verlangen, dass er mit dem Wohnungsinteressenten einen Mietvertrag abschließt. Eine dahingehende Vereinbarung ist unwirksam, und schon deshalb können diese Kosten nicht über § 22 Abs. 6 SGB II übernommen werden.

Abgewälzte Maklergebühr

Eine Vereinbarung mit dem Wohnungssuchenden, dass er die vom Vormieter für die frühere Wohnungsvermittlung gezahlte Maklerprovision erstattet, ist ebenfalls unwirksam (LG Bonn vom 11.6.1997 – 5 S 22/97). Der Nachmieter kann sich das Geld vom Vormieter wieder holen, bzw. dessen Zahlungsaufforderung ignorieren.

Abgeltungsvereinbarung

Bezieht sich die Abstandszahlung auf die Übernahme einer vom Vormieter mit dem Vermieter getroffenen Vereinbarung, für jeden Monat der vorzeitigen Beendigung des Mietvertrages einen bestimmten Anteil der vom Vermieter auf Wunsch des Mieters aufgewendeten Kosten für wohnwertverbessernde Maßnahmen zu zahlen, stellt dies ein unwirksames Vertragsstrafe-Versprechen dar (AG Berlin-Mitte vom 12.12.2006 – 9 C 462/06). Das Jobcenter muss dafür nicht einstehen.

Übernahme von Möbel und Einbauten

Ist der Leistungsberechtigte als Nachmieter gegen Übernahme einer Abstandszahlung für Möbel oder Einbauten des Vormieters an die Wohnung gelangt, liegt der Abstandszahlung ein Kaufvertrag zwischen Vor- und Nachmieter zu Grunde, der mit der Wohnungsbeschaffung nur mittelbar zu tun hat. Das Jobcenter muss den Abstand bzw. Kaufpreis nicht übernehmen.

Einbauküche

Die Übernahme einer Einbauküche vom Vormieter kann aber als Wohnungserstausstattung nach § 24 Abs. 3 Nr. 3 SGB II übernahmefähig sein (VGH Baden-Württemberg vom 8.11.1995 – 6 S 3140/94; SG Stade vom 14.07.2009 – S 19 SO 58/09 ER).

Brennstoffe

Ist der Abstand für die Überlassung von Heizöl- oder Kohlebeständen vereinbart worden und ist die Abstandssumme sachgerecht bemessen, kann sie bei Bezug der Wohnung als Leistung für das Heizen nach § 22 Abs. 1 SGB II übernommen werden.

Unabgewohnte Schönheitsreparaturen

Die Abrede zwischen Vormieter und Nachmieter über die Zahlung einer Abstandssumme für noch nicht »abgewohnte Schönheitsreparaturen« ist zur Beschaffung der Wohnung nicht nötig; derartige Kosten können schon begrifflich nicht als Wohnungsbeschaffungskosten übernommen werden. Denkbar ist eine Kostenübernahme unter den engen Voraussetzungen, unter denen das BSG eine Einzugsrenovierung als Teil der Unterkunftskosten nach § 22 Abs. 1 SGB II anerkennt (→ S. 158 ff.).

»Türöffner«

Hat der Wohnungssuchende über eine anstandslos akzeptierte, hohe Abstandszahlung erreicht, dass der Vormieter sich bei dem Vermieter für einen Vertragsschluss stark macht, begründet das selbst bei einem sehr angespannten Wohnungsmarkt keinen Anspruch auf Kostenübernahme nach § 22 Abs. 6 SGB II. Denn entweder ist die Abstandssumme, bezogen auf die überlassenen Gegenstände, ein unwirksames Wuchergeschäft oder die versteckte Vermittlungsprämie ist unwirksam, weil ihr keine echte Gegenleistung entspricht (s. dazu LG Hamburg vom 6.6.1991 – 302 S 87/90; LG Frankfurt am Main vom 19.3.1992 – 2/7 O 314/91). Die äußerst fragwürdige, zu § 15a BSHG ergangene Entscheidung des VGH Baden-Württemberg vom 8.11.1995 – 6 S 3140/94 kann daher nicht auf § 22 Abs. 6 SGB II übertragen werden.

Hat der Vermieter der früheren Wohnung eine Abstandszahlung an den ausziehenden Mieter für dessen Verzicht auf Einhaltung der Kündigungsfrist gezahlt, handelt es sich um anrechenbares Einkommen, das dem Jobcenter mitgeteilt werden muss (LSG Berlin-Brandenburg vom 19.12.2012 – L 18 AS 750/12).

2.3 Kaution

Marktübliche Wohnungen werden in der Regel nur gegen Zahlung einer Kaution vermietet. Bei Hilfebedürftigkeit ist daher die Übernahme der Kaution zur Erlangung einer angemessenen Unterkunft in der Regel notwendig und bei einem erforderlichen Umzug grundsätzlich vom Jobcenter zu gewähren. Die Gewährung steht nicht in seinem Ermessen, wenn die Wohnung ohne (teilweise) Kautionszahlung nicht bezogen werden kann. Nach SG Bremen vom 12.5.2009 – S 23 AS 779/09 ER ist eine Verwaltungsvorschrift rechtswidrig, die bei Wohnungsbaugesellschaften die Gewährung von Mietkautionen generell ausschließt.

Nur Wohnungsbeschaffungs-Kautionen?

Im Regelfall ist die Kaution als Folge des Abschlusses eines Mietvertrages eine Aufwendung zur Wohnungsbeschaffung gemäß § 22 Abs. 6 SGB II. Wird eine Kaution – zulässigerweise – erst später im laufenden Mietverhältnis gefordert, dient eine Kostenübernahme genau genommen nicht der Beschaffung einer Wohnung, sondern deren Erhalt (zur Kündigung bei Nichtzahlung der Kaution s. LG Berlin vom 17.10.2011 – 67 S 58/11; AG Bad Segeberg vom 19.12.2013 – 17a C 129/13 auch zu der ab 1. Mai 2013 geltenden Rechtslage). Es stellt sich dann die Frage, ob die geforderte Kaution in diesen Fällen ein laufender Unterkunftsbedarf nach § 22 Abs. 1 SGB II ist, der als Zuschuss übernommen werden muss. Praktische Bedeutung haben hier Fälle, in denen der Vermieter die Zahlung der Kaution gestundet oder statt der zu zahlenden Kaution eine Mietbürgschaft akzeptiert hatte und die nach Mietvertrag geschuldete Kaution dann wegen Entstehung eines (erhöhten) Sicherungsbedürfnisses (z.B. Streit wegen einer Mieterhöhung oder Mietminderung, der Bürge fällt aus) einfordert (dazu AG Wiesbaden vom 22.4.2013 – 91 C 5829/11). Unserer Auffassung nach ist die Kaution sozialrechtlich dann ein Zusatzbedarf nach § 22 Abs. 1 SGB II.

Das gilt nicht, wenn eine Kaution vom Vermieter anlässlich eines Streits über Schönheitsreparaturen oder Schadenersatz im Zusammenhang mit der Beendigung des Mietvertrages gefordert wird; zwar kann auch dann mietrechtlich die Zahlung der Kaution verlangt werden (BGH vom 22.11.2011 – VIII ZR 65/11), sozialrechtlich ist aber allenfalls eine Kostenübernahme für die nach dem Mietvertrag geschuldeten Schönheitsreparaturen als Bedarf nach § 22 Abs. 1 SGB II zu übernehmen. Führt der Leistungsberechtigte die Schönheitsreparaturen ordnungsgemäß aus, erledigt sich die Kautionsforderung; wird sie wegen einer Beschädigung der Wohnung verlangt (zur Beweislast s. AG Köln vom 10.6.2011 – 224 C 460/10), muss das Jobcenter dafür auch im Wege einer Kautionsübernahme nicht aufkommen (Kap. F, → S. 153 ff.).

Wohnungs-beschaffungs-kautionen

Das Jobcenter muss die Übernahme einer Wohnungsbeschaffungskaution nur prüfen, wenn und soweit die Kaution mietvertraglich geschuldet ist. Dazu einige Hinweise:

- Unzulässig ist die erneute Forderung einer Kaution von einem neuen Vermieter, weil der vorherige Vermieter die Kaution nicht herausgeben kann oder sie an den Mieter ohne Verlangen auf Weitergabe zurückgezahlt hatte (BGH vom 7.12.2011 – VIII ZR 206/10).
- Ist die nach Mietvertrag geschuldete Kaution noch nicht gezahlt worden, geht die Zahlungspflicht bei einem Eigentümerwechsel analog § 566a BGB auf den Erwerber über (LG Kiel vom 28.8.2012 – 1 S 174/11). An ihn muss dann gezahlt werden, es sei denn, die Kautionsforderung ist verjährt (dazu LG Wiesbaden vom 22.8.2013 – 3 S 71/13).
- Bietet der Leistungsberechtigte von sich aus eine Zusatz-Kaution an, um die Wohnung trotz Hartz IV zu bekommen, ist er mietvertraglich nicht zur Zahlung dieser Zusatz-Kaution verpflichtet. Das Jobcenter braucht das Kautionsdarlehen daher nur in der gesetzlichen Höhe nach § 551 BGB zu übernehmen (OLG Stuttgart vom 25.3.2010 – 13 U 136/09). Ebenso unzulässig ist die vom Vermieter geforderte Stellung einer Bürgschaft zusätzlich zur Kaution (AG Kerpen 14.2.2012 – 104 C 366/11; AG Lübeck vom 17.8.2011 – 23 C 1448/11). Hier kann das Jobcenter eine Übernahme der Kaution mit Verweis auf die gestellte Bürgschaft ablehnen. Wird eine Bürgschaft unaufgefordert vom Mieter zusätzlich zur Kaution als Sicherheit angeboten, ist das nach LG Berlin vom 7.4.2014 – 65 S 469/13 nicht zu beanstanden. Allerdings soll es an der Freiwilligkeit fehlen, wenn der Vermieter zu

erkennen gegeben hat, dass er die Wohnung ohne die Übernahme einer weiteren Sicherheit nicht vermieten werde (s. auch AG Köpenick vom 9.10.2013 – 15 C 64/13).

- Bei preisgebundenem Wohnraum ist die Vereinbarung einer Mietkaution zur Sicherung von Ansprüchen des Vermieters auf Heizkosten und andere Betriebskosten unwirksam, weil sie den zulässigen Sicherungszweck einer Kaution gemäß § 9 Abs. 5 WoBindG überschreitet (LG Berlin vom 13.3.2012 – 65 S 254/11).

Teilzahlung unabdingbar

Die Regelung in einem Mietvertrag, wonach die Wohnungsübergabe nur erfolgt, wenn die erste Miete und die erste Rate der Kaution gezahlt sind, ist auch als AGB-Klausel wirksam (LG Bonn vom 1.4.2009 – 6 T 25/09). Das Recht nach § 551 Abs. 2 BGB, die Kaution in drei Raten zu zahlen, kann der Vermieter aber nicht ausschließen. Eine solche Klausel im Mietvertrag ist nichtig, macht die Kautionsabrede, d.h. die Pflicht zur Zahlung der Kaution jedoch nicht unwirksam (BGH vom 17.3.2004 – VIII ZR 166/03). Dasselbe gilt für eine Klausel, wonach die Wohnung erst nach voller Kautionszahlung übergeben wird (BGH vom 30.6.2004 – VIII ZR 243/03).

Seit 1.5.2013: Fristlose Kündigungsmöglichkeit ohne vorherige Abmahnung

§ 569 Absatz 2a BGB ermöglicht es dem Vermieter, das Mietverhältnis ohne vorherige Abmahnung fristlos zu kündigen, wenn der Mieter mit der vereinbarten Kaution in Höhe von zwei Kaltmieten in Verzug ist. Die erste Rate der Kaution ist – wie bisher – zu Beginn des Mietverhältnisses fällig, um dem Vermieter insoweit sein Zurückbehaltungsrecht bei Übergabe der Wohnung zu erhalten. § 551 Absatz 2 Satz 3 BGB stellt klar, dass die weiteren Raten mit den weiteren Mietzahlungen fällig werden. Verweigert das Jobcenter die Gewährung einer Kaution oder verzögert sich die Bewilligung, kann dies daher einen Eilantrag beim Sozialgericht begründen, auch wenn der Vermieter (noch) keine Kündigung angedroht hat. Die Heilungsmöglichkeit nach § 569 Absatz 2a Satz 4 BGB schließt die Eilbedürftigkeit nicht aus, weil eine Räumungsklage nach Erklärung der fristlosen Kündigung dem Mieter Kosten verursacht (näher dazu → S. 388 f.), das Mietverhältnis belastet und Gründe für eine ordentliche Kündigung des Mietverhältnisses liefern kann.

Nur als Darlehen

Nach § 22 Abs. 6 Satz 3 SGB II soll (Regelfall) die Kaution als Darlehen gegeben werden. Das war auch vor 2011 schon so. Der seit April 2011 geltende § 42a SGB II hat aber eine drastische Verschärfung gebracht: War es bis März 2011 Unrecht, Kautionsdarlehen analog § 23 Abs. 1 SGB II a.F. mit sofortiger Rate zu tilgen (SG Lüneburg vom 16.6.2005 – S 25 AS 251/05 ER; LSG Baden-Württemberg vom 6.9.2006 – L 13 AS 3108/06 ER-B; LSG NRW vom 28.9.2007 – L 1 B 37/07 AS; HessLSG vom 19.6.2006 – L 7 AS 150/06 ER, vom 5.9.2007 – L 6 AS 145/07 ER und vom 16.1.2008 – L 9 SO 121/07 ER) oder vom Leistungsberechtigten die Zustimmung zu einer laufenden Tilgung zu verlangen (BSG vom 22.3.2012 – B 14 AS 26/10 R), muss das Jobcenter nach § 42a SGB II das Darlehen sofort mit 10% des laufenden Regelbedarfs der Darlehensnehmer tilgen.

Tilgung

Nach Ausschöpfung des Selbsthilfepotentials

Nach § 42a SGB II gibt es ein Darlehen außerdem nur, wenn weder zweckfreies Schonvermögen nach § 12 Abs. 2 Nr. 1, Nr. 1a SGB II noch Vermögen für Hausrat (§ 12 Abs. 2 Nr. 4 SGB II) vorhanden ist, also auch keine Bankbürgschaft gestellt oder ein Sparbuch verpfändet werden kann.

Hatte das Jobcenter für die vorherige Wohnung schon eine Kaution übernommen, die bei Beendigung des Mietverhältnisses voll getilgt ist oder war die Kaution vom Leistungsberechtigten selbst aufgebracht worden, kann das Jobcenter die Kaution für die neue Wohnung nicht unter Verweis auf den Kautionsrückforderungsanspruch des Mieters verweigern. Denn der Vermieter hat das Recht, vor Auszahlung der Kaution evtl. Ansprüche aus dem Mietverhältnis zu prüfen, was einige Zeit dauern kann, wenn z. B. eine Betriebskostennachforderung mit der Kaution verrechnet werden soll (BGH vom 18.1.2006 – VIII ZR 71/05; AG Gießen vom 10.5.2012 – 48 C 352/11; zu den Grenzen des zulässigen Kautionseinbehalts s. AG Bremen vom 22.12.2011 – 10 C 331/11; AG Frankenthal vom 30.10.2014 – 3a C 270/14). Ein Ansparen der Kaution durch Aussetzen der letzten Mietzahlungen ist nur zulässig, wenn der Vermieter die Kaution nicht sicher angelegt hat (BGH vom 23.9.2009 – VIII ZR 336/08 und vom 13.10.2010 – VIII ZR 98/10: Insolvenzfeste Sicherung). Bei Fortsetzung eines Mietverhältnisses durch nur einen Ehepartner nach § 1568a Abs. 3 BGB bleibt die Kaution beim Vermieter, es gibt dann nur einen u. U. nicht durchsetzbaren Ausgleichsanspruch zwischen den Ehepartnern. Wird eine Kaution nach Beendigung des Mietverhältnisses mit beiden Mietern auf ein neues Mietverhältnis nur mit einem der Mieter übertragen, hat bei Beendigung des zweiten Mietverhältnisses nur dieser Mieter einen alleinigen Kautionsrückzahlungsanspruch (AG München vom 3.12.2013 – 433 C 23094/13).

Kaution für vorherige Wohnung

Kann der Leistungsberechtigte die Kaution der Vorwohnung **zeitnah** zum Ende des Mietvertrages fordern, geht diese Form der Selbsthilfe einem Kautionsdarlehen des Jobcenters vor. Es ist daher wichtig zu wissen, wann nach Mietrecht die Kaution zurückzuzahlen ist bzw. wann die Kaution zu Unrecht vom Vermieter zurückgehalten oder vereinnahmt wird.

Grundsätzlich gilt, dass die Kaution zurückzuzahlen ist, sobald das Sicherungsbedürfnis des Vermieters, bezogen auf die Wohnung bzw. den Mietvertrag, auf den die Kaution gezahlt wurde, entfällt.

Das kann bei streitigen Vermieterforderungen dauern. Denn der Vermieter darf die Mietkaution nur einziehen, wenn er berechtigte, aufrechenbare Gegenforderungen hat. Das Bestehen solcher Forderungen gegen den Mieter muss er auf dem ordentlichen Rechtsweg klären lassen. Der Wohnungsmieter kann im Wege der einstweiligen Verfügung nur den Zugriff des Vermieters auf die Kaution abwenden (LG Darmstadt vom 11.9.2007 – 25 S 135/07; a. A. LG Berlin vom 21.3.2013 – 18 T 45/13: Auch dem Mieter bleibe nur der ordentliche Rechtsweg).

Aufrechnungsverbot gegen Fremdforderungen

Nach einem aktuellen Urteil des BGH vom 11.7.2012 – VIII ZR 36/12 folgt aus dem Treuhandcharakter der Mietkaution ein stillschweigendes Aufrechnungsverbot mit Forderungen, die nicht aus dem Mietverhältnis stammen. Mit derartigen Forderungen kann der Vermieter gegen den Anspruch des Mieters auf Kautionsrückzahlung auch dann nicht aufrechnen, wenn die Kaution am Ende des Mietverhältnisses nicht für Forderungen des Vermieters aus dem Mietverhältnis benötigt wird.

Dem Vermieter steht gegen den Anspruch auf Herausgabe eines Kautionssparbuchs auch kein Zurückbehaltungsrecht wegen behaupteter Zahlungs- und Schadensersatzansprüche zu, da bei Leistung der Mietsicherheit durch Verpfändung eines Sparguthabens der Vermieter stattdessen nach Beendigung des Mietverhältnisses wegen etwaiger Ansprüche unmittelbar aus dem Pfandrecht vorgehen kann (LG Hannover vom 22.2.2013 – 14 S 58/12).

Verwertungsverbot

Trotz Zusatzvereinbarung im Mietvertrag darf der Vermieter eine Mietsicherheit wegen streitiger Forderungen gegen den Mieter nicht während des laufenden Mietverhältnisses verwerten (BGH vom 7.5.2014 – VIII ZR 234/13).

Vermieterwechsel

Der Erwerber eines Mietobjekts tritt gemäß § 566a BGB kraft Gesetzes in alle die Mietsicherheit begründenden Rechte und Pflichten ein und ist nach Beendigung des Mietverhältnisses zur Rückgewähr der Sicherheit verpflichtet. Das gilt auch dann, wenn die Kaution in der Kette der vorangegangenen Vermieter nicht weitergeleitet worden war (BGH vom 1.6.2011 – VIII ZR 304/10). Kann der Mieter die fällige Kaution vom vorherigen Eigentümer nicht bekommen, weil dieser insolvent ist und die vom Mieter erhaltene Mietsicherheit nicht getrennt von seinem sonstigen Vermögen angelegt hatte, muss der neue Eigentümer die Kaution dennoch auszahlen (BGH vom 7.3.2012 – XII ZR 13/10).

Ist die Mietsicherheit nicht vom früheren Vermieter an den neuen Vermieter/Erwerber weitergegeben worden und hat der Erwerber keine Ansprüche gegen den Mieter, kann der Mieter direkt gegenüber dem früheren Vermieter die Mietsicherheit herausverlangen oder gegen dessen Forderungen aufrechnen (OLG Hamburg vom 4.2.2014 – 8 W 7/14).

Wurde die Kaution durch Verpfändung eines Kautionssparbuchs gestellt, muss der neue Eigentümer die zwingend erforderlichen Erklärungen zur Pfandfreigabe abgeben. Ob er im Besitz einer Verpfändungsanzeige ist oder nicht, spielt weder für die Entstehung noch für die Übertragung des Pfandrechts eine Rolle (AG Erfurt vom 11.1.2012 – 5 C 3497/10).

Kautionszinsen

Legt der Vermieter die Mietkaution entgegen seiner Verpflichtung nicht getrennt von seinem Vermögen als Sparguthaben an, besteht ein Schadensersatzanspruch des Mieters in Höhe des Zinsertrages, der bei Anlage der Kaution auf einem Sparbuch angefallen wäre (LG Waldshut-Tiengen vom 10.11.2011 – 2 S 37/11).

Soweit die Mietkaution auf einem Mietkautionssammelkonto angelegt wird, hat der Vermieter dem Mieter die Unterlagen des Finanzamtes zur Verfügung zu stellen, damit die Zinsabschlagssteuer nebst Solidaritätszuschlag zugunsten des Mieters verrechnet werden kann. Unterlässt er dies, ist er nicht berechtigt, die Kapitalertragssteuer nebst Solidaritätszuschlag für die auf die Kaution angefallenen Zinsen abzuziehen (AG Schöneberg vom 8.8.2011 – 13 C 91/11).

Bürgschaft Dritter

Wenn der Vermieter einverstanden ist, kann anstelle einer Kaution eine Bürgschaft durch einen Verwandten oder Freund vereinbart werden. Damit erspart sich der Leistungsberechtigte die problematische Kürzung seines Regelbedarfs infolge der Tilgung eines SGB II-Kautionsdarlehens. Wird eine Kautionszahlung durch Eintritt eines solventen Dritten in den Mietvertrag ersetzt, darf das Jobcenter die Unterkunfts- und Heizkosten nicht anteilig nach der Zahl der Mietvertragsparteien kürzen (SG Magdeburg vom 20.2.2010 – S 11 AS 3600/09 ER). Die Kopfteilmethode gilt nur für Personen, die tatsächlich die Wohnung nutzen (BSG vom 19.10.2010 – B 14 AS 50/10 R).

Hatte der Freund oder Verwandte schon für die frühere Wohnung gebürgt, kann der Leistungsberechtigte bei Wegfall des Sicherungsbedürfnisses vom früheren Vermieter die Herausgabe der Kautionsbürgschaft an den Bürgen verlangen (OLG Frankfurt vom 15.6.2012 – 2 U 252/11).

Soforttilgung verfassungsgemäß?

Nach § 22 Abs. 6 SGB II »soll« eine Mietkaution als Darlehen erbracht werden. Die mit der Gewährung als Darlehen gemäß § 42a SGB II zwingend verbundene Soforttilgung über eine Aufrechnung gegen den laufenden Regelbedarfsanspruch sowie der vorherige Einsatz von Schonvermögen werden überwiegend kritisch gesehen (dazu Ausschuss-Drs. 17(11)878 – 892). Aus der Rechtsprechung: LSG NRW vom 27.3.2014 – L 19 AS 332/14 B, vom 3.2.2014 – L 2 AS 2280/13 B, vom 30.1.2014 – L 6 AS 1154/13 und vom 29.1.2014 – L 7 AS 448/13 B; LSG Thüringen vom 2.1.2014 – L 9 AS 1089/13 B; LSG Berlin-Brandenburg vom 18.11.2013 – L 10 AS 1793/13 B PKH; LSG Baden-Württemberg vom 18.9.2013 – L 3 AS 5184/12, Revision unter – B 4 AS 11/14 R). Wir halten die sofortige Verrechnung mit dem Regelbedarf für verfassungswidrig, wenn der Leistungsberechtigte außerstande ist, in einem Zeitraum von bis zu sechs Monaten das Kautionsdarlehen auf andere Weise als durch Kürzung des Regelbedarfs zu tilgen. Die wichtigsten Argumente sind:

- **Unterschreitung des verfassungsrechtlich garantierten Existenzminimums**
  Nach BVerfG vom 9.2.2010 – 1 BvL 1/09 gibt es einen im Grundgesetz verankerten Anspruch auf Gewährleistung des Existenzminimums. Das BVerfG sah es zur Sicherung des Existenzminimums als notwendig an, dass atypische Mehrbedarfe nicht nur im SGB XII (§ 27a Abs. 4 SGB XII), sondern auch im SGB II zusätzlich zum Regelbedarf gewährt werden müssen. Der dazu geschaffene § 21 Abs. 6 SGB II definiert diesen Mehrbedarf als mehrfach wiederkehrenden Bedarf von nicht unerheblichem Gewicht. Ein Mehrbedarf

in Höhe von 10% des Regelbedarfs ist in jedem Fall erheblich i.S. des BVerfG-Urteils (BSG vom 19.8.2010 – B 14 AS 13/10 R und vom 4.6.2011 – B 14 AS 30/13 R).
Wenn es schon als unzumutbar angesehen wird, dass einem Leistungsberechtigten ein nicht nur gelegentlich auftretender Bedarf von z. B. 21,45 € monatlich für Hygiene (BSG, a.a.O.) fehlt, ihm also nicht zugemutet wird, 10% des Regelbedarfs dafür aufzuwenden, kann es erst recht nicht als zumutbar angesehen werden, wenn einem Leistungsberechtigten – je nach Höhe der Mietkaution – über Monate hinweg 10% des Regelbedarfs genommen wird, **ohne** dass der Abzug durch sein Verbrauchsverhalten verursacht wird (Darlehensfälle nach § 24 Abs. 1 SGB II).

- **Eingriff in das verfassungsrechtlich garantierte Existenzminimum**
  Die Darlehenssoforttilgung wird zu einem verfassungswidrigen Eingriff in das Existenzminimum, wenn der Leistungsberechtigte in Erfüllung einer Kostensenkungsaufforderung umziehen muss und nicht auf eine Kaution der Vorwohnung zugreifen kann. Muss er in dieser Situation auf 10% des Regelbedarfs verzichten, ist er schlechter gestellt als ein Schuldner im Pfändungs- oder Zwangsvollstreckungsrecht (BGH vom 25.10.2012 – VII ZB 31/12), dem sogar als Täter einer unerlaubten Handlung das Existenzminimum (Regelbedarf und angemessene Wohnkosten) verbleibt (BGH vom 13.10.2011 – VII ZB 7/1: »Der Gesetzgeber, der jedem nach dem Sozialstaatsgebot ein menschenwürdiges Existenzminimum sichern muss, hat in § 850f Abs. 2 ZPO bestimmt, dass dem Schuldner einer Forderung aus einer vorsätzlich begangenen unerlaubten Handlung so viel zu belassen ist, wie er für seinen notwendigen Unterhalt bedarf. Dem notwendigen Lebensunterhalt gleichzusetzen sind die Regelleistungen nach dem Zwölften Buch Sozialgesetzbuch, die nach der Wertung des Gesetzgebers das ›soziokulturelle‹ Existenzminimum darstellen.«).

- **Aushebelung des Ansparkonzepts**
  Der Regelbedarf ist so bemessen, dass der Leistungsbezieher durch Umschichtungen im Ausgabeverhalten und Ansparungen genug Mittel für Ersatzbeschaffungen und Zusatzbedarfe haben soll (neuer Kühlschrank, Reparatur des Fahrrads etc.). Muss der Leistungsbezieher wegen der Kautionstilgung über einen langen Zeitraum hinweg einen Einsatz des 10%-Puffers, der sonst für Umschichtungen und Sparrücklagen benötigt wird, für Kosten der Unterkunft, wozu die Kaution gehört, einsetzen, gerät das Konzept der Bedarfsdeckung mit festen Regelbeträgen aus den Fugen.

- **Verstetigte Bedarfsunterdeckung**
  Dazu kommt, dass der Gesetzgeber die vom BVerfG als zulässig erachtete Deckung von Zusatzbedarfen, die zum regulären Lebensunterhalt gehören, mit aufrechenbaren Darlehen (§ 24 Abs. 1 SGB II) zum 1.4.2011 so verändert hat, dass stets 10% zu tilgen

sind. Die stetig zunehmende Zahl von Darlehenstilgungen nach § 24 SGB II (dazu BT-Drs. 17/11484 vom 15.11.2012) zeigt, dass insbesondere Familien mit Kindern, die längere Zeit auf SGB II-Leistungen angewiesen sind, Zusatzbedarfe benötigen, was auch damit zusammen hängt, dass Ersatzbeschaffungen für Elektrogeräte oder sonstige Hausratsgegenstände in der EVS nur ganz marginal abgebildet werden können und mit entsprechend geringen Beträgen in den Regelbedarf einfließen (BVerfG vom 23.7.2014 – 1 BvR 10/12). Bewirkt die Tilgung der Kaution über einen längeren Zeitraum hinweg einen Verzicht auf 10% des Regelbedarfs, ist der Leistungsberechtigte einerseits in verstärktem Maße auf § 24 SGB II-Darlehen angewiesen, weil er keinen Puffer zum Ansparen hat, andererseits muss er bei Inanspruchnahme eines § 24 SGB II-Darlehens zusammen mit der Kautionstilgung eine 20%ige Kürzung des Regelbedarfs verkraften.

- **Familienfeindliche Regelung**
  Häufige Folge der Familienplanung oder des Älterwerdens der Kinder ist ein größerer Wohnbedarf, der meist nur durch Umzug zu decken ist. Üblicherweise entstehen dadurch vermehrte Aufwendungen, die nicht zu den Wohnungsbeschaffungskosten zählen, sondern aus dem Regelbedarf beglichen werden sollen (z.B. Ersatz von zu Bruch gegangenem Umzugsgut, Herrichtung der neuen Wohnung, Ämtergänge). Je größer die BG ist, die umziehen muss, desto höher ist die dafür benötigte Kaution. Werden alle BG-Mitglieder einschließlich der Kinder zur Tilgung herangezogen – was nicht zulässig ist –, kumuliert sich bei dem geforderten Wirtschaften aus einem Topf der Kürzungseffekt und muss die Familie dann ausgerechnet in einer von höheren Ausgaben geprägten Phase mit gekürzten Regelbedarfen zurechtkommen. Werden nur die Eltern zur Tilgung herangezogen (so BSG vom 18.11.2014 – B 4 AS 3/14 R), verlängert sich der Tilgungszeitraum je nach Größe der BG erheblich, was die oben dargestellten Probleme der Bedarfsdeckung massiv verstärkt.

- **Willkürliche Schlechterstellung gegenüber Sozialhilfe**
  Für Leistungsberechtigte nach dem SGB XII ist im Regelfall zwar auch nur ein Kautionsdarlehen vorgesehen (§ 35 SGB XII), die Ausgestaltung der Tilgung steht hier aber im Ermessen des Sozialamtes, sodass bis zum Ende des Mietverhältnisses auch ganz von einer Tilgung abgesehen werden kann. Die Erwerbszentrierung des SGB II, d. h. die generalisierende Vermutung, dass der Hilfebedarf nur kurz besteht oder Alg II aufstockend zu Erwerbseinkommen (mit Reserven über die Freibeträge) bezogen wird, ist kein überzeugendes Argument für eine Schlechterstellung von SGB II-Leistungsberechtigten bei der Übernahme von Wohnungsbeschaffungskosten. Denn dann könnte auch argumentiert werden, dass Alg II-Leistungsberechtigte keinen atypischen Mehrbedarf benötigen, weil sie üblicherweise nur kurz im Leistungsbezug stehen oder Aufstocker sind – ein Argument, das sich wegen der Regelung des § 21 Abs. 6 SGB II schon selbst widerlegt. Für Personen, die nach Lebenslage oder sonstigen Umstän-

den keine Chance haben, kurzfristig aus dem Leistungsbezug herauszukommen oder dazu zu verdienen, ist die Schlechterstellung gegenüber Beziehern von Sozialhilfe von keinem sachlichen Grund gedeckt, d.h. offensichtlich willkürlich.

Atypischer Fall

Die vor dem Hintergrund der zweiten Regelbedarfsvefassungsentscheidung vom 23.7.2014 – 1 BvR 10/12 problematische Regelbedarfskürzung fordert vom Jobcenter einen verstärkten Blick auf anderweitige Formen der Kautionsgewährung, wenn die Selbsthilfebemühungen des Leistungsberechtigten erschöpft sind. Gleicht die Lebenssituation des Leistungsberechtigten der eines SGB XII-Berechtigten (wegen Alters, Krankheit oder Behinderung faktisch ohne Erwerbschance, Arbeitsmarktrentner), kann allein eine tilgungsfreie Form der Mietsicherheit ermessengerecht sein. Wird einem Leistungsberechtigten wegen sozialer Schwierigkeiten über die §§ 67, 68 SGB XII Wohnraum verschafft und ist die Chance auf baldige Vermittlung in Arbeit sehr gering oder hat der Leistungsberechtigte weiter mit Problemen seiner Lebensführung zu kämpfen, kann es eine weitergehende Hilfe sein, die Kaution als Zuschuss, statt als Darlehen zu geben (so SG Berlin vom 30.9.2011 – S 37 AS 24431/11 ER; ähnlich SG Berlin vom 8.6.2012 – S 169 AS 12851/12 ER).

Jobcenter-Bürgschaft

Als Alternative zum Kautionsdarlehen bietet sich insbesondere eine Kautionsbürgschaft (Verpflichtungserklärung) des Jobcenters an, wenn der Vermieter damit einverstanden ist (s. dazu LSG NRW vom 2.7.2012 – L 20 SO 75/12). § 22 Abs. 6 Satz 3 SGB II schließt diese Hilfeform nicht aus (dazu schon BT-Drs. 16/4887 vom 29.3.2007). Hat das Jobcenter gebürgt und erfüllt es nach Abschluss des Mietverhältnisses Forderungen des Vermieters wegen (vermeintlicher) Vertragsverletzungen des Mieters, kann es den Leistungsberechtigten nicht ohne weiteres über eine Aufrechnung nach § 43 oder § 42a analog SGB II (s. dazu SG Leipzig vom 25.9.2014 – S 20 AS 823/12) oder über einen Kostenersatz nach § 34 SGB II heranziehen (vgl. dazu VG Lüneburg vom 29.7.2003 – 4 A 141/01; VG Augsburg vom 4.2.2005 – Au 3 K 04.1621). Verlangt das Jobcenter vom Leistungsberechtigten vor Übernahme der Bürgschaft eine Ersatzhaftung für Inanspruchnahmen des Vermieters aus der Bürgschaft, ist darauf zu achten, dass nur für schuldhafte Schäden eingestanden wird. Das (Prozess-)Risiko vorschnell erfüllter Vermieter-Forderungen darf nicht auf den Leistungsberechtigten abgewälzt werden (s. dazu auch LSG Baden-Württemberg vom 20.6.2013 – L 7 AS 522/12).

Ungeklärte Rechtsfragen

Die seit April 2011 für den Regelfall geforderte Soforttilgung des Kautionsdarlehens nach § 42a SGB II wirft eine Reihe von Fragen auf:

- Verändert sich die Tilgung, wenn ein BG-Mitglied ausfällt (durch Sanktion oder Leistungsausschluss)?
- Verändert die Auflösung der BG die Tilgung, wenn der ausziehende Mitbewohner keine Tilgung mehr leistet?
- Muss ein Neumitglied der BG einer laufenden Kautionstilgung beitreten?

- Summiert sich eine Kautionstilgung, wenn zur Auffüllung der Kaution nach Zugriff des Vermieters auf die Mietsicherheit (BGH vom 12.1.1972 – VIII ZR 26/7) oder wegen Wertverlusts der gestellten Sicherheit (dazu AG Tempelhof-Kreuzberg vom 4.12.2013 – 17 C 96/13) ein (weiteres) Darlehen nach § 22 Abs. 6 SGB II benötigt wird?
- Muss bei Umzug einer gemischten BG der SGB II-Partner die anteilige Kaution tilgen, obwohl das Sozialamt dem SGB XII-Bezieher keine Tilgung zumutet?
- Muss der Leistungsberechtigte bei Wechsel in die Grundsicherung nach § 41 SGB XII ein noch nicht getilgtes Jobcenter-Kautionsdarlehen mit der Sozialhilfe weiter tilgen?

Es bleibt abzuwarten, wie die Gerichte entscheiden. Das BSG vom 18.11.2014 – B 4 AS 3/14 R hat geklärt, dass nur die Mietvertragsparteien als Darlehensnehmer herangezogen werden dürfen.

Welches Jobcenter ist zuständig?

Grundsätzlich ist das Jobcenter des Wegzugsortes für die Zusicherung und Übernahme der Kaution oder Bürgschaft zuständig. Die Kaution kann auch vom Jobcenter des Zuzugsortes als Bedarf anerkannt werden (§ 22 Abs. 6 Satz 1 2. Halbsatz SGB II). Streiten sich die Jobcenter über die Zuständigkeit, muss nach § 43 SGB I das zuerst um Zusicherung angegangene Jobcenter zahlen (HessLSG vom 9.9.2011 – L 7 SO 190/11 B ER). Soweit die Kaution erst nach Einzug in die neue Wohnung zu zahlen ist, schlägt LSG Berlin-Brandenburg vom 30.11.2007 – L 32 B 1912/07 AS ER die Kautionszahlung den regulären Unterkunftskosten zu. Diese Ansicht wird jedenfalls für die Neureglungen zum Kautionsdarlehen seit April 2011 nicht aufrecht zu erhalten sein.

2.4 Genossenschaftsanteile

Auch Genossenschaftsanteile und das Eintrittsgeld in eine Genossenschaft sind Wohnungsbeschaffungskosten im Sinne von § 22 Abs. 6 SGB II (LSG Sachsen vom 15.1.2009 – L 3 AS 29/08 und vom 29.9.2008 – L 2 B 611/08 AS-ER; LSG NRW vom 8.6.2011 – L 19 AS 958/11 B ER). Liegen die Aufwendungen deutlich höher als die Kaution bei Mietwohnungen, zweifelt das LSG Sachsen vom 25.1.2010 – L 3 AS 700/09 B ER aber an der Pflicht des Jobcenters zur Übernahme solcher Kosten wegen der in § 3 Abs. 1 Satz 4 SGB II verankerten Grundsätze der Wirtschaftlichkeit und Sparsamkeit, zumal die Mitgliedschaft zur Genossenschaft nicht automatisch mit dem Mietverhältnis endet. Außerdem ist das Jobcenter nicht davor geschützt, dass ein Gläubiger des Leistungsberechtigten dessen Anspruch auf Auszahlung des genossenschaftlichen Auseinandersetzungsguthabens pfändet (s. dazu BGH vom 1.10.2009 – VII ZB 41/08; AG Warstein vom 25.6.2012 – 3 M 0741/10).

Verlangt der Vermieter neben den Genossenschaftsanteilen auch noch eine Kaution als Sicherheit, wozu er nach AG Kiel vom 10.8.2011 – 108 C 24/11 berechtigt ist, schließt die Übernahme der Genossenschaftsanteile die zusätzliche Übernahme der Kaution nicht aus; es handelt sich um unterschiedliche Arten von Wohnungsbeschaffungskosten (LSG NRW vom 8.6.2011 – L 19 AS 958/11 B ER und vom 15.8.2011 – L 19 AS 936/11 NZB). Allerdings können die Umzugskosten für die Genossenschaftswohnung dann erst Recht unangemessen sein.

Nur für Mitglieder der Genossenschaft

Genossenschaftsanteile und das Eintrittsgeld in eine Genossenschaft können nur für Personen übernommen werden, die gegenüber der Wohnungsbaugenossenschaft zur Zahlung der Genossenschaftsanteile verpflichtet sind. Personen, die für Verbindlichkeiten gegenüber der Wohnungsbaugenossenschaft eine selbstschuldnerische Bürgschaft übernommen haben, können nach LSG Berlin-Brandenburg vom 11.5.2010 – L 5 AS 25/09 auch aus abgetretenem Recht keine Ansprüche gegen das Jobcenter geltend machen.

Geplante Änderung

Mit dem SGB II-Rechtsvereinfachungsgesetz (Neuntes Gesetz zur Änderung des Sozialgesetzbuch II) soll eine ausdrückliche Rechtsgrundlage für die Übernahme von Genossenschaftsanteilen als Wohnungsbeschaffungskosten nach § 22 Abs. 6 SGB II geschaffen werden. Konsequent ist die Gleichbehandlung mit der Kaution, womit die Neuregelung aber das Problem der zwingend angeordneten Darlehenstilgung mitschleppt, wenn die Übernahme als Darlehen erfolgt (dazu → S. 300 ff.).

VI Pflicht zur Übernahme von Umzugskosten

Offener Kostenbegriff

Weder § 22 Abs. 6 SGB II noch andere Vorschriften im SGB II definieren, was unter dem Begriff »Umzugskosten« zu verstehen ist. Das BSG vom 16.12.2008 – B 4 AS 49/07 R hat lediglich Renovierungskosten bei Wohnungseinzug als Unterkunftskosten i. S. § 22 Abs. 1 SGB II und nicht als Umzugskosten nach § 22 Abs. 6 SGB II angesehen, ohne die Umzugskosten genauer zu definieren. Letztlich muss auch bzgl. der Umzugskosten gelten, dass hierzu alle angemessenen Aufwendungen, die üblicherweise mit einem Umzug zusammenhängen, gehören, wenn sie systematisch (wie bei der Einzugsrenovierung) keine andere Zuordnung erfordern (BSG vom 6.8.2014 – B 4 AS 37/13 R). So wird man nach dem BSG-Urteil vom 24.2.2011 – B 14 AS 75/10 R zum Fernsehgerät die Kosten für einen Internet- und Telefonanschluss in der neuen Wohnung wohl nicht mehr als Umzugskosten unter § 22 Abs. 6 SGB II fassen können (str. s. unten → S. 312).

Unter Zugrundelegung eines weiten Begriffs sind Umzugskosten:

1 Auflösung der alten Wohnung

Häufig steht mit dem Umzug in eine neue Wohnung die Entrümpelung der alten Wohnung an. Die Kosten für die Entsorgung des Sperrmülls oder gar Sondermülls können daher zu den Umzugskosten gerechnet werden (dazu BSG vom 15.11.2012 – B 8 SO 25/11 R). Anderer Ansicht sind SG Berlin vom 4.11.2005 – S 49 SO 4709/05 ER; SG Karlsruhe vom 27.01.2011 – S 4 SO 204/10:

»Die Räumungsverpflichtung des Klägers im Hinblick auf die von ihm aufgelöste Wohnung über seinen bisherigen Vermieter beruht auf dem zwischen dem Kläger und seinem bisherigen Vermieter geschlossenen Mietvertrag. Sie ist dementsprechend allein zivilrechtlicher Natur und damit für sich genommen zunächst ohne jede Relevanz für die Berechnung des sozialhilferechtlichen Umzugsbedarfs des Klägers. Allein diesen hat die Beklagte zu decken, nicht aber etwaige Ansprüche des bisherigen Vermieters des Klägers aus Mitteln der Sozialhilfe zu bedienen«.

Zuständiges Jobcenter

Nach LSG Baden-Württemberg vom 23.11.2006 – L 7 SO 4415/05 ist der Träger, in dessen Bezirk die bisherige Wohnung des Leistungsberechtigten liegt, solange zuständig, bis der »Hilfefall« tatsächlich geregelt ist, auch wenn der Leistungsberechtigte aus diesem Bezirk fortzieht (so auch das LSG Berlin-Brandenburg vom 31.1.2013 – L 34 AS 721/11). Das BVerwG vom 5.3.1998, FEVS 48, S. 433 ff. hält dagegen den Träger am Zuzugsort für zuständig. Im Streitfall muss nach § 43 SGB I das zuerst angegangene Jobcenter (vor)leisten.

2 Doppelmieten

Kommt es bei dem Umzug zu Überschneidungen der Mietverträge, sind die Unterkunfts- und Heizkosten nach § 22 Abs. 1 SGB II eigentlich nur für die tatsächlich genutzte Wohnung zu entrichten (LSG Berlin-Brandenburg vom 24.5.2006 – L 5 B 147/06 AS ER). Mit Zahlung der Miete für eine ungenutzte Wohnung erfüllt das Jobcenter den Anspruch aus § 22 Abs. 1 SGB II daher grundsätzlich nicht, selbst wenn die Mietzahlung auf einer verspäteten Mitteilung des Umzugs beruht. Der Bedarf nach § 22 Abs. 1 SGB II ist dann für die neu bezogene Wohnung zu decken, die im Verhältnis zum alten Vermieter erfüllte Mietzahlung ist vom Leistungsberechtigten zu erstatten.

Sind Überschneidungen zweier Mietverträge aber als Folge eines erforderlichen Umzugs entstanden, ist anerkannt, dass ausnahmsweise auch unvermeidbare Doppelmieten zu übernehmen sind. Umstritten ist aber, ob § 22 Abs. 6 SGB II Anspruchsgrundlage für die Übernahme der umzugsbedingten Doppelmieten ist oder ob diese zu den Unterkunftskosten nach § 22 Abs. 1 SGB II gehören (so wohl LSG NRW vom 23.9.2009 – L 19 B 39/09 AS; LSG Berlin-Brandenburg vom 31.1.2013 – L 34 AS 721/11; s. zu diesem Problem auch LSG Baden-

Württemberg vom 22.12.2010 – L 2 SO 2078/10; LSG Berlin-Brandenburg vom 10.3.2011 – L 15 SO 23/09). Unserer Ansicht nach handelt es sich um Umzugskosten (so auch SG Dortmund vom 21.4.2012 – S 29 AS 17/09; LSG Niedersachsen-Bremen vom 31.3.2014 – L 11 AS 1445/10, Nichtzulassungsbeschwerde unter – B 4 AS 199/14 B).

Zusicherung vor Abschluss Mietvertrag

Wenn die Anspruchsgrundlage in § 22 Abs. 6 SGB II gesehen wird, muss **vor** Abschluss des neuen Mietvertrages die Zusicherung eingeholt werden. Nach LSG NRW vom 23.2.2010 – L 1 AS 42/08 kann auch ein Beratungsfehler die fehlende Zusicherung nicht ersetzen.

Unvermeidbare Kostendoppelung

Ungeachtet der Frage, ob § 22 Abs. 1 oder Abs. 6 SGB II Anspruchsgrundlage ist, können nur unvermeidbare Zusatzkosten übernommen werden (SG Berlin vom 31.5.2012 – S 150 AS 25169/09). Unvermeidbar sind doppelte Mietaufwendungen, wenn bei einem notwendigen Wohnungswechsel die Mietzeiträume wegen der Kündigungsfristen oder wegen der Beilegung eines Rechtsstreits nicht nahtlos aufeinander abgestimmt werden können (vgl. SG Aachen vom 1.2.2008 – S 6 AS 12/08 ER: Reguläre Suchfrist i. d. R. zur Vermeidung von Doppelmieten ausreichend). Ein Abwarten des Ablaufs der Kündigungsfrist ist jedenfalls dann nicht zumutbar, wenn der Umzug wegen der Aufnahme einer Erwerbstätigkeit des Hilfsbedürftigen keinen Aufschub duldet (SG Berlin vom 30.11.2007 – S 102 AS 26026/07 ER; LSG Sachsen-Anhalt vom 20.2.2014 – L 4 AS 936/12 NZB). Zur speziellen Situation bei der Flucht in ein Frauenhaus s. SG Braunschweig vom 9.4.2014 – S 49 AS 1851/12. Der Hilfeempfänger muss alles ihm Mögliche getan haben, die Aufwendungen für die frühere Wohnung so gering wie möglich zu halten; dazu gehört auch die Suche nach einem Nachmieter (LSG NRW vom 18.2.2010 – L 9 SO 6/08; LSG Berlin-Brandenburg vom 10.3.2011 – L 15 SO 23/09).

Ausgleichsansprüche zwischen Partnern

Zur Vermeidung unnötiger Kosten ist der ausziehende, hilfebedürftige Partner verpflichtet, eventuelle Ausgleichsansprüche gegen den in der Wohnung bleibenden Partner geltend zu machen (zu solchen Ansprüchen s. OLG Schleswig-Holstein vom 19.6.1998 – 14 U 108/97; OLG Düsseldorf vom 24.10.1997 – 22 U 43/97).

Mietausfallschaden

Ist nachweisbar wirksam gekündigt worden, aber bestreitet der Vermieter die Kündigung oder hat der Mieter nach Beendigung des Mietverhältnisses noch die Schlüssel zu der bereits geräumten Wohnung, um auf Wunsch des Vermieters Mängel zu beseitigen, kann der Vermieter keine Nutzungsentschädigung in Höhe der Miete nach § 546a BGB verlangen. Ansprüche können nur als Mietausfallschaden gegeben sein. Einen solchen Schaden muss der Vermieter nachweisen und ggf. durch Benennung von einzugsbereiten Mietinteressenten beweisen (BGH vom 13.7.2010 – VIII ZR 326/09).

3 Umzug

Der Leistungsberechtigte muss bei Vorbereitung und Durchführung eines Umzugs auf möglichst geringe Kosten achten (BSG vom 6.5.2010 – B 14 AS 7/09 R: »Die in § 2 SGB II zum Ausdruck gekommene Obliegenheit zur Eigenaktivität kann als Auslegungshilfe bei der Anwendung und Interpretation aller Regelungen, die Rechte und Pflichten der Leistungsberechtigten normieren, herangezogen werden.«).

Selbsthilfe geht vor

Soweit möglich und zumutbar, kann das Jobcenter daher auf Selbsthilfeleistungen verweisen (eigener Abbau, Einpacken und Aufstellen der Möbel in der neuen Wohnung). Der Leistungsberechtigte ist auch gehalten, Familienmitglieder, Angehörige oder Freunde ernsthaft um Hilfe zu bitten (LSG Sachsen-Anhalt vom 27.11.2012 – L 5 AS 902/12). Allerdings sind Angehörige oder Freunde nicht verpflichtet, für einen Leistungsberechtigten einen Umzug durchzuführen. Familienmitglieder sind nur als BG-Mitglieder zur Umzugshilfe verpflichtet. Die Notwendigkeit professioneller Hilfe kann deshalb nicht allein mit Verweis auf Freunde und Angehörige abgelehnt werden (BSG vom 15.11.2012 – B 8 SO 25/11 R; SG Lüneburg vom 11.2.2013 – S 45 AS 50/13 ER).

Verzicht widerrufbar

Hatte das Jobcenter die Zusicherung für einen Wohnungswechsel an die Voraussetzung geknüpft, dass keine Umzugskosten geltend gemacht werden, kann ein solcher Verzicht nach § 46 SGB I widerrufen werden, wenn der Umzug erforderlich ist, die Gewährung von Leistungen nach § 22 Abs. 6 SGB II also nicht im freien Ermessen des Jobcenters steht.

3.1 Umzugskartons

Kosten für Umzugskartons sind zu übernehmen, wenn ein Unternehmen den Umzug durchführt und aus Haftungsgründen transportsichere Kartons verlangt und diese nicht gebraucht zu beschaffen sind (LSG Niedersachsen-Bremen vom 28.1.2008 – L 9 AS 647/07 ER). Außerdem können Kosten für Folie und Klebeband übernommen werden.

3.2 Möbelwagen

Soweit möglich, muss der Transport im eigenen oder einem Mietauto durchgeführt werden. Dafür kann eine Pauschale für das Mietauto, das Benzin und die Kaution gezahlt werden (LSG Berlin-Brandenburg vom 5.2.2008 – L 10 B 2193/07 AS ER).

Kaskoversicherung

Die Vollkaskoversicherung bei Miete eines Möbelwagens gehört zu den üblichen Umzugskosten, nicht jedoch der Selbstbehalt einer Vollkaskoversicherung im Schadensfall (BSG vom 6.10.2011 – B 14 AS 152/10 R). Die Entscheidung legt es nahe, eine Vollkaskoversicherung

ohne Selbstbehalt abzuschließen. Wegen der Risiken im Straßenverkehr können die damit verbundenen Kosten nicht als unangemessen gewertet werden.

3.3 Umzugshelfer

Der Leistungsberechtigte muss auf möglichst geringe Kosten achten (BSG vom 6.5.2010 – B 14 AS 7/09 R). Die Mithilfe von Freunden oder Verwandten geht daher vor; für besonders schwere Möbel kann über einen Jobservice zusätzliche Hilfe angefordert werden.

Kein Entgelt

Helfen Freunde oder Bekannte, sind nur die dafür üblichen Verpflegungskosten Umzugskosten nach § 22 Abs. 6 SGB II (LSG Sachsen vom 26.10.2009 – L 3 B 768/08 SO-ER). Nach BayLSG vom 21.12.2009 – L 11 AS 705/09 NZB ist eine Bezahlung privater Umzugshelfer nicht zwingend und daher vom Jobcenter auch nicht zu übernehmen. Ist eine Gegenleistung geschuldet oder üblich, muss sie nur in angemessenem Rahmen akzeptiert werden. Trinkgelder können sich Leistungsberechtigte nicht leisten.

3.4 Pauschale

Überwiegend privat durchgeführte Umzüge können pauschal abgegolten werden (LSG Berlin-Brandenburg vom 5.2.2008 – L 10 B 2193/07 AS ER: 200 € für Zweipersonenhaushalt; LSG Sachsen vom 10.12.2008 – L 2 AS 93/07: 381 € für Dreipersonenhaushalt). Die Pauschale muss Spielraum lassen für unerwartete Zusatzkosten.

Beispiel

Wegen eines Staus auf der Autobahn muss die Mietzeit für den LKW um drei Stunden verlängert werden.

Für selbst verursachte Verzögerungen (z. B. war beim Eintreffen des gemieteten LKW noch nicht fertig gepackt worden, die Umzugskartons werden wegen unsachgemäßer Beladung unbrauchbar) muss das Jobcenter nicht aufkommen.

3.5 Umzugsunternehmen

Sind Eigenbemühungen wegen Krankheit, Alters oder Behinderung nicht zumutbar, müssen die Kosten einer Umzugsfirma übernommen werden. Hierbei darf das Jobcenter die Vorlage von Kostenvoranschlägen fordern und das günstigste Angebot auswählen (LSG Sachsen vom 19.9.2007 – L 3 B 411/06 AS-ER). Die Kostenvoranschläge müssen die Leistung genau beschreiben, bloße Werbezettel sind unbrauchbar (LSG Berlin-Brandenburg vom 17.4.2008 – L 5 B 373/08 AS ER). Unzulässig ist die Festsetzung einer Pauschale (SG Dresden vom 15.8.2005 – S 23 AS 692/05 ER).

4 Umzug zur Arbeitsaufnahme

Ist der Umzug wegen einer Arbeitsaufnahme erforderlich, braucht die Zusicherung nach § 22 Abs. 6 SGB II nicht vor Abschluss des Arbeitsvertrages eingeholt zu werden (SG Frankfurt am Main vom 17.1.2006 – S 48 AS 19/06 ER). Beendet die Arbeitsaufnahme die Hilfebedürftigkeit, kommen Hilfen durch die AA nach § 45 SGB III in Betracht (BSG vom 12.12.2013 – B 4 AS 7/13 R). Erfolgt die Arbeitsaufnahme im Ausland – hier hilft § 22 Abs. 6 SGB II nicht (LSG NRW vom 26.2.2014 – L 7 AS 245/14 B ER) –, kann der Umziehende über § 16 Abs. 1 SGB II i. V. m. § 45 SGB III Unterstützung erhalten (vgl. dazu LSG NRW 30.6.2010 – L 19 AS 1006/10 B ER).
Scheitert die Arbeitsaufnahme, geht einem Rückumzug an den vorherigen Wohnort der Versuch einer Eingliederung am neu bezogenen Wohnort vor (vgl. dazu LSG Baden-Württemberg vom 21.7.2009 – L 1 AS 1949/09).
Geht die Arbeit durch ein Verschulden des Arbeitgebers verloren, muss dieser die wegen des Arbeitsplatzverlustes verursachten Umzugskosten ersetzen (zu Umzugskosten bei Verlust eines Ausbildungsplatzes s. LAG Rheinland-Pfalz vom 8.5.2014 – 2 Sa 33/13).

5 Umzug in stationäre Einrichtung

Der Anspruch auf Übernahme von Umzugskosten hängt davon ab, dass Antragsteller dem Grunde nach SGB II-Leistungen zustehen (BSG vom 6.5.2010 – B 14 AS 7/09 R). Eine stationäre Einrichtung i. S. von § 7 Abs. 4 SGB II schließt SGB II-Leistungen dem Grunde nach aus. Damit stellt sich die Frage, wer bei Umzug in eine stationäre Einrichtung die Kosten für den Umzug und ggf. die Auflösung der Wohnung trägt.

Jobcenter

Besteht bis zur Aufnahme in die stationäre Einrichtung Erwerbsfähigkeit i. S. von § 8 SGB II, ist das Jobcenter zuständig, weil der Leistungsausschluss erst mit dem Leben in der Einrichtung beginnt (s. dazu BSG vom 5.6.2014 – B 4 AS 32/13 R). Wurde ein Alg II-Bewilligungsbescheid »zu früh« aufgehoben, geht der Anspruch auf Übernahme der erforderlichen Umzugskosten trotz Bestandskraft des Aufhebungsbescheides nicht verloren (LSG NRW vom 26.2.2013 – L 9 SO 437/12 B).

Sozialamt

Deutet die Aufnahme in eine stationäre Einrichtung darauf hin, dass der Hilfebedürftige bereits länger als sechs Monate, d. h. nicht nur vorübergehend, erwerbsunfähig war, muss das Sozialamt die nötige Umzugshilfe gewähren. Im Streitfall ist der zuerst angegangene Träger zuständig (§ 43 SGB I).

6 Umzug als Folgeschaden

Unbewohnbarkeit

Muss der Leistungsberechtigte (vorübergehend) ausziehen, weil der Vermieter einen gravierenden Mangel trotz Mängelanzeige nicht beseitigt oder weil die Wohnung wegen eines Bauschadens unbewohnbar wird, haftet der Vermieter für alle Kosten, die daraus entstehen, z. B. auch für die Kosten der Anmietung eines Hotelzimmers, bis der Schaden behoben wird oder eine neue Wohnung bezogen werden kann (s. beispielhaft AG Hamburg vom 27.8.2014 – 41 C 14/14). Das gilt auch, wenn ein schuldhaftes Verhalten des Vermieters eine fristlose Kündigung des Mieters veranlasst und das schuldhafte Verhalten des Vermieters so schwerwiegend ist, dass es den Mieter zu einer fristlosen Kündigung berechtigt (LG Berlin vom 21.2.2012 – 63 S 251/11; LG Köln vom 29.3.2012 – 1 S 176/11; BGH vom 3.7.2013 – VIII ZR 191/12).

Bestreitet der Vermieter seine Verantwortung oder weigert er sich, für entstehende Umzugskosten aufzukommen oder dafür einen Vorschuss zu zahlen (§ 555a Abs. 3 Satz 2 BGB) und droht dadurch eine akute Notlage, muss das Jobcenter helfen. Soweit es Leistungen erbringt, geht der Schadensersatzanspruch auf das Jobcenter über (§ 116 SGB X). Im Verhältnis zum Jobcenter bzw. den dort beantragten Leistungen muss der Hilfebedürftige aber sein Selbsthilfepotential ausschöpfen, also z. B. versuchen, bei Verwandten statt im Hotel unterzukommen, und vorhandenes Schonvermögen einsetzen.

Vor einer fristlosen Kündigung sollte vorsorglich die Zusicherung des Jobcenters eingeholt werden. Denn das Recht zur fristlosen Kündigung nach § 543 BGB macht einen Wohnungswechsel nicht automatisch »erforderlich« i. S. von § 22 SGB II.

Eigenbedarfskündigung

Ein in der Praxis häufiger Fall für einen (zunächst) notwendigen Umzug sind Eigenbedarfskündigungen. Sie lösen Schadensersatzansprüche (ggf. auf Wiederherstellung des Mietverhältnisses) aus, wenn der Eigenbedarf bloß vorgetäuscht wird (s. dazu AG Münster vom 17.1.2014 – 61 C 568/13) oder wenn die Kündigung rechtsmissbräuchlich ist, weil der Vermieter bei Vertragsschluss den bevorstehenden Eigenbedarf verschwiegen hat (AG Grünstadt vom 19.4.2013 – 3 C 273/12; BGH vom 4.2.2015 – VIII ZR 154/14). Ebenfalls schadensersatzpflichtig ist das Verschweigen eines weggefallenen Eigenbedarfs während des nach Kündigung oder Räumungsvergleich noch laufenden Mietverhältnisses (dazu AG Gießen vom 16.6.2014 – 48 C 231/13).
Bestreitet der Mieter den Eigenbedarf und schließt er später einen Vergleich zur Beendigung des Mietverhältnisses gegen Zahlung eines Abfindungsbetrages, gehen Schadensersatzansprüche wegen vorgetäuschten Eigenbedarfs verloren (AG Hamburg-Blankenese vom 4.9.2013 – 531 C 351/12; AG München vom 13.1.2013 – 474 C 19752/11). Ob es sich dann um einen erforderlichen Wohnungswechsel handelt, ist fraglich; der Abfindungsbetrag ist meldepflichtiges Einkommen i. S. von § 11 SGB II.

7 Sonstige Umzugskosten

Ummeldung und Umstellung von Post- und Telekommunikationsanschlüssen sowie die notwendige Unterrichtung Dritter können als Umzugskosten übernommen werden (str., bejaht vom SG Dresden vom 6.6.2006 – S 23 AS 838/06 ER und vom SG Berlin vom 14.12.2010 – S 197 AS 26002/09; SG Mannheim vom 12.12.2011 – S 10 AS 4474/10: Postnachsendeantrag). Erfolgt die Mitteilung des Wohnungswechsels über Telefon, können Zusatzgebühren nicht übernommen werden. Die Kosten für die Nutzung eines Telefons sind vom Regelbedarf nach § 20 SGB II umfasst (LSG NRW vom 7.2.2011 – L 19 AS 185/11 B).

Gebühren für Ummeldungen bei Behörden zählen zu den Umzugskosten (SG Dresden vom 6.6.2006 – S 23 AS 838/06 ER). Darunter fallen nicht die Kosten für die Ummeldung eines Fahrzeugs.

Der Vermieter kann die Anbringung aufwändiger Namensschilder nicht verlangen. Das Jobcenter braucht solche Kosten daher nicht zu übernehmen.

VII Übernahme der Wohnungsbeschaffungs- und Umzugskosten nach Ermessen bei nicht erforderlichem Umzug

Ist der Umzug nicht erforderlich, liegt die Übernahme von Wohnbeschaffungs- und Umzugskosten im freien Ermessen des Jobcenters (HessLSG vom 24.1.2012 – L 9 AS 698/11 B ER). In die Ermessensentscheidung darf die Überlegung einfließen, ob der Wohnungswechsel auf einen Zeitraum verschoben werden kann, zu dem der Umzug mit eigenen Mitteln zu bewältigen ist.

Abstrakte Zusicherung

Die im freien Ermessen des Jobcenters stehende Zusicherung ist nach BayLSG vom 23.12.2010 – L 7 AS 923/10 B ER grundsätzlich auch möglich, wenn noch keine konkrete Wohnung in Aussicht steht.

Eilrechtsschutz

Nach BayLSG vom 27.6.2013 – L 7 AS 330/13 B ER und vom 14.7.2014 – L 7 AS 517/14 B ER ist eine Zusicherung im einstweiligen Rechtsschutz nur im Fall einer Ermessensreduzierung auf Null durchsetzbar; weitergehend das LSG Schleswig-Holstein vom 9.10.2014 – L 6 AS 181/14 B ER: Gericht dürfe ausnahmsweise eigenes Ermessen ausüben, wenn sonst erhebliche Nachteile drohen.

M Miete direkt an den Vermieter?

I Das Problem

Selbstbestimmte Mittelverwendung

Leistungsberechtigte haben Anspruch auf Auszahlung der Leistungen auf das von ihnen benannte Konto (§ 42 SGB II, s. auch BSG vom 14.8.2003 – B 13 RJ 11/03 R), oder, falls kein Konto besteht, eine andere Form der Leistungserbringung mit direktem Zugriff (Barauszahlung, Scheck). Nur dann können sie selbstbestimmt über die Mittel verfügen.
Die selbstbestimmte Verfügung über die gewährten Leistungen stößt an Grenzen, wenn die Leistungsberechtigten dazu außerstande sind oder bei Zahlung auf das vom BG-Vorstand benannte Konto Ansprüche anderer BG-Mitglieder (Partner, Kinder) zu kurz kommen oder für die Allgemeinheit zusätzliche Folgekosten entstehen. Dies droht vor allem, wenn Leistungen für den Unterkunfts- und Heizkostenbedarf nicht hierfür verwendet werden.

Keine Lebensführungskontrolle

In den genannten Fällen gehören zum Anspruch auf Existenzsicherung und zum Schutz gegen Leistungsmissbrauch Vorkehrungen gegen die zweckwidrige Verwendung der gewährten Mittel. Solange die selbstbestimmte Verfügung aber keine Probleme oder Zusatzkosten verursacht, ist das Jobcenter nicht befugt, eine bestimmte Form des Mitteleinsatzes vorzuschreiben, etwa die Anlage eines Sparbuchs, auf das für eventuelle Renovierungskosten monatlich 10 € vom Regelbedarf überwiesen werden müssen. Bloße Befürchtungen eines zweckwidrigen Verbrauchs oder »Sorgen« des Vermieters um eine pünktliche Mietzahlung rechtfertigen keinen Eingriff in das Selbstbestimmungsrecht des Leistungsberechtigten (BayLSG vom 11.7.2006 – L 11 AS 113/05).

II Freiwillige Direktzahlung

Nur auf Antrag

Nach § 22 Abs. 7 Satz 1 SGB II sind die Unterkunfts- und Heizkosten auf Antrag des Leistungsberechtigten an den Vermieter oder andere Empfangsberechtigte zu zahlen. Zu anderen Empfangsberechtigten gehören in erster Linie die Personen in einer BG, die als Mietvertragspartei die Miete an den Vermieter zahlen müssen. Eine Bestimmung im Mietvertrag, die den Mieter zu einem Antrag auf Direktzahlung verpflichtet, ersetzt den Antrag nicht.
Enthält der Mietvertrag eine solche Bestimmung, darf das Jobcenter die Zahlung der Unterkunfts- und Heizkosten für den Leistungsberechtigten nicht von einem Antrag auf Direktzahlung an den Vermieter abhängig machen. Das Jobcenter hat kein Wächteramt über die Einhaltung mietvertraglicher Pflichten. Die im fehlenden Antrag auf Direktauszahlung liegende, zivilrechtliche Vertragsverletzung ist auch kein Fall, der nach § 22 Abs. 7 Satz 3 SGB II eine Direktzahlung gegen den Willen des Leistungsberechtigten erlaubt, solange es nicht zu Miet- oder Energieschulden kommt.

Abtretung

Eine im Mietvertrag vereinbarte Abtretung des Anspruchs auf KdU-Leistungen an den Vermieter ist gegenüber dem Jobcenter solange schwebend unwirksam, bis durch Verwaltungsakt festgestellt ist, dass die Abtretung im wohlverstandenen Interesse des Leistungsberechtigten liegt (LSG NRW vom 24.3.2014 – L 19 AS 2329/13). Die Wirksamkeit einer Abtretung bedarf zum Schutz des Leistungsberechtigten generell einer hoheitlichen Feststellung des Jobcenters.

Jederzeit änderbar

Der Leistungsberechtige kann einen Antrag auf Direktzahlung jederzeit zurücknehmen, ohne die Gründe dafür offenbaren zu müssen. Das Jobcenter kann nicht verlangen, dass eine Einverständniserklärung des Vermieters beigebracht wird. Der Antrag ist aber nur für die Zukunft widerrufbar. Wegen der vorschüssigen Alg II-Zahlung (§ 42 SGB II) ist darauf zu achten, dem Jobcenter vor Beginn des Monats die Änderung mitzuteilen, wenn für den kommenden Monat kein Geld mehr auf das Konto des Vermieters gehen soll.

Nur im beantragten Umfang

Der Leistungsberechtigte kann im Antrag auch den Umfang des Betrages, der direkt an den Vermieter gehen soll, bestimmen. Das ist wichtig, wenn die Miete wegen Mängeln gemindert wird oder wegen Untätigkeit des Vermieters nach Aufforderung zur Mängelbeseitigung ein Zurückbehaltungsrecht an einem Teil der Miete ausgeübt wird. Das Jobcenter darf in diesem Fall nicht prüfen, ob die Minderung oder Zurückbehaltung eines Teils der Miete zu Recht erfolgt. Das gilt auch dann, wenn der Vermieter Mietschulden rügt und mit Kündigung droht (s. aber BayLSG vom 14.5.2014 – L 11 AS 828/13). Erst im Fall einer »berechtigten« Kündigung wegen Mietschulden (§ 22 Abs. 7 Satz 3 Nr. 1 SGB II) ist das Jobcenter befugt, auch gegen den Willen des Leistungsberechtigten an den Vermieter zu zahlen (SG Karlsruhe vom 19.4.2011 – S 15 AS 2985/09; LSG NRW vom 11.11.2010 – L 9 AS 480/10; offen gelassen vom LSG Baden-Württemberg vom 21.10.2011 – L 12 AS 2016/11).

Mitteilungspflicht

Soll die Miete im laufenden Alg II-Bezug gemindert oder zurückbehalten werden, muss das Jobcenter vorher darüber informiert werden. Der Leistungsberechtigte ist nicht befugt, den »zu viel« gewährten Unterkunftsbedarf für den Fall einer Mahnung oder Klage des Vermieters anzusparen. § 22 SGB II erstreckt sich nur auf den tatsächlichen Bedarf, d.h. die tatsächlich zu zahlende Miete. War die Miete vom Jobcenter gesenkt worden, darf der Leistungsberechtigte den Teil der Miete mindern, den das Jobcenter nicht übernimmt bzw. den er aus eigener Tasche zahlt.

Auch mit Regelbedarfsanteilen

Anders als bei der erzwungenen Direktzahlung (→ unter III) darf der Leistungsberechtigte den Antrag auf freiwillige Direktzahlung auch auf Teile seines Regelbedarfs erstrecken, um nach § 22 Abs. 1 Satz 3 SGB II abgesenkte Unterkunftskosten auf die tatsächliche Miete anzuheben. Er kann damit den Einwand entkräften, auch die angemessenen Kosten müssten nicht übernommen werden, weil die Wohnung wegen bevorstehender Mietschulden ohnehin verloren sei (s. dazu → S. 201).

Hilfe bei Neuanmietung

Auch wenn wegen der Direktzahlung aus Teilen des Regelbedarfs keine Mietschulden drohen, muss das Jobcenter den Auszug aus der unangemessen teuren Wohnung aktiv unterstützen, wenn der Leistungsberechtige merkt, dass ihn die Schmälerung des Regelbedarfs zugunsten der Miete doch überfordert (KG Berlin vom 28.11.2008 – 9 U 137/08).

Erfüllung

Solange antragsgemäß direkt auf ein Konto des Vermieters gezahlt wird, ist der Anspruch nach § 22 SGB II sowohl im Verhältnis Leistungsberechtigter – Jobcenter als auch Leistungsberechtigter – Vermieter erfüllt (LSG NRW vom 11.11.2010 – L 9 AS 480/10).

Keine Erfüllung

Hat das Jobcenter trotz Rücknahme eines Antrags auf Direktzahlung weiter an den Vermieter gezahlt, ist der Anspruch des Leistungsberechtigten nicht erfüllt (VGH Baden-Württemberg vom 19.2.2002 – 7 S 2287/00; BSG vom 14.8.2003 – B 13 RJ 11/03 R). Das kann Folgen haben, wenn das Mietverhältnis schon beendet ist oder der Vermieter aus sonstigen Gründen keinen Anspruch auf die (volle) Miete mehr hatte. Eine ohne Erfüllung bewirkte Zahlung muss der Leistungsberechtigte nicht gemäß § 50 SGB X erstatten, sollte der Anspruch auf Leistungen nach § 22 SGB II entfallen sein.

Zur Erstattungspflicht des Vermieters unter VI, → S. 324.

III Erzwungene Direktzahlung

Nach § 22 Abs. 7 Satz 3 SGB II »**soll**« (Regelfall) direkt an den Vermieter oder andere Empfangsberechtigte gezahlt werden, wenn die zweckentsprechende Verwendung der Unterkunfts- und Heizkosten durch die leistungsberechtigte Person nicht sichergestellt ist. Das ist »insbesondere« der Fall, wenn

- Mietrückstände bestehen, die zu einer außerordentlichen Kündigung des Mietverhältnisses berechtigen (→ unter 1);
- Energiekostenrückstände bestehen, die zu einer Unterbrechung der Energieversorgung berechtigen (→ unter 2);
- Anhaltspunkte für ein krankheits- oder suchtbedingtes Unvermögen der leistungsberechtigten Person bestehen, die Mittel zweckentsprechend zu verwenden (→ unter 3);
- Anhaltspunkte dafür bestehen, dass die im Schuldnerverzeichnis eingetragene leistungsberechtigte Person die Mittel nicht zweckentsprechend verwendet (→ unter 4).

In den genannten Fällen ist der Leistungsberechtigte über die Direktzahlung **schriftlich zu unterrichten** (§ 22 Abs. 7 Satz 4 SGB II).

Als weiteren Fall einer Direktzahlung gegen den Willen der Leistungsberechtigten nennt § 31a Abs. 3 Satz 3 SGB II:

- Eine Minderung des Alg II um mindestens 60 Prozent des für den erwerbsfähigen Leistungsberechtigten nach § 20 maßgebenden Regelbedarfs (→ unter 5).

1 Erhebliche Mietrückstände

§ 22 Abs. 7 Satz 3 Nr. 1 SGB II spricht von Mietrückständen, die zu einer außerordentlichen Kündigung des Mietverhältnisses berechtigen.

Fristlose Kündigung

Nach § 543 BGB kann wegen Mietrückständen fristlos gekündigt werden, wenn der Mieter

- für zwei aufeinander folgende Termine mit der Entrichtung der Miete oder einem Teil, der eine Miete übersteigt, in Verzug ist (§§ 543 Abs. 2 Nr. 3a i. V. m. 569 Abs. 3 Nr. 1 BGB);
- in einem Zeitraum, der sich über mehr als zwei Termine erstreckt, mit der Entrichtung der Miete in Höhe eines Betrages in Verzug ist, der die Miete für zwei Monate erreicht (§ 543 Abs. 2 Nr. 3b BGB);
- mit einer Sicherheitsleistung (Kaution) nach § 551 BGB in Höhe eines Betrages im Verzug ist, der der zweifachen Monatsmiete entspricht (§ 569 Abs. 2a BGB).

Verzug

Ein Mieter hat ohne Rücksicht auf ein Verschulden für seine finanzielle Leistungsfähigkeit einzustehen. Er gerät daher auch dann in Verzug, wenn er mangels Einkommens oder Vermögens die Miete nicht zum vereinbarten Zahlungstermin entrichtet. Für Bezieher von Alg II gilt kein anderer Maßstab. Bleibt die pünktliche Mietzahlung wegen eines Fehlers des Jobcenters aus, gerät der Leistungsberechtigte in Verzug mit der Folge, dass der Vermieter das Mietverhältnis unter den in § 543 BGB genannten Voraussetzungen kündigen kann (BGH vom 4.2.2015 – VIII ZR 175/14). Solange der Leistungsberechtigte aber keine Kenntnis von einem allein vom Jobcenter zu verantwortenden Ausfall der Mietzahlungen hat, befindet er sich in einem den Verzug gemäß § 286 Abs. 4 BGB ausschließenden unvermeidbaren Tatsachenirrtum (LG Berlin vom 24.7.2014 – 67 S 94/14). Mahnt der Vermieter die ausstehenden Mieten an, muss der Leistungsberechtigte unverzüglich beim Jobcenter auf die Zahlung hinwirken. Bleibt das Jobcenter untätig, besteht ein Anordnungsgrund für eine einstweilige Anordnung beim Sozialgericht. Dieses darf den Antragsteller nicht darauf verweisen, dass noch nicht gekündigt wurde. Zum einen geht es nicht um Mietschulden, sondern unerfüllte Leistungsansprüche, zum anderen verlöre der Leistungsberechtigte im Fall einer Mietzahlung erst nach Kündigung das nur einmal zum Zug kommende Abwehrrecht aus § 569 Abs. 3 Nr. 2 BGB für einen eigenverantworteten Notfall. Außerdem stellte es einen schwerwiegenden Wertungswiderspruch dar, wenn ein Gericht von einem Bürger, der Rechtsschutz gegen eine rechtswidrige Behördenentscheidung sucht, verlangt, dass dieser sich gegenüber einem Dritten (dem Vermieter) vertragswidrig verhält und damit die Kündigung des Mietverhältnisses provoziert (so zutreffend LSG Niedersachsen-Bremen vom 28.1.2015 – L 11 AS 261/14 B).

Im Fall eines vom Jobcenter verschuldeten, erheblichen Mietrückstands, kann sich das Jobcenter nach Treu und Glauben nicht auf die Direktzahlung nach § 22 Abs. 7 SGB II berufen. Der vom Mietrückstand Betroffene darf die Auszahlung auf sein Konto verlangen, um selber für eine pünktliche Mietzahlung zu sorgen.

Unter »Miete« i. S. v. § 543 BGB ist die gesamte Miete, also die Kaltmiete inklusive der Nebenkosten zu verstehen. Eine fristlose Kündigung ist daher auch möglich, wenn eine Betriebskostenabrechnung oder laufende Betriebskostenabschläge im Umfang von mindestens einer Monatsmiete nicht gezahlt werden (BGH vom 25.10.2006 – VIII ZR 102/06; s. auch AG Köpenick vom 15.8.2013 – 13 C 66/13).

Miet-/Betriebskostenerhöhung

Ist der Mieter in einem Streit über die Rechtmäßigkeit einer Miet- oder Betriebskostenerhöhung nach §§ 558 – 560 BGB rechtskräftig zur Zahlung der erhöhten Miete verurteilt worden, so kann der Vermieter das Mietverhältnis wegen Zahlungsverzugs nicht vor Ablauf von zwei Monaten nach Rechtskraft des Urteils kündigen, es sei denn, die Voraussetzungen einer außerordentlichen fristlosen Kündigung sind schon wegen der bisher geschuldeten Miete erfüllt (§ 569 Abs. 3

Nr. 3 BGB). Diese Einschränkung gilt nicht für preisgebundenen Wohnraum (BGH vom 9.5.2012 – VIII ZR 327/11).
Hat der Mieter nach § 560 Abs. 4 BGB erhöhte Betriebskostenvorauszahlungen trotz Mahnung nicht gezahlt, kann der Vermieter bei Rückständen ab einer Monatsmiete fristlos kündigen. Er muss den Mieter vor Ausspruch der Kündigung nicht auf Zahlung der erhöhten Betriebskosten verklagt haben (BGH vom 18.7.2012 – VIII ZR 1/11; s. auch LG Berlin vom 5.7.2013 – 18 S 104/13).

Risiko bei Mietminderung

Nach BGH vom 11.7.2012 – VIII ZR 138/11 darf der Vermieter wegen Zahlungsverzugs fristlos kündigen, wenn der Mieter den Mietzins zu Unrecht oder zu hoch gemindert hat und dies »bei Anwendung verkehrsüblicher Sorgfalt« hätte erkennen können. Die Ausübung des Rechts auf Mietminderung (§ 536 BGB) birgt daher ein hohes Risiko, was dafür sprechen könnte, dem Jobcenter jedenfalls dann die Befugnis zur Direktzahlung zuzubilligen, wenn der Leistungsberechtigte die Miete ohne fundierten rechtlichen Rat gemindert hat (BayLSG vom 19.5.2014 – L 11 AS 828/13).

Bei Zweifel über die Berechtigung zur Minderung sollte die Miete unter Vorbehalt gezahlt werden. Damit sichert sich der Mieter die Möglichkeit das zu viel Geleistete gem. § 812 BGB zurückzufordern, ohne in Verzug zu geraten (OLG Stuttgart vom 25.3.2010 – 13 U 136/09). Wird ein Teil der gezahlten Miete nach Klärung der Minderung zurückgezahlt, muss das dem Jobcenter gemeldet werden. Die Änderung der geschuldeten Miete ist über § 48 SGBX an die erbrachten Leistungen für die Unterkunft anzupassen.

Fortlaufend unpünktliche Mietzahlungen

Auch fortlaufend unpünktliche Mietzahlungen können – nach Abmahnung und Kündigungsandrohung (LG Berlin vom 6.12.2011 – 63 S 178/11) – eine fristlose Kündigung rechtfertigen (BGH vom 4.5.2011 – VIII ZR 191/10 und vom 1.6.2011 – VIII ZR 91/10; s. auch LG Berlin vom 25.10.2011 – 65 S 409/10: pünktliche Zahlung nach Abmahnung, vom 28.1.2014 – 29 O 323/13 und vom 16.9.2014 – 63 S 322/13; AG Würzburg vom 4.6.2014 – 13 C 900/14; BGH vom 14.9.2011 – VIII ZR 301/10: zulässige Vorfälligkeitsklausel).

Jobcenterverschulden

Das gilt auch, wenn die unpünktliche Zahlung auf Bearbeitungsfehler des Jobcenters zurückgeht (BGH vom 4.2.2015 – VIII ZR 175/14). Erfolgt eine Direktzahlung gegen den Willen des Leistungsberechtigten zu spät, kann dies einen Verzug nach § 286 BGB ausschließen, bis der Betroffene über eine Mahung des Vermieters davon erfährt (dazu LG Berlin vom 24.7.2014 – 67 S 94/14). Eine Direktzahlung, um Bearbeitungsmängeln vorzubeugen, muss der Leistungsberechtigte nicht dulden.

Teilzahlung hilft nicht

Hat der Mietrückstand eine kündigungsrelevante Höhe erreicht, ist der Vermieter solange zur fristlosen Kündigung berechtigt, bis der Mieter den Rückstand **vollständig** beglichen hat. Durch eine Teilzahlung auf den Mietrückstand vor Ausspruch der Kündigung wird der gegebene Kündigungsgrund nach § 543 BGB nicht beseitigt (AG

Frankfurt am Main vom 28.10.2011 – 33 C 2223/11 (67)). In einem Eilverfahren auf Zahlung von Unterkunftskosten in Höhe der vollen Miete ist daher im Zweifel über den Anspruch nach § 22 SGB II auf volle Kostenübernahme zu erkennen, um eine Kündigung der Wohnung vorerst abzuwenden (LSG NRW vom 24.10.2011 – L 7 SF 325/11 G).

Abstrakte Prüfung

§ 22 Abs. 7 Satz 3 Nr. 1 SGB II stellt auf die »Berechtigung« zur fristlosen Kündigung ab. Es ist nicht erforderlich, dass der Vermieter die Kündigung bereits angedroht oder schon erklärt hat. Hat der Vermieter die Kündigung angedroht oder schon erklärt, ist dem Leistungsberechtigten vor einer Direktzahlung die Möglichkeit zu geben, Einwände gegen die Kündigung vorzubringen. Ansonsten könnte ihm die Direktzahlung die Durchsetzung etwaiger Rechtsansprüche gegen den Vermieter erschweren (SG Karlsruhe vom 19.4.2011 – S 15 AS 2985/09).

Konkrete Entlastung

Wendet der Leistungsberechtigte die fristlose Kündigung durch Zahlung der Mietschulden ab und sichert er durch einen Dauerauftrag oder durch regelmäßige Vorlage der Einzahlungsbelege über pünktliche Mietzahlungen, dass Rückstände sich nicht wiederholen, ist der Wunsch des Leistungsberechtigten, über die Unterkunftskosten zu verfügen und dem Vermieter den Leistungsbezug nicht zu offenbaren, zu respektieren.

2 Erhebliche Energiekostenrückstände

Nicht bei Haushaltsenergie

§ 22 Abs. 7 Satz 3 Nr. 2 SGB II spricht von Rückständen, die zu einer Energiesperre berechtigen; dabei muss es sich wegen der Bedarfe nach § 22 SGB II um Energie zum Heizen und zur Warmwassererzeugung handeln. Eine Direktzahlung wegen Schulden für Haushaltsenergie kann nur mit Zustimmung des Leistungsberechtigten verfügt werden, es sei denn, man wertet die Direktzahlung als eine besondere Form der Sachleistungserbringung i. S. v. § 24 Abs. 2 SGB II (SG Berlin vom 23.11.2015 – S 37 AS 10238/14).

Auch bei Energiemix?

Wird mit Strom oder Gas geheizt und gekocht, enthält der laufende Abschlag auch Anteile für Haushaltsenergie. Ist eine Aufteilung zwischen Heiz- und Haushaltsenergieanteil nicht möglich, muss § 22 Abs. 7 Satz 3 Nr. 2 SGB II so verstanden werden, dass der gesamte Abschlag direkt an den Energieversorger gezahlt werden darf; anderenfalls droht weiter eine Energiesperre.

Energiesperre

Unter welchen Voraussetzungen die Energieversorgung wegen Zahlungsrückstands gekappt werden kann, regelt § 19 Abs. 2 StromGVV oder § 19 Abs. 2 GasGVV. Näher dazu Kapitel Q, → S. 395 ff.

Nicht bei Abwehr überhöhter Rechnungen

Beruhen die Energieschulden auf Teileinbehaltungen aus Protest gegen überhöhte Strom- oder Gaspreise oder will sich der Leistungsberechtigte ein Recht auf Zahlungen unter Vorbehalt sichern (s. dazu LG Köln vom 24.11.2010 – 9 S 95/10), ist dieses Gestaltungsrecht wie eine Mietminderung grundsätzlich zu respektieren. Denn bei unbeanstandeter Bezahlung gilt der neue Preis als vereinbart und dem Leistungsberechtigten gehen Abwehransprüche verloren. Außerdem darf der Energieversorger nicht sperren, wenn der Abnehmer die Preiserhöhung als unbillig gemäß § 315 BGB beanstandet hat (LG Oldenburg vom 15.2.2006 – 9 T 137/06).

Nicht bei Vermieterverschulden

Droht eine Energiesperre, weil der Vermieter als Vertragspartner des Energieunternehmens nicht zahlt, ist umstritten, ob der Mieter die Sperre nur abwenden kann, wenn er für den Zahlungsrückstand aufkommt (s. z. B. LG Neuruppin vom 19.1.2001 – 4 S 287/00). Hier darf der Mieter fristlos kündigen, wenn die Versorgung gesperrt wird; ein Umzug ist erforderlich i. S. v. § 22 Ab. 1 Satz 2 SGB II. Denn selbst wenn der hilfebedürftige Mieter über § 22 Abs. 7 SGB II zu einer Direktzahlung an den Energieversorger gezwungen werden könnte, garantiert dies nicht, dass auch andere Mietparteien diesen Weg gehen.

3 Konkrete Anhaltspunkte für ein krankheits- oder suchtbedingtes Unvermögen

Hohe Hürden

§ 22 Abs. 7 Satz 3 Nr. 3 SGB II erlaubt eine Direktzahlung nur bei Anhaltspunkten für ein krankheits- oder suchtbedingtes Unvermögen. Eine Suchterkrankung oder eine psychische Behinderung allein reichen nicht, solange diese nicht schon zu Mietrückständen geführt hatten:

> »Die Regelung in Nummer 3 des Satzes 3 ist an § 24 Absatz 2 angelehnt. Vom Vorliegen konkreter Anhaltspunkte für ein krankheits- oder suchtbedingtes Unvermögen zur künftigen sachgerechten Mittelverwendung durch Leistungsberechtigte kann erst dann ausgegangen werden, wenn Leistungsberechtigte in der Vergangenheit Arbeitslosengeld II, soweit es für Bedarfe für Unterkunft und Heizung geleistet wurde, nicht zweckentsprechend verwendet haben (zum Beispiel wegen einer bestehenden Drogen- oder Alkoholabhängigkeit). Die Regelungen tragen dem Umstand Rechnung, dass die Zahlung an Dritte die Gefahr birgt, Leistungsberechtigte zu entmündigen oder als Entmündigung wahrgenommen zu werden. Durch eine vorschnelle Leistungsgewährung an Dritte würde die Zielsetzung des SGB II, die Eigenverantwortung der Leistungsberechtigten zu stärken, konterkariert werden.« (BT-Drs. 17/3404, S. 162).

Bei Anordnung einer Betreuung ist die pünktliche Mietzahlung über den Betreuer gesichert. Einer Direktzahlung bedarf es nicht.

4 Konkrete Anhaltspunkte für insolvenzbedingte Mietschulden

Die Voraussetzungen des § 22 Abs. 7 Satz 3 Nr. 4 SGB II liegen vor, wenn der Leistungsberechtigte im Schuldnerverzeichnis eingetragen ist (§ 915 ZPO) **und** in der Vergangenheit trotz Leistungen nach § 22 SGB II Mietschulden entstehen ließ (BT-Drs. 17/3404, S. 162 f).

Schuldnerverzeichnis

Die Eintragung in das Schuldnerverzeichnis setzt voraus, dass der Schuldner wegen einer festgestellten Verbindlichkeit die eidesstattliche Versicherung über sein Vermögen abgegeben hat oder dass zur Erzwingung der Abgabe der eidesstattlichen Versicherung Haft angeordnet oder vollstreckt worden ist.

Löschung

Die Interessen des Leistungsberechtigten sollen nach der Gesetzesbegründung durch die Regelungen zur Löschung der Eintragung (§ 915a ZPO) hinreichend gewahrt sein.

5 Sanktion mit erheblicher Leistungskürzung

Nach § 31a Abs. 3 Satz 3 SGB II »**soll**« das Alg II bei einer Minderung des Alg II um mindestens 60 Prozent des für den erwerbsfähigen Leistungsberechtigten nach § 20 SGB II maßgebenden Regelbedarfs, soweit es für den Bedarf für Unterkunft und Heizung nach § 22 Absatz 1 SGB II erbracht wird, an den Vermieter oder andere Empfangsberechtigte gezahlt werden. Die erzwungene Direktzahlung im Fall wiederholter oder summierter Sanktionen wird damit begründet, dass

> »die Minderung des Arbeitslosengeldes II um mindestens 60 Prozent des für den erwerbsfähigen Leistungsberechtigten nach § 20 maßgebenden Regelbedarfs die konkrete Gefahr [birgt], dass die Transferleistungen für die Wohnkosten nicht zweckentsprechend verwendet werden« (BT-Drs. 17/3404, S. 184).

Unverhältnismäßiger Eingriff

Über § 22 Abs. 7 SGB II hinaus zwingt in der Regel § 31a Abs. 3 Satz 3 SGB II in der Lesart der Gesetzesbegründung schon dann zur Direktzahlung, wenn die Sanktion mindestens 60% des Regelbedarfs erreicht. Das ist in dieser Allgemeinheit nicht haltbar. Der mit der Direktzahlung dem Vermieter offenbarte Sozialleistungsbezug greift in das Recht auf Schutz der Sozialdaten ein und ist in den Fällen unverhältnismäßig, in denen es trotz Sanktionen zu keinem Mietrückstand kam oder sonstige Umstände vorliegen, die das Risiko einer Verwendung der § 22 SGB II-Bedarfe für den Lebensunterhalt mildern. Das kann z.B. der Fall sein, wenn die Leistungskürzung mit Freibeträgen aus Erwerbstätigkeit abgemildert werden kann.

Sippenhaft

Rechtswidrig ist eine Direktzahlung, wenn sie in das Recht auf informationelle Selbstbestimmung der mit dem Sanktionierten zusammenlebenden BG-Mitglieder eingreift.

Beispiel 1

H. und C. leben als Einstandspartner zusammen. Die arbeitslose C. war in die von H. gemietete Wohnung eingezogen. H zahlt als Bezieher von Einkommen und Mietvertragspartei die Miete; das an C. gezahlte Alg II fließt in den gemeinsamen Topf. Nach zwei Sanktionen im Umfang von jeweils 30% überweist das Jobcenter die anteiligen Unterkunfts- und Heizkosten an den Vermieter, der dadurch erfährt, dass H. mit einer »Hartzerin« zusammenlebt, und ihm deshalb eine Mietbürgschaft abverlangen will.

Beispiel 2

Der 19-jährige K. wohnt mit seiner Mutter M. zusammen. Beide leben von Alg II. M. ist Mietvertragspartei der Wohnung, für die 400 € inklusive Heizung zu zahlen sind. Weil K. eine vom Jobcenter angebotene Stelle ablehnt, wird sein Regelbedarf von 320 € gestrichen. Nach Anrechnung von 154 € Kindergeld (184 € – 30 €-Versicherungspauschale) auf die verbliebenen Bedarfe nach § 22 SGB II hat K. noch Anspruch auf 46 € Unterkunfts- und Heizkosten. In diesem Fall hilft eine Direktzahlung an M. oder den Vermieter gegen die Gefahr von Mietschulden nur dann, wenn M. in Abweichung vom Kopfteilprinzip für die Dauer der Sanktion 354 € Unterkunfts- und Heizkosten zuerkannt werden.

Die Beispiele zeigen, dass die Begrenzung der Direktzahlung auf die in der Bedarfsberechnung berücksichtigten Beträge (so schon SG Leipzig 17.12.2008 – S 19 AS 3992/08; SG Hamburg vom 24.04.2008 – S 56 AS 796/08 ER) eine untragbare Belastung der nicht sanktionierten BG-Mitglieder nicht verhindert.

Teilzahlungen schützen nicht

Außerdem helfen direkt an den Vermieter ausgezahlte Teilbeträge nicht, wenn sie sich häufen. Der Vermieter muss wiederholte Zahlungsunterbrechungen nicht dulden; er kann fristlos kündigen (BGH vom 13.7.2010 – VIII ZR 129/09).

Ausweg

Zur Vermeidung unverhältnismäßiger Eingriffe in das Recht der informationellen Selbstbestimmung muss daher je nach Sachlage geprüft werden, ob die Direktzahlung ihr Ziel mit vertretbaren Einschränkungen überhaupt erreichen kann. Ist das nicht der Fall, muss das Jobcenter andere Wege erkunden bzw. muss der Leistungsberechtigte Maßnahmen ergreifen, um künftigen Mietschulden vorzubeugen (z. B. durch Einrichten eines Dauerauftrags, Nachweis pünktlicher Mietzahlung).

IV Schriftliche Information über Direktzahlung

§ 22 Abs. 7 Satz 4 SGB II verpflichtet das Jobcenter, Leistungsberechtigte von der Direktzahlung schriftlich zu informieren. In der Gesetzesbegründung ist von einer die Rechte der Berechtigten stärkenden Informationspflicht die Rede (BT-Drs. 17/3404, S. 162). Das stimmt nur dann, wenn man der Informationspflicht gegenüber der Anhörung nach § 24 SGB X, die der Direktzahlung (=belastender

Eingriff in eine Rechtsposition des Leistungsberechtigten) vorausgehen muss, eine weiter gehende Bedeutung beimisst. Denkbar ist eine Auslegung, wonach eine Direktzahlung ohne Information rechtwidrig und auch nicht nachträglich heilbar ist.

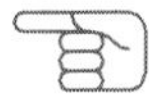

In § 31a Abs. 3 Satz 3 SGB II fehlt die Anordnung einer Informationspflicht. Dabei wäre sie hier nicht minder wichtig. Ob § 22 Abs. 7 SGB II analog gilt und welche Folgen eine unterbliebene Information hat, müssen die Gerichte klären.

V Rechtsschutz

Belastender Verwaltungsakt

Die Entscheidung über die Direktzahlung nach §§ 22 Abs. 7, 31a Abs. 3 SGB II ist als Eingriff in das Verfügungsrecht des Leistungsberechtigten ein belastender Verwaltungsakt. Der Widerspruch hiergegen hat aufschiebende Wirkung (LSG Berlin-Brandenburg vom 12.7.2007 – L 28 B 1064/07 AS ER; LSG Baden-Württemberg vom 5.5.2011 – L 3 AS 1261/11 ER-B).
Im Fall einer Sanktion nach § 31a SGB II ist die Sanktionsentscheidung eine von der Direktzahlung abzugrenzende Verfügung. Der Betroffene kann daher auch nur gegen die Direktzahlung oder trotz Bestandskraft der Sanktionsentscheidung gegen die Direktzahlung vorgehen, wenn sie mit gesondertem Bescheid verfügt wurde.

VI Rechtsverhältnis zwischen Jobcenter und Vermieter

Bloße Tatsachenmitteilung

Eine Direktzahlung begründet keine Auszahlungsansprüche des Vermieters oder anderer Empfangsberechtigter gegenüber dem Jobcenter (BSG vom 28.3.2013 – B 4 AS 12/12 R und vom 23.5.2013 – B 4 AS 67/12 R; LSG NRW vom 24.3.2014 – L 19 AS 2329/13). Bei der Erklärung des Jobcenters an einen Vermieter, die Unterkunfts- und Heizkosten im Wege der Direktzahlung zu übernehmen, handelt es sich regelmäßig um eine bloße Tatsachenmitteilung, wenn nicht besondere Umstände ausnahmsweise für eine öffentlich-rechtliche oder sogar privat-rechtliche Willenserklärung auf verbindliche Garantie der Mietzahlung sprechen (OLG Düsseldorf vom 27.7.2010 – I-24 U 230/09, 24 U 230/09; LSG NRW vom 11.4.2012 – L 19 AS 391/12 B).

Abtretung unwirksam

Das Jobcenter ist nicht verpflichtet oder berechtigt, Mietverbindlichkeiten der alten Wohnung bis zum Ablauf der Kündigungsfrist weiterhin durch Direktzahlung an den früheren Vermieter zu befriedigen, wenn eine vom Leistungsberechtigten auf der Grundlage von §§ 398 ff. BGB unterzeichnete Abtretungserklärung unwirksam ist; davon ist nach LSG Berlin-Brandenburg vom 24.5.2006 – L 5 B 147/06 AS ER und L 5 B 395/06 AS PKH regelmäßig auszugehen. Denn es handelt sich bei der Abtretung um kein im wohlverstandenen Interesse des Alg II-Berechtigten liegendes Rechtsgeschäft.

Selbst wenn man eine Klausel im Mietvertrag: »Die Miet- und Heizkosten sind direkt vom Jobcenter XY zu zahlen« als zulässige Abtretung wertet, ist diese zum einen bis zur Feststellung des Jobcenters, dass die Abtretung im wohlverstandenen Interesse des Leistungsberechtigten liegt (zum wohlverstandenen Interesse i.S.v. § 53 Abs. 2 Nr. 2 SGB I vgl. BSG vom 6.4.2000 – B 11 AL 47/99 R), schwebend unwirksam, zum anderen auf die mit Bewilligungsbescheid festgesetzten Ansprüche beschränkt. Einklagen kann der Vermieter strittige Forderungen somit trotz Abtretung nicht (LSG NRW vom 11.4.2012 – L 19 AS 391/12 B und vom 24.3.2014 – L 19 AS 2329/13).

Erstattung überzahlter Leistungen

Zu Unrecht erbrachte Unterkunfts- und Heizkosten sind vom Leistungsberechtigten zurückzufordern, solange die Zahlung an den Vermieter auf der Grundlage einer zulässigen oder genehmigten Direktzahlung erbracht wurde (SG Karlsruhe vom 26.3.2010 – S 17 AS 1435/09).
Der Vermieter ist erstattungspflichtig, wenn das Jobcenter zum Zeitpunkt der Auszahlung an den Vermieter gegenüber dem Leistungsberechtigten nicht aufgrund eines wirksamen Bescheides zur Übernahme der Unterkunfts- und Heizkosten verpflichtet war und der Leistungsberechtigte durch die Auszahlung der Leistung nicht von einer mietrechtlichen Verbindlichkeit befreit wurde (SG Lüneburg vom 27.8.2008 – S 24 AS 722/08).

Rechtsweg

Es ist höchstrichterlich noch nicht geklärt, ob Rückforderungsansprüche der Jobcenter gegen Vermieter in den Fällen der Direktzahlung dem öffentlichen oder dem privaten Recht zuzuordnen sind. Das LSG Berlin-Brandenburg vom 23.3.2011 – L 28 B 1701/08 AS hält auch eine zivilrechtliche Rückforderung nach §§ 812 ff. BGB für denkbar. Nach SG Lüneburg vom 27.8.2008 – S 24 AS 722/08 handelt es sich regelmäßig um öffentlich-rechtliche Streitigkeiten (ebenso SG Landshut vom 2.5.2012 – S 11 AS 698/08). Etwas Anderes gelte nur, soweit das Jobcenter gegenüber dem Vermieter eine privatrechtliche Willenserklärung zur Kostenübernahme abgegeben habe.

N Nachforderung von Betriebs- und Heizkosten

Nachzahlungsbedarf oder Schulden

Nachforderungen des Vermieters für Betriebs- und Heizkosten sind sozialrechtlich danach zu unterscheiden, ob es sich um zusätzliche Bedarfe nach § 22 Abs. 1 SGB II (→ unter I) handelt oder um noch einmal zu erfüllende Bedarfe nach § 22 Abs. 8 SGB II in Form von Schulden; dazu zählen auch fällige Forderungen aus Zeiträumen vor Eintritt der Hilfebedürftigkeit (→ unter III).

Haushaltsenergie

Nachforderungen für Haushaltsenergie (insbesondere für Beleuchtung, Kochen, Waschen) gehören zum Regelbedarf nach § 20 SGB II und werden im Leitfaden zum Alg II, 11.. Aufl., S. 232 ff. abgehandelt. Zu einem Fall für eine Mietschuldübernahme nach § 22 Abs. 8 SGB II werden Haushaltsenergieschulden erst, wenn eine Versorgungssperre droht. Das wird in Kapitel Q dargestellt.

Zum Problem der Abgrenzung von Heizstrom zu Haushaltsstrom s. Kap. D, → S. 110.

Zu Strom-Nachforderungen wegen Warmwassererzeugung s. Kap. E, → S. 135 f.

I Nachforderung für zusätzliche Bedarfe

1 Grundsätzliches

Aktuell genutzte Wohnung

Nachforderungen für Heiz- oder Betriebskosten, die sich auf die aktuell bewohnte Wohnung beziehen und die auf zu niedrig veranschlagten Vorauszahlungen oder erhöhten Energiepreisen, Müllabfuhrgebühren etc. beruhen, sind reguläre Unterkunfts- und Heizkosten nach § 22 Abs. 1 SGB II (BSG vom 22.9.2009 – B 4 AS 18/09 R, vom 22.3.2010 – B 4 AS 62/09 R, vom 6.4.2011 – B 4 AS 12/10 R, vom 24.11.2011 – B 14 AS 121/10 R und vom 20.12.2011 – B 4 AS 9/11 R). Betriebs- und Heizkostennachforderungen sind daher nur zu übernehmen, soweit ein laufender oder wegen der Betriebs- und Heizkostennachforderung entstehender Leistungsanspruch existiert, wobei es auf den Monat ankommt, in dem die Betriebs- und Heizkostennachforderung fällig wird.

Fälligkeit

Maßstab für die **sozialrechtliche** Prüfung der Kostenübernahme ist die **mietrechtliche Fälligkeit** der Nachforderung. Ob die Nachforderung fällig ist, können die Jobcenter, im Streitfall die Sozialgerichte, nur im Rahmen einer Kontrolle auf offenkundige Fehler beurteilen (→ unter 2). Ist nach einer solchen Evidenzkontrolle eine formell und inhaltlich mangelfreie Abrechnung innerhalb der Frist des § 556 Abs. 3 BGB erstellt worden und hat der Mieter hiergegen keine Einwände erhoben, ist der letztmögliche Zahltag, mit dem ohne Verzug geleistet werden kann, maßgebend (LSG Berlin-Brandenburg vom 11.11.2010 – L 26 AS 1060/09).

Fälligkeitsmonat entscheidet

Wird die Kostenforderung bis zu einem bestimmten Tag im Monat X fällig, erhöht sich in diesem Monat der § 22 SGB II-Bedarf um den Nachzahlungsbetrag. Wurde die Abrechnung dem Jobcenter erst nach dem geforderten Einzahlungstermin übergeben, schadet das nicht; die Nachforderung bleibt Teil der Unterkunfts- und Heizkosten im Fälligkeitsmonat (BSG vom 22.3.2010 – B 4 AS 62/09 R). Das gilt auch für Nachforderungen, die zwar aus Zeiträumen vor Eintritt der Hilfebedürftigkeit stammen, aber erst im laufenden Alg II-Bezug fällig werden (BSG vom 24.11.2011 – B 14 AS 121/10 R).
Einer Übernahme der Betriebs- oder Heizkostennachforderung kann nicht entgegenhalten werden, dass die Rechnung schon früher hätte bezahlt werden können.

Beispiel

J. wird Anfang April arbeitslos und meldet sich am 15. April beim Jobcenter. Er fügt dem Alg II-Antrag eine Betriebskostenabrechnung vom 21. März bei, worin der Vermieter bis spätestens zum 30.4. eine Nachzahlung von 423 € fordert. Das Jobcenter macht geltend, da J. keine Einwände gegen die Betriebskostenabrechnung habe, hätte er die Rechnung auch schon im März zahlen können.
Zu Unrecht: Das Jobcenter muss die Nachforderung befriedigen.

Früherer Leistungsanspruch unerheblich

Es spielt für eine Kostenübernahme keine Rolle, ob sich die Nachforderung in Zeiträumen aufgebaut hat, in denen Hilfebedürftigkeit bestand bzw. Alg II bezogen wurde (s. aber LSG NRW vom 28.4.2009 – L 1 B 4/09 AS). Denn die Forderung aus einer Betriebs- oder Heizkostenabrechnung begründet keinen Anspruch auf Neubemessung der im Abrechnungszeitraum vom Jobcenter übernommenen Abschläge i. S. von § 44 SGB X. Sie ist daher nur zu begleichen, wenn der Mieter zum Zeitpunkt der Fälligkeit noch leistungsberechtigt ist. Die Rechtsprechung des BSG vom 16.5.2007 – B 7b AS 40/06 R zur Übernahme der Kosten für eine Heizöllieferung ist insoweit übertragbar; in diese Richtung weist auch das BSG vom 20.12.2011 – B 4 AS 9/11 R.

Umgekehrt schadet es nicht, wenn die Nachforderung auch Zeiträume erfasst, in denen die Leistung nach § 7 Abs. 4 oder Abs. 5 SGB II ausgschlossen oder nach § 31a SGB II völlig weggefallen war, sofern der Monat, in dem die Nachforderung fällig wird, hiervon unberührt ist (BayLSG vom 18.3.2013 – L 7 AS 141/12: Kein Anspruch auf Kostenübernahme, wenn bei Fälligkeit der Nachforderung die Leistung nach § 7 Abs. 4 SGB II wegen Verbüßung einer Haftstrafe ausgeschlossen ist).

Unzulässig ist eine Vereinbarung des Leistungsberechtigten mit dem Vermieter, die Fälligkeit mit Blick auf den Alg II-Bezug vorzuziehen.

Beispiel

D. wird im April in eine Arbeitsstelle mit bedarfsdeckendem Einkommen vermittelt. Am 21. März hatte er eine Betriebskostenabrechnung erhalten, worin der Vermieter bis spätestens 30. April eine Nachzahlung von 312 € fordert. D. bittet den Vermieter, die Zahlungsfrist auf den 31. März vorzuziehen, Einwände gegen die Abrechnung habe er nicht. Hier kann das Jobcenter auf dem ursprünglichen Zahlungstermin bestehen. D. muss die Nachforderung aus seinem Gehalt bestreiten.

Nachforderungs-Hilfebedürftigkeit

Reicht das Einkommen bei Einbeziehung der Nachforderung aber nicht zur Bedarfsdeckung aus, kann eine Übernahme beantragt werden, die in der Sache ein Alg II-Antrag für den Fälligkeitsmonat ist.

Beispiel

Nach vorangehendem Alg II-Bezug nimmt B. im März eine Arbeitsstelle mit einem Bruttoeinkommen von 1.400 € auf. Damit kann er seinen laufenden Bedarf von 399 € + 300 € Miete decken. Am 21. März hatte er eine Betriebskostenabrechnung erhalten, mit der der Vermieter bis spätestens 30. April eine Nachzahlung von 125 € fordert. B. beantragt am 25. April beim Jobcenter die Übernahme der Betriebskosten. Der Antrag wird mit der Begründung abgelehnt, einen solchen Anspruch gebe es im SGB II nicht.
Falsch: B. hat bei sachgerechter Auslegung Alg II für den Monat April beantragt. Da sein bereinigtes Einkommen von 724,90 € (1024,90 € netto – 300 € Freibeträge nach § 11b SGB II) nicht zur Bedarfsdeckung reicht, hat er Anspruch auf [699 € + 125 €] – 724,90 € = 99,10 € für die Unterkunfts- und Heizkosten.

Kein Anspruchsverlust

Hat der Leistungsberechtigte eine korrekte Betriebs- oder Heizkostennachforderung mit Schonvermögen oder sonstigen Mitteln erfüllt, um Schwierigkeiten mit dem Vermieter zu vermeiden, kann das Jobcenter nicht einwenden, der Kostenübernahmeanspruch nach § 22 SGB II sei damit untergegangen (BSG vom 10.11.2011 – B 8 SO 18/10 R). Dasselbe gilt bei Ausgleich der Nachforderung über eine Aufrechnung mit einer Forderung gegen den Vermieter (SG Frankfurt vom 26.11.2014 – S 28 AS 2599/13).

Kein gesonderter Antrag

Die Nachforderung braucht als Teil der Unterkunfts- und Heizkosten nicht gesondert beantragt zu werden. Erhält das Jobcenter die Rechnung, muss es – von mietrechtlich offensichtlich unbegründeten Forderungen (→ unter 2) abgesehen – die Nachforderung, soweit angemessen, als zusätzlich entstandenen § 22 SGB II-Bedarf nach § 48 Abs. 1 Satz 2 Nr. 1 SGB X übernehmen.

Umfassende Neuprüfung

Zur Prüfung des Anspruchs auf Übernahme einer Betriebs- und Heizkostennachforderung ist der Anspruch auf Kosten für Unterkunft und Heizung ungeachtet eines bestandkräftigen Bewilligungsbescheides nach Grund und Höhe neu zu prüfen. Eine Beschränkung allein auf die Heiz- und Nebenkostennachforderung kann weder das Jobcenter noch das Gericht als Argument gegen die Ansprüche auf weitergehende Leistungen nach § 22 SGB II einwenden (BSG vom 6.4.2011 – B 4 AS 12/10 R; LSG NRW vom 10.7.2013 – L 19 AS 1120/13 B: LSG Berlin-Brandenburg vom 19.2.2014 – L 10 AS 881/10; vgl. auch BSG vom 10.11.2011 – B 8 SO 18/10 R).

Beispiel 1

K. hat im Februar einen Bewilligungsbescheid bekommen, mit dem für März bis August 2015 laufenden Unterkunfts- und Heizkosten in Höhe von monatlich 356 € gewährt werden. Im Mai erhält K. eine Betriebskostenabrechnung aus 2014 mit einer Nachforderung von 87 €, die bis Ende Juli zu begleichen ist. Anlässlich eines Termins beim Jobcenter am 20. Juni beantragt K. die Übernahme der 87 € und eine Erhöhung der für Juli bewilligten Unterkunftskosten, weil er erfahren habe, dass auch der mit dem Mietvertrag fest verbundene Kabelanschluss mit einem Beitrag von 6 € monatlich übernommen werden müsse. Das Jobcenter muss für Juli beide Ansprüche erfüllen. Für die übrigen Monate im Bewilligungsabschnitt muss K. die 6 € mit einem Überprüfungsantrag einfordern.

Beispiel 2

K. bezieht aufstockend zu Einkommen aus Erwerbstätigkeit Alg II in Höhe von monatlich 250 €. Im Mai geht eine Steuererstattung von 430 € auf sein Konto, die er verwendet, um eine im Juni fällige Betriebs- und Heizkostennachforderung in Höhe von 580 € zu begleichen. Durch eine Kontrolle der Kontobelege erfährt das Jobcenter von der Steuererstattung und fordert für die Monate Juni bis November jeweils 71,67 € (= 430 € : 6) zurück. Nach einer Beratung reicht K. die Betriebskostenabrechnung ein und macht zu Recht geltend, das Jobcenter müsse die Nachforderung übernehmen, soweit bei Anrechnung seines Einkommens plus der Steuererstattung im Zufluss-Folgemonat noch ein ungedeckter Bedarf bleibe.

Laufendes Klageverfahren

Läuft zum Zeitpunkt, zu dem eine Betriebskostennachforderung fällig wird, schon eine Klage auf höhere Unterkunfts- oder Heizkosten und lehnt das Jobcenter die Übernahme der Nachforderung ab, wird der Ablehnungsbescheid nach § 96 SGG in das laufende Klageverfahren einbezogen. Eines gesonderten Widerspruchs- oder Klageverfahrens bedarf es nicht.

Änderungsbescheid

Hat das Jobcenter die Betriebs- oder Heizkostennachforderung mit einem Änderungsbescheid umgesetzt, der sich inhaltlich und der äußeren Form nach nicht vom ursprünglichen Bewlligungsbescheid unterscheidet, eröffnet der Änderungsbescheid trotz Bestandskraft des ursprünglichen Bewilligungsbescheides die Möglichkeit, Leistungsansprüche nach §§ 20 – 22 SGB II mit Widerspruch und ggf. Klage gegen den Änderungsbescheid zu fordern (LSG Niedersachsen-Bremen vom 2.8.2012 – L 7 AS 223/12 B; s. auch BSG vom 10.11.2011 – B 8 SO 18/10 R).

Zuständiges Jobcenter

Zuständig ist das Jobcenter, das zum Zeitpunkt der mietrechtlichen Fälligkeit der Nachforderung dem Leistungsberechtigten, der Schuldner dieser Forderung ist, Leistungen erbringt (BSG vom 22.3.2010 – B 4 AS 62/09 R).

Früher bewohnte Wohnung

Grundsätzlich sind Unterkunfts- und Heizkosten, zu denen Betriebs- und Heizkostennachforderungen ja gehören, nur für die aktuell zum Wohnen genutzte Wohnung zu übernehmen. Dennoch muss auch eine Nachforderung für eine frühere Wohnung, für die bereits Unterkunfts- und Heizkosten nach § 22 Abs. 1 SGB II gewährt worden waren, von dem Jobcenter übernommen werden, das für die Leistungsgewährung bei Fälligkeit der Nachforderung zuständig ist (LSG Sachsen vom 10.9.2009 – L 3 AS 188/08: Ein Leistungsberechtigter, der sich durchgängig im Leistungsbezug befand, seinen Verpflichtungen aus einem Mietvertrag ordnungsgemäß nachkam und bei dem die Unterkunfts- und Heizkosten angemessen sind, dürfe nicht mit einem Teil dieser Kosten als Schulden allein gelassen werden). Das BSG vom 20.11.2011 – B 4 AS 9/11 R hat das für den Fall bestätigt, dass die Nachforderung aus einer Wohnung stammt, die der Leistungsberechtigte wegen einer Kostensenkungsaufforderung des Jobcenters gekündigt hat.

Offene Rechtsfragen

Das BSG muss noch klären, ob die Betriebs- und Heizkostennachforderung einer früheren Wohnung auch dann zu übernehmen ist, wenn sie

- in Zeiträumen des Alg II-Bezugs aufgebaut wurde und der Wohnungswechsel mit Zusicherung des Jobcenters erfolgte (bejaht vom SG Potsdam vom 28.2.2013 – S 40 AS 1041/10);
- in Zeiträumen des Alg II-Bezugs aufgebaut wurde, der Wohnungswechsel aber ohne Zusicherung des Jobcenters erfolgte;
- in Zeiträumen ohne Alg II-Bezug aufgebaut wurde und der Wohnungswechsel mit Zusicherung des Jobcenters erfolgte (bejaht von LSG Mecklenburg-Vorpommern vom 26.8.2014 – L 10 AS 15/13, Revision unter – B 14 AS 40/14 R);
- in Zeiträumen ohne Alg II-Bezug aufgebaut wurde und der Wohnungswechsel ohne Zusicherung des Jobcenters erfolgte.

Nachforderung trotz Räumungsvergleich

Die Regelung in einem gerichtlichen Räumungsvergleich – »Mietansprüche für die Vergangenheit bestehen nicht mehr« – schließt die Nachforderung aus einer zeitlich erst später erstellten Betriebs- und Heizkostenabrechnung nicht aus. Der Vermieter muss sich jedoch bei der Aufstellung der Abrechnung aufgrund der Erlass- und Erfüllungswirkung des Räumungsvergleichs so behandeln lassen, als seien die bis zum Abschluss des Vergleichs fälligen Vorauszahlungen auf die Betriebs- und Heizkosten gezahlt worden (OLG Düsseldorf vom 9.2.2012 – I-10 U 91/11). Daher kann die Nachforderung auch als KdU-Bedarf geltend gemacht werden.

Schulden

Nachforderungen für eine frühere Wohnung aus Zeiträumen vor dem Alg II-Bezug, die schon vor dem Alg II-Bezug fällig waren, sind nicht zu übernehmen. Es handelt sich um Schulden i. S. v. § 22 Abs. 8 SGB II, die mangels Gefährdung der aktuellen Unterkunft nicht zu übernehmen sind (SG Berlin vom 1.12.2005 – S 63 AS 11229/05 ER).

Abzug der Warmwasserpauschale

Stammt die Nachforderung aus Zeiträumen des Alg II-Bezugs bis Ende 2010, also Zeiträumen, in denen die laufenden Abschläge um die Warmwasserpauschale gekürzt worden waren, kann die Nachforderung nicht noch einmal um die Warmwasserkosten bereinigt werden. Das gilt nicht, wenn bei der früheren Berechnung der laufenden Abschläge der Warmwasserabzug fälschlicherweise unterblieben war. Ein Vertrauensschutz der laufend gewährten Abschläge nach §§ 45, 48 SGB X erstreckt sich nicht auf die Nachforderung, die eine neue Einmal-Leistung nach § 22 Abs. 1 SGB II ist (LSG NRW vom 22.1.2009 – L 7 AS 44/08, bestätigt vom BSG vom 22.3.2010 – B 4 AS 62/09 R).

Soweit eine über Zeiträume vor 2011 erstellte Betriebs- oder Heizkostenabrechnung auch Zeiträume vor Eintritt in den Alg II-Bezug umfasst, kann die Forderung nicht um den in ihr enthaltenen Anteil für die Warmwassererzeugung (= Haushaltsenergiekosten) bereinigt werden (BSG vom 24.11.2011 – B 14 AS 121/10 R; s. auch LSG NRW vom 17.7.2014 – L 9 SO 388/12).

Gegenrechnung mit Überzahlung

Hatte das Jobcenter versehentlich zu viel Kosten für Unterkunft und Heizung gewährt, kann es die Übernahme einer Betriebs- und Heizkostennachforderung auf die Differenz zwischen den gesamten geleisteten Kosten für Unterkunft und Heizung und den gesamten tatsächlichen Kosten für das Wohnen und Heizen beschränken, auch wenn die Überzahlung nach §§ 45 ff. SGB X nicht mehr zurückgefordert werden kann (LSG NRW vom 26.10.2012 – L 12 AS 1005/12 B). Ebenso bei einer vorläufigen Leistungsbewilligung nach § 328 SGB III das LSG Sachsen-Anhalt vom 3.9.2012 – L 5 AS 218/09.

Keine rückwirkende Gegenrechnung mit abstrakt ermittelten Betriebs- und Heizkosten

Rechtswidrig ist die Gegenrechnung mit vermeintlich überzahlten, laufenden Abschlägen, wenn das Jobcenter erstmals anlässlich des Antrags auf Übernahme einer Betriebs- und Heizkostennachforderung geltend macht, statt der laufend übernommenen Abschläge von X €/qm für Betriebskosten sei nur ein Betrag von Y €/qm für Betriebskosten angemessen gewesen; deshalb werde die Überzahlung der laufend gewährten Abschläge in Höhe von [X €/qm – Y €/qm] für Betriebskosten mit der Heizkostennachforderung verrechnet. Die erst recht überhöhte Betriebskostennachforderung könne gar nicht übernommen werden.

Diese »Aufrechnung« käme einer Umgehung der Vertrauensschutzregelungen nach den §§ 45 ff. SGB X gleich.

Dasselbe gilt für zweckwidrig verwendete Vorauszahlungen. Insoweit muss das Jobcenter ggf. Erstattung nach § 34a SGB II verlangen (LSG NRW vom 10.7.2013 – L 19 AS 1120/13 B).

Unzulässiger Vorbehalt

Hatte sich das Jobcenter anlässlich der Übernahme von Unterkunfts- und Heizkosten einen Vorbehalt nach § 328 SGB III oder § 47 SGB X ausbedungen, ist eine darauf gestützte Gegenrechnung oder sogar Rückforderung anhand abstrakt ermittelter Betriebs- und Heizkosten unzulässig. Die laufenden Unterkunfts- und Heizkosten **müssen** abschließend bewilligt werden, Anhaltspunkten für überhöhte Kosten ist im Rahmen eines Kostensenkungsverfahrens gemäß § 22 Abs. 1 Satz 3 SGB II nachzugehen.

2 Nur mietrechtlich korrekte Kostennachforderung

Auch Betriebs- und Heizkostennachforderungen müssen nur übernommen werden, soweit die Kosten angemessen sind. Unangemessen sind Kosten, die der Vermieter nicht fordern darf (BSG vom 22.9.2009 – B 4 AS 8/09 R). Im Rahmen einer Kostenübernahme nach § 22 SGB II kann insoweit aber nur eine offenkundig fehlerhafte Betriebs- oder Heizkostenabrechnung zurückgewiesen werden. Ansonsten muss die Forderung übernommen werden, es sei denn, das Jobcenter zeigt dem Leistungsberechtigten die Mängel der Abrechnung (vgl. dazu BSG vom 24.11.2011 – B 14 AS 15/11 R) oder geht selbst gegen den Vermieter vor. Dem Leistungsberechtigten ist das nur zuzumuten, wenn die Abrechnung so mangelhaft ist, dass Einwendungen nicht riskant sind und auch von einem Selbstzahler der Miete erhoben würden (LSG Sachsen-Anhalt vom 14.8.2012 – L 5 AS 454/12 B).

Form zählt, Inhalt zahlt

Bei der Beurteilung, ob und in welchem Umfang das Jobcenter für eine Betriebs- und Heizkostennachforderung aufkommen muss, ist die mietrechtliche Unterscheidung zwischen **formell ordnungsgemäßer** und **inhaltlich richtiger** Abrechnung zu beachten:

- Die Frist, innerhalb deren der Vermieter nach § 556 Abs. 3 Satz 2 BGB abrechnen muss, wird nur mit einer **formell ordnungsgemäßen Abrechnung** gewahrt; auf die inhaltliche Richtigkeit kommt es für die Einhaltung der Frist nicht an.
- Nur mit einer **formell ordnungsgemäßen Abrechnung**, die innerhalb der Abrechnungsfrist zugeht, kann der Vermieter eine inhaltlich unrichtige Abrechnung korrigieren, wobei eine Korrektur zu Lasten des Mieters nach Ablauf der Abrechnungsfrist ausgeschlossen ist, es sei denn, der Vermieter hat den Fehler nicht zu vertreten.
- Die Frist, innerhalb derer der Mieter nach § 556 Abs. 3 Satz 5 BGB Einwände gegen die Abrechnung vorbringen muss, wird nur mit einer **formell ordnungsgemäßen Abrechnung** in Gang gesetzt.

2.1 Formelle Mindestanforderungen

Eine Nachzahlung von Betriebs- und Heizkosten setzt den Zugang einer formell ordnungsgemäßen Abrechnung voraus. Eine Betriebskostenabrechnung ist nach der Rechtsprechung des BGH (z.B. BGH vom 8.12.2010 – VIII ZR 27/10) formell ordnungsgemäß, wenn sie als Mindestangaben eine Zusammenstellung der Gesamtkosten, die Angabe und Erläuterung der zu Grunde gelegten Verteilerschlüssel sowie die Berechnung des Anteils des Mieters und den Abzug der geleisteten Vorauszahlungen enthält. Die Angaben in der Betriebskostenabrechnung müssen es dem Mieter ermöglichen, die zur Verteilung anstehenden Kostenpositionen zu erkennen und den auf ihn entfallenden Anteil an diesen Kosten gedanklich und rechnerisch nachzuprüfen.

Mindestangaben

Abfluss- oder Leistungsprinzip

Betriebskosten können nach dem Abflussprinzip (alle Zahlungen, die der Vermieter während des Abrechnungszeitraums geleistet hat, werden berücksichtigt) oder dem Leistungsprinzip (nur die dem Abrechnungszeitraum zuzuordnenden Zahlungen werden berücksichtigt), abgerechnet werden (BGH vom 17.11.2004 – VIII ZR 115/04). Rechnet der Vermieter gegen die Vereinbarung im Mietvertrag nach dem Abflussprinzip ab, betrifft das nur die inhaltliche Richtigkeit der Abrechnung; der Mieter muss seine Einwände fristgemäß vorbringen, der Vermieter darf die fehlerhafte Abrechnung korrigieren. Ist eine Abrechnung nach dem Leistungsprinzip nicht mehr möglich, darf der Mieter unter dem Gesichtspunkt des Schadensersatzanspruchs infolge einer Vertragsverletzung (unterbliebene Verbrauchserfassung) den Abrechnungsbetrag analog § 12 HeizkostenV um 15% kürzen (BGH vom 13.3.2012 – VIII ZR 218/11).

Heizkosten müssen nach dem Leistungsprinzip abgerechnet werden. Ermittelt der Vermieter die auf das abzurechnende Kalenderjahr entfallenden Heizkosten aus kalenderübergreifenden Rechnungen, ist die Abrechnung nach BGH vom 2.4.2014 – VIII ZR 201/13 nicht deshalb aus formellen Gründen unwirksam, weil der Vermieter erforderliche Zwischenschritte zur Berechnung des auf die Mieter umzulegenden Gesamtbetrages nicht offen gelegt hat. Rechnet der Vermieter nach dem Abflussprinzip ab, handelt es sich nach BGH vom 1.2.2012 – VIII ZR 156/11 aber dennoch um eine formell ordnungsgemäße Abrechnung. Da eine Abrechnung nach dem Abflussprinzip keine Kosten für die im Abrechnungszeitraum verbrauchten Brennstoffe erfasst, scheidet eine Kürzung der Nachforderung gemäß § 12 HeizkostenV aus. Die Nachforderung muss gar nicht gezahlt werden, es sei denn, der Vermieter bessert nach. Dazu darf er nach BGH a.a.O. auch nachträglich eine Abrechnung nach dem Leistungsprinzip auf der Grundlage einer sachgerechten Schätzung vorlegen.

Schätzung Heizkostenverbrauch

Zur Erstellung einer formell ordnungsgemäßen Heizkostenabrechnung, die wegen einer unterbliebenen Verbrauchsablesung geschätzte Verbrauchswerte enthält, bedarf es nach BGH vom 12.11.2014 – VIII ZR 112/14 weder der Beifügung der Vorjahresabrechnung, aus der die damals ermittelten Werte ersichtlich sind, noch weiterer Angaben oder Erläuterungen, anhand derer der Mieter die materielle Richtigkeit des für ihn angesetzten Werts im Einzelnen nachvollziehen oder beurteilen kann, ob die Schätzung den Anforderungen des § 9a Heizkostenverordnung entspricht. Im Ergebnis verlagert sich der Streit über die Höhe einer Nachforderung im Fall einer Schätzung damit stets auf die inhaltliche Richtigkeitsprüfung der Abrechnung.

Heizkostenabrechnung bei Wirtschaftseinheit

Hat der Vermieter in der Abrechnung einer aus mehreren Gebäuden, die mit einer gemeinsamen Heizanlage versorgt werden, gebildeten Wirtschaftseinheit die Hausnummern einiger Gebäude vergessen, ist das kein formell beachtlicher Fehler (BGH vom 13.3.2012 – VIII ZR 291/11 und – VIII ZR 329/10).

Zur formellen Wirksamkeit einer Heizkostenabrechnung, wenn die Kosten für Kaltwasser und Entwässerung zusammen mit den Kosten für Heizung und Warmwasser abgerechnet werden s. BGH vom 26.10.2011 – VIII ZR 268/10.

Abrechnungsfrist und -zeitraum

Nach § 556 Abs. 3 Satz 2 BGB muss die Abrechnung dem Mieter spätestens bis zum Ablauf des zwölften Monats nach Ende des Abrechnungszeitraums zugehen, wobei der Abrechnungszeitraum grundsätzlich ein Jahr betragen muss; bei Umstellung auf eine kalenderjährliche Abrechnungsperiode darf der Abrechnungszeitraum mit Einwilligung des Mieters verlängert werden (BGH vom 27.7.2011 – VIII ZR 316/10). Der Vermieter muss beweisen, dass die Abrechnung fristgemäß zugegangen ist (AG Köln vom 16.7.2008 – 220 C 435/07; LG Landau vom 11.1.2010 – 1 S 68/09; AG Halle vom 2.5.2013 – 93 C 3182/12; s. auch AG Lüdenscheid vom 23.9.2011 – 93 C 21/11). Nach Ablauf der Frist kann der Vermieter eine Nachforderung nicht mehr geltend machen, es sei denn, er konnte aus von ihm nicht zu vertretenden Gründen nicht früher abrechnen, z.B. weil Gebührenbescheide der Stadt verspätet kamen (LG Berlin vom 14.5.2012 – 67 S 344/11). Verzögerungen der Betriebskostenabrechnung durch die beauftragte Abrechnungsfirma muss sich der Vermieter zurechnen lassen, wenn er nicht rechtzeitig und nachhaltig die Abrechnungsfirma zur pünktlichen Abrechnung angehalten hat (AG Saalfeld vom 16.2.2012 – 1 C 529/11).

Die Abrechnungsfrist des § 556 Abs. 3 Satz 2 BGB wird nur mit einer formell ordnungsgemäßen Abrechnung gewahrt. Mit einer korrigierten Abrechnung, die nach Ablauf der Jahresfrist zugeht, kann der Vermieter nichts mehr fordern (AG Lüdenscheid vom 15.5.2014 – 92 C 41 /13).

Vorbehalt verlängert Abrechnungsfrist

Hatte sich der Vermieter bei der Betriebskostenabrechnung für bestimmte Positionen eine Nachberechnung vorbehalten, z.B. für die vom Finanzamt noch zu ermittelnde Grundsteuer, beginnt die Abrechnungsfrist für diese Positionen erst zu laufen, wenn der Vermieter Kenntnis von den die Nachforderung begründenden Umständen, z.B. dem Steuerbescheid des Finanzamtes, erlangt (BGH vom 12.12.2012 – VIII ZR 264/12).

Verwirkung?

Hatte der Vermieter in der Vergangenheit mit Rücksicht auf die finanzielle Situation des Mieters auf Betriebskostennachzahlungen verzichtet, ist sein Anspruch auf Zahlung von Nachforderungen für künftige Abrechnungsperioden nicht verwirkt (AG Hagen vom 23.11.2010 – 15 C 286/10; s. auch OLG Düsseldorf vom 4.7.2013 – I-10 U 54/13). Das Jobcenter kann eine Kostenübernahme aber ablehnen, wenn die Nachforderung gestellt wird, um die Kosten auf das Jobcenter abzuwälzen; sonstige Gründe für eine Änderung der Abrechnungspraxis (z. B. Streit mit dem Mieter) muss das Jobcenter akzeptieren.
Hat der Vermieter mehrere Jahre auf gleiche Beanstandungen und entsprechende Kürzungen der Nebenkostenabrechnung durch den Mieter nicht reagiert, lässt dies bei dem Mieter das berechtigte Vertrauen entstehen, der Vermieter werde auch eine später in derselben Weise gerügte Nachforderung nicht durchsetzen. Der Anspruch auf volle Begleichung der Betriebskostennachforderung ist dann noch vor Eintritt der Verjährung verwirkt (BGH vom 21.2.2012 – VIII ZR 146/11). Hat der Vermieter den Anspruch auf Nachzahlung aus einer Betriebskostenabrechnung schon einmal gerichtlich geltend gemacht und die Klage auf Hinweis des Gerichts zurückgenommen, ist der Anspruch aus der Betriebskostenabrechnung verwirkt, wenn der Vermieter erst nach einem Jahr den Anspruch erneut geltend macht (AG Charlottenburg vom 18.7.2014 – 206 C 44/14).

Rückzahlungsanspruch

Hat der Mieter eine nach der Jahresfrist eingereichte und damit unwirksame Betriebskostennachforderung dennoch beglichen, kann er bis zu drei Jahre nach Entdeckung der unberechtigten Forderung vom Vermieter eine Erstattung verlangen (BGH vom 18.1.2006 – VIII ZR 94/05). Gegen eine neue, fristgemäße Kostenforderung des Vermieters kann der Mieter mit dem Erstattungsanspruch aufrechnen. Der Leistungsberechtigte darf nicht zu Lasten des Jobcenters auf dieses Recht verzichten.

Verjährung

Hatte sich der Leistungsberechtigte in der Vergangenheit nicht um die ordnungsgemäße Abrechnung der Betriebs- und Heizkosten gekümmert, kann er sein Recht auf ordnungsgemäße Abrechnung später nur noch durchsetzen, soweit er während des Mietverhältnisses den Abrechnungsanspruch durch Geltendmachung eines Zurückbehaltungsrechts an den laufenden Betriebs- und Heizkostenvorauszahlungen nicht durchsetzen konnte. Im Übrigen sind seine Ansprüche verjährt (BGH vom 26.9.2012 – VIII ZR 315/11).

Übereilte Zahlung

Das Jobcenter kann die Übernahme einer verfristeten Nachforderung ablehnen (LSG NRW vom 24.8.2009 – L 20 AS 18/09). Hat der Leistungsberechtigte, um Ärger mit dem Vermieter zu vermeiden, vor Bescheidung seines Antrags auf Kostenübernahme schon gezahlt, muss er sich wegen einer Erstattung an den Vermieter halten. Kann dieser einwenden, dass in Kenntnis der Verfristung gezahlt wurde (§ 814 BGB), geht das zu Lasten des Leistungsberechtigten, selbst wenn das Jobcenter den Kostenübernahmeantrag verzögert bearbeitet hat (LSG NRW vom 24.8.2009 – L 20 AS 18/09).

Der Vermieter ist mit dem Einwand, die Forderung sei trotz Kenntnis der Unwirksamkeit gezahlt worden, ausgeschlossen, wenn der Mieter erst gezahlt hat, nachdem ihm der Vermieter die fristlose Kündigung angedroht hatte (AG Charlottenburg vom 1.10.2009 – 218 C 105/09).

Einwendungsfrist

Der Zugang einer den formellen Anforderungen nicht genügenden Betriebskostenabrechnung setzt die Einwendungsfrist des § 556 Abs. 3 Satz 5 BGB (spätestens bis zum Ablauf des zwölften Monats nach Zugang der Abrechnung) nicht in Gang (BGH vom 8.12.2010 – VIII ZR 27/10), d. h., der Mieter kann formelle Mängel auch nach Ablauf der Jahresfrist noch einwenden. Das gilt auch für die Beanstandung von Kosten, die gar nicht umlagefähig sind (AG Karlsruhe vom 2.12.2011 – 12 C 84/11), während Kosten, die umlagefähig sind, für die es aber im Mietvertrag keine Regelung gibt, als inhaltlicher Mangel beanstandet werden müssen.

2.2 Inhaltliche Fehler

Einwendungsfrist

Inhaltliche Einwendungen gegen eine formell korrekte Abrechnung muss der Mieter spätestens bis zum Ablauf des zwölften Monats nach Zugang der Abrechnung geltend machen (§ 556 Abs. 3 Satz 5 BGB). Nach BGH vom 12.5.2010 – VIII ZR 185/09 gilt das auch für Einwände, die der Mieter schon gegen frühere Abrechnungen erhoben hatte.

Die Behauptung des Mieters, erst nach Ablauf der Jahresfrist von einem möglichen Fehler der Betriebskostenabrechnung Kenntnis erhalten zu haben, führt nicht zur Verlängerung der Frist (LG Karlsruhe vom 30.3.2012 – 9 S 506/11).

Konkrete Einwände

Der Mieter muss innerhalb der Einwendungsfrist konkret die inhaltliche Richtigkeit der Abrechnungen rügen, d.h. er muss zum Beispiel Rechenfehler, Verstöße gegen den Wirtschaftlichkeitsgrundsatz, falsche Umlageschlüssel oder fehlende Umlagefähigkeit einzelner Positionen in der Abrechnung vortragen. Es genügt nicht, wenn der Mieter pauschal beanstandet, die in der Abrechnung enthaltenen Heizungs- und Warmwasserabrechnungen seien nicht nachvollziehbar oder insoweit sei gegen das Wirtschaftlichkeitsgebot verstoßen worden (LG Karlsruhe, a.a.O.).

Ungewöhnlich hohe Kosten

Für Leistungsberechtigte besonders wichtig sind Einwände gegen einzelne überhöhte Abrechnungspositionen. Dies kann darauf hindeuten, dass der Vermieter gegen das Wirtschaftlichkeitsgebot verstoßen hat (s. z. B. AG Zossen vom 30.8.2012 – 5 C 418/11; LG Neubrandenburg vom 27.3.2013 – 1 S 75/12; LG Berlin vom 30.7.2014 – 65 S 12/14). Rügt der Mieter einen Verstoß gegen das Wirtschaftlichkeitsgebot, muss er nach BGH vom 13.6.2007 – VIII ZR 78/06 konkret vortragen, dass die gerügte Kostenposition in den der Abrechnung zu Grunde liegenden Zeiträumen von einem anderen Anbieter preiswerter angeboten worden wäre. Erst dann ist es Sache des Vermieters, darzulegen und erforderlichenfalls den Nachweis zu erbringen, dass er mit dem von ihm abgeschlossenen Vertrag das Wirtschaftlichkeitsgebot nicht verletzt hat.

Soweit der Vermieter gegen das Gebot der Wirtschaftlichkeit verstößt, reduziert sich der Nachforderungsanspruch gegen den Mieter auf die Höhe des Durchschnittspreises (AG Hamburg-Blankenese vom 8.7.2011 – 532 C 80/11: Einkauf überteuerter Energie).

15%-Kürzung

Rechnet der Vermieter die Heiz- und Warmwasserkosten in vollem Umfang auf der Grundlage der Quadratmeterfläche der Wohnung und nicht anteilig nach dem entsprechenden Verbrauch ab, ist der Mieter nach § 12 Abs. 1 Satz 1 HeizkostenV berechtigt, die Forderung für die Versorgung mit Wärme und Warmwasser um 15% zu kürzen, es sei denn, der Vermieter kann darlegen und beweisen, dass gemäß § 11 Abs. 1 Nr. 1a HeizkostenV keine verbrauchsabhängige Abrechnung für die Wohnung erfolgen muss, weil dies nicht möglich oder mit unverhältnismäßig hohen Kosten verbunden ist (AG Wedding vom 23.5.2012 – 3 C 378/08; BGH vom 5.3.2013 – VIII ZR 310/12).

Betriebskostenspiegel Mieterbund

Mit einer Vergleichsberechnung aufgrund der vom Deutschen Mieterbund für das gesamte Bundesgebiet ermittelten Durchschnittswerte kann der Mieter nach BGH vom 6.7.2011 – VIII ZR 340/10 die Unwirtschaftlichkeit einer Kostenposition (im BGH-Fall die Gebühren für Müllabfuhr) nicht darlegen. Angesichts der regional sehr unterschiedlichen Kosten komme den bundesweiten Werten keine hinreichende Aussagekraft zu.

Belegpflicht

Der Mieter kann eine Abrechnung häufig nur auf Richtigkeit prüfen, wenn er die Abrechnungsunterlagen einsieht. Dies muss ihm der Vermieter in **zumutbarer Weise** ermöglichen. Geschieht das nicht, kann der Mieter die Zahlung der Nachforderung, ohne in Verzug zu kommen (LG Bremen vom 28.3.2012 – 1 S 107/11), verweigern (Zurückbehaltungsrecht nach § 273 Abs. 1 BGB). Zu den vom Vermieter vorzulegenden Abrechnungsunterlagen gehören auch Verträge des Vermieters mit Dritten, soweit deren Heranziehung zur sachgerechten Überprüfung der Betriebs- und Heizkostenabrechnung und zur Vorbereitung etwaiger Einwendungen erforderlich ist (BGH vom 22.11.2011 – VIII ZR 40/11; AG Berlin vom 12.7.2013 – 65 S 141/12).

Ist das Verhältnis zwischen Mieter und Vermieter aufgrund eines Rechtsstreits zerrüttet, ist es für den Mieter unzumutbar, die Belege der Betriebskostenabrechnung in der Wohnung des Vermieters einzusehen (AG Bergisch Gladbach vom 7.11.2011 – 68 C 230/07).

Der Mieter hat Anspruch auf Übersendung von Belegkopien, wenn die Einsichtnahme in die Belege am Wohnort des Vermieters aufgrund erheblicher Entfernung unzumutbar ist (AG Köln vom 3.2.2011 – 221 C 362/10).

Einsicht durch Jobcenter?

Wenn der Leistungsberechtigte zustimmt, kann auch das Jobcenter die Belege einsehen. Der Vermieter ist aber nicht zur Vervielfältigung und

Übersendung der Unterlagen an das Jobcenter verpflichtet. Es genügt, wenn er die Einsichtnahme in die Abrechnungsunterlagen in seinen Büroräumen anbietet (BGH vom 8.3.2006 – VIII ZR 78/05). Das Jobcenter kann daher auch vom Leistungsberechtigten keine Übersendung von Fotokopien verlangen, wenn der Vermieter dazu nicht bereit ist.

Zur Prüfung einer auffällig hohen Nachforderung kann das Jobcenter im Rahmen seiner Hilfe und Beratung zur Durchsetzung einer Kostensenkung die Kosten für einen Mietberater übernehmen, der den Leistungsberechtigten bei Einblick in die Abrechnungsunterlagen unterstützt.

Soweit eine Betriebskostenabrechnung wegen fehlender Belege für den Mieter nicht nachvollziehbar ist, kann er die Rückzahlung der auf die unklare Betriebskostenposition gezahlten Abschläge verlangen (LG Berlin vom 9.11.2011 – 67 S 274/11).

3 Nur angemessene Kostennachforderung

Auch die nach dem tatsächlichen Verbrauch abgerechneten Betriebs- und Heizkosten sind grundsätzlich nur in angemessenem Umfang zu übernehmen. Maßgebend sind die Verhältnisse in den Monaten, in denen die Nachforderung aufgebaut wurde. Darum ist zwischen Zeiträumen, die mit einer Kostensenkungsaufforderung belegt sind und solchen, in denen noch keine Kostensenkung erfolgte bzw. in denen noch die Schonfrist lief, zu unterscheiden. Dass im Monat der Fälligkeit die Miete auf einen abstrakten Angemessenheitswert abgesenkt war, ist für die Beurteilung der Kostenübernahme der Nachforderung unerheblich, wenn die Mehrkosten in Monaten vor der Absenkung entstanden waren; mit den Worten des BSG:

> »Denn aus der Zuordnung des Bedarfs zum Bewilligungszeitraum der Fälligkeit der Nachforderung folgt nicht, dass auch die Angemessenheit der Unterkunfts- und Heizkosten nach den Verhältnissen im Fälligkeitsmonat zu beurteilen ist« (BSG vom 6.4.2011 – B 4 AS 12/10 R).

3.1 Abrechnungszeiträume vor einer Kostenabsenkung

Kostensenkung i.d.R. nur für die Zukunft

Von Extremfällen verschwenderischen Verhaltens (dazu LSG Baden-Württemberg vom 24.6.2009 – L 2 SO 3221/08) abgesehen müssen die abgerechneten bzw. tatsächlich verbrauchten Betriebs- und Heizkosten vor einer Kostensenkung, die dem Leistungsberechtigten überhaupt erst eine Verhaltensänderung bewusst macht, übernommen werden. Auch das Jobcenter kann ja nur aus dem Abrechnungsergebnis ersehen, ob die Wohnung aufgrund hoher Neben- oder Heizkosten unangemessen ist. Eine Absenkung der Betriebs- oder Heizkostennachforderung ist daher praktisch nur für die Zukunft möglich. Ansonsten funktionierte der § 22 Abs. 1 Satz 1 und 3 SGB II innewohnende Schutz (BSG vom 6.4.2011 – B 4 AS 12/10 R) nicht.

Sofortige Kostensenkung

Macht der Leistungsberechtigte dem Jobcenter deutlich, dass er nicht bereit ist, im Verhältnis zum Vermieter einen Anspruch auf eine korrekte Neben- und Heizkostenabrechnung durchzusetzen, und weiterhin Betriebs- und Heizkostenabrechnungen durch seine Unterschrift ungeprüft als ordnungsgemäß akzeptiert, verliert er den Schutz des § 22 Abs. 1 Satz 3 SGB II. Die Kostensenkung greift dann sofort (LSG Sachsen-Anhalt vom 4.4.2011 – L 5 AS 95/10 B ER).

Ungeklärte Rechtsfrage

Ob das Jobcenter die Übernahme einer Nachforderung auch insoweit als unangemessen ablehnen kann, wenn der Leistungsberechtigte fahrlässig die Frist für Einwendungen gegen eine unrichtige Abrechnung versäumt hat, ist noch nicht geklärt. Fordert das Jobcenter den Leistungsberechtigten noch innerhalb der Einwendungsfrist auf, gegen die Abrechnung vorzugehen, sollte er dies vorsorglich tun. Bei Nutzung des Postwegs ist auf eine rechtzeitige und nachprüfbare Absendung zu achten (ggf. per Einschreiben rügen; zum Nachweis des Postzugangs s. LG Berlin vom 22.7.2011 – 63 S 607/10).

Keine Schonfrist

Können unangemessene Kosten sofort gesenkt werden und wird der Leistungsberechtigte in der Senkungsaufforderung auf die sofort erforderliche Verhaltensänderung hingewiesen, kann er sich nicht auf die Übergangsfrist des § 22 Abs. 1 Satz 3 SGB II berufen.

Beispiel

Familie X. bewohnt ein Haus, das mit einer Ölheizung ausgestattet ist. Laut Mietvertrag bestellt der Vermieter das Heizöl und gibt dann die Rechnung an die Mieter weiter. Der Tank ist so kalkuliert, dass er bei wirtschaftlicher Nutzung mit einer Füllung (2000 Liter) Heizwärme und Warmwasser für ein Jahr liefert. Zuletzt war der Tank im April 2014 gefüllt worden. Schon im Dezember 2014 musste nachgetankt werden. Das Jobcenter hatte die Familie darauf hingewiesen, dass sparsamer gewirtschaftet werden müsse und ab sofort nur 2000 Liter Heizöl im Jahr als Angemessenheitshöchstgrenze akzeptiert werde. Die im Oktober des darauffolgenden Jahres eingereichte Heizölrechnung über 2000 Liter wird vom Jobcenter nur zum Teil übernommen; seit Dezember 2014 habe die Familie gewusst, dass nur 2000 Liter pro Jahr akzeptiert werden. Ungewöhnliche Wetterverhältnisse habe es nicht gegeben.

Notlage

Geht der Ölvorrat im Winter zur Neige, müssen die von der Kostensenkung Betroffenen nicht frieren. Unter den Voraussetzungen des § 22 Abs. 8 SGB II haben sie Anspruch auf ein Darlehen, um Heizung und Warmwasserversorgung aufrecht zu erhalten.

3.2 Abrechnungszeiträume nach einer Kostenabsenkung

Gesamtbedarfsbetrachtung

Stammt die Nachforderung aus Zeiträumen, in denen die Betriebs- oder Heizkosten nach § 22 Abs. 1 Satz 3 SGB II abgesenkt waren, kann die Nachforderung entsprechend gekürzt oder ganz abgelehnt werden.

In welchem Umfang die Nachforderung als nachgelagerter, einmaliger KdU-Bedarf im Fälligkeitsmonat ungeachtet der Kostensenkung übernommen werden muss, hängt davon ab, ob in den Entstehungsmonaten der Nachforderung auf einen richtigen Wert abgesenkt wurde. Dies ist unabhängig von der Bestandskraft der seinerzeitigen Bewilligungsbescheide oder einem darauf (konkludent) gerichteten Überprüfungsantrag zu beurteilen. Denn es geht nicht um eine nachträgliche Korrektur früherer Bewilligungen, sondern eine Erfassung des dem Leistungsberechtigten zustehenden KdU-Bedarfs im Abrechnungszeitraum, auf den sich die Nachforderung bezieht (dazu beispielhaft LSG Berlin-Brandenburg vom 19.2.2014 – L 10 AS 881/10).

Produkttheorie gilt

Maßstab für die Beurteilung, ob der Leistungsberechtigte im Zeitraum der Entstehung der Nachforderung die ihm zustehenden Unterkunfts- und Heizkosten erhalten hat, ist die Produkttheorie. Ist die Miete danach auf einen angemessenen Wert gesenkt worden, kann die Übernahme einer Nachforderung nicht darauf gestützt werden, dass der abstrakte Höchstwert für Betriebskosten mit der Nachforderung nicht ausgereizt wurde (LSG Berlin-Brandenburg vom 19.9.2013 – L 18 AS 1218/12). Die dahinter stehende Annahme, im Fall des Umzugs in eine angemessene Wohnung wäre der Höchstwert für eine Betriebskostennachforderung für die neue Wohnung zu tragen gewesen, ist nicht weniger spekulativ als die Annahme, ein Umzug hätte wegen allgemeiner Kostensteigerungen im Ergebnis dieselben laufenden Kosten verursacht, wie bei Übernahme der Nachforderung für die beibehaltene Wohnung.

Beispiel

H. hat nach einer Kostensenkungsaufforderung als schlüssigen, abstrakt angemessenen KdU-Bedarf im gesamten Jahr 2014 für die Bruttokaltmiete 311 € erhalten ([50 qm x 4,68 € Kaltmiete] + [50 qm x 1,54 € kalte Betriebskosten]). Tatsächlich hat er 378 € Miete gezahlt (333 € Kaltmiete + 45 € Abschlag für kalte Betriebskosten). Wegen Erhöhung der Abwassergebühren und der Hauswartkosten wird im Juli 2015 eine Betriebskostennachforderung für das Jahr 2014 in Höhe von 226 € fällig. H. beantragt eine Kostenübernahme und macht geltend, mit 63,83 € (= 12 x 45 € + 226 € : 12) läge der Posten für die kalten Betriebskosten unter dem abstrakt angemessenen Wert von 77 € (= 50 qm x 1,54 €). Ohne Erfolg: H. muss sich daran festhalten lassen, mit den vom Jobcenter gewährten 311 € den Betrag erhalten zu haben, der ihm 2014 mangels kostensenkendem Umzug zustand.

Heizkosten

Heizkosten sind nach der Produkttheorie gesondert zu prüfen und ggf. abzusenken. Wurden sie korrekt abgesenkt, sind Nachforderungen entsprechend zu kürzen oder ganz zurückzuweisen.

Beispiel

H. lebt in einer 45 qm großen, mit Gasetagenheizung ausgestatteten Wohnung. Wegen einer sehr hohen Nachforderung anlässlich der Jahresabrechnung im Januar 2014 mit Neufestsetzung des monatlichen Abschlags auf 143 € ermittelt das Jobcenter im Rahmen eines Heizwertgutachtens einen für die normale Beheizung der Wohnung ausreichenden Energieverbrauch von 90 € monatlich. Ab Oktober

2014 wird der Abschlag auf 90 € gesenkt, H. hatte einen entsprechenden Antrag beim Energieversorger gestellt. Bei der Jahresabrechnung 2015 stellt sich heraus, dass H. – bei gleichgebliebenem Gaspreis – monatlich 124 € verheizt hat. Das Jobcenter kürzt die Nachforderung für die Monate Oktober bis Dezember 2014 und für den Abrechnungsmonat Januar 2015 auf 90 €. Kann H. die Restforderung nicht selbst (in Raten) ausgleichen, kommt im Fall einer drohenden Gassperre eine Übernahme nach § 22 Abs. 8 SGB II als Darlehen in Betracht (näher dazu Kapitel Q, → S. 395 ff.).

Dynamisierung?

Sind die abstrakt angemessenen Werte für kalte Betriebskosten oder die Toleranzwerte für die Heizkosten zum Zeitpunkt, zu dem die Nachforderung fällig wird, an eine allgemeine Preisentwicklung angepasst worden, wirkt dies nur für die Unterkunfts- und Heizkosten im Fälligkeitsmonat. Eine Rückbeziehung auf die laufenden Unterkunfts-/Heizkosten im Abrechnungszeitraum ist ausgeschlossen; dies käme einer rückwirkenden Erhöhung des abstrakten Angemessenheitswertes gleich. Eine vergleichbare Wirkung hat die Übernahme eines Teils der Betriebskostennachforderung nach dem Verhältnis der tatsächlichen zur abgesenkten Miete (so aber SG Berlin vom 25.3.2010 – S 128 AS 9212/09).

Beispiel

F. zahlt für eine Zweiraumwohnung 390 € monatlich (320 € Kaltmiete und 70 € kalte Betriebskosten). Angemessen sind 290 € Kaltmiete und 60 € kalte Betriebskosten (350 €). Die Betriebskostennachforderung von 124 € soll in diesem Fall nach der Formel

124 € x 350/390 = 111,28 €

übernommen werden.

Keine starre Pauschalierung

Nach kostensenkendem Umzug darf die Übernahme künftiger Nachforderungen nicht auf die für die laufenden Unterkunftskosten veranschlagten Angemessenheitsbeträge begrenzt werden. Dies läuft auf eine auch unter Geltung von §§ 22a–c SGB II unzulässige Pauschalierung von Heiz- oder Betriebskosten hinaus, weil kein Spielraum bleibt für Kostenerhöhungen oder ungewöhnliche Wetterlagen, die für alle Mieter auf dem maßgebenden Wohnungsmarkt eine Erhöhung zur Folge haben. Dies zwingt zu einer neuen Angemessenheitsbeurteilung.

Beispiel

D. zieht mit Zusicherung des Jobcenters in eine neue Wohnung. Wegen der sehr geringen Kaltmiete trägt das Jobcenter die laufenden Unterkunftskosten, obwohl die vom Vermieter verlangten Abschläge für die Betriebskosten mit 1,57 €/qm über dem vom Jobcenter veranschlagten Angemessenheitswert von 1,44 €/qm liegen. Der im Folgejahr von D. präsentierten Abrechnung mit einer Nachforderung von 67 € hält das Jobcenter entgegen, mit Übernahme der laufenden Unterkunftskosten inklusive der Betriebskosten von 1,57 €/qm sei eigentlich schon zu viel an Nebenkosten übernommen worden.

Der Einwand ist unbegründet, wenn sich nachweisen lässt, dass die Nachforderung auf allgemeinen Kostensteigerungen im Abrechnungsjahr beruht, die den abstrakten Angemessenheitswert generell in Frage stellen. Das gilt vor allem dann, wenn das Jobcenter den Wert von 1,44 €/qm aus einer Mietspiegeltabelle entnommen hat. Die dort erfassten Durchschnittswerte stammen aus vergangenen Abrechnungszeiträumen.

Unzulässiger Verzicht

Gibt das Jobcenter eine Zusicherung für ein Wohnungsangebot nach § 22 Abs. 4 SGB II nur mit dem Vorbehalt, Betriebs- und Heizkostennachforderungen würden nicht übernommen, ist dieser Vorbehalt unwirksam, auch wenn sich der Leistungsberechtigte damit per Unterschrift einverstanden erklärt hatte. Das Jobcenter ist dadurch hinreichend vor Kosten»explosionen« geschützt, dass es vor Abgabe der Zusicherung prüfen kann und muss, ob die kalkulierten Abschläge realistisch bemessen sind.

3.3 Abrechnungszeiträume nach einer Kostendeckelung

Stammt die Nachforderung aus Zeiträumen, in denen die Unterkunft- und Heizkosten nach § 22 Abs. 1 Satz 2 SGB II auf die KdU-Bedarfe einer früheren Wohnung gedeckelt waren, scheidet eine Kostenübernahme aus, auch wenn z. B. die Heizkostennachforderung auf einem sehr strengen Winter beruht. Solange die Deckelung wirksam bleibt (näher dazu Kapitel L, → S. 280 ff.), spielen die Verhältnisse der kostensteigernd bezogenen Wohnung keine Rolle.

Dynamisierung?

Teilt man die Auffassung, dass (mutmaßliche) Kostenerhöhungen für die frühere Wohnung auf die neue Wohnung »übergehen«, sind allgemeine Preissteigerungseffekte zu berücksichtigen.

Beispiel

K. hatte in einer Wohnung mit zentral betriebener Heizölanlage gelebt. Der laufende Heizkostenabschlag von 45 € war vom Jobcenter übernommen worden. Nach seinem Umzug in eine neue Wohnung mit Gasetagenheizung übernimmt das Jobcenter statt des Gasabschlags von 60 € weiterhin nur den früheren Ölabschlag von 45 €. K. beantragt die Übernahme einer Nachforderung des Gasversorgers und macht geltend, die Preiserhöhungen für Heizöl hätten bei Verbleib in der früheren Wohnung eine Nachforderung in Höhe von ca. 180 € (12 x 15 € bei Annahme eines monatlichen Bedarfs von 60 €) zur Folge gehabt.

3.4 Abrechnungszeiträume bei Insolvenz des Mieters

Befindet sich der Mieter im Privatinsolvenzverfahren, sind für eine Betriebs- und Heizkostenabrechnung drei Zeiträume zu unterscheiden, die bestimmen, ob, in welchem Umfang und von wem eine Nachzahlung aus der Abrechnung zu begleichen ist:

- Abrechnungszeitraum **vor** der Insolvenzeröffnung = **Insolvenzforderung**
- Abrechnungszeitraum **nach** der Insolvenzeröffnung = **Masseverbindlichkeit**
- Abrechnungszeitraum **ab Freigabe der Masse** per Nicht-Haftungs-Erklärung des Treuhänders (Insolvenzverwalters) nach § 109 Abs. 1 Satz 2 InsO = **Verbindlichkeit des Mieters**

Für die Einordnung der Nachforderung in die o. g. Abrechnungszeiträume kommt es nach BGH vom 13.4.2011 – VIII ZR 295/10 nicht auf den Zeitpunkt der Erstellung der Abrechnung, sondern auf den Zeitraum, auf den sich die Betriebs- und Heizkostenabrechnung bezieht, an.

Nachforderungen, die sich auf Zeiträume vor und nach der Insolvenzeröffnung beziehen, kann der Vermieter nicht persönlich vom Mieter fordern. Sie müssen als Insolvenzforderung angemeldet oder vom Treuhänder aus der Masse (dem Restvermögen des Schuldners) gezahlt werden. Nach Aufhebung des Insolvenzverfahrens kann der Vermieter seine Forderungen zwar wieder gegen den Mieter persönlich geltend machen (um die Verjährung zu hemmen), durchsetzen kann er sie während der Wohlverhaltensperiode aber nicht und im Fall der Restschuldbefreiung sind sie endgültig verloren.

Bezieht der insolvente Mieter Alg II, bedeutet das für Kostenübernahmen im Zusammenhang mit Nachforderungen aus Betriebs- und Heizkostenabrechnungen:

- Nachforderungen, die **Insolvenzforderungen** oder **Masseverbindlichkeiten** sind, muss das Jobcenter nicht übernehmen.
- Nachforderungen, die aus Betriebs- und Heizkostenabrechnungen **nach Freigabe der Masse** stammen, muss das Jobcenter übernehmen, soweit sie angemessen sind, eine entsprechend spezifizierte Abrechnung vorliegt, diese dem Mieter innerhalb der Abrechnungsfrist zugeht (AG Köpenick vom 20.12.2012 – 17 C 304/12) und der Mieter zum Zeitpunkt der Fälligkeit der Nachforderung noch Alg II bezieht.

Beispiel 1

G. befindet sich seit Mai 2014 im Privatinsolvenzverfahren. Er bezieht laufend Alg II. Der bestellte Treuhänder hat am 17.6.2014 die Erklärung nach § 109 Abs. 1 Satz 2 InsO abgegeben. Der Vermieter schickt G. am 5.9.2014 eine Betriebskostenabrechnung für das Jahr 2013, die eine Nachforderung von 187 € aufweist.
Die Abrechnung bezieht sich insgesamt auf einen Zeitraum vor der Insolvenzeröffnung, sie ist daher Insolvenzforderung und kann von G. nicht gefordert werden. Eine Kostenübernahme nach § 22 SGB II scheidet aus.

Beispiel 2

R. befindet sich seit März 2014 im Privatinsolvenzverfahren. Er bezieht laufend Alg II. Der bestellte Treuhänder hat am 22.5.2014 die Erklärung nach § 109 Abs. 1 Satz 2 InsO abgegeben. Der Vermieter

schickt R. am 5.3.2015 eine Betriebskostenabrechnung für das Jahr 2014, die eine Nachforderung von 134 € aufweist.
Die Abrechnung kann nur für Nachforderungen, die aus dem Zeitraum nach Ablauf der Frist nach § 109 InsO stammen (vom 1.9. bis 31.12.2014), von R. eingefordert werden. Da dieser Zeitraum nicht gesondert abgerechnet wurde, muss R. die Forderung auch nicht teilweise zahlen. Eine Kostenübernahme nach § 22 SGB II scheidet aus.

4 Aufteilung der Nachforderung

Mietrecht

Im Mietrecht wird die Nachforderung von den Mietvertragsparteien geschuldet. Der Vermieter ist aber nicht daran gehindert, die allen Mietvertragsparteien gegenüber geschuldete Abrechnung der Betriebskosten, die eine Nachforderung zu seinen Gunsten ausweist, nur einem von mehreren Mietern gegenüber vorzunehmen und lediglich diesen auf Ausgleich des sich hieraus ergebenden Nachzahlungsbetrags in Anspruch zu nehmen (BGH vom 28.4.2010 – VIII ZR 263/09).

Kopfteilprinzip

Für die Verteilung der Unterkunfts- und Heizkosten in der BG gilt im Regelfall das Kopfteilprinzip (LSG NRW vom 10.7.2013 – L 19 AS 1120/13 B). Dies kann dazu führen, dass Mitglieder der BG, die von SGB II-Leistungen ausgeschlossen sind, bei der Berechnung der zu übernehmenden Nachforderung anteilig herausgenommen werden müssen.
Hat sich die Personenzahl der Wohnungsnutzer während der Entstehung der Nachforderung verändert, kommt es für den Umfang der Übernahme darauf an, wer die Wohnung zum Zeitpunkt der Fälligkeit der Nachforderung nutzt und leistungsberechtigt ist.

Beispiel 1

G. bezieht seit 2010 durchgehend Alg II. Er erhält am 15.3.2015 eine Betriebs- und Heizkostennachforderung für 2014 in Höhe von 248 €. Von Februar bis September 2014 hatte G. ein Zimmer seiner Wohnung untervermietet. Er hatte den vom Vermieter geforderten Abschlag im Verhältnis der vom Untermieter genutzten Wohnfläche als Untermietzins verlangt. Die vom Jobcenter übernommenen Kosten der Unterkunft waren um den Untermietzins gekürzt worden. Hier muss das Jobcenter die Nachforderung voll übernehmen, da G. vom früheren Untermieter nichts mehr verlangen kann.

Beispiel 2

G. und F. lebten von 2009 bis zum Auszug der F. im September 2014 in Einstandsgemeinschaft. Beide bezogen während der Zeit des Zusammenlebens durchgehend Alg II und beide waren Mieter der Wohnung. G. erhält am 15.3.2015 eine Betriebs- und Heizkostennachforderung für 2014 in Höhe von 248 €.
Hier muss das Jobcenter die Nachforderung auch übernehmen, wenn F. nicht aus dem Mietvertrag entlassen wurde (Rückschluss aus BSG vom 22.3.2012 – B 4 AS 139/11 R: Volle Anrechnung von Betriebskostenguthaben, auch wenn sie von Nichtleistungsbeziehern mit erwirtschaftet wurden).

Regress

Soweit im Innenverhältnis zwischen jetzigem und ehemaligem Mieter ein Rückgriff nach § 426 BGB möglich ist, kann das Jobcenter im Fall einer vollen Kostenübernahme prüfen, ob es diesen nach § 33 SGB II übergegangenen Regress-Anspruch gegen den früheren Mitmieter geltend machen will (s. dazu SG Hamburg vom 8.11.2010 – S 6 AS 3819/09; AG Halle vom 5.7.2011 – 104 C 2496/10). Zur Haftung von getrennt lebenden Eheleuten aus Energieverträgen s. auch LSG Schleswig-Holstein vom 13.1.2012 – L 3 AS 233/11 B ER.

Gemischte BG

Ist während der Entstehung der Nachforderung ein BG-Mitglied von Alg II ausgeschlossen worden, wird die Übernahme der Nachforderung dennoch kopfteilig gekürzt.

Beispiel

Bis September 2014 bezogen beide Eheleute V. und M. Alg II. Zum 1. Oktober wird V. wegen einer Altersrente vom Leistungsbezug ausgeschlossen (§ 7 Abs. 4 SGB II). Im Juni 2015 rechnet der Vermieter die Betriebs- und Heizkosten für 2014 ab und fordert bis Ende Juli eine Nachzahlung von 240 €. Davon muss das Jobcenter nur die Hälfte übernehmen bzw. M. für Juli 120 € zusätzlich für Unterkunft und Heizung bewilligen.

Reicht die Rente des V. nicht aus, um davon die um 120 € erhöhten, anteiligen Unterkunfts- und Heizkosten zu tragen, kann er vom Sozialhilfeträger ergänzende Grundsicherung nach § 41 SGB XII beantragen. Bezog M. bereits ergänzend Grundsicherung, setzt sein Anspruch auf höhere Leistungen wegen der Heiz- und Nebenkostennachforderung nicht voraus, dass der Sozialhilfeträger unverzüglich von der Nachforderung in Kenntnis gesetzt wurde (BSG vom 10.11.2011 – B 8 SO 18/10 R).

Bei Bezug einer bedarfsüberdeckenden Rente, spiegelt sich die anteilige Übernahme der Nachforderung in einer veränderten Einkommensanrechnung wider.

Beispiel

Die Eheleute R. und P. bezogen bis September 2014 Alg II. Zum 1. Oktober wird R. wegen einer Altersrente in Höhe von netto 780 € vom Leistungsbezug ausgeschlossen (§ 7 Abs. 4 SGB II). Weil die Rente den fiktiven SGB II-Bedarf des R. übersteigt, wird ein Teil auf das Alg II der P. angerechnet.

Im Juni 2015 rechnet der Vermieter die Betriebs- und Heizkosten für 2014 ab und fordert bis Ende Juli eine Nachzahlung von 280 € zuzüglich 30 € für den ab Juli 2015 erhöhten Betriebskostenabschlag. Die Miete inklusive Heizung beträgt damit 460 €.
R. hat im Juli 2015 Anspruch auf Alg II in Höhe von 360 € Regelbedarf + 230 € anteilige, laufende Miete + 140 € anteilige Nachforderung. Auf diesen Anspruch sind 20 € der bedarfsüberdeckenden Rente anzurechnen (780 € Rente – [360 € + 230 € + 140 €] – 30 € Versicherungspauschale).

Verlagerung auf Mietzuschuss

Lebt ein Alg II-Bezieher mit einem Auszubildenden zusammen, der einen Mietzuschuss nach § 27 Abs. 3 SGB II bezieht, verlagert sich die anteilige Nachforderung auf den Mietzuschuss.

Beispiel

G. lebt mit ihrer 19-jährigen Tochter T. zusammen, die mit BAföG studiert. Zusätzlich zum BAföG von 373 € erhält T. für das Wohnen im Elternhaus 49 € (§ 13 Abs. 2 Nr. 1 BAföG). Für Miete und Heizung müssen G. und T. monatlich 480 € zahlen. G. lebt von Alg II, T. erhält für den nicht mit BAföG und Kindergeld gedeckten Anteil am Wohnen 103,40 € Mietzuschuss ([320 € Regelbedarf + 240 € anteilige Miete] – [302,60 € BAföG (= 422 € Leistungssatz abzüglich 20% Lernmittelpauschale) + 184 € Kindergeld abzüglich 30 € Versicherungspauschale]).

Im September 2014 fordert der Vermieter eine Nachzahlung für Betriebskosten aus 2013 in Höhe von 80 €. Für Oktober bekommt G. 40 € mehr Alg II für die anteilige Betriebskostennachforderung, für T. erhöht sich der Mietzuschuss um 40 €.

Abweichen vom Kopfteilprinzip

Beruhen die Nachforderungen auf einem krankheitsbedingten Mehrbedarf, ist eine darauf beruhende hohe Nachzahlung als Sonderbedarf dem kranken BG-Mitglied nach § 21 Abs. 6 SGB II zuzuordnen (SG Leipzig vom 3.5.2008 – S 19 AS 1351/08 ER; LSG Niedersachsen-Bremen vom 23.2.2011 – L 13 AS 90/08: hoher Wasserverbrauch wegen Waschzwangs).

II Eilverfahren

Wie eingangs dargelegt sind Nachforderungen bei Leistungsberechtigten, die den regelmäßig geschuldeten Abschlag an den Vermieter gezahlt haben, zusätzlich entstehende Unterkunfts- und Heizbedarfe nach § 22 Abs. 1 SGB II. Die hohen Anforderungen, die an eine einstweilige Mietschuldübernahme geknüpft werden, gelten daher bei einem Streit über den Rechtsanspruch (kein Ermessen) auf Übernahme der Nachforderung nicht.

Drohende Kündigung

Dennoch verlangen die Gerichte zum Nachweis der Eilbedürftigkeit (Anordnungsgrund) häufig eine drohende Kündigung des Vermieters (LSG Sachsen-Anhalt vom 4.4.2011 – L 5 AS 95/10 B ER). Berechtigt ist dieser strenge Maßstab, wenn der Sachverhalt oder eine schwierige Rechtsfrage zur Leistungsberechtigung offen ist (vgl. etwa BayLSG vom 14.10.2010 – L 11 AS 702/10 B ER). Für Leistungsberechtigte ist es daher wichtig zu wissen, wann mietrechtlich bei Verzug mit einer Nachforderung überhaupt eine Kündigung drohen kann.

Fristlose Kündigung

Auch Zahlungsrückstände mit anderen Forderungen als der laufenden Mietzinszahlung (hierfür gilt § 543 Abs. 2 BGB) können ein wichtiger Grund für eine fristlose Kündigung im Sinne des § 543 Abs. 1 BGB sein. Im Mietrecht ist aber streitig, in welcher Höhe dafür Zahlungen ausstehen müssen, bzw. ob der Umfang einer Miete oder von zwei Mieten erreicht sein muss. Letztlich entscheidet eine Gesamtwertung unter Berücksichtigung des Verschuldens des Mieters (vgl. z.B. AG München vom 29.1.2009 – 412 C 29663/08; AG Würzburg vom 4.6.2014 – 13 C 900/14). In jedem Fall ist erst eine Abmahnung erforderlich. Ist bereits abgemahnt worden, wird in der Regel ein Anordnungsgrund für eine Eilentscheidung des Sozialgerichts vorliegen.

Ordentliche Kündigung

Ordentlich kündigen kann der Vermieter nur, wenn er ein »berechtigtes Interesse« an der Beendigung des Mietverhältnisses hat. Berechtigt ist das Interesse an der Vertragskündigung, wenn der Mieter seine vertraglichen Pflichten schuldhaft und nicht unerheblich verletzt, was bei schuldhaftem Verzug mit Betriebskostenzahlungen aus den Abrechnungen für vergangene Verbrauchsjahre erfüllt sein kann (AG Köpenick vom 15.8.2013 – 13 C 66/13). Bietet der Mieter eine ratenweise Tilgung der Betriebskostennachzahlung an, ist die Nichtzahlung der ganzen Summe keine schwerwiegende Vertragsverletzung, wenn der Vermieter die laufenden Abschläge zu gering angesetzt hatte (LG Köln vom 11.2.1994 – 6 S 211/93). Eine ordentliche Kündigung ist dann ausgeschlossen. Ein Anordnungsgrund für eine Kostenübernahme des Jobcenters entfällt trotz einer Ratenzahlung aber nicht, wenn der Vermieter Raten in einer Höhe fordert, die die 10%-Grenze aus § 42a SGB II übersteigen. Nach AG Köln vom 18.1.2011 – 205 C 62/10 kann der Vermieter das Mietverhältnis wegen ausstehender Forderungen aus Betriebskostenabrechnungen ordentlich kündigen, wenn sich der Mieter nur unzureichend um eine Kostenübernahme durch das Jobcenter bemüht. Da unklar ist, ob im Kündigungsrechtsstreit das Unterlassen eines Eilantrags bei zögerlicher Antragsbearbeitung durch das Jobcenter als unzureichendes Bemühen gewertet wird, sollte der Gang zum Sozialgericht nicht gescheut werden, wenn der Vermieter ernsthaft mit Kündigung droht.

III Übernahme von Betriebs- und Heizkostenschulden

Vor oder trotz Alg II-Bezug entstandene Schulden

Stammen die Nachforderungen aus Zeiträumen vor Eintritt in den Alg II-Bezug und ist die Forderung auch schon vorher fällig geworden oder beruhen die Nachforderungen darauf, dass es der Leistungsberechtigte unterlassen hat, die turnusmäßigen Abschläge an den Vermieter zu entrichten, kommt nur eine Schuldübernahme nach § 22 Abs. 8 SGB II in Betracht (BSG vom 22.3.2010 – L 4 AS 62/09 R).

Soweit die Nachforderung Kosten beinhaltet, die sich nicht auf den Betrieb der Heiz- und Warmwassergeräte beziehen (z.B. Müllabfuhrgebühren, Versicherungsbeiträge, Hausmeisterkosten), gelten die Ausführungen zu Kapitel P entsprechend.
Nachforderungen für das Heizen und die Warmwassererzeugung können eine Schuldübernahme zur Abwehr einer Versorgungssperre rechtfertigen. Näher dazu im Kapitel Q.

O Anrechnung von Guthaben für Unterkunfts- und Heizkosten

Werden Leistungen für Unterkunft und Heizung – rechtmäßig – gewährt und fließt ein Teil dieser Leistungen wieder zurück, wird er nach § 22 Abs. 3 SGB II gegen die allgemeine Regel des § 19 Abs. 3 Satz 2 SGB II (Anrechnung von Einkommen zuerst auf die Bedarfe nach den §§ 20, 21, 23 SGB II, dann auf die Bedarfe nach § 22 SGB II) auf den laufenden Bedarf für Unterkunft und Heizung angerechnet.

Sonderregelung

§ 22 Abs. 3 SGB II ist in mehrfacher Hinsicht eine Sonderregelung gegenüber den §§ 11 – 11b SGB II:

- Auslöser der Anrechnung sind »Rückzahlungen und Guthaben«, die dem Bedarf für Unterkunft und Heizung zuzuordnen sind;
- Anrechnungszeitraum ist der der Rückzahlung oder der dem Guthaben nachfolgende Monat;
- Angerechnet wird der ungekürzte Betrag (keine Einkommensbereinigung nach § 11b SGB II).

I Was wird angerechnet?

1 Auf Bedarfe nach § 22 SGB II bezogene Guthaben

Nur Unterkunfts- und Heizkosten

Angerechnet werden Rückzahlungen und Guthaben, die sich auf Bedarfe für Unterkunft und Heizung nach § 22 Abs. 1 SGB II beziehen.

Hauptfall sind Guthaben aus Betriebs- und Heizkostenabrechnungen. Der Leistungsberechtigte ist gegenüber dem Jobcenter verpflichtet, Guthaben einzufordern, sei es durch Aufforderung des Vermieters, eine Betriebs- und Heizkostenabrechnung zu erstellen, sei es durch

Einwendungen gegen eine Betriebs- und Heizkostenabrechnung. In diesem Fall sind aber nur offenkundige Einwendungen vorzubringen; ansonsten ist ein Vorgehen gegen die Abrechnung nur mit Unterstützung des Jobcenters (z. B. durch Übernahme der Kosten einer Mieterberatungsstelle) zumutbar. Erlangt der Leistungsberechtigte erst hierüber Kenntnis von einem Fehler in der Abrechnung, kann er diesen auch nach Ablauf der Frist aus § 556 Abs. 3 BGB noch rügen (s. dazu beispielhaft AG Halle vom 7.5.2013 – 2 C 992/11).

Abrechnungspflicht des Vermieters

Der Vermieter muss eine Abrechnung erstellen, wenn der Mieter dies verlangt. Das gilt auch, wenn die Jahresfrist nach § 556 Abs. 3 BGB, innerhalb deren der Vermieter eine Abrechnung zu erstellen hat, abgelaufen ist; dann kann zwar der Vermieter keine Nachforderung mehr stellen, der Mieter verliert seinen Anspruch auf korrekte Abrechnung, aus der sich ggf. ein Guthaben ergeben kann, aber nicht.

Zurückbehaltungsrecht

Den Anspruch auf Erstellung einer Betriebs- und Heizkostenabrechnung kann der Mieter im laufenden Mietverhältnis durch Zurückbehaltung (§ 273 BGB) der monatlichen Abschläge für die Betriebs- oder Heizkosten durchsetzen (BGH vom 29.3.2006 – VIII ZR 191/05). Das Jobcenter muss von der Zurückbehaltung informiert werden, weil die tatsächliche Zahlung der gekürzten Miete den KdU-Bedarf bestimmt (näher dazu → S. 47).

Rückerstattungsanspruch

Endet das Mietverhältnis, kann der Mieter sämtliche Abschläge, die er im Zeitraum der verweigerten Abrechnungsperiode entrichtet hat, zurückverlangen (BGH vom 9.3.2005 – VIII ZR 57/04). Ein stattgebendes Urteil hindert den Vermieter aber nicht daran, die Betriebs- und Heizkosten nachträglich abzurechnen und eine etwaige Nachforderung einzuklagen. Eine Aufrechnung des Mieters gegen Ansprüche des Vermieters anlässlich der Beendigung des Mietverhältnisses wird mit Erstellung einer Betriebs- und Heizkostenabrechnung rückwirkend annulliert (BGH vom 22.9.2010 – VIII ZR 285/09). Nach BGH vom 26.9.2012 – VIII ZR 315/11 geht der Rückerstattungsanspruch verloren, wenn der Mieter sein Zurückbehaltungsrecht während der Dauer des Mietverhältnisses nicht genutzt hat (s. dazu AG Darmstadt vom 1.11.2013 – 307 C 86/13).
Rückerstattete Abschläge werden gemäß § 22 Abs. 3 SGB II angerechnet, da sie sich auf Bedarfe für Unterkunft und Heizung beziehen. Dies bedeutet einerseits, dass keine Anrechnung erfolgt, wenn der Leistungsbezug bei Zufluss der Erstattungsbeträge beendet ist, auch wenn das Jobcenter für die Abschläge aufgekommen war; andererseits werden auch erstattete Abschläge aus Zeiten vor dem Alg II-Bezug angerechnet, wenn sie im laufenden Bezug von Alg II zufließen.

Einwendungen gegen Betriebs- und Heizkostenabrechnungen

Einwendungsfrist

Enthält eine ordnungsgemäß erstellte Betriebs- und Heizkostenabrechnung (dazu Kapitel N, → S. 331 ff.) Positionen, die nicht oder nicht in der verlangten Höhe eingestellt werden durften (nach der Rechtsprechung des BGH, s. z.B. Urteil vom 18.2.2014 – VIII ZR 83/13 sind das inhaltliche Fehler), muss der Leistungsberechtigte dies innerhalb der Jahresfrist nach § 556 Abs. 3 BGB rügen (zur Berechnung der Jah-

resfrist s. LG Frankfurt (Oder) vom 20.11.2012 – 16 S 47/12; zum Nachweis des Zugangs eines Einwendungsschreibens s. AG Neukölln vom 22.3.2012 – 10 C 474/11).
Ob Einwendungen auch dann innerhalb der Jahresfrist vorgebracht werden müssen, wenn die Betriebs- oder Heizkostenabrechnung Kosten enthält, die gar nicht auf die Mieter umgelegt werden dürfen (z. B. Reparaturkosten), ist höchstrichterlich noch nicht geklärt.
Erlangt der Leistungsberechtigte aufgrund seiner Einwendungen ein Abrechnungsguthaben, ist dieses nach § 22 Abs. 3 SGB II anzurechnen. Führt die Einwendung zur Rückzahlung einer Nachforderung, ist zu unterscheiden, ob die Nachforderung zuvor vom Jobcenter übernommen worden war: dann steht der Rückerstattungsbetrag dem Jobcenter zu; oder ob der Leistungsberechtigte die Nachforderung mit Sparvermögen oder Raten aus dem Regelbedarf beglichen hatte: dann steht ihm die Rückerstattung als nach § 11 Abs. 1 SGB II anrechnungsfreies Einkommen oder Rückfluss von Schonvermögen zur Verfügung.

Keine Verzugszinsen auf verspätete Betriebs- und Heizkostenguthaben

Zu einem gewerblichen Mietverhältnis hat der BGH vom 5.12.2012 – XII ZR 44/11 sehr ausführlich dargelegt, dass die verspätete Erstellung einer Betriebs- und Heizkostenabrechnung keinen Anspruch auf Verzugszinsen begründe; geschuldet sei die Abrechnung, kein Geldbetrag. Angesichts dieser noch offenen Rechtsfrage kann das Jobcenter eine Durchsetzung eines etwaigen Verzugszinsanspruchs nicht verlangen.

Rückzahlung von Betriebs- und Heizkostenguthaben

Solange der Vermieter eine ordnungsgemäße Abrechnung erstellen kann, ist er befugt, Fehler auch zu Lasten des Mieters zu korrigieren. War versehentlich ein (zu hohes) Guthaben ausgezahlt worden, muss der Mieter das Guthaben (teilweise) zurückerstatten (BGH vom 12.1.2011 – VIII ZR 269/09). Sozialrechtlich ist der Erstattungsanspruch des Vermieters ein zusätzlicher KdU-Bedarf im Fälligkeitsmonat, den das Jobcenter im Fall der Hilfebedürftigkeit auch dann übernehmen muss, wenn das ursprünglich zugeflossene Guthaben verschwiegen wurde oder vor dem Alg II-Bezug ausgezahlt und verbraucht worden war. War das Guthaben im laufenden Alg II-Bezug erlangt und nach § 22 Abs. 3 SGB II angerechnet worden, bleibt es dabei, auch wenn die Rückforderung des Guthabens auf eine Zeit nach Beendigung des Leistungsbezugs fällt. § 44 SGB X gibt keinen Anspruch auf rückwirkende Korrektur, weil die Anrechnung des zunächst ausgezahlten Guthabens nicht rechtswidrig war.

Mietschuldguthaben

Beruht ein errechnetes und ausgekehrtes Guthaben darauf, dass der Vermieter versehentlich die im Abrechnungszeitraum zu erbringenden Vorauszahlungen statt der tatsächlich geleisteten Vorauszahlungen berücksichtigt hat, soll er diesen Fehler nach BGH vom 30.3.2011 – VIII ZR 133/10 (s. auch LG Berlin vom 20.11.2013 – 65 S 152/13) ausnahmsweise auch nach Ablauf der Frist zur Erstellung einer Betriebskostenabrechnung noch korrigieren dürfen. Sozialrechtlich ist die Rückforderung des Guthabens eine Mietschuld, die grundsätzlich nur als Darlehen gemäß § 22 Abs. 8 SGB II übernommen werden »kann« (Ermessen). War das irrtümlich ermittelte Guthaben nach § 22 Abs. 3

SGB II angerechnet worden, begründet das weder eine Pflicht zur Mietschuldübernahme (keine Ermessensreduktion auf Null), noch auf Zahlung eines Zuschusses (kein atypischer Fall).

Kundenbonusguthaben

Beruht ein Guthaben darauf, dass der Energieversorger im Rahmen der ersten Jahresabrechnung einen Bonus für Neukunden »gutschreibt«, ist auch ein darauf beruhendes Guthaben nach § 22 Abs. 3 SGB II anzurechnen. Maßgebend für die Anrechnung ist der tatsächliche Bedarf, der u.a. vom Energiepreis bestimmt wird.

Auch Mietrückzahlung?

Nach dem Wortlaut von § 22 Abs. 3 SGB II fallen auch Rückzahlungen des Mietzinses unter diese Vorschrift.

Beispiel

G. stellt in seiner Wohnung Feuchtigkeitsschäden fest. Er zeigt den Mangel seinem Vermieter an, der G. die Schuld zuschiebt. G. zahlt 20% der Miete unter Vorbehalt und schaltet einen Rechtsanwalt ein. Es kommt zu einer Einigung über eine berechtigte Mietminderung von 10% der Miete bis zur Beseitigung der Mängel durch den Vermieter.

Wäre G. zum Zeitpunkt der Mietrückzahlung aus dem Alg II-Bezug ausgeschieden, könnte er bei Anwendung von § 22 Abs. 3 SGB II die Rückzahlung behalten. Ein fragwürdiges Ergebnis, das dafür spricht, § 22 Abs. 3 SGB II auf Guthaben aus Betriebs- und Heizkostenabrechnungen zu beschränken.

In jedem Fall sollte eine Mietzahlung unter Vorbehalt nur in Abstimmung mit dem Jobcenter erfolgen, das die Unterkunftskosten dann vorläufig nach § 328 SGB III bewilligen wird.

Gegenwärtigkeitsgrundsatz

Betriebs- und Heizkostenguthaben für die Wohnung, für die laufend Unterkunfts- und Heizkosten übernommen werden, sind auf die laufenden § 22 SGB II-Bedarfe anzurechnen. Das ist der Normalfall, für den die Regelung des § 22 Abs. 3 SGB II (vormals § 22 Abs. 1 Satz 4 SGB II a. F.) geschaffen wurde. So wie nach dem Gegenwärtigkeitsgrundsatz (wann besteht der Hilfebedarf) eine Betriebskostennachforderung aus Zeiträumen vor dem Alg II-Bezug übernommen werden muss, wenn sie im laufenden Alg II-Bezug fällig ist, sind Guthaben aus Zeiträumen vor dem Alg II-Bezug anzurechnen, wenn im Anrechnungsmonat Hilfebedürftigkeit besteht (LSG Baden-Württemberg vom 20.1.2010 – L 3 AS 3759/09; SG Stuttgart vom 20.7.2011 – S 14 AS 6758/10; BSG vom 22.3.2012 – B 4 AS 139/11 R).

Guthaben bei abgesenkten Unterkunfts- und Heizkosten

Die Regelung des § 22 Abs. 3 SGB II bezweckt, dass Unterkunfts- und Heizkosten, die das Jobcenter übernommen hat, bei Rückerstattung an den Mieter dem eigentlichen Kostenträger zugute kommen.
Hat das Jobcenter nur einen Teil der laufenden Kosten getragen, darf es das Guthaben dementsprechend nur im Verhältnis der gedeckelten zu den vollen Kosten beanspruchen (a.A. SG Dresden vom 29.6.2010 – S 40 AS 390/09; LSG Berlin-Brandenburg vom 7.11.2012 – L 20 AS 861/12: Volle Anrechnung). Noch anders SG Dresden vom 27.6.2012 –

S 40 AS 3905/10, das zwar den vollen Guthabenbetrag anrechnet, ihn aber von den tatsächlich geschuldeten Kosten der Unterkunft in dem jeweiligen Anrechnungsmonat abzieht und nicht von den bewilligten oder den angemessenen Unterkunftskosten (s. auch BSG vom 12.12.2013 – B 14 AS 83712 R).

Offene Rechtsfrage

Ob die Entscheidung des BSG vom 12.12.2013 eine Anrechnung von Guthaben in der Höhe, die sich allein bei Berücksichtigung der vom Jobcenter übernommenen Abschlägen ergeben hätte (so SG Chemnitz vom 31.1.2013 – S 40 AS 5401/11 und vom 11.4.2013 – S 14 AS 4157/12; SG Potsdam vom 14.6.2013 – S 40 AS 1322/10), ausschließt, bedarf noch weiterer Klärung (dazu auch LSG Berlin-Brandenburg vom 25.10.2013 – L 25 AS 1711/13 B PKH). Den Unterschied der jeweiligen Auffassung verdeutlicht folgendes Beispiel:

Beispiel

K. erhält im Jahr 2014 durchgehend SGB II-Leistungen, darunter die für angemessen erachteten Unterkunftskosten in Höhe von 250 € Kaltmiete plus 60 € kalte Betriebskosten. Tatsächlich hat K. 275 € Kaltmiete plus 80 € kalte Betriebskosten gezahlt. Die Betriebskostenabrechnung für 2015 ergibt ein Guthaben von 108 €. K. hatte demnach tatsächliche Aufwendungen für Betriebskosten in Höhe von 71 € monatlich (= ([12 x 80 €] – 108 €): 12). Nach BSG vom 12.12.2013 – B 14 AS 83/12 R werden die 108 € von der tatsächlichen Miete (= 355 €) abgesetzt, so dass nur die Differenz zwischen (355 € – 108 € = 247 €) und den vom Jobcenter übernommen Kosten in Höhe von 310 € (= 63 €) angerechnet werden.
Stellt man dagegen darauf ab, in welcher Höhe der Leistungsbezieher die Betriebskosten mit eigenen Mitteln getragen hat (12 x 20 €), ist das Guthaben nicht anzurechnen.

Direktzahlung

Wurde die volle Miete im Wege einer Direktzahlung nach § 22 Abs. 7 SGB II an den Vermieter erbracht, muss ein Guthaben, soweit es die aus dem Regelbedarf gezahlte Miete betrifft, um diesen Anteil vor einer Anrechnung auf die Bedarfe für Unterkunft und Heizung im Folgemonat der Gutschrift verringert werden.

Beispiel

H. erhält seit Juli 2014 nur noch abgesenkte Kosten für die Bruttokaltmiete in Höhe monatlich 445 € (380 € Kaltmiete + 65 € für Betriebskosten). Die tatsächlichen Miete beträgt seit Januar 2011 380 € + 90 €. H. hat beim Jobcenter eine Direktzahlung an den Vermieter beantragt. Die 25 € nicht übernommene Betriebskosten werden auf Antrag des H. vom Regelbedarf abgezweigt.
Die Betriebskostenabrechnung für das Jahr 2014 ergibt ein Guthaben über 182 €, das der Vermieter auf das Konto des H. überweist. Das Jobcenter rechnet es voll auf den Monat nach der Gutschrift an. Die Abzweigung aus dem Regelbedarf für die Direktzahlung der geschuldeten Miete wird entsprechend aufgestockt.
Falsch: Zum einen darf das Jobcenter die Abzweigung vom Regelbedarf nur mit vorheriger Zustimmung des H. erhöhen, zum anderen können unserer Auffassung nach nur 32 € als Guthaben nach § 22

Abs. 3 SGB II berücksichtigt werden. In Höhe von 6Monate x 25 € = 150 € hat H. zu viel an Vorauszahlungen aus seinem Regelbedarf erbracht. Der Rückfluss angesparter Regelbedarfsleistungen ist auch in der Form abgezweigter Vorauszahlungen für Betriebskosten kein anrechenbares Einkommen (§ 11a Abs. 1 Nr. 1 SGB II).

2 Rückzahlungen und Guthaben aus Vorauszahlungen für Haushaltsenergie

Rückzahlungen und Guthaben, die sich auf Kosten für Haushaltsenergie beziehen, sind nach § 22 Abs. 3 Satz 2 SGB II herauszurechnen. Das ist leichter gesagt als getan und seit Januar 2011 durch § 21 Abs. 7 SGB II noch schwieriger geworden. Denn nunmehr ist nicht nur der Anteil für gutgeschriebene Haushaltsenergie (Lichtstrom, Kochgas) aus einer Gas- oder Stromabrechnung, wenn mit Gas/Strom auch geheizt wird, herauszurechnen, sondern bei dezentraler Warmwassererzeugung mittels Durchlauferhitzer oder Boiler muss auch der auf die Warmwassererzeugung entfallende Anteil einer Stromgutschrift, der systematisch ein Unterkunftsbedarf i. S. v. § 22 Abs. 3 Satz 1 SGB II ist (näher dazu Kap. E, → S. 121 ff.), gesondert ermittelt werden.

Regelungszweck

Mit der Regelung des § 22 Abs. 3 2. Halbsatz SGB II soll verhindert werden, dass Aufwendungen, die der Leistungsberechtigte für die Versorgung mit Haushaltsenergie hatte, im Fall eines Rückflusses systemwidrig als Einkommen auf KdU-Bedarfe angerechnet werden.

Trennbare Guthaben

Guthaben oder Rückerstattungen von Kosten, die sich kraft Trennung von Anlagen zum Heizen oder für Warmwasser nur auf Haushaltsenergie beziehen können, lassen den KdU-Bedarf im Zufluss- oder Zuflussfolgemonat ungekürzt fortbestehen. Beispiele sind Guthaben für eine Gastherme, die nur zum Kochen genutzt wird oder ein Guthaben für Strom, wenn weder mit Strom geheizt noch Warmwasser erzeugt wird.

Untrennbare Guthaben

Schwierig ist die Situation bei untrennbaren Kosten bzw. bei Guthaben, die nur einen Gesamtbetrag für Haushaltsenergie und Heizung und/oder für die Warmwassererzeugung aufweisen. Hier stellt sich mit Blick auf die BSG-Rechtsprechung zum Abzug der Warmwasserpauschale von den Heizkosten (Rechtslage bis 31.12.2010) die Frage, ob mangels exakter technischer Erfassung der Kosten für die Haushaltsenergie ein Herausrechnen unterbleibt, das Guthaben also ganz auf die KdU-Bedarfe angerechnet wird. Für Heizkostenguthaben einer zentralen Heizanlage ohne exakte Messung der Energie für die Warmwassererzeugung (bis 31.12.2010 waren dies Haushaltsenergiekosten) hat das BSG vom 16.10.2012 – B 14 AS 18/11 R tatsächlich diesen Schluss gezogen (s. auch SG Lüneburg vom 12.3.2014 – S 37 AS 1974/10).

Beispiel

K. lebt in einer Wohnung, die mit Gas für die Heizung und das Kochen versorgt wird. Er zahlt 2014 einen monatlichen Abschlag an den Gasversorger in Höhe von 65 €. Das Jobcenter hat diesen Betrag voll übernommen, da ein im Regelbedarf enthaltener Betrag für das Kochen nicht darstellbar ist (BSG vom 19.10.2010 – B 14 AS 50/10 R). Im Februar 2015 erhält K. für das Abrechnungsjahr 2014 ein Guthaben von 72 €. Hier kann er nicht einwenden, das Guthaben müsse um einen Betrag für ersparte Kochenergie gekürzt werden.

Fehlt eine exakte Messung der Haushaltsenergie, können die auf die Haushaltsenergie bezogenen Kosten eines Guthabens aber seriös geschätzt werden, muss das Guthaben entsprechend verringert werden (vgl. auch LSG NRW vom 14.1.2011 – L 19 AS 1608/10 B).

Regelbedarfs-Guthaben

Wurde ein Guthaben zum Teil mit Vorauszahlungen aus dem Regelbedarf aufgebaut, muss es insoweit unberücksichtigt bleiben. Mit den gegenüber der Formulierung in § 11a Abs. 1 Nr. 1 SGB II klaren Worten des § 82 Abs. 1 SGB XII: »Einkünfte aus Rückerstattungen, die auf Vorauszahlungen beruhen, die Leistungsberechtigte aus dem Regelsatz erbracht haben, sind kein Einkommen«.

Beispiel

B. lebt in einer zentral beheizten Wohnung, die aber in Küche und Bad nur über Elektroheizkörper verfügt. Der laufende Stromabschlag 2014 war vom Energieversorger auf 95 € monatlich veranschlagt worden. Das Jobcenter hatte nach Klage vor dem Sozialgericht für die Elektroheizungen monatlich 60 € bewilligt. Im Februar 2015 wird B. vom Energieversorger für das Abrechnungsjahr 2014 ein Betrag von 194 € gutgeschrieben. Gegen die vom Jobcenter beabsichtigte Anrechnung des Guthabens wendet B. zu Recht ein, er habe monatlich 35 € aus seinem Regelbedarf an den Energieversorger gezahlt.

3 Verfügbare Guthaben

Sieht man Sinn und Zweck des § 22 Abs. 3 SGB II darin, dass sich die Rückzahlung auch tatsächlich auf die in der Folgezeit entstehenden Unterkunfts- und Heizkosten auswirkt, muss eine Anrechnung unterbleiben, wenn das Guthaben anderweitig verwendet wird, etwa zur Aufrechnung gegen Mietschulden oder Schadensersatzforderungen des Vermieters (BSG vom 16.5.2012 – B 4 AS 132/11 R; SG Braunschweig vom 23.9.2014 – S 49 AS 582/12). Da der Leistungsberechtigte über die Verrechnung des Betriebs-und Heizkostenguthabens mit aufgelaufenen oder künftigen Mietforderungen Einkommen i. S. einer Schuldbefreiung erzielt, muss er aber zumutbare Anstrengungen unternehmen, um eine ungekürzte Auszahlung des Guthabens durchzusetzen, ggf. mit Unterstützung des Jobcenters (beispielhaft zur Unzulässigkeit einer Aufrechnung AG Tempelhof-Kreuzberg vom 31.8.2011 – 10 C 79/10).

Pfändung

Der Erstattungsanspruch des Mieters aus einer Betriebs- und Heizkostenabrechnung ist unpfändbar, wenn der Mieter Alg II bezieht und die Erstattung deshalb im Folgemonat die Leistungen für Unterkunft und Heizung mindert (BGH vom 20.6.2013 – IX ZR 310/12). Kommt es jedoch zu einer Pfändung, darf das tatsächlich nicht zur Verfügung stehende Guthaben nur berücksichtigt werden, wenn der Leistungsberechtigte Kenntnis von der Pfändung hat (dazu LSG Niedersachsen-Bremen vom 19.3.2014 – L 13 AS 3/13) und in der Lage ist, seinen Auszahlungsanspruch auf zumutbare Weise durchzusetzen (s. dazu LSG Sachsen-Anhalt vom 28.8.2013 – L 5 AS 399/10). Der bloße Verweis auf die Unpfändbarkeit rechtfertigt eine (fiktive) Anrechnung des Guthabens nicht (so aber LSG Berlin-Brandenburg vom 12.6.2014 – L 23 SO 68/12). Stößt die Durchsetzung des Auszahlungsanspruchs auf Schwierigkeiten, hat das Jobcenter die Möglichkeit, über § 33 SGB II gegen den Vermieter oder Gläubiger des Leistungsberechtigten vorzugehen.

Keine fiktive Bedarfsdeckung

Unterlässt der Leistungsberechtigte zumutbare Anstrengungen zur Durchsetzung eines Anspruchs auf Auszahlung eines Guthabens oder war er es, der dem Vermieter die Verrechnung des Guthabens sogar vorgeschlagen hat, muss er sich gleichwohl nicht so behandeln lassen, als ob die Verrechnung nicht erfolgt wäre (so aber LSG Sachsen vom 16.2.2012 – L 3 AS 189/11). Denn eine fiktive Einkommensanrechnung gibt es im SGB II nicht. Das Jobcenter kann aber prüfen, ob die laufende Leistung im Wege einer Haftung nach § 34 SGB II gekürzt wird (BSG vom 29.11.2012 – B 14 AS 33/12 R). Das gewichtigste Argument gegen die Anrechnung einer Gutschrift, die wegen Verrechnung oder Aufrechnung gar nicht zur Auszahlung kommt, ist das verfassungsrechtliche Gebot der Sicherstellung des Existenzminimums. Die Anrechnung nicht verfügbarer Mittel kann den Leistungsberechtigten im aktuellen Bedarfszeitraum in eine Notlage bringen.

Beispiel

R. hatte wegen einer gescheiterten Existenzgründung Schulden gemacht, darunter Mietschulden. Diese Schulden trägt er mit Raten von 50 € monatlich ab. Mit dem Vermieter ist vereinbart worden, dass evtl. Abrechnungsguthaben zur Mietschuldtilgung verrechnet werden. Nach Eintritt in den Alg II-Bezug erhält R. eine Betriebskostenabrechnung mit einem Guthaben von 745 €. Das Jobcenter rechnet das Guthaben im Folgemonat der Gutschrift an. R. hat keine Ersparnisse, um die Miete im Anrechnungszeitraum zahlen zu können. Platzt die Ratenzahlungsvereinbarung, droht ihm eine Kündigung der Wohnung.

Unzulässige Umgehung

§ 22 Abs. 3 SGB II ist keine eigenständige und von den Voraussetzungen der §§ 45, 48 SGB X unabhängige Ermächtigungsgrundlage zur Korrektur von Überzahlungen, die sich aus zu viel gewährten Betriebs- und Heizkostenabschlägen errechnen (BSG vom 16.5.2012 – B 4 AS 159/11 R).

Beispiel

H. erhält seit Mai 2012 laufend Alg II, darunter Kosten für Unterkunft und Heizung in Höhe monatlich 450 € (380 € Kaltmiete + 70 € für Betriebs- und Heizkosten). Die tatsächliche Miete beträgt seit Februar 2013 aber nur 380 € + 60 €. H. teilt diese Änderung dem Jobcenter nicht mit.

Anlässlich einer von H. im September 2014 beantragten Kostenübernahme für eine Betriebskostennachforderung aus dem Jahr 2013

über 53 € bemerkt das Jobcenter die Überzahlung der laufend gewährten Unterkunfts- und Heizkosten und hält dem Anspruch auf Kostenübernahme ein »Guthaben« von 100 € (10 Monate x 10 € überzahlte Betriebsvorauszahlungen) entgegen, das im Monat nach Zugang der Betriebskostenabrechnung in Höhe von 47 € (100 € Guthaben – 53 € Nachforderung) angerechnet wird.
Falsch: Das Jobcenter kann die Nachforderung zwar mit den laufend gewährten Vorauszahlungen verrechnen, braucht also keine 53 € weitere Unterkunfts- und Heizkosten im Monat der Fälligkeit der Nachforderung zu übernehmen. Die Überzahlung von 47 € muss aber als Rückforderungsanspruch mit einem Aufhebungs- und Erstattungsbescheid nach §§ 45, 48, 50 SGB X zurückgefordert werden.

Vermieterinsolvenz

Ist der Vermieter insolvent und lehnt der Insolvenzverwalter die Auszahlung des Guthabens oder eine Verrechnung mit laufenden Mietzahlungen ab, bleibt dem Mieter nur die Möglichkeit, seinen Anspruch wie jeder andere Gläubiger zur Insolvenz-Tabelle anzumelden. Eine Anrechnung des Guthabens scheidet nach den von BSG vom 16.5.2012 – B 4 AS 132/11 R entwickelten Grundsätzen aus, weil das Guthaben nur noch gemäß § 87 InsO verfolgt werden kann (AG Berlin-Mitte vom 18.3.2004 – 16 C 401/03). Das gilt unabhängig vom Zeitpunkt der Abrechnung auch für Betriebskostenguthaben aus der Zeit vor Eröffnung des Insolvenzverfahrens (AG Halle (Saale) vom 3.3.2011 – 93 C 2704/10).

Mieterinsolvenz

Befindet sich ein Mieter im Privatinsolvenzverfahren, muss er alle pfändbaren Einkünfte an den Treuhänder (Insolvenzverwalter) abführen. Hat der Mieter Forderungen gegen Dritte, z. B. den Anspruch auf Auszahlung eines Betriebs- und Heizkostenguthabens gegen den Vermieter, steht dieser Anspruch kraft Abtretungserklärung, die bereits im Antrag auf Eröffnung des Insolvenzverfahrens abgegeben werden muss, bis zum Wirksamwerden der Enthaftungserklärung (BGH vom 22.5.2014 – IX ZR 136/13) dem Treuhänder zu. Ausgenommen von einer Übergabe/einem Übergang an den Treuhänder sind nach § 36 Abs. 1 InsO aber alle Gegenstände oder Ansprüche, die nicht der Zwangsvollstreckung unterliegen; sie gehören nicht zur Insolvenzmasse.
Ein Mieter, dessen Unterkunfts- und Heizkosten vom Jobcenter übernommen werden, zahlt die Miete mit pfändungsfreiem Einkommen. Der Rückfluss zu viel gezahlter Betriebskosten ist demzufolge kein dem Treuhänder zustehender Anspruch. Der insolvente Mieter kann hierüber frei verfügen. Das gilt auch für Guthaben, die wegen Deckelung der Unterkunftskosten teilweise aus dem Regelbedarf aufgebracht wurden. Auch diese sind vom pfändungsfreien Einkommen angespart worden und werden folglich nicht Insolvenzmasse. Soweit dem Leistungsberechtigten ein Guthaben ausgezahlt wird, kann er einer Anrechnung auf die Unterkunfts- und Heizkosten gemäß § 22 Abs. 3 SGB II folglich nicht entgegenhalten, dass die Gutschrift dem Treuhänder zustehe (BSG vom 16.10.2012 – B 14 AS 188/11 R).
Fordert der Treuhänder vom Mieter oder Vermieter eine Zahlung des Guthabens zur Insolvenzmasse, kann der sich im Insolvenzverfahren

oder der Wohlverhaltensperiode befindliche Mieter dem unter Hinweis auf den Pfändungsschutz des Guthabens widersprechen und im Streitfall das Amtsgericht auf Feststellung der Unpfändbarkeit anrufen (s. dazu LG Berlin vom 29.8.2008 – 86 T 497/08). Hat der Vermieter das Guthaben direkt oder über eine Rückbuchung vom Konto des Mieters an den Treuhänder gezahlt, verschiebt sich die Anrechnung auf die Unterkunfts- und Heizkosten auf den Zeitpunkt des Rückflusses an den Mieter.

II Wann wird angerechnet?

§ 22 Abs. 3 SGB II geht als spezielle Anrechnungsregel den §§ 11 – 11b SGB II vor (BSG vom 16.5.2012 – B 4 AS 159/11 R). Die Anrechnung muss daher ab dem Folgemonat des Zuflusses erfolgen, eine Verschiebung auf spätere (dazu LSG Sachsen vom 23.8.2007 – L 3 AS 134/06) oder frühere Zeiträume (dazu SG Berlin vom 7.11.2008 – S 123 AS 15344/07 und vom 24.4.2009 – S 37 AS 32128/08) ist unzulässig (BSG vom 11.12.2012 – B 4 AS 44/12 R; LSG NRW vom 13.2.2013 – L 2 AS 42/13 B). Demnach darf nicht früher angerechnet werden, wenn der Alg II-Bezug im Anrechnungs- oder Folgemonat (falls ein sehr hohes Guthaben die Unterkunfts- und Heizkosten im Anrechnungsmonat übersteigt) endet (SG Berlin vom 24.4.2009, a.a.O.).

Guthaben = Vermögen

Ist ein Betriebs- und Heizkostenguthaben im Monat **vor** Eintritt in den Leistungsbezug zugeflossen, widerspricht eine Anrechnung im Folgemonat des Alg II-Bezugs der Abgrenzung zwischen Einkommen und Vermögen. Nach der Zuflusstheorie ist das im Vormonat erlangte Guthaben Vermögen, das sich nur auf den laufenden Bedarf auswirkt, wenn der Vermieter den laufenden Abschlag vermindert hat. Diese Änderung gegenüber den Angaben zur Miete im Alg II-Antrag muss dem Jobcenter unverzüglich mitgeteilt werden.

III Worauf wird angerechnet?

Guthaben aus Betriebs- und Heizkostenabrechnungen betreffen einen Bedarf nach § 22 SGB II und **müssen** daher auf Leistungen für Unterkunft und Heizung im Folgemonat des Zuflusses angerechnet werden. Sind diese Leistungen sehr gering oder das Guthaben sehr hoch, darf der Restbetrag, der bei Anrechnung im Folgemonat des Zuflusses übrig bleibt, im nächsten Monat angerechnet werden.

Einmaleinkommen?

Bezieht ein Aufstocker nur KdU-Leistungen in geringer Höhe, kann die Anrechnung eines Guthabens im Zufluss-Folgemonat zu einem Wegfall des Leistungsanspruchs führen. Ob dann die Regelung zur Anrechnung von Einmaleinkommen (Anrechnung von 1/6tel Beträgen nach § 11 Abs. 3 SGB II) gilt, ist noch nicht geklärt. Versteht man § 22 Abs. 3 SGB II als Spezialvorschrift zu den §§ 11 – 11b SGB II, steht einer ungeteilten Anrechnung nichts entgegen. Das Jobcenter ist aber auch befugt, das Guthaben so aufzuteilen, dass ein durchgehender Leistungsbezug mit Krankenversicherungsschutz aufrechterhalten wird. Zugleich wird damit sichergestellt, dass die Wirkung einer Deckelung nach § 22 Abs. 1 Satz 2 SGB II fortwirkt.

Anrechnung bei wegsanktionierten Unterkunftskosten?

Werden im Folgemonat des Zuflusses wegen einer Sanktion nach § 31a SGB II keine Unterkunfts-und Heizkosten übernommen oder ist die Leistungspflicht wegen ungenehmigter Nestflucht (§ 20 Abs. 5 SGB II) auf den Regelbedarf begrenzt, darf das Guthaben nicht als reguläres Einmaleinkommen gemäß § 11 Abs. 3 SGB II auf den Regelbedarf angerechnet werden. Es wird gar nicht angerechnet, weil der Sanktionierte oder Nestflüchter ja selbst für die Unterkunftskosten aufkommen muss.

Guthaben aus früherer Wohnung

Nach dem Zweck des § 22 Abs. 3 SGB II sind auch Guthaben aus einer früheren Wohnung auf die Unterkunfts- und Heizkosten einer anderen Wohnung anzurechnen, wenn diese vom selben kommunalen Träger finanziert wird. Stammt das Guthaben aus einer früheren Wohnung, für die ein anderes Jobcenter zuständig war, ist es u. E. als reguläres Einmaleinkommen nach § 11 Abs. 3 SGB II anzurechnen. Ergibt sich nach Bereinigung gemäß § 11b SGB II und Verteilung auf die BG-Mitglieder ein Zufluss von nur bis zu 10 €, ist zu prüfen, ob eine Anrechnung gemäß § 1 Abs. 1 Nr. 1 Alg II-VO wegen Bagatellbetrags ganz unterbleibt (BSG vom 15.4.2008 – B 14/7b AS 58/06 R).

Anspruch auf Korrektur?

Hat das Jobcenter ein Guthaben als »sonstiges Einkommen« auf die Leistungen nach den §§ 20-23 SGB II angerechnet, ist das zwar unrichtig; es besteht aber dennoch kein Anspruch auf Korrektur nach § 44 SGB X, wenn der Leistungsbezieher im Ergebnis nicht benachteiligt ist, weil er bei Anrechnung auf die Unterkunfts- und Heizkosten keine höheren Leistungen bekommen hätte (LSG NRW vom 2.8.2012 – L 12 AS 1717/11 B). Die bei Anrechnung als sonstiges Einkommen i. S. von § 11 SGB II abzuziehende Versicherungspauschale kann als bloße Folgerung aus einer rechtswidrigen Anrechnung nicht eingefordert werden.

IV Bei wem wird angerechnet?

Anteilige Anrechnung

Leben Personen in der Wohnung, die von SGB II-Leistungen ausgeschlossen sind, muss das Jobcenter nur die anteiligen Kosten der leistungsberechtigten Bewohner übernehmen. Er darf dann aber auch das Guthaben nur anteilig berücksichtigen.

Beispiel

G. bezieht seit 2013 laufend Alg II. Mit in der Wohnung lebt sein 23-jähriger Sohn T., der wegen eines mit BAföG geförderten Studiums kein Alg II erhält. Am 15.3.2014 wird ein Betriebs- und Heizkostenguthaben aus 2013 in Höhe von 248 € auf das Konto des G. überwiesen. Das Jobcenter darf die Unterkunfts- und Heizkosten für April 2014 nur um die Hälfte des Guthabens mindern.

Zur Auswirkung des dem T. zugeordneten Guthabens auf den Mietzuschuss nach § 27 Abs. 3 SGB II s. Kap. K, → S. 236.

Kopfteile bei Zufluss

Die nur anteilige Anrechnung eines Betriebs- und Heizkostenguthabens gilt nicht für Personen, die das Guthaben durch eine sparsame Lebensweise zwar mit erwirtschaftet haben, zum Zeitpunkt der Anrechnung des Guthabens aber nicht mehr in der Wohnung leben. Entscheidend ist nach BSG vom 22.3.2012 – B 4 AS 139/11 R nur, wie viele Personen zum Zeitpunkt der Berücksichtigung des Guthabens in der Wohnung leben (dazu auch LSG Berlin-Brandenburg vom 25.10.2013 – L 25 AS 1711/13 B PKH).
Günstig ist diese Berechnung, wenn ein von Leistungen ausgeschlossener Mitbewohner erst kurz vor Zufluss des Guthabens eingezogen ist. Auch dann wird das Guthaben nur anteilig angerechnet.

Beispiel

J. lebt seit 2012 von Alg II. Im September 2014 wird ihm ein Betriebs- und Heizkostenguthaben aus dem Jahr 2013 von 160 € gutgeschrieben. Der Vermieter ändert den laufenden Abschlag nicht, weil im Juli 2014 die langjährige Partnerin des J., die eine mit BAföG förderbare Ausbildung absolviert, aber wegen späten Studienwechsels kein BAföG erhält, in die Wohnung eingezogen ist. Obwohl nur J. das Guthaben erwirtschaftet hat, wird es in der seit Juli 2014 bestehenden Zweipersonen-BG nur anteilig auf das Alg II des J. angerechnet.

Gemischte BG

Leben Bezieher von Grundsicherung nach § 41 SGB XII mit in der Wohnung, steht der ihnen zugeordnete Anteil des Guthabens dem Sozialhilfeträger zu, kann also nicht auf die § 22 SGB II-Bedarfe der leistungsberechtigten BG-Mitglieder angerechnet werden. Im SGB XII ist die Rückerstattung von Leistungen für Unterkunft und Heizung Einkommen i. S. von § 82 SGB XII (Rückschluss aus § 82 Abs. 1 Satz 2 SGB XII: »Einkünfte aus Rückerstattungen, die auf Vorauszahlungen beruhen, die Leistungsberechtigte aus dem Regelsatz erbracht haben, sind kein Einkommen«).
Haben im Vormonat der Anrechnung noch alle Bewohner Alg II bezogen, bleibt der dem SGB XII-Berechtigten im Anrechnungsmonat zugeordnete Guthabenanteil Einkommen i.S. von § 82 SGB XII. Er ist kein Vermögen, weil sich am Zufluss im laufenden Bezug von Leistungen wegen Hilfebedürftigkeit nichts geändert hat.
Sind die von SGB II-Leistungen ausgeschlossenen Personen nicht hilfebedürftig, kann ein Betriebs- und Heizkostenguthaben über eine veränderte Einkommensanrechnung in der gemischten BG auch den Leistungsanspruch der Alg II-Bezieher verändern.

Beispiel

Die Eheleute R. und P. bezogen bis September 2014 Alg II. Zum 1. Oktober wird R. wegen einer Altersrente in Höhe von netto 780 € vom Leistungsbezug ausgeschlossen (§ 7 Abs. 4 SGB II). Weil die Rente den fiktiven SGB II-Bedarf des R. übersteigt, wird ein Teil auf das Alg II der P. angerechnet.
Im Juni 2015 rechnet der Vermieter die Betriebs- und Heizkosten für 2014 ab und überweist den Eheleuten im Juli ein Guthaben von

120 €. Die laufende Miete inklusive Heizung beträgt 460 € und wird für P. anteilig in Höhe von 230 € vom Jobcenter übernommen.
R. hat im August 2015 einen fiktiven SGB II-Bedarf von 360 € Regelbedarf + [230 € anteilige Miete – 60 € anteiliges Guthaben]. Die auf das Alg II der P. anzurechnende, bedarfsüberdeckende Rente erhöht sich dadurch auf 220 € (= 780 € Rente – [360 € + 170 €] – 30 € Versicherungspauschale). Den erhöhten Einkommensbetrag aus der überschießenden Rente muss das Jobcenter über §§ 45, 48 SGB X i.V.m. § 11 SGB II auf den Regelbedarf anrechnen.

Wohngemeinschaft/ Untermiete

Lebt ein Alg II-Empfänger in einer Wohngemeinschaft mit einem Dritten, der Hauptmieter der Wohnung ist, sind Rückzahlungen des Vermieters an den Hauptmieter nur dann leistungsmindernd zuzurechnen, wenn der Leistungsberechtigte als Untermieter Ansprüche gegen den Hauptmieter auf Weiterreichung der Rückzahlung hat. Besteht ein solcher Anspruch gegen den Hauptmieter nicht, bleiben die Rückzahlungen für den Untermieter ohne Auswirkung auf den Leistungsanspruch (LSG Berlin-Brandenburg vom 28.11.2012 – L 10 AS 689/12 B).

V Verfahren

Mitteilungspflicht

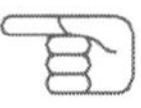

Der Leistungsberechtigte muss dem Jobcenter eine Rückzahlung oder eine Gutschrift, die sich auf Unterkunfts- und Heizkosten bezieht, unverzüglich mitteilen. Wie oben erwähnt, gilt das auch dann, wenn das Guthaben beim Vermieter verrechnet wird und wenn das Guthaben aus einer früheren Wohnung stammt. Führt ein Guthaben zu verringerten Abschlägen, bewirkt das eine wesentliche Änderung für die laufende Bewilligung, die dem Jobcenter auf jeden Fall gemeldet werden muss.

Mitwirkungspflicht

Wenn das Jobcenter die Mietkosten trägt, hat der Leistungsberechtigte kein gesteigertes Interesse daran, dass rechtzeitig die Betriebs- und Heizkostenabrechnung vorliegt. Das Jobcenter kann verlangen, dass sich der Leistungsberechtigte um die fristgemäße Rechnungslegung kümmert. Bleibt der Vermieter untätig, weil er mit einer Gutschrift rechnet, kann ihn der Mieter mit der Ankündigung einer Zurückbehaltung der künftigen Betriebskostenvorauszahlungen unter Druck setzen.

Klagebefugnis

Nach beendetem Mietverhältnis kann der Leistungsberechtigte eine Klage auf Rückzahlung der gezahlten Betriebskostenvorschüsse nicht im eigenen Namen erheben und insbesondere die geleisteten Vorauszahlungen an sich nicht allein zurückverlangen, wenn die Abrechnung einen Zeitraum betrifft, in welchem die Wohnung mit weiteren Mietern gemeinschaftlich genutzt wurde. In diesem Fall handelt es sich um einen gesamthänderisch gebundenen Anspruch (AG Pankow vom 11.9.2013 – 2 C 175/13).

Anpassungspflicht

Ist das Guthaben hoch ausgefallen und sind keine Änderungen im laufenden Mietverhältnis zu erwarten, hat der Mieter Anspruch auf

Anpassung der Vorauszahlung auf das gemessene Betriebsergebnis unter Einbeziehung etwaiger Preisänderungen (s. dazu BGH vom 18.7.2012 – VIII ZR 1/11). Das Jobcenter kann verlangen, dass der Leistungsberechtigte die Anpassung vom Vermieter fordert.

Belegpflicht

Sind Betriebskosten bei einem beendeten Mietverhältnis zwar abgerechnet, ist aber vom Vermieter die Belegeinsicht verweigert worden, kann der Mieter die vollständige Rückzahlung der Vorauszahlungen bis zur Einsicht verlangen (LG Landau (Pfalz) vom 11.1.2010 – 1 S 68/09; LG Berlin vom 9.11.2011 – 67 S 274/11).

Aufhebung und Erstattung

Der in § 22 Abs. 3 SGB II bestimmte Anrechnungszeitraum sorgt bei unverzüglicher Meldung des Guthabenszuflusses durch den Leistungsberechtigten dafür, dass nur mit Wirkung für die Zukunft in Form eines Änderungsbescheides angerechnet wird. Sonst kann nur unter Beachtung der §§ 45, 48 SGB X rückwirkend angerechnet werden. Erhält der Leistungsberechtigte wegen der Anrechnung von Einkommen nur Unterkunfts- und Heizkosten, kann schon ein kleines Guthaben zu einer Aufhebung der Alg II-Bewilligung führen, wenn das Jobcenter keine leistungserhaltende Aufteilung vornimmt. Trifft den Leistungsberechtigten kein Verschulden an der Überzahlung (nachträglicher Zufluss nach § 48 Abs. 1 Nr. 3 SGB X), kommt ihm die Regelung des § 40 Abs. 4 SGB II zu Gute. Er darf 56% der vom Jobcenter berücksichtigten Unterkunftsbedarfe ohne Heizung behalten. Maßstab für die Berechnung des 56%-Anteils sind die »berücksichtigten«, d. h. die zuerkannten Unterkunftskosten.

Tücke beim Abzug für Haushaltsenergieanteil

In einem solchen Fall kann der Einwand, der Anteil für Haushaltsenergie sei nicht herausgerechnet worden, tückisch sein. Denn verringert sich dadurch der Anrechnungsbetrag so weit, dass die Alg II-Bewilligung nur noch teilweise aufgehoben wird, fällt das 56%-Privileg des § 40 Abs. 4 Satz 2 SGB II weg.

Beispiel

B. erhält laufend Alg II, aufstockend zu Erwerbseinkommen, das den Regelbedarf nach § 20 SGB II deckt. Infolge der Einkommensanrechnung erhält B. nur 350 € Unterkunftskosten für seine 400 € teure Wohnung. B. heizt mit Nachtspeicheröfen und einem Heizstrahler im Bad. Im laufenden Bewilligungsabschnitt reicht er eine Kopie der Jahresabrechnung des Stromanbieters ein, die ein Guthaben von 375 € ausweist. Bei voller Anrechnung darf B. im Folgemonat der Gutschrift 196 € (= 56% von 350 €) behalten. Verringerte sich die Gutschrift bei Abzug von Haushaltsenergie auf 315 €, stünden ihm noch 14 € zu; § 40 Abs. 4 SGB II ist dann nicht anwendbar, B. müsste die überzahlten 336 € voll erstatten.

Verfassungsrechtliche Bedenken gegen die Rückausnahmeregelung in § 40 Abs. 4 SGB II sieht, soweit die Bewilligung nur teilweise aufgehoben wird, das LSG Sachsen vom 16.2.2012 – L 3 AS 189/11 nicht.

P Übernahme von Mietschulden?

Ist der Leistungsberechtigte mit seinen Mietzahlungen in Verzug geraten, **kann** (Ermessen) das Jobcenter nach § 22 Abs. 8 SGB II durch Übernahme der Schulden die Unterkunft sichern.

I Was sind Mietschulden i. S. v. § 22 Abs. 8 SGB II?

§ 22 Abs. 8 SGB II spricht allgemein von Schulden im Zusammenhang mit der Sicherung der Unterkunft oder einer vergleichbaren Notlage. Wegen der hohen Anforderungen, die § 22 Abs. 8 SGB II an die Übernahme von Schulden knüpft, ist als Vorfrage zu klären, was unter Mietschulden – die grundsätzlich nur als Darlehen übernommen werden – zu verstehen ist.

BSG

Das BSG vom 17.6.2010 – B 14 AS 58/09 R grenzt Schulden nach § 22 Abs. 8 SGB II dadurch von noch ausstehenden Unterkunftsbedarfen nach § 22 Abs. 1 SGB II ab, dass es sich bei letzteren um nach dem Alg II-Antrag eingetretene und bisher noch nicht vom Jobcenter gedeckte Bedarfe handelt. Auf die mietrechtliche Einordnung komme es dabei nicht an (s. dazu auch BayLSG vom 23.9.2010 – L 7 AS 651/10 B ER, vom 16.12.2010 – L 7 AS 841/10 B ER und vom 30.1.2014 – L 7 AS 676/13).

Mietminderung

Eine nach § 536 BGB geminderte Miete bestimmt den Bedarf nach § 22 SGB II, weil der Mieter im Umfang einer berechtigten Minderung für die Dauer des Mangels von der vollen Mietzahlung befreit ist. Stellt sich heraus, dass unverschuldet (kein Verzug) zu Unrecht oder zu viel gemindert wurde, ist der daraus entstehende Nachzahlungsbetrag in Höhe der nachzuzahlenden Miete sozialrechtlich ein nachträglich entstehender Bedarf. Dass es sich mietrechtlich um Schulden handelt, schlägt nur insofern auf das Sozialrecht durch, als das Jobcenter schuldbedingte Zusatzkosten, wie Verzugszinsen, Kosten für einen Anwalt oder ein Gerichtsverfahren nicht als Bedarf nach § 22 Abs. 1 SGB II übernehmen muss. Erfolgte die Mietminderung in Absprache oder auf Veranlassung des Jobcenters, können Zusatzkosten wegen einer überhöhten Minderung auf der Grundlage von § 22 Abs. 8 SGB II als Mietschuld übernommen werden (zu einem weiten Schuldenbegriff s. BSG vom 17.6.2010 – B 14 AS 58/09 R).

Kein Vergleich zu Lasten Dritter

Einigen sich die Mietvertragsparteien bei Streit über eine Minderung auf einen Nachzahlungsbetrag, handelt es sich ebenfalls um einen nachträglich entstehenden KdU-Bedarf, für den bei Hilfebedürftigkeit des Mieters das Jobcenter aufkommen muss. Das gilt aber nicht, wenn die Einigung im Hinblick auf eine Kostenübernahme durch das Jobcenter erfolgte. Eine solche Vereinbarung ist unwirksam (sittenwidrig nach § 138 BGB) oder ein Mietschuldanerkenntnis, für das nur bei drohendem Wohnungsverlust eine Übernahme als Darlehen nach § 22 Abs. 8 SGB II in Betracht kommt.

Geduldete Mietminderung

Hat der Vermieter geraume Zeit eine Minderung widerspruchlos hingenommen, kann die Geltendmachung von Mietnachzahlungsansprüchen verwirkt sein (BGH vom 19.10.2005 – XII ZR 224/03). Bevor der Leistungsberechtigte in einer solchen Situation einer Zahlungsaufforderung des Vermieters nachkommt, sollte er beim Jobcenter das Vorgehen, ggf. eine Kostenübernahme klären.

Zurückbehaltene Miete

Statt die Miete wegen eines Mangels zu mindern, kann der Mieter als Druckmittel zur Erzwingung der Mängelbeseitigung ein Zurückbehaltungsrecht ausüben. Dies bietet sich zur Vermeidung einer Kündigung, die bei überhöhter Minderung droht (BGH vom 11.7.2012 – VIII ZR 138/11), als sichere Alternative an. Da die Miete dem Grunde nach weiter geschuldet wird, verändert die Ausübung des Zurückbehaltungsrechts den KdU-Bedarf nicht, wenn der zurückgehaltene Mietbetrag zugriffssicher bis zum Abschluss der Mängelbeseitigung auf-

bewahrt wird (s. auch → S. 47, → S. 271). Hat das Jobcenter in Kenntnis der Zurückbehaltung für deren Dauer nur die tatsächliche Zahlmiete als KdU-Bedarf übernommen, ist der Nachzahlungsanspruch des Vermieters nach Beseitigung des Mangels ein zusätzlicher KdU-Bedarf im Monat der Fälligkeit der Nachforderung. Die vom BSG entwickelten Grundsätze zur Übernahme einer Betriebskostennachforderung gelten entsprechend (s. dazu → S. 325 f.).
Mietrechtlich ist es von den jeweiligen Umständen des Einzelfalls abhängig, wie viel Zeit der Mieter nach Beseitigung des Mangels für die Entrichtung der zurückbehaltenen Miete hat, ohne in Verzug zu geraten (s. dazu BGH vom 16.9.2014 – VIII ZR 221/14).
Hat der Leistungsberechtigte die ungekürzte Miete als laufenden KdU-Bedarf erhalten und verbraucht, ohne den zurückgehaltenen Mietbetrag zu hinterlegen oder anderweitig zu sichern, ist die Nachforderung des Vermieters sozialrechtlich eine Mietschuld i. S. von § 22 Abs. 8 SGB II.

Nichterfüllter Bedarf

Hat das Jobcenter die Miete nach § 22 Abs. 1 Satz 2 SGB II gedeckelt oder nach § 22 Abs. 1 Satz 3 SGB II auf einen vermeintlich angemessenen Wert gesenkt und ist der Leistungsberechtigte deshalb in Mietschulden geraten, hat er, wenn zu Unrecht gekürzt wurde, Anspruch auf Nachzahlung nach § 22 Abs. 1 SGB II. Das Jobcenter kann nicht einwenden, wegen Nichtzahlung des gekürzten Mietanteils an den Vermieter habe sich der Anspruch auf Kostenübernahme für angemessenen Wohnraum in ein Darlehen zur Mietschuldübernahme verwandelt.

Mieterhöhung

Dasselbe trifft auf Mieterhöhungen zu, die das Jobcenter trotz verbleibender Angemessenheit der Miete nicht übernommen hat. Kommt es dadurch zu Mietschulden, sind diese zivilrechtlichen Schulden sozialrechtlich als noch nicht erfüllter Rechtsanspruch nach § 22 Abs. 1 SGB II zu befriedigen. Erst recht gilt das für eine Verschuldung gegenüber dem Vermieter, weil Alg II zu Unrecht abgelehnt wurde.

Eilrechtschutz

Haben Rückstände wegen einer verzögerten oder fehlerhaften Entscheidung über Bedarfe nach § 22 Abs. 1 SGB II zu Mietschulden geführt, ist für den Eilrechtschutz nach § 86b Abs. 2 SGG eine geringere Anforderung an die Eilbedürftigkeit zu stellen als bei der einstweiligen Mietschuldübernahme (dazu → S. 387). Es genügt, wenn der Anspruch auf (weitere) Unterkunfts- und Heizkosten nach summarischer Prüfung besteht und der Vermieter rechtliche Schritte angekündigt hat. Dem Antrag muss dann entsprochen werden, auch wenn noch keine fristlose Kündigung des Mietverhältnisses droht. Bemerkenswert und erst recht Maßstab für das SGB II sind hier die Ausführungen des OVG Sachsen vom 23.11.2011 – 4 B 248/11 in einem Wohngeldfall:

> »Offen ist ferner, ob – wie vom Verwaltungsgericht im angefochtenen Beschluss angenommen – auch ein Anordnungsgrund zu verneinen war. Denn die offenbar verschuldeten Antragstellerinnen, die über keinerlei Rücklagen verfügen und derzeit Leistungen nach dem SGB II beziehen,

könnten durch die Ablehnung der Leistungen durch die Antragsgegnerin in ihrem Grundrecht auf Gewährleistung eines menschenwürdigen Existenzminimums aus Art. 1 Abs. 1 GG in Verbindung mit dem Sozialstaatsprinzip des Art. 20 Abs. 1 GG (vgl. BVerfG, Urt. v. 9. Februar 2010 – BVerfGE 125, 175–260) betroffen gewesen sein, wenn die begehrten Leistungen zumindest teilweise der Deckung dieses Existenzminimums dienen sollten. Unter diesem Gesichtspunkt erscheint es im Hinblick auf die Garantie effektiven Rechtsschutzes aus Art. 19 Abs. 4 GG bedenklich, wenn das Verwaltungsgericht das Vorliegen eines Anordnungsgrundes auf Fälle des unmittelbar drohenden Wohnungsverlustes beschränkt.«

Beispiel

G. lehnt die Vorlage einer Einkommensbescheinigung der mit ihm in der Wohnung lebenden T. ab; es bestehe nur eine Wohngemeinschaft. Nach erfolgloser Fristsetzung zur Vorlage der Einkommensbescheinigung hebt das Jobcenter die Bewilligung auf; es bestehe die Vermutung, dass G. nicht hilfebedürftig sei. G. erhebt Widerspruch. Als er nach zwei Monaten immer noch keine Antwort erhalten hat und der Vermieter eine ausstehende Miete anmahnt, beantragt G. beim Sozialgericht die sofortige Wiederaufnahme der Leistungsbewilligung. Wenn G. seine Hilfebedürftigkeit hinreichend glaubhaft macht, muss dem Antrag entsprochen werden. Er kann nicht darauf verwiesen werden, den Vermieter unter Offenbarung des Streits mit dem Jobcenter um Zahlungsaufschub zu bitten oder Mahnkosten zu zahlen, weil ja noch nicht fristlos gekündigt werden könne.

Nutzungsentschädigung

Ist die Wohnung wegen Mietschulden zwar unabwendbar verloren, so dass eine Mietschuldübernahme ausscheidet, begründet die Weiternutzung der Wohnung nach wirksamer Kündigung im Fall der Einigung über eine Räumungsfrist einen aktuellen KdU-Bedarf nach § 22 Abs. 1 SGB II. War die Miete für die verlorene Wohnung auf ein angemessenes Maß gesenkt worden, muss das nicht für die Nutzungsentschädigung nach § 546a BGB gelten. Diese ist in voller Höhe zu übernehmen, wenn nur so Vollstreckungsfristen zur Suche nach einer neuen Wohnung gesichert werden können.

Zu Mietschulden wegen vom Vermieter verrechneter Betriebskostenguthaben, die das Jobcenter nach § 22 Abs. 3 SGB II auf die laufenden Bedarfe nach § 22 Abs. 1 SGB II anrechnet s. Kap. O, → S. 354.

II Wann werden Mietschulden übernommen?

Mietschulden können nach § 22 Abs. 8 SGB II übernommen werden, wenn

- Leistungen für Unterkunft- und Heizung erbracht werden,
- die Schuldenübernahme eine angemessene Unterkunft sichert und
- die Schuldenübernahme gerechtfertigt ist.

1 Nur für Leistungsberechtigte

Die in § 22 Abs. 8 SGB II geforderte Voraussetzung, dass Leistungen nach § 22 SGB II »erbracht werden«, ist erfüllt, wenn dem Grunde nach ein Anspruch besteht. Die Leistungen müssen noch nicht ausgezahlt worden sein (LSG Berlin-Brandenburg vom 22.3.2007 – L 28 B 269/07 AS ER und vom 5.2.2009 – L 26 B 2388/08 AS ER). Es genügt auch, wenn zeitgleich mit dem Antrag auf Mietschuldübernahme ein regulärer Alg II-Antrag gestellt wird und die Leistungsvoraussetzungen der §§ 7, 9 SGB II vorliegen.

Anspruch genügt

Werden Bedarfe nach § 22 SGB II nur als Darlehen befriedigt (§ 24 Abs. 5 SGB II), können ebenfalls Mietschulden übernommen werden. Dasselbe gilt bei nur vorläufiger Leistung nach § 328 SGB III. Hier kann das Jobcenter einem Antrag auf Mietschuldübernahme nicht entgegenhalten, es müsse erst abgewartet werden, ob das Alg II auch endgültig zustehe.

Auch bei Darlehen und vorläufiger Bewilligung

Bezieht ein Leistungsberechtigter wegen einer 100%igen Leistungskürzung nach § 31a SGB II vorübergehend keine Leistungen nach § 22 Abs. 1 SGB II, ist dennoch das Jobcenter für die Übernahme von Mietschulden zuständig. Dies kann aus der Regelung in § 7 Abs. 3 WoGG geschlossen werden; danach gilt der sanktionierte Leistungsberechtigte als »Empfänger« von SGB II-Leistungen.

Auch bei Sanktion

Wird Alg II gemäß § 66 SGB I wegen fehlender Mitwirkung entzogen oder die Auszahlung bewilligter Leistungen nach § 331 SGB III gestoppt **und** erstreckt sich dies auch auf die Bedarfe nach § 22 SGB II, können Mietschulden so lange nicht übernommen werden, bis wieder gezahlt wird (BayLSG vom 6.9.2010 – L 11 AS 398/10 B ER).

Entziehung und Zahlungssperre

Eine Leistungsversagung nach § 66 SGB I kann das Jobcenter nicht auf eine unterlassene Vorsprache durch den Hilfesuchenden bei einer anderen Behörde oder Beratungsstelle, z. B. einer Mieterberatungsstelle, stützen (LSG Berlin-Brandenburg vom 25.9.2007 – L 32 B 1565/07 AS ER). Die fehlende Mitwirkung des Hilfesuchenden kann sich aber nachteilig auf die Rechtfertigungsprüfung auswirken.

Für Nicht-Alg II-Bezieher ist das Sozialamt nach § 36 SGB XII zur Übernahme von Mietschulden zuständig. Dasselbe gilt für hilfebedürftige Personen, die – wie Nestflüchter nach § 22 Abs. 5 SGB II oder Bezieher von Zuschüssen für die Kranken- und Pflegeversicherung nach § 26 SGB II – keinen Anspruch auf Unterkunfts- und Heizkosten haben.

Nicht-Alg II-Bezieher

In einer gemischten BG muss der Nicht-Alg II-Bezieher selbst für »seine« Mietschulden aufkommen bzw. sich bei drohender Wohnungslosigkeit an das Sozialamt wenden. Streiten sich Sozialamt und Jobcenter über eine Mietschuldübernahme, gibt es keine Regelung des Streits wie in § 44a SGB II. Ggf. muss das Sozialgericht eingeschaltet werden, um im Wege einer Beiladung eine für beide Leistungsträger verbindliche

Gemischte BG

Entscheidung zu treffen (s. dazu auch LSG Sachsen-Anhalt vom 16.9.2010 – L 5 AS 288/10 B ER).

Nach LSG Berlin-Brandenburg vom 25.9.2007 – L 32 B 1565/07 AS ER sind bei akut drohendem Wohnungsverlust auch die Mietschulden anderer, nicht Alg II beziehender Wohnungsnutzer vom Jobcenter zu übernehmen.

Zur Mietschuldübernahme bei Auszubildenden mit einem Zuschuss nach § 27 Abs. 3 SGB II → S. 248 f.

2 Nur zur Sicherung einer zum Wohnen genutzten Unterkunft

§ 22 Abs. 8 SGB II dient nicht der Entschuldung der Leistungsberechtigten, sondern dem Erhalt der zum Wohnen genutzten Unterkunft. Voraussetzung für die im Ermessen des Jobcenters liegende Übernahme von Mietschulden ist daher, dass damit die bestehende Unterkunft erhalten werden kann und soll. Das ist nicht der Fall, wenn

- der Verlust der Wohnung nicht mehr abgewendet werden kann;
- aus sonstigen Gründen ein Wohnungswechsel ansteht;
- die laufenden Kosten der Wohnung unangemessen sind oder werden.

2.1 Unabwendbarer Verlust der Wohnung

Hat der Vermieter nicht nur wegen Mietschulden (dazu gleich), sondern auch oder nachträglich aus sonstigen Gründen (z. B. Störung der Hausordnung, Eigenbedarf) gekündigt, darf das Jobcenter eine Mietschuldübernahme grundsätzlich ohne nähere Prüfung der Rechtmäßigkeit der Kündigung ablehnen. Dem Gekündigten bleibt nur die Wahl, unterstützt durch Leistungen nach § 22 Abs. 4, Abs. 6 SGB II, eine andere Wohnung zu suchen oder die Kündigung zivilrechtlich anzufechten. Erst im Fall einer erfolgreichen Anfechtung ist Raum für einen Antrag auf Mietschuldübernahme, wenn dadurch der Fortbestand des Mietverhältnisses gesichert werden kann.

Keine Pflicht zur Kündigungsschutzklage

Ob eine wegen Mietschulden ausgesprochene Kündigung endgültig zum Verlust der Wohnung führt, richtet sich nach Mietrecht, das in Verfahren auf Gewährung eines Darlehens nach § 22 Abs. 8 SGB II Tatbestandswirkung hat. Abgesehen von eindeutigen Fällen unrechtmäßiger Kündigungen können die Leistungsberechtigten nicht darauf verwiesen werden, anstelle eines Antrags auf Mietschuldübernahme einen Rechtsstreit gegen den Vermieter zu führen.

Verschulden des Jobcenters zählt nicht

Eine Kündigung wegen ausstehender Mieten setzt voraus, dass der Mieter mit der Zahlung in Verzug ist, d. h. die zum Fälligkeitstermin geschuldete Miete nicht zahlt. Der BGH vom 4.2.2015 – VIII ZR 175/14 hat seine zivilrechtlich heftig kritisierte Entscheidung vom 21.10.2009

– VIII ZR 64/09 aufgegeben, wonach der Mieter ein Ausbleiben von Mietzahlungen, das auf einem Verschulden des Jobcenters beruht, nicht zu vertreten hat.

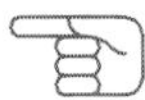

Nunmehr ist für eine Kündigung wegen ausgebliebener Mietzahlungen oder einer rückständigen Kaution (§ 569 Abs. 2a BGB) allein maßgebend, dass die Miete trotz bestehender Zahlungspflicht nicht überwiesen wurde.

»Der Gesetzgeber, der es seit langem als eine in der Sozialstaatsverpflichtung des Art. 20 Abs. 1 GG angelegte Aufgabe begreift, den vertragstreuen Mieter vor willkürlichen beziehungsweise vor nicht von berechtigten Interessen des Vermieters getragenen Kündigungen und damit dem Verlust seiner Wohnung zu schützen (vgl. nur BT-Drucks. 7/2011, S. 7), hat die in Rede stehende Problemlage gesehen, sie jedoch nicht dadurch zu bereinigen versucht, dass er – abweichend von den sonst geltenden rechtlichen Maßstäben – die Anforderungen an die Leistungspflichten des Mieters und ein Vertretenmüssen von Mietzahlungsrückständen zu Lasten des Vermieters herabgesetzt und dadurch die Kündigungsvoraussetzungen des § 543 Abs. 2 Satz 1 Nr. 3 BGB verändert hat. Er hat dem Interesse des durch einen erheblichen Mietrückstand vertragsuntreu gewordenen Mieters an einem Erhalt der gemieteten Wohnung vielmehr dadurch Rechnung getragen, dass er ihm – allerdings vorrangig zum Zwecke der im allgemeinen Interesse liegenden Vermeidung von Obdachlosigkeit – durch § 569 Abs. 3 Nr. 2 Satz 1 BGB genauso wie zuvor schon durch § 554 Abs. 2 Nr. 2 BGB aF die Möglichkeit zur einmaligen Nachholung rückständiger Mietzahlungen innerhalb von zwei Jahren eingeräumt hat, um bei deren Einhaltung eine auf den eingetretenen Mietzahlungsverzug gestützte Kündigung unwirksam werden zu lassen (BT-Drucks. 14/4553, S. 64).
Zugleich hat der Gesetzgeber es bei Verfolgung dieses Ziels genügen lassen, dass eine Befriedigung des Vermieters nicht sofort, wie in § 535 Abs. 2, § 556b Abs. 1 BGB vorgesehen, durch Entrichtung der bis dahin fälligen Miete oder Entschädigung, sondern durch Vorlage der entsprechenden Verpflichtungserklärung einer öffentlichen Stelle erfolgt (vgl. bereits BT-Drucks. IV/806, S. 10). Aufgrund der Erkenntnis, dass sich die ursprünglich vorgesehene Nachholungsfrist von einem Monat für die Sozialhilfebehörden häufig als zu kurz erwiesen hat, hat er, um diesen Behörden ein auf die Vermeidung von Obdachlosigkeit finanziell schwacher Mieter gerichtetes Tätigwerden zu erleichtern, bei Schaffung des § 569 Abs. 3 Nr. 2 Satz 1 BGB schließlich die Schonfrist für die Nachholung der Zahlung der rückständigen Miete und der fälligen Nutzungsentschädigung oder der Vorlage einer entsprechenden Verpflichtungserklärung um einen Monat auf zwei Monate verlängert (BT-Drucks. 14/4553, aaO; vgl. dazu auch Senatsurteil vom 14. Juli 2010 – VIII ZR 267/09 NJW 2010, 3020 Rn. 21).« (BGH vom 4.2.2015 – VIII ZR 175/14).

Ausnahme

Hat der Mieter keine Kenntnis von einem allein vom Jobcenter zu verantwortenden Ausfall der Mietzahlungen, befindet er sich in einem den Verzug gemäß § 286 Abs. 4 BGB ausschließenden unvermeidbaren Tatsachenirrtum. Das LG Berlin vom 24.7.2014 – 67 S 94/14 gibt dem Mieter nach Kenntnis des Mietrückstandes dann einen

Monat Zeit, um die Angelegenheit mit dem Jobcenter zu klären bzw. um die Rückstände auszugleichen. Lässt sich keine rasche Klärung erzielen, sollte im Hinblick auf das BGH-Urteil vom 4.2.2015 – VIII ZR 175/14 Eilrechtschutz beim Sozialgericht beantragt werden; die Eilbedürftigkeit liegt auf der Hand.

Im Regelfall geht der **sozialrechtlichen** Prüfung einer Darlehensgewährung nach § 22 Abs. 8 SGB II daher nur die **mietrechtliche** Prüfung voraus, ob mit dem Darlehen nach § 22 Abs. 8 SGB II die wirksam erklärte Kündigung des Mietverhältnisses abgewendet werden kann. Dabei ist zwischen fristloser und ordentlicher Kündigung wegen rückständiger Mieten zu unterscheiden.

2.1.1 Fristlose Kündigung

Zwei-Monats-Frist

Eine fristlose Kündigung wegen Rückstandes mit laufenden Mietzahlungen nach § 543 Abs. 2 Nr. 3 BGB wird nach § 569 Abs. 3 Nr. 2 BGB unwirksam, eine darauf basierende Räumungsklage unbegründet, wenn der Vermieter spätestens bis zum Ablauf von zwei Monaten nach Zustellung der Räumungsklage an den Mieter (Eintritt der Rechtshängigkeit) hinsichtlich seiner offenen Forderungen befriedigt wird oder sich das Jobcenter zur Befriedigung verpflichtet, es sei denn, in den vorangegangenen zwei Jahren wurde schon einmal eine fristlose Kündigung durch eine Mietschuldübernahme abgewehrt.

Vorangegangene fristlose Kündigung

Eine schon einmal mittels Mietschuldübernahme abgewehrte Kündigung schließt die Heilung nach § 569 Abs. 3 Nr. 3 BGB nicht aus, wenn die vorangegangene Kündigung mangels Vorliegens eines Kündigungsgrundes unwirksam war. Das kann nach dem BGH-Urteil vom 4.2.2015 nicht mehr angenommen werden, wenn der früheren, fristlosen Kündigung zwar ein entsprechender Mietrückstand zugrunde lag, der Mietrückstand aber durch eine verzögerte oder unsachgemäße Leistungssachbearbeitung des Jobcenters entstanden war (a.A. noch LG Wiesbaden vom 22.6.2012 – 3 S 114/11).

Zweckbestimmte Zahlung

Streiten die Mietvertragsparteien bei offenen Mieten über die Berechtigung von Betriebskosten- oder sonstigen Forderungen, sollte eine dem Vermieter (vom Jobcenter) zugehende Zahlung mit dem Zusatz versehen werden, dass damit die außerordentliche Kündigung wegen der unstreitigen Mietschulden nach 569 BGB unwirksam gemacht werden soll. Auch ohne Zweckbestimmung kann eine rechtzeitige Zahlung die Kündigung gemäß § 569 BGB unwirksam machen, wenn eine Verrechnung des Vermieters auf Betriebskostenforderungen oder sonstige, ältere Ansprüche treuwidrig wäre (s. dazu AG Gelsenkirchen vom 25.1.2011 – 3b C 587/10).

Insolventer Mieter

Zahlt das Jobcenter auf Antrag des im Insolvenzverfahren befindlichen Mieters innerhalb der zweimonatigen Heilungsfrist nach § 569 Abs. 3 Nr. 2 S. 1 BGB die aufgelaufenen Mietforderungen direkt an den Vermieter, kann dieser der Heilungswirkung der Zahlung nicht entgegen halten, dass es sich bei den rückständigen Mieten um Insolvenzforderungen nach § 38 InsO handele, die Zahlung des Jobcenters zum Zweck der Tilgung der Mietschulden des Leistungsbeziehers deshalb nach § 81 Abs. 1 InsO unwirksam sei (AG Neuruppin vom 30.9.2011 – 42 C 63/11).

Amtsgericht muss Jobcenter informieren

Um dem Jobcenter rechtzeitig die Sicherung der Wohnung zu ermöglichen, ist nach § 22 Abs. 9 SGB II das Amtsgericht bei einer Räumungsklage verpflichtet, dem örtlich zuständigen Jobcenter oder der von ihm beauftragten Stelle unverzüglich mitzuteilen:
- den Tag des Eingangs der Klage;
- die Namen und Anschriften der Parteien;
- die Höhe der monatlichen Miete;
- die Höhe des geltend gemachten Mietrückstandes und der geltend gemachten Entschädigung;
- den Tag der mündlichen Verhandlung, sofern dieser bereits bestimmt ist.

Jobcenter muss beraten

Das Jobcenter darf auf eine solche Mitteilung nicht untätig bleiben, sondern muss den von Räumung bedrohten Leistungsberechtigten über die Möglichkeit, ein Mietschulddarlehen zu beantragen, beraten. Wird ein Antrag gestellt, muss das Jobcenter zügig prüfen, ob in der Vergangenheit schon einmal eine fristlose Kündigung durch nachträgliche Schuldentilgung gemäß § 569 BGB unwirksam geworden war und – wenn das nicht der Fall war – ob ein die aktuelle Kündigung zu Fall bringendes Darlehen nach sozialrechtlichen Maßstäben gerechtfertigt ist.

Vermietererklärung

Ist die Abwendungsbefugnis nach § 569 BGB wegen wiederholter Mietschulden verbraucht, kann der Leistungsberechtigte durch Vorlage einer Vermietererklärung, dass bei vollständigem Ausgleich der Mietschuld das Mietverhältnis fortgesetzt wird, die Voraussetzung für die Rechtfertigungsprüfung einer Mietschuldübernahme herstellen. Dass wiederholt Mietschulden entstanden sind, schließt eine Mietschuldübernahme nicht von vornherein als ungerechtfertigt aus.

Verfahrenskosten

Verzögert sich die Bearbeitung des Antrags auf Mietschuldübernahme und kommt es daher zur Räumungsklage, trägt der verklagte Mieter die Verfahrenskosten (Gerichtskosten, Kosten des Anwalts des Vermieters), wenn sich die Räumungsklage infolge einer heilenden Zahlung der Mietrückstände nach Klageerhebung erledigt (LG Wiesbaden vom 16.1.2012 – 3 T 12/11; AG Solingen vom 2.2.2012 – 12 C 301/11; AG Schöneberg 15.8.2012 – 104 C 109/12). Zur Kostenverteilung bei übereinstimmender Erledigungserklärung s. AG Pankow vom 14.4.2014 – 9 C 381/13.
Beruht die Verzögerung auf einem Verschulden des Jobcenters, muss es die Verfahrenskosten tragen (LSG NRW vom 20.3.2012 – L 12 AS 352/12 B ER; BayLSG vom 30.1.2014 – L 7 AS 676/13).
Entstehen vermehrte Kosten dadurch, dass der in Mietschulden geratene Leistungsbezieher zu spät um Hilfe beim Jobcenter nachsucht oder bei Prüfung der Voraussetzungen für eine Mietschuldübernah-

me nicht ausreichend mitwirkt, gehen die Kosten zu seinen Lasten. Eine fristlose oder ordentliche Kündigung wegen Nichtzahlung der Verfahrenskosten droht dem Leistungsberechtigten nicht, wenn diese Kosten nicht die Schwelle einer Monatsmiete erreichen (LG Karlsruhe vom 20.5.2014 – 9 S 30/14).

Sicherheitsleistung

Nach § 283a ZPO kann der Vermieter beantragen, dass der Mieter wegen der Mietforderungen, die nach Rechtshängigkeit der Kündigungsklage fällig geworden sind, Sicherheit leistet. Der Antrag ist begründet, wenn eine hohe Erfolgsaussicht der Zahlungsklage besteht (z. B. das geltend gemachte Minderungsrecht nicht substantiiert werden kann – AG Hanau vom 4.8.2014 – 32 C 172/13 (12)) und der Vermieter darlegen kann, dass der Ausfall im Prozessverlauf fällig gewordener Mietforderungen bzw. Ansprüche auf Nutzungsentschädigung ihm besondere wirtschaftliche Nachteile zufügen würde, z.B. wenn die Mieteinnahmen zur Sicherung der Altersversorgung dienen. Das allgemeine Prozessrisiko eines jeden Gläubigers, die Forderung nicht realisieren zu können, reicht als Sicherungsinteresse nicht aus (LG Berlin vom 11.8.2014 – 65 S 142/14). Ebenso der Vortrag des Vermieters, die Mietzahlungen würden für die Zins- und Tilgungsleistungen eines für den Erwerb der Wohnung in Anspruch genommenen Kredits benötigt (LG Berlin vom 21.2.2014 – 63 T 18/14).

Bezieht der Mieter Alg II, kann das Gericht eine Verpflichtungserklärung des Jobcenters, die Mietschulden zu übernehmen, als Sicherheitsleistung ausreichen lassen (BT-Drs. 17/10485, S. 43).

Eilbedürftigkeit

Die Prüfung einer Mietschuldübernahme duldet keinen Aufschub, wenn der Leistungsberechtigte eine angeordnete Sicherheitsleistung nicht aus eigener Kraft stellen kann. Denn nach § 940a Abs. 3 ZPO darf die Räumung durch einstweilige Verfügung durchgesetzt werden, wenn die Sicherheitsleistung nicht gestellt wird.

Nicht bei Miethöhestreit

Die Benachrichtigung des Amtsgerichts unterbleibt, wenn sich aus der Klageschrift ergibt, dass die Nichtzahlung der Miete offensichtlich nicht auf der Zahlungsunfähigkeit des Mieters beruht. Das ist z. B. der Fall, wenn die Miete gemindert oder wegen Untätigkeit des Vermieters zur Beseitigung eines gerügten Mangels zurückgehalten wurde. Auch in diesen Fällen darf der Vermieter fristlos kündigen, es sei denn, die Fehlerhaftigkeit der Minderung war trotz sorgfältiger Prüfung nicht erkennbar (BGH vom 11.7.2012 – VIII ZR 138/11). Fehlerhaften Rechtsrat muss sich der Mieter als eigenes Verschulden zurechnen lassen (BGH vom 25.10.2006 – VIII ZR 102/06).

In den genannten Fällen sollte der Leistungsberechtigte sofort nach Zugang der Kündigung zum Jobcenter gehen und eine Mietschuldübernahme beantragen.

2.1.2 Ordentliche Kündigung

Ist die fristlose Kündigung wegen Begleichung der Mietschulden innerhalb der Zwei-Monats-Frist des § 569 Abs. 3 Nr. 2 BGB unwirksam geworden, ist eine ordentliche Kündigung nach § 573 BGB, die meist vorsorglich mit der fristlosen Kündigung ausgesprochen wird, nicht vom Tisch (BGH vom 16.2.2005 – VIII ZR 6/04). Auf die ordentliche Kündigung ist § 569 Abs. 3 Nr. 3 BGB nicht analog anwendbar (BGH vom 10.10.2012 – VIII ZR 107/12 und vom 4.2.2015 – VIII ZR 175/14).

Gesetzesänderung geplant

Der unbefriedigende Zustand, dass eine fristlose Kündigung mit Zahlung der Mietschuld zwar beseitigt, eine ordentliche Kündigung aus demselben Kündigungsgrund aber trotz Zahlung der Mietschulden Bestand hat, soll auf einen Gesetzesantrag des Landes Brandenburg (BR-Drs. 124/14) dadurch beseitigt werden, dass die Regelungen des § 569 Abs. 3 Nr. 2 und Abs. 3 Nr. 3 BGB auch auf ordentliche Kündigungen anwendbar sind. Der Antrag ist am 11. April 2014 den Ausschüssen zur Beratung zugewiesen worden. In das Gesetzgebungsverfahren zur Mietpreisbremse ist er nicht einbezogen worden.

Fortsetzungswille

Bis zur Verwirklichung der angestrebten Harmonisierung der Verzugsfolgen im Mietrecht muss der Antrag auf Mietschuldübernahme im Fall einer ordentlichen Kündigung mit dem Nachweis einhergehen, dass der Vermieter bei vollständigem Ausgleich der Mietschuld das Mietverhältnis fortsetzen wird.

Ist der Vermieter nicht bereit, eine Fortsetzungserklärung abzugeben, kommt eine Mietschuldübernahme dennoch in Betracht, wenn die ordentliche Kündigung angefochten wird und mietrechtlich eine hohe Erfolgsaussicht besteht (Evidenzkontrolle). In diesem Fall ist die Übernahme der Mietschuld bzw. eine entsprechende Verpflichtungserklärung des Jobcenters ein wichtiges Pfund im Kündigungsschutzprozess. Denn ordentlich kündigen kann der Vermieter nur, wenn er ein »berechtigtes Interesse« an der Beendigung des Mietverhältnisses hat. Berechtigt ist das Interesse an der Kündigung insbesondere dann, wenn der Mieter seine vertraglichen Pflichten schuldhaft und nicht unerheblich verletzt hat und dies weiter zu befürchten ist. Von einem Alg II-Bezieher kann mietrechtlich gefordert werden, dass er die vom Jobcenter angeforderten Unterlagen über das Mietverhältnis rechtzeitig vorlegt und auch den sonst geforderten Mitwirkungshandlungen unverzüglich nachkommt (LG Berlin vom 15.10.2013 – 63 S 216/12).

»Berechtigtes Interesse«

Ein Mietrückstand, der eine Monatsmiete nicht übersteigt, ist bei einer Verzugsdauer von weniger als einem Monat keine erhebliche, die ordentliche Kündigung rechtfertigende Pflichtverletzung (BGH vom 10.10.2012 – VIII ZR 107/12).

Hat sich der Mieter außer säumiger Mietzahlung keine Verletzung des Mietvertrages zuschulden kommen lassen, kann sein Interesse am Verbleib in der Wohnung höher zu bewerten sein, wenn alle

Schulden ausgeglichen werden und die Miete künftig direkt an den Vermieter geht. Die bei Mietschulden auch gegen den Willen des Leistungsberechtigten mögliche Direktzahlung (§ 22 Abs. 7 SGB II) stärkt die Mietsicherheit des Vermieters und schwächt damit dessen Interesse am Rauswurf des »Hartz IV-Mieters«.

Interessenabwägung

Es bleibt abzuwarten, wie die Instanzrechtsprechung nach dem BGH-Urteil vom 4.2.2015 einen vom Jobcenter verschuldeten Mietrückstand gewichten wird. Zu den bisherigen Wertungen:

- Bei einem Mietverhältnis von kurzer Dauer (hier: unter fünf Jahren) und angesichts der Tatsache, dass das Jobcenter dem Mieter zuvor mitgeteilt hatte, die Miete nicht mehr direkt an den Vermieter überweisen zu wollen, sei die ordentliche Kündigung berechtigt (AG Lichtenberg vom 19.12.2013 – 17 C 33/13).
- Die Bezahlung rückständiger Mieten innerhalb der Frist des § 569 Abs. 3 Nr. 2 BGB lasse den Kündigungsgrund einer fristgemäßen Kündigung nicht entfallen, wenn der Mieter sich nach wie vor und bereits über einen längeren Zeitraum hinweg zusätzlich mit der Zahlung von Nebenkosten, die zusammen mehr als eine Monatsmiete ausmachen, in Verzug befinde (LG Berlin vom 5.3.2014 – 65 S 406/13).
- Die Heilung der Wirkungen der zugleich ausgesprochenen fristlosen Kündigung durch die Bezahlung aller offen stehenden Mieten bewirke nicht zugleich die Heilung der Wirkung der fristgemäßen Kündigung. Das Festhalten des Vermieters an der fristgemäßen Kündigung sei nicht treuwidrig im Sinne von § 242 BGB, wenn der Mieter auch früher bereits mit der Mietzahlung in einer Weise in Verzug geraten sei, die zur Kündigung berechtigte (LG Berlin vom 17.1.2014 – 65 S 366/13).
- Ist die fristlose Kündigung wegen Zahlungsverzugs nach § 569 Abs. 3 Nr. 2 Satz 1 BGB aufgrund der kurzfristig nachträglich erfolgten Zahlung des gesamten geltend gemachten Rückstands unwirksam geworden, ist die zugleich erklärte ordentliche Kündigung ebenfalls nicht begründet, weil die innerhalb der Frist des § 569 BGB erfolgte nachträgliche Zahlung die Pflichtverletzung des Mieters in einem milderen Licht erscheinen lasse und sich die Berufung auf eine wirksam ausgesprochene Kündigung aufgrund nachträglich eingetretener Umstände als rechtsmissbräuchlich darstelle, insbesondere wenn sich der Mieter in einem langjährigen Mietverhältnis im Hinblick auf seine Zahlungsverpflichtungen stets vertragstreu verhalten habe (LG Berlin vom 4.10.2013 – 63 S 421/12).
- Der Vermieter könne sich in der Regel nicht auf die Wirksamkeit der ordentlichen Kündigung berufen, wenn der Wohnraummieter alle aktuellen Zahlungsrückstände spätestens binnen zwei Monaten nach Rechtshängigkeit der Räumungsklage ausgeglichen hat oder sich eine öffentliche Stelle zur Befriedigung verpflichtet habe und keine sonstigen erheblichen Gründe gegen eine Fortsetzung des Mietverhältnisses sprechen (LG Bonn vom 6.11.2014 – 6 S 154/14, Revision anhängig – VIII ZR 321/14).
- Spreche der Vermieter eine wirksame außerordentliche, hilfsweise ordentliche Zahlungsverzugskündigung aus, führe ein innerhalb

der Schonfrist des § 569 Abs. 3 Nr. 2 BGB vorgenommener Ausgleich sämtlicher Rückstände durch den Mieter nur zur Unwirksamkeit der außerordentlichen Kündigung. Ein Festhalten an der ordentlichen Kündigung trotz Zahlungsausgleichs sei nur in seltenen, besonders gelagerten Ausnahmefällen treuwidrig. Die Unverzüglichkeit des Zahlungsausgleichs nach Zugang der Kündigung allein mache das Festhalten des Vermieters an der ordentlichen Kündigung nicht treuwidrig (LG Berlin vom 16.9.2014 – 67 S 290/14).
- Der Mieter gerate auch dann in Zahlungsverzug, wenn die vom Jobcenter direkt an den Vermieter zu leistenden Mietzahlungen aufgrund einer Fehlberechnung des Jobcenters ausbleiben. Das fehlende Verschulden des Mieters könne dann nur durch Einräumung einer angemessenen Räumungsfrist berücksichtigt werden (AG Augsburg vom 11.8.2014 – 16 C 408/14).

Geringfügige Pflichtverstöße

Geringfügige Pflichtverstöße, die im Rahmen der Evidenzkontrolle eines Mietschuldübernahmeantrags gegen ein berechtigtes Interesse an der Kündigung des Mietverhältnisses sprechen, sind z. B.:
- Drei unpünktliche Mietzahlungen wegen des Arbeitsplatzverlustes des Mieters und des Todes eines Angehörigen sowie nach Abmahnung eine einmalige weitere Verspätung wegen Depressionen (LG Berlin vom 16.9.2014 – 63 S 322/13).
- Dreimalig verspätete Mietzahlungen, von denen nur eine mehrere Tage, die anderen nur jeweils einen Werktag umfassten (LG Berlin vom 9.10.2013 – 65 S 140/13).
- Nach einer bereits erfolgten Abmahnung wegen unpünktlicher Mietzahlung beruht eine weitere Verspätung darauf, dass die durch den Mieter vorgenommene Online-Banküberweisung aus ungeklärten Gründen verzögert ausgeführt wird (LG Berlin vom 8.11.2013 – 63 S 134/13).

Kündigungswiderspruch

Nach § 574 BGB kann der Mieter der ordentlichen Kündigung des Vermieters widersprechen und von ihm die Fortsetzung des Mietverhältnisses verlangen, wenn die Beendigung des Mietverhältnisses für den Mieter, seine Familie oder einen anderen Angehörigen seines Haushalts eine Härte bedeuten würde, die auch unter Würdigung der berechtigten Interessen des Vermieters nicht zu rechtfertigen ist. Eine Härte liegt nach § 574 Abs. 2 BGB auch vor, wenn angemessener Ersatzwohnraum zu zumutbaren Bedingungen nicht beschafft werden kann. Dies hat das AG Lübeck vom 26.5.1993 – 21 (23) C 1441/93 in einem Fall bejaht, in dem der Wohnungsmarkt für eine allein erziehende Mieterin als Sozialhilfeempfängerin praktisch verschlossen war. Ebenso für eine Großfamilie mit geringen finanziellen Mitteln AG Stuttgart vom 11.7.2003 – 30 C 600/03.

Häufig sind die Gründe für eine besondere Härte i. S. von § 574 BGB auch Gründe, die einer Umzugsaufforderung wegen Unangemessenheit der Mietkosten entgegenstehen (näher dazu Kapitel I, → S. 184 f.). In der Mietrechtspraxis spielen vor allem gesundheitliche Probleme oder Behinderungen eine Rolle:

- LG Lübeck vom 21.11.2014 – 1 S 43/14: Schwere geistige Behinderung eines Kindes des Mieters, das auf ein gleichbleibendes Wohnumfeld dringend angewiesen ist.
- LG München vom 23.7.2014 – 14 S 20700/13: Krebserkrankung und akute Selbstmordgefahr.
- AG Schöneberg vom 9.4.2014 – 12 C 340/12: Erkrankung an multipler Sklerose und Selbstmordgefahr.
- AG Potsdam vom 28.5.2013 – 24 C 221/12: Multiple Sklerose im fortgeschrittenen Stadium und Wohnung in der Nähe der den Kranken betreuenden Kinder.
- LG Bonn vom 16.2.2007 – 10 S 68/06: Schwer kranker, blinder Mieter, der außerhalb seiner verwurzelten Wohnumgebung völlig hilflos wäre.
- LG Aachen vom 28.9.2005 – 7 S 66/05: Frühkindlicher Autismus des Kindes der Mieterin, dem bei Verlust der vertrauten Umgebung eine Verschlechterung der psychischen Situation droht.
- KG Berlin vom 6.5.2004 – 8 U 288/03: Langjähriges Mietverhältnis mit 80 Jahre altem, fast blindem Ehegatten des Mieters, der sich in einer neuen Umgebung nicht mehr zurechtfinden würde.
- AG Lübeck vom 26.9.2002 – 27 C 1621/02: Optimale Versorgung und Pflege von Angehörigen des Mieters ist nur vom Standort der Mietwohnung aus möglich.

Ist die ordentliche Kündigung nicht abwendbar, kann über § 574 BGB zumindest eine zeitlich begrenzte Fortsetzung des Mietvertrages erreicht werden, wenn ein Auszug nach Ablauf der Kündigungsfrist zu besonderen Härten führen würde (AG Hamburg-Altona vom 28.7.2011 – 318c C 231/10).

2.1.3 Kautionsschulden

Seit Mai 2013 ist ein bis dahin streitig gewesenes Kündigungsrecht wegen ausstehender Mietsicherheitsleistungen in § 569 Abs. 2a BGB ausdrücklich geregelt worden. Danach kann der Vermieter kündigen, wenn der Mieter mit der Sicherheitsleistung in einem Umfang, der einer zweifachen Monatsmiete entspricht, in Verzug geraten ist. Ein Antrag auf Mietschuldübernahme nach § 22 Abs. 8 SGB II kommt somit auch zur Übernahme ausstehender Kautionszahlungen in Betracht. Im Wesentlichen gelten hier die Ausführungen unter 2.1, → S. 366 ff. entsprechend. Die bloße Nichtzahlung der Kaution genügt allerdings nicht für eine fristlose Kündigung. Erforderlich ist außerdem, dass durch die Nichtzahlung der Kaution das Sicherungsinteresse des Vermieters betroffen ist. Dies ist nach AG Bad Segeberg vom 19.12.2013 – 17a C 129/13 der Fall, wenn die Nichtzahlung der Kaution auf Zahlungsunfähigkeit des Mieters deutet oder bereits Mietrückstände aufgelaufen sind. Habe der Vermieter mehrere Monate bis zur fristlosen Kündigung gewartet, stehe § 314 Abs. 3 BGB sowohl der fristlosen als auch einer ordentliche Kündigung gemäß § 573 Abs. 2 Nr. 1 BGB entgegen.

2.1.4 Verzicht auf Räumung

Kann eine berechtigte fristlose Kündigung nicht (mehr) mit einer Mietschuldübernahme verhindert werden, genügt es nach LSG Sachsen-Anhalt vom 23.2.2010 – L 5 AS 2/10 B ER nicht, wenn sich der Vermieter im Fall einer Mietschuldübernahme bereit erklärt, auf die Vollstreckung des Räumungstitels zu verzichten, falls der Mieter die Prozesskosten in Raten zurückzahlt, um nach regelmäßiger Tilgung einen neuen Mietvertrag zu angemessenen Konditionen abzuschließen. Die Aussetzung der Vollstreckung eines Räumungstitels, die von der Zahlungsmoral des Leistungsberechtigten abhängt, erfülle nicht den mit der Bestimmung des § 22 Abs. 8 SGB II verfolgten Zweck der langfristigen Sicherung der Unterkunft (ebenso LSG Baden-Württemberg vom 5.12.2007 – L 8 AS 4481/07 ER-B; LSG NRW vom 31.8.2010 – L 19 AS 1106/10 B ER; LSG Thüringen vom 19.3.2012 – L 4 AS 170/11 B ER).

Kritik

Die LSG-Beschlüsse greifen zu kurz. Sie lassen außer Acht, dass der Leistungsberechtigte im Fall eines Räumungsverzichts die Zahlung der Prozesskosten über eine Erklärung sichern kann, dass er das Entgelt für die weitere Nutzung der gekündigten Wohnung (§ 546a BGB) mit einer Rate zur Tilgung der sonstigen Schulden direkt vom Jobcenter an den Vermieter überweisen lässt. Verfügen die Leistungsberechtigten über Reserven zur Tilgung sowohl des Mietschulddarlehens (§ 42a SGB II) als auch der Rate an den Vermieter (z. B. mit einem Freibetrag aus Erwerbstätigkeit), ist der Erhalt der Unterkunft hinreichend sicher. Erst recht gilt das, wenn ein Freund oder Verwandter sich bereit erklärt, die Raten zu übernehmen oder dafür zu bürgen. Auf solche Möglichkeiten sind die Leistungsberechtigten hinzuweisen, wenn die Mietschuldübernahme gerechtfertigt wäre, d. h. auch im Interesse des Jobcenters liegt, weil z. B. die bestehende Wohnung preiswert ist (s. dazu auch LSG NRW vom 18.7.2014 – L 7 AS 982/14 B ER).

Drohende Obdachlosigkeit

Falsch sind die oben erwähnten Entscheidungen, wenn Obdachlosigkeit droht. Dann gehören nämlich auch die Kosten des Vermieters, die zur Vorbereitung und Durchführung der Räumungsklage entstanden sind, zu den nach § 22 Abs. 8 SGB II übernahmefähigen Kosten (BSG vom 17.6.2010 – B 14 AS 58/09 R; s. dazu auch LSG Berlin-Brandenburg vom 11.3.2014 – L 19 AS 829/12 B). Erwägungen in die Richtung, sozialwidrig handelnde Leistungsberechtigte mit einer harten Linie abzuschrecken, sind dann fehl am Platz und können das Jobcenter teuer zu stehen kommen.

Beispiel

Der sechsköpfigen Familie X. wird wegen Mietschulden von 3.160 € fristlos gekündigt. Die bisherige Wohnung kostete 790 € im Monat. Der Vermieter wäre bereit, das Mietverhältnis zu einem Preis von 800 € monatlich fortzusetzen, wenn das Jobcenter die Mietschulden sowie die Anwalts- und Gerichtskosten übernimmt. Das Jobcenter lehnt die Kostenübernahme ab. Das angerufene Sozialgericht weist den Eilantrag zurück, weil die Übernahme von Schulden bei sozialwidrigem

Herbeiführen von Mietrückständen nicht gerechtfertigt sei (so etwa LSG Baden-Württemberg vom 1.3.2011 – L 12 AS 622/11 ER-B).
Es kommt zur Räumung. Die Ordnungsbehörde bringt die Familie in einem Wohnheim unter (Tagessatz 14,40 € pro Person) und beauftragt wegen der angespannten Wohnungsmarktlage einen Makler mit der Wohnungssuche. Nach vier Monaten findet der Makler eine Wohnung zu 950 € Miete. Für die Dauer der Unterbringung im Wohnheim musste das Jobcenter monatlich 2.160 € an das Wohnheim zahlen, der Makler verlangt 2.400 € für die Wohnungsvermittlung.
Die »Bestrafung« der Mietschuldner durch Verweis aus der alten Wohnung ist hier teuer erkauft.

2.1.5 Neuabschluss des Mietvertrags

Kann die fristlose Kündigung durch Begleichung der Schuld nicht beseitigt werden (§ 569 Abs. 3 Nr. 2 Satz 2 BGB), ist zu prüfen, ob der Vermieter bei Ausgleich der offenen Mietschulden bereit ist, mit den Mietern einen neuen Mietvertrag abzuschließen. Ist das neue Vertragsverhältnis i. S. v. § 22 Abs. 1 SGB II angemessen, kann die Übernahme der Mietschulden gerechtfertigt und vor allem kostengünstiger als ein Umzug sein (LSG Sachsen-Anhalt vom 23.2.2010 – L 5 AS 2/10 B ER).
Der Vermieter ist trotz Zusage des Jobcenters, bei Neuabschluss des Mietvertrages die Mietschulden zu übernehmen, nicht zu einer Fortsetzung des Mietverhältnisses verpflichtet (AG Frankenthal vom 5.7.2012 – 3a C 73/12).

2.1.6 Mietschuldenfreiheitsbescheinigung

Ausnahmsweise kann trotz der wegen Mietschulden endgültig verlorenen Wohnung eine Darlehensübernahme zur Schuldtilgung geboten sein, wenn sich ohne Mietschuldenfreiheitsbescheinigung kein abschlussbereiter Vermieter findet, sodass zur Vermeidung von Obdachlosigkeit bis zum Auffinden einer Wohnung hohe Kosten drohen (LSG Sachsen-Anhalt vom 16.9.2010 – L 5 AS 288/10 B ER; a. A. LSG Berlin-Brandenburg vom 29.7.2010 – L 25 AS 1343/10 B ER). Vorrangig ist jedoch zu prüfen, ob ein Vertragsschluss durch das Angebot einer Direktzahlung an den Vermieter nach § 22 Abs. 7 SGB II erreicht werden kann. Dafür bestehen gute Chancen, wenn die Mietschulden nicht durch ein problematisches Sozialverhalten der Mieter verursacht worden sind.

2.2 Anstehender Wohnungswechsel

Auch wenn eine Kündigung wegen Miet- oder Mietkautionsschulden mit einer Schuldübernahme nach § 22 Abs. 8 SGB II abgewendet werden kann, kommt eine Schuldübernahme nicht in Betracht, wenn der langfristige Erhalt der Wohnung aus anderen Gründen nicht gesichert ist oder nicht gesichert werden soll. Das ist zum einen der Fall, wenn der Leistungsberechtigte die schuldbelastete Wohnung ohnehin aufgeben will oder muss (z.B. bevorstehender Umzug in neue Wohnung, geplanter Einzug in Partnerwohnung, Wegzug ins Ausland), zum anderen, wenn anzunehmen ist, dass ein Verbleib in der bestehenden Wohnung unwahrscheinlich ist.

Bewohnbarkeitsprognose

Will der Leistungsberechtigte die schuldenbelastete Wohnung aufgeben oder sind dahingehende Umstände erkennbar geworden, scheidet eine Mietschuldübernahme als reine Entschuldungsmaßnahme aus. Fraglich ist nur, welcher Beurteilungszeitraum dafür angesetzt werden soll. Die Ausführungen des BSG vom 17.6.2010 – B 14 AS 58/09 R legen es nahe, die Dauer eines regulären Bewilligungsabschnitts (sechs Monate) zugrunde zu legen.

Beispiel

K. lebt in einer kleinen 1-Raum-Wohnung mit sehr einfacher sanitärer Ausstattung. Zum Zeitpunkt des Antrags auf Mietschuldübernahme ist sie in der sechsten Schwangerschaftswoche. Es besteht kein Zweifel daran, dass die Wohnung nach Geburt des Kindes zu klein und wegen der schlechten sanitären Ausstattung ungeeignet sein wird. Hier ist der Zeitraum bis zur Geburt noch zu lang, um den Antrag wegen bevorstehender Wohnungsaufgabe abzulehnen. Sind die Mietschulden beträchtlich, kann das Jobcenter im Rahmen der Rechtfertigungsprüfung den Antrag jedoch ablehnen, wenn es K. schon jetzt den Umzug in eine größere Wohnung zusichert und K. trotz der Mietschulden eine zumutbare Wohnung finden kann.

Bei angespannter Wohnungsmarktlage (siehe dazu die Tabellen → S. 73 f.) können Mietschulden die Wohnungssuche erheblich erschweren. Unter Umständen schließt dann erst die Zusicherung für eine konkret in Aussicht stehende Wohnung eine Mietschuldübernahme aus (dazu LSG Sachsen-Anhalt vom 14.2.2013 – L 2 AS 970/12 B).

Problematisch ist die Ablehnung eines Antrags auf Mietschuldübernahme bei unsicherer Prognose oder wenn die bevorstehende Wohnungsaufgabe bestritten wird.

Beispiel 1

D. absolviert eine vom Jobcenter finanzierte Umschulung. Er hat sich bundesweit für eine Vermittlung zur Verfügung gestellt. Bei Eingang eines Antrags auf Mietschuldübernahme steht der Abschluss der Maßnahme in drei Monaten bevor. Das Jobcenter lehnt die Schuldübernahme mit der Begründung ab, D. werde nach Abschluss der Maßnahme zügig eine Arbeitsstelle in einem anderen Bundesland finden.

Beispiel 2

L. beantragt die Übernahme von Mietschulden für eine 45 qm große 2-Raum-Wohnung. Dem Jobcenter ist bekannt, dass der Ehemann in drei Monaten aus der Haft entlassen wird und in die Wohnung ziehen will. Es lehnt eine Mietschuldübernahme ab, weil die Wohnung für 2 Personen, denen 60 qm zustehen, zu klein sei. L. hält dem entgegen, dass die Eheleute gern in der bestehenden Wohnung bleiben möchten.

2.3 Angemessene Unterkunft

§ 22 Abs. 8 SGB II soll eine hinsichtlich der laufenden Kosten angemessene Unterkunft sichern. Sind die Kosten für die bestehende Wohnung zum Zeitpunkt des Antrags auf Mietschuldübernahme weder konkret noch abstrakt angemessen, scheidet eine Schuldübernahme daher grundsätzlich aus (BSG vom 17.6.2010 – B 14 AS 58/09 R).

Anstehende Kostensenkung

Nach LSG Niedersachsen-Bremen vom 26.10.2006 – L 9 AS 529/06 ER kann sich das Jobcenter nicht auf die Unangemessenheit der Unterkunftskosten berufen, wenn es den Leistungsberechtigten noch nicht zur Mietsenkung aufgefordert hatte. Das BSG vom 17.6.2010 – B 14 AS 58/09 R hat das offen gelassen, mit der Betonung der langfristigen Sicherung der Wohnung aber angedeutet, dass sich der Mietschuldner wohl nicht auf die Übergangsfrist des § 22 Abs. 1 Satz 3 SGB II berufen kann.

Anhängiger Rechtsstreit über Angemessenheit

Wird parallel zum Antrag auf Mietschuldübernahme vor dem Sozialgericht über die Angemessenheit der Unterkunftskosten gestritten, muss im Verfahren auf Mietschuldübernahme eigenständig über die Angemessenheit entschieden werden, wenn andernfalls (bis zum Abwarten einer Entscheidung im anhängigen Rechtsstreit) die Wohnung verloren ginge. Gibt es zwar eine Entscheidung, die aber mit der Berufung angefochten ist, kann sich weder der Leistungsberechtigte noch das Jobcenter auf die Entscheidung berufen.

Bindung an Urteil über Angemessenheit?

Bescheinigt ein rechtskräftiges Urteil die Angemessenheit der schuldenbelasteten Wohnung, kann das Jobcenter einem Antrag auf Mietschuldübernahme ohne Nachweis veränderter Umstände oder eines Entscheidungfehlers nicht entgegenhalten, die Wohnung sei zu teuer. Dies verstieße gegen den auch im Sozialrecht geltenden Grundsatz von Treu und Glauben.

Kostensenkungsangebot

Kann der Leistungsberechtigte nachweisen, dass die Unterkunftskosten durch bevorstehende Untervermietung (dazu BSG vom 5.8.2014 – B 4 AS 37/13 R) oder sonstige, hinreichend sichere Maßnahmen auf das abstrakt angemessene Niveau gesenkt werden können, darf der Antrag auf Mietschuldübernahme nicht unter Verweis auf die aktuell zu hohen Mietkosten abgelehnt werden. Im Rahmen der Rechtfertigungsprüfung kann das Jobcenter aber berücksichtigen, ob der Hilfesuchende auf eine Wohnung verwiesen werden kann, die ohne Senkungsmaßnahmen angemessen ist.

Künftige Angemessenheit

Ist innerhalb eines Zeitraums von sechs Monaten abzusehen, dass die Wohnung angemessen sein wird (z.B. Geburt eines Kindes, Einzug eines Partners, Erhöhung der Angemessenheitswerte), muss das Jobcenter prüfen, ob eine Mietschuldübernahme gerechtfertigt ist.

3 Nur wenn die Schuldübernahme gerechtfertigt ist

Ausschöpfung Selbsthilfepotential

Nach § 22 Abs. 8 SGB II muss die Schuldenübernahme »gerechtfertigt« sein. Gerechtfertigt kann sie erst sein, wenn das zumutbare Selbsthilfepotential des Leistungsberechtigten ausgeschöpft ist. Dazu gehört in erster Linie eine unverzügliche Benachrichtigung des Jobcenters über eine angekündigte oder schon erklärte Wohnungskündigung, damit über die Direktzahlung nach 22 Abs. 7 SGB II, ggf. kombiniert mit einer vom Jobcenter verwalteten Tilgung der aufgelaufenen Schulden, eine gütliche Einigung mit dem Vermieter gefunden werden kann.

Einsatz Schonvermögen

Nach § 22 Abs. 8 Satz 3 SGB II geht der Einsatz des Schonvermögens nach § 12 Abs. 2 Nr. 1 SGB II der Gewährung eines Darlehens vor. Das BSG vom 17.6.2010 – B 14 AS 58/09 R fordert auch den Einsatz des Schonvermögens nach § 12 Abs. 2 Nr. 4 SGB II:

> »Der Freibetrag für notwendige Anschaffungen nach § 12 Abs. 2 Nr. 4 SGB II ist in § 22 Abs. 5 Satz 3 SGB II [a. F.] zwar nicht erwähnt. Dieser Betrag ist jedoch auch und gerade zum Einsatz in unvorhergesehenen Bedarfslagen gedacht, sodass nicht ersichtlich ist, weshalb er in Ansehung von Mietschulden geschützt sein sollte«.

Zumutbarer Vermögenseinsatz

Bei der Mietschuldübernahme geht es darum, einen bereits regulär nach § 22 Abs. 1 SGB II erfüllten Bedarf noch einmal zu übernehmen. Es können daher strengere Maßstäbe an den Vermögenseinsatz als im Rahmen des § 12 SGB II angelegt werden. Eine Vermögensverschleuderung kann aber nicht verlangt werden, zumal das Mietschulddarlehen über die Tilgung nach § 42a SGB II zurückgeführt wird.

Wessen Schonvermögen?

Bei der Gewährung von laufenden Unterkunfts- und Heizkosten an eine BG gilt das Kopfteilprinzip. Abweichend davon kann die einmalige Leistung »Mietschulddarlehen« zur Vermeidung einer Mithaftung der Kinder in der BG nur an die Mietvertragsparteien vergeben werden. Danach kann auch nur der Einsatz deren Einkommens oder Vermögens gefordert werden (BSG vom 18.11.2014 – B 4 AS 3/14 R).

Einkommenseinsatz

Soweit die Freibeträge für Erwerbstätigkeit eines BG-Mitglieds nicht der Finanzierung notwendiger Aufwendungen zur Berufsausübung dienen (wie z. B. Fahrkosten), kann der Erwerbstätige zur Tilgung der Mietschulden auf den Einsatz der Freibeträge verwiesen werden. Je nach dem Ausmaß des Verschuldens kann auch der Einsatz privilegierten Einkommens verlangt werden (LSG NRW vom 24.3.2010 – L 12 B 120/09 SO ER: Einsatz von Ehrensold).

Vorrangig günstiger Wohnungswechsel

Ist es bei Abwägung aller Umstände kostengünstiger, einen Wohnungswechsel im Rahmen des § 22 Abs. 6 SGB II zu unterstützen statt hohe Mietschulden für den Erhalt einer am oberen Ende der Angemessenheitsgrenze liegenden Wohnung zu übernehmen, darf das Jobcenter die Mietschuldübernahme als nicht gerechtfertigt ablehnen. Das Interesse des Mietschuldners am Erhalt seiner Wohnung hat dann grundsätzlich geringeres Gewicht. Sind die Mietschulden sehr hoch und liegt ein erhebliches Verschulden der Leistungsberechtigen vor, handelt das Jobcenter nicht ermessensfehlerhaft, wenn es die Chance nutzt, mittels einer abgelehnten Mietschuldübernahme den Wechsel in eine günstigere Wohnung zu erzwingen, solange keine Obdachlosigkeit droht. In Extremfällen können die Umzugskosten über § 34 SGB II dem Mietschuldner aufgebürdet werden. Das kann anders sein, wenn ein Fehlverhalten des Jobcenters zu den Schulden beigetragen hat, insbesondere wenn es einem Antrag auf Direktüberweisung an den Vermieter nach § 22 Abs. 7 SGB II nicht entsprochen hatte (HessLSG vom 12.5.2005 – L 7 SO 3/05 ER; LSG Berlin-Brandenburg vom 25.9.2007 – L 32 B 1565/07 AS ER), wenn Rücksicht auf Kinder oder Behinderte in der BG zu nehmen ist (LSG Berlin-Brandenburg vom 14.1.2008 – L 26 B 2307/07 AS ER) oder ein erhebliches Mitverschulden des Vermieters vorliegt.

Ende des Leistungsbezugs

Das bevorstehende Ende des Leistungsbezugs rechtfertigt nur dann eine Ablehnung der Mietschuldübernahme, wenn künftige Eigenleistungsfähigkeit oder die Hilfe Dritter sichergestellt sind. Keinesfalls darf das Jobcenter den Antrag so lange hinauszögern, bis der Leistungsberechtigte aus dem Alg II-Bezug ausgeschieden ist. Umgekehrt kann ein Leistungsberechtigter den Antrag auf Mietschuldübernahme für eine abstrakt unangemessene Wohnung nicht darauf stützen, dass er demnächst als Verdiener die volle Miete zahlen könne.

4 Mietschuldübernahme bei drohendem Wohnungsverlust

Drohende Wohnungslosigkeit, die nach § 22 Abs. 8 Satz 2 SGB II ein Soll-Ermessen auslöst (Mietschulden »**sollen**« übernommen werden), bezieht sich auf den Verlust der bewohnten, kostenangemessenen Wohnung bei fehlender Möglichkeit, angemessenen Ersatzwohnraum zu finden. Drohende Wohnungslosigkeit kann weder unter Hinweis auf Unterbringungsmöglichkeiten in einer Not- oder Obdachlosenunterkunft verneint werden noch mit dem pauschalen Verweis auf den »allgemein entspannten« Wohnungsmarkt (BSG vom 17.6.2010 – B 14 AS 58/09 R). Das Jobcenter und ggf. das Sozialgericht muss vor Ablehnung eines Darlehens konkret prüfen, ob für den vor einer Räumung stehenden Mietschuldner Ersatzwohnungen tatsächlich zur Verfügung stehen (LSG Berlin-Brandenburg vom 29.1.2013 – L 23 SO 319/12 B ER). Das kann der Fall sein, wenn das Jobcenter auf ein sog. »geschütztes Marktsegment« zurückgreifen kann und dem Leistungsberechtigten daraus **vor dem Räumungstermin** eine Ersatzwohnung anbietet oder vermittelt (BSG vom 17.6.2010 – B 14 AS 58/09 R).

Genau prüfen

Anspruch auf Schuldübernahme

Gibt es keinen Ersatzwohnraum, verengt sich die Entscheidung des Jobcenters im Regelfall auf die Übernahme der Schulden. Ermessensgesichtspunkte, die im Anwendungsbereich des Kann-Ermessens nach § 22 Abs. 8 Satz 1 SGB II in die Ermessensentscheidung mit einfließen können (die Höhe der Schulden im Vergleich zu den im Falle eines Umzugs aufzuwendenden Folgekosten), bleiben außen vor. Auch das Verschulden des

Leistungsberechtigten an der drohenden Wohnungslosigkeit tritt dann regelmäßig zurück (BSG a.a.O.; s. auch LSG Berlin-Brandenburg vom 30.6.2011 – L 25 AS 535/11 B ER; LSG NRW vom 3.12.2014 – L 19 AS 1909/14 B ER; SG Wiesbaden vom 5.11.2014 – S 5 AS 834/14 ER).

Atypischer Fall

Ob ausnahmsweise etwas anderes gilt bei wiederholtem oder zielgerichtetem Schuldenmachen des Leistungsberechtigten, hat das BSG a.a.O. offen gelassen. Ausnahmsweise vertretbar ist eine Ablehnung der Schuldenübernahme, wenn angenommen werden kann, dass der Leistungsberechtigte in Ansehung der bevorstehenden Räumung eine Erwerbsarbeit aufnehmen wird oder ihm die Möglichkeit offen steht, bei Freunden oder Verwandten unterzukommen.

Nicht bei Sanktion

Allein der Umstand, dass Sanktionen nach § 31a SGB II zu Mietschulden geführt haben, begründet noch keinen atypischen Fall, der eine Ablehnung der Schuldübernahme ermessensgerecht macht (BayLSG vom 4.8.2010 – L 8 AS 356/10 B ER und vom 21.12.2012 – L 11 AS 850/12 B ER).

Beruhen die Schulden auf einer Totalsanktion unter 25-Jähriger in der BG, muss der Antrag auf Mietschuldübernahme bei sachgerechter Auslegung unter Beachtung der BSG-Urteile vom 23.5.2013 – B 4 AS 67/12 R und vom 2.12.2014 – B 14 AS 50/13 R als Antrag auf Erfüllung des infolge der Sanktion entstandenen Mehrbedarfs an Unterkunfts- und Heizkosten für die Eltern (in der Regel die Mietvertragspartei) ausgelegt werden. Statt eines Darlehens haben die Mietvertragsparteien Anspruch auf höhere KdU-Leistungen nach § 48 Abs. 1 Nr. 1 SGB X i.V.m. § 22 Abs. 1 SGB II. War ein Darlehen bestandskräftig bewilligt worden, ist es ohne die Schranken des § 40 Abs. 1 i.V.m. § 44 SGB X auf den Nacherfüllungsanspruch umzustellen.

III Vollstreckungsschutz

Aussetzung der Vollziehung der Räumung

Gegen ein noch nicht rechtskräftiges Räumungsurteil kann der Betroffene im Wege einer einstweiligen Anordnung nach § 570 Abs. 3 Halbs. 1 ZPO i.V.m. § 575 Abs. 5 ZPO vorgehen. Dem Aussetzungsantrag ist stattzugeben, wenn dem Mieter durch die Räumung größere Nachteile drohen als dem Vermieter durch Weiternutzung der Wohnung und die Berufung gegen das Räumungsurteil nicht von vornherein ohne Erfolgsaussicht ist (BGH vom 15.11.2011 – VIII ZB 95/11 und vom 14.2.2012 – VIII ZB 3/12). Bei Übernahme der Nutzungsentschädigung (§ 546a BGB) durch das Jobcenter kann die Folgenabwägung zugunsten des Leistungsberechtigten ausfallen.

Gegen eine nicht mehr abzuwendende Räumung kann der Mieter zur Abwehr von Obdachlosigkeit eine Räumungsfrist nach § 721 ZPO oder, wenn er die dazu nötige Frist versäumt hat, Vollstreckungsschutz nach § 765a ZPO beantragen.

In seltenen Ausnahmefällen kann ein ordnungsrechtlicher Anspruch auf Einweisung in die zivilrechtlich zu räumende Wohnung bestehen (s. dazu VG Darmstadt vom 20.7.2009 – 3 L 946/09; VG Augsburg vom 22.3.2010 – Au 5 E 10.392).

Kein Abschieben auf Zivilgericht

Das Jobcenter und ggf. das Sozialgericht dürfen die ihnen obliegende Verantwortung für die Entscheidung über einen Darlehensantrag nach § 22 Abs. 8 SGB II nicht auf das Zivilgericht abwälzen. Haben sie das getan bzw. sehenden Auges die Obdachlosigkeit in Kauf genommen, besteht zumindest die Pflicht, den Vollstreckungsschutz und das Auffinden einer Ersatzwohnung im Rahmen des Möglichen (z. B. durch Zusicherung der pünktlichen Direktzahlung einer Nutzungsentschädigung bei Aufschub der Vollstreckung oder durch unverzügliche Zusicherung der Direktzahlung für eine neue, angemessene Wohnung) aktiv zu unterstützen.

1 Räumungsfrist nach § 721 ZPO

Antragsfrist beachten!

Wird zur Räumung der Wohnung verurteilt, kann der Mieter bis spätestens vor Schluss der mündlichen Verhandlung im Räumungsprozess einen Antrag auf Gewährung einer angemessenen Räumungsfrist stellen (§ 721 ZPO). Je nach Lage auf dem Wohnungsmarkt oder den persönlichen Umständen des Mieters (LG Berlin vom 11.12.2014 – 67 S 278/14: Ablauf der Schulferien) muss der Vermieter dann den weiteren Verbleib in der gekündigten Wohnung dulden, sofern er dafür eine Nutzungsentschädigung in Höhe der regulären Miete bekommt und der Gekündigte intensiv auf Wohnungssuche geht. Die Frist kann bei rechtzeitigem Antrag verlängert werden. Insoweit muss das Jobcenter zur Abwehr von Obdachlosigkeit helfen, indem es auf Vorlage von Wohnungsangeboten unverzüglich Bescheid gibt, dass die gefundene Wohnung angemietet werden kann, und die **ungekürzte** Nutzungsentschädigung direkt an den Vermieter zahlt.

Arme Wohnungssuchende

Ist der Wohnungsmarkt im Segment preiswerter Wohnungen eng, kann das bei Bestimmung der Räumungsfrist eine Rolle spielen (AG Hamburg vom 28.11.2007 – 46 C 24/07; LG Berlin vom 18.4.2011 – 67 S 502/10).

Nach AG Augsburg vom 11.8.2014 – 16 C 408/14 kann für einen auf Versäumnissen des Jobcenters beruhenden Zahlungsverzug als Ausgleich eine großzügigere Räumungsfrist gewährt werden. Steht Ersatzwohnraum in Aussicht und ist die Zahlung der Nutzungsentschädigung gewährleistet, kann auch nach längerer, ergebnisloser Wohnungssuche noch eine Räumungsfrist gegeben werden (OLG Koblenz vom 18.6.2013 – 3 U 632/13).

Zum Anspruch auf Prozesskostenhilfe für Anträge auf Bewilligung oder Verlängerung einer Räumungsfrist s. AG Kerpen vom 30.8.2010 – 104 C 374/09.

2 Vollstreckungsschutz nach § 765a ZPO

Antragsfrist beachten!

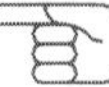

Ist die Frist für einen Antrag nach § 721 ZPO abgelaufen oder hat das Zivilgericht keine Frist gewährt, kann nur noch ein Antrag auf Vollstreckungsschutz nach § 765a ZPO helfen. Der Antrag muss spätestens zwei Wochen vor dem festgesetzten Räumungstermin gestellt werden, es sei denn, die Gründe, auf denen der Antrag beruht, sind erst nach diesem Zeitpunkt entstanden oder der Mieter war ohne sein Verschulden an einem rechtzeitigen Antrag gehindert.

Suizidgefahr

Eine ganz besondere Rolle kommt dem Vollstreckungsschutz zur Abwehr einer ernsthaften Gefahr für Leib und Leben der zu einer Räumung verpflichteten Personen zu. Dazu hat das BVerfG wiederholt Grundsätze entwickelt: vom 26.10.2011 – 2 BvR 320/11, vom 22.8.2012, vom 21.11.2012 – 2 BvR 1858/12, vom 6.8.2014 – 2 BvR 1340/14, vom 29.7.2014 – 2 BvR 1400/14 und vom 25.2.2014 – 2 BvR 2457/13.

Zum Vollstreckungsschutz bei Schwangerschaft s. LG Hannover vom 16.9.2013 – 52 T 54/13.

Räumungsschutzhilfe

Die Räumungsvollstreckung kann vorübergehend eingestellt werden, wenn der Schuldner schnell in eine Ersatzwohnung umziehen wird und die Zahlung einer Nutzungsentschädigung nachweist (LG Berlin vom 13.10.2009 – 51 T 643/096: bei erwarteter Ersatzwohnung in sechs Wochen). Auch den Antrag auf Vollstreckungsschutz kann das Jobcenter zur Vermeidung einer Unterbringung im Obdachlosenheim unterstützen.

Einstweilige Räumungsverfügung

Mit § 940a Abs. 3 ZPO hat der Vermieter das Recht, die Räumung einstweilig zu erzwingen, wenn der Mieter eine nach § 283a ZPO angeordnete Sicherheitsleistung nicht gestellt hat. Der Mieter kann sich dagegen mit einem Antrag auf einstweilige Einstellung der Zwangsvollstreckung gemäß § 936 i.V.m. §§ 924 Abs. 3 Satz 2, 707 Abs. 1 Satz 1 ZPO wehren. Notfalls kann das Vollstreckungsgericht die einstweilige Räumungsverfügung nach § 939 ZPO gegen Sicherheitsleistung aufheben. Droht wegen der Räumungsverfügung Obdachlosigkeit (eine Unterbringung in einem Wohnheim ist in der Kürze der Zeit bis zur Räumung nicht möglich), muss das Jobcenter diese Sicherheitsleistung geben.

IV Verfahren

Nur auf Antrag

Das Mietschulddarlehen muss gesondert beantragt werden (BSG vom 17.6.2010 – B 14 AS 58/09 R und vom 18.11.2014 – B 4 AS 3/14 R). Die Benachrichtigung des Amtsgerichts nach § 22 Abs. 9 SGB II ersetzt den Antrag nicht. Spricht der Leistungsempfänger »wegen Mietschulden« im Jobcenter vor, ist sein Anliegen aber nach dem Meistbegünstigungsgrundsatz sachgerecht auszulegen. Wird ein Beratungsbedarf erkennbar, muss das Jobcenter auf die Rechte nach § 22 Abs. 8 SGB II hinweisen.

Wer muss den Antrag stellen?

Da es keine Leistungsansprüche »der BG« gibt, ist ein Antrag aller in der BG lebenden, volljährigen Mitglieder erforderlich, die als Darlehensnehmer in Betracht kommen.

Kein Kopfteilprinzip

Nach BSG vom 18.11.2014 – B 4 AS 3/14 R sind Mietschulddarlehen nur an die Mietvertragsparteien zu vergeben, wobei diese auch hinsichtlich der laufenden KdU-Bedarfe leistungsberechtigt sein müssen. Das Kopfteilprinzip gilt nicht.
Kann das Darlehen wegen fehlenden SGB II-Leistungszugangs nur anteilig an eine der Mietvertragsparteien gegeben werden, muss die von SGB II-Leistungen ausgeschlossene Mietvertragspartei insofern mit an dem Verfahren beteiligt werden, als der Erhalt der Wohnung nur zu sichern ist, wenn alle Mietschulden beglichen werden. D.h., nur wenn die von SGB II-Leistungen ausgeschlossene Person ihren Schuldanteil übernehmen kann oder dafür ein Dritter aufkommt (z.B. Sozialamt, BAföG-Stelle), ist auch die Gewährung des anteiligen Schuldanteils nach § 22 Abs. 8 SGB II gerechtfertigt. Ist eine solche Mitwirkung ohne Verschulden der Beteiligten nicht zu realisieren, muss das Jobcenter, wenn ansonsten Obdachlosigkeit droht, alle Schulden übernehmen.

Offene Rechtsfragen

Das BSG vom 18.4.2014 – B 4 AS 3/14 R bezieht sich auf Fälle, in denen die Mietvertragsparteien leistungsberechtigt sind und die Wohnung gemeinsam nutzen. Offen ist, ob das Jobcenter ein Darlehen ablehnen kann, wenn keiner der leistungsberechtigten Wohnungsnutzer Mietvertragspartei ist und wie das Darlehen zu vergeben ist, wenn einer der leistungsberechtigten Wohnungsnutzer Untermieter ist.

Beispiel 1

V. hat sich bereit erklärt, eine Wohnung zu mieten, damit sein Sohn S., der wegen Schufa-Einträgen und Alg II-Bezugs keine Wohnung findet, ein Obdach hat. Intern ist vereinbart, dass V. nur formal Mietpartei ist bei alleiniger Nutzung der Wohnung durch S., der auch für die Mietzahlungen aufkommen soll. Als S. wegen Mietschulden ein Darlehen nach § 22 Abs. 8 SGB II beantragt, verweist das Jobcenter auf V., der zur Mietzahlung verpflichtet sei. Unserer Auffassung nach darf das Darlehen nur abgelehnt werden, wenn V. die Schulden, ohne selbst hilfebedürftig zu werden, tragen kann. Das Jobcenter ist dann berechtigt, eine Tilgung des Darlehens im Verhältnis V. und S. als vorrangige Selbsthilfe zu werten.

Beispiel 2

B. lebt von Alg II. Er war nach einer gescheiterten Beziehung in die Wohnung seiner Schwester S. gezogen. In einem Untermietvertrag ist geregelt, dass sich B. zur Hälfte an den Mietkosten beteiligt. Als es zu Mietschulden kommt, beantragt B. ein Mietschulddarlehen. Das Jobcenter lehnt dies mit der Begründung ab, dass S. gegenüber dem Vermieter die volle Miete zahlen müsse, so dass ein Darlehen nicht gerechtfertigt sei. Unserer Auffassung nach muss ein Mietschulddarlehen geprüft werden, weil B. vertraglich zur Zahlung des Untermietzinses verpflichtet ist und S. das Untermietverhältnis wegen Mietschulden kündigen darf, so dass ggf. Wohnungslosigkeit droht.

Hat das Jobcenter ein Darlehen nach dem Kopfteilprinzip auch an wohnungsnutzende Personen vergeben und diese, die nicht im Mietvertrag stehen, mit einer Darlehenstilgung belastet, können diese über einen Widerspruch oder einen Überprüfungsantrag eine Schuldbefreiung erreichen (dazu LSG Sachsen vom 24.2.2015 – L 2 AS 1444/14 B ER). Rechtsgrundlage für eine Überprüfung ist § 44 Abs. 2 SGB X (vgl. BSG vom 27.5.2014 – B 8 SO 1/13 R: Beseitigung rechtswidrig verlangter Darlehenszinsen). Ob dann den Mietvertragsparteien die Anteile der übrigen BG-Mitglieder nachträglich aufgebürdet werden können, ist fraglich. Jedenfalls wäre dies mangels Verschuldens der BG-Mietparteien nur im Wege einer Ermessenentscheidung nach § 45 SGB X möglich.

Anspruch auf Korrektur eines Kopfteildarlehens?

H. lebt mit Partnerin P. und deren 19-jähriger Tochter T. zusammen. H. und P. haben die Wohnung gemeinsam gemietet. Die BG lebt von SGB II-Leistungen. Ein von H. gestellter Antrag auf Übernahme von Mietschulden in Höhe von 1.800 € wird dahingehend beschieden, dass H., P. und T. jeweils 600 € als direkt an den Vermieter überwiesenes Mietschuld-Darlehen bekommen und ab dem Folgemonat jeweils 10% des Regelbedarfs zur Tilgung einbehalten wird. Zehn Monate später beantragt T. eine Überprüfung der Darlehenstilgung. Nach § 44 Abs. 2 SGB X muss das Jobcenter die Tilgung stoppen. Ein Anspruch auf Zurückerstattung der schon geleisteten Raten besteht grundsätzlich nicht, da das Jobcenter im Rahmen des Ermessens berücksichtigen darf, dass in der Gewährung des Darlehens auch eine Begünstigung liegt, die H. und P. entlastet. Für eine Aufhebung und Rückforderung des noch nicht getilgten Darlehens kommt nur § 45 SGB X in Betracht, dessen Voraussetzung (zumindest grob fahrlässiges Verschulden) nicht vorliegt. Damit gibt es auch keine Grundlage, das an H. und P. gewährte Darlehen aufzustocken bzw. an eine hälftige Verteilung nach Anzahl der Mietvertragsparteien anzupassen.

Beispiel

Im Regelfall werden Mietschulden nur als Darlehen gewährt, die nach § 42a SGB II in Höhe von 10% des Regelbedarfs mit den laufenden Leistungen getilgt werden müssen. Im Fall hoher Mietschulden hat das bei schlechten Eingliederungschancen auf dem Arbeitsmarkt eine sehr lange Zeit des Leistungsbezugs unterhalb des Existenzminimums zur Folge. Dies begründet allerdings keinen atypischen Fall für die Umwandlung des Darlehens in einen Zuschuss. Tilgungsbedingte Notlagen können verfassungskonform über eine Aussetzung der Tilgung oder einen Erlass der Forderung nach § 44 SGB II gelöst werden. Das BVerfG vom 23.7.2014 – 1 BvR 10/12 fordert die Jobcenter und die Gerichte dazu auf, Handlungsspielräume auf einfachgesetzlicher Ebene voll auszuschöpfen.

Zuschuss statt Darlehen

Ist der Leistungsberechtigte aufgrund einer erheblichen Mitschuld des Jobcenters in Zahlungsverzug geraten, kann dies einen atypischen Fall für einen Mietschuld-Zuschuss rechtfertigen (BSG vom 18.11.2014 – B 4 AS 3/14 R).

Andere Fälle für eine Mietschuldübernahme im Wege eines Zuschusses sind wegen einer Krankheit (s. dazu LSG Hessen vom 17.5.2013 – L 9 AS 247/13 B ER) verursachte Mietschulden. Letztlich ist auch die Form der Hilfegewährung nach § 22 Abs. 8 SGB II stets Teil der Rechtfertigungsprüfung, die unter Berücksichtigung der besonderen Umstände des jeweiligen Einzelfalles zu ergehen hat.

Überprüfungsantrag?

Hatte der Leistungsberechtigte einen Mietschuld-Zuschuss beantragt oder liegen die Umstände bei Gewährung eines Mietschulddarlehens so, dass nach der Bedarfslage ein Zuschuss hätte geprüft werden müssen, beinhaltet das dennoch gewährte Darlehen die Entscheidung des Jobcenters, dass kein Zuschuss beansprucht werden kann. In diesem Fall ist die Umwandlung des Darlehens in einen Zuschuss bei Bestandskraft des Darlehensbescheides über § 44 SGB X geltend zu machen mit der Folge, dass ggf. nur noch begrenzt (§ 40 Abs. 1 SGB II) korrigiert werden kann.

Neuer Antrag

Anders ist die Situation zu werten, wenn die Beteiligten davon ausgingen, es könne nur ein Darlehen vergeben werden. Dann kann der Leistungsberechtigte ungeachtet der Bestandskraft des Darlehensbescheides einen Antrag auf Gewährung eines Zuschusses stellen. Die Mietschuldübernahme als Zuschuss ist gegenüber dem Darlehen eine andere Sozialleistung (BSG vom 28.2.2013 – B 8 SO 4/12). Der Antrag wirkt nach § 28 SGB X bis zu einem Jahr zurück.

Beispiel

Der 62-jährige J. lebt mit seiner 59-jährigen Partnerin P. zusammen, die eine Arbeitsmarktrente bezieht. Ergänzend zur Rente erhalten J. und P. Alg II (Arbeitsmarktrentner gelten als erwerbsfähig i. S. von § 8 SGB II). Wegen Mietschulden, verursacht durch vorrangige Bedienung von Spielschulden des J., wird die Wohnung gekündigt. J. beantragt ein Darlehen, das je zur Hälfte an J. und P. vergeben wird, die beide im Mietvertrag stehen. Anlässlich einer Sozialberatung erfährt P., dass eine Mietschuld auch als Zuschuss übernommen werden kann. Sie beantragt beim Jobcenter einen Zuschuss und macht geltend, dass ihre Lebenssituation eine Vermittlung in Arbeit praktisch ausschließe, J. ebenfalls sehr geringe Chancen auf Arbeit habe und sie, P., den Zahlungsverzug nicht habe verhindern können, weil J. das Geld verwalte. Es liege daher ein atypischer Fall vor.

Ungeklärte Rechtsfrage

Gibt das Jobcenter dem Antrag statt, ist noch ungeklärt, ob dies vom Einverständnis des J. abhängig gemacht werden kann, die Mietschulden in vollem Umfang zu übernehmen.

Keine Verwirkung

Die Prüfung der Übernahme von Mietschulden nach § 22 Abs. 8 SGB II entfällt nicht, weil wegen Eile oder verzögerter Antragsbearbeitung die Unterkunft mit Hilfe eines anderweitig beschafften Darlehens zur Schuldentilgung gesichert wurde. Auch diese Schulden inklusive Zinsen gegenüber einem Dritten, die der Hilfesuchende **nach** vergeblichem Antrag oder verzögerter Antragsbearbeitung durch das Jobcenter eingegangen ist, um drohende Wohnungslosigkeit abzu-

wenden, können Schulden im Sinne des § 22 Abs. 8 SGB II sein (BSG vom 17.6.2010 – B 14 AS 58/09 R).
Wegen der Tilgung des § 22 Abs. 8 SGB II-Darlehens mit 10% des laufenden Bedarfs kann es wirtschaftlich günstiger sein, sich um private Hilfe zu bemühen.

Überschneidungskosten

Hat ein aus dem Mietvertrag gekündigter Alg II-Bezieher wegen der ungewissen Aussicht seines Antrags auf Mietschuldübernahme vorsorglich eine andere Wohnung gesucht und treffen die Umstände so aufeinander, dass das Jobcenter die nach § 569 Abs. 3 Nr. 2 BGB heilende Schuldzahlung leistet, als der Alg II-Bezieher schon den neuen Mietvertrag unterzeichnet hat, kann die Rechtswirkung der schuldbefreienden Zahlung nicht durch bloße Erklärung, die fristlose Kündigung solle doch gelten, zu Fall gebracht werden (LG Berlin vom 10.12.2013 – 63 S 184/13; AG Saarbrücken vom 31.10.2013 – 37 C 333/13(02)). Der Mietvertrag muss neu gekündigt werden, der Vermieter hat bis zum Ablauf der Kündigungsfrist Anspruch auf die Miete. Ggf. kann der Leistungsberechtigte die doppelte Mietbelastung über einen Anspruch nach § 22 Abs. 6 SGB II kompensieren.

V Eilrechtsschutz

Steht bei Verlust der Wohnung keine konkret anmietbare Ersatzwohnung zur Verfügung, muss zur Vermeidung von Obdachlosigkeit zügig geholfen werden. Die Ursachen der Mietschulden und deren Höhe spielen dann nur eine untergeordnete Rolle (BSG vom 17.6.2010 – B 14 AS 58/09 R). Das verschiebt auch die Maßstäbe für den Anordnungsgrund (Eilbedürftigkeit).

Fristlose Kündigung

Bisher wurde die Eilbedürftigkeit meist verneint, wenn »nur« fristlos gekündigt worden war. Der Leistungsberechtigte könne die Räumungsklage abwarten (LSG NRW vom 18.7.2014 – L 7 AS 1218/14 B ER, vom 6.3.2014 – L 6 AS 141/14 B ER und vom 26.11.2014 – L 12 AS 1559/14 B ER). Dem kann nur zugestimmt werden, wenn es gesicherte Hinweise darauf gibt, dass der Vermieter trotz fristloser Kündigung des Mietverhältnisses nicht gleich zur Räumung schreiten wird (dazu z. B. LSG NRW vom 4.9.2009 – L 12 B 69/09 AS ER) oder das Selbsthilfepotential noch nicht ausgeschöpft ist. Ansonsten treibt man die Leistungsberechtigten in Mehrkosten (z. B. Anwalts- und Gerichtskosten), die nach Gewährung eines Mietschulddarlehens die Gefahr einer Berechtigung der meist hilfsweise mit der fristlosen Kündigung erklärten ordentlichen Kündigung herausfordern. Die Gefahr der ordentlichen Kündigung droht, wenn Leistungsberechtigte neben der Tilgung des Darlehens nach § 42a SGB II mit der Rückzahlung der Gerichts- und Anwaltskosten an den Vermieter überfordert sind. Auch dies stellt eine Veletzung mietvertraglicher Pflichten dar (BGH vom 14.7.2010 – VIII ZR 267/09); zuzustimmen ist daher LSG Berlin-Brandenburg vom 22.7.2014 – L 10 AS 1393/14 B ER; BayLSG vom 19.3.2013 – L 16 AS 61/13 B ER und vom 21.1.2013 – L 7 AS 882/12 B ER.

Räumungsklage läuft

Nach Zustellung der Räumungsklage an die Mieter verbleiben nur zwei Monate Zeit, um den Verlust der Wohnung durch Begleichung der Mietschulden abzuwenden (§ 569 Abs. 3 Nr. 2 BGB). In dieser Phase kann die Eilbedürftigkeit nur verneint werden, wenn das Gericht alternative Abhilfemöglichkeiten konkret aufzeigt. Floskeln wie »es ist nicht ersichtlich, dass …« genügen nicht (SG Berlin vom 25.10.2012 – S 37 AS 24431/12 ER). Vielmehr ist dann meist ersichtlich, dass der einkommens- und vermögenslose Leistungsberechtigte keine Chance hat, der fristlosen Kündigung durch Zahlung der Mietschulden zu begegnen; woher soll er das Geld nehmen? Außerdem **müssen** die bei Bestandskraft der Kündigung entstehenden Folgekosten nach BSG vom 17.6.2010 – B 14 AS 58/09 R als Mietschulden übernommen werden, wenn sonst Obdachlosigkeit droht. Das »Abwimmeln« unsympathischer Antragsteller führt somit nur zu höheren Kosten.

Schnell-verwertung

Als zusätzlicher Kostenfaktor wird mit Inkrafttreten des Mietrechtsänderungsgesetzes der sehr rasch drohende Verlust von Mobiliar wegen der Schnell-Verwertung nach § 885 Abs. 3 – 5 ZPO mit Folgeansprüchen auf eine Wohnungs-Erstausstattung nach § 24 Abs. 3 Nr. 1 SGB II zu berücksichtigten sein.

Berliner Räumung

Die bei Räumung der Wohnung durch bloßes Hinaussetzen der Mieter (Berliner Räumung nach § 885a ZPO i.V.m. § 885 Abs. 1 ZPO) in der geräumten Wohnung verbliebenen Hausratsgegenstände unterliegen nicht dem Vermieterpfandrecht (s. dazu LG Berlin vom 21.1.2011 – 63 T 7/11). Einem Anspruch auf Wohnungs-Erstausstattung geht der Transport der Möbel in die neue Wohnung daher vor (LSG NRW vom 25.6.2008 – L 7 B 9/08 AS).

Q Übernahme von Energieschulden

I Grundsätzliches

Nach § 22 Abs. 8 SGB II können Schulden nicht nur zur Sicherung einer Unterkunft, sondern auch »zur Behebung einer vergleichbaren Notlage« übernommen werden.

Auch Haushaltsenergie

Dies ist der Einstieg, um neben Energieschulden, die sich direkt auf das Wohnen beziehen, wie Gas oder Strom zum Heizen und zur Warmwassererzeugung, auch Haushaltsenergieschulden (Gas zum Kochen, Strom für Licht und Elektrogeräte) übernehmen zu können. Der Bezug zum Wohnen ergibt sich bei Haushaltsenergieschulden daraus, dass ein Wohnen ohne Strom oder ohne Kochmöglichkeit im Fall einer Energiesperre dem Zustand von Wohnungslosigkeit gleichkommt (ganz überwiegende Auffassung, z. B. LSG NRW vom 26.3.2014 – L 7 AS 425/14 B ER; kritisch dazu LSG NRW vom 17.1.2014 – L 9 SO 532/13 B ER und vom 17.7.2014 – L 9 SO 388/12: konkrete Prüfung der Bewohnbarkeit ohne Energieversorgung; in diese Richtung auch LSG Schleswig-Holstein vom 13.1.2012 – L 3 AS 233/11 B ER).

Strafe muss sein?

Dem Sozialrecht ist ein Straf- oder Erziehungsgedanke fremd (SG Bremen vom 9.12.2009 – S 24 SO 196/09 ER). Ist die Energieversorgung schon gesperrt worden, muss daher grundsätzlich sofort Abhilfe

geschaffen werden, wobei das Verschulden hinter dem Gebot, einen dem Zustand der Obdachlosigkeit nahekommenden Zustand abzuwenden (BSG vom 17.6.2010 –B 14 AS 58/09 R), zurücktritt.
Unhaltbar ist die Auffassung, eine Wohnung ohne Strom könne mit dem Einsatz von Kerzen oder Propangaskocher bewohnbar gehalten werden (so LSG NRW vom 12.3.2010 – L 12 SO 15/10 B). Nach BSG vom 18.11.2014 – B 4 AS 3/14 R sollte auch klar sein, dass die Entscheidungen des LSG Rheinland-Pfalz vom 27.12.2010 – L 3 AS 557/10 B ER und des LSG Mecklenburg-Vorpommern vom 29.9.2011 – L 8 B 509/09 ER, wonach Kinder für das sozialwidrige Verhalten der Eltern durch den Verzicht auf Licht und warme Mahlzeiten mitzuhaften hätten, keinen verfassungsrechtlichen Maßstäben standhalten; sehr fragwürdig auch LSG Schleswig-Holstein vom 13.1.2012 – L 3 AS 233/11 B ER; richtig dagegen LG Neubrandenburg 20.04.2010 – 1 S 130/09: warme Mahlzeiten für Kinder unverzichtbar.

Elendsgewöhnung?

Lebt ein Antragsteller schon über einen längeren Zeitraum ohne Strom- oder Gasversorgung, kann seinem Antrag nicht entgegengehalten werden, er habe sich an das Leben ohne Strom oder Gas gewöhnt. Das widerspricht nicht nur dem BSG vom 17.6.2010 – B 14 AS 58/09 R zur Unzumutbarkeit eines Verweises auf Obdachlosenheime anstelle der Mietschuldübernahme, sondern missachtet den Anspruch aus Art. 1 GG; auch der unbehaust lebende Mensch, in der Regel von Krankheit oder Schicksalsschlägen getroffen, hat Anspruch auf Wahrung der Menschenwürde. Zu Recht bejaht das LSG Sachsen-Anhalt vom 12.3.2012 – L 2 AS 477/11 B ER deshalb ein Eilbedürfnis, wenn der Betroffene nach über vier Jahren Leben ohne Strom geltend macht, er sei an einem Punkt, wo er nicht mehr ohne Strom auskommen könne.

Schulden oder zu erfüllende Bedarfe?

In der Regel zahlt das Jobcenter für Energie für Heizen und Warmwasser, schon im laufenden Alg II-Bezug Beträge, um die Abschlagszahlungen der Energieversorger bedienen zu können. Die Abgrenzung von Schulden zu nachträglichen Bedarfen ergibt sich dann über die Frage, ob und in welcher Höhe Abschläge gezahlt wurden. Da Anteile für Haushaltsenergie im Regelbedarf enthalten sind, um damit den laufenden Abschlag für Strom oder Gas (zum Kochen) tragen zu können, ist auch bei Nachforderungen der Haushaltsenergieversorger zu unterscheiden, ob sie auf zusätzlichen Bedarfen beruhen oder aus der unterlassenen Zahlung des laufenden Abschlags.

Zusätzlicher Haushaltsstrombedarf

Bei regelmäßiger Zahlung des laufenden Abschlags sind Nachzahlungsforderungen aus einer Gas- oder Stromabrechnung zusätzliche Bedarfe, die in angemessenem Umfang (wirtschaftlicher bzw. üblicher Verbrauch) nach § 24 Abs. 1 Satz 1 SGB II bei Unabweisbarkeit als Darlehen zu übernehmen **sind** (kein Ermessen); sie stehen auch Personen zu, die keine Leistungen nach § 22 SGB II beziehen bzw. keinen Anspruch auf solche Leistungen haben (z. B. Nestflüchter nach § 22 Abs. 5 SGB II).

»Unabweisbarkeit« bedeutet, dass der im Abrechnungszeitraum aufgelaufene Bedarf nicht aufschiebbar ist und weder mit Schonvermögen noch durch Umschichtungen im Regelbedarf gedeckt werden kann.

Sonderbedarf für Haushaltsenergie

Beruht die Nachforderung darauf, dass Haushaltsenergie für einen atypischen, nicht nur einmaligen Bedarf benötigt wird, gibt § 21 Abs. 6 SGB II einen Rechtsanspruch auf Übernahme dieses Sonderbedarfs.

Beispiel

Wegen einer Erkrankung oder Behinderung benötigt der Leistungsberechtigte deutlich mehr Energie für die Körperhygiene und für die Wäsche (dazu BSG vom 19.8.2010 – B 14 AS 13/10 R).

Besteht dieser Bedarf kontinuierlich, kann damit bereits der laufende Abschlag, soweit er über dem Regelbedarfsbetrag für Haushaltsenergie liegt, finanziert werden. Ergibt die Jahresabrechnung dennoch eine Nachforderung, ist zu prüfen, in welchem Umfang dies auf den Sonderbedarf zurückzuführen ist; denn insoweit muss auch der einmalige Nachforderungsbetrag als aufgestauter laufender Bedarf nach § 21 Abs. 6 SGB II übernommen werden.

»Echte« Schulden

Haushaltsenergieschulden sind demnach nur die Nachforderungsbeträge, die auf den nicht abgeführten Regelbedarfsanteilen für Haushaltsenergie beruhen. Nur diese »echten« Schulden sind genau genommen Gegenstand einer ermessensgesteuerten Schuldübernahme nach § 22 Abs. 8 SGB II.

Beispiel

Das Ehepaar E. und F. bezieht laufend Alg II. Der Stromversorger hat für 2014 einen monatlichen Abschlag in Höhe von 60 € festgelegt. Im Jahr 2014 beträgt der Regelbedarfsanteil für Haushaltsenergie jeweils 27,44 €. E. und F. haben im laufenden Jahr 2014 wegen der Anschaffung eines Fernsehgerätes die Stromabschläge für Juni bis August nicht gezahlt. Mit der Abrechnung für 2014 fordert der Stromversorger eine Nachzahlung von 240 €. Der Gesamtverbrauch lag bei 780 €. Hier sind 3 x 54,88 € = 164,64 € Haushaltenergieschulden aufgelaufen, die übrigen 75,36 € beruhen auf einem höheren Verbrauch als nach § 20 SGB II zugestanden.
In der praktischen Umsetzung bedeutet das nicht, dass die 75,36 € als noch unter der 100 €-Stromsperrgrenze liegender Bedarf unberücksichtigt bleiben; im Gegenteil deutet die Nachforderung auf die extrem knapp bemessenen Anteile für Haushaltsenergie im Regelbedarf (dazu BVerfG vom 23.7.2014 – 1 BvR 10/12) und erleichtert eine Übernahme der gesamten Nachforderung im Rahmen des § 22 Abs. 8 SGB II, weil nur so die Notlage der drohenden Stromsperre abgewendet werden kann.

Wohnenergie

Auch für Strom- oder Gasenergie zum Heizen und zur Warmwassererzeugung sind echte Schulden (wegen Nichtentrichtung der vom Jobcenter dafür zuerkannten Bedarfsbeträge) abzugrenzen von zusätzlichen Bedarfen und Sonderbedarfen.

Zusätzlicher Bedarf

Hat der Leistungsbezieher die vom Energieversorger kalkulierten, laufenden Abschläge stets abgeführt und ergibt die Jahresabrechnung dennoch eine Nachforderung, beruht diese auf höherem Verbrauch oder gestiegenen Kosten. Die Nachforderung ist in diesem Fall nach § 22 Abs. 1 SGB II zu übernehmen.

Einzelheiten und der Fall gesenkter oder gedeckelter Unterkunfts- und Heizkosten werden in Kapitel N detailliert erörtert.

Wurden keine oder geringere Abschläge entrichtet, weil das Jobcenter eine volle oder teilweise Kostenübernahme abgelehnt hat, ist die Nachforderung, soweit angemessen, ein KdU-Bedarf nach § 22 Abs. 1 SGB II, der je nach Bescheidlage (vorläufige Bewilligung, angefochtene Bewilligung oder bestandskräftige Bewilligung) direkt oder mit Klage oder Überprüfungsantrag nach § 44 SGB X eingefordert werden kann.

Beispiel

K. lebt in einer Wohnung, deren Bad nur mit einem Heizstrahler erwärmt werden kann. Er veranschlagt dafür einen Betrag von 10 € im monatlichen Stromabschlag von 60 €. Das Jobcenter lehnt eine Kostenübernahme ab, weil es an einer exakten Messung des für den Strahler benötigten Stroms fehle. K. erhebt gegen den Bewilligungsbescheid, der keinen Betrag für Heizungsstrom ausweist, Widerspruch. Den laufenden Abschlag zahlt er in Höhe von 50 €. Im laufenden Widerspruchsverfahren erhält K. die Strom-Jahresabrechnung 2014, die bei einem Gesamtverbrauch von 680 € eine Nachforderung von 80 € ergibt. K. fordert als laufenden Bedarf für den Heizstrahler 25,17 €, so dass auch die Nachforderung als Heizstrombedarf zu übernehmen sei. K. hat den Bedarf so errechnet, dass er den Gesamtverbrauch von 680 € um die durchschnittlichen Kosten für Haushaltsenergie eines 1-Personen-Haushalts (= 1.500 kWh im Jahr [nach EnergieAgentur.NRW]) x 25,20 Cent (dem 2014 von seinem Versorger geforderten Preis) verringerte. Mit dem laufenden Regelbedarfsanteil für Haushaltsenergie (= 30,39 €) habe das Jobcenter auch nur die Haushaltsenergie getragen. K. hat Anspruch auf die schlüssig begründeten Kosten für den Heizstrahler.

Sonderbedarf

Ob bei einem individuellen, personengebundenen Mehrbedarf für Heizung der oberhalb des Nichtprüfgrenzwertes nach dem Heizspiegel liegende Betrag als konkret angemessener Betrag anerkannt oder als Mehrbedarf nach § 21 Abs. 6 SGB II ausgewiesen wird, ist noch nicht geklärt. Erhöhte Kosten für Warmwasser hat das LSG Niedersachsen-Bremen vom 23.2.2011 – L 13 AS 90/08 einer einzelnen Person als Mehrbedarf nach § 21 Abs. 6 SGB II zugeordnet. Unabhängig von dieser Einordnungsfrage ist ein erhöhter Bedarf, der auf einem nicht nur vorübergehenden, atypischen Zusatzbedarf beruht, keine Energieschuld, wenn im laufenden Bezug dafür kein Betrag anerkannt und daher auch nicht an den Energieversorger abgeführt wurde.

Korrekturbedarf

Beruht eine Nachforderung für Energie auf einem Abrechnungs- oder einem Messfehler, ist der daraus entstehende Bedarf nach SG Osnabrück vom 9.7.2014 – S 33 AS 199/13 über ein Darlehen nach § 22 Abs. 8 SGB II, ggf. in Form eines Zuschusses (atypischer Fall) zu übernehmen. Das ist unter dem Blickwinkel des entschiedenen Falles (Manipulation des Zählers vom vorherigen Nutzer) nachvollziehbar, auf sonstige Fälle nachträglicher Verbrauchsberechnungen aber nicht zu übertragen. Denn im Ergebnis beruhen die nachberechneten Leistungen, nicht anders als bei regulären Betriebs- und Heizkostenabrechnungen, auf Bedarfen, die von dem per Abschlag kalkulierten Verbrauch abweichen. Dass im Fall eines technischen Defekts im Messgerät kein realitätsgerechter Abschlag kalkuliert werden konnte, so dass das Jobcenter einen ggf. unangemessenen Verbrauch nicht korrigieren konnte, rechtfertigt keine Abweichung von der BSG-Rechtsprechung zu Betriebs- und Heizkostennachforderungen als nachgelagertem KdU-Bedarf, der im Regelfall nach § 22 Abs. 1 SGB II als Zuschuss zu übernehmen ist. In Fällen einer krassen Abweichung zwischen Verbrauch und Messung kann ein Verschulden der Leistungsbezieher vorliegen, das die Nachforderung zu einem Darlehensfall nach § 22 Abs. 8 SGB II macht, weil eine korrekte Berechnung und damit Fälligstellung der Kosten für den tatsächlichen Energieverbrauch vereitelt wurde. Unter diesem Blickwinkel sind die nacherhobenen Kosten Schulden, weil sie bei korrektem Verhalten längst hätten bezahlt werden müssen, ggf. schon vor Eintritt in den Alg II-Bezug.

II Tatsächlich geschuldete Forderung

Wie reguläre Bedarfe sind auch Energieschulden nur übernahmefähig, soweit es sich um tatsächlich bestehende und durchsetzbare Forderungen handelt, die bei Nichtzahlung eine Sperre der Energieversorgung erlauben.

1 Forderung kraft Abschlusse eines Versorgungsvertrages

Wurde ein Energielieferungsvertrag geschlossen, ist danach zu beurteilen, ob, gegen wen und in welchem Umfang die vom Versorger geltend gemachte Forderung besteht. Bei Ehepaaren und eingetragenen Partnerschaften ist der Abschluss eines Stromlieferungsvertrages ein Bedarfsdeckungsgeschäft im Sinne des § 1357 Abs. 1 BGB, das beide Partner verpflichtet. Die Verpflichtung besteht auch nach der Trennung und dem Auszug aus der gemeinsamen Wohnung weiter, wenn dem Stromversorger die Trennung und der Auszug nicht mitgeteilt werden (BGH vom 24.4.2013 – XII ZR 159/12).

Anders als bei der Nachforderung aus einer Betriebs- und Heizkostenabrechnung, wo es für eine Übernahme nach § 22 Abs. 1 SGB II auf die Lebensverhältnisse im Zeitpunkt der Fälligkeit der Nachforderung ankommt (näher dazu Kapitel N, → S. 343 f.), ist es wegen des Selbsthilfegebots vor einer Schuldübernahme zulässig, den Antragsteller auf eine (Teil-)Verlagerung der Schulden auf den ausgezogenen Partner zu verweisen, wenn die Stromforderung aus Zeiträumen stammt, in denen er selber noch Strom gebraucht hat, u. U. schon im Zustand des Getrenntlebens in der Wohnung; ggf. kann sich das Jobcenter einen möglichen Ausgleichsanspruch nach § 426 BGB abtreten lassen.

Der ausgezogene Partner muss zur Begründung der Fälligkeit der Forderung die Rechnung des Energieversorgers nicht in eigener Person erhalten haben. Wegen § 1357 BGB ist jeder Ehegatte mit Wirkung für beide empfangszuständig. Das hat andererseits zur Folge, dass die Verjährungsfrist von drei Jahren mit Zustellung der Rechnung an einen der Ehegatten beginnt (LG Karlsruhe vom 17.5.2013 – 9 S 364/12).

2 Forderung kraft Energieentnahme

Entnimmt der Mieter einer Wohnung ohne Kontaktaufnahme mit dem Versorgungsunternehmen tatsächlich Energie, kommt damit konkludent ein Liefervertrag zustande, der nach den Grundsätzen der Duldungsvollmacht für die im Mietvertrag stehenden Mitmieter als angenommen gilt (BGH vom 22.7.2014 – VIII ZR 313/13).

Beispiel

J. lebt von Alg II. Damit er den Mietvertrag für die Wohnung bekommt, tritt sein Bruder B., der gut verdient, als Mitmieter in den Vertrag ein. Es gilt als verabredet, dass B. nur als Bürge fungiert. J. nutzt die vorhandene Stromzufuhr weiter, ohne sich um einen Vertrag zu kümmern. Als nach zwei Jahren die Rechnung über 956 € ins Haus flattert und J. seine Bedürftigkeit offenbart, hält sich der Stromversorger an B. Nach BGH vom 22.7.2014 – VIII ZR 313/13 zu Recht.

Ob das Jobcenter in diesem Fall einen Antrag auf Schuldübernahme mit Verweis auf die Haftung des B. ablehnen kann, ist fraglich. Ein »unanständiges« Verhalten kann auch im Rahmen der Selbsthilfe nicht verlangt werden. Zumutbar ist aber, dass geprüft wird, ob B. die Schulden übernimmt und J. ihm diese in kleinen Raten zurückzahlt.

Maßgebender Partner eines kraft Energieentnahme zustande gekommenen Liefervertrages ist der Mieter oder Pächter der Wohnung/eines Hauses, nicht der Eigentümer (BGH vom 2.7.2014 – VIII ZR 316/13).

Ausnahme: Der Vermieter entnimmt vorübergehend Energie, um die versorgte Wohnung durch Renovierungsarbeiten für die Vermietung vorzubereiten. Dann ist ein Liefervertrag mit dem Vermieter zustande gekommen, der durch die spätere Energieentnahme der Mieter nicht aufgehoben wird. Die Mieter tragen bis zu einer Änderung der Verhältnisse keine Energiekosten (OLG Hamm vom 19.11.2013 – I-19 U 116/13).

Hat ein Mieter nach Kündigung eines Energieversorgungsvertrages bis zur späteren Rückgabe der Wohnung tatsächlich weiter Energie bezogen, ist der Weiterbezug als Angebot zum Abschluss eines neuen Versorgungsvertrages zu werten, das durch die unveränderte Weiterbelieferung angenommen wird (AG Neuruppin vom 17.12.2008 – 42 C 192/07).

III Energiesperre

Wie eingangs erwähnt, kommt eine Übernahme von Gas- und Stromschulden nach § 22 Abs. 8 SGB II nur in Betracht, wenn wegen der konkreten Energieschulden die Einstellung der Gas- oder Stromversorgung droht oder bereits vollzogen ist. Die Voraussetzungen und vor allem der Vollzug einer Energiesperre sind in einem sehr komplexen Normensystem geregelt, das eine Reihe schwieriger Rechtsfragen aufwirft, die hier insofern eine Rolle spielen, als sie das »ob« und »wann« eines Vollzugs der Sperre bestimmen und die daran geknüpften sozialrechtlichen Fragen, ob als vorrangige Selbsthilfe eine zivilrechtliche Abwehr der Sperre möglich und zumutbar ist und wann das Jobcenter oder das Sozialgericht bei ausgeschöpfter Selbsthilfe handeln müssen.

1 Drohende Energiesperre

Zur Darstellung der Voraussetzungen und des Vollzugs einer Stromsperre sind zunächst einige Fachbegriffe zu klären:

Netzbetreiber

Der Netzbetreiber stellt die notwendige Infrastruktur zur Stromversorgung bereit. Die Einzelheiten dazu sind bei der Stromversorgung in der Niederspannungsanschlussverordnung (NAV), bei der Versorgung mit Gas in der Niederdruckanschlussverordnung (NDAV) geregelt.

Bei den Energieversorgungsunternehmen, die dem Verbraucher die Energie in die Wohnung liefern, ist zu unterscheiden zwischen:

Grundversorger

Der Grundversorger versorgt in einem Netzgebiet die meisten Haushalte mit Gas oder Strom. Häufig handelt es sich beim Grundversorger auch um den Netzbetreiber (Stadtwerke). Für den Grundversorger gilt die Gasgrundversorgungsverordnung (GasGVV) bzw. die Stromgrundversorgungsverordnung (StromGVV), jeweils in Verbindung mit dem Energiewirtschaftsgesetz (EnWG).

Energielieferant

Der Energielieferant verkauft dem Endverbraucher Energie und handelt gegenüber diesem im Rahmen des abgeschlossenen Vertrages (AGB), gegenüber dem Netzbetreiber, über dessen Leitungen geliefert wird, im Rahmen eines Nutzungsvertrages; dieser regelt u.a., unter welchen Bedingungen er vom Netzbetreiber eine Sperre der Energieversorgung bei dem säumigen Kunden verlangen kann.

Versorgungspflicht

Der Grundversorger ist nach § 36 EnWG zur Versorgung verpflichtet, auch wenn kein Vertrag geschlossen wird. Kündigt ein Energielieferant wegen Zahlungsrückständen, hat der Gekündigte grundsätzlich Anspruch auf Energiebelieferung durch den – oft teureren – Grundversorger. Der Abschluss eines Grundversorgungsvertrages darf nicht davon abhängig gemacht werden, dass Zahlungsrückstände eines vorherigen Anschlussnutzers beglichen werden (§ 2 Abs. 5 StromGVV/§ 2 Abs. 5 GasGVV).

Im Fall von Zahlungsrückständen kann der Grundversorger unter den Voraussetzungen des § 19 StromGVV/§ 19 GasGVV zur Energiesperre greifen. Bei wiederholten Zahlungsrückständen ist außerdem der Netzbetreiber – aus eigenem Recht – nach § 27 NAV/§ 27 NDAV berechtigt, die Anschlussnutzung fristlos zu kündigen, sofern dies nicht außer Verhältnis zur Schwere der Zuwiderhandlung steht oder der Anschlussnutzer darlegt, dass hinreichende Aussicht besteht, dass er seinen Verpflichtungen nachkommen wird.

Voraussetzungen der Energiesperre

Eine Energiesperre setzt voraus, dass der Abnehmer in Höhe eines Betrages von mindestens 100 €, inklusive der durch den Zahlungsrückstand aufgelaufenen Kosten, in Verzug geraten ist, d.h. fällige Rechnungen oder Abschläge nicht gezahlt hat.

Bei Berechnung des 100 €-Betrages bleiben Forderungen außer Betracht, die der Kunde form- und fristgerecht und schlüssig begründet beanstandet hat (LG Duisburg vom 29.6.2012 – 7 S 135/11). Dies richtet sich nach § 17 Abs. 1 Satz 2 StromGVV/§ 17 Abs. 1 Satz 2 GasGVV, wonach Einwände gegen Rechnungen und Abschlagsforderungen nur dann zum Zahlungsaufschub oder zur Zahlungsverweigerung berechtigen,

- soweit die ernsthafte Möglichkeit eines offensichtlichen Fehlers besteht oder
- sofern der in einer Rechnung angegebene Verbrauch ohne ersichtlichen Grund mehr als doppelt so hoch wie der vergleichbare Verbrauch im vorherigen Abrechnungszeitraum ist und der Kunde eine Nachprüfung der Messeinrichtung verlangt und solange durch die Nachprüfung nicht die ordnungsgemäße Funktion des Messgeräts festgestellt ist.

Nach LG Arnsberg vom 6.12.2013 – 4 O 294/13 ist ein Fehler offensichtlich, wenn er mit erstem Blick auf die Rechnung zu erkennen ist. Diese Voraussetzung sei nicht gegeben, wenn die Rechnung den Anfangs- und Endzeitpunkt der Nutzung, den Zählerstand zu Beginn und Ende des Verbrauchszeitraums sowie die sich daraus ergebende Anzahl an verbrauchten Strom-Kilowattstunden aufweise.

Treu und Glauben

Die Sperre eines Strom/Gaszählers ist regelmäßig trotz des Bestehens eines Rückstands von zwei Abschlägen rechtsmissbräuchlich, wenn der Rückstand nur deshalb entstanden ist, weil der Energieversorger zuvor ein sich auf dem Vertragskonto befindliches Guthaben an den

Kunden zurücküberwiesen hat. Das gilt erst recht, wenn sich die rückständigen Abschläge auf einen geringen Betrag belaufen (AG Schöneberg vom 12.11.2013 – 4 C 192/13)

Preiserhöhungen

Nach § 19 Abs. 2 Satz 6 StromGVV/§ 19 Abs. 2 Satz 6 GasGVV bleiben bei Feststellung der 100 €-Mindestschuld Rückstände außer Betracht, die aus einer streitigen und noch nicht rechtskräftig entschiedenen Preiserhöhung des Grundversorgers resultieren.

EuGH-Rechtsprechung

Hierzu stärken zwei aktuelle EuGH-Urteile vom 23.10.2014 – C-359/11 und – C-400/11 die Rechte der Verbraucher im Grundversorgungstarif auf geradezu spektakuläre Weise. Der EuGH hat entschieden, dass Preisanpassungen nach den Vorschriften der Strom- und der GasGVV wegen Intransparenz gegen EU-Recht verstoßen. Schon vor Verkündung der Urteile hatte das AG Lingen vom 14.10.2014 – 12 C 1363/09 in einer beeindruckenden Entscheidung einer Klage auf Erstattung unter Vorbehalt gezahlter Preiserhöhungen stattgegeben. Bemerkenswert ist vor allem, dass es der EuGH ausdrücklich abgelehnt hat, die zeitliche und finanzielle Wirkung seiner Urteile zu begrenzen. Dies kann nicht nur für vom Jobcenter regulär übernommene Heizkosten erhebliche Rückzahlungsansprüche auslösen, zu deren Geltendmachung der Leistungsberechtigte – im Fall einer Unterstützung durch das Jobcenter – verpflichtet ist, sondern auch triftige Einwände gegen eine Energiesperre begründen.
Wegen Einzelheiten zu Folgerungen aus den EuGH-Urteilen verweisen wir auf die Seite der Verbraucherzentrale NRW mit Tipps und Musterbriefen: www.vz-nrw.de/Rueckforderung-ueberhoehter-Gaspreise.

Für Energieabnehmer außerhalb der Grundversorgung können sich Erstattungsansprüche aus unwirksamen Vertragsklauseln ergeben (s. beispielhaft BGH vom 27.1.2010 – VIII ZR 326/08). Auch dazu gibt die Verbraucherzentrale NRW weiterführende Hinweise.

Ankündigung der Energiesperre

Nach § 19 StromGVV/§ 19 GasGVV ist der Energieversorger erst vier Wochen nach Mahnung und Androhung der Sperre berechtigt, den Strom/das Gas abzuschalten. Er muss die Abschaltung nochmals drei Werktage vorher gesondert ankündigen. Nach LG Dortmund vom 10.4.2014 – 11 S 190/12 stellt das Unterlassen der 3-Tage-Ankündigung den Anspruch auf Duldung der Versorgungsunterbrechung nicht in Frage, sondern löst allenfalls Schadensersatzansprüche aus. Eine Energiesperre kann somit auch dann vollzogen werden, wenn der Betroffene diese Sperrankündigung gar nicht erhalten hat (so LG Kiel vom 15.2.2013 – 10 S 56/12). Falsch ist es daher, die Notwendigkeit einer sozialrechtlichen Entscheidung mit Verweis auf die fehlende Ankündigung zu verneinen, bzw. auf Zivilrechtsschutz gegen eine verfahrensfehlerhaft erwirkte Sperre zu verweisen.

Vollzug der Energiesperre

Der Grundversorger oder der Energielieferant können dem in Verzug geratenen Energieabnehmer nicht einfach den Strom oder das Gas abstellen. Lässt dieser in Anerkennung seines Verzuges und zur Vermeidung weiterer Kosten die Sperre nicht freiwillig zu, müssen Grundversorger oder Energielieferant einen Titel auf Duldung der Unterbrechung der Versorgung erwirken und, falls die Energiesperre nur mit Zutritt in die Wohnung des Energieabnehmers möglich ist, außerdem einen Titel auf Gewährung des Zutritts durch einen Beauftragten des Netzbetreibers, um vor Ort das Gerät stillzulegen und zu verplomben.

Wer darf Titel erwirken?

Unter den Zivilgerichten ist umstritten, ob der Grundversorger mit eigenem Recht nicht nur den Anspruch auf Duldung der Unterbrechung der Versorgung titulieren kann, sondern auch die Duldung auf Gewährung des Zutritts durch einen Beauftragten des Netzbetreibers zur technischen Umsetzung der Unterbrechung. Wird das verneint, muss der Netzbetreiber gemäß § 21 NAV/§ 21 NDAV gegen den säumigen Kunden vorgehen oder den Grundversorger dazu ermächtigen (so AG Castrop-Rauxel vom 16.4.2012 – 4 C 65/12; AG Wiesbaden vom 26.4.2013 – 93 C 850/13; a.A. OLG Celle vom 20.8.2012 – 13 W 56/12). Außerhalb eines Grundversorgertarifs kann der Energieversorger aus einem Netznutzungs- oder Lieferantenrahmenvertrag gemäß § 20 Abs. 1a EnWG einen Anspruch gegen den Netzbetreiber haben, die Sperre durchzuführen (LG Lüneburg vom 16.4.2012 – 4 O 283/11).

Benachteiligung gegenüber Grundversorger?

Ferner ist umstritten, ob ein Stromversorgungsunternehmen, falls eine entsprechende Klausel im Lieferantenrahmenvertrag fehlt, direkt aus § 24 Abs. 3 NAV oder aus § 20 EnWG einen Anspruch gegen den Stromnetzbetreiber hat, dass dieser bei Vorliegen der Voraussetzungen des § 24 NAV den Stromanschluss eines Sondervertragskunden unterbricht (OLG Frankfurt am Main vom 21.1.2014 – 11 U 56/13 (Kart)).

Eilrechtsanspruch?

Schließlich ist umstritten, ob der Energieversorger die zur Sperre benötigten Titel im Wege einstweiliger Verfügungen erlangen kann (bejaht vom OLG Koblenz vom 14.12.2004 – 8 W 826/04; LG Braunschweig vom 26.05.2003 – 8 T 467/03; LG Heilbronn vom 20.03.1991 – 2 T 57/91; a. A. AG Ravensburg vom 5.4.2002 – 12 C 459/02; AG Merseburg vom 23.5.2008 – 6 C 128/08; LG Lübeck vom 7.1.2014 – 1 T 64/13).

Aus Sicht des Sozialrechts wird deutlich, was Jobcenter oder Sozialgerichte vor einem Verweis des Leistungsberechtigten auf zivilrechtlichen Eilrechtsschutz alles bedenken müssen. Zu den Auswirkungen auf die Selbsthilfeobliegenheit s. → S. 404.

2 Vollzogene Energiesperre

Wiederherstellung nur gegen Kostenübernahme

Ist die Energiesperre bereits vollzogen, kann die Wiederherstellung der Versorgung weder mit einem Wechsel des Energieanbieters noch des Energieabnehmers erreicht werden (rechtsirrig unter Bezugnahme auf § 14 StromNZV, eine Vorschrift, die nur die Modalitäten eines Lieferantenwechsel regelt, LSG NRW vom 16.6.2014 – L 2 AS 932/14 B ER; richtig dagegen LSG NRW vom 24.4.2014 – L 7 AS 629/14 B ER). Der Netzbetreiber muss den Netzzugang nur bei Zahlung der Kosten für die Entsperrung oder im Fall des Ausbaus den Neueinbau der technischen Vorrichtung zur Energieversorgung ermöglichen (§ 24 Abs. 5 NAV/§ 24 Abs. 5 NDAV). Außerdem hat der Netzbetreiber ein eigenes Recht auf Unterbrechung bzw. Aufrechterhaltung der Sperre, wenn die Voraussetzungen des § 24 Abs. 2 NAV/§ 24 Abs. 2 NDAV vorliegen und der Energieabnehmer seiner Zahlungsverpflichtung nicht nachkommt. Dabei kommt es nicht darauf an, ob es sich um eine Zahlungsverpflichtung gegenüber dem Energielieferanten oder dem Netzbetreiber handelt, wenn dieser auch Grundversorger war (OLG München vom 5.7.2010 – 21 U 2843/10).

Gebundenes Ermessen

Ist die Sperre nicht offenkundig rechtswidrig (Evidenzkontrolle) mit der Folge, dass eine einstweilige Verfügung auf Wiederherstellung der Versorgung helfen kann (dazu LG Hannover vom 15.9.2008 – 2 S 50/08), verengt sich der Prüfungsmaßstab für eine Schuldübernahme nach § 22 Abs. 8 SGB II auf das Soll-Ermessen nach § 22 Abs. 8 Satz 2 SGB II. Das heißt, die Energieschulden **sind** – von Ausnahmefällen krassen Missbrauchs abgesehen – ungeachtet des Verschuldens der Leistungsberechtigten zu übernehmen (LSG NRW vom 18.8.2014 – L 7 AS 1289/14 B ER und vom 19.9.2013 – L 7 AS 1591/13 B ER), es sei denn, die Wohnung bzw. die an die Wohnung gebundenen Kosten für Energie sind unangemessen (dazu gleich).

Akute Notlage

Sind die Folgen der Energiesperre gravierend (z. B. Ausfall der Heizung im Winter) und kommt eine Schuldübernahme wegen Unangemessenheit der Wohnung nicht in Betracht, muss die der Wohnungslosigkeit vergleichbare Notlage bis zum Wechsel in eine neue Wohnung auf andere Weise abgewendet werden. Denkbar wäre z. B. die Kostenübernahme für die Anmietung einer ambulanten Gasheizung (wenn der Strom zum Heizen gesperrt wurde) oder eines Ölradiators (wenn das Gas zum Heizen gesperrt wurde). Schafft dies keine Abhilfe, muss übergangsweise die Unterbringung in einer Pension oder einem Wohnheim finanziert werden (LSG NRW vom 15.7.2005 – L 1 B 7/05 ER).

Verweisungszirkel

Vorsicht ist geboten mit dem Verweis auf zivilrechtlichen Eilrechtsschutz, der hier oft in einen Verweisungszirkel läuft: Das Jobcenter/ Sozialgericht verweist auf Hilfe durch Amtsgericht; dieses verweist auf die Hilfe vom Jobcenter oder Sozialgericht. Beispielhaft sei hier LG Bielefeld vom 19.1.2011 – 5 O 92/10 genannt:

> »Aus den Unterlagen zum Antrag auf Prozesskostenhilfe des Beklagten geht hervor, dass dieser bereits Sozialleistungen erhält. Es ist dem Beklagten daher zuzumuten, sich zunächst mit dem zuständigen Sozialleistungsträger in Verbindung zu setzten und zu beantragen, dass seine Schulden nach § 34 I SGB XII oder § 22 IV SGB II (Fassung bis 31.3.2011) – zumindest als Darlehn – übernommen werden.«

Hinzu kommt, dass die zivilrechtliche Beurteilung der Härte bzw. der Verhältnismäßigkeit der Energiesperre von dem Grundsatz geprägt ist, aus dem Sozialstaatsprinzip nach Art. 20 Abs. 1 GG seien nicht die Energieversorger, sondern die Grundsicherungsträger zur Hilfe verpflichtet (unter Bezugnahme auf BVerfG vom 30.9.1981 – 1 BvR 581/81). Insofern konsequent das AG Ludwigslust vom 17.10.2011 – 5 C 149/11:

> »Es ist grundsätzlich nicht Aufgabe der Energieversorgungsunternehmen, bedürftige Kunden notfalls kostenlos mit Energie zu versorgen; die Unterstützung Bedürftiger ist letztlich Sache der Sozialverwaltung. Demgegenüber hat der säumige Kunde die mit einer Stromsperre regelmäßig verbundenen Härten auch dann hinzunehmen, wenn sie für ihn erheblich sind. Etwas anderes kann nur dann gelten, wenn die mit dem Ausfall der Stromversorgung verbundenen Unannehmlichkeiten einen Umfang annehmen, der über den ›Normalfall‹ in besonderem Maße hinausgeht; namentlich dann, wenn durch die Lieferungsunterbrechung konkrete Gefahr für Leib oder Leben der dadurch Betroffenen zu besorgen ist. Bei einer Stromsperre ist eine Gefahr für Leib oder Leben der Betroffenen nicht zu besorgen, wenn infolge dieser nicht gekocht und zwei Kleinkinder nicht entsprechend versorgt werden können«.

AG Alsfeld vom 19.2.2014 – 30 C 508/13 (70):

> »Ein säumiger Kunde hat die mit einer Stromsperre regelmäßig einhergehenden Härten hinzunehmen, auch wenn diese erheblich sind. Im Rahmen des § 19 Abs. 2 StromGVV berücksichtigungsfähig sind nur solche mit der Stromunterbrechung einhergehenden Unannehmlichkeiten, die einen Umfang annehmen, der über den Normalfall in besonderem Maße hinausgeht, namentlich solche, durch die eine konkrete Gefahr für Leib oder Leben der dadurch Betroffenen zu besorgen ist«.

IV Nur wenn die Schuldübernahme gerechtfertigt ist

Wie bei der Mietschuldübernahme ist auch die Übernahme von Energieschulden nur gerechtfertigt, wenn es um die Sicherung angemessenen Wohnens und Heizens geht und zumutbare Selbsthilfe ausgeschöpft ist.

1 Angemessenes Wohnen

Beruhen die Energieschulden im wesentlichen auch darauf, dass die Wohnung zu groß ist oder nicht angemessen mit Energie versorgt werden kann, scheidet eine Schuldübernahme grundsätzlich aus, auch wenn keine Mietschulden bestanden oder zu erwarten sind. Selbst wenn die Bruttokaltmiete angemessen ist, wegen des einfachen Standards der Wohnung aber sehr hohe Heizkosten anfallen, ist das Jobcenter befugt, anstelle einer Schuldübernahme auf einen Umzug zu verweisen (s. dazu LSG NRW vom 10.7.2008 – L 7 B 331/07 AS ER).

Kann ein angemessener Energieverbrauch durch Hilfsangebote wie eine Energieberatung oder ggf. eine Unterstützung nach § 67 SGB XII erreicht werden, kommt trotz entstandener Energieschulden und aktuell noch hohem Verbrauch eine Schuldübernahme in Betracht, wenn die Wohnung (Bruttokaltmiete) angemessen ist.

Unzulässig ist die Ablehnung einer Schuldübernahme, um damit den Umzug von einer angemessenen Wohnung in eine noch günstigere Wohnung durchzusetzen, wenn die Entstehung der Energieschulden mit dem Zustand oder der Ausstattung der Wohnung nichts zu tun hat.

Geht es nur um Haushaltsenergieschulden, gibt es für deren Verbrauch zwar keine schlüssigen Angemessenheitswerte; der Regelung des § 24 Abs. 2 SGB II lässt sich aber entnehmen, dass wirtschaftliches Verhalten gefordert ist, was einen angemessenen Umgang mit Energie, gemessen an den üblichen Verbrauchsdaten, die z. B. bei Energieversorgern abgerufen werden können, einschließt (s. dazu LSG Berlin-Brandenburg vom 23.9.2011 – L 14 AS 1533/11 B ER).

2 Vorrangige Selbsthilfe

Nicht anders als bei der Übernahme von Mietschulden ist auch die Übernahme von Energieschulden erst gerechtfertigt, wenn zumutbare Selbsthilfe ausgeschöpft ist; dabei hat das Jobcenter Unterstützung zu leisten, wenn es eine Maßnahme verlangt, die den Betroffenen ohne Hilfe überfordert.

Verhinderung weiterer Schulden

In erster Linie ist darauf zu achten, dass trotz Schulden und angekündigter Stromsperre der laufende Abschlag an den Energieversorger (mit Zweckbestimmung der Zahlung) entrichtet wird. Das gilt auch dann, wenn der Versorger eine Ratenzahlung zur Tilgung aufgelaufener Schulden ablehnt. Die pünktliche Zahlung der laufenden Abschläge sichert Verhandlungsspielraum, um doch noch eine Ratenzahlung durchzusetzen und stärkt die Position in einem ggf. nötigen Anordnungsverfahren sowohl vor dem Zivil- als auch vor dem Sozialgericht.

Einsatz von Schonvermögen

Als nächstliegende und grundsätzlich zumutbare Maßnahmen kann der Einsatz vorhandenen Schonvermögens verlangt werden, auch des Vermögens nach § 12 Abs. 2 Nr. 4 SGB II.

Kein Kopfteilprinzip

Nach BSG vom 18.11.2014 – B 4 AS 3/14 R sind Mietschulddarlehen nur an die Mietvertragsparteien zu vergeben. Das Kopfteilprinzip gilt nicht. Es gibt keinen Grund, dies bei Energieschulden anders zu werten, wobei hier auch ohne ausdrücklichen Vertragsschluss die Vertragsstellung kraft Energieentnahme den Personenkreis für die Schuldübernahme erweitert. Minderjährige Kinder haften grundsätzlich nicht; ihr Sparvermögen sowie das ihnen zugerechnete Vermögen nach § 12 Abs. 2 Nr. 4 SGB II bleiben unangetastet. Sind sie zur Haftung und infolgedessen zur laufenden Tilgung des Schulddarlehens verpflichtet worden, können sie dagegen im Eilrechtsschutz vorgehen (LSG Sachsen vom 24.2.2015 – L 2 AS 1444/14 B ER).

Kann das Darlehen wegen des fehlenden SGB II-Leistungszugangs einer der Parteien des Versorgungsvertrages (z. B. Leistungsausschluss nach § 7 Abs. 4 SGB II) nur anteilig gegeben werden, muss die von

SGB II-Leistungen ausgeschlossene Vertragspartei insofern mit an dem Verfahren beteiligt werden, als die drohende oder schon eingetretene Notlage (Energiesperre) nur abzuwenden ist, wenn alle Energieschulden beglichen werden; d.h., nur wenn die von SGB II-Leistungen ausgeschlossene Person ihren Anteil an den Schulden übernehmen kann oder dafür ein Dritter aufkommt (Sozialamt), ist die Gewährung des Schuldenanteils nach § 22 Abs. 8 SGB II gerechtfertigt. Ist eine solche Mitwirkung ohne Verschulden der Beteiligten nicht zu realisieren, muss das Jobcenter, wenn ansonsten die Energiezufuhr gesperrt oder nicht entsperrt wird, alle Schulden übernehmen.

Zusatzkosten

Unabdingbare Zusatzkosten für die Wiederherstellung der Energieversorgung (z.B. Mahn- oder Inkassogebühren, Verzugszinsen, Kosten für Rechtsanwalt) sind ebenfalls »Schulden« i. S. von § 22 Abs. 8 SGB II (SG Freiburg vom 8.7.2011 – S 14 AS 3031/11 ER; LSG Sachsen-Anhalt vom 12.3.2012 – L 2 AS 477/11 B ER; LSG NRW vom 17.1.2014 – L 9 SO 532/13 B ER).

Ratenzahlung

Eine zumutbare und gegenüber einer Schuldübernahme nach § 22 Abs. 8 SGB II grundsätzlich vorrangige Selbsthilfe ist die Vereinbarung einer Ratenzahlung mit dem Energieversorger (statt vieler LSG NRW vom 26.1.2011 – L 19 AS 1746/10 B). Wenn der Verbraucher in der Vergangenheit nicht schon mehrfach Energieschulden entstehen ließ und die laufenden Abschläge pünktlich zahlt, gibt es keinen Anlass zu der Annahme, dass er einer Ratenzahlungsvereinbarung nicht nachkommen werde; allein der Bezug von Alg II berechtigt den Energieversorger dann bei Angebot einer nach den wirtschaftlichen Verhältnissen angemessenen Tilgung nicht zur Ablehnung einer Ratenzahlung mit der Begründung, diese dauere zu lange. Als angemessene Rate kann mit Blick auf § 42a SGB II ein Betrag in Höhe von 10 % des maßgebenden Regelbedarfs gewertet werden.

Überforderung vermeiden

Beruht der Schuldübernahmeantrag darauf, dass der Energieversorger die volle Restforderung wegen unpünktlicher Zahlung einer vereinbarten Rate fällig stellt, trifft den Leistungsberechtigten nur ein geringes Verschulden, wenn er sich unter dem Druck der Energiesperre auf eine Rate eingelassen hatte, die ihn als Alg II-Bezieher überfordert.

Das Jobcenter kann einen Antrag auf Schuldübernahmen nicht damit ablehnen, dass bei höherem Ratenangebot eine Vereinbarung mit dem Versorger zustande gekommen wäre, oder gar selbst auf eine Vereinbarung drängen, die mehr als die 10%-Grenze aus § 42a SGB II fordert.

Bietet der Leistungsberechtigte im Antrag auf Schuldübernahme von sich aus eine höhere, mit einer Direktzahlung an den Versorger abgesicherte Rate an, geht dies einer Schuldübernahme vor. Falls der Leistungsberechtigte jedoch widerrufen muss (§ 46 SGB I), weil er mit den gekürzten Leistungen nicht auskommt, ist das kein schwerwiegendes, eine Schuldübernahme grundsätzlich ausschließendes Verhalten, wenn das Jobcenter dem Antrag auf Verringerung der Direktzahlung auf z. B. 10% nicht entgegenkommt, um die Ratentilgung zu ermöglichen.

Anbieterwechsel

Verweigert der Energieversorger ein seriöses Ratenzahlungsangebot, kann der Verbraucher zunächst darauf verwiesen werden, einen anderen Versorger zu finden, dem eine monatliche Vorauszahlung über eine Direktanweisung nach § 22 Abs. 7 SGB II als Sicherheit angeboten werden kann. Dies setzt allerdings voraus, dass die Energie noch nicht gesperrt ist. Bei vollzogener Sperre hilft ein Anbieterwechsel nur, wenn die Kosten für die Entsperrung vom Schuldner oder vom Jobcenter an den Netzbetreiber gezahlt werden (§ 24 Abs. 5 NAV/§ 24 Abs. 5 NDAV) und der Netzbetreiber zusichert, die Leitung ungeachtet der Zahlungsrückstände bzw. der Voraussetzungen für eine Sperre nach § 24 Abs. 2 NAV/§ 24 Abs. 2] NDAV freizugeben.

Abnehmerwechsel

Ob ein Abnehmerwechsel ohne Anbieterwechsel (Beispiel: Der Ehemann kündigt den Vertrag bei den Stadtwerken X, die Ehefrau schließt mit Stadtwerke X einen neuen Vertrag) aus der Schuldenfalle hilft, ist zumindest fraglich. Denn letztlich beruht das Recht auf Versorgungssperre darauf, dass dem Anbieter, dessen Leistungen nicht mehr bezahlt werden, ein Zurückbehaltungsrecht nach § 273 BGB zusteht. Dieses kann ausgeübt werden, wenn die Verpflichtungen des Energieabnehmers und der Anspruch, wegen dessen Nichterfüllung der Versorger die von ihm geschuldete Leistung zurückbehalten will, aus »demselben rechtlichen Verhältnis« stammen. Dieser Begriff ist nach der Zivilrechtsprechung weit auszulegen. Es genügt, wenn ein innerlich zusammenhängendes, einheitliches Lebensverhältnis besteht, bzw. wenn Rechtsgeschäfte (hier die beiden Energieversorgungsverträge) in einem solchen natürlichen und wirtschaftlichen Zusammenhang stehen, dass es gegen Treu und Glauben verstoßen würde, wenn der eine Anspruch ohne Rücksicht auf den der anderen Seite zustehenden Anspruch geltend gemacht und durchgesetzt werden könnte. Abgelehnt wurde ein solcher Zusammenhang bei Schulden für eine Stromabnahmestelle im Gewerberaum und der Stromabnahmestelle in der Privatwohnung, d. h., wegen der gewerblichen Energieschulden durfte der Versorger den Privatanschluss nicht sperren (BGH vom 3.7.1991 – VIII ZR 190/90). Nach LSG Sachsen-Anhalt vom 30.12.2013 – L 5 AS 736/13 B ER besteht nach einem Umzug keine Gefahr der Einstellung der Stromlieferung wegen des Bestehens von Schulden aus dem Fernwärmelieferungsvertrag, weil der Stromlieferungsvertrag für eine neue Wohnung und der Vertrag über die Fernwärmelieferung aus der alten Wohnung nicht auf »demselben rechtlichen Verhältnis« beruhen.

Bei Eheleuten und eingetragenen Partnern dürfte ein solcher Zusammenhang in der Regel bestehen (dazu LG Hannover vom 15.9.2009 – 2 S 50/08). Ob das auch für Einstandspartner gilt, ist ungeklärt. Bei einer Haushalts- oder Wohngemeinschaft könnte der Verweis auf einen Abnehmerwechsel zumutbar sein.

Wohnungswechsel

Ein Wohnungswechsel hilft ohne Wechsel des Versorgers nicht. Denn der oben erwähnte Zusammenhang der Rechtsverhältnisse zur Ausübung des Zurückbehaltungsrechts bzw. zur Durchsetzung einer Energiesperre ist gegeben, wenn ein Stromabnehmer in demselben Versorgungsgebiet in eine andere Wohnung zieht und in der aufgegebenen Wohnung Zahlungsrückstände bestehen (LG Dortmund vom 11.5.2007 – 11 S 17/07; AG Alsfeld vom 19.2.2014 – 30 C 508/13 (70)). Liegt zwischen Aufgabe der schuldbelasteten Wohnung und der Begründung eines Versorgungsvertrages mit demselben Energieversorger in der neuen Wohnung ein zeitlicher Abstand von 7 Jahren, ist nach AG Zweibrücken vom 4.6.2012 – 1 C 258/12 der natürliche und wirtschaftliche Zusammenhang entfallen. Das LG Hannover vom 15.9.2009 – 2 S 50/08 hat eine vollzogene Sperre unter dem Gesichtspunkt des Rechtsmissbrauchs aufgehoben, weil der neu abgeschlossene Vertrag stets pünktlich erfüllt wurde und eine Gefährdung der aktuellen Zahlungsansprüche des Versorgers nicht zu befürchten war.
Sicher ist ein Wohnungswechsel daher nur, wenn darauf geachtet wird, dass vor einer tatsächlichen Energieabnahme in der neuen Wohnung (konkludenter Vertragsschluss mit dem Grundversorger) ein anderer Anbieter unter Vertrag genommen wird.

Verweis an das Zivilgericht?

Die vorstehenden Ausführungen zu den Grundlagen und zum Vollzug einer Energiesperre verbieten ein »Abwimmeln« des Leistungsberechtigten durch das Jobcenter, ohne genauer nach den Erfolgsaussichten eines kostenpflichtigen Gangs zum Amtsgericht zu schauen. Zumindest fordert der Verweis des Leistungsberechtigten auf zivilrechtlichen Schutz gegen eine drohende Stromsperre oder auf Beseitigung einer Sperre eine konsequente Beratung und Unterstützung durch das Jobcenter. Es muss dafür Sorge tragen, dass dem Leistungsberechtigten nur ein solches Maß an Mitwirkung abverlangt wird, das ihm objektiv und subjektiv auch zumutbar ist (LSG NRW vom 22.2.2012 – L 7 AS 1716/11 B).

Der Verweis an das Zivilgericht grenzt an Rechtsverweigerung, wenn klar ist, dass dort keine Hilfe gefunden werden kann. Für die Jobcenter und erst Recht die Sozialgerichte sollte klar ein, dass ein Leistungsberechtigter mit hohen oder wiederholten Rückständen oder nach gescheiterter Ratenzahlungsvereinbarung zivilrechtlich schlechte Karten hat (dazu etwa LG Hildesheim vom 10.10.2008 – 7 S 155/08; AG Wernigerode vom 27.2.2009 – 10 C 585/08; AG Hannover vom 30.7.2010 – 702 M 25725/10; AG Ludwigslust vom 17.10.2011 – 5 C 149/11; AG Alsfeld vom 19.2.2014 – 30 C 508/13 (70)).

Schulderfüllung zählt

Fatal ist der Verweis an die Zivilgerichte, wenn verkannt wird, worauf es dort ankommt: Nicht auf die Zahlung der künftigen, sondern die Erfüllung der offenen Zahlungsverbindlichkeiten, die der Grund für die Unterbrechung der Stromversorgung sind. Die Energiesperre dient als Druckmittel vorwiegend der Erfüllung dieser Verbindlichkeiten, was sich insbesondere aus § 19 Abs. 2 Satz 2 StromGVV/§ 19 Abs. 2 Satz 2 GasGVV ergibt. Aus diesem Grund muss der Betroffene

im Zivilprozess darlegen und beweisen, dass hinreichende Aussicht auf Zahlung der Rückstände besteht (OLG Hamm vom 24.1.2014 – I-19 U 77/13). Weil der Alg II-Bezieher aber genau dies nicht kann, hat er sich an das Jobcenter oder das Sozialgericht gewandt!
Zu pauschal urteilt daher das LSG Berlin-Brandenburg vom 8.8.2011 – L 5 AS 1097/11 B ER: In Fällen, in denen gesundheitliche Auswirkungen einer Stromsperre behauptet werden, gehöre es zur Selbsthilfepflicht, dass sich der Leistungsberechtigte um eine Aufhebung der Sperre bemühe, notfalls auch unter Inanspruchnahme vorläufigen Rechtsschutzes beim Zivilgericht.

Besondere Härte?

Nur wenn belastbare Anhaltspunkte dafür vorliegen, dass die Stromsperre wegen Nichterfüllung unerlässlicher Voraussetzungen oder wegen ganz besonderer Umstände unverhältnismäßig i. S. von § 19 Abs. 2 StromGVV/§ 19 Abs. 2 GasGVV sein könnte (beispielsweise AG Oldenburg (Holstein) vom 22.4.2008 – 22 C 930/07; LG Duisburg vom 16.3.2007 – 13 T 18/07; SG Nürnberg vom 6.2.2009 – S 20 AS 95/09 ER; LG Neubrandenburg vom 20.4.2010 – 1 S 130/09; AG Köln vom 30.6.2011 – 210 C 430/10; AG Flensburg vom 31.8.2012 – 62 C 193/12) kann der Gang zum Amtsgericht mit Unterstützung des Jobcenters einer Schuldübernahme vorgehen.

Beiladung zur Vermeidung des Verweisungszirkels

Ein Lösungsweg aus dem Verweisungszirkel: Das Sozialgericht schickt zum Amtsgericht, das Amtsgericht schickt zum Sozialgericht, ist die Beiladung des Energieversorgers im sozialgerichtlichen Verfahren. Der Energieversorger kann zwar nicht verurteilt bzw. verpflichtet werden, eine Verhandlung kann aber gemeinsame Wege aus dem Dilemma zeigen (s. dazu LSG Schleswig-Holstein vom 13.1.2012 – L 3 AS 233/11 B ER mit dem allerdings unbefriedigenden Ergebnis, dass trotz hartleibiger Alehnung der vom LSG geäußerten Bedenken durch den Energieversorger kein Eilbedürfnis für die Aufhebung einer bereits gesperrten Versorgung angenommen wurde. Denkbar, dass ein Zivilgericht den Ausführungen des LSG folgte, aber warum sollte das Zivilgericht ein Eilbedürfnis annehmen? Auf diese Weise bleibt der einstweilige Rechtsschutz ein Pingpongspiel der Gerichte.

Ermessen

Im Rahmen des Ermessens nach § 22 Abs. 8 SGB II sind u. a. die Höhe der Rückstände, deren Ursachen, die Zusammensetzung der von der Sperre bedrohten oder betroffenen Bedarfsgemeinschaft, das in der Vergangenheit von den Hilfesuchenden gezeigte Verhalten und ein erkennbarer Wille zur künftigen Abhilfe zu berücksichtigen. Die Übernahme sehr hoher Schulden kann abgelehnt werden, wenn ein Wohnungswechsel kostengünstiger ist und eine neue Wohnung konkret vorhanden und anmietbar ist (LSG NRW vom 17.7.2014 – L 9 SO 388/12). Allein die Tatsache, dass der Hilfesuchende die Entstehung der Schulden dadurch verursacht hat, dass er die vom Jobcenter für KdU-Bedarfe gewährten Leistungen zweckwidrig nicht an das Energieversorgungsunternehmen weitergeleitet hat, steht einer Darlehensgewährung nicht entgegen (LSG NRW vom 13.5.2013 – L 2 AS 313/13 B ER).

Ist ein Wille auf künftige Abhilfe nicht einmal entfernt erkennbar, weil bereits mehrere Darlehen wegen aufgelaufener weit überhöhter rückständiger Energiekosten gewährt wurden und der Energieverbrauch nicht nur nicht gedrosselt, sondern sogar erheblich gesteigert wurde, ist nach HessLSG vom 24.9.2013 – L 6 AS 597/13 B ER eine erneute darlehensweise Übernahme von Energieschulden ausgeschlossen.

Hilfe zur Selbsthilfe

Lehnt der Betroffene zumutbare Hilfe ab, wozu insbesondere bei Haushaltsenergieschulden die Zustimmung zu einer Direktzahlung an den Energieversorger gehört, steht das einer Darlehensgewährung entgegen. Ebenfalls zumutbar ist eine an die Darlehensvergabe geknüpfte Zustimmung zur Vorauszahlung des Energieabschlags nach § 14 Abs. 1 StromGVV/§ 14 Abs. 1 GasGVV. Bei fortgesetzt unwirtschaftlichem Energieverbrauch kann die Zustimmung zum Einbau eines Bargeld- oder Chipkartenzählers oder eines vergleichbaren Vorkassensystems nach § 14 Abs. 3 StromGVV/§ 14 Abs. 3 GasGVV verlangt werden (LSG NRW vom 15.7.2005 – L 1 B 7/05 SO ER). Das ist allerdings mit Einbaukosten verbunden, für die der Energieversorger nicht aufkommen muss (AG Alsfeld vom 19.2.2014 – 30 C 508/13 (70)) sowie mit laufenden Kosten (Gerätemiete) für den Leistungsberechtigten.

V Verfahren

Zum Verfahren kann auf die Ausführungen in Kapitel P, → S. 383 ff. verwiesen werden, die auch im Verfahren auf Übernahme von Energieschulden gelten.

Was den Antrag auf Schuldübernahme betrifft, ist ergänzend darauf hinzuweisen, dass die Ablehnung eines Antrags auf Übernahme einer Betriebs- und Heizkostennachforderung nicht automatisch die Ablehnung eines Darlehens für Energieschulden beinhaltet (LSG NRW vom 13.5.2013 – L 2 AS 313/13 B ER); umgekehrt kann ein Antrag auf Schuldenübernahme das Anliegen (eines Antrags bedarf es nicht) auf Übernahme einer Betriebs- und Heizkostennachforderung, die der Verbraucher als Schulden wertet, zum Ausdruck bringen.

Folgt man der Auffassung des LSG Berlin-Brandenburg vom 23.9.2011 – L 14 AS 1533/11 B ER, dass ein bestands- oder rechtskräftig gewordener Ablehnungsbescheid die Entscheidung über einen Folgeantrag aus Anlass einer erneuten Mahnung des Versorgers insoweit ausschließe, als die erneute Mahnung auch die vorausgegangenen Schulden auflistet, müssen Folgeanträge darauf geprüft werden, ob ihnen wesentliche Änderungen i. S. von § 48 Abs. 1 Nr. 1 SGB X zugrunde liegen oder ob sie zugleich einen Überprüfungsantrag zum vorausgegangenen Ablehnungsbescheid beinhalten.

Beispiel 1

D. beantragt im Februar die Übernahme von Stromschulden in Höhe von 348 €. Nach Ablehnung einer Kostenübernahme bestätigt das

Sozialgericht die Entscheidung des Jobcenters mit der Begründung, D. könne die angekündigte Stromsperre mit einer einstweiligen Verfügung beim zuständigen Amtsgericht verhindern. Im Juli beantragt D. erneut eine Übernahme der inzwischen wegen Mahnkosten auf 367 € angewachsenen Schulden. Er fügt dem Antrag den ablehnenden Beschluss des Amtsgerichts bei, das den Antrag abgelehnt hat, weil D. beim Jobcenter ein Darlehen beantragen könne. Der Anschluss ist noch nicht gesperrt worden, weil D. den Zutritt zum Stromzähler verweigert hat und dazu noch kein Titel vorliegt. Hier muss nach § 48 Abs. 1 Nr. 1 SGB X der Antrag auf Übernahme der Schulden auf die gesamte Summe von 367 € bezogen werden.

Beispiel 2

L. beantragt nach einer Mahnung mit Hinweis auf eine beabsichtigte Versorgungsperre im März die Übernahme von Stromschulden in Höhe von 450 €. Das Jobcenter lehnt eine Kostenübernahme ab mit der Begründung, eine Wohnung ohne Strom stelle keinen der Obdachlosigkeit vergleichbaren Zustand dar. Lebensmittel könnten auf dem Balkon gekühlt werden, warmes Essen könne mit einem Campingkocher zubereitet werden. Waschen mit kaltem Wasser und Kerzenlicht seien zumutbar. Im Juli beantragt D. erneut eine Übernahme der inzwischen auf 630 € angewachsenen Schulden. Die Sperre ist mit der 4-Wochen-Frist nach § 19 StromGVV angekündigt worden, nachdem sich der Versorger einen Titel auf Durchführung der Sperre durch einen Mitarbeiter des Netzbetreibers verschafft hat. Bei verständiger Auslegung enthält der Antrag auf Schuldübernahme zugleich den Antrag auf Überprüfung der Ablehnungsentscheidung vom März. Gemessen an Art. 1 GG ist die Zumutung zu einem Leben ohne Strom rechtswidrig.

VI Eilrechtsschutz

Zur darlehensweisen Übernahme von Stromschulden im Wege des einstweiligen Rechtsschutzes nach § 86b Abs. 2 SGG ist die Glaubhaftmachung eines Anordnungsanspruchs und eines Anordnungsgrundes erforderlich. In der Praxis ist die Prüfung der Eilbedürftigkeit (des Anordnungsgrundes) das Nadelöhr für die Gewährung effektiven Rechtsschutzes. Ein erster Filter ist die Auffassung des angerufenen Gerichts über die Zumutbarkeit eines Lebens ohne Strom und Gas, im zweiten Schritt bestimmen Annahmen zu vorrangigen Selbsthilfemaßnahmen den Erfolg eines Eilantrags.

Bewohnbarkeitsprüfung?

Teilt man die Auffassung, dass eine Wohnung ohne Licht und ohne Möglichkeit, zu kochen und warmes Wasser zu erzeugen, unzumutbar ist, kann die Eilbedürftigkeit nur verneint werden, wenn übergangsweise Ersatzmöglichkeiten zur Verfügung gestellt werden (z.B. mit Batterie oder Gas betriebene Geräte). Ist »nur« die Heizung gesperrt, fehlt es in den Monaten außerhalb der Heizperiode regelmäßig an einem Anordnungsgrund. Das gilt aber nur bei schon vollzogener Energiesperre. Selbst wenn im Hochsommer eine Sperre angekündigt wird, besteht Handlungsbedarf, weil mit gesperrtem Gerät wesentlich schwerer Hilfe zu erlangen ist und die Entsperrung zusätzliche Kosten verursacht.

Rechtsbruch als Selbsthilfe?

Liegen die Voraussetzungen für eine Energiesperre unstreitig vor, kann der Leistungsberechtigte unserer Auffassung nach nicht darauf verwiesen werden, den Zugang zum Energiegerät zu verweigern, um damit Zeit zu gewinnen. Zum einen löst dieses zusätzliche Verhalten Kosten aus (der Energieversorger muss per Gericht den Anspruch auf Sperre titulieren lassen), zum anderen erschwert die Verweigerung des Zutritts zur Durchführung der Sperre, wenn klar ist, dass dazu ein Recht besteht, spätere Versuche, mit dem Versorger doch noch eine Lösung zu finden. Überdies ist umstritten, ob der Energieversorger die benötigten Titel im Wege einer einstweiligen Verfügung erwirken kann (dazu → S. 398); kafkaesk ist der Verweis auf die Verweigerung des Zutritts, wenn das Sozialgericht gleichzeitig der Auffassung ist, für Zusatzkosten in Zusammenhang mit einer Energiesperre sei ein Darlehen nach § 22 Abs. 8 SGB II nicht zu gewähren.

Verweisungszirkel

Wie schon dargestellt, sind einem Verweis auf Zivilrechtsschutz gegen eine Sperre oder auf Entsperrung enge Grenzen gesetzt. Eine vertiefte Prüfung der Erfolgsaussicht ist dem Sozialgericht im Eilverfahren in der Regel nicht möglich. Die Zivilgerichte beurteilen die Rechtslage, insbesondere die Eilbedürftigkeit wegen des Verweises an das Sozialgericht, aber auch das Vorliegen einer Härte höchst unterschiedlich. Das abstrakte Wissen über die rechtlichen Voraussetzungen einer Energiesperre ohne Kenntnis der regionalen Entscheidungspraxis der Amtsgerichte hilft daher nicht wirklich weiter.

Folgenabwägung

Adäquater Maßstab für die Prüfung einer Schuldübernahme im Eilverfahren ist eine am Gebot der Gewährleistung effektiven Rechtsschutzes (BVerfG vom 12.5.2005 – 1 BvR 569/05) orientierte Folgenabwägung: Kann im Eilverfahren nicht abschließend geklärt werden, ob die Übernahme von Energieschulden zur Abwendung einer Energiesperre erforderlich ist, hat das Sozialgericht im Rahmen der gebotenen Folgenabwägung das Jobcenter zu verpflichten, zur Begleichung der aufgelaufenen Schulden Leistungen in entsprechender Höhe als Darlehen zu gewähren und den Betrag direkt an den Energieversorger zu zahlen (LSG NRW vom 30.1.2013 – L 7 AS 8/13 B ER und vom 25.6.2013 – L 7 AS 765/13 B ER).

VII Versorgungssperre durch Vermieter?

Im laufenden Mietverhältnis

Nach überwiegend vertretener Auffassung der Zivilgerichte ist der Vermieter nicht befugt, die Zahlung ausstehender Mieten oder sonstiger Forderungen aus dem Mietverhältnis über eine Versorgungssperre zu erzwingen (LG Koblenz vom 24.5.2011 – 6 S 8/11;

a. A. AG Ludwigslust vom 31.5.2013 – 5 C 324/13). In einer solchen Situation ist Zivilrechtschutz so erfolgversprechend, dass er einer Mietschuldübernahme vorgeht, sofern diese nicht unabhängig von der Versorgungssperre zur Erhaltung der Wohnung beantragt wird.

Im gekündigten Mietverhältnis

Zulässig kann eine Versorgungssperre in einem wegen erheblicher Mietschulden gekündigten Mietverhältnis sein (AG Waldshut-Tiengen vom 6.7.2009 – 7 C 131/09). Ist die Wohnung nicht erhaltenswert, kommt allein wegen der Versorgungsperre eine Mietschuldübernahme nicht in Betracht. Ein akuter Notfall (Erfrieren im Winter), der das Jobcenter zur Hilfe verpflichtete (im Beispielsfall durch Unterbringung der Betroffenen in eine Pension), kann dadurch abgewehrt werden, dass dem Vermieter solch drastische Maßnahmen verboten sind und eine Unterlassungsverfügung dies auch rasch erzwingt.

Säumiger Vermieter

Hat der Vermieter die von den Mietern geleisteten Betriebskostenvorauszahlungen für Wasser, Gas, Strom und Fernwärme nicht an die entsprechenden Versorgungsunternehmen weiterleitet und droht deshalb eine Energiesperre, können die Mieter die laufenden Betriebs- und Heizkostenabschläge zurückbehalten, ein Abklemmen der Leitungen aber nicht verhindern. Dazu müssten die Mieter die anfallenden Vorschüsse gemeinschaftlich direkt an die Energieversorger zahlen, was in einem Mehrparteien-Wohnhaus kaum umzusetzen ist.

Das Jobcenter hat keine Handhabe, direkt gegen den Vermieter vorzugehen, es kann höchstens einen Insolvenzantrag stellen, wenn Anhaltspunkte für eine Zahlungsunfähigkeit des Vermieters vorliegen.

Wird die Energie- oder Wasserversorgung tatsächlich gesperrt, kann die volle Miete gemindert werden; ein Notfall (z.B. Ausfall der Heizung im Winter) begründet eine sofortige Umzugsnotwendigkeit. Das Jobcenter kann angesichts drohender Obdachlosigkeit die Wohnungsaufsicht einschalten, die im Wege der Ersatzvornahme die laufenden Zahlungen an die Energieversorger erreichen kann.

R Regelung durch Satzung

I Einleitung: Einige Schlagworte zur Neuregelung

Wer die zum 1.4.2011 in Kraft getretenen Vorschriften in §§ 22a–c SGB II verstehen will, kommt nicht umhin, sich die wechselvolle Geschichte des § 22 SGB II – der (bisherigen) Zentralnorm des Unterkunftskostenrechts – vor Augen zu führen. Es ist die Geschichte einer komplizierten Auseinandersetzung von Gesetzgebung, Verwaltung und Rechtsprechung mit dieser Norm sowie der drei Gewalten untereinander über ihren jeweiligen Umgang mit der Regelung. Der Paragraf hat seit seiner Einführung am 1.1.2005 14 Änderungen durch den Gesetzgeber erfahren, die Verwaltungsträger in Deutschland haben ihm über 440 (Stand April 2015) individuelle Verwaltungsvorschriften gewidmet, und die Rechtsprechung hat sich allein zu dem im Normtext enthaltenen Begriff der »Angemessenheit« in über 50 höchstrichterlichen Entscheidungen geäußert. Was das Verhältnis der drei Gewalten im Umgang mit der Norm untereinander angeht, so wandte sich das BSG in diesem Zusammenhang in einer für die Rechtsprechung sicherlich ziemlich einmaligen Weise mit einem Appell an den Normgeber, die Regelung endlich weiter zu konkretisieren (BSG vom 19.2.2009 – B 4 AS 30/08 R, Rn. 18). Klärungsbedarf

Die Einfügung der drei neuen Paragrafen §§ 22a–c SGB II ist zweifelsohne eine Reaktion des Gesetzgebers auf diese aufreibende Biographie des § 22 SGB II. Ob die drei noch jungen Normen allerdings tatsächlich den Klärungsbedarf befriedigen, den § 22 SGB II hervorrief und immer noch -ruft, wird erst die Zukunft zeigen. Das Lösungspotential der Neuregelungen wird jedenfalls von vielen Seiten bezweifelt.

»Herzstück« der Neuregelung sind die Absätze 1 und 2 von § 22a SGB II. Dort schafft der Bundesgesetzgeber die Rechtsgrundlage dafür, dass die Kreise und kreisfreien Städte in Deutschland in Zukunft eigenständig bindende Vorschriften – so genannte Satzungen – zu den Kosten von Unterkunft und Heizung erlassen können (für die Stadtstaaten besteht eine ähnliche Ermächtigung). Denkbar sind dabei zwei Satzungsmodelle:

Grenzwertsatzung

- Eine Satzung, die bestimmt, in welcher Höhe die Kosten der Unterkunft und Heizung im Kreis- bzw. Stadtgebiet angemessen sind (im Folgenden: Grenzwertsatzung, oft auch als Angemessenheitssatzung bezeichnet), und

Pauschalierungssatzung

- eine Satzung, die eine monatliche Pauschale festlegt, mit der die Kosten der Unterkunft und Heizung gegenüber den Leistungsberechtigten abgegolten werden (im Folgenden: Pauschalierungssatzung).

Die §§ 22a Abs. 3, 22b und 22c SGB II enthalten dann Detailvorgaben.

Einige Schlagworte können dazu dienen, fassbarer zu machen, worum es bei den beiden Neuregelungen geht:

Rechtsformwechsel

Gerichtskontrolle und Darlegungslast

Wie einleitend gesagt, haben die SGB II-Träger schon seit Jahren begonnen, die Anwendung von § 22 SGB II verwaltungsintern durch Verwaltungsvorschriften zu lenken. Mit § 22a Abs. 1 und Abs. 2 SGB II wird nun ermöglicht, dass diese SGB II-Träger nicht mehr nur verwaltungsinterne Vorschriften erlassen, sondern Rechtsnormen mit Außenwirkung – eben Satzungen. Formal gesehen findet also zunächst ein Wechsel in der Form des Regelungsinstruments statt. Folgenreich könnte dieser »bloße« Rechtsformwechsel aber sein, weil manche Fachleute meinen, Satzungen seien nur eingeschränkt gerichtlich überprüfbar. Es wird insofern argumentiert, der kommunalen Verwaltung käme im Bereich der Satzungsgebung zum Unterkunftskostenrecht ein eigener Gestaltungsspielraum zu. Sie unterläge in diesem Fall einer geringeren gerichtlichen Überprüfungstiefe, als wenn sie sich für den konventionellen Weg entscheidet. Näher hierzu → S. 430 ff. und → S. 437 f. Hinzu kommt, dass durch den Rechtsformwechsel Angriffspunkt des gerichtlichen Vorgehens eines Leistungsberechtigten normativ festgesetzte Werte werden, was ihn erhöhten Darlegungslasten aussetzen kann (vgl. dazu BSG vom 17.10.2013 – B 14 AS 70/12 R, Rn. 38).

Inhaltlicher Wechsel

Aber nicht nur formaljuristisch, auch inhaltlich leiten die neuen Regelungen einen Wechsel ein. Allein an fünf Stellen wird der Satzungsgeber angewiesen, sich am »*örtlichen* Wohnungsmarkt« zu orientieren (z. B. bei der Bestimmung der angemessenen Wohnfläche, vgl. § 22b Abs. 1 Satz 1 Nr. 1 SGB II). Diese Betonung der örtlichen Bezüge geht – jedenfalls sprachlich – über das hinaus, was aus der bisherigen Rechtsprechung des BSG zu den Unterkunftskosten bekannt ist. Diese bemühte sich darum, bundeseinheitliche Maßstäbe zu formulieren, so z. B. auch und gerade bei der Frage, welche Wohnfläche angemessen ist.

Ob Satzungen inhaltlich von dieser Rechtsprechung abweichen dürfen, ist umstritten. Wenn dies der Fall wäre, wüchse damit nicht nur die Verantwortung der Kommunen beim Satzungserlass. Vielmehr würde darüber hinaus eine jeweils regional begrenzte Gestaltungshoheit der Kommunen und damit eine Regionalisierung des Unterkunftskostenrechts eingeleitet, weil überall in Deutschland mit jedem neuen Satzungserlass neue – und damit zwangsläufig voneinander abweichende – regionale Maßstäbe geboren würden. Da in diesem Fall Gestaltungshoheit und Hauptkostenträgerschaft (die Kreise und kreisfreien Städte haben ca. 75 Prozent der Unterkunftskosten zu tragen) zusammenfallen würden, ist zu befürchten, dass die bisher geltenden Standards – z. B. zur angemessenen Wohnfläche – abgesenkt werden. Näher hierzu → S. 430 ff.

Kommunalisierung und Regionalisierung

Absenkung der Standards?

Der angesprochene Streit, ob mit der Betonung der örtlichen Bezüge auch eine Befugnis zur Abweichung von der bisherigen Rechtsprechung des BSG und zur Regionalisierung verbunden ist, setzt sich an anderer Stelle fort. Die neuen Regelungen gehen an einigen Stellen ganz offen (z. B. bei der Einführung des Bruttowarmmietenkonzepts, vgl. § 22b Abs. 1 Satz 3 SGB II) oder versteckt (z. B. bei Außerachtlassung des »maßvollen Zuschlags« zu den Beträgen nach dem WoGG, vgl. § 22c Abs. 1 Satz 2 SGB II) auf Distanz zu den bisher im Rahmen von § 22 Abs. 1 SGB II entwickelten Rechtmäßigkeitsmaßstäben des BSG (zur Unzulässigkeit des Bruttowarmmietenkonzepts vgl. BSG vom 2.7.2009 – B 14 AS 33/08 R Rn. 29, zum »maßvollen Zuschlag« vgl. BSG vom 18.2.2010 – B 14 AS 73/8 R, Rn. 27). Ob damit gemeint sein kann, dass zukünftig in Deutschland mehrere Angemessenheitsmaßstäbe gelten, sodass der Umfang der Existenzsicherung vom Aufenthaltsort des Leistungsberechtigten und den dort gewählten Maßstäben abhängt, ist umstritten. Näher hierzu → S. 430 ff., → S. 437 f. und → S. 439 ff.

Einheitliche oder aufgesplitterte Angemessenheit

Um nach der Erläuterung dieser Schlagworte auf die eingangs geschilderte Biographie des § 22 SGB II zurückzukommen: Es ist zu prognostizieren, dass den §§ 22a–c SGB II eine ähnlich komplizierte juristische Entfaltung bevorsteht. Die Regelungen bewegen sich in dem sensiblen grundrechtlichen Bereich der Sicherung des physischen Existenzminimums. Sie werden teilweise so verstanden, als könnten sie die Kompetenz zur Füllung dieses Existenzminimums mit Inhalt zugunsten der kommunalen SGB II-Träger verlagern, und als unterläge dieser Inhalt dann lediglich einer eingeschränkten gerichtlichen Kontrolle. In Hinblick auf das austarierte Gefüge der Gewaltenteilung käme es zu einer Verschiebung des Kräfteverhältnisses, bei der Legislative und Judikative an Kompetenzen einbüßen, während der Exekutive im grundrechtsrelevanten Bereich Kompetenzen zuwachsen würden. Gegen einen solchen Kompetenzzuwachs sprechen allerdings gewichtige verfassungsrechtliche Bedenken. Näher hierzu → S. 430 ff., → S. 437 f. und → S. 439 ff.

Kompetenzverschiebung im Unterkunftskostenrecht?

II Unbestimmte Rechtsbegriffe als Merkmal des Unterkunftskostenrechts

»Angemessenheit«

Im Mittelpunkt der Unterkunftskostenerstattung steht der Begriff der Angemessenheit (vgl. § 22 Abs. 1 Satz 1 und § 22a Abs. 1 Satz 1 SGB II). Das BSG führt zu diesem Rechtsbegriff in ständiger Rechtsprechung aus:

> »Der Begriff der ›Angemessenheit‹ unterliegt als unbestimmter Rechtsbegriff der uneingeschränkten richterlichen Kontrolle. Im Streitfall ist das der Bestimmung der Kosten zu Grunde liegende Konzept damit von den Gerichten in vollem Umfang zu überprüfen und ggf. ein solches Konzept durch eigene Ermittlungen zu ergänzen.« (BSG vom 7.11.2006 – B 7b 10/06 R)

Kein Beurteilungsspielraum

Mit dem Hinweis auf die uneingeschränkte richterliche Kontrolle wird das Verhältnis der Gerichte (Judikative) zur Verwaltung (Exekutive) im System der Gewaltenteilung bestimmt; der Verwaltung verbleibt kein Beurteilungsspielraum bei der Beantwortung der Frage, was im konkreten Fall »angemessen« ist.
Dass bei unbestimmten Rechtsbegriffen eine volle gerichtliche Kontrolle stattfindet, ist nicht selbstverständlich. In einigen eng umgrenzten Bereichen ist anerkannt, dass die Verwaltung nur einer eingeschränkten gerichtlichen Kontrolle unterliegt. Dies betrifft

- Prüfungs- und prüfungsähnliche Entscheidungen,
- dienstliche Beurteilungen,
- Wertungsentscheidungen von weisungsfreien Fachgremien,
- Prognoseentscheidungen und Risikobeurteilungen, v.a. im Umweltrecht.

Volle gerichtliche Überprüfung

Die Angemessenheit von Unterkunftskosten fällt aber unter keine dieser Ausnahmen. Auch aus dem im Rahmen der §§ 22a–c SGB II – wie nun auch das BSG vom 17.10.2013 – B 14 AS 70/12 R, Rn. 31 f. festgestellt hat – bestehenden Normermessen der Leistungsträger kann nichts anderes hergeleitet werden (vgl. → S. 437 ff.). Deshalb bleibt es beim Grundsatz der vollen gerichtlichen Kontrolle. Das BVerfG hat diesen Grundsatz ebenfalls dahingehend präzisiert, dass die Konkretisierung unbestimmter Rechtsbegriffe verfassungsrechtlich den Gerichten als Kompetenz zugewiesen und eine Letztentscheidungskompetenz der Verwaltung zu verneinen ist (BVerfG vom 31.5.2011 – 1 BvR 857/07).

Auch dass das BSG bei der Frage der »Angemessenheit« auf die Grenzen der Verwaltungskontrolle durch die Gerichte hingewiesen hat (s. dazu BSG vom 17.12.2009 – B 4 AS 27/09 R), ändert nichts am Recht eines betroffenen Bürgers, dass ein Gericht auf seinen Antrag hin umfänglich untersucht, ob die Verwaltung den Begriff der »Angemessenheit« in seinem konkreten Fall richtig mit Inhalt gefüllt hat.

Um »Angemessenheit« geht es insbesondere bei folgenden Problemen:

Wo spielt »Angemessenheit« eine Rolle?

- »Aufwendungen für Unterkunft und Heizung« (vgl. § 22 Abs. 1 Satz 1 und § 22a Abs. 1 Satz 1 SGB II);
- »Aufwendungen für Instandhaltung und Reparatur« (§ 22 Abs. 2 Satz 1 SGB II);
- »Zeitraum zum Finden einer neuen Wohnung« (§ 22 Abs. 6 Satz 2 SGB II);
- »Wohnfläche« (§ 22b Abs. 1 Satz 1 Nr. 1 SGB II);
- »Verbrauchswert für die Heizung« (§ 22b Abs. 1 Satz 2 SGB II);
- »Quadratmeterhöchstmiete« bzw. Gesamtgrenze (§ 22b Abs. 1 Satz 3 SGB II).

Neben »Angemessenheit« tauchen z. B. folgende weitere unbestimmte, gerichtlich voll überprüfbare Rechtsbegriffe im Zusammenhang mit Unterkunftskosten auf:

Weitere unbestimmte Rechtsbegriffe

- »nicht erforderlich« in § 22 Abs. 1 Satz 2 SGB II (Bezugspunkt: Umzug);
- »nicht möglich oder nicht zuzumuten« in § 22 Abs. 1 Satz 3 SGB II (Bezugspunkt: Wohnungswechsel);
- »unwirtschaftlich« in § 22 Abs. 1 Satz 4 SGB II (Bezugspunkt: Wohnungswechsel);
- »unabweisbar« in § 22 Abs. 2 Satz 1 SGB II (Bezugspunkt: Aufwendungen für Instandhaltung und Reparatur);
- »schwer wiegende soziale Gründe« in § 22 Abs. 5 Nr. 1 SGB II (Bezugspunkt: Auszug aus der elterlichen Wohnung);
- »notwendig« in § 22 Abs. 6 Satz 2 SGB II (Bezugspunkt: Umzug);
- »gerechtfertigt zur Behebung einer vergleichbaren Notlage« in § 22 Abs. 8 Satz 1 SGB II (Bezugspunkt: Schuldenübernahme);
- »ausreichend freier Wohnraum« in § 22a Abs. 2 Satz 1 2. HS. 1. Alt. SGB II (Bezugspunkt: Voraussetzung der Pauschalierung);
- »unzumutbare Ergebnisse« in § 22a Abs. 2 Satz 2 SGB II (Bezugspunkt: Folgen der Pauschalierung).

Festlegung durch Verwaltungsakt

Die Sozialverwaltung steht stets vor der Frage, auf welche Weise sie die unbestimmten Rechtsbegriffe mit Inhalt füllt. Diese Frage stellt sich spätestens dann, wenn eine Einzelfallentscheidung über einen konkreten Sachverhalt getroffen werden soll. Die Entscheidung wird typischerweise durch Verwaltungsakt getroffen. Er stellt eine konkret-individuelle Regelung dar, d. h. er besteht in einer auf einen bestimmten Sachverhalt und einen bestimmten Adressaten bezogenen Verwaltungsentscheidung. Im Rahmen ihres Verwaltungsaktes muss die Sozialverwaltung also »Farbe bekennen« und sich festlegen, was z. B. »angemessen«, »erforderlich«, »unabweisbar« ist.

Weil die Entscheidung der Verwaltung über die »Angemessenheit« und andere unbestimmte Rechtsbegriffe im Einzelfall voll von den Gerichten überprüft werden kann, ist jede Verwaltung bemüht, ihre Verwaltungspraxis in ihrem Zuständigkeitsbereich möglichst einheitlich und »gerichtsfest« zu gestalten. Die Begriffe sollen also nicht erst im Rahmen der konkreten Einzelfallentscheidung – d.h. im Rahmen des Verwaltungsaktes – mit Inhalt gefüllt werden, sondern schon in einem früheren, von der Einzelfallentscheidung noch losgelösten Stadium. Viele Leistungsträger sind daher dazu übergegangen, für ihren Zuständigkeitsbereich in irgendeiner Weise allgemeingültige Handlungsleitlinien zu den sich später im Rahmen der Einzelfallbearbeitung stellenden Fragen zu erlassen. Als Hauptinstrument kamen dabei die sog. Auslegungsrichtlinien zum Einsatz (näher hierzu → Abschnitt IV). Neuerdings kommt als weiteres Instrument zusätzlich der Erlass von Satzungen in Betracht (näher hierzu → Abschnitt V).

Allgemeingültige Handlungsleitlinien

III Rechtmäßigkeitsmaßstäbe des Unterkunftskostenrechts

Das Unterkunftskostenrecht mit seinem zentralen unbestimmten Rechtsbegriff der »Angemessenheit« schwebt nicht im »luftleeren Raum«. Die Spielräume von Gesetzgebung, Verwaltung und Rechtsprechung sind vielmehr durch verfassungsrechtlich verankerte Fundamentalprinzipien begrenzt, die im Folgenden kurz erläutert werden sollen.

Grundrecht auf Gewährleistung eines menschenwürdigen Existenzminimums

Aus Art. 1 Abs. 1 GG in Verbindung mit dem Sozialstaatsprinzip des Artikel 20 Abs. 1 GG wird abgeleitet, dass jeder Hilfebedürftige ein Recht auf physische Existenz und auf ein Mindestmaß an Teilhabe am gesellschaftlichen, kulturellen und politischen Leben hat. Dies hat das BVerfG in seiner einschneidenden Entscheidung vom 9.2.2010 – 1 BvL 1/09 u.a. zur Hartz-IV-Gesetzgebung unterstrichen. Es hat weiter gehend präzisiert, dass dieses Grundrecht im Hinblick auf die Garantie der »physischen Existenz« des Menschen folgendes umfasst: Nahrung, Kleidung, Hausrat, Unterkunft, Heizung, Hygiene und Gesundheit (vgl. Rn. 135 der Entscheidung). Diese Ausführungen zeigen, dass es beim sozialrechtlichen Unterkunftskostenrecht um Verfassungsrecht geht.

Bedarfsdeckungsgrundsatz

Im Bereich des Grundrechts auf Garantie des Existenzminimums hat das BVerfG gefordert, dass das einfache Recht und der darin normierte Leistungsanspruch so ausgestaltet sein müssen oder zumindest von der Rechtsprechung so ausgelegt werden können, dass der gesamte existenznotwendige Bedarf jedes einzelnen Grundrechtsträgers gedeckt wird (a.a.O., Rn. 137). Bedarfsdeckung bedeutet, dass existenznotwendige Bedarfe nicht ungedeckt bleiben dürfen.

Individualisierungsgrundsatz

Der Bedarfsdeckungsgrundsatz wird weiter gehend dahin konkretisiert, dass Form, Art und Maß der Sozialleistung sich nach den Besonderheiten des Einzelfalls, d.h. z.B. der Person des Leistungsberechtigten, der Art seines Bedarfs und den örtlichen Verhältnissen zu richten haben. Gesetzlich verankert ist dieser Grundsatz in § 33 SGB I und § 9 SGB XII. Der Angemessenheitsbegriff des Unterkunftskostenrechts meint dementsprechend also eine individuelle Angemessenheit.

Parlamentsvorbehalt und Wesentlichkeitstheorie

Die konkrete Umsetzung der drei Grundsätze ist Auftrag des Parlaments. Auch das hat das BVerfG in der zitierten Entscheidung hervorgehoben und die Pflicht des Gesetzgebers betont, die für die Grundrechtsverwirklichung maßgeblichen Regelungen selbst zu treffen (vgl. Rn. 136). Es hat damit für den Bereich des Sozialrechts eine Forderung formuliert, die sich allgemein aus dem Vorbehalt des Gesetzes ergibt. Der Vorbehalt des Gesetzes ist Ausfluss des Rechtsstaatsprinzips, des Demokratieprinzips und der Grundrechte (vgl. auch die Verankerung in § 31 SGB I). Sein Adressat ist eigentlich die Exekutive (»Kein Verwaltungshandeln ohne Gesetz«). Im grundrechtsrelevanten Bereich wandelt sich der Vorbehalt aber zu einem Parlamentsvorbehalt und damit zu einem Handlungsauftrag an den Gesetzgeber, alle das Grundrecht betreffenden wesentlichen Entscheidungen selbst zu treffen. Anders formuliert kann man diese beiden Seiten des Vorbehalts des Gesetzes so beschreiben: So, wie eine Gemeinde als Verwaltungskörperschaft und somit als Teil der Exekutive gegen den Vorbehalt des Gesetzes verstößt, wenn sie sich mit ihrer Satzungsgebung in einem grundrechtsrelevanten Bereich bewegt, ohne dazu durch Gesetz ermächtigt zu sein, so verstößt auch der Gesetzgeber gegen den Vorbehalt des Gesetzes, wenn er in einem grundrechtsrelevanten Bereich die wesentlichen Entscheidungen der Verwaltung (z. B. durch Verwaltungsvorschriften oder Verwaltungspraxis) oder aber der Rechtsprechung (vgl. insofern die pointierte Kritik des SG Mainz vom 8.6.2012 – S 17 A 1452/09, das in diesem Zusammenhang die Frage nach der Verfassungsmäßigkeit von § 22 Abs. 1 Satz 1 SGB II aufwirft) überlässt. Nur mit dem Parlamentsvorbehalt kann sichergestellt werden, dass der bei der Bemessung des Existenzminimums bestehende Gestaltungsspielraum vom demokratisch legitimierten Gesetzgeber ausgeübt wird. Bei der Ausübung seines Gestaltungsspielraums unterliegt der Gesetzgeber dann nur einer zurückhaltenden Kontrolle durch das BVerfG, wie es selbst unterstreicht (a.a.O., Rn. 141: bloße »Evidenzkontrolle«).

Bestimmtheitsgebot

Der Auftrag, (grundrechts-)wesentliche Entscheidungen selbst zu fällen, bedingt, die gesetzlichen Regelungen in einer hinreichenden Bestimmtheit auszugestalten. Man könnte hieraus ableiten, dass der Gesetzgeber gezwungen sei, bei Entscheidungen in grundrechtsrelevanten Bereichen ausschließlich hinreichend bestimmte Rechtsbegriffe einzusetzen. Das würde den Umstand, dass ausgerechnet im grundrechtsrelevanten Unterkunftskostenrecht ein unbestimmter Rechtsbegriff im Mittelpunkt steht, als verfassungsrechtlich problematisch erscheinen lassen (dieser Aspekt wird vom SG Mainz, a.a.O. ausführlich diskutiert). Verständlich und verfassungsrechtlich zu rechtfertigen ist die Verwendung von unbestimmten Rechtsbegriffen durch den Gesetzgeber im grundrechtsrelevanten Bereich aber dann, wenn die Vielschichtigkeit der zu regelnden Sachverhalte nach Ansicht des Gesetzgebers eben hierdurch besser erfasst und geregelt werden kann. Der Gesetzgeber überlässt in diesen

Fällen die konkrete inhaltliche Auslegung des Rechtsbegriffs der Verwaltung, die dabei aber der umfassenden Kontrolle durch die Gerichte unterworfen ist. Die Letztentscheidungskompetenz über die richtige Auslegung liegt also bei den Gerichten. So schließt sich auch der Kreis zum Bestimmtheitsgebot, denn es wird angenommen, dass die Gerichte bei der Rechtsanwendung für den unbestimmten Rechtsbegriff im Einzelfall immer genau eine bestimmte verfassungskonforme Auslegung finden werden (vgl. LSG Baden-Württemberg vom 21.6.2013 – L 1 AS 19/13).

Herstellung gleichwertiger Lebensverhältnisse

Im SGB II konkurriert der Bundesgesetzgeber mit den Ländern. Aus Art. 72 Abs. 2 i.V.m. Art. 74 Abs. 1 Nr. 7 GG ergibt sich, dass der Bundesgesetzgeber im Bereich der öffentlichen Fürsorge nur tätig werden darf, »wenn und soweit die Herstellung gleichwertiger Lebensverhältnisse im Bundesgebiet [...] eine bundesgesetzliche Regelung erforderlich macht«. Mit seiner Regelungstätigkeit auf dem Gebiet der Unterkunftskosten macht der Bundesgesetzgeber deutlich, dass er in diesem Bereich eine übergeordnete Regelung für notwendig hält, damit sich die Lebensverhältnisse in den Ländern der Bundesrepublik nicht in erheblicher, das bundesstaatliche Sozialgefüge beeinträchtigender Weise auseinander entwickeln. Bejaht der Bundesgesetzgeber – wie im Falle der Unterkunftskosten – die Erforderlichkeit i.S.d. Art. 72 Abs. 2 GG, hat er die Wahl zwischen dem Erlass inhaltlich bundeseinheitlicher Vorschriften und regional differenzierenden bundesgesetzlichen Regelungen. Entscheidet er sich für die letztere Variante, wirft das allerdings stets erneut Fragen in Hinblick auf die Erforderlichkeit einer Bundesregelung auf (vgl. zu diesem Aspekt LSG Berlin-Brandenburg vom 24.4.2013 – L 36 AS 2095/12 NK, Abschnitt 2.1). Das Ziel der Herstellung gleichwertiger Lebensverhältnisse steht in engem Zusammenhang mit dem Gleichbehandlungsgrundsatz aus Art. 3 GG.

Sowohl die bisherigen und fortgeltenden (näher hierzu im folgenden Abschnitt) als auch die neu hinzukommenden Regelungen (→ S. 427 ff.) des Unterkunftskostenrechts müssen sich an diesen Maßstäben messen lassen.

IV Bisherige Rechtslage: Angemessenheitsbestimmung durch Einzelfallentscheidung, ggf. in Verbindung mit verwaltungsinternen Auslegungsrichtlinien

Die bis zum 31.3.2011 bestehende Rechtslage kannte als Zentralnorm des Unterkunftskostenrechts und seiner unbestimmten Rechtsbegriffe nur § 22 SGB II. Viele Leistungsträger sind im Zuge des angesprochenen Bemühens um Einheitlichkeit und »Gerichtsfestigkeit« dazu übergegangen, zu dieser Norm Auslegungsrichtlinien zu erlassen.

Mit der Einführung der §§ 22a–c SGB II zum 1.4.2011 ist diese Möglichkeit nicht abgeschafft worden. Es sind aber neue Instrumente hinzugetreten, die in den §§ 22a–c SGB II geregelt sind. Diese neuen Optionen sind in den ersten Jahren seit Änderung der Rechtslage nur wenig genutzt worden, die Praxisbeispiele werden aber langsam zahlreicher.

1 § 22 Abs. 1 Satz 1 SGB II

Wortlautänderung in § 22 Abs. 1 Satz 1 SGB II

Gemäß § 22 Abs. 1 Satz 1 SGB II werden die »Bedarfe [...] in Höhe der tatsächlichen Aufwendungen anerkannt, soweit diese angemessen sind«. Bis zum 31.3.2011 wich die Norm vom jetzigen Wortlaut insoweit ab, als die »Leistungen [...] in Höhe der tatsächlichen Aufwendungen erbracht [werden], soweit diese angemessen sind«. Die Wortlautänderungen von »Leistungen« auf »Bedarfe« und von »erbracht« auf »anerkannt« dienen laut der Gesetzesbegründung (BT-Drs. 17/3404) der Anpassung an die Änderungen in § 19 SGB II, entsprechen aber inhaltlich dem bisherigen Recht (ebd., S. 98).

Auf die zahlreichen Grundsätze, die die Rechtsprechung des BSG für die Auslegung von § 22 Abs. 1 Satz 1 SGB II hervorgebracht hat, soll an dieser Stelle nicht näher eingegangen werden (vgl. dazu → Kapitel B sowie die zusammenfassende Darstellung in BSG vom 17.10.2013 – B 14 AS 70/12 R, Rn. 30). Im vorliegenden Zusammenhang soll vielmehr das Steuerungsinstrument im Blickpunkt stehen, das die Verwaltung im Umgang mit § 22 Abs. 1 Satz 1 SGB II entwickelt hat: Die Auslegungsrichtlinie.

2 Was ist eine Auslegungsrichtlinie?

Abstrakt-generelle Anordungen

Auslegungsrichtlinien gehören zu den Verwaltungsvorschriften. Verwaltungsvorschriften sind abstrakt-generelle Anordnungen einer Behörde an eine nachgeordnete Behörde oder eines Vorgesetzten an die ihm unterstellten Bediensteten. Abstrakt-generell bedeutet in diesem Zusammenhang, dass die Anordnungen gerade nicht konkrete Einzelfälle und gerade keinen individualisierten Personenkreis betreffen. Verwaltungsvorschriften sind also gleichsam das Gegenteil eines Verwaltungsakts. Das Grundgesetz geht davon aus, dass Verwaltungsvorschriften für die Organisation einer funktionierenden Verwaltung unerlässlich sind (siehe z. B. Art. 84 Abs. 2, 85 Abs. 2, 86 GG). Die Zahl der Verwaltungsvorschriften, die in der Datenbank der obersten Bundesbehörden enthalten sind (siehe www.verwaltungsvorschriften-im-internet.de), bestätigt dies. Es verwundert daher nicht, dass Verwaltungsvorschriften auch im Sozialrecht Einzug gehalten haben.

Eine Behörde, die Verwaltungsvorschriften erlassen will, kann unter folgenden Typen von Verwaltungsvorschriften wählen:

- Dienst- und Organisationsvorschriften;
- Auslegungsrichtlinien;
- Normkonkretisierende Verwaltungsvorschriften;
- Ermessensrichtlinien;
- Gesetzesvertretende Verwaltungsvorschriften.

Besonders häufig treten im Sozialrecht Auslegungsrichtlinien auf.

»Interpretationshilfe« für die Verwaltungsmitarbeiter

Auslegungsrichtlinien sollen den Behördenmitarbeitern die Auslegung und Anwendung von Rechtsnormen erleichtern, und zwar insbesondere dann, wenn die Rechtsnormen unbestimmte Rechtsbegriffe verwenden. Da bei unbestimmten Rechtsbegriffen gerade kein Spielraum der Verwaltung bei der Interpretation des Gemeinten besteht, ist klar, dass im Unterkunftskostenrecht Auslegungsrichtlinien die typische Form von Verwaltungsvorschriften sind: Mit ihr gibt die Behördenleitung oder übergeordnete Behörde vor, wie der jeweilige unbestimmte Rechtsbegriff ausgelegt werden soll, um eine einheitliche und möglichst »gerichtsfeste« Verwaltungspraxis sicherzustellen. Auslegungsrichtlinien stellen also letztlich so etwas wie eine »Interpretationshilfe« der Verwaltung bei der Auslegung von Gesetzesbegriffen dar.

3 Welche Wirkung geht von den Auslegungsrichtlinien aus?

Keine Außenwirkung

Wenn man nach der Wirkung von Verwaltungsvorschriften fragt, muss man zwischen den behördeninternen Wirkungen und den Wirkungen im Außenverhältnis zwischen Behörde und Bürger sowie Gericht unterscheiden. Unter diesem Gesichtspunkt lässt sich über Verwaltungsvorschriften – und dort insbesondere die Auslegungsrichtlinien – grundsätzlich sagen:

- Sie sind bloßes »Innenrecht«, d.h. ihr Adressatenkreis sind nur die Behörden(mitarbeiter);
- sie haben keinen unmittelbaren Einfluss auf die Rechtsbeziehung zwischen Behörde und Bürger;
- sie haben keine Bindungswirkung – weder für Gerichte noch für die Verwaltung selbst.

Gericht prüft keine Auslegungsrichtlinien

Dass die Auslegungsrichtlinien bloßes Innenrecht darstellen, bedeutet weiter gehend, dass der Verstoß einer Verwaltungsentscheidung gegen eine Verwaltungsvorschrift grundsätzlich nicht zur Rechtswidrigkeit der Entscheidung führt. Dementsprechend prüfen die Gerichte auch grundsätzlich nicht mögliche Verstöße gegen das Innenrecht, das sich aus den Auslegungsrichtlinien ergibt. Und sie prüfen daher auch nicht, ob eine Verwaltungsvorschrift gegen das Gesetz verstößt.

Dies zeigt: Auslegungsrichtlinien mögen dem Bürger, wenn er Zugang zu ihrem Text hat, frühzeitig eine Ahnung davon vermitteln, nach welchen Maßstäben die Verwaltung ihre Entscheidung fällen wird und mit welcher Verwaltungsentscheidung er dementsprechend rechnen muss. Über die Rechtmäßigkeit des Verwaltungshandelns ist damit aber nichts gesagt. Denn für die Gerichte ist allein die Gesetzeslage maßgeblich, und nicht wie die Behörde für sich – sozusagen zum internen Gebrauch – die Gesetzeslage ausgelegt hat. Auslegungsrichtlinien dienen weder den Gerichten noch den Bürgern, sondern sie dienen der Verwaltung, die auf diese Weise insbesondere eine einheitliche Gesetzesauslegung und -anwendung sicherstellen will.

4 Wie sehen die Auslegungsrichtlinien zu den Unterkunftskosten aus?

Große Zahl an Auslegungsrichtlinien

In den letzten Jahren hat sich eine Vielzahl von Auslegungsrichtlinien angehäuft. Einen Eindruck kann man sich auf der Internet-Seite http://www.harald-thome.de/oertliche-richtlinien.html verschaffen. Es sind dort – ohne Anspruch auf Vollständigkeit – über 440 (Stand: April 2015) Auslegungsrichtlinien verzeichnet.

Die Ausgestaltung der Richtlinien könnte schon unter formalen Gesichtspunkten unterschiedlicher kaum sein:

Formaler Variantenreichtum

- Die Aktualität reicht vom 1.10.2005 (Landkreis Wernigerode) bis zum 4.2.2015 (Bonn);
- der Umfang reicht von einer Seite (z.B. Frankfurt am Main und Stuttgart) bis zu 71 Seiten (Dresden);
- teilweise ist – entsprechend dem Umfang – die Regelungsdichte sehr hoch und der Regelungsinhalt sehr umfassend, teilweise bestehen die Richtlinien nur aus einer Tabelle über die als angemessen anzusehende Grundmiete;
- die Richtlinien sind teilweise öffentlich zugänglich (Hamburg und München veröffentlichen sie z.B. im Internet), überwiegend sind sie es aber nicht.

Aber auch inhaltlich ist ein großer Variantenreichtum festzustellen (vgl. eingehender Kofner, Wohnungswirtschaft und Mietrecht, 2011, 71, 74f.):

Inhaltlicher Variantenreichtum

- Teilweise findet zur Ermittlung der Mietobergrenzen eine Orientierung an dem unteren Rand der Vergleichsmiete statt, teilweise an den für den ersten Förderweg des sozialen Wohnungsbaus maßgeblichen Werten und teilweise an den Obergrenzen des Wohngeldrechts;
- teilweise findet zur Ermittlung der Mietobergrenzen eine Orientierung am Baujahr der Gebäude statt, teilweise nicht;

- die Idee, Leistungsberechtigte nicht aus Vierteln mit ohnehin niedriger Empfängerdichte zu verdrängen, ist nur in wenigen Fällen berücksichtigt;
- für bestehende Mietverträge werden oft – aber auch nicht immer – größere Toleranzen vorgesehen;
- teilweise wird der Bezugsraum einer Regelung auf Teilgebiete beschränkt, teilweise nicht;
- teilweise wird besonderen Umständen, wie z. B. familiären oder gesundheitlichen Aspekten sowie dem Alter, Rechnung getragen, teilweise nicht;
- wenn es Sonderregelungen der vorgenannten Form gibt, variieren die damit verbunden Zuschläge um bis zu 20 Prozent;
- die angewendeten Kostenbegriffe sind uneinheitlich, d. h. die Spanne reicht von der reinen Kaltmiete über die Kaltmiete inklusive der Nebenkosten bis hin zu den »Brutto-Warm-Werten«, die auch die Heizkosten mit einbeziehen;
- die Methoden, mit denen die maßgeblichen Werte ermittelt werden, weichen stark voneinander ab und sind nur teilweise ausreichend dokumentiert.

Verwaltungsvorschriften der Landesregierungen

Neben die Auslegungsrichtlinien der Leistungsträger sind in einigen Bundesländern Verwaltungsvorschriften der Landesregierungen getreten (so in Schleswig-Holstein, Nordrhein-Westfalen, Baden-Württemberg, Hessen, Bayern, Saarland). Hintergrund dieser zusätzlichen Leitlinien ist, dass die Aufsicht über die kommunalen Leistungsträger gemäß § 47 Abs. 2 SGB II bei den zuständigen obersten Landesbehörden liegt.

5 § 27 SGB II a.F., § 29 SGB XII

Auslegungsrichtlinien waren schon nach der bisherigen Rechtslage aber nicht die einzige Steuerungstechnik, die der Verwaltung zur Verfügung stand.

Verordnungsermächtigung

So enthielt § 27 SGB II a. F. bis zu seinem Außerkrafttreten am 31.3.2011 eine Ermächtigung an das Bundesministerium für Arbeit und Soziales, im Einvernehmen mit dem Bundesministerium für Finanzen Rechtsverordnungen zu den Unterkunftskosten zu erlassen. Als Parallelvorschrift zu § 27 SGB II a. F. gibt es im SGB XII § 29 Abs. 2 und 3, der auch über den 31.3.2011 hinaus in Kraft ist und dessen vieldiskutierte Vorgängerregelung die Experimentierklausel des § 101a BSHG war.

Konkretisierungs- und Pauschalierungsbefugnis

U. a. wäre es gemäß § 27 Nr. 1 SGB II a. F. zulässig gewesen, dass durch eine solche Rechtsverordnung bestimmt wird, »welche Aufwendungen für Unterkunft und Heizung angemessen sind und unter welchen Voraussetzungen die Kosten für Unterkunft und Heizung pauschaliert werden können«. Schon lange vor dem zum 1.4.2011 eingeführten und sogleich näher zu erläuternden § 22a Abs. 1 und 2 SGB II war im SGB II also in einer Norm der Gedanke angelegt, die Verwaltung (hier: zwei Bundesministerien) zu ermächtigen, den Angemessenheitsbegriff zu konkretisieren (§ 27 Nr. 1 1. Alt. SGB II a. F.) bzw. die Unterkunftskosten zu pauschalieren (§ 27 Nr. 1 2. Alt. SGB II a. F.). Die Regelung ließ auch die Festlegung von Obergrenzen bzw. Pauschalen für die Umzugskosten (Nr. 2) und die Erstausstattung (Nr. 3) zu. Dies alles war verfassungsrechtlich nicht unumstritten, was aber weiter nicht zum Tragen kam, weil von dieser Verordnungsermächtigung nie Gebrauch gemacht worden ist.

Verfassungsrechtliche Bedenken

In Zusammenhang mit § 27 SGB II a. F. drehte sich die verfassungsrechtliche Diskussion vor allem um die Frage, ob die darin enthaltenen Vorgaben des Gesetzgebers an die Verwaltung in einer hinreichenden Bestimmtheit getroffen worden waren. Damit sind die zentralen Rechtmäßigkeitsmaßstäbe des Parlamentsvorbehalts bzw. der Wesentlichkeitstheorie und des Bestimmtheitsgebotes angesprochen, die – wenn es um Rechtsverordnungen von Bundesministerien und Landesregierungen geht – in besonderer Weise durch Art. 80 Abs. 1 S. 2 GG konkretisiert werden. Nach Art. 80 Abs. 1 Satz 2 GG ist eine Verordnungsermächtigung an die Verwaltung nur zulässig, wenn »Inhalt, Zweck und Ausmaß der erteilten Ermächtigung im Gesetze bestimmt werden«.

Konkret wurde in diesem Zusammenhang kritisiert (vgl. Rothkegel in: Gagel, SGB II, § 27 Rn. 8 ff.), dass

- § 27 Nr. 1 1. Alt. SGB II a. F. den Maßstab für die Beurteilung der Angemessenheit nicht erkennen ließ;
- § 27 Nr. 1 2. Alt. SGB II a. F. in Bezug auf die Abgeltungswirkung der Pauschalleistungen keine Öffnungs- bzw. Härtefallklausel erkennen ließ, obwohl das wegen des Bedarfsdeckungs- und Individualisierungsgrundsatzes notwendig gewesen wäre;
- § 27 SGB II a. F. die Ermittlungsmethodik nicht festlegte und den normativen Entscheidungsspielraum völlig der Verwaltung überantwortete.

Leerlaufen der Ermächtigung

Dass die beiden zuständigen Ministerien von der Ermächtigung in § 27 SGB II a. F. nie Gebrauch machten, dürfte allerdings weniger an den verfassungsrechtlichen Bedenken gelegen haben. Vielmehr wird der Grund darin gesehen, dass die lokalen Besonderheiten, denen entsprechende Regelungen Rechnung tragen müssten, einer bundesweiten Regelung nur schwer zugänglich seien (vgl. Knickrehm in: Eicher/Spellbrink, SGB II, 2. Auflage, § 27 a. F. Rn. 3). Es wurde daher allenfalls für denkbar gehalten, dass entsprechende Rechtsverordnungen die Festlegung bestimmter Angemessenheitskriterien leisten könnten, nicht dagegen darüber hinausgehende Festlegungen, wie z. B. eine Kostenobergrenze.

Streit um Streichung

Die Regelung des § 27 SGB II a. F. hat dementsprechend eine sehr eigenartige Geschichte: Sie war von Anfang an verfassungsrechtlichen Bedenken ausgesetzt, die nun in Bezug auf die §§ 22a–c SGB II in ähnlicher Weise wiederholt werden (→ S. 430 ff. und → S. 437 f.); sie entfaltete nie praktische Wirksamkeit, sie wurde abgeschafft, und gleichzeitig wurde im Zuge der Diskussion um die Gesetzesnovelle zum 1.4.2011 doch auch vehement ihr Erhalt gefordert und appelliert, endlich von ihr – jedenfalls in Hinblick auf § 27 Nr. 1 1. Alt. SGB II a. F. – Gebrauch zu machen (vgl. z. B. die Stellungnahmen der Deutschen Richtervereinigung und des DGB im Rahmen des Gesetzgebungsverfahrens – Ausschussdrucksache 17(11)309 des Deutschen Bundestages vom 16.11.2010; schon bevor die Streichung von § 27 SGB II a. F. im Raum stand, empfahl das BSG am 19.2.2009 – B 4 AS 30/08 R, Rn. 18 ein Tätigwerden der Verwaltung auf dieser Grundlage).

6 Verhältnis der Auslegungsrichtlinien zur Rechtsprechung des BSG

Auslegungsrichtlinien sind rechtliches »nullum«

Auslegungsrichtlinien sind aus der Sicht der Rechtsprechung ein rechtliches »nullum«. Sie haben, wie auf → S. 420 herausgearbeitet wurde, keine Außenwirkung, und sie sind kein Rechtmäßigkeitsmaßstab für Behördenhandeln. Konkret bedeutet das: Nur, weil ein Verwaltungsakt mit den Vorgaben einer Auslegungsrichtlinie übereinstimmt, heißt das noch lange nicht, dass der Verwaltungsakt rechtmäßig ist und einer gerichtlichen Überprüfung standhält. Und umgekehrt bedeutet es auch nicht, dass ein Verwaltungsakt, der im Widerspruch zu einer Auslegungsrichtlinie steht, rechtswidrig ist und daher vom Gericht aufgehoben werden wird. Die beiden Beispiele machen klar, dass Auslegungsrichtlinien der Exekutive durch die Judikative inhaltlich nicht überprüft werden müssen. Es gibt daher – anders als bei Satzungen, vgl. dazu → S. 453 ff. – für Verwaltungsvorschriften auch kein spezielles gerichtliches Überprüfungsverfahren. Der Rechtmäßigkeitsmaßstab, den das Gericht in einem Rechtsstreit um Unterkunftskosten anzuwenden hat, ist allein das Gesetz – nach der bisherigen Rechtslage also § 22 Abs. 1 Satz 1 SGB II. Da Auslegungsrichtlinien nicht der gerichtlichen Kontrolle unterliegen und auch nicht von einem Gericht für rechtswidrig erklärt werden können, können sich die Verfasser von Auslegungsrichtlinien also grundsätzlich bei deren Formulierung sehr »frei« fühlen.

Keine rechtliche Gestaltungskraft

Von diesem Hintergrund könnte die These berechtigt sein, dass die Kehrseite dieser Gestaltungsfreiheit eine fehlende Gestaltungskraft von Auslegungsrichtlinien ist: Denn wo – wie z. B. beim Begriff der Angemessenheit in § 22 Abs. 1 Satz 1 SGB II – die Letztentscheidungskompetenz für die Inhaltsfüllung bei der Rechtsprechung liegt und wo dieser Inhalt gerade unabhängig von den entsprechenden Auslegungsrichtlinien gefüllt wird, kann auf den ersten Blick tatsächlich von der rechtlichen Bedeutungslosigkeit der Richtlinien ausgegangen werden.

Bei genauer Betrachtung lassen sich aber zwei faktische Wirkungen von Auslegungsrichtlinien feststellen, die von nicht zu unterschätzender Bedeutung sind: Erstens entfalten die Richtlinien überall dort, wo die Betroffenen das Verwaltungshandeln nicht vor den Richter tragen, eine Bindungswirkung. Und zweitens wird jedes Gericht, das mit der Frage der Inhaltsfüllung des Angemessenheitsbegriffs konfrontiert ist, die Auslegungsrichtlinien des zuständigen Leistungsträgers studieren und erwägen, ob die dort gefundene Auslegung nicht vielleicht zutreffend ist und übernommen werden kann. Wird man also einerseits das Fehlen einer rechtlichen Gestaltungskraft der Auslegungsrichtlinien bejahen können, so muss man sich andererseits ihrer faktischen Gestaltungskraft bewusst sein.

Aber faktische Gestaltungskraft

7 Kritik an der bisherigen Rechtslage

Obwohl viele Fachleute in der Auseinandersetzung mit den Neuregelungen in §§ 22a–c SGB II die positiven Aspekte der bisherigen Rechtslage hervorheben und prognostizieren, dass das Satzungsmodell zu einer Verschlechterung der Situation der Leistungsempfänger führt (→ S. 430 ff. und → S. 435 ff.), so ist doch auch die bisherige Rechtslage nicht frei von Kritik. Die bisherige Rechtslage wird dabei unter ganz praktischen, aber auch unter rechtstheoretischen Gesichtspunkten für problematisch gehalten.

Aus der Perspektive der Praxis wird auf die enormen Diskrepanzen der sich aus den jeweiligen Auslegungsrichtlinien ergebenden Mietobergrenzen hingewiesen (vgl. Kofner, Wohnungswirtschaft und Mietrecht, 2011, 71, 74, der einen tabellarischen Überblick über einige Werte gibt) und kritisiert, dass einige Werte, z. B. für Köln, deutlich zu niedrig angesetzt sind. Weil den Auslegungsrichtlinien häufig die beschriebene faktische Gestaltungskraft zukommt, sind derart divergierende, zu knapp bemessene Werte höchst kritikwürdig.

Kritik aus der Perspektive der Praxis

Aus rechtstheoretischer Sicht wird kritisiert, dass durch Verwendung eines unbestimmten Rechtsbegriffs im Gesetz die Angemessenheit letztlich der Rechtsprechung überantwortet worden ist. Es kann daher mit Fug und Recht behauptet werden, dass die Sozialgerichtsbarkeit zu einer Art Ersatz-Gesetzgeber geworden ist. Das LSG NRW vom 16.5.2011 – L 19 AS 2202/10 hat dies so beschrieben:

Kritik aus rechtstheoretischer Sicht

> »Der Gesetzgeber hat es sowohl bei der Einführung des SGB II als auch später – trotz mehrfacher Forderungen seitens der Gerichte der Sozialgerichtsbarkeit – unterlassen, die angemessene Wohnfläche für Bezieher von SGB II-Leistungen konkret festzulegen, sondern die Ausfüllung des Begriffs ›angemessene Kosten der Unterkunft‹ der Rechtsprechung überlassen.«

Gesetzgeber kommt Handlungsauftrag nicht nach

Diese Entwicklung kann man deshalb für bedenklich halten, weil die Wesentlichkeitstheorie und der Parlamentsvorbehalt nicht nur die Befugnisse der Exekutive beschränken, sondern auch eine Grenze der Rechtsprechung darstellen. Diese Grenze soll eigentlich verhindern, dass die Rechtsprechung in grundrechtswesentlichen Fragen bindende Entscheidungen fällt, obwohl Legitimation und entsprechender Handlungsauftrag hierfür eigentlich beim Gesetzgeber liegen (ausführlich hierzu SG Mainz vom 8.6.2012 – S 17 AS 1452/09; vgl. auch den Vorlagebeschluss des SG Mainz an das BVerfG vom 12.12.2014 – S 3 AS 130/14.).

Landesrechtliches Verordnungsrecht als Hilfsmaßstab

Dass die weitreichende Entscheidungskompetenz der Rechtsprechung im Rahmen von § 22 Abs. 1 Satz 1 SGB II verfassungsrechtlich fragwürdig ist, lässt sich nicht nur an den zitierten höchstrichterlichen Appellen an den Gesetz- bzw. Verordnungsgeber, endlich konkretisierend tätig zu werden, ablesen. Es zeigt sich auch daran, dass die Rechtsprechung bei der Bildung von Entscheidungsmaßstäben teilweise über den Umweg von § 10 WoFG auf landesrechtliches Verordnungsrecht und damit untergesetzliche Normen der Exekutive zurückgreift, die ihrerseits dann eine Bindungswirkung erlangen, die einer Gesetzgebung vergleichbar ist. So hat z. B. das LSG Nordrhein-Westfalen vom 16.5.2011 – L 19 AS 2202/10, dessen Entscheidung insofern durch das BSG vom 16.5.2012 – B 4 AS 109/11 R bestätigt wurde, betont, dass sich die angemessene Wohnfläche nach den »im jeweiligen streitgegenständlichen Zeitraum gültigen Verwaltungsvorschriften« zum WoFG bestimmt und Änderungen der dort festgelegten Werte (in Nordrhein-Westfalen von 45 qm auf 50 qm seit dem 1.1.2010) unmittelbar auf die Angemessenheitsdefinition im Rahmen von § 22 Abs. 1 Satz 1 SGB II durchschlagen.

BSG als »Ersatzgesetzgeber«

Der Umstand, dass das Unterkunftskostenrecht Rechtsprechungsrecht ist, lässt sich auch daran veranschaulichen, dass – anders als bei den Regelbedarfssätzen – die Auseinandersetzung darüber, welche Werte rechtmäßig seien, nicht in den gesetzgebenden Gremien stattfindet, sondern in der Rechtsprechung. Wer wissen will, welche grundsätzlichen Entwicklungen es im Unterkunftskostenrecht gibt, der guckt nicht nach Berlin, sondern nach Kassel, wo das BSG, dem die Rolle eines »Ersatzgesetzgebers« zukommt, seinen Sitz hat.

Da die bisherige Rechtslage fort gilt, bleibt diese Kritik bestehen. Ebenso haben die Appelle weiter Geltung, der Bundesgesetzgeber möge für die Anwendung von § 22 Abs. 1 Satz 1 SGB II konkretere Vorgaben machen. Mit der Streichung der Verordnungsermächtigung nach § 27 SGB II ist die Möglichkeit, dass der Verordnungsgeber solche Vorgaben macht, nunmehr ausgeschlossen.

V Neue Rechtslage: Angemessenheitsbestimmung ggf. durch Grenzwertsatzung und abweichende Bestimmung ggf. durch Pauschalierungssatzung

Satzungslösung als neue Alternative im SGB II und SGB XII

Zum 1.4.2011 wurde durch § 22a Abs. 1 SGB II die Möglichkeit geschaffen, dass »die Kreise und kreisfreien Städte ... durch Satzung ... bestimmen, in welcher Höhe Aufwendungen für Unterkunft und Heizung in ihrem Gebiet angemessen sind«. Hält man sich die bisherige Rechtslage und den Umstand, dass die meisten Leistungsträger auf sie mit dem Erlass von Auslegungsrichtlinien reagierten, vor Augen, fällt am neuen Gesetzeswortlaut die Formulierung »durch Satzung« besonders auf. Auf diese Weise wird das Ziel des Gesetzgebers klar, dass ab sofort neben die Angemessenheitsbestimmung durch Einzelfallentscheidung (ggf. in Verbindung mit einer Auslegungsrichtlinie) die Angemessenheitsbestimmung durch Satzung treten soll. Mit dem neuen § 22a Abs. 2 SGB II wird außerdem die Möglichkeit geschaffen, monatliche Pauschalbeträge für Unterkunft und Heizung durch »Satzung« festzulegen. Die Satzungslösung wird gemäß § 35a SGB XII auch für die Sozialhilfe eingeführt. § 35a SGB XII wird dabei nicht als Norm angesehen, die den Sozialhilfeträgern insoweit eine eigene Satzungsermächtigung erteilt. Rechtsgrundlage für den Satzungserlass sind und bleiben die §§ 22a-c SGB II (BSG vom 17.10.2013 – B 14 AS 70/12, Rn. 12), worin allerdings eine verfassungsrechtlich bedenkliche Bindung von Sozialhilfeträgern durch die zur Normsetzung nach §§ 22a-c SGB II berufenen Körperschaften liegen könnte (offen gelassen von BSG, a.a.O.).

Um zu verstehen, welche Idee mit der Einführung dieser neuen Regelungsform verfolgt wird, ist zu klären, was überhaupt eine Satzung ist.

1 Was ist eine Satzung?

Satzung = Rechtsnorm

Während Auslegungsrichtlinien zur Regelungsform der Verwaltungsvorschriften gehören, gehören Satzungen zur Regelungsform der Rechtsnormen (auch: Rechtsvorschriften). Zwischen Verwaltungsvorschriften und Rechtsnormen besteht die Gemeinsamkeit, dass beide abstrakt-genereller Natur sind. Auch die Rechtsnormen dienen der Regelung einer Vielzahl von Sachverhalten (daher: abstrakt) gegenüber einer Vielzahl von Personen (daher: generell).

Typen von Rechtsnormen

Wie bei den Verwaltungsvorschriften gibt es unter den Rechtsnormen verschiedene Typen, nämlich

- förmliche Gesetze,
- Rechtsverordnungen und
- Satzungen.

Förmliche Gesetze kann man von den Rechtsverordnungen und Satzungen (letztere werden auch als nicht-förmliche Gesetze oder untergesetzliche Normen bezeichnet) danach abgrenzen, wer sie erlassen hat. Förmliche Gesetze können nur vom Bundestag – ggfs. unter Beteiligung des Bundesrates – oder von einem Landtag erlassen werden, also von der Legislative. Rechtsverordnungen und Satzungen hingegen können von der Verwaltung (z. B. Ministerien oder Gemeinden), also von der Exekutive erlassen werden.

Kreise und kreisfreie Städte gehören zur Exekutive

Bei der Unterscheidung von Legislative und Exekutive ist zu unterstreichen, dass kreisangehörige Gemeinden und Städte sowie kreisfreie Städte und Kreise stets der Exekutive zuzuordnen sind. Es handelt sich bei ihnen um Verwaltungskörperschaften, denen der Erlass von förmlichen Gesetzen unmöglich ist. Wenn und soweit diese Körperschaften vom Gesetz zum Träger bestimmter Sozialleistungen bestimmt werden, so stehen ihnen als Regelungsoptionen demgemäß zur Verfügung:

Regelungsoptionen der Kommunalverwaltung

- Erlass von Verwaltungsvorschriften zur (abstrakt-generellen) Lenkung von Verwaltungsentscheidungen für eine Vielzahl von Fällen;
- Erlass von Satzungen zur (abstrakt-generellen) Lenkung von Verwaltungsentscheidungen;
- Erlass von Verwaltungsakten zur (konkret-individuellen) Entscheidung über Leistungsgewährung oder -versagung im Einzelfall.

Das Recht zum Erlass von Satzungen im Bereich des Sozialrechts ist für die Kommunalverwaltung zwar neu; der Regelungstyp der Satzung ist jedoch ein typisches Handlungsinstrument der Kommunalverwaltung. Klassische Beispiele für Tätigkeiten der Kommunen im Bereich der Satzungsgebung sind der Erlass eines Bebauungsplans, einer Polizeiverordnung (z. B. Kampfhunde-VO), einer Abwassersatzung oder einer Benutzungsordnung für das kommunale Schwimmbad.

2 Welche Wirkung geht von den Satzungen aus?

Unterschiede zwischen Auslegungsrichtlinie und Satzung

Im vorhergehenden Abschnitt sind die Ähnlichkeiten von Verwaltungsvorschriften und Satzungen herausgearbeitet worden. Die Ermächtigung der SGB-II-Träger zum Erlass von Satzungen wäre vom Gesetzgeber aber nicht eingeführt worden, wenn es nicht auch Unterschiede zwischen diesen Regelungstypen gäbe und er sich von der Regelungsform der Satzung nicht bestimmte Vorteile erhoffte. Die Unterschiede bestehen in Hinblick auf

- das Verfahren, nach denen sie erlassen werden,
- die Bindungswirkung, die ihnen zukommt,
- die Kontrollmechanismen, denen sie unterworfen sind,
- die Rechtmäßigkeitskriterien, die an sie angelegt werden.

In der folgenden Tabelle sind die Unterschiede der beiden Regelungsformen gegenübergestellt:

Unterschiede zwischen Auslegungsrichtlinien und Satzungen

	Auslegungsrichtlinien	Satzungen
Erlass	Kein förmliches Verfahren erforderlich (z.B. Erlass durch die Behördenleitung)	Förmliches Verfahren erforderlich (z.B. formell ordnungsgemäßer Beschluss des Kreistages/der Stadtverordnetenversammlung)
Bindungswirkung	Keine Bindungswirkung (weder im Verhältnis zum Bürger noch innerhalb der Verwaltung)	Strikte Bindungswirkung für die Verwaltung und ihr Handeln gegenüber dem Bürger
Kontrollmechanismen	Wegen der fehlenden Bindungswirkung sind die Auslegungsrichtlinien bei der gerichtlichen Entscheidungsfindung unbeachtlich und daher auch keiner besonderen Kontrolle unterworfen	Wegen ihrer Bindungswirkung für das Verwaltungshandeln sind Satzungen der Kontrolle durch das Gericht unterworfen, das prüft, ob alle Rechtmäßigkeitskriterien eingehalten worden sind; diese Kontrolle erfolgt entweder als inzidente oder als abstrakte Kontrolle.
Rechtmäßigkeitskriterien	Keine Rechtmäßigkeitskriterien vorhanden, da weder ein förmliches Verfahren noch materielle Rechtmäßigkeitskriterien einzuhalten sind	Unterliegen zahlreichen Rechtmäßigkeitskriterien; erforderlich sind z.B. eine Ermächtigungsgrundlage sowie die formelle und materielle Rechtmäßigkeit

Die Gegenüberstellung zeigt, was konkret mit dem Schlagwort »Rechtsformwechsel« (vgl. → S. 412) gemeint ist. Als Regelungstypen im Unterkunftskostenrecht sind die Grenzwert- und die Pauschalierungssatzung vorgesehen.

3 Angemessenheitsbestimmung durch Grenzwertsatzung

3.1 Festlegung von Kostenobergrenzen

Was angemessen ist, darf seit dem 1.4.2011 durch eine Satzung im Sinne von § 22a Abs. 1 SGB II konkretisiert werden, sofern das zuständige Bundesland dazu gesetzlich ermächtigt. Entscheidet sich ein Bundesland – wie z.B. Hessen und Schleswig-Holstein (näher hierzu → S. 462 ff.) – für eine Umsetzung des § 22a Abs. 1 SGB II, können »die Kreise und kreisfreien Städte … durch Satzung … bestimmen, in welcher Höhe Aufwendungen für Unterkunft und Heizung in ihrem Gebiet angemessen sind« (§ 22a Abs. 1 SGB II). Das gleiche gilt für Stadtstaaten; auch sie können sich für ein solches Vorgehen entscheiden, und Berlin hat dies – vgl. → S. 462 ff. – schon getan. Der Gesetzgeber bezweckt mit diesen Satzungen die Festlegung von Kostenobergrenzen.

Nur ausnahmsweise Einzelfallprüfung

Im Rahmen dieses Satzungssystems sollen alle Unterkunftskosten als angemessen gelten, die unter dem Grenzwert liegen. Bei Überschreiten der Grenzwerte kann allenfalls eine Einzelfallprüfung noch zur Angemessenheit führen. Ausweislich der Gesetzesbegründung erhofft sich der Gesetzgeber eine Vereinfachung des Verwaltungsverfahrens, denn »bei Festsetzung eines Angemessenheitswertes für den Unterkunfts- und gegebenenfalls auch Heizkostenbedarf durch Satzung sind die konkreten Umstände des Einzelfalls nur noch zu prüfen, wenn die festgesetzten Angemessenheitswerte überschritten werden« (BT-Drs. 17/3404, S. 100).

Individueller Auszahlungsbetrag

Pauschalierungssatzung und Grenzwertsatzung gleichen sich insofern, als eine Einzelfallprüfung in der Regel überflüssig sein soll. Im Unterschied zur Pauschalierungssatzung wird bei einer Grenzwertsatzung aber ein individueller Betrag ausgezahlt, sodass sog. Mitnahmeeffekte ausgeschlossen sind. Die gesetzlichen Voraussetzungen einer Grenzwertsatzung werden detailliert im Abschnitt VI, → S. 439 ff. behandelt.

3.2 Kritik an der Angemessenheitsbestimmung durch Grenzwertsatzung

Zweck der Regelung

Nach der Gesetzesbegründung (BT-Drs. 17/3404, S. 99f., 131f.) soll die Satzungslösung gegenüber der bisherigen Rechtslage folgende Vorteile bieten:

- eine einfachere Prüfung des zu berücksichtigenden Bedarfs sowohl im Verwaltungs- als auch im sich ggf. anschließenden Gerichtsverfahren (durch grundsätzlichen Wegfall der Einzelfallprüfung);
- die Möglichkeit zur Berücksichtigung lokaler Besonderheiten;
- ein angemessenes demokratisches Legitimationsniveau der befassten Kommunalvertretungsorgane;
- eine größere Transparenz und Rechtssicherheit bzw. rechtliche Verbindlichkeit (wegen der Regelung durch Rechtsnorm statt durch Verwaltungsvorschrift);
- eine größere Sach- und Bürgernähe (im Vergleich zu einer Rechtsverordnung nach § 27 Nr. 1 SGB II a. F.);
- eine höhere Akzeptanz innerhalb der örtlichen Gemeinschaft (wegen des Erlasses durch die Stadtverordnetenversammlung bzw. den Kreistag);
- eine Entlastung der Sozialgerichte (durch Einführung des Normenkontrollverfahrens nach § 55a SGG, das für eine Vielzahl von Fällen Rechtssicherheit schafft).

Literatur zur Satzungsfrage

Kritisch und überwiegend gegen die Zulässigkeit eines neuen Angemessenheitsbegriffs Stellung bezogen haben:

- Wettlaufer, VSSR, 2013, S. 221 ff.;
- Gautzsch, SozialRecht aktuell, 2011, S. 137 ff.;
- Gautzsch, Neue Zeitschrift für Miet- und Wohnungsrecht, 2011, S. 497 ff.;
- Kofner, Wohnungswirtschaft und Mietrecht, 2011, S. 71 ff.;
- Krauß, SozialRecht aktuell, 2011, S. 144 ff.;
- Münder, Soziale Sicherheit, Sonderheft September 2011, S. 91 f.;
- Putz, Soziale Sicherheit, 2011, S. 232 ff.;
- Klerks, info also, 2011 S. 201 ff.;
- Knickrehm, SozialRecht aktuell, 2011, S. 125 ff.;
- Knickrehm, Soziale Sicherheit, 2010, S. 190 ff.;
- Berlit, info also, 2010, S. 195 ff.;
- Die Ausschussdrucksache 17(11)888 des Deutschen Bundestages vom 3.5.2011 mit Sachverständigenstellungnahmen zur Frage der Mindeststandards bei der Angemessenheit der KdU;
- Die Sachverständigen-Stellungnahmen an den Landtag von Schleswig-Holstein, Umdrucke 17/3657, 17/3700, 17/3701, 17/3704, 17/3715, 17/3726, 17/3738, 17/3739, 17/3794;
- Deutscher Verein für öffentliche und private Fürsorge e.V., Empfehlungen zur Ausführung einer Satzungsermächtigung bei den Kosten der Unterkunft und Heizung im SGB II und XII, Nachrichtendienst des Deutschen Vereins, 2011, S. 349 ff.;
- Deutscher Gewerkschaftsbund, arbeitsmarkt aktuell Nr. 11, November 2010.

Grundsätzlich positiv haben sich geäußert:

- Bätge, SozialRecht aktuell, 2011, S. 131 ff.;
- Mutschler, Neue Zeitschrift für Sozialrecht, 2011, S. 481 ff.;
- Groth, Die Sozialgerichtsbarkeit, 2009, S. 644 ff.

Weiteres Material bieten:

- Das Bundesministerium für Verkehr, Bau und Stadtentwicklung in seiner »Arbeitshilfe zur Bestimmung der angemessenen Aufwendungen der Unterkunft im Rahmen kommunaler Satzungen« von Januar 2013;
- Der Aufsatz von Luik in: ZfSH/SGB 2013, S. 683 mit Ausführungen zum Normenkontrollverfahren nach § 55a SGG;
- Die Ausschussvorlage SPA 18/46 des Hessischen Landtages vom 20.5.2011 mit den Stellungnahmen zur landesgesetzlichen Umsetzung der Satzungsermächtigung in den §§ 22a–c SGB II;
- Die Ausschussdrucksache 17(11)309 des Deutschen Bundestages vom 16.11.2010, in der die schriftlichen Stellungnahmen zum Regelbedarfsermittlungsgesetz zusammengestellt sind (vgl. dort z. B. die Stellungnahme des Deutschen Vereins auf S. 57–59 und die Stellungnahme des Deutschen Richterbundes auf S. 103);
- Die Empfehlungen des Deutschen Vereins zu den angemessenen Aufwendungen für Unterkunft und Heizung nach §§ 22 ff. SGB II und §§ 35 ff. SGB XII vom 12.3.2014, S. 50 ff.

Wichtige Rechtsprechung zur Satzungsfrage

- BSG, Urteil vom 17.10.2013 – B 14 AS 70/12 R betreffend die WAV Berlin von 2012 (Urteilsbesprechung: Berlit, info also 2014, S. 243 ff.);
- BSG, Urteil vom 4.6.2014 – B 14 AS 53/13 R betreffend die WAV Berlin von 2012 (Urteilsbesprechung: Berlit, info also 2014, S. 243ff. sowie Luik, jurisPR-SozR 6/2015, Anm. 2).

Zentrale Kritikpunkte lassen sich so zusammenfassen:

Unterbietungswettbewerb der Kommunen

Die gesetzliche Bindung der Satzung an örtliche Gegebenheiten (vgl. → S. 413, »Kommunalisierung und Regionalisierung«) birgt die Gefahr, dass ein »Unterbietungswettbewerb« der Kommunen bei Wohnungsstandard, Wohnfläche und Miethöhe ausgelöst bzw. befördert wird. Es ist zu befürchten, dass es zu einer Spirale nach unten kommt, in der die bisher im Bereich der Existenzsicherung geltenden Standards immer weiter abgesenkt werden.

Satzungen »nach Kassenlage«

Eine solche Dynamik dürfte vor allem dadurch befördert werden, dass mit der Satzungsregelung Normsetzungs- und Finanzierungsverantwortung zusammenfallen. Es liegt nahe, dass das fiskalische Interesse des kommunalen Haushaltsgebers andere, weniger greifbare Aspekte (z.B. die Vermeidung der Gettobildung) überlagern wird. Dagegen Vorsorge zu treffen, hat der Gesetzgeber versäumt: Zwar soll bei der Satzung gemäß § 22a Abs. 3 Nr. 4 SGB II auch die Schaffung und Erhaltung sozial ausgeglichener Bewohnerstrukturen berücksichtigt werden; diese Vorgabe ist aber (vgl. unten → S. 444 f.) keine objektive Rechtmäßigkeitsvoraussetzung für die Satzung und damit so schwach ausgestaltet, dass sie kein echtes Korrektiv bilden dürfte. Sollte dem Satzungsgeber – wie von einigen Fachleuten angenommen – im Unterkunftskostenrecht ein Spielraum, wie beispielsweise in der Bauleitplanung, zukommen, wären kommunale Abwägungsentscheidungen z.B. zwischen verstärkter Gettobildung oder höherer finanzieller Belastung zulässig und gerichtlich nicht voll überprüfbar.

Abweichung von BSG-Rechtsprechung

Insbesondere kann dies dazu führen, dass der aus der bisherigen Rechtsprechung des BSG folgende Grundsatz, demzufolge Hilfeberechtigte auch in Ballungsräumen nicht generell auf kleinere als die im Wohnungsförderungsrecht als förderungsfähig ausgewiesenen Wohnungen verwiesen werden können, unter Druck gerät. Statt einer einheitlichen Auslegung des Angemessenheitsbegriffs in Deutschland, wie sie das BSG bisher sichergestellt hat, ist eine von Region zu Region unterschiedliche Auslegung des Begriffs denkbar (vgl. oben → S. 413: »Einheitliche oder aufgesplitterte Angemessenheit«).

Verstoß gegen Parlamentsvorbehalt?

Der entstehende »Flickenteppich« würde aber nicht nur wegen der regionalen Ausdifferenzierung, sondern auch wegen des Grundsatzes vom Parlamentsvorbehalt weitreichende Fragen aufwerfen. Dass § 22a Abs. 1 SGB II deutlich mehr Vorgaben enthält als der § 22 Abs. 1 Satz 1 SGB II, schließt einen Verstoß gegen die Pflicht des Parlaments, in grundrechtswesentlichen Fragen selbst zu entscheiden, nicht aus. Im Gegenteil zeigt die Entscheidung des SG Mainz vom 8.6.2012 – S 17 AS 1452/09, dass die Debatte über die verfassungsrechtliche Zulässigkeit des Satzungsmodells gleichsam auf die verfassungsrechtliche Zulässigkeit von § 22 Abs. 1 Satz 1 SGB II durchschlagen kann. Ebenso nicht der Einwand, dass mangelnde inhaltliche Vorgaben in § 22 Abs. 1 Satz 1 SGB II bisher verfassungsrechtlich nicht angegriffen wurden. Denn bei § 22 Abs. 1 Satz 1 SGB II bestimmen die Kommunen keine Inhalte: Die Verwaltung legt lediglich **aus**, nicht **fest**; die eigentliche Festlegungskompetenz liegt stattdessen bei der Rechtsprechung. Das mag zunächst nicht nach einem großen Unterschied klingen, formal ist es aber ein riesiger. Denn die Verwaltung hat im Gegensatz zu den Parlamenten grundsätzlich keinen eigenen Gestaltungsspielraum für grundrechtsrelevante Fragen.

Verkürzung des Rechtsschutzes

Wer dennoch einen solchen Gestaltungsspielraum annimmt, unterstellt, dass mit dem Rechtsformwechsel von Auslegungsrichtlinien zu Satzungen vom Gesetzgeber mehr als nur eine formale »Umetikettierung« bezweckt wird; konsequenterweise – sonst würde der Gestaltungsspielraum spätestens im Rahmen der Gerichtskontrolle leerlaufen – müsste flankierend auch ein gerichtlich nur beschränkt überprüfbarer Spielraum der kommunalen Leistungsträger bei der Prüfung der Angemessenheit angenommen werden. Dies würde – in Abkehr zur bei § 22 Abs. 1 Satz 1 SGB II bestehenden gerichtlichen Vollkontrolle – zu einer eingeschränkten Überprüfungskompetenz des Gerichts und damit zu einer Verkürzung des Rechtsschutzes führen. Der Leistungsberechtigte wäre dann in der Grundsicherung Gestaltungsspielräumen der Verwaltung ausgeliefert, die keiner gerichtlichen Überprüfung unterlägen.

Defizit an parlamentarischen Vorgaben

Da gegen den Rechtsformwechsel nach der hier vertretenen Ansicht an sich nichts einzuwenden ist, sondern lediglich gegen die Annahme eines gerichtlich nur eingeschränkt überprüfbaren Gestaltungsspielraums, erlangt ein weiteres Defizit der Neuregelung besondere Bedeutung: Die geringe Dichte gesetzgeberischer Vorgaben an die konkrete Satzungsausgestaltung und die Unklarheit vieler der existierenden Vorgaben. Das in den §§ 22a–c SGB II enthaltene Regelungsgerüst enthält zu einer Reihe wesentlicher Fragen keine Antworten (zu den z. B. in Zusammenhang mit dem Kriterium »ausreichend freier Wohnraum« in § 22a Abs. 2 Satz 1 2. HS 1. Alt. SGB II offenen Fragen vgl. → S. 443) oder gibt sie nur ungenau (z. B. sind die normativen Anwendungsbereiche von § 22a Abs. 3, § 22b und § 22c unklar, → S. 444 ff.). Diese Lücken sind jedenfalls dann verfassungsrechtlich bedenklich, wenn sie – statt wie bisher im Rahmen von § 22 Abs. 1 Satz 1 SGB II – nicht mehr von der Rechtsprechung, sondern im Rahmen einer kommunalen Letztentscheidungskompetenz von der Verwaltung ausgefüllt werden sollen.

Heizkosten überhaupt abstrakt fassbar?

Schließlich ist in Hinblick auf die Grenzwertsatzungen mit ganz praktischen Argumenten (Abhängigkeit vom individuellen Bedarf, Wohnungsbeschaffenheit, Witterungsbedingungen) auch generell in Frage gestellt worden, ob sich der Aspekt, wann Heizkosten angemessen sind, tatsächlich abstrakt fassen lässt (BSG vom 4.6.2014 – 14 AS 53/13 R, Rn. 32 m.w.N. und Rn. 35).

4 Abweichende Bestimmung durch Pauschalierungssatzung

4.1 Fixbetrag für Unterkunft und Heizung

Die Satzungsbefugnis geht aber noch weiter und erlaubt unter bestimmten Bedingungen, die Bedarfe für Unterkunft und Heizung durch eine monatliche Pauschale festzulegen. Als Alternative zur Grenzwertsatzung, bei der es letztlich doch immer zur Auszahlung individueller Beträge kommt, schafft § 22a Abs. 2 SGB II eine Art Regelbedarf, mit der die Leistungsberechtigten ihre Unterkunfts- und Heizkosten bestreiten müssen. Liegen ihre tatsächlichen Kosten niedriger, kommt es zur Bedarfsüberdeckung und damit zu Mitnahmeeffekten. Liegen die tatsächlichen Kosten höher, steht grundsätzlich kein ergänzender Anspruch zu. Beide Effekte sind mit dem Pauschalierungssystem untrennbar verbunden, weil auf eine Ermittlung des Bedarfs anhand des Einzelfalls verzichtet wird.

Härtefallklausel unabdingbar

Es stellt sich dann allerdings die Frage, ob ausreichende Vorkehrungen vom Satzungsgeber getroffen sind, damit der verfassungsrechtliche Anspruch auf die Sicherstellung des physischen Existenzminimums nicht durch die Notwendigkeit einer Querfinanzierung der Unterkunftskosten aus dem anderweitigen Regelbedarf verletzt wird. Der Pauschalierungsgedanke ist – gleich, ob er bei den Kosten zur Sicherung des Lebensunterhalts oder von Unterkunft und Heizung angewendet wird – nach BVerfG vom 9.2.2010 (1 BvL 1/09 u.a.) nur haltbar, wenn es Härtefallklauseln gibt. Deswegen wird in § 22a Abs. 2 Satz 2 SGB II die Möglichkeit solcher Klauseln eröffnet.

Abweichungsbefugnis

Der Gesetzgeber formuliert im Wortlaut des § 22a Abs. 2 SGB II, dass mit dem Pauschalierungsmodell abgewichen wird von § 22 Abs. 1 Satz 1 SGB II. Weil dieser Hinweis etwas versteckt ist, soll deutlich hervorgehoben werden: Die Abweichungsbefugnis nimmt nicht auf § 22a Abs. 1 Satz 1 SGB II (also die Grenzwertsatzung) Bezug, sondern auf »§ 22 Absatz 1 Satz 1« (also die Einzelfallprüfung nach der bisherigen Rechtslage). Während man im Rahmen der Grenzwertsatzung – vgl. den vorhergehenden Abschnitt bzw. Abschnitt VI – an vielen, wenn nicht sogar an praktisch allen Stellen zu dem Ergebnis kommt, dass eine Übereinstimmung mit § 22 Abs. 1 Satz 1 SBG II und der dazu ergangenen Rechtsprechung des BSG vorliegt, kommt man bei der Pauschalierungssatzung daher nicht umhin, festzustellen, dass hier ein völlig neues Leistungsbestimmungs- und -gewährungssystem eingeführt wird. Die Details der gesetzlichen Vorgaben werden im Abschnitt VI dargestellt.

4.2 Kritik an der abweichenden Bestimmung durch Pauschalierungssatzung

Einsparungspotential

Die Pauschalierungssatzung will im Vergleich zur Grenzwertsatzung die Verwaltung noch stärker vereinfachen, weil jegliche Einzelfallprüfung wegfällt. Deshalb verspricht sich der Gesetzgeber von diesem Satzungsmodell »Einsparungen bei den Verwaltungskosten«, die sogar »etwaige Mehrausgaben für die zu erbringenden Leistungen« kompensieren können sollen (BT-Drs. 17/3404, S. 100).

Mitnahmeeffekte

Aus Sicht der Leistungsberechtigten kann ein Vorteil der Pauschalierung darin bestehen, dass sie die Differenz zwischen ihren u. U. unterhalb des Regelbedarfs liegenden Wohnkosten und dem pauschalierten Betrag behalten dürfen.

Bedenken

Bedenken gegen das Modell der Pauschalierungssatzung sind in Aufsätzen, im Gesetzgebungsverfahren zum Regelbedarfsermittlungsgesetz und in Hessen zur Änderung des OffensivG geäußert worden (Nachweise in der Literaturübersicht → S. 431). Viele der Einwände, die gegen die Zulässigkeit von Grenzwertsatzungen erhoben werden, gelten auch für die Pauschalierungssatzung. Einige weitere Bedenken werden im Folgenden dargestellt:

Pauschalierungsfeindlichkeit der Unterkunftskosten

Die Sicherstellung eines menschenwürdigen Existenzminimums durch die Auszahlung von Pauschalbeträgen kann nur unter bestimmten Voraussetzungen ihr Ziel erreichen. Pauschalen können von vornherein nur dort zielführend sein, wo der Lebensbedarf, der damit abgegolten werden soll, als wirtschaftlicher Faktor standardisier- und vom Leistungsberechtigten auch zeitnah steuerbar ist, weil ihm Auswahl- und Gegenfinanzierungsspielräume offen stehen. Bei Lebensmittel- und Kleidungsbedarfen mag dies möglich sein: Es gibt in aller Regel ein ausreichendes Angebot, keine Zugangsbeschränkungen und es bestehen preisliche Steuerungsspielräume sowie Möglichkeiten, Mehrausgaben an der einen durch Minderausgaben an einer anderen Stelle zu kompensieren. Der Wohnraum hingegen stellt einen Stück- und Fixkostenfaktor dar, zu dem der Zugang beschränkt ist, der häufig knapp und der vom Leistungsberechtigten nur schwer beeinflussbar ist. Es spricht viel dafür, dass die Unterkunftskosten nicht pauschalierbar sind.

Verstoß gegen Bedarfsdeckungsgrundsatz?

Auch wenn man die Unterkunftskosten für pauschalierungsfähig hält, wird man wenigstens zugestehen müssen, dass die Pauschalierung in diesem Bereich zumindest schwierig ist. Sie steht in einem ständigen Spannungsverhältnis zum Bedarfsdeckungs- und Individualisierungsgrundsatz. Die konkrete Vorgabe des Gesetzgebers, eine Pauschalierungssatzung müsse dem Grundsatz der Wirtschaftlichkeit entsprechen (§ 22a Abs. 2 Satz 1 SGB II), bringt den Satzungsgeber in eine Situation, in der er sich ständig an der Grenze zwischen Verletzungen des Bedarfsdeckungs- und des Wirtschaftlichkeitsgrundsatzes bewegt. Es besteht ein Zielkonflikt: Will er dem Bedarfsdeckungsgrundsatz gerecht werden, muss er sich am oberen Rand des Marktes bzw. an der Angemessenheitsgrenze des § 22 Abs. 1 Satz 1 SGB II orientieren. Damit nimmt er aber höhere Kosten und zwangsläufig Mitnahmeeffekte bei Leistungsberechtigten in Kauf. Will er dem Wirtschaftlichkeitsgrundsatz gerecht werden, muss er möglichst Kosten sparende Lösungen suchen. Damit nimmt er zwangsläufig Unterdeckungen in Kauf und stellt die Bedarfsdeckung zwangsläufig in Frage. Es steht zu befürchten, dass diejenigen Leistungsberechtigten, die nicht um Rechtsschutz nachsuchen oder sich nicht auf eine Härtefallklausel im Sinne von § 22a Abs. 2 Satz 2 SGB II berufen können, in ihrer Not ihre ungedeckten Unterkunftskosten aus dem anderweitigen Regelbedarf quersubventionieren, der eigentlich der Deckung des physischen und soziokulturellen Grundbedarfs dient. Diesen Fällen der Quersubventionierung stünden dann Fälle der Bedarfsüberdeckung gegenüber – beides zwangsläufige Folgen einer Pauschalierungssatzung und beides Verstöße gegen den Bedarfsdeckungsgrundsatz.

Absenkung der Standards

Um einen strukturellen und ständig aktuellen Verstoß einer Pauschalierungssatzung gegen den Bedarfsdeckungsgrundsatz und/oder den Wirtschaftlichkeitsgrundsatz zu vermeiden, wird es für die Leistungsträger naheliegen, das Leistungsniveau abzusenken. Kostenfaktoren wie Wohnungsstandard und zuzugestehende Wohnfläche werden daher unter Druck geraten.

Gettoisierung

Mehr noch als die Grenzwertsatzungen laufen die Pauschalierungssatzungen Gefahr einer räumlichen Konzentration prekärer Wohn- und Lebensverhältnisse. Die Wechselwirkung zwischen den öffentlich bekanntgemachten Pauschalbeträgen für die Unterkunftskosten und dem Anbieter- und Nachfrageverhalten dürfte sehr hoch sein. Es wird für Dritte, d. h. andere Mieter und Vermieter, leicht zu erkennen sein, in welchen Gebieten des räumlichen Anwendungsbereichs der Satzung mit der »Pauschale« gelebt werden kann und wo nicht. Auf diese Weise werden Wohnungsum- und -wegzüge provoziert, an deren Ende die Ballung von einkommensschwachen Personen in bestimmten Stadtteilen stehen könnte.

Praktische Bedeutung ungewiss

Wenn man sich die Sachverständigen-Stellungnahmen im parlamentarischen Diskussionsprozess anschaut sowie das Stimmungsbild in der veröffentlichten Literatur (vgl Literaturliste → S. 431), so stellt man fest, dass selbst vehemente Befürworter des Satzungsmodells der Pauschalierungsatzung keine praktische Bedeutung beimessen. Die Auseinandersetzung über ihre rechtliche Zulässigkeit wird daher vermutlich eine rein theoretische bleiben.

5 Verhältnis der Satzungslösung zur Rechtsprechung des BSG

Bezüglich des Verhältnisses der Satzungslösung zur Rechtsprechung des BSG werfen Satzungen zwei wesentliche Fragen auf, die das BSG in zwei Grundsatzentscheidungen aus den Jahren 2013 und 2014 inzwischen auch beantwortet hat:

- Welche Reichweite hat die zukünftige gerichtliche Überprüfung von Satzungen, bzw. welche Bindungswirkung geht von den Satzungen für die Rechtsprechung aus?
- Was passiert (dementsprechend) mit den Standards, die das BSG zum Unterkunftskostenrecht in ständiger Rechtsprechung entwickelt hat?

Reichweite der gerichtlichen Kontrolle

Es wurde bereits in den Abschnitten I und V 3.2 angesprochen, dass die Meinung vertreten wird, mit Satzungen käme den Kommunen ein Gestaltungsspielraum zu, der vom Gericht nicht überprüft werden dürfe (vgl. z.B. Groth/Siebel-Huffmann, NJW 2011, 1105, 1108: »kommunale Beurteilungsspielräume bei der Ausfüllung des Angemessenheitsbegriffs«). Folge dieser Einschätzung wäre, dass den in einer Satzung enthaltenen sozialpolitischen Entscheidungen (z.B. zu Wohnungsgröße und -standard) eine Bindungswirkung zukäme, über die sich die gerichtliche Kontrolle nicht hinwegsetzen dürfte. Hinter dieser Annahme steht die Idee eines administrativen Normsetzungsermessens im Bereich des Unterkunftskostenrechts.

Administratives Normsetzungsermessen

Im System der Gewaltenteilung lautet ein wesentlicher Grundsatz: Die Judikative kontrolliert grundsätzlich die Exekutive. Ausnahme: Es bestehen gerichtlich nicht überprüfbare Spielräume der Verwaltung. Die Fälle eingeschränkter Kontrolle der Verwaltung durch die Fachgerichtsbarkeit sind überschaubar und eng begrenzt. Neben Beurteilungsspielräumen bei der Anwendung unbestimmter Rechtsbegriffe (→ S. 414 ff.) sind z.B. Ermessensspielräume im Polizeirecht und Abwägungsentscheidungen in der Bauleitplanung als solche Fälle anerkannt. Hinzu treten die Fälle eines Normsetzungsermessens, das den Ministerien z.B. beim Erlass von Rechtsverordnungen oder den Kommunen beim Erlass von Satzungen zukommt.

Grenzen dieses Ermessens

In der Diskussion über die Rechtmäßigkeit von Satzungen nach den §§ 22a–c SGB II wird die Frage über die Reichweite des administrativen Normsetzungsermessens eine zentrale Rolle einnehmen. Insofern wird sich der Streit, der zur Verfassungsmäßigkeit der Verordnungsermächtigung in § 27 SGB II a.F. geführt wurde (s.o. → Abschnitt IV 5), nun am Beispiel der Satzungsermächtigung wiederholen. Zwar fällt in diesem neuen Kontext der Rechtmäßigkeitsmaßstab des Art. 80 Abs. 1 Satz 2 GG (wonach Zweck, Inhalt und Ausmaß der Verordnungsermächtigung durch Gesetz bestimmt sein müssen) weg; doch die Vorgaben des Bestimmtheitsgebots, der Wesentlichkeitstheorie und des Parlamentsvorbehalts (s.o. → Abschnitt III) gelten unabhängig von dieser Verfassungsnorm.

Keine bindende Festlegungsbefugnis

Gemessen an diesen Vorgaben ist zu verneinen, dass den Kommunen bei den Kriterien für die Angemessenheit einer Unterkunft eine selbstständige, gerichtlich nicht überprüfbare Festlegungsbefugnis zukommt. So BSG vom 17.10.2013 – B 14 AS 70/12 R, Rn. 32, 36 f. und 43:

> »[D]ie Entscheidung über die Schaffung und Ausgestaltung von Öffnungsklauseln zur Deckung atypischer Bedarfe im Bereich des Existenzminimums [ist] nach der Kompetenzordnung des GG allein [dem Bundesgesetzgeber] vorbehalten«

und

> »[I]m Wege der untergesetzlichen Normsetzung [sind] politische Setzungen [unzulässig]«.

Es wäre mit den genannten Grundsätzen unvereinbar, wenn in Stadtverordnetenversammlungen und Kreistagen z. B. darüber entschieden und damit gleichsam zum Lokalpolitikum würde, wie viele Quadratmeter Wohnfläche einem bedürftigen Menschen in Deutschland zur Verfügung gestellt werden oder nicht, wie also letztlich das verfassungsrechtlich garantierte Existenzminimum auszufüllen ist. Andernfalls würden der Verwaltung durch bloßen Wechsel der Rechtsform grundrechtsrelevante Festlegungsbefugnisse eingeräumt, die ihr im bisherigen Regelungssystem gemäß der Dogmatik zum unbestimmten Rechtsbegriff unstreitig nicht zustanden. Die (bisherige) Letztentscheidungkompetenz der hierarchisch aufgebauten Sozialgerichtsbarkeit, die eine bundeseinheitliche und gerichtlich voll überprüfbare Auslegung des Angemessenheitsbegriffs sicherstellte, würde von kommunalen Gestaltungsspielräumen abgelöst werden, die weder einer hierarchisch aufgebauten Selbst- noch einer umfassenden Gerichtskontrolle unterworfen wären. Es läge dann z. B. in der alleinigen Entscheidungsmacht des jeweiligen SGB II-Trägers, ob in seinem Zuständigkeitsbereich eine Gettoisierung zulässig sein soll, weil ihm andere Aspekte, z. B. fiskalische, wichtiger sind. Zu diesen Bedenken hinzu kommen die Gründe, mit denen oben (→ S. 430 ff.) bereits ein Verstoß gegen den Parlamentsvorbehalt und ein Defizit an legislativen Vorgaben für möglich gehalten wurden.

Erhalt der Rechtsprechungsstandards des BSG

Im Wege einer verfassungskonformen Auslegung der §§ 22a–c SGB II müssen sich deshalb die Satzungen in den bisherigen – dem Gesetzgeber bei Verabschiedung der Neuregelungen bekannten – Bahnen der Rechtsprechung des BSG bewegen (so inzwischen entschieden vom BSG vom 17.10.2013 – B 14 AS 70/12 R, Rn. 31 und 36: »unverändert gebliebenes Regelungskonzept«). Dort, wo nicht ausdrücklich eine Abweichung von dieser Rechtsprechung bezweckt ist, muss als Auslegungsregel die Übereinstimmung mit § 22 Abs. 1 Satz 1 SGB II und der dazu ergangenen Rechtsprechung gelten. Auf die Richtigkeit einer solchen Interpretation deuten auch die zahlreichen Stellen des Gesetzestextes hin, die sich erkennbar auf die ständige Rechtsprechung des BSG beziehen. Dass die Gesetzesvorgaben hingegen in den §§ 22a-c SGB II von der bisherigen Rechtsprechung des BSG zu den Unterkunftskosten abweichen, versteht das BSG als eine für seine zukünftige Rechtsprechung bindende gesetzgeberische Abweichung von seiner eigenen früheren Rechtsprechung (BSG vom 4. 6.2014 – B 14 AS 53/13 R, Rn. 39).

Die gesetzlichen Vorgaben in den §§ 22a–c SGB II sollen im Folgenden näher beleuchtet werden und dabei die Frage nach ihrem Verhältnis zu § 22 Abs. 1 Satz 1 SGB II und der entsprechenden BSG-Rechtsprechung stets im Blick behalten werden.

VI Gesetzliche Vorgaben an den Satzungsgeber

1 Zwei Auslegungsfragen

Der Auseinandersetzung mit den einzelnen in den §§ 22a–c SGB II getroffenen Regelungen sind zwei grundsätzliche Auslegungsfragen vorwegzuschicken.

Die erste Auslegungsfrage ist für das Verständnis der Grenzwertsatzungen von zentraler Bedeutung und lässt sich gut am Wortlaut der Norm festmachen. Danach können die Kreise und kreisfreien Städte »bestimmen«, in welcher Höhe Aufwendungen für Unterkunft und Heizung in ihrem Gebiet angemessen sind. Die Frage ist nun, was mit »bestimmen« gemeint ist. Das Wort umfasst verschiedene Bedeutungen: Es kann z.B. im Sinne von »berechnen« oder »angeben« gemeint sein und würde dann nur eine Art (bloßen) Ermittlungsauftrag an die Leistungsträger formulieren, bei dem letztlich alle wesentlichen Parameter bereits von vornherein feststehen. Es kann aber auch im Sinne von »entscheiden« oder »beschließen« gemeint sein und würde dann eine (weitreichende) Festlegungs- und damit eine eigene Gestaltungsbefugnis der Träger formulieren.

Was bedeutet »bestimmen« in § 22a Abs. 1 SGB II?

Mit dieser Auslegungsfrage ist unmittelbar die Frage verknüpft, ob der Gesetzgeber mit § 22 Abs. 1 Satz 1 und § 22a Abs. 1 SGB II ein Konzept des »ungeteilten Angemessenheitsbegriffs« verfolgt oder ob er aber gerade mit § 22a Abs. 1 SGB II einen neuen, weiteren Angemessenheitsbegriff einführen wollte (vgl. oben → S. 413). In der ersten Alternative würde man die Satzungskompetenz als Unterfall der Bestimmung der Kosten von Unterkunft und Heizung nach § 22 Abs. 1 Satz 1 SGB II auffassen, in der zweiten Alternative als eine selbstständige Regelungsoption, die ein eigenes Institut neben der Einzelfallprüfung nach § 22 Abs. 1 Satz 1 SGB II schafft.

Neuer Angemessenheitsbegriff durch Satzungsbefugnis?

Wie immer bei Auslegungsfragen können zur Aufklärung der Wortlaut, der Sinn und Zweck, die Systematik und die Geschichte der Norm als Kriterien herangezogen werden. Da der Wortlaut den Klärungsbedarf gerade hervorruft, scheidet dieses Kriterium bei der Lösungssuche aus.

Klärung über Sinn und Zweck der Norm

Aussagen über den Sinn und Zweck lassen sich typischerweise der Gesetzesbegründung entnehmen, in der der Gesetzgeber die mit einer Norm(änderung) verfolgte Intention beschreibt. Zu § 22a Abs. 1 Satz 1 SGB II wird in der Gesetzesbegründung ausgeführt:

> »Die konkrete Ausgestaltung der Frage, was im Rahmen der Vorgaben nach § 22 Abs. 1 Satz 1 als angemessene Wohnkosten anzusehen ist und welche Wohnfläche als angemessen erachtet wird, soll ... den Kommunen obliegen.« (BT-Drs. 17/3404, S. 99)

Und:

> »Damit wird den kommunalen Trägern ermöglicht, die Angemessenheit der nach § 22 Abs. 1 Satz 1 SGB II zu berücksichtigenden Aufwendungen ihrer Höhe nach zu konkretisieren.« (BT-Drs. 17/3404, S. 100)

Diese Ausführungen deuten darauf hin, dass mit § 22a Abs. 1 Satz 1 SGB II kein Gegenentwurf zur Regelung in § 22 Abs. 1 Satz 1 SGB II beabsichtigt ist, sondern dass beide Normen mit einander verknüpft sind. Die Gesetzesbegründung lässt sich letztlich dahin verstehen, dass die Satzungsermächtigung in § 22a Abs. 1 Satz 1 SGB II nur eine neue Methode zur Festlegung der Angemessenheit i. S. v. § 22 Abs. 1 Satz 1 SGB II sein soll. Unter diesem Aspekt deutet alles auf einen einheitlichen Begriff der Angemessenheit hin.

Klärung über die Systematik der Norm

Unter Gesichtspunkten der Systematik fallen einerseits Gemeinsamkeiten von § 22 Abs. 1 Satz 1 SGB II und § 22a Abs. 1 SGB II auf, andererseits aber auch Abweichungen. Zunächst wird man beim Lesen der Vorgaben in §§ 22a–c SGB II feststellen, dass sie zur Bestimmung der Angemessenheit der Kosten der Unterkunft fast ausschließlich Elemente der bereits dargestellten Rechtsprechung des BSG – und insbesondere der Produkttheorie – widerspiegeln.

Dies gilt z. B. für die Anknüpfung an:
- die Wohnfläche »entsprechend der Struktur des örtlichen Wohnungsmarktes« (§ 22b Abs. 1 Satz 1 Nr. 1 SGB II),
- die »Verhältnisse des einfachen Standards auf dem örtlichen Wohnungsmarkt« (§ 22b Abs. 1 Satz 4 SGB II),
- die Methode der Bildung eines Vergleichsraumes oder mehrerer Vergleichsräume (§ 22b Abs. 1 Satz 4 SGB II) und
- das vom BSG entwickelte schlüssige Konzept (§ 22c Abs. 1 SGB II).

Es fallen aber auch Unterschiede auf. So stellen die neuen Regelungen eine Abkehr dar:
- von der in § 22 Abs. 1 Satz 1 SGB II üblichen Einzelfallprüfung (eine Einzelfallprüfung findet nur noch bei der Grenzwertüberschreitung statt);
- von der Unzulässigkeit des Bruttowarmmietenkonzepts (vgl. BSG vom 2.7.2009 – B 14 AS 33/08 R, Rn. 27 zu § 22 Abs. 1 Satz 1 SGB II und nun § 22b Abs. 1 Satz 3 SGB II);

- von der Unzulässigkeit der Orientierung am Mietspiegel (vgl. BSG vom 19.10.2010 – B 14 AS 2/10 R, Rn. 24 zu § 22 Abs. 1 Satz 1 SGB II und nun § 22c Abs. 1 Satz 1 SGB II) und
- vom 10%igen Aufschlag auf die WoGG-Beträge (vgl. BSG vom 18.2.2010 – B 14 AS 73/8 R, Rn. 27 zu § 22 Abs. 1 Satz 1 SGB II und nun § 22c Abs. 1 Satz 2 SGB II).

Bei § 22b SGB II hebt die Gesetzesbegründung sogar ausdrücklich hervor, dass die Regelung »von der bisherigen Rechtslage abweichende Regelungen« ermöglicht (BT-Drs. 17/3404, S. 101).

Auch wenn die systematische Auslegung kein eindeutiges Bild ergibt, so steht die Orientierung der §§ 22a–c SGB II an den vom BSG für § 22 Abs. 1 Satz 1 SGB II entwickelten Standards erkennbar derart im Vordergrund, dass jedenfalls überall dort, wo nicht ausdrücklich eine Abweichung von diesen Standards formuliert wird, die Vermutung gelten muss, dass eine einheitliche Auslegung mit § 22 Abs. 1 Satz 1 SGB II gewollt ist. Für dieses Ergebnis spricht auch, dass der Gesetzgeber in § 22a Abs. 2 SGB II für die Pauschalierungssatzung mit der Formulierung »abweichend von § 22 Abs. 1 Satz 1« ausdrücklich die Abgrenzung zu § 22 Abs. 1 Satz 1 SGB II sucht, während er diese Formulierung im Rahmen von § 22a Abs. 1 SGB II gerade nicht verwendet.

Klärung durch historische Überlegungen

Historisch gesehen sind die Neuregelungen in §§ 22 a–c SGB II als Ablösung der ausgelaufenen Verordnungsermächtigung in § 27 SGB II zu verstehen. § 27 SGB II war vom Gesetzgeber geschaffen worden, um den Erlass von »näheren Regelungen zu den … Aufwendungen und Kosten« im Unterkunftsrecht zu ermöglichen (vgl. BT-Drs. 15/1516, S. 58). § 27 SGB II, der gleichsam als Vorgängernorm der § 22a–c SGB II aufgefasst werden kann, sollte demnach der »Feinprogrammierung« des in § 22 Abs. 1 Satz 1 SGB II geregelten Grundsatzes dienen und kein eigenes neues Leistungsbestimmungssystem schaffen. Dasselbe muss auch für die Nachfolgenorm gelten.

Bestätigung durch verfassungsrechtliche Überlegungen

Um den aus der historischen, teleologischen und systematischen Auslegung gewonnenen Eindruck zu unterstreichen, können Überlegungen der Verfassungskonformität angestellt werden. Unter diesem Aspekt kann die Frage aufgeworfen werden, ob es mit den oben dargestellten sozialstaatlichen Verfassungsgrundsätzen (→ S. 416 ff.) vereinbar wäre, wenn die kommunalen Satzungen nach §§ 22a–c SGB II einen eigenständigen Angemessenheitsbegriff schaffen könnten, der selbstständig neben den des § 22 Abs. 1 Satz 1 SGB II tritt. Man wird zu dem Ergebnis kommen müssen, dass derart grundrechtswesentliche Entscheidungen wie die einem Leistungsberechtigten zustehende Wohnfläche nicht von einem Kreistag oder einer Stadtverordnetenversammlung gefällt werden können dürfen (vgl. auch → S. 438).

Die Richtungsentscheidung, ob der Gesetzgeber mit den §§ 22a–c SGB II die Einführung eines selbstständigen weiteren Angemessenheitsbegriffs bezweckt oder nicht, bestimmt die Lesart der Detailbe-

Maßstäbe des BSG weiter zu berücksichtigen

stimmungen in den §§ 22a–c SGB II. Während die eine Lesart die Unterschiedlichkeit der beiden Konzepte betont, sucht die andere – hier bevorzugte – eine rechtsprechungskonforme Auslegung anhand der vom BSG in jahrelanger Rechtsprechung aufgestellten Maßstäbe. Das BSG hat sich inzwischen klar zugunsten der letztgenannten Ansicht entschieden und geht, unabhängig von der Regelungsform, von einem »unteilbaren« Begriff der Angemessenheit aus, so dass für die Ausfüllung des Begriffs im Rahmen des Satzungsrechts – vorbehaltlich ausdrücklicher Abweichungen des Gesetzgebers – die in der BSG-Rechtsprechung zu § 22 Abs. 1 SGB II entwickelten Grundsätze gelten (BSG vom 17.10.2013 – B 14 AS 70/12 R, Rn. 32, 36f. und 43).

Gesetzliche Vorgaben für Pauschalierungssatzung unklar

Demgegenüber dürfte die in § 22a Abs. 2 SGB II vorgesehene Pauschalierungssatzung ein neues und im Gegensatz zu § 22 Abs. 1 Satz 1 SGB II stehendes Konzept darstellen. Allerdings löst auch die Pauschalierungssatzung eine Auslegungsschwierigkeit aus. Es ist nämlich wegen des insoweit nicht eindeutigen Gesetzeswortlauts und der unklaren Gesetzessystematik nicht endgültig aufklärbar, welche der genaueren inhaltlichen Vorgaben aus den §§ 22a Abs. 3, 22b und 22c SGB II auch für die Pauschalierungssatzung gelten. Die Frage lässt sich nicht allgemein lösen. Sie soll im Folgenden an einzelnen gesetzlichen Bestimmungen diskutiert werden.

2 Die Auslegung im Einzelnen

2.1 § 22a SGB II

Grenzwertsatzung

Mit § 22a Abs. 1 Satz 1 SGB II räumt der Bundesgesetzgeber den Bundesländern das Recht ein, die kommunalen Leistungsträger durch Gesetz zu ermächtigen, die angemessene Höhe der Kosten der Unterkunft und Heizung durch Satzung zu bestimmen. Es handelt sich sozusagen um eine »Ermächtigung zur Ermächtigung«. § 22a Abs. 1 Satz 1 SGB II enthält aber auch die »Ermächtigung zur Verpflichtung«, d.h., den Ländern wird auch das Recht zugesprochen, die kommunalen Träger zum Erlass entsprechender Satzungen zu verpflichten.

Einwilligungsvorbehalt möglich

§ 22a Abs. 1 Satz 2 SGB II ermöglicht es den Ländern, die Wirksamkeit der Satzungen von ihrer Einwilligung abhängig zu machen. Sieht der Landesgesetzgeber dies vor, darf eine Satzung erst angewendet werden, wenn die oberste Landesbehörde oder eine von ihr bestimmte Stelle eingewilligt hat.

Stadtstaatenklausel

Durch § 22a Abs. 1 Satz 3 und 4 SGB II wird gewährleistet, dass auch die Stadtstaaten Berlin, Hamburg und Bremen, in denen der Erlass von Satzungen – anders als in Kreisen und kreisfreien Städten – nicht das typische Instrument des Verwaltungshandelns durch Rechtsnorm ist, von der Ermächtigung in § 22a Abs. 1 Satz 1 und 2 SGB II Gebrauch machen können.

Pauschalierungssatzung

Mit § 22a Abs. 2 Satz 1 1. HS. SGB II räumt der Bundesgesetzgeber den Bundesländern das Recht ein, die kommunalen Leistungsträger durch Gesetz zu ermächtigen, »abweichend von § 22 Abs. 1 Satz 1 die Bedarfe für Unterkunft und Heizung in ihrem Gebiet durch eine monatliche Pauschale zu berücksichtigen«. Anders als in § 22a Abs. 1 Satz 1 SGB II werden die Länder nicht ermächtigt, Kommunen zu verpflichten. Die Gesetzesbegründung weist darauf hin, dass die Regelung an § 29 Abs. 3 Satz 2 und 3 SGB XII angelehnt ist (vgl. BT-Drs. 17/3404, S. 100).

Drei Voraussetzungen für eine Pauschalierungssatzung

Die Ermächtigung ist an drei Bedingungen geknüpft, die sich ergeben aus

- § 22a Abs. 2 Satz 1 2. HS 1. Alt. SGB II,
- § 22a Abs. 2 Satz 1 2. HS 2. Alt. SGB II,
- § 22a Abs. 2 Satz 2 SGB II.

Nur, wenn diese Bedingungen vorliegen, soll eine Pauschalierungssatzung zulässig sein. Das ist auch der Grund, warum die Leistungsträger durch den Landesgesetzgeber zum Einsatz dieses Instruments nicht verpflichtet werden können.

Ausreichend freier Wohnraum

Gemäß § 22a Abs. 2 Satz 1 2. HS 1. Alt. SGB II ist eine Pauschalierungssatzung nur zulässig, »wenn auf dem örtlichen Wohnungsmarkt ausreichend freier Wohnraum verfügbar ist«. Das Kriterium schützt die Leistungsberechtigten, die auf einem angespannten Wohnungsmarkt leben, vor Pauschalbeträgen durch Satzung. Nur dort, wo der Wohnungsmarkt entspannt ist, können Pauschalbeträge eingeführt werden. Die Norm wirft die wichtige tatbestandliche Abgrenzungsfrage auf, wann »ausreichend freier Wohnraum verfügbar ist«. Wie viel Leerstand ist erforderlich, und welcher Bezugsraum ist zu wählen – das sind Fragen, die sich bei der Normanwendung unweigerlich stellen, die der Normtext aber unbeantwortet lässt. Für die Bejahung »ausreichenden freien Wohnraums« reicht der Leerstand einiger weniger Wohnungen jedenfalls nicht (vgl. Piepenstock, jurisPK-SGB II, 4. Aufl. 2015, § 22a, Rn. 38).

Grundsatz der Wirtschaftlichkeit

Gemäß § 22a Abs. 2 Satz 1 2. HS 2. Alt. SGB II setzt eine Pauschalierungssatzung weiter voraus, dass ihr Erlass »dem Grundsatz der Wirtschaftlichkeit entspricht«. Mit diesem Kriterium sollen die Leistungsträger zu einem wirtschaftlichen Vergleich der zur Verfügung stehenden Modelle für die Verwaltung der Unterkunftskosten (Pauschalierungssatzung; Grenzwertsatzung; Einzelfallprüfung nach § 22 Abs. 1 Satz 1 SGB II) aufgefordert werden. Nur wenn die Pauschalierung die kostensparendste Variante ist, soll sie gewählt werden. Die Gesetzesbegründung legt nahe, dass das eigentliche Einsparungspotential der Pauschalierungssatzung nicht in einer Senkung der ausgezahlten Unterkunftskosten gesehen wird, sondern in der Senkung von Verwaltungskosten; dafür werden sogar »Mitnahmeeffekte« – also Bedarfsüberdeckungen – auf der Seite der Leistungsberechtigten in Kauf genommen (vgl. BT-Drs. 17/3404, S. 100).

Zwingende Härtefallklausel

§ 22a Abs. 2 Satz 2 SGB II legt fest, dass eine Pauschalierungssatzung »Regelungen für den Fall vorzusehen hat, dass die Pauschalierung im Einzelfall zu unzumutbaren Ergebnissen führt«. Die Gesetzesbegründung macht klar, dass es sich hierbei um eine zwingende Klausel handelt: »Mangelt es an einer solchen Regelung in der Satzung, ist sie rechtswidrig« (BT-Drs. 17/3404, S. 100). Das zwingende Erfordernis einer Härtefallregelung ist als Zugeständnis an die BVerfG-Entscheidung vom 9.2.2010 zu verstehen, derzufolge »der Gesetzgeber ... den typischen Bedarf zur Sicherung des menschenwürdigen Existenzminimums durch einen monatlichen Festbetrag decken kann, aber für einen darüber hinausgehenden unabweisbaren, laufenden, nicht nur einmaligen, besonderen Bedarf einen zusätzlichen Leistungsanspruch einräumen muss« (4. Leitsatz des BVerfG vom 9. 2. 2010 – 1 BvL 1/09 u.a.).

Weitere ungeschriebene Tatbestandsmerkmale für die Pauschalierungssatzung?

Fraglich ist, ob über diese drei Voraussetzungen für den Erlass einer Pauschalierungssatzung noch weitere Vorgaben des Gesetzgebers existieren. Die Gesetzesbegründung deutet darauf hin, weil sie davon ausgeht, dass »bei der Bemessung der Pauschale die persönlichen und familiären Verhältnisse, die Größe und Beschaffenheit der Wohnung, die vorhandene Heizmöglichkeit und die örtlichen Gegebenheiten zu berücksichtigen sind« (BT-Drs. 17/3404, S. 100). Die explizite Benennung dieser weiteren inhaltlichen Vorgaben wird durch den Hinweis des Gesetzgebers verstärkt, dass § 22a Abs. 2 SGB II an die Parallelregelung in § 29 Abs. 3 Satz 2 und 3 SGB XII angelehnt sei, die wiederum genau diese Vorgaben im Gesetzeswortlaut enthält. Im Gesetzeswortlaut von § 22a Abs. 2 SGB II finden sie sich hingegen nicht. Aus den unmissverständlichen Hinweisen in der Gesetzesbegründung ist zu folgern, dass die Vorgaben als ungeschriebenes Tatbestandsmerkmal in § 22a Abs. 2 SGB II hineinzulesen sind.

Fakultativer Einwilligungsvorbehalt und Stadtstaatenklausel

Der Verweis in § 22a Abs. 2 Satz 3 SGB II auf § 22a Abs. 1 Sätze 2-4 SGB II ermöglicht,

- dass die Länder die Pauschalisierungssatzungen einem Einwilligungsvorbehalt unterwerfen können, aber nicht müssen, und
- dass wiederum auch die Stadtstaaten Berlin, Hamburg und Bremen von der Ermächtigung Gebrauch machen können.

Anwendungsbereich von § 22a Abs. 3 SGB II

§ 22a Abs. 3 SGB II formuliert fünf inhaltliche Ziele, denen eine Satzung gerecht werden soll. Dabei ist unklar, ob sie sich nur auf die Grenzwertsatzung oder auch auf die Pauschalierungssatzung beziehen. Der Wortlaut des Gesetzes spricht für einen eingeschränkten Anwendungsspielraum nur für die Grenzwertsatzung: § 22a Abs. 3 SGB II greift nämlich mit der Formulierung »Die Bestimmung der angemessenen Aufwendungen für Unterkunft und Heizung soll ...« die Wortwahl in § 22a Abs. 1 Satz 1 SGB II (»... durch Satzung zu bestimmen, in welcher Höhe Aufwendungen für Unterkunft und Heizung in ihrem Gebiet angemessen sind«) auf, während jede Bezugnahme auf § 22a Abs. 2 SGB II und die dortige Abweichungsbefugnis fehlt.

Funktion der fünf Ziele in § 22a Abs. 3 SGB II

Ebenso wie über den Anwendungsbereich von § 22a Abs. 3 SGB II eine gewisse Unklarheit besteht, ist dies auch in Hinblick auf die Funktion der fünf Ziele der Fall. In der Gesetzesbegründung heißt es zwar:

> »Die Vorschrift enthält ... Programmsätze, die bei der Rechtsetzung und -auslegung zu beachten sind. Es handelt sich nicht um objektive Rechtmäßigkeitsvoraussetzungen der zu erlassenden Rechtsvorschrift.« (BT-Drs. 17/3404, S. 100)

Das BSG hat aber hervorgehoben, dass diese in der Gesetzesbegründung dargelegte abgeschwächte Wirkung der Ziele im Normtext selbst keinen hinreichenden Niederschlag gefunden hat und betont, dass es für die objektive Rechtmäßigkeit der Normsetzung sehr wohl auf ihre Einhaltung ankommt (BSG vom 17.10.2013 – B 14 AS 70/12 R, Rn. 31).
Dies vorweggeschickt kann über die Inhalte folgendes gesagt werden: Das erste der fünf Ziele lässt sich als die »Prämisse der realitätsgerechten Abbildung« beschreiben (§ 22a Abs. 3 Satz 1 SGB II), die anderen vier könnten als »Prämissen der möglichst neutralen Auswirkung« zusammengefasst werden.

Realitätsgerechte Abbildung des einfachen Standards

Gemäß § 22a Abs. 3 Satz 1 SGB II soll die Bestimmung der angemessenen Unterkunftskosten den einfachen Standard auf dem örtlichen Wohnungsmarkt abbilden. Hinweise darauf, was mit dem einfachen Standard gemeint ist, gibt die Gesetzesbegründung an zwei Stellen:

- Unter einem einfachen Standard wird das Gegenteil vom allgemeinen und gehobenen Standard verstanden (BT-Drs. 17/3404, S. 100).
- Ein einfacher Standard entspricht dem Wohnstandard »im unteren Marktsegment« bzw. von »Haushalten im Niedrigeinkommensbereich« (BT-Drs. 17/3404, S. 100).

Ob mit der letzteren Formulierung letztlich »Haushalte im Niedrigeinkommensbereich ohne Transferleistungen« gemeint sind, wie es die Gesetzesbegründung zu § 22b Abs. 1 Nr. 1 SGB II für die Angemessenheit der Wohnfläche ausdrücklich vorgibt (BT-Drs. 17/3404, S. 101), bleibt jedoch unklar (für ein Verständnis des Kriteriums als »preiswerter Wohnraum« Bundesministerium für Verkehr, Bau und Stadtentwicklung, Arbeitshilfe zur Bestimmung der angemessenen Aufwendungen der Unterkunft im Rahmen kommunaler Satzungen, Januar 2013, S. 22).
Eindeutig scheint der Gesetzgeber jedoch in den Wortlaut das ungeschriebene Tatbestandsmerkmal »realitätsgerecht« hineinlesen zu wollen; dies lässt sich der Gesetzesbegründung entnehmen (BT-Drs. 17/3404, S. 100) und würde zu § 22b Abs. 1 Satz 4 SGB II passen, der zur Konkretisierung des Standards ausdrücklich den Begriff der realitätsgerechten Abbildung verwendet.

Auswirkungsneutralität in vier Richtungen

Gemäß § 22a Abs. 3 Satz 2 SGB II soll der Satzungsgeber stets die Wechselwirkung seiner Satzung mit dem örtlichen Wohnungsmarkt im Blick behalten. Die Formulierung des Gesetzes ist so zu verstehen, dass unter vier Gesichtspunkten negative Auswirkungen möglichst ausgeschlossen werden sollen:

1. Vermeidung von Mietpreissteigerungen,
2. Sicherung der Verfügbarkeit von Wohnungen des einfachen Standards,
3. Erhalt von Anbieterpluralität,
4. Schaffung und Erhaltung sozial ausgeglichener Bewohnerstrukturen.

Mögliche Zielkonflikte

Aus der Wortwahl, die näher konkretisierten Gesichtspunkte seien lediglich zu »berücksichtigen«, kann zwar gefolgert werden, dass Auswirkungen nicht gänzlich ausgeschlossen sein müssen; unzulässig wäre hingegen die weitergehende Folgerung, die Berücksichtigung der Prämissen sei für die objektive Rechtmäßigkeit der Normsetzung ggfs. unbeachtlich (BSG vom 17.10.2013 – B 14 AS 70/12 R, Rn. 31). Bei den Punkten eins bis drei wird man ein großes Eigeninteresse des Leistungsträgers annehmen können, die Auswirkungen seiner Satzung auf den Wohnungsmarkt gering zu halten, um nicht mit Kostensteigerungen (Nr. 1), Angebotsverknappung (Nr. 2) oder regelrechten »Preisdiktaten« von Vermietern mit marktbeherrschender Position (Nr. 3) konfrontiert zu werden. Beim Kriterium 4, das erst in letzter Minute des Gesetzgebungsverfahrens auf Anregung des Bundesrates in den Wortlaut aufgenommen wurde (vgl. BT-Drs. 17/3404, S. 16 sowie BR-Drs. 661/1/10, S. 20), steht zu befürchten, dass es im Zweifel aus Kostengründen hintangestellt werden oder im Zielkonflikt mit den Punkten 1 bis 3 unterliegen könnte. Die Begründung des Bundesrates für die Einfügung von Punkt 4 sollte als Appell, das Korrektiv stets im Blick zu behalten, aufgefasst werden. Der Bundesrat formulierte insofern:

> »Die vorgesehene Satzungsermächtigung könnte ... von den Kommunen zu einer gegenüber der bisherigen Praxis restriktiveren Handhabung der Angemessenheitsregelung genutzt werden. Eine solche Entwicklung ließe eine verstärkte Konzentration von Transferleistungsempfängern in Wohnlagen des ›einfachen Standards‹ ..., somit also eine zunehmende Segregation und damit Konflikte mit dem in der Wohnraumförderung verfolgten und allgemein anerkannten Ziel sozial stabiler Bewohnerstrukturen ... befürchten.« (a.a.O.)

2.2 § 22b SGB II

Vorgaben für den konkreten Satzungsinhalt

Im Gegensatz zu § 22a Abs. 3 SGB II gibt § 22b SGB II nicht abstrakte Ziele vor, die die Satzung erfüllen soll, sondern ganz konkrete Ist-, Soll- und Kann-Inhalte der Satzungen. § 22b SGB II listet damit gewissermaßen das »Handwerkszeug« auf, das den Leistungsträgern bei der Aufstellung einer Satzung zur Verfügung steht. Die Gesetzesbegründung beschreibt den Inhalt von § 22b SGB II so:

> »Die Vorschrift regelt inhaltlich Rahmen- und Mindestvorgaben für die zu erlassenden Satzungen und Rechtsvorschriften ... Sie ermöglicht darüber hinaus von der bisherigen Rechtslage abweichende Regelungen« (BT-Drs. 17/3404, S. 101).

Problem des Anwendungsbereichs

Wie § 22a Abs. 3 SGB II wirft auch § 22b SGB II die Frage auf, ob die Vorschrift nur für die Grenzwertsatzung oder auch für die Pauschalierungssatzung gilt. Auch hier ist eine eindeutige Antwort nicht möglich; gemessen an der Wesentlichkeitstheorie und dem Bestimmtheitsgebot bedeutet dies eine verfassungsrechtlich bedenkliche Unklarheit. Mit seinen Wortlautelementen »bestimmen« und »angemessen« nimmt § 22b Abs. 1 SGB II einerseits nur Bezug auf § 22a Abs. 1 SGB II und die Grenzwertsatzung. Andererseits wäre es wenig nachvollziehbar, wenn die in § 22b Abs. 2 SGB II verlangten Begründungs- und Bekanntmachungserfordernisse nicht auch für die Pauschalierungssatzung gelten sollten. Für § 22b Abs. 3 SGB II stellt sich dann allerdings wieder die Frage, warum neben dem unabdingbaren Erfordernis einer Härtefallklausel aus § 22a Abs. 2 Satz 2 SGB II bei der Pauschalierungssatzung noch eine weitere, weniger strikte Vorgabe (»soll ... eine Sonderregelung getroffen werden«) bestehen sollte. Es bleibt abzuwarten, was die (höchst-)richterliche Rechtsprechung dazu sagt (die Anwendbarkeit bejahend Piepenstock, jurisPK-SGB II, 4. Aufl. 2015, § 22a, Rn. 37).

Wohnflächen- und Mietobergrenze

§ 22b Abs. 1 Satz 1 SGB II legt als zwingenden Satzungsinhalt (»Mindestgehalt« laut der Gesetzesbegründung) fest, dass es Bestimmungen geben muss zur

- angemessenen Wohnflächenobergrenze (Nr. 1) und zur
- angemessenen Mietobergrenze (Nr. 2).

Abhängigkeit von der Struktur des örtlichen Wohnungsmarktes

In Bezug auf die angemessene Wohnflächenobergrenze (Nr. 1) enthält die Regelung zusätzlich – etwas versteckt – insoweit einen maßstabsbildenden und damit inhaltlichen Aspekt, als die »Struktur des örtlichen Wohnungsmarktes« bei der Ermittlung zu berücksichtigen ist. Der Aspekt mutet im übrigen Kontext von § 22b Abs. 1 SGB II fremd an, weil die Norm ansonsten nur formale Vorgaben (»Handwerkszeug«) enthält. Die Gesetzesbegründung hebt aber ausdrücklich die materiellrechtliche Stoßrichtung dieses Kriteriums hervor:

> »In Ballungsräumen kann in der Regel davon ausgegangen werden, dass die von Personen im Niedrigeinkommensbereich bewohnten Wohnungen durchschnittlich kleiner sind als die Werte der aktuell maßgebenden Regelungen der Wohnungsbauförderung. Sind belastbare Daten hierzu nicht verfügbar, können der Festsetzung hilfsweise die landesrechtlichen Wohnraumförderbestimmungen zugrunde gelegt werden ...« (BT-Drs. 17/3404, S. 101)

Vereinbarkeit mit der Rspr. des BSG?

Das Kriterium wirft die Frage der Vereinbarkeit mit der bisherigen Rechtsprechung des BSG auf; danach ist die angemessene Wohnfläche bundeseinheitlich zu bestimmen (BSG vom 19.2.2009 – B 4 AS 30/08 R, Ziff 16). Unter diesem Aspekt konnten ja bereits die je nach Bundesland divergierenden Flächengrenzen aus den Vorschriften zur Wohnungsbauförderung für problematisch gehalten werden. Eine von Gebiet zu Gebiet unterschiedliche Bestimmung der angemessenen Wohnfläche würde diese Bedenken massiv verstärken. Den Bedenken könnte mit einer restriktiven Auslegung des Kriteriums begegnet werden, die dahin gehen könnte, Abweichungen unter die Grenzen der landesrechtlichen Wohnraumförderbestimmungen nicht zuzulassen (so im Ergebnis auch der Deutsche Verein, Empfehlungen zu den angemessenen Aufwendungen für Unterkunft und Heizung nach §§ 22 ff. SGB II und §§ 35 ff. SGB XII vom 12.3.2014, S. 54 f.).

Nach der Gesetzesbegründung bezweckt Nr. 2, dass den Leistungsberechtigten durch das Produkt von angemessener Wohnfläche und angemessenen Aufwendungen für die Unterkunft pro Quadratmeter in der Satzung angegeben werden soll, welcher Betrag ihnen für die Unterkunftskosten zur Verfügung steht (BT-Drs. 17/3404, S. 101); in dieser Berechnung sollen auch die Nebenkosten enthalten sein (BT-Drs., a.a.O.). Die Verwendung des Begriffs »Produkt« deutet darauf hin, dass hier eine Anlehnung an die Produkttheorie des BSG beabsichtigt ist; so hat es auch der Berliner Verordnungsgeber gesehen und hat der Abfassung der WAV 2012 diese Theorie zugrunde gelegt (GVBl 2012, S. 103 ff.). Ganz klar ist das aber nicht, und es wird die Befürchtung geäußert, dass die Formulierung auch eine Anwendung der früheren Rechtsprechung des BVerwG zum Unterkunftskostenrecht und damit der Kombinationstheorie erlauben könnte (vgl. die Stellungnahme von Putz in der Ausschussvorlage SPA 18/46, S. 22ff. des Hessischen Landtages vom 20.5.2011 zur landesgesetzlichen Umsetzung der Satzungsermächtigung aus den §§ 22a–c SGB II).

Grenzwerte für Heizkosten

§ 22b Abs. 1 Satz 2 SGB II eröffnet die Möglichkeit, dass der Satzungsgeber die Höhe

- des als angemessen anerkannten Verbrauchswertes (1. Alt. = Energiemengenobergrenze) bzw.
- der als angemessen anerkannten Aufwendungen (2. Alt. = Kostenobergrenze)

für die Heizung bestimmt.

Die Ermächtigung ist nicht zwingend, weil, so die Gesetzesbegründung (BT-Drs. 17/3404, S. 101), die Heizkosten individueller und dynamischer als die Mietkosten und daher schwerer schematisch zu erfassen sind. Auf diese Problematik weist auch das BSG hin und bringt einen gewissen Pessimismus zum Ausdruck, ob die Heizkosten überhaupt einer abstrakt-normativen Regelung über ihre Angemessenheit zugänglich sind (BSG vom 4.6.2014 – 14 AS 53/13 R, Rn. 32 und 35). Für den Fall, dass eine solche Regelung getroffen wird, betont das BSG, dass der Normgeber eine Datenermittlung zur realitätsgerechten Bestimmung eines differenzierten, abstrakt angemessenen Wertes der Heizkosten im in Bezug zu nehmenden Wohnsegment durchzuführen hat; Schätzungen pauschaler Werte »ins Blaue hinein« ohne gesicherte empirische Grundlage sind hingegen unzulässig (a.a.O., Rn. 26 und 38f.).

Ggf. Zusammenfassung von Miet- und Heizkosten

§ 22b Abs. 1 Satz 3 SGB II eröffnet weiterhin die Möglichkeit, dass auch eine zusammenfassende Bestimmung der angemessenen Miet- und Heizkosten in Form einer

- Quadratmeterhöchstmiete (1. Alt. = relative Obergrenze) oder
- Gesamtangemessenheitsgrenze (2. Alt. = absolute Obergrenze)

getroffen werden darf.

Einführung des Bruttowarmmietenkonzepts

Mit der Ermächtigung zur Bildung von – relativen oder absoluten – Obergrenzen, die sowohl die Kosten der Unterkunft als auch der Heizung enthalten, wird die vom BSG im Rahmen von § 22 Abs. 1 Satz 1 SGB II hochgehaltene getrennte Untersuchung der beiden Kostenfaktoren auf ihre Angemessenheit (BSG vom 2.7.2009 – B 14 AS 36/08 R) übergangen und das sog. Bruttowarmmietenkonzept (auch: erweiterte Produkttheorie) als möglicher Satzungsinhalt zugelassen. Die Gesetzesbegründung zeigt, dass die Abweichung von der BSG-Rechtsprechung gewollt ist:

> »[A]bweichend von der Regelung des § 22 Abs. 1 und der hierzu ergangenen höchstrichterlichen Rechtsprechung … [schafft Satz 3 die Grundlage], eine Gesamtangemessenheitsgrenze unter Berücksichtigung sowohl des Unterkunfts- als auch des Heizungsbedarfs festzusetzen (Bruttowarmmietenkonzept). Hierdurch wird abweichend von der bisherigen Rechtslage ermöglicht, die Aufwendungen für Unterkunft und Heizung ohne Rücksicht auf ihre jeweilige Angemessenheit bis zu der einheitlich bestimmten Obergrenze sowohl für Kaltmiete, Nebenkosten und Heizkosten als angemessen anzusehen.« (BT-Drs. 17/3404, S. 101)

Bedenken des BSG

Mit den Bedenken, die das BSG wiederholt gegenüber der Ermittlung von abstrakten, als angemessen anzusehenden Heizkostenpreisen geäußert hat, setzt sich die Gesetzesbegründung nicht auseinander. Die Bedenken des BSG lauten u.a.:

> »Es müssten in einen solchen Wert neben dem als angemessen anzusehenden Heizverhalten des Einzelnen etwa auch klimatische Bedingungen, ständig wechselnde Energiepreise, der Energieträger, vor allem aber auch der im entsprechenden Mietsegment ›typische‹ Gebäudestandard und der technische Stand einer als ›typisch‹ anzusehenden Heizungsanlage einfließen. Datenmaterial, das eine allgemeingültige Aussage bezogen auf Heizkosten in dem in Betracht zu ziehenden Marktsegment der ›einfachen‹ Wohnungen zulässt, liegt nicht vor. Ermittlungsmöglichkeiten hierzu sind nicht ersichtlich.« (BSG vom 2.7.2009 – B 14 AS 36/08 R, Rn. 19)

BSG zur Berliner WAV

Das BSG hat die Entscheidung des Gesetzgebers, Gesamtangemessenheitsgrenzen zuzulassen, als Abkehr des Gesetzgebers von der BSG-Rechtsprechung zur Kenntnis genommen und gleichzeitig festgestellt, dass mit der neuerdings gegebenen Zulässigkeit von Gesamtangemessenheitsgrenzen aber im Übrigen keine Lockerung der vom BSG aufgestellten Verfahrensanforderungen für die Konkretisierung des unbestimmten Rechtsbegriffes der angemessen Unterkunfts- und Heizkosten einhergeht (BSG vom 4.6.2014 – 14 AS 53/13 R, Rn. 41; vgl. auch die Ausführungen weiter oben zu § 22b Abs. 1 Satz 2 SGB II). Angewendet auf den konkreten Fall – die Berliner WAV von 2012, die in § 4 Gesamtangemessenheitsgrenzen formuliert – führte dies in der zeitlich gesehen zweiten BSG-Entscheidung zum neuen Satzungsrecht zur Unwirksamerklärung der gesamten WAV, weil der dem Gesamtangemessenheitswert zugrunde gelegte abstrakte Heizkostengrenzwert nicht realitätsgerecht bemessen worden war (a.a.O., Rn. 42 ff.).

Unterteilung in mehrere Vergleichsräume

§ 22b Abs. 1 Satz 4 SGB II legt unter sprachlicher Bezugnahme auf § 22a Abs. 3 Satz 1 SGB II fest, dass es zur Gewährleistung der inhaltlichen Mindestanforderung aus § 22a Abs. 3 Satz 1 SGB II (Prämisse der realitätsgerechten Abbildung des einfachen Standards) zulässig ist, wenn die Leistungsträger ihr Körperschaftsgebiet »in mehrere Vergleichsräume unterteilen, für die sie jeweils eigene Angemessenheitswerte bestimmen«.

Begründungspflicht

§ 22b Abs. 2 SGB II verlangt eine Begründung. Diese umfasst eine Erläuterung der Ermittlungsmethodik. Laut Gesetzesbegründung ist die Regelung an § 9 Abs. 8 und § 10 Abs. 3 Satz 1 BauGB angelehnt. Fehlt die Begründung, folgt daraus – wie im Baurecht (vgl. § 214 Abs. 1 Nr. 3 BauGB) –, dass die Satzung rechtswidrig ist. Die Begründungspflicht nach § 22b Abs. 2 SGB II muss im Zusammenhang mit § 22c Abs. 1 Satz 4 SGB II gesehen werden, der das Begründungserfordernis inhaltlich auf die Datenerhebung und -auswertung ausweitet.

Sonderregelung für besondere Bedarfe

§ 22b Abs. 3 SGB II verlangt als Sollvorschrift Sonderregelungen für Personen mit besonderen Bedarfen. Regelungen nach § 22b Abs. 3 SGB II können, müssen aber nicht Teil einer Normgebung i.S. der §§ 22a-c SGB II sein. Satz 2 nennt als Beispiele für Personen mit erhöhtem Raumbedarf behinderte Menschen und Personen, die ein Umgangsrecht ausüben. Erhöhter Raumbedarf kann auch bei Unterbringung in einer Suchtklinik oder in einem Frauenhaus entstehen. Der Gesetzesbegründung lässt sich aber entnehmen, dass § 22b Abs. 3 SGB II auch die Annahme eines geringeren Raumbedarfs erlaubt (BT-Drs. 17/3404, S. 101; kritisch mit Blick auf die verfassungsrechtliche Zulässigkeit solcher Absenkungen das BSG vom 17.10.2013 – B 14 AS 70/12 R, Rn. 34 ff.). Als Beispiel wird der geringere Raumbedarf während einer Berufsfindungsphase genannt.

BSG zur Berliner WAV

Inhaltlicher Schwerpunkt der zeitlich gesehen ersten Entscheidung des BSG zum neuen Satzungsrecht waren die gesetzlichen Vorgaben aus § 22b Abs. 3 SGB II und die Frage, inwiefern die Berliner WAV von 2012 sie in ausreichender Weise beachtet (im Ergebnis verneint das BSG vom 17.10.2013 – B 14 AS 70/12 R, Rn. 34 ff. dies). Das BSG äußert in der Entscheidung Zweifel, ob sich Sonderbedarfe dieser Art überhaupt tatsächlich normativ erfassen lassen; vor allem formuliert es aber als Gültigkeitsvoraussetzung für normative Sonderbedarfs-Regelungen eine hinreichend realitätsgerechte und nachvollziehbare Erhebung zum typischen Wohnbedarf der jeweils betroffenen Gruppen.

2.3 § 22c SGB II

Rahmenbedingungen für die Datenerhebung

Während § 22a Abs. 3 und § 22b SGB II abstrakte Ziele für bzw. formale Mindestanforderungen an den Inhalt der Satzung formulieren, legt § 22c SGB II fest, auf welcher Datengrundlage die Satzung erlassen werden soll. § 22c SGB II gibt die Erhebung, Auswertung und Überprüfung der Daten vor. Die Gesetzesbegründung bezeichnet die Regelungen als »Rahmenbedingungen« (BT-Drs. 17/3404, S. 102). Es ist unverkennbar, dass der Gesetzgeber sich darum bemüht hat, wesentliche Elemente, aus denen das BSG das schlüssige Konzept für die Ermittlung der hypothetischen Referenzmiete entwickelt hat (vgl. → S. 67 f.), zu übernehmen. Wie mit Lücken und Abweichungen bei dieser Übernahme umzugehen ist – z.B. bei § 22c Abs. 1 Satz 2 SGB II –, wird die Rechtsprechung klären müssen.

Problem des Anwendungsbereichs

Wie schon bei § 22a Abs. 3 und § 22b SGB II ist unklar, ob § 22c SGB II auf Pauschalierungssatzungen anzuwenden ist. Für eine Anwendbarkeit könnte sprechen, dass der Norminhalt des § 22c SGB II offenbar an die Vorgaben der BVerfG-Entscheidung vom 9.2.2010 (1 BvL 1/09 u.a.) zur Methodik der Ermittlung von Regelsätzen und damit zu Pauschalbeträgen im Sozialleistungsrecht (a.a.O., RdNr. 139ff.) anknüpft. Es ist schwer vorstellbar, dass der Gesetzgeber die Ermächtigung zur Pauschalierung der Unterkunftskosten in § 22a Abs. 2 SGB II schuf, ohne nicht auch die unabdingbaren Vorgaben des BVerfG zur Pauschalierung gesetzlich umsetzen zu wollen. Dennoch lassen Wortlaut und Systematik der Norm auch einen entgegengesetzten Schluss zu; eine Klärung durch die Rechtsprechung ist abzuwarten.

Vorrangige Datenquellen für die Angemessenheitsbestimmung

§ 22c Abs. 1 Satz 1 SGB II schreibt als Soll-Bestimmung vor, dass die Angemessenheit »insbesondere« durch

- Mietspiegel, qualifizierte Mietspiegel und Mietdatenbanken (Nr. 1) und durch
- geeignete eigene statistische Datenerhebungen und -auswertungen oder Erhebungen Dritter (Nr. 2)

einzeln oder kombiniert bestimmt werden soll.

Die Begriffe in Nr. 1 beziehen sich auf das BGB-Mietrecht:

- »Mietspiegel« auf § 558c BGB,
- »qualifizierter Mietspiegel« auf § 558d BGB,
- »Mietdatenbanken« auf § 558e BGB.

Als »eigene statistische Datenerhebungen und -auswertungen« im Sinne von Nr. 2 kommen laut der Gesetzesbegründung

- Grundsicherungsstatistik,
- örtliche Wohngelddaten der Wohngeldbehörde,
- Wohngeldstatistik der Statistischen Landesämter

in Betracht (BT-Drs. 17/3404, S. 102).

Die Gesetzesbegründung hebt – ohne dass es sich im Gesetzeswortlaut widerspiegeln würde – hervor, dass die statistische Datenbasis

»belastbar« sein müsse (BT-Drs., a.a.O.). Der Begriff wird dort auch näher definiert. Als Beispiel für die Kombination verschiedener Datenquellen nennt die Gesetzesbegründung »Grundsicherungsstatistik mit Angebotsauswertung für den örtlichen Wohnungsmarkt«.

WoGG als nachrangige Datenquelle

§ 22c Abs. 1 Satz 2 SGB II legt den Leistungsträgern nahe, hilfsweise die monatlichen Höchstbeträge nach § 12 Abs. 1 WoGG zu berücksichtigen, wenn Daten im Sinne von Satz 1 nicht verfügbar sind. Auf die in § 12 Abs. 6 WoGG a.F. geregelten Höchstbeträge für Heizkosten konnte der Gesetzgeber nicht verweisen, weil die Heizkostenkomponente mit dem Haushaltsbegleitgesetz 2011 (G. v. 9.12.2010 BGBl. I S. 1885) aus dem WoGG gestrichen worden ist.
Verloren gegangen ist der vom BSG vorgenommene »Sicherheitszuschlag« auf die Tabellenwerte des WoGG (BSG vom 17.12.2009 – B 4 AS 50/09 R, Rn. 27). Die Gesetzesbegründung sagt nicht, ob dies bezweckt oder übersehen wurde.

Neuvertrags- und Bestandsmieten

§ 22c Abs. 1 Satz 3 SGB II schreibt als Soll-Bestimmung die Berücksichtigung sowohl von Neuvertrags- als auch von Bestandsmieten vor.

Weiteres Begründungserfordernis

§ 22c Abs. 1 Satz 4 SGB II bestimmt, dass die Methodik der Datenerhebung und -auswertung in die Begründung der Satzung (vgl. § 22b Abs. 2 SGB II) aufzunehmen ist. Die Gesetzesbegründung konkretisiert diese Aussage dahin, dass die

- Aussagekraft und Validität der Erkenntnisquellen und die
- Auswertung der Erkenntnisquellen (dort insbesondere die Ermittlung und Festlegung der Angemessenheitswerte)

in der Begründung der Satzung darzustellen und zu erläutern ist. Ein Fehlen führt zur Rechtswidrigkeit der Satzung. § 22b Abs. 1 Satz 4 SGB II steht insofern in einem engen Zusammenhang mit dem Begründungserfordernis aus § 22b Abs. 2 Satz 2 SGB II.

Überprüfung im Jahres- bzw. Zweijahres-Rhythmus

§ 22c Abs. 2 SGB II legt schließlich einen Überprüfungsturnus für die im Rahmen der Satzung bestimmten Werte fest, der sich

- für die Unterkunftskosten auf zwei Jahre und
- für die Heizkosten auf ein Jahr

beläuft.

Die Pflicht zu einer fortwährenden Überprüfung der Regeln zur Berechnung existenzsichernder Transferleistungen hatte das BVerfG in seiner Entscheidung vom 9.2.2010 (1 BvL 1/09 u.a.) betont (dort Rn. 214). Mit § 22c Abs. 2 SGB II wird diese Pflicht umgesetzt. Die Gesetzesbegründung deutet eine gewisse Offenheit bei der Gewährleistung des Überprüfungsmechanismus an: Denkbar sei eine turnusgemäße Neuerhebung oder ein sachgerechter Anpassungsmechanismus, z.B. anhand der allgemeinen Mietentwicklung oder der tatsächlichen Entwicklung der Heizkosten in der Grundsicherungsstatistik (erste Praxisbeispiele für Überprüfungshandlungen des Normgebers sind die sog. WAV-Fortschreibungsverordnungen 2013 und 2014 vom 16.7.2013 [GVBl, 348] bzw. vom 11.2.2014 [GVBl, 63] aus Berlin).

VII Folgen der Satzungsermächtigung für den Rechtsschutz

Mit dem einleitend diagnostizierten Rechtsformwechsel geht auch eine einschneidende Veränderung im Rechtsschutzsystem des Unterkunfts- und Heizkostenrechts einher. Hintergrund ist, dass die Satzungsgebung von jeher das traditionelle Handlungsinstrument der Kommunalverwaltung ist und für die gerichtliche Kontrolle der kommunalen Satzungsgebung seit langem eine besondere Form von Gerichtsverfahren zur Verfügung steht, das nun auch im Sozialgerichtsverfahren Einzug hält. Es handelt sich um das sog. Normenkontrollverfahren, das inzwischen auch in der judikativen Praxis »angekommen« ist, vgl. nur die zwei Grundsatzentscheidungen des BSG aus den Jahren 2013 und 2014 zur Berliner WAV vom 17.10.2013 – B 14 AS 70/12 R und vom 4.6.2014 – 14 AS 53/13 R.

Normenkontrollverfahren jetzt auch im Sozialgerichtsverfahren

1 Art und Weise der gerichtlichen Überprüfung sozialbehördlichen Handelns

Art. 19 Abs. 4 Satz 1 GG garantiert jedem, der durch die öffentliche Gewalt in seinen Rechten verletzt wird, den Zugang zu einer richterlichen Kontrolle des Verwaltungshandelns. Art und Umfang der gerichtlichen Kontrolle hängen dabei von der Handlungsform ab, die die Verwaltung gewählt hat. Die typische Handlungsform der Sozialverwaltung im Bereich des Unterkunftsrechts waren bisher die – für das Gerichtsverfahren nicht weiter bedeutsamen Auslegungsrichtlinien – und die einer gerichtlichen Kontrolle unterliegenden Verwaltungsakte. Als Rechtsbehelfe in Zusammenhang mit Verwaltungsakten stehen den Betroffenen Individualrechtsbehelfe wie die Anfechtungs-, Leistungs-, Verpflichtungs-, Unterlassungs- und Feststellungsklage zur Verfügung.

Mit der Satzungsermächtigung in §§ 22a–c SGB II ist als weitere Handlungsform der Sozialverwaltung der Erlass von untergesetzlichen Rechtsvorschriften hinzugekommen. Derartiges Verwaltungshandeln kennt man z. B. im Bereich der kommunalen Bauleitplanung schon seit langem, und dort stellt die Verwaltungsgerichtsordnung mit § 47 VwGO ein entsprechendes gerichtlichen Überprüfungsverfahren – das Normenkontrollverfahren, auch Prinzipalkontrolle genannt – zur Verfügung. In enger Anlehnung an § 47 VwGO wurde das Normenkontrollverfahren nun durch einen neuen § 55a in das SGG eingeführt.

Normenkontrolle vs. Individualrechtsbehelf

Dieses neue Kontrollverfahren ersetzt wohlgemerkt nicht die typischen Individualrechtsbehelfe, sondern es tritt neben diese. Leistungsempfänger, die sich gegen einen Verwaltungsakt wehren wollen, der auf einer Satzung nach §§ 22a–c SGB II beruht, haben jetzt also zwei Möglichkeiten, sich gegen diesen Verwaltungsakt zur Wehr zu setzen: Sie können eine Inzident- oder eine Prinzipalkontrolle anstreben. Bemerkenswert ist, dass Art. 19 Abs. 4 Satz 1 GG nicht verlangt, dass einem Bürger, der sich zur Wehr setzen will, zwei alternative Rechtsbehelfe

Rechtsschutzerweiterung

Inzident- oder Prinzipalkontrolle

zur Verfügung stehen. Um dem Grundrecht auf effektiven Rechtsschutz Genüge zu tun, reicht das Recht auf einen Individualrechtsbehelf; das Normenkontrollverfahren ist nicht zwingend. Dies lässt sich auch plastisch daran zeigen, dass für die Kontrolle einer Rechtsverordnung nach § 27 SGB II a. F. kein gerichtliches Verfahren zur Verfügung gestanden hätte; hier wäre nur die Inzidentkontrolle geblieben. Die Einführung von § 55a SGG dürfte daher mehr aus Gründen der Prozessökonomie denn aus dem Bedürfnis, dem Bürger möglichst verschiedene Rechtsbehelfe anzubieten, motiviert sein.

2 Die Inzidentkontrolle von Satzungsrecht

Es gibt Rechtsnormen bzw. Rechtsvorschriften, die von der Legislative stammen, und es gibt solche, die von der Exekutive erlassen worden sind. Während ein Fachgericht Rechtsnormen, die vom Bundes- oder Landesgesetzgeber erlassen worden sind (= förmliche Gesetze), nicht einfach unangewendet lassen kann (denn das hieße, dass sich die Fachgerichtsbarkeit gewissermaßen über das Parlament stellt, was einen Verstoß gegen die Gewaltenteilung darstellen würde), ist das bei Normen, die von der Exekutive stammen (= nichtförmliche Gesetze), ohne weiteres möglich. Der Rechtsformwechsel hin zur Satzung führt also keinesfalls dazu, dass der übliche Rechtsschutz im Wege einer Klage nicht mehr gangbar wäre. Gleich, ob eine Behördenentscheidung in Form eines Verwaltungsakts bzw. Widerspruchsbescheides auf eine Auslegungsrichtlinie oder eine Satzung zurückgeht: Der Betroffene kann sich im Wege eines Klageverfahrens beim Sozialgericht zur Wehr setzen, wenn er sich ungerecht behandelt fühlt, weil die Fachgerichte nicht-förmliche Gesetze umfassend überprüfen können und müssen.

Prüfungsrecht und Prüfungspflicht der Sozialgerichte

Da sich Prüfungsrecht und -pflicht auch auf die Satzung beziehen, führt der Rechtsformwechsel allerdings zu einer Veränderung des richterlichen Prüfungsumfangs: Das Gericht kann nämlich eine nichtbindende Auslegungsrichtlinie ohne Weiteres im Rahmen seiner Prüfung unbeachtet lassen; eine Satzung hingegen muss das Gericht bei seiner Entscheidung berücksichtigen, und es muss sie im Rahmen dieser Berücksichtigung »inzident« auf ihre Rechtmäßigkeit prüfen.

Satzungen werden inzident geprüft …

Ficht ein Leistungsberechtigter z. B. eine Kostensenkungsaufforderung an, die auf eine Grenzwertsatzung zurückgeht, so hat das angerufene Gericht nicht nur den Verwaltungsakt auf seine Rechtmäßigkeit zu prüfen, sondern auch die zu Grunde liegende Satzung (vgl. z. B. LSG NRW vom 16.11.2010 – L 11 KR 448/10). Kommt das Gericht im Rahmen dieser Inzidentprüfung zu dem Ergebnis, dass die Satzung gegen höherrangiges Recht verstößt, kann es die Satzung in diesem konkreten Fall unangewendet lassen. Eine Pflicht, die für rechtswidrig gehaltene Satzung dem Landessozialgericht vorzulegen, gibt es nicht. Eine Vorlagepflicht gibt es nur, wenn Bedenken gegen die Verfassungsmäßigkeit von Legislativakten bestehen; zuständig ist dann das Bundes- bzw. Landesverfassungsgericht und nicht das Lan-

… und bleiben ggf. unangewendet

dessozialgericht. Da die Satzung ein Exekutivakt ist, bestehen unter dem Gesichtspunkt der Gewaltenteilung keine Bedenken, dass ein »einfaches« Sozialgericht eine Satzung unangewendet lässt. Eine darüber hinausgehende Kompetenz, die Satzung etwa für unwirksam zu erklären (sie also zu »verwerfen«), steht dem Sozialgericht allerdings nicht zu. Dies hat die Folge, dass die Ansicht des Sozialgerichts, die Satzung sei rechtswidrig und müsse daher unangewendet bleiben, nur zwischen den Prozessbeteiligten eine Wirkung hat.

Allerdings kein Verwerfungsrecht des Sozialgerichts

3 Das Normenkontrollverfahren (Prinzipalkontrolle) von Satzungsrecht

Die Prinzipalkontrolle hebt sich von der Inzidentkontrolle dadurch ab, dass sie nicht nur dem Individualrechtsschutz dient. Im Rahmen der Prinzipalkontrolle geht es auch um das Interesse der Allgemeinheit an einer möglichst weitgehenden und effektiven Kontrolle von Rechtsnormen auf ihre Gültigkeit. Es dient der Rechtsklarheit und -sicherheit, wenn bindende, abstrakt-generelle Regelungen, gegen die rechtsstaatliche Bedenken bestehen, nicht nur in einem konkreten Einzelfall unangewendet bleiben, sondern wenn die Chance besteht, die Norm insgesamt für unwirksam erklären zu lassen. Man spricht vor diesem Hintergrund von der Doppelnatur des Normenkontrollverfahrens.

Doppelnatur des Normenkontrollverfahrens

Folge dieses Allgemeininteresses am Normenkontrollverfahren ist, dass im Falle des Verstoßes einer Satzung gegen höheres Recht am Ende des Gerichtsverfahrens steht, dass sie vom zuständigen Gericht für unwirksam erklärt (»verworfen«) wird und dass diese Entscheidung in der gleichen Weise bekanntzumachen ist, wie zuvor die Satzung bekanntgemacht wurde (vgl. § 55a Abs. 5 Satz 2 SGG). Man nennt diese zwingende Folge eines aus der Sicht des Leistungsberechtigten erfolgreichen Normenkontrollverfahrens »Nichtigkeitsdogma«. In diesem Fall erreicht der Leistungsempfänger mit seinem eigenen Verfahren, dass für alle von der Satzung Betroffenen festgestellt wird, dass die Satzung unwirksam ist. Nicht erfasst werden von der förmlichen Unwirksamkeitserklärung Satzungen, die der angegriffenen zeitlich nachgefolgt und während des laufenden Kontrollverfahrens erlassen worden sind, mögen sie auch weitgehend inhaltsgleich mit der mit dem Normenkontrollantrag angegriffenen Satzung sein (BSG vom 17.10.2013 – B 14 AS 70/12 R, Rn. 17 und 25 zur WAV-Fortschreibungsverordnung 2013).

Verwerfungsrecht des zuständigen Gerichts

Die Nichtigkeitserklärung ist allerdings in ihrer Reichweite durch eine Verweisung von § 55a Abs. 5 Satz 3 SGG auf § 183 VwGO beschränkt. Insofern gilt, dass Verwaltungsakte, die bestandskräftig geworden sind, weil die Betroffenen nicht gegen sie vorgegangen ist oder ein Gericht sie rechtskräftig für rechtmäßig erklärt hat, wirksam bleiben, auch wenn sie auf der zwischenzeitlich für nichtig erklärten Satzung beruhen (vgl. BVerwG vom 14.7.1978, NJW 1978, 2522, 2523).

Keine Auswirkung auf bestandskräftige Verwaltungsakte

Eingeschränkte Wirkung eines Antrages nach § 44 Abs. 1 Satz 1 SGB X

Diese Rechtsfolge kann auch nur sehr eingeschränkt durch einen Antrag nach § 44 Abs. 1 Satz 1 SGB X abgewehrt werden. Denn in § 40 Abs. 2 Nr. 2 SGB II i. V. m. § 330 Abs. 1 SGB III hat der Gesetzgeber geregelt, dass eine nachträgliche Korrektur des rechtswidrigen Verwaltungshandelns rückwirkend nur bis zu dem Zeitpunkt möglich ist, in dem das LSG die Satzung für rechtswidrig erklärt hat. Zwar ist nach § 40 Abs. 1 Satz 2 SGB II neuerdings im Rahmen von Anträgen nach § 44 SGB X ohnehin nur noch eine rückwirkende Korrektur für den Leistungszeitraum von einem Jahr (vor 2011: vier Jahre!) ab Beginn des Jahres, in dem der Antrag gestellt wurde, möglich; doch selbst diese verbliebene Korrekturmöglichkeit geht dem Leistungsberechtigten wegen § 40 Abs. 2 Nr. 2 SGB II i. V. m. § 330 Abs. 1 SGB III weitgehend verloren.

Klage nicht entbehrlich

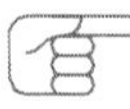

Wegen der Regelungen in § 55a Abs. 5 Satz 3 SGG i. V. m. § 183 VwGO und in § 40 Abs. 2 Nr. 2 SGB II i. V. m. § 330 Abs. 1 SGB III sollte ein Leistungsberechtigter, der die gegen ihn auf der Grundlage einer Satzung ergangene Entscheidung für rechtswidrig hält, durch eine Klage in seiner eigenen Sache den Eintritt der Bestandskraft dieser Verwaltungsentscheidung verhindern. Dies gilt auch und gerade, wenn gegen die betreffende Satzung bereits von einem anderen Leistungsberechtigten ein Normenkontrollverfahren beim LSG betrieben wird.

Aussetzung des Verfahrens

Da der Einzelne also aus Gründen der Rechtswahrung nicht umhin kommt, eine eigene Klage zu erheben, hat der Gesetzgeber mit § 114 Abs. 2a SGG eine Regelung geschaffen, die das Verhältnis von anhängigen Klagen zu einem laufenden Normenkontrollverfahren regelt. Die Regelung besagt, dass das zur Entscheidung über einen Individualrechtsbehelf berufene Gericht das Verfahren bis zur Erledigung des Antragsverfahrens nach § 55a SGG aussetzen kann. Da es eine entsprechende Aussetzungsbefugnis für das Widerspruchsverfahren nicht gibt, ist der angegangene Leistungsträger gem. § 88 Abs. 2 SGG verpflichtet, innerhalb von drei Monaten über einen Widerspruch zu entscheiden.

Vorläufige Entscheidungen

Um der Verwaltung ein Instrument an die Hand zu geben, eine aus den vorgenannten Überlegungen eintretende »Klage- und Widerspruchsflut« abzuwenden, hat der Gesetzgeber mit der Regelung nach § 40 Abs. 2 Nr. 1 SGB II i. V. m. § 328 SGB III die Möglichkeit geschaffen, dass bei einem anhängigen Normenkontrollverfahren die auf der streitgegenständlichen Satzung beruhenden Entscheidungen für vorläufig erklärt werden können. Es ist dann – je nach Ausgang der Prinzipalkontrolle – eine vereinfachte Korrektur der ursprünglichen Entscheidung möglich, die nicht an die Voraussetzungen der §§ 44–48 SGB X gebunden ist. Von vorläufigen Entscheidungen Betroffene sind daher in einer günstigeren Situation und haben weniger Grund zur Beschreitung des Rechtsweges.

Eilrechtsschutz

Die leichtere Korrektur einer Entscheidung über die Leistungsgewährung ändert aber nichts daran, dass aus Sicht der Betroffenen gerichtlicher Eilrechtsschutz notwendig sein kann. Ist der Betroffene Antragsteller in dem anhängigen Normenkontrollverfahren, so kann

er beim LSG auch den Erlass einer einstweiligen Anordnung gemäß § 55a Abs. 6 SGG beantragen.
Beim Landessozialgericht herrscht kein Anwaltszwang (vgl. § 73 Abs. 1 SGG), sodass sich Antragsteller auch dort selbst vertreten können. Außerdem gilt dort ebenso der Grundsatz der Gerichtskostenfreiheit (vgl. § 183 SGG, dort insbes. auch Satz 4).

Besonderheiten des Normenkontrollverfahrens

Für das Normenkontrollverfahren gelten im Vergleich zum »normalen« Klageverfahren aber folgende Besonderheiten:

- Die Eingangsinstanz für ein Normenkontrollverfahren ist nicht das örtliche Sozialgericht, sondern das Landessozialgericht (vgl. § 29 Abs. 2 Nr. 4 SGG).
- Der Rechtsbehelf im Normenkontrollverfahren heißt nicht »Klage«, sondern »Antrag«.
- Dementsprechend werden die Beteiligten auch nicht »Kläger/in« und »Beklagte/r«, sondern »Antragsteller/in« und »Antragsgegner/in« genannt.
- Antragsbefugt ist – anders als bei einer Klage – nicht nur, wer »behauptet, durch den Verwaltungsakt oder durch die Ablehnung oder Unterlassung eines Verwaltungsakts beschwert zu sein« (§ 54 Abs. 1 SGG), sondern »jede natürliche Person ..., die geltend macht, durch die Anwendung der Rechtsvorschrift in ihren Rechten verletzt zu sein oder in absehbarer Zeit verletzt zu werden« (§ 55a Abs. 2 Satz 1 SGG). Das BSG legt hier eine weite Betrachtungsweise zugrunde (BSG vom 17.10.2013 – B 14 AS 70/12 R, Rn. 21 ff.) und erteilt einer restriktiven Auslegung (LSG Berlin-Brandenburg vom 7.8.2012 – L 36 AS 1162/12 NK) eine Absage.
- Eine Antragsfrist gibt es – wiederum im Gegensatz zu Widerspruch und Klage – nicht. Vielmehr kann eine Rechtsvorschrift solange von Betroffenen im Wege einer Normenkontrolle angegriffen werden, solange sie zu wirken vermag (BSG vom 17.10.2013 – B 14 AS 70/12 R, Rn. 25).
- Wegen der Doppelnatur des Normenkontrollverfahrens prüft das Gericht im Rahmen der Begründetheit des Antrags – anders als bei einer Klage – keine subjektive Rechtsverletzung.

Anwendungsbereich des Normenkontrollverfahrens

Der Wortlaut von § 55a Abs. 1 SGG wirft die Frage auf, ob das Normenkontrollverfahren nur für Grenzwert- oder auch für Pauschalierungssatzungen gelten soll. Geht man streng nach dem Wortlaut (»Gültigkeit von Satzungen ..., nach § 22a Absatz 1 des Zweiten Buches Sozialgesetzbuch ...«), müsste man eigentlich zu dem Ergebnis gelangen, dass gegen Pauschalierungssatzungen das Normenkontrollverfahren nicht statthaft ist. Dies wäre in Hinblick auf Art. 19 Abs. 4 GG nicht einmal problematisch, weil das Normenkontrollverfahren – vgl. schon die Ausführungen → S. 453 – lediglich ein »Mehr« an Rechtsschutz schafft, das nicht zwingend ist. Folgt man dieser engen Auslegung des Wortlautes, würden der Rechtsschutz bei Grenzwert- und bei Pauschalierungssatzungen auseinander laufen. Das BSG hat dagegen inzwischen klargestellt, dass Satzungen i.S.v. § 35a SGB XII nach der Vorstellung des Gesetzgebers letztlich die nach den §§ 22a-c SGB II erlassenen Normen sind, weshalb auch für Satzungen, die im Bereich des SGB XII Wirkung entfalten, das Normenkontrollverfahren eröffnet ist (BSG vom 17.10.2013 – B 14 AS 70/12, Rn. 14 f.); der 14. Senat begründet mit diesem Argument gleichzeitig auch seine Zuständigkeit innerhalb des BSG.

Ggf. Zuständigkeit des Landesverfassungsgerichts

Bei der Prüfung einer Satzung auf ihre Vereinbarkeit mit Landesrecht besteht in einigen Bundesländern eine Art Alleinentscheidungskompetenz des jeweiligen Landesverfassungsgerichts (»Verwerfungsmonopol«). Dieses Verwerfungsmonopol zu achten, ist Aufgabe der Regelungen in § 55a Abs. 3 und 4 SGG. In Hessen führen diese beiden Regelungen i.V.m. Art. 132f. der Hessischen Verfassung beispielsweise dazu, dass nur der Staatsgerichtshof eine Satzung auf ihre Vereinbarkeit mit der Hessischen Verfassung prüfen darf. Die Vereinbarkeit mit einfachem Landesrecht hingegen kann das Landessozialgericht in eigener Kompetenz prüfen.

4 Fehlerfolgen

Nichtigkeitsgrundsatz ohne Ausnahmen

Der im vorhergehenden Abschnitt schon angesprochene Nichtigkeitsgrundsatz besagt, dass Rechtsfehler, die bei der Aufstellung von Normen unterlaufen, nicht nur zu deren Rechtswidrigkeit, sondern zu ihrer Nichtigkeit führen. Um diese einschneidende Rechtsfolge etwas abzuschwächen, sind in einigen Rechtsgebieten, in denen untergesetzliche Rechtsnormen eine Rolle spielen, vom Gesetzgeber oder der Rechtsprechung Möglichkeiten geschaffen worden, die Normen doch noch zu »retten«. Es geht dabei um Vorschriften, die eine nachträgliche Heilung von Fehlern ermöglichen (z.B. § 214 Abs. 4 BauGB: »ergänzendes Verfahren«), die bestimmte Fehler generell (§ 214 Abs. 2 BauGB) oder jedenfalls nach einer bestimmten Frist für unbeachtlich erklären (z.B. § 215 BauGB), sowie um die von der Rechtsprechung entwickelte Rechtsfigur der bloßen »Teilnichtigkeit«. Im Rahmen der §§ 22a–c SGB II ist vom Gesetzgeber auf die Schaffung derartiger Ausnahmen verzichtet worden; Verstöße gegen zwingende Vorschriften in den §§ 22a–c SGB II werden daher in aller Regel unweigerlich zur Nichtigkeit der gesamten Satzung führen. Ob ausnahmsweise eine Teilnichtigkeit von Satzungen denkbar ist, wird die Rechtsprechung zeigen. Im Rahmen seiner ersten beiden das Satzungsrecht betreffenden Entscheidungen hat das BSG die Berliner WAV 2012

- zunächst für unwirksam erklärt, soweit sie sich auf das SGB XII bezieht, nicht aber für den Anwendungsbereich des SGB II, weil ein Rechtsschutzbedürfnis der Antragsteller fehlte (BSG vom 17.10.2013 – B 14 AS 70/12 R, Rn. 45);
- später dann wegen Rechtswidrigkeit der in § 4 WAV vorgesehenen Gesamtangemessenheitsgrenzen und dem Fehlen von abtrennba-

ren, isoliert betrachtet rechtmäßigen und eigenständigen Regelungen die Verordnung auch für den Anwendungsbereich des SGB II vollständig für unwirksam erklärt (BSG vom 04.06.2014 – B 14 AS 53/13 R, Rn. 51ff.).

Kommunalrechtliche Gültigkeitsvoraussetzungen

Etwas anderes gilt allerdings für die sog. kommunalrechtlichen Gültigkeitsvoraussetzungen, die im Rahmen einer Satzungskontrolle ebenfalls zu prüfen sind. Diese Gültigkeitsvoraussetzungen haben ihren Ursprung darin, dass die kommunale Satzungsgebung in einem formalisierten Verfahren zu erfolgen hat, das in der jeweiligen Gemeinde- bzw. Landkreisordnung geregelt ist. In diesen Regelwerken sind Unbeachtlichkeits- und Heilungsvorschriften enthalten, die dann auch für die kommunalrechtlichen Gültigkeitsvoraussetzungen der Grenzwert- und Pauschalierungssatzungen gelten.

Beispiel HGO bzw. HKO

Nach der Hessischen Gemeindeordnung (HGO) bzw. Hessischen Landkreisordnung (HKO) gelten z. B. folgende Gültigkeitsvoraussetzungen und etwaige Unbeachtlichkeitsfolgen:

Zuständigkeit

- Die Satzung muss durch das zuständige Organ beschlossen worden sein; in der Regel wird das die Stadtverordnetenversammlung bzw. der Kreistag sein, denen der Erlass von Satzungen typischerweise vorbehalten ist (§ 51 Nr. 6 HGO bzw. § 30 Nr. 5 HKO).

Verfahren

- Folgende Verfahrensvorschriften sind einzuhalten:
  - Öffentliche Sitzung der Stadtverordnetenversammlung/des Kreistags (§ 52 HGO);
  - Ordnungsgemäße Einberufung der Sitzung (§§ 56, 58 HGO; allerdings evtl. unbeachtlich gem. § 5 Abs. 4 HGO);
  - Beschlussfähigkeit (§ 53 HGO; allerdings evtl. unbeachtlich gem. § 5 Abs. 4 HGO);
  - Erforderliche Mehrheit (§ 54 HGO);
  - Keine Teilnahme befangener Organmitglieder (§ 25 HGO; allerdings evtl. unbeachtlich gem. § 25 Abs. 6 HGO).

Form

- An Formvorschriften sind zu beachten:
  - Protokollierung des Beschlusses und Unterschrift des Vorsitzenden sowie Schriftführers (§ 61 HGO);
  - Ausfertigung der Satzung durch den Oberbürgermeister bzw. Landrat.

5 Muster eines Normenkontrollantrags

Das folgende Muster kann als Orientierungshilfe für die Abfassung eines Antrages dienen. Die Begründung enthält exemplarisch einige Aspekte, die einen Verstoß gegen höherrangiges Recht begründen können.

An das Landessozialgericht
...

..., den ...

Normenkontrollantrag*

der/des Frau/Herrn ..., wohnhaft ..., ...,

– Antragstellers/in –

Prozessbevollmächtigte/r: ...**

gegen den Landkreis / die kreisfreie Stadt / den Stadtstaat ...,
vertreten durch ..., ...,

– Antragsgegner/in –

wegen Satzung*** nach §§ 22a-c SGB II****.

Namens der/des Antragstellers/in und unter Vorlage einer entsprechenden Vollmacht wird beantragt / Ich beantrage

die Satzung ..., die die/der Antragsgegner/in am ... bekannt gemacht hat (Veröffentlichungsort: ...), für unwirksam zu erklären.

Es wird weiterhin beantragt,

der/dem Antragsteller/in für das vorliegende Verfahren Prozesskostenhilfe zu gewähren und ihr/ihm die/den Unterzeichnende/n beizuordnen.

Die Vollmacht ist als Anlage Nr. ... und die angegriffene Satzung als Anlage Nr. ... beigefügt. Die Unterlagen zum PKH-Antrag liegen ebenfalls bei.

Begründung

Der Antrag ist **zulässig**. Die Statthaftigkeit folgt daraus, dass es sich bei dem angegriffenen Verwaltungshandeln um eine Satzung i.S.v. § 55a Abs. 1 SGG handelt. Die/Der Antragsteller/in ist auch antragsbefugt i.S.v. § 55a Abs. 2 S. 1 SGG. Eine bestimmte Antragsfrist, die eingehalten werden müsste, ist gesetzlich nicht vorgesehen. Das Rechtsschutzbedürfnis für den Normenkontrollantrag entfällt auch nicht dadurch, dass parallel beim zuständigen Sozialgericht Klage erhoben worden ist.

Der Antrag ist auch **begründet**. Auf eine subjektive Rechtsverletzung kommt es in diesem Rahmen nicht an. Maßgeblich ist allein die Frage, ob die Satzung gegen höherrangiges Recht verstößt. Prüfungsmaßstab sind insofern das Grundgesetz, Bundes- und Landesrecht.

Es liegen folgende Verstöße gegen höherrangiges Recht vor:

- Es fehlt bereits an einer wirksamen gesetzlichen Ermächtigungsgrundlage.
  Gegen die §§ 22a-c SGB II sowie das entsprechende landesgesetzliche Umsetzungsgesetz bestehen erhebliche verfassungsrechtliche Bedenken. Konkret kommen Verstöße gegen den verfassungsrechtlichen Bestimmtheitsgrundsatz, den Parlamentsvorbehalt bzw. die Wesentlichkeitstheorie in Betracht [siehe hierzu → S. 432 ff. und → S. 435 ff.]. Der Gesetzgeber verletzt seine Pflichten, wenn er grundrechtswesentliche Entscheidungen einem Gestaltungsspielraum der Verwaltung überantwortet bzw. wenn er das Entstehen eines solchen Gestaltungsspielraums nicht durch hinreichend bestimmte gesetzliche Vorgaben verhindert.*****

- Die Satzung ist auch formell ungültig.
  Die/Der Antragsgegner/in hat beim Erlass der Satzung die Vorschriften über die Zuständigkeit, das Verfahren und/oder die Form nicht eingehalten. So fehlt es z.B. an einer schriftlichen Begründung, wie die Angemessenheit ermittelt worden ist (vgl. § 22b Abs. 2 S. 1 und 2 SGB II), und an einer Darlegung der Methodik der Datenerhebung und -auswertung, wie sie § 22c Abs. 1 S. 4 SGB II verlangt [zu weiteren möglichen Verstößen unter formellen Gesichtspunkten siehe → S. 442 ff. und → S. 458 f.]. Es ist auch keine Heilung dieser Verstöße möglich bzw. eingetreten [siehe hierzu → S. 458 f.].

- Die Satzung ist weiter auch materiell ungültig.
  Die/Der Antragsgegner/in hat beim Erlass der Satzung die materiellrechtlichen Vorgaben des einfachen Rechts aus den §§ 22a-c SGB II und aus dem in diesem Rahmen verabschiedeten Landesgesetz nicht eingehalten. Bei der Auslegung dieser Vorgaben ist zu berücksichtigen, dass sie im Lichte der zu § 22 Abs. 1 S. 1 SGB II ergangenen Rechtsprechung des BSG auszulegen sind [siehe hierzu → S. 442 ff. sowie Kapitel B].

  Im Einzelnen wurde zwingenden Regelungsaufträgen, wie sie sich aus § 22a Abs. 2 SGB II [»drei Voraussetzungen für eine Pauschalierungssatzung«, siehe hierzu → S. 443] bzw. aus § 22b SGB II [»Ist-, Soll- und Kann-Inhalte für den konkreten Satzungsinhalt«, siehe hierzu → S. 446 ff.] ergeben, nicht nachgekommen. Auch die Vorgaben des § 22a Abs. 3 SGB II [»fünf Ziele der Satzungsgebung«, siehe hierzu → S. 445 ff.] sind verletzt. Schließlich sind auch die gesetzlich vorgeschriebenen Rahmenbedingungen für die Datenermittlung aus § 22c SGB II [siehe hierzu → S. 451 ff.] nicht eingehalten worden.

- Die Satzung ist schließlich in ihrer konkreten Form nicht mit Verfassungsrecht vereinbar. Selbst wenn man die Verfassungsmäßigkeit der §§ 22a-c SGB II sowie des auf dieser Grundlage ergangenen Landesgesetzes bejaht, so kommt man doch nicht um die Feststellung eines Verstoßes der konkreten Satzung gegen Verfassungsrecht umhin. Die Satzung führt ihrem konkreten Inhalt nach dazu, dass das verfassungsrechtlich verankerte Grundrecht auf Gewährleistung eines menschenwürdigen Existenzminimums mit seinen Unterausprägungen des Bedarfsdeckungs- und Individualisierungsgrundsatzes verletzt wird [s. hierzu → S. 432 f., → S. 445 ff. und → S. 435 ff.]. Die konkrete Ausgestaltung der Satzung führt auch dazu, dass das Verfassungsziel der Herstellung gleichwertiger Lebensverhältnisse [siehe hierzu → S. 418] aus dem Blick verloren und eine Aufsplitterung des sozialgesetzlichen Angemessenheitsbegriffs vorangetrieben wird, die eine einheitliche Auslegung des Begriffs nicht mehr sicherstellt [siehe hierzu → S. 438 und → S. 440 f.].

(Unterschrift)

* Der Normenkontrollantrag kann, wenn es zur Abwehr schwerer Nachteile oder aus anderen wichtigen Gründen dringend geboten ist, mit einem Antrag auf einstweilige Anordnung beim LSG verbunden werden, vgl. § 55a Abs. 6 SGG.

** Eine anwaltliche Vertretung ist nicht zwingend, vgl. § 73 Abs. 1 SGG.

*** In Berlin, Bremen und Hamburg gilt ggf. eine andere Form der Rechtsetzung, vgl. § 22a Abs. 1 S. 3-4, Abs. 2 S. 3 SGB II.

**** Das Muster gilt auch für Satzungen i. S. v. § 35a SGB XII.

***** Dieser Vortrag müsste, falls er vom Gericht geteilt wird, zu einer entsprechenden Vorlage an das zuständige Landesverfassungsgericht führen.

VIII Wie sieht die landesgesetzliche Umsetzung aus?

Bisher vier Landesgesetze

Inzwischen (Stand: April 2015) haben drei Bundesländer (Hessen, Sachsen und Schleswig-Holstein) und ein Stadtstaat (Berlin) die §§ 22a–c SGB II umgesetzt.

Hessen

Im Juni 2011 fügte der Hessische Landtag in das Hessische Offensiv-Gesetz (Optimal Fördern und Fordern – Engagierter Service in Vermittlungsagenturen), mit dem 2005 die Hartz-IV-Gesetze umgesetzt wurden, folgenden § 4a ein:

§ 4a OffensivG

»Die kommunalen Träger werden ermächtigt, nach Maßgabe des § 22a Abs. 2 und 3 sowie der §§ 22b und 22c des Zweiten Buches Sozialgesetzbuch durch Satzung

1. zu bestimmen, in welcher Höhe Aufwendungen für Unterkunft und Heizung in ihrem Gebiet angemessen sind,
2. die Bedarfe für Unterkunft und Heizung in ihrem Gebiet durch eine monatliche Pauschale zu berücksichtigen.« (GVBl. I S. 302)

Dass der Normtext nur auf §§ 22a Abs. 2 und Abs. 3, 22b und 22c SGB II Bezug nimmt, darf nicht darüber hinwegtäuschen, dass § 22a Abs. 1 Satz 1 SGB II durch die Formulierung von § 4a Nr. 1 OffensivG abgedeckt ist. Der Landesgesetzgeber macht also klar: Sowohl Grenzwert- als auch Pauschalierungssatzungen sollen in Zukunft in Hessen möglich sein.

Landesrechtliche Spielräume

Die vom Bundesgesetzgeber explizit vorgegebenen landesrechtlichen Spielräume wurden in Hessen wie folgt genutzt:

- Kommunale Satzungen bedürfen nicht der Einwilligung durch eine oberste Landesbehörde. Das folgt daraus, dass nicht auf § 22a Abs. 1 Satz 2 SGB II verwiesen wird.
- Es besteht keine Pflicht der Leistungsträger zur Gestaltung durch Grenzwert- bzw. Pauschalierungssatzung.

Konkretisierungspflicht des Landesgesetzgebers?

Schon auf den ersten Blick fällt auf, dass mit der landesrechtlichen Umsetzung, wie sie in Hessen stattgefunden hat, die Ermächtigung aus §§ 22a–c SGB II nur formal an die SGB II-Träger »durchgereicht« wird. Einen eigenen, originären Gestaltungsbeitrag hat der hessische Landesgesetzgeber in § 4a OffensivG nicht geleistet. Das könnte insofern folgenreich sein, als eine Reihe Autoren (vgl. z. B. Breitkreuz in Beck-OK, § 22b, Rdn. 1a) sich schon zum Zeitpunkt der hessischen Gesetzesinitiative dahin geäußert hatten, dass verfassungsrechtliche Bedenken, die gegen §§ 22a–c SGB II bestehen, wenn überhaupt, dann nur durch eine Konkretisierung der Ermächtigung und durch Klarstellungen durch den Landesgesetzgeber ausgeräumt werden können. Der hessische Landesgesetzgeber hat jedoch zu den Regelungsdefiziten und Auslegungsschwierigkeiten, die in den bundesrechtlichen Vorgaben auszumachen sind, keinen eigenen substantiellen Regelungsbeitrag geleistet. Sofern man die verschiedenen

Bedenken gegen die Bundesregelung teilt (→ S. 430 ff., → S. 435 f. und → S. 437 ff.), wird man sie daher auch bezüglich des hessischen Landesgesetzes vorbringen müssen. Mehrere Jahre nach Schaffung einer landesrechtlichen Ermächtigungsgrundlage gibt es in Hessen inzwischen eine erste kommunale Satzung (siehe Abschnitt IX).

Berlin

Kurze Zeit nach Hessen wurde auch in Berlin die gesetzliche Grundlage für ein Tätigwerden der Verwaltung auf der Grundlage der §§ 22a–c SGB II geschaffen, und zwar durch Einfügung von § 8 ins Berliner Ausführungsgesetz zum SGB II (vgl. Gesetz vom 13.7.2011, GVBl. S. 344). Dieser lautet:

§ 8 AG SGB II

> »Der Senat wird nach § 22a Absatz 1 Satz 3 des Zweiten Buches Sozialgesetzbuch ermächtigt, durch Rechtsverordnung auf der Grundlage der §§ 22a bis 22c des Zweiten Buches Sozialgesetzbuch zu bestimmen, in welcher Höhe Aufwendungen für Unterkunft und Heizung im Land Berlin angemessen sind.«

Landesrechtliche Spielräume

Der vom Bundesgesetzgeber eröffnete Handlungsspielraum wird demgemäß so genutzt, dass – anders als in Hessen – die Pauschalierung von Kosten der Unterkunft nicht möglich sein soll, während – wie in Hessen – weder eine Pflicht zum Erlass entsprechender Vorschriften noch die Notwendigkeit der Einwilligung einer übergeordneten Behörde besteht. Die konkrete Ausgestaltung soll durch Rechtsverordnung erfolgen, und sie ist – siehe Abschnitt IX – inzwischen auch erfolgt.

Schleswig-Holstein

In Schleswig-Holstein wurde nach ausführlicher Debatte (vgl. z. B. die Sachverständigen-Stellungnahmen in den Umdrucken 17/3657, 17/3700, 17/3701, 17/3704, 17/3715, 17/3726, 17/3738, 17/3739, 17/3794) mit der Einfügung von § 2a in das dortige Ausführungsgesetz zum SGB II (vgl. Gesetz v. 27.4.2012, GVOBl. S. 509) eine Umsetzung der §§ 22a–c SGB II vorgenommen. Wie Berlin hat auch Schleswig-Holstein die Möglichkeit nicht genutzt, Pauschalen einzuführen:

§ 2a AG SGB II

> »Die Kreise und kreisfreien Städte werden nach Maßgabe des § 22a Abs. 1 Satz 1 SGB II dazu ermächtigt, durch Satzung zu bestimmen, in welcher Höhe Aufwendungen für Unterkunft und Heizung in ihrem Gebiet angemessen sind.«

Auch in Schleswig-Holstein gibt es eine erste kommunale Satzung (s. Abschnitt IX).

Landesrechtliche Spielräume

Für die Ausgestaltung der landesrechtlichen Spielräume gilt das gleiche wie für Berlin.

Sachsen

Im Freistaat Sachsen wurde mit Gesetz vom 2.4.2014 (SächsGVBl. 2014, 230) eine landesrechtliche Ermächtigungsgrundlage zum Satzungserlass geschaffen. Der entsprechende § 9a SächsAG-SGB sieht eine weitgehend ähnliche Regelung vor, wie sie in Hessen bereits seit längerem besteht; insofern wird auf die dortigen Ausführungen verwiesen.

IX Wie sehen Satzungen zu den Unterkunftskosten aus?

Berlin fliegt voran

Der erste Schritt zur Umsetzung der §§ 22a–c SGB II (Schaffung einer landesrechtlichen Ermächtigungsgrundlage) und auch der zweite (Erlass einer entsprechenden Satzung bzw. Verordnung) wurde in Berlin gemacht. Dort hat der Senat am 3.4.2012 auf der Grundlage der Ermächtigung in § 8 AG-SGB II die »Verordnung zur Bestimmung der Höhe der angemessenen Aufwendungen für Unterkunft und Heizung nach dem Zweiten und Zwölften Buch Sozialgesetzbuch (Wohnaufwendungenverordnung – WAV« (GVBl. 2012, 9) beschlossen; sie ist am 1.5.2012 in Kraft getreten und wurde inzwischen zweimal fortgeschrieben (vgl. die sog. WAV-Fortschreibungsverordnungen 2013 vom 16.7.2013 [GVBl. 348] und 2014 vom 11.2.2014 [GVBl. 63]). Folge dieses »Paradigmenwechsels« war auch, dass die vieldiskutierte Verwaltungsvorschrift »AV Wohnen« von 2009 geändert wird bzw. wurde (eine Synopse von bisherigem Text und Entwurf der Neufassung lässt sich unter http://www.harald-thome.de/media/files/AV_Wohnen_alt_und_Entwurf_neu.pdf abrufen).

BSG kippt WAV

Die WAV 2012 war bereits zweimal Gegenstand von Normenkontrollverfahren beim LSG Berlin-Brandenburg und anschließenden Revisionsverfahren beim BSG. Die beiden BSG-Entscheidungen sind die ersten Entscheidungen des Gerichts zum Satzungsrecht. Während in der ersten Entscheidung die Geltungserstreckung der WAV 2012 auf das SGB XII für unwirksam erklärt wurde (BSG vom 17.10.2013 – B 14 AS 70/12 R, Rn. 45), folgte in der zweiten Entscheidung der Ausspruch der Gesamtunwirksamkeit der WAV 2012 für den Anwendungsbereich des SGB II wegen Verstoßes der in § 4 WAV vorgesehenen Gesamtangemessenheitsgrenzen gegen höherrangiges Recht (BSG vom 4.6.2014 – B 14 AS 53/13 R, Rn. 51 ff.; siehe dazu bereits oben).

WAV Berlin

Trotz der Unwirksamkeitsentscheidungen des BSG soll die WAV 2012 als Beispiel für eine Rechtsnorm im Sinne der §§ 22a-c SGB II etwas näher beleuchtet werden. Die WAV umfasst acht Paragrafen und vier Tabellen in der Anlage sowie eine mehrseitige Begründung zu dem den Angemessenheitsüberlegungen zugrunde liegenden Konzept. Wesentliche Kernpunkte der WAV sind:

- Orientierung an der Produkttheorie (vgl. Ziff. 2 der Begründung) und am schlüssigen Konzept des BSG (vgl. den Einleitungssatz der Begründung).
- Orientierung der angemessenen Wohnfläche an den Vorschriften betreffend den sozialen Wohnungsbau und der Wohnungsbauförderung (§ 3 Abs. 1).
- Festlegung des Vergleichsraums auf das gesamte Stadtgebiet (Ziff. 1.2.1 der Begründung).
- Orientierung der Nettokaltmiete am Berliner Mietspiegel als qualifiziertem Mietspiegel (§ 3 Abs. 2).
- Orientierung der »kalten« Betriebskosten an der Betriebskostenübersicht des Berliner Mietspiegels.

- Orientierung der Heizkosten am bundesweiten Heizspiegel des Deutschen Mieterbundes (§ 3 Abs. 3).
- Orientierung der Warmwasserkosten bei zentraler Versorgung am bundesweiten Heizspiegel für zentrale Warmwasserbereitung (§ 3 Abs. 3).
- Festlegung einer Gesamtangemessenheitsgrenze und damit grundsätzliche Befolgung des Bruttowarmmietenkonzepts (vgl. § 4 i.V.m. den in der Anlage 2, Tabelle A wiedergegebenen Werten).
- Zusätzlich Festlegung einer Quadratmeterhöchstmiete (vgl. § 5; als unangemessen gilt eine Überschreitung der Angemessenheitsgrenzen für die »Nettokaltmiete« von über 50 Prozent).

Neben der WAV können als weitere Anschauungsbeispiele für kommunale Satzungen dienen:

- Satzung des Vogelsbergkreises (Hessen) zur Angemessenheit der Aufwendungen für die Unterkunft im SGB II- und im SGB XII-Bereich vom 17.12.2012, geändert durch Satzung vom 16.12.2014;
- Satzungen der Stadt Neumünster (Schleswig-Holstein) zur Angemessenheit der Aufwendungen für die Unterkunft im SGB II- und SGB XII-Bereich vom 28.11.2013 und vom 7.11.2014 (KdU-Satzung).

S STICHWORTVERZEICHNIS[1]

[1] Das Stichwortverzeichnis hat Ulrich Stascheit erstellt. Mängel sind allein ihm anzulasten.

Z